하나님의 영
그리스도의 영
교회의 영

성령

성령

발행 2018년 11월 20일

지은이 이승현
발행인 윤상문
디자인 표소영, 박진경
발행처 킹덤북스
등록 제2009-29호(2009년 10월 19일)
주소 경기도 용인시 기흥구 동백동 622-2
문의 전화 031-275-0196 팩스 031-275-0296

ISBN 978-89-94157-47-4 (03230)

Copyright ⓒ 2018 이승현
이 책은 저작권법에 따라 보호받는 저작물이므로 무단전재와 복제를 금지하며, 이 책의 내용의 전부 또는 일부를 이용하려면 반드시 저작권자와 킹덤북스의 서면 동의를 받아야 합니다.

※ 잘못된 책은 구입하신 곳에서 교환하여 드립니다.
※ 책 가격은 표지 뒷면에 있습니다.

 킹덤북스(Kingdom Books)는 문서사역을 통해 하나님의 나라를 확장하고, 한국 교회와 세계 교회를 섬기고자 설립된 출판사입니다.

하나님의 영
그리스도의 영
교회의 영

성령

이승현 지음

킹덤북스
Kingdom Books

인사말

　현재 한국 교회는 흥미롭게도 두 가지 상반된 현상들을 인하여 깊은 몸살을 앓고 있다. 한편으로는, 갑자기 불어닥친 방언과 예언과 치유에 대한 열풍으로 많은 교회들이 성령의 현저한 나타남들에 대해 흥분하면서 적극적으로 동참하거나, 아니면 눈에 보이는 현상들에 지나치게 집중하는 은사운동에 대한 비판적이고 회의적인 시각으로 이들을 걱정스럽게 지켜보는 교회들도 있다. 다른 한편으로는, 많은 교회들이 영적인 지도자들의 부패와 부정 때문에 실망하고 좌절하며 고통을 겪고 있고, 일부 교회에서는 자신들의 지도자들의 자격시비에 대한 논쟁으로 인해서 그리스도의 몸을 쪼개고 분열하는 실수를 범하고 있다. 설상가상으로, 한국 교회는 부흥의 정점을 지나 이미 쇠퇴의 기미를 보이고 있으며, 과거의 가난하고 힘들었던 때의 깊은 영성을 잃어버리고 권력과 성공의 논리를 대변하면서 주님이 원하시는 낮은 곳으로 가기를 거절하는 타락의 징조도 여기저기서 감지되고 있다. 과연 성령은 이 시간 한국 교회를 지켜보시면서 어떠한 생각을 하고 계실까?

　때아닌 방언과 예언과 치유에 대한 열풍이 한국 교회에 불어닥쳤다. 일부는 하늘의 언어에 대한 소망과 이 땅에서의 육신의 완전함을 위하여 더 성령님의 은사들을 갈망하고 있고, 또 다른 일부는 십자가의 복음을 강조하며 균형잡힌 신앙생활의 필요성을 근거로 이들을 비판하고 있다. 누가 옳은 것일까? 이러한 성령의 은사들의 나타남은 모두 다 사탄이 만들어 낸 것일까? 아니면 성령이 오늘날 한국 교회들에게 주시는 특별한 음성이 있는 것일까? 16년이라는 긴 세월을 사랑하는 고국을 떠나 보스톤 광야에서 학문하며 훈련받으면서도 늘 한국 교회를 관심있게 지켜보고 있던 저자에게는, 이러한 여러 현상들 속에서 한국 교회를 향한 성령님의 분명한 메시지가 있다고 본다. 본 저자는 이러한 현상들에서 병들어 죽어가고 있는 그리스도의 몸을 향한 성령의 탄식어린 절규를 듣는 동시에, 그리스도의 몸을 세우고자 하시는 성령의 강한 의지를 본다.

현재 한국 교회에서 발생하고 있는 성령의 은사들의 현저한 나타남은, 병든 그리스도의 몸을 살리기 위한, 그리고 영적으로 침체되고 무기력해진 한국 교회들에게 생명을 불어넣으시고자 하시는 성령의 강한 의지의 표출로 보여진다. 이런 측면에서, 우리는 우리들의 제한적이고 불완전한 신학적인 틀과 전통의 이름으로 성령의 불을 소멸해버리는 죄를 범하지 않도록 주의해야 한다.

그러나 또 다른 측면에서는, 성령이 그리스도의 몸 '전체'를 세우고자 부여하시는 성령의 여러 은사들을 많은 성도들은 자신들의 '개인'적인 영성을 높이기 위하여, '개인'들의 육체가 온전케 되기 위하여, 그리고 '개인'을 향한 하나님의 계시의 예언을 듣기 위한 수단으로 간주하고 있다. 우리 아담의 후손들은 항상 우리들의 '개인'적인 욕구를 채우기 위하여 성령을 추구하며 성령을 이용하려 하는 죄악된 경향이 있지만, 성령은 그리스도의 몸 '전체'를 온전케 하시는데 자신의 사역을 집중하시고 계신다. 그리고 성령은 그리스도의 몸을 구성하는 우리 개개의 성도들이 다 그리스도의 형상으로 변화되어지기를 간절히 원하신다. 우리는 성령이 주시는 선물은 사모하면서, 성령이 원하시는 그리스도의 성품으로의 거룩한 변화는 거절하고 있지는 않은가? 우리는 얼마나 자주 우리가 받은 방언과, 치료와, 예언과, 말씀의 은사들을 통해서 성령이 그토록 원하시는 그리스도의 몸을 세우기 위하여 수고해 보았는가?

성령은 죽어 있는 마른 뼈와 같은 성도들을 살리시어 그리스도의 몸을 이루게 하신다. 성령은 그리스도의 몸을 이루고 있는 성도들 속에서 하나님 조차도 자신의 정욕을 위하여 이용하려 하였던 옛 아담의 이기적인 본성을 죽이고, 하나님의 뜻에 자신을 온전히 복종하신 그리스도의 거룩한 성품을 가진 새 인류를 창조해가고자 하신다. 성령은 성도들 개인이 다 그리스도의 십자가에 자신들의 죄된 본성을 못 박고, 성령을 따라 행함으로 성령의 열매를 맺고, 그 열매들이 그들의 거룩한 성품이 되기를 원하신다. 그리고 우리의 죄된 육체에 그리스도의 영광스러운 몸을 덧입히시고자 지금도 성화와 영화의 변화를 계속해서 진행해 가고 계신다. 하나님의 아들과 딸들이 영광 중에 나타날 때, 파괴된 피조 세계도 하나님의 손에 의하여 다시 창조의 질서를 회복하게 될 것이다.

이 모든 그리스도의 새 창조의 사역을 위해서 성령은 각 지체들에게 다양한 은사들을 나누어주시고 서로 섬기며 돌아보아 그리스도의 몸을 온전케 하기를 원하신다. 방언을 주심은 개인들의 신앙을 세워 교회 공동체를 더 잘 세우고자 하심이고, 육신의 질병을 고쳐주심은 온전해진 몸으로 교회 공동체를 더 열심히 섬기게 하심이며, 예언의 말씀을 주심은 위로받고 치료된 마음으로 병든 그리스도의 몸을 고치라고 하심이다. 우리는 성령의 은사들을 구하면서, 얼마나 그리스도의 몸을 세우고자 하시는 성령의 간절한 소원에 대해서 생각해 보았는가?

따라서 본 저자는 성령의 은사들에 대한 우리의 이해는 그리스도의 영으로서의 성령의 정체성과 사역에 대한 온전한 이해를 바탕으로 행해져야 한다고 본다. 우리들의 현재와 우리들의 개인적인 영성에 몰입해 있던 이기적인 마음을 잠시 접어두고, 하나님의 구원의 역사 속에서 창조로부터 새 창조까지 그리스도의 사역을 다 아우르는 성령의 거룩한 사역에 대해서 묵상해 보기를 원한다. 하나님의 구원역사의 중심에 십자가에 달려 죽으신 그리스도가 서 계시고, 이제 성령은 그리스도의 영이라고 불리우면서 그리스도의 새 창조의 사역을 우리 가운데서 계속 진행해 가고 계신다. 이 웅장한 하나님의 위대한 구원사 속에서 성령은 현재 내 안에서, 그리고 교회 안에서 무슨 일을 행하고 있으며, 성령이 현재 나에게, 그리고 교회에게 원하시는 것은 무엇일까?

특히 본 저자와 이 저서를 읽고 있는 한국의 독자들은 방언의 은사가 필요하다. 본 저자는 천국에서 영원히 하늘의 언어로 하나님을 찬양할 것이기에 현재 알아듣지 못하는 하늘의 언어로 말하는 것에는 별로 큰 관심이 없다. 단지, 16년 동안 영어로 생각하고 영어로만 글을 써온 본 저자가 성령의 사역과 정체성에 대해서 한글로 글을 쓰고 있기에, 현재 한국의 대중들이 능통하게 사용하고 있는 한국말의 방언을 받기를 위해서 성령님께 기도한다. 또한 이 글을 읽는 독자들도 방언의 통역 은사를 받기를 소원하는데, 특히 영어화된, 그리고 지나치게 학문적일 수 있는 본 저자의 부족한 한국말을 잘 이해할 수 있는 통역의 은사를 받기를 원한다.

성령의 은사를 받기 위한 최고의 방법이 무엇인지 아는가? 그것은 그리스도의 몸을 향한 성령의 불타는 열정을 마음에 품는 것이다. 이 그리스도의 몸을 향한 성령의 불타는 열정을 본 저자와 독자들이 공유할 때, 우리는 언어적, 문화적, 그리고 학문적 장애물들을 극복하고 서로 이해하고 소통할 수 있는 성령의 큰 은혜를 맛보게 될 것이다.

  지난 여름 한국을 방문하였을 때, 여러 목사님들과 교수님들로부터 한국 교회를 위한 책을 한 권 쓰라는 권면을 받았다. 광신대학교의 최순봉 교수님, 평택대학교의 김동수 교수님, 안양대학교의 정연락 교수님, 분당 새서울 교회의 박인혁 목사님, 양주 함께하는 교회의 황갑수 목사님, 송파 반석위에 교회의 서은성 목사님들의 조언에 감사드린다. 특히 앤도버 뉴튼 신학교(Andover Newton Theological School)에서 가르치던 중 안식년을 맞이하여 어떤 책을 쓸까 고민하던 차에, 주님의 인도로 킹덤북스(Kingdom Books) 대표 윤상문 목사님과 연결되었다. 윤 목사님은 본 저자에게 성령에 관한 책을 한 권 집필하라는 권고를 하셨고, 손수 미국으로 많은 책들을 보내어 주시며 저자를 격려하며 기도해 주셨다. 장인 정신을 갖고 멋진 걸작품을 만들어 주신 윤상문 목사님께 깊이 감사드린다. 또한 본 저자의 집필을 위해서 온갖 짜증도 참아준 아내 심현정, 그리고 아들 이사야에게 감사한다. 그러나 누구보다도 더 감사해야 할 분은 본 저자에게 한국 교회를 향한 당신의 간절한 마음을 직접 보여주신 성령님이시다.

멀리 보스톤 광야에서
2011년 12월
이승현

서론

해석학적 방법론

　과거의 도그마틱한(dogmatic) 성경해석에서는 신학 저자들의 개인적인 혹은 공동체적인 배경들은 무시한 채, 특정한 신학적인 주제들에 관한 성경의 다양한 본문들을 단순히 비교함으로써 윤리적인 의미들만을 발견하려고 하였다. 이에 반하여, 역사 비평가들은 성경의 여러 책들이 각 저자들이 깨달은 진리에 관한 다양한 의견들을 진공 포장하여 후세들에게 전달한 것이 아니라, 자신들의 관점에서 본 하나님의 구원의 여러 가지 이야기들을 자신들의 다양한 환경을 통하여 서술해주고 있음에 주목하였다. 따라서 본 저자를 포함한 역사 비평가들은 각 성경 저자들의 역사적인 배경과 특별한 공동체적 문제들에 촛점을 맞추면서 그들의 성령에 관한 논의들을 이해하고자 하였다.

　최근에 역사 비평(historical criticism)의 영향 아래 성령에 관한 여러 좋은 책들이 많이 출판되었다. 그럼에도 불구하고, 그들의 성령에 관한 논의는 종종 성령이 등장하는 본문들의 표면적인 분석에만 머물러, 성경의 저자들이 전제하고 있는 가장 기본적인 meta-narrative 곧 하나님의 구원의 거대한 파노라마 속에서의 성령의 역할들에 관해서 질문해 보지 않는 오류를 범하곤 하였다. 성경의 저자들은, 그들의 다양한 배경과 신학적인 차이점들에도 불구하고, 창조의 하나님이 자신의 친 백성을 만드시고 그들의 구원을 완성해가는 전 과정을 자신들의 신앙을 규정하는 가장 중요한 meta-narrative로 간주하였다. 따라서 성령에 관한 우리의 논의는 성경의 저자들이 어떻게 하나님의 구원사 속에서 성령의 역할들을 이해했는가를 살펴봄으로서만 완전하여진다고 말할 수 있다.

뿐만 아니라, 다양한 배경을 가진 신약 저자들은 자신들의 글속에서 여러 신앙 공동체들의 다양한 신학적인 견해를 보여주고 있으나, 동시에 그들은 자신들이 하나의 큰 예수 공동체 혹은 그리스도의 몸 된 교회에 소속되어 있음을 인정하면서 서로 도전하고, 도전받는 것을 멈추지 않았다. 이 과정 속에서 초대 교회 성도들은 자신들의 성령의 경험을 서로 나누거나 혹은 비판하면서 자신들의 성령에 대한 이해를 더욱 발전시켜 나갔다. 이런 측면에서, 우리의 성령에 관한 논의는 각 성경 저자들의 개별적인 성령 이해에 관한 미시적인 분석을 넘어서서, 그들의 다양한 개별적인 이해들이 어떻게 초대 교회 전체의 성령에 관한 믿음을 보여주고 있는가에 대해서도 생각해 보아야 한다. 다시 말하면, 개개의 성경의 저자들의 성령에 관한 논의들은 초기 기독교 공동체 전체의 성령 이해에 대한 중요한 증거로서 후대의 독자들로 하여금 그들의 신앙생활을 엿보게 해주고, 동시에 그들의 신앙 체계를 재구성하도록 도와주는 중요한 자료들이 된다는 것이다. 그러므로 우리는 성령에 관한 성경 저자들 개인의 이해를 논의하는 동시에, 그들의 다양한 이해가 어떻게 초기 예수 공동체 전체의 신앙관에 대해서 말해주는지에 대해서도 질문해 보아야 한다.

하나님의 구원사 속에서의 성령

본 저자는 이 책에서 성경에 나타난 하나님의 구원사를 통하여서 성령의 역할에 대해서 살펴보고자 한다.[1] 성령에 대한 본 저자의 입장은 성령은 그리스도를 통해 완성하신 하나님의 구원의 역사를 성도들의 삶 가운데서 완성시키시는 분이시며, 현재도 성도들의 삶의 모든 영역에 걸쳐서 깊은 영향을 미치시고 있는 분이라는 것이다(갈 4:4-6). 물론, 하나님의 구원의 역사는 구약에 기록된 창조 사건과 이스라엘을 부르시고 언약을 맺으신 때로 거슬러 올라간다. 하나님의 구원의 역사 속에서 성령은 하나님의 영으로서 하나님의 백성들을 '창조'하시고, 하나님의 임재와 능력으로 그들 가운데 거하셨다.

주님의 부활 후, 신약에 기록된 성령은 하나님의 백성인 교회 가운데 머무시면서, 그들의 마음과 영혼을 새롭게 하시어 하나님의 깊은 비밀인 십자가의 지혜를 이해하게 하였고, 그들의 삶을 거룩함으로 인도하시며, 그리스도처럼 하나님의 뜻에 복종하는 삶을 살게 하셨다. 이를 통하여 성도들로 하여금 아담의 저주를 극복하여 하나님께 순종함으로써, 미래의 부활을 경험할 수 있게 하였다. 또한 성령은 성도들이 삶 가운데서 만나는 많은 장애물들을 극복하는 힘을 주셨고, 여러 가지 은사와 능력들을 통해서 교회와 그 백성들에게 하나님의 생명의 기운을 불어 넣으셨다.

따라서 본 저자는 구약에서 하나님이 어떻게 그의 백성 이스라엘 가운데서 역사하셨는지에 대해서 먼저 살펴볼 것이다. 하나님의 영이 이스라엘 가운데 머무시면서 어떻게 하나님의 임재와 능력을 드러내었는지, 그리고 하나님이 세우신 영적인 지도자들을 통해서 어떻게 이스라엘을 인도해 가셨는지에 대해서 살펴 볼 것이다. 본 저자의 입장에서 볼 때, 성령에 관한 논의를 주도하는 해석학적인 단서 중 하나는 아담의 창조와 타락을 극복하고, 자신에게 순종하는 새 백성을 창조하시고자 하는 하나님의 의지에 있다고 본다. 초대 교회 성도들은 하나님의 구원사가 예수님의 메시야로서의 사역과 그의 새 백성의 창조에서 그 정점을 이룬다고 믿었다. 따라서 신약 성경은 예수님의 탄생과 사역을 하나님의 영이신 성령과의 긴밀한 관계 속에서 설명하고 있다. 나아가 하나님의 새 백성 교회의 탄생도 부활하신 주님이 보내신 성령의 사역에 그 뿌리를 두고 있다. 성령은 교회를 통해, 그리고 영화롭게 변화된 성도들을 통해 세상을 회복함으로써 그리스도의 새 창조의 활동을 마무리하게 될 것이다.

어떤 의미에서, 본 저자의 해석학적 방법론은 성경신학(biblical theology)에 가깝다고 할 수 있다.[2] 그러나 본 저자는 성경 저자 각각의 역사적인 상황과 성령에 대한 이해에 있어서의 그들의 독특한 생각들을 강조하는 동시에, 그들의 관점들의 공통점과 차이점들에 대해서도 비교해 볼 것이다. 왜냐하면 비록 신약 성경이 시대와 문화적인 배경이 다른 다양한 저자들에 의해서 다양한 목적을 가지고 쓰여졌으나, 신약 성경은 초대 교회의 다양한 공동체들이 공통적으로 경험한 성령과 그리스도를 통한 하나님의 구원의 역사에 대한 일반적인 경험을 기록하고 있기 때문이다. 다시 말하면, 본 저자의 성령의 역할에 대한 논의는, 어떻게 초대 교회의 다양한 공동체들이 그들이 체험한 성령에 대해서 공통적으로 혹은 여러 가지 다른 형태로 반응하였는가에 대해서 살펴봄으로써 초대 교회의 성령 이해를 재구성해 보는 것이다.

본 저서는 학자들만을 위한 책이 아니고, 목회 현장에서 수고하시는 많은 목회자들과 신학생들, 그리고 성령에 대해서 배우고자 하는 많은 평신도들을 위해서 쓰여진 책이다. 따라서 학문적인 토론이나 논쟁은 되도록 각주에 기록할 것이며, 전문적인 용어들은 최소화 할 것이다. 그러나 이 책은 많은 학자들과의 학문적인 대화와 연구를 바탕으로 쓴 것이며, 특정한 주제들에 대해서 더 깊은 학문적인 탐구를 원하는 독자들을 위해서 참고 문헌들을 각주에 첨부할 것이다. 성령의 사역에 대한 통합적인 이해를 돕는데 큰 선물이 되기를 소망한다.

목차

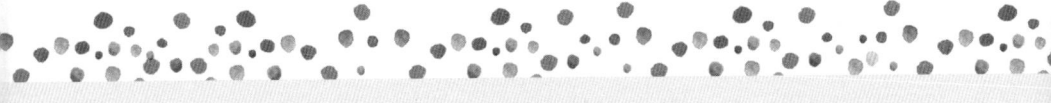

인사말 • 04
서론 • 09

1부 하나님의 영과 이스라엘 • 19

01. 구약에 나타난 하나님의 영 • 21
- 하나님의 영의 정의 • 24
- 하나님의 초월성과 임재 • 25
- 이스라엘의 구원사에 나타난 하나님의 영 • 30
  - 창조 시 주어진 하나님의 생명의 기운
  - 하나님의 백성들을 위한 보편적, 종말론적 선물
  - 사사와 선지자를 위한 하나님의 능력과 지혜
  - 왕과 메시야에게 임한 기름 부음
- 결론 • 53

02. 중간기 유대 문헌에 나타난 하나님의 영 • 57
- 예언이 폐한 시대 • 58
- 마지막 때에 다시 부어질 하나님의 영 • 60
- 마지막 때에 나타날 메시야와 하나님의 영 • 63
- 결론 • 68

2부 성령과 예수 · 71

03. 성령과 종말에 나타날 그리스도 · 73
거짓 유대인 메시야들 · 76
예수-성령으로 기름 부음 받은 그리스도 · 80
    복음서
    바울
결론 · 89

04. 성령과 예수님의 하나님의 아들 되심 · 91
다윗과 같은 그리스도 · 92
하나님의 고난받는 종 · 95
하나님의 독생자 · 100
성령과 예수님의 탄생 · 104
    마태복음 1:18-25
    누가복음 1:26-38
결론 · 114

05. 성령과 예수님의 사역 · 117
사탄을 몰아내심 · 118
하나님의 나라 · 121
치료의 기적들 · 124
지혜와 권세 있는 계시의 말씀 · 126
성령으로 세례를 주시는 분 · 130
    요한의 선포에 나타난 예수님의 성령세례
    예수님의 사역에 나타난 성령세례
결론 · 137

06. 예수-성령의 주 • 141
  성령과 예수님의 죽음과 부활 • 143
    예수님의 십자가상에서의 죽음
    예수님의 부활
  예수-성령의 주 • 151
    하나님 우편에 앉으신 부활하신 주
    예수-성령의 주
  성령-부활하신 주님의 영 • 158
    성령-부활하신 주님의 임재
    성령-주님에 관한 진리의 영
    성령-주님을 향한 믿음의 영
  결론 • 169

07. 성령과 새 아담 • 171
  이스라엘의 역사에 나타난 아담과 새 창조에 대한 기대 • 173
    아담과 유대인들의 인간관
    이스라엘의 역사에 나타난 아담의 저주
    아담과 메시야, 그리고 율법
  예수 새 아담 • 183
    복음서
    바울
  새 아담과 그의 성령을 통하여 극복되는 아담의 저주 • 196
  결론 • 201

3부 성령과 교회 • 205

08. 오순절 사건 • 207
사도 요한의 성령세례(요한복음 20:22) • 210
누가의 오순절 성령세례(사도행전 2장) • 214
종말의 때에 부어주시는 성령세례(사도행전 2:14-21)
성령과 온 세상을 향한 예수님의 복음(사도행전 2:5-13, 22-36)
성령과 구원 얻는 회개(사도행전 2:37-40)
성령과 교회의 탄생(사도행전 2:41-47)
성령세례의 정의 • 231
결론 • 237

09. 성령과 하나님의 새 백성 교회의 탄생 • 239
누가의 오순절 성령세례와 교회의 탄생 • 242
바울의 성령세례와 그리스도의 몸된 교회 • 246
바울의 성령세례
성령세례와 그리스도의 몸
다양한 지체들과 성령의 다양한 은사들
이스라엘과 교회 • 258
누가
바울
결론 • 265

10. 성령과 새 창조/새 언약, 그리고 종말론적 긴장 • 269
예레미야와 에스겔의 새 언약과 새 창조 • 272
새 아담의 성령을 통한 새 인류의 창조 • 276
두 아담과 인류(로마서 5:12-21)
새 창조
새 언약의 성령과 할례받은 마음(고린도후서 3:1-4:6) • 282

성령을 따르는 삶과 육체를 따르는 삶 • 287
   "나"의 죄된 육체, 그리고 사망의 법과 생명의 성령의 법(로마서 7-8)
   성령을 따라 걷는 삶과 육체의 욕심을 따라 사는 삶(갈라디아서 5-6장)
결론 • 296

11. 성령과 영화 • 299
그리스도-하나님의 형상 • 302
   아담이 소유하였던 하나님의 형상
   예수님의 첫 제자들이 목격한 회복된 하나님의 형상
   바울이 목격한 하나님의 형상
그리스도의 형상을 통한 영광스러운 변화 • 311
   영화의 과정 속에 놓인 새 창조의 백성들
   누가가 보여주는 영화의 예
   바울이 말하는 속사람의 변화
영화의 과정에서 성령의 역할 • 319
결론 • 323

12. 성령과 부활 • 325
그리스도의 고난에의 동참과 성령 • 327
   고난을 통하여 죽어가는 연약한 육체(고린도후서 4:7-15)
   하늘로부터 오는 생명의 몸에 대한 소망(고린도후서 4:16-5:4)
   성령-부활의 보증금(고린도후서 5:5)
부활 • 336
   그리스도의 영광스러운 몸과 부활(빌립보서 3)
   그리스도의 하늘에 속한 영적인 몸과 부활(고린도전서 15)
성령-부활의 능력 • 348
   고린도전서 15장 45절
   로마서 8장 9-11절
결론 • 333

13. 성령과 은사 • 357
바울이 본 고린도 교회의 문제점들 • 361
복음에 대한 오해와 내부적 분열—누가 하나님 앞에서 진정으로 "신령한 자"인가?
"이미 성취된 종말론"(over-realized/over-spiritualized eschatology)
그리스도의 몸과 다양한 지체들 • 367
다양한 성령의 은사들 • 371
성령의 은사들에 대한 성령의 뜻과 안수를 통한 전이 현상(impartation)
예언
방언
지혜의 말씀과 지식의 말씀
치유의 은사
결론: 성령의 은사, 성령의 열매, 그리고 성령의 사역 • 422

14. 결론: "귀있는 자는 성령이 교회들에게 하시는 말씀을 들을지어다" • 425
교회를 향한 성령의 도전 • 426
소아시아 일곱 교회들에 대한 성령을 통한 주님의 경고(요한계시록 2-3)
한국 교회들에 대한 성령을 통한 주님의 경고
성령과 초대 교회, 그리고 21세기의 한국 교회 • 431
성령—하나님의 영, 그리스도의 영, 그리고 교회의 영 • 435
성령—하나님의 영
성령—그리스도의 영
성령—그리스도의 몸된 교회의 영
부흥(Revival) • 442
성령을 통한 하나님의 임재
성령을 통한 그리스도의 임재
성령을 통한 그리스도의 몸과 세상의 회복

참고 문헌 • 447
미주 • 470

1부

하나님의 영과 이스라엘

제1부에서 우리는 이스라엘의 역사에 나타난 하나님의 영의 역할과 정체성에 대해서 살펴보게 될 것이다. 구약과 중간기 유대인들의 문헌에서 잘 보여지고 있듯이, 하나님의 영의 기능은 크게 두 가지로 나누어진다. 첫 번째, 하나님의 영은 창조에 관계된 생명의 영이며, 동시에 미래에 있게 될 새 창조의 집행자이다. 이 전통에서는, 하나님의 영이 모든 사람들에게 보편적으로 임할 것으로 이해되어진다. 두 번째, 하나님의 영은 하나님이 택하신 소수의 이스라엘의 지도자들에게만 임한다. 하나님의 영은 이 소수의 지도자들을 하나님의 지혜와 계시와 능력으로 채우셔서, 하나님의 백성 이스라엘을 인도해 가게 하신다. 그러나 마지막 종말의 때에는, 많은 유대인 저자들이 소망하고 있듯이, 하나님의 영에 의하여 기름 부음 받은 메시야와 새 백성의 창조가, 때로는 개별적으로, 또 때로는 함께 동시에, 기대되어지고 있다.

CHAPTER

01

구약에 나타난 하나님의 영

(Andrei Rublev 1360-1430)

 성령에 관한 논의를 왜 구약 성경, 특히 이스라엘의 역사에서 부터 시작해야 하는가? 그것은 초대 교회를 시작하였던 유대인 성도들이 예수님의 부활 후 성령을 자신들의 삶과 예배 중에서 경험하기 시작하였을 때, 그들은 자신들이 기존에 가지고 있던 신앙의 틀을 근거로 하여 성령의 역사를 이해하려고 하였기 때문이다. 기존의 신앙 체계는 신앙인들로 하여금 새로운 경험들을 이해할 수 있는 해석학적인 틀을 제시해 주고, 그 경험들을 설명할 수 있는 단어들과 논리들을 제공하여 준다. 초대 교회 성도들에게 있어서 그들의 신앙적 틀은 구약 성경과 이스라엘인들의 다양한 성경해석에 관한 전통들로부터 시작되었다. 따라서 성령에 관한 우리의 논의는 구약 성경과 중간기에

(intertestamental period) 나타난 유대인들의 성령에 관한 다양한 해석들을 먼저 살펴봄으로써 시작해야 할 것이다.3

물론, 유대인들의 해석학적 전통들은 기록되어진 문서들보다 훨씬 폭이 넓고 다양하다고 볼 수 있다. 예수님이 살으셨을 당시 문맹율은 3% 미만으로 간주되어지며, 대부분의 유대인들의 성경 지식은 회당에서 낭송된 랍비들의 가르침에 의존하였을 것이다.4 이러한 가르침들은 구전으로 전승되다가, 랍비들의 문서들에 기록, 보존되었다. 따라서 일부 랍비들의 문서들은 예수님 당시 이스라엘인들의 성령에 관한 이해를 잘 보존하고 있다고 할 수 있다. 요약해서 말하자면, 우리의 성령에 관한 논의는 구약 성경에 기록되어 전승되는 하나님의 영에 관한 가르침을 먼저 살펴본 후, 신약 성경과 구약 성경 사이의 중간기(intertestamental period)시대에 관한 기록들에 나타난 하나님의 영에 관한 기록들을 조사함으로써 시작될 것이다.5

이스라엘 사람들에게 있어서 하나님의 영은 하나님의 가장 중요한 본성 혹은 하나님 자신의 연장(extension)으로서, 이 땅에서 하나님의 능력 있는 임재를 나타낸다. 이스라엘의 전통에서 하나님의 영은 크게 두 가지 기능을 한다. 첫 번째, 하나님의 영은 모든 사람들에게 주어진 보편적 은사로서의 역할을 담당한다. 하나님의 영은 특히 하나님과 더불어 세상을 창조하셨으며, 하나님의 생명의 기운으로서 첫 인간 아담에게 생명을 허락하셨다.6 창조의 능력 혹은 생명의 기운으로서의 하나님의 영은 먼 훗날 '주의 날'(the Day of the Lord)에 하나님의 백성을 새롭게 창조하신다고 선지자들을 통해 약속되어진다.

이러한 종말론적 기대하에서, 하나님의 영은 "목이 곧은 백성" 이스라엘이 하나님의 율법을 파기하였을 때 그들을 심판하기도 하셨으나, 종말의 때에 그들의 속사람 가운데 거하시면서 그들의 마음을 움직여 하나님의 법을 따르는 삶을 살게 해주신다고 한다. 이런 관점에서, 하나님의 영은 하나님의 백성들로 하여금 하나님의 뜻을 따르는 삶을 가능케 하는 윤리적 힘의 근원이 되신다. 하나님의 법을 따르는 삶이 곧 생명이요, 그의 법을 파괴하는 행위는 곧 죽음인 것이다.

두 번째, 하나님의 영은 특히 선택된 소수의 지도자들에게 하나님의 능력의 기름 부음으로 주어진다. 하나님의 영은 하늘 위에서 초월해 계신 하나님을 대신해서 이스라엘의 영적 지도자들에게 지혜와 능력을 채워주시고, 그들로 하여금 이스라엘을 주변 이방 국가들로부터 보호하며 인도하도록 하신다. 이 전통은 특히 이사야에 의하여 예언되어지는 성령으로 기름 부음 받은 메시야 전통에서 그 절정을 이루게 된다. 비록 후대 랍비들은 하나님의 영을 특히 '예언의 영'과 동일시 하였으나, '예언의 영'은 하나님의 영의 많은 역할들의 한 부분에 불과하다.[7]

요약해서 말하자면, 이스라엘의 전통에서 하나님의 영은 보편적인 은사로서 모든 사람들 혹은 모든 하나님의 백성들에게 주어진 은사이거나, 아니면 특별한 소수에게만 주어진 제한된 은사로서의 두 가지 주된 기능을 감당하였다. 표면적으로 보면 서로 상충되는 듯한 이 하나님의 영의 두 가지 기능을 어떻게 조화롭게 설명할 수 있을까? 질문을 바꾸어서 말하자면, 이 두 가지 기능이 나타내는 하나님의 영의 역할을 하나님의 구원사적 측면에서 동시에 설명할 수는 없을까? 본 저자는 하나님의 창조와 그 백성의 새 창조라는 하나님의 구원 역사 속에서 이 하나님의 영에 관한 두 가지 다른 생각들을 조화롭게 해석할 수 있다고 생각한다. 왜냐하면 메시야를 포함한 소수의 이스라엘의 지도자들에게 부어졌던 하나님의 능력의 영과 모든 백성들에게 부어지는 종말의 하나님의 영은 결국 하나님의 백성을 온전히 세우고자 하는 하나님의 은혜로운 구원사적 간섭을 상징하기 때문이다.

 이 부분에 대해서 더 깊이 논의하기 전에, 우리는 먼저 하나님의 영에 대한 언어적인 정의를 내려야 한다. 또한 하나님의 영의 기능을 논하면서, 한두 가지 중요한 질문에 대해서 더 생각해 보아야 한다: 하나님의 백성인 이스라엘인들은 하나님이 그들 가운데 거하신다고 믿었음에도 불구하고, 왜 하나님의 영을 그들의 삶에서 필요로 하게 되었을까? 이스라엘 전통에서 가장 중요한 위치를 차지하고 있는 모세와 그의 사역에 대해서는 왜 하나님의 영에 대한 역할이 별로 언급되고 있지 않는 것일까?

하나님의 영의 정의

 성령을 나타내는 그리스어 단어는 프뉴마(πνεῦμα)이며, 이에 상응하는 히브리어 단어는 루아흐(רוח)이다. 그리스인들에게 있어서 프뉴마는 움직이는 공기의 현상을 지칭할 때 사용되며, 바람, 순풍, 그리고 입김 등을 지칭한다. 이 공기는 그리스인들에 의하여 세상을 구성하는 가장 고귀한 물질로 간주되었다. 히브리어 단어 루아흐는 그 사전적인 의미가 그리스어 단어 프뉴마와 같이 '바람, 호흡'이며, 사람에게 적용될 때는 '생명' 혹은 '감정, 지성, 의지'의 근원지를 의미하기도 한다.[8] 하나님께 적용될 때 루아흐는 하나님의 생명의 기운으로 혹은 하나님의 본성의 연장선상에서 역사하는 하나님의 능력과 성품으로 이해되어진다. 하지만 구약 성경은 하나님의 본성에 대해서 언급하기를 꺼려한다. 구약 성경에서의 하나님의 본성에 대한 침묵은 아마도 이스라엘에게 있어서 하나님의 본성이나 이름은 함부로 다루어서는 안 되는 심각한 삶과 죽음의 문제였기 때문일 것이다. 나아가, 히브리인들은 하나님의 본성은 인간의 이해와 언어의 한계를 넘어서는 신적인 영역에 속한다는 것을 겸허히 받아들였기 때문에, 하나님의 본성을 인간의 언어로 표현하는 일에 소극적이었다.

히브리 단어 루아흐는 구약 성경에서 약 378번 정도 나타나며, 아람어로 쓰여진 다니엘서에서 11번 정도 언급된다. 모세 오경에서는 38번 나타나며, 사사기와 사무엘상, 그리고 열왕기상에서는 아주 빈번하게 언급되는 반면, 율법서에서는 별로 언급되지 않는다. 흥미롭게도 초기 선지서들이 하나님의 영으로서의 루아흐에 대해 침묵하는 대신, 기원전 8세기 혹은 그 이후에 쓰여진 예언서들은 하나님의 영에 대해서 특별한 관심을 표명하고 있다. 예를 들어 에스겔서는 50번 정도, 그리고 이사야서 40-66장은 23번 정도 루아흐를 언급한다. 우리의 특별한 관심을 요하는 것은 요엘서에서 논의되는 하나님의 영은 그의 백성들에게 임할 종말론적인 축복으로서 하나님의 영의 임재라는 것이다(욜 2:28-29).

우리의 관심사인 성령은 그리스어로는 프뉴마와 '하기오스'(ἅγιος: 거룩)를, 그리고 히브리어로는 루아흐와 '코데쉬'(קדש:거룩)를 결합한 단어이다. 유대인들과 기독교인들은 악한 영 혹은 사람의 영과 비교·구분하기 위해서 '하나님의 영'을 성령이라고 부르기 시작하였다. 이는 하나님의 본성이 거룩함에 있다는 그들의 믿음에 근거하고 있다. 특히 쿰란 공동체(1Qs 3:7; 4:20, 21; 8:16)와 누가(54번), 바울(롬 5:5; 9:1; 고전 12:3), 그리고 요한(1:33; 20:22)이 하나님의 영을 성령이라고 자주 강조하여 부르고 있다.[9]

하나님의 초월성과 임재

이스라엘인들의 정체성은 하나님이 아브라함을 불러내어, 그와 그의 자손들을 축복하신 후 세우신 택함받은 백성이라는 사실에 그 기반을 두고 있다. 하나님이 아브라함을 부르시기 전, 창세기 기자는 세상의 창조와 타락에 대해 이야기하고 있으며, 하나님 없이 사는 사람들의 끝은 결국 멸망임을 노아의 홍수를 통해서 잘 보여준다. 그에 반하여, 하나님에 의하여 택함받은 이스라엘인들의 역사는 하나님이 아브라함과 맺은 언약으로부터 시작하여(창 15:17), 모세가 시내산에서 하나님과 맺은 율법의 언약에서 정점을 이루며(출 34), 다윗과 솔로몬의 왕국에서 가장 화려한 성공을 경험하게 된다. 이스라엘인들은 하나님이 아브라함과 모세와 세우신 언약들을 근거로 하여 아브라함의 자손으로서 모세을 통해서 가나안 땅에 정착한 자신들과 항상 동행하고 있다고 믿어왔다:

> "내가 너의[아브라함] 자손들을 번창시킬 것이며, 너로 큰 국가들을 만들 것이며, 많은 왕들이 네게서 나올 것이다. 내가 너와 너의 자손들과 그 자손들의 자손들과 영원한 언약을 세울 것이니, 나는 너와 너의 자손들의 하나님이 될 것이다"(사역, 창 17:5-6).[10]

그러나 하나님의 백성들 중에 거하시는 하나님의 임재는 이스라엘인들에게 하나의 큰 딜레마를 안겨주었다. 한편으로는, 이스라엘인들은 하나님이 그들 가운데 항상 함께 하시며 그들의 삶을 인도해 가시는 것을 축복으로 받아들이며 감사하였다(하나님의 임재). 그러나 또 다른 한편으로는, 누구든지 하나님을 직접 대면하여 보는 자마다 다 죽임을 당하게 되므로, 아담의 유전자를 가지고 태어난 인간들이 하나님과 함께 교제한다고 하는 것은 짚을 지고 불에 뛰어드는 행위와 마찬가지였다. 이러한 이유 때문에 특히 이스라엘 자손들의 보존을 위해서 하나님은 하늘 저 높은 곳에 계신 것으로 이해되곤 했다(하나님의 초월성). 이스라엘 자손들은 광야에서 하나님의 인도를 받던 60

만이 넘는 그들의 선조들이 여호수아와 갈렙을 제외하고 다 하나님께 죽임을 당했던 것을 구약의 증언을 통해서 잘 알고 있었다.

이스라엘인들은 이 하나님의 임재와 초월성 사이의 딜레마를 어떻게 극복하였을까? 그들은 바로 신적인 중재자(divine intermediary agents)들이나 하나님의 속성들(attributes)을 통해서 하나님의 임재를 경험하는 동시에, 하나님의 초월성을 보존할 수 있게 되었다: 천사들, '주의 천사'(angel of the Lord), 그리고 '하나님의 손, 지혜, 이름, 영광 그리고 영.' 이러한 신적인 중재자들은 하나님 자신과 정확하게 동일시 되지는 않았음에도 불구하고, 이스라엘인들로 하여금 자신들의 체험 속에서 분명한 하나님의 임재를 경험할 수 있게 해주었다. 예를 들어 창세기 16장 7절에서 쫓겨난 아브라함의 여종 하갈의 기도를 듣고 '주의 천사'(the angel of the Lord)가 나타난다. 주의 천사는 하갈에게 아브라함의 부인 사라에게 돌아가 복종할 것을 명한다. 동시에, '주의 천사'는 하갈의 자손들도 큰 나라를 만들 것을 하갈에게 약속하신다. '주의 천사'를 본 하갈은 하나님을 찬양하며 고백한다: "내가 하나님을 보았으나 죽지 않고 살았다"(창 16:13). 주의 천사는 분명히 하나님과 구분되는 존재임에도 불구하고, 주의 천사를 만난 하갈은 하나님을 직접 경험하여 만났다고 고백하며 하나님을 찬양하고 있는 것이다. 하나님과 신적인 중재자들은 인격적으로 서로 구분되는 존재들임에도 불구하고, 신적인 중재자들은 다 이 땅에서 하나님의 임재를 나타내고 있는 것이다.

이러한 천사들에 비해서, 하나님의 속성은 하나님 자신의 일부분으로서 인간들로 하여금 자신들이 하나님의 임재에 더욱 가까이 있음을 알게 해준다. 하나님의 손이나, 이름, 영광들은 인간들로 하여금 그들의 곁에 계신 하나님의 임재를 다른 천사와 같은 중재자들을 거치지 않고 더욱 직접적으로 체험하게 한다. 그러나 역시 하나님의 속성들도 구약 성경에서는 하나님 자신과 동일시되진 않는다. 이중에서도, 하나님의 영은 하나님 자신의 가장 중요한 본질의 한부분으로서 이 땅에서 인간이 경험할 수 있는 가장 친밀한 하나님의 임재를 나타내신다. 그러나 유대인의 사상에서는 이 하나님의 영조차도 하나님과 완전히 동일시되지는 않고 있으며, 때로는 하나님도 자신의 영에 대해서 마치 타인에게 말하는 것처럼 이야기하신다. 우리는 여기서 제한된 인간들의 언어와 이해로서 제한되지 않는 하나님과 그의 영에 대해서 정의하려 하는 모순된 상황에 있다는 것을 겸허히 깨달아야 한다. 하나님에 관한 지식은 인간의 판단 범위를 벗어나는 문제이므로, 위의 두 가지 사실들-한편으로는, 하나님의 영은 하나님의 임재를 나타내고, 또 다른 한편으로는, 하나님의 영은 하나님과 구분된다는 사실들-을 억지로 설명하여 하나님을 인간의 수준으로 낮추지 말고, 대신 이 두 가지 사실들을 건강한 긴장 속에서 동시에 받아들임으로써, 하나님을 인간의 이성과 이해 너머에 계신 분으로 인정해 드려야 한다.

예수님이 오시기 전 중간기 시대에(intertestamental period) 살았던 많은 유대인들은 성경이 다 정경화되었으며, 예언이 끝났다고 믿었다. 그러나 이러한 정경화의 과정 속에서도, 일부 유대인들은 자유로운 창작의 활동들을 멈추지 않고 그들의 후손들을 위하여 많은 외경들을 기록하며 자신들의 성경에 대한 이해와 역사에 대한 해석을 풍성히 남겨주었다. 그중에서도 우리의 주제를 위해서 주목해야 할 사실 한 가지는 유대인들의 외경들에서 그 당시 지중해를 지배한 헬레니즘의 영향으로 인해서 구약 성경에 나타났던 많은 무명의 천사들이 자신들만의 이름과 개성을 가지게 되고(마이클, 가브리엘, 메타트론 등), 그들의 역할들은 더욱 세분화되었다는 사실이다.[11]

이와 동시에, 하나님의 '지혜'와 '말씀'과 같은 하나님의 속성도 거의 독립적인 인격체(hypostatization)로 발전하게 되었다. 특히 지혜서에서는 하나님의 지혜가 직접 세상도 창조하고 이스라엘 사람들도 가르치는 것으로 묘사된다. 묵시 전통(apocalyptic tradition)에서는 에스겔이 보았던 하나님의 영광이(겔 1) "인자"(Son of Man)라고 하는 독립된 인격체로 발전하게 되고(단 7:13-14), 마지막 때에 하나님과 함께 세상을 심판하는 종말론적인 심판자로 묘사되어진다(1En; 2 Baruch; 4 Ezra 13).[12] 하나님의 영은 하나님의 속성으로 잘 간주되지 않는 경향이 있음에도 불구하고, 쿰란 공동체에 의해서 "빛의 천사장"으로 불리우기도 한다(1QS 3:20; CD 5:18; 1 QM 13:10).[13]

초대 교회 성도들에게 있어서 부활하신 예수님은 하나님의 아들로서 천사장들이나 하나님의 속성의 기능들을 자신의 정체성 속에 다 흡수해 버리신다.[14] 이 과정에서 당연히 유대인들의 천사들이나 하나님의 속성들에 관한 이해는 초대 교회 성도들의 예수님의 역할과 정체성에 관한 이해에 많은 영향을 끼치게 된다. 예를 들어 요한은 자신의 복음서의 첫 시작부터 예수님을 하나님의 말씀, 로고스와 동일시한다(요 1). 바울도 예수님을 하나님의 지혜로 부르고 있으며(고전 1:30), 하나님의 영광은 예수님의 얼굴에서 친히 발견되어진다고 주장한다(고후 4:4-6). 복음서의 저자들은 이 땅에서 인간으로 사역하셨던 예수님을 종말에 나타날 심판자이신 "인자"라고 부르는데 주저함이 없다.[15] 특히 성령님은 부활하신 예수님의 영으로서 이 땅에서 주님의 사역을 대신하시는 분으로서 이해되어진다(요 20:22). 바울은 신자들의 경험 속에서 체험하는 성령님은 바로 부활하신 예수님이라고까지 이야기한다(고전 15:45; 고후 3:16-18). 물론, 성령은 하나님과 예수님의 영으로서 두 분과 밀접한 연관성 속에 있으나, 자신만의 인격과 성품을 소유한 독립된 인격체로 묘사되어진다(갈 4:4-

6; 행 10:19).

그러나 유대인들의 천사관과 기독교인들의 예수님에 관한 이해의 근본적인 차이점은 초대 교회에 있어서 예수님은 하나님과 더불어 예배의 대상이 되었으나(binitarian worship model),[16] 유대인들은 어떤 천사나 하나님의 속성들조차도 자신들의 예배의 대상으로 간주하지는 않는다는 사실이다.[17] 심지어, 성령님조차도 부활하신 예수님의 영으로서 이 땅에서 교회를 위해 역사하고 계심에도 불구하고, 초대 교회 성도들의 경배는 하늘에 계신 성부와 성자에게 집중되는 경향이 있었다.[18] 유대인들의 하나님의 영에 대한 이해와 그리스도인들의 성령에 대한 이해의 가장 큰 차이점은, 부활하신 예수가 성령의 주가 되어 친히 성령을 자신의 백성들 곧 교회에 선물로 부어주시는 분이 되었다는 사실이다. 따라서 유대인들의 이해에 있어서 하나님의 영은 하나님의 임재와 능력을 나타내는데 반하여, 초대 교회는 이 하나님의 영과 능력이 이제 부활하신 예수 그리스도의 영과 능력을 나타내게 되었다고 주장한다.

이스라엘의 구원사에 나타난 하나님의 영

창조 시 주어진 하나님의 생명의 기운

창조와 하나님의 영

구약 성경은 하나님과 하나님의 백성을 위한 구원사를 창조에 관한 이야기로 시작한다. 세상이 창조되기 전 흑암이 온 땅을 덮고 있을 때, 하나님의 영이 물위를 운행하고 계셨다(창 1:2). 세상의 빛과 어둠을 나누시고, 만물을 창조하시어 땅과 하늘을 채우신 후 하나님은 말씀하신다: "우리의 형상으로, 우리의 모습을 따라 사람을 만들

자. 그리고 그 사람으로 바다의 물고기들과, 하늘의 새들과, 땅의 가축들과, 땅위에 기는 모든 생물들을 다스리게 하자"(사역, 창 1:26). 창세기 1장 26절의 "우리"라는 표현에 대해서는 이미 너무도 많은 설명들이 제시되었다.[19] 그중에서도, 유대인들은 이 "우리"라는 표현을 신적인 복수형(divine plural) 혹은 천상의 총회(heavenly council)로 설명을 했고, 기독교인들은 삼위일체로서 이해하게 되었다. 누구의 설명이 정답인지를 떠나서, 하나님의 영에 관한 우리의 논의에서 중요한 것은 바로 하나님의 영이 이 창조의 사역에 동참하고 있다는 사실이다. 물론 일부 전통에서는 하나님의 말씀이 창조 사역에서 두드러진 역할을 감당하고 있는 것도 사실이다.

창세기 2장에서 창세기 저자는 하나님이 인간을 창조하신 과정을 창세기 1장에 비해서 더 상세히 설명하고 있다. 특히 2장 7절에 따르면, 하나님은 땅에서 흙을 모아서 아담/사람을 빚은 후, 그 코에 "생기"(the breath of life)를 불어넣어 아담으로 살아 있는 존재가 되게 하신다. 이 생명의 기운 곧 하나님의 입김이 무엇인가? 바로 하나님의 영이다. 노아의 홍수에 대해 설명하면서, 창세기 기자는 사람들이 "생명의 영의 기운"을 잃어버리고 죽음을 맞이했다고 한다(창 7:22). 아담의 타락 후 하나님은 자신의 영이 인간들을 떠나실 것이라고 공포하신다. 하나님의 영이 인간들을 떠나는 결과로, 인간은 영원히 살도록 지어진 존재에서 기껏해야 120년을 살 수밖에 없는 유한한 존재가 되고 만다(창 6:3). 이 창조의 기사에서 보여지듯이, 하나님의 영은 인간에게 생명을 주는 하나님의 생명의 기운으로 묘사되어진다. 창세기보다 수백 년 후에 쓰여진 욥기에 따르면, 의로운자 욥은 그의 세 친구와 변론하는 중에 하나님의 영이 그를 창조하셨고, 하나님의 입김이 그에게 생명을 불어넣어주셨다고 한다(욥 33:4). 여기서 하나님의 영과 하나님의 생명의 기운은 두 개의 다른 존재가 아니라, 한 존재를 지칭하는 두 개의 다른 표현이라고 할 수 있다(cf. 욥 34:14-15; 27:3). 흥미로운 사실은 오직 인간의 생명에만 하나님의 영이 관여하는 것으로 주장되어지고, 동물들이나 심지어 다른 영적인 존재들에 대한 하나님의 영의 역할에 관해서는 아무런 언급이 없다는 것이다.[20]

창세기를 제외한 이스라엘의 다른 기록들에서는, 하나님의 생기로서의 하나님의 영이 별로 언급되지 않는다. 그러나 이스라엘의 멸망을 예언하거나 혹은 경험한 예언자들은 다시 하나님의 생명의 기운으로서의 하나님의 영에 대해서 주목하게 된다. 다시 말하면, 하나님의 새 창조에 대해서 소망하고 예언하기 시작한 이스라엘의 선지자들은 하나님의 창조의 영으로서의 하나님의 영의 역할에 주목하게 된다는 것이다.

특히 이사야는 메시야가 와서 공의와 의로움으로 이스라엘을 다스리게 될 때, 하나님의 영이 사막을 옥토로 바꿀 것을 예언하고 있다(사 32:15). 이사야의 메시야는 모세와 같이 고난받던 "하나님의 종"으로서 하나님의 영이 그 위에 머물 것이며(사 42:1; 48:16), 그의 도래와 더불어 새로운 창조가 있을 것이라고 예언되고 있다.[21] 이스라엘의 멸망 후, 하나님의 새 창조는 특히 새 마음을 가진 새 백성을 창조하는데 집중된다. 에스겔 선지자는 마른 뼈들이 가득한 골짜기에서 하나님의 영이 그 뼈들에 생기를 불어넣어 하나님의 백성들을 만드는 환상을 본다(겔 36-37). 이 새로운 백성은 할례받지 못한 마음으로 하나님의 율법을 파기하였던 목이 곧은 이스라엘과는 달리 하나님의 영이 그들의 마음에 임하여 그들로 하여금 하나님의 법을 쫓아 순종하는 삶을 살게 될 것이다(겔 11:19; 18:31; 36:26; cf. 시편 51:10).

아담의 저주와 이스라엘의 역사

우리는 여기서 한 가지 질문을 하게 된다. 세상의 창조와 종말에 있을 새 창조 사이의 이스라엘의 역사 속에서 하나님의 창조의 기운으로서 하나님의 영의 역할에 대한 구약의 침묵을 어떻게 이해해야 할까? 아니 창조와 새 창조를 제외한 이스라엘의 역사에서 구약은 창조의 영으로서의 하나님의 영에 대해서 정말 침묵하고 있는 것일까?

유대인들의 역사는 찬란했던 다윗과 솔로몬 왕 때의 시기를 제외하고는, 고난과 핍박과 이방인들의 통치로 점철된 역사였다. 특히 바벨론에 의한 성전의 파괴와 뒷따른 이스라엘인들의 망명과 수백 년간의 이방인들에 의한 통치는 유대인들로 하여금 왜 이런 비극적인 일들이 하나님의 백성인 자신들에게 계속해서 반복되어져야 하는지에 대해서 질문하게 하였다. 많은 유대인들은 현재 자신들이 겪고 있는 비극은 자신들이 하나님의 율법을 온전히 순종하지 못하였기 때문이고, 이 불순종의 이면에는 자신들의 피에 흐르고 있는 첫 인간 아담의 죄된 유전자가 있음을 깨닫게 되었다(1QH 18:20; 4 에스라 14:30; 3:20-27; 신 27-30). 이 아담의 저주에 대한 해결책으로 유대인들은 미래에 있을 하나님의 종말론적인 개입과 하나님이 세우신 메시야의 도래를 기대하게 된다. 다가올 미래의 종말의 때에 대한 이들의 기대 속에서 하나님은 새로이 창조된 의로운 그의 백성들을 일으켜 하나님을 순종할 수 있게 하는 새 마음을 주시고, 아담이 누리도록 약속되었던 많은 축복들을 다시 누리게 해주실 것이라고 약속하신다. 과연 창조의 때에 무엇이 잘못되었고, 이스라엘의 역사에서 유대인들은 어떻게 그 아담의 저주를 해결하려고 하였으며, 이 과정에서 하나님의 영은 어떤 역할을 하고 있다고 믿어졌는가?

창조 시 하나님의 영은 아담의 코에 생기로 들어가 아담의 영 가운데 거하게 되었다. 하나님이 말씀하셨듯이, 아담 안에서 "하나님의 형상"을 완성하시고자 함이었다. 하나님의 형상은 하나님을 대신하여 만물을 다스리는 왕으로서의 아담의 역할과 아담을 둘러싼 하나님의 영광을 통하여 표현되어졌다(창 1:26; 모세묵시록 20; 21:6; 2 에녹 30:11; 1QS 4:23; CD 3:20; 1 QH 17:15; 1 에녹 39:9).

그러나 하나님은 하나님의 형상을 소유한 에덴 동산의 왕 아담에게 한 가지 명령 혹은 법을 주셔서, 아담으로 하여금 자신은 피조물에 불과하며 자신 위에 창조주 하나님이 존재하고 있음을 인정하게 하였다(창 2:15-17).[22] 그러나 아담은 선악과를 금하시는 하나님의 법을 지킴에 있어서 실패하였고, 그 실패에 대한 결과로 (1) 아담은 하나님의 영 곧 생기를 잃어버리는 동시에 그에게는 죽음이 선고되었다(창 3:11-24). 또한 (2) 아담은 에덴 동산에서 쫓겨나게 되었고 생명나무 실과에 대한 접근이 완전히 차단되었다. 아담의 저주는 여기서만 그친 것이 아니라, (3) 그에게서 태어난 자손들은 완전한 하나님의 형상이 아닌 타락으로 불완전해진 아담의 형상을 닮은 채 태어나게 되었다(창 5:3). 아담의 형상 곧 아담의 불순종의 유전자를 가지고 태어난 그의 자손들은 계속해서 죄와 죽음을 반복해야 했고, 마침내 하나님의 저주를 받아 노아의 홍수를 맞이하게 되었다. 아담의 죄된 유전자는 인간의 마음에 깊이 뿌리를 내리고, 하나님에 대한 반항과 불순종으로 인간의 삶의 모든 영역에 심각하게 부정적인 영향을 미치게 되었다(4 에스라 3:20-27; 4:30). 하나님은 자신의 형상대로 창조하신 인류를 버리시기로 작정하셨을까? 아니면, 타락한 인간들에게서 자신의 형상을 회복하시기 위한 하나님의 또 다른 계획이 이미 준비되어 있었을까?

유대인들은 그들의 역사에 나타난 영웅들을 아담과 비교하여 묘사하곤 한다. 특히 하나님이 아브람을 불러 아브라함으로 명하시는 사건은 이스라엘의 역사에 매우 중요하다. 아브라함을 통하여 이스라엘이 창조될 뿐만 아니라, 아브라함은 하나님에 대한 믿음을 통하여 아담의 불순종을 극복하게 되기 때문이다.[23] 중간기에 쓰여진 2 바룩 57장에서는, 아브라함과 모세가 "빛나는 물"을 세상에 가지고 와서 아담이 쏟아부어놓은 "어두운 물"을 다 씻어내리는 장면이 나온다. 무엇보다도, 하나님의 명령에 순종한 아브라함과 그의 자손들에게 "기록되어지지 않은 율법"이 새겨졌다고 주장한다. 이 말은 그들이 아담의 불순종에 반하여 하나님의 율법을 따르는 의로운 삶을 살았다는 것이다. 그러나 비록 아브라함이 아담과 달리 하나님께 순종함으로써 열방의 아버지가 되었으나, 아브라함은 아담의 저주를 완전히 끝내지 못하였다. 왜냐하면 그의 자손들은 첫 인간 아담의 전철을 좇아 계속해서 죄를 짓고 죽음을 맞이하며 하나님께 버림받게 되었기 때문이다.

이스라엘의 역사에서는 특히 하나님이 모세와 세운 시내 산 언약이야말로 아담의 저주를 끊어버린 사건으로 주장되어진다.[24] 여기서 하나님의 율법을 받은 후, 모세는 하나님의 영광을 그 얼굴에서 반사하면서 타락 후 하나님의 영광을 상실한 아담의 원형(antitype)으로 나타난다(출 34; 2 바룩 59). 모세는 아담과 달리 하나님께 순종하고, 아담이 파괴한 하나님의 법 곧 율법을 다시 세우는 일을 한다.[25] 랍비들의 전통에 의하면, 모세와 아담이 누가 더 위대한가에 대해서 논쟁을 벌이게 된다. 아담은 자신이 하나님의 형상으로 지어졌음으로 자신이 더 위대하다고 주장하나, 모세는 아담이 그 형상을 잃어버린데 반하여, 자신은 그 하나님의 형상 곧 영광을 시내 산에서 다시 회복하였음을 아담에게 상기시킨다(Dt. R. 11.3). 이스라엘 전통에서는 특히 하나님의 율법이야말로 아담이 잃어버린 하나님의 영광을 영원히 소유하고 있는 것으로 믿어지고 있다. 이런 측면에서, 시내 산에서 율법을 통하여 세워진 언약은 하나님이 그 백성을 새로이 창조하시는 때이며, 아담의 타락을 극복하는 역사적인 사건으로 간주되어진다.[26] 이스라엘은 아담처럼 "하나님의 첫아들"로 불리우게 되며(출 4:22; 4 에스라 6:53-59), 세상이 그들을 위하여 창조되었다고 주장한다(4 에스라 7:10-11). 이스라엘은 자신들이야말로 아담의 죄악된 유전자를 극복한 완전한 인간/아담이라고 믿게 된다.

그러나 랍비들은 모세가 시내 산에서 율법을 선물로 받는 바로 그 순간, 이스라엘이 아론의 지도 아래 황금 송아지를 시내 산에서 만들고 있었으며, 이 황금 송아지 사건으로 인해서 모세가 회복한 하나님의 형상 곧 하나님의 영광을 다시 잃어버리게 되었다고 주장한다. 시내 산 황금 송아지 사건 이후의 이스라엘의 역사에서 보여지듯이, 이스라엘은 하나님의 영광의 율법을 반복해서 범하게 되고, 그 결과로 약속의 땅에서 쫓겨나 바벨론으로 망명을 가게 된다. 이스라엘의 망명은 아담이 하나님의 법을 어기고 에덴 동산에서 쫓겨난 사실과 비교될 만한 것이다(4 에스라 14:30).[27] 다시 말해서, 이스라엘은 자신들의 역사 속에서 아담의 실패를 계속하여 반복하였고, 아담처럼 약속의 땅에서 쫓겨나 망명길을 떠나는 신세가 되었다. 심지어 모세조차도 약속의 땅 가나안 입구에서 고별사를 행할 때, 이스라엘이 약속의 땅에서 하나님의 법을 파기할 것에 대해서 예언하였다(신 27-30). 왜냐하면 모세는 깨닫기를, 하나님이 이스라엘에게 "하나님의 법을 들을 수 있는 귀와, 볼 수 있는 눈과, 깨달을 수 있는 마음"을 주시지 않았기 때문이다(신 29:4; cf. 4 에스라 3:20-27). 이 하나님의 법을 들을 수 있는 귀와, 볼 수 있는 눈과, 깨달을 수 있는 마음은 어떻게 회복될 수 있을까? 에스겔과 예레미야가 예언한 하나님의 백성들의 마음 속에 영원히 거하게 될 하나님의 영을 통해서일까?

그러나 이러한 이스라엘의 불순종의 역사 속에서도, 그들은 하나님의 종말론적인 간섭에 대한 희망을 결코 잃지 않는다. 특히 위에서 이미 언급했듯이, 이사야는 하나님의 고난받는 종 메시야가 올 때에, 그가 하나님의 공의와 의로 백성들을 다스릴 것에 대해서 예언한다. 이사야가 예언한 메시야가 아담이 잃어버린 하나님의 형상으로서의 왕권을 다시 회복하는 것이다. 또한 이사야의 메시야는 아담과 달리 하나님의 법과 뜻에 순종할 것이며, 새 창조의 선구자가 되어 파괴된 세상에 평화를 회복하고, 하나님의 백성을-유대인뿐만 아니라 이방인들도 포함된 백성으로-회복할 것이라고 예언되어진다(사 42:6). 이 종말론적인 메시야가 아담이 잃어버린 것들을 회복할 것이라는 예언과 동시에(e.g. Test.Patr. 18:10-14), 종말에 새롭게 창조될 하나님의 백성은 하나님의 영이 그 속에 거하게 되는 새 마음을 소유할 것이라고 예언되어진다(겔 36; 렘 31). 곧 하나님의 영으로 말미암아 마음에 새겨진 율법과 하나님의 영으로 인하여 하나님의 뜻에 순종하게 되는 새 마음을 가진 하나님의 새 백성이 마침내 아담의 저주를 끝내게 된다는 것이다. 다시 말해서, 하나님의 영을 소유한 새로이 창조된 그의 백성이 아담이 잃어버린 바로 그 하나님의 형상을 다시금 온전히 회복하게 된다는 것이다. 예를 들어 중간기에 쓰여진 2 바룩은 기름 부음 받은 메시야가 나타날 때, 의로운 하나님의 백성들이 다시 모이게 되고, 악한 자들이 심판을 받으며, 하나님을 소망한 자들이 부활하고, 새로운 세상이 창조될 것이라고 예언한다(2 바룩 30:1-32:7; 38:2).

하나님의 백성들을 위한 보편적, 종말론적 선물

이스라엘의 전통에서는 미래에 있을 하나님의 마지막 날에 하나님의 영이 메시야에게 특히 임할 것이 예언되는 동시에, 이 영이 또한 모든 하나님의 백성들에게 풍성하게 부어질 것도 예언되어진다. 이 축복은 예레미야 31장 31-34절에서 가장 먼저 발견되어진다. 이스라엘 역사에 있어서 하나님의 성전이 파괴되어지고 많은 백성들이 바벨론으로 망명길을(exile) 떠나는 사건은 그들에게 가장 충격적인 사건이었다. 무엇이 이스라엘의 멸망을 가져왔는가? 그것은 목이 곧은 이스라엘이 하나님과의 언약을 지키지 못하고, 하나님을 자신들의 하나님으로 경배하지 않고 우상 숭배에 빠졌기 때문이다. 바울이 로마서 7장에서 이야기하고 있듯이, 이스라엘의 선지자들도 이스라엘의 문제가 율법 곧 하나님의 언약을 지킬 수 없는 그들의 완악한 마음에 있다는 것을 깨닫게 되었다. 그래서 예레미야는 먼 훗날 하나님이 이스라엘과 새 언약을 맺을 것을 예언하는데, 이 새 언약은 모세와 세운 처음 언약과 달라서 하나님의 율법이 돌판에 새겨지는 것이 아니라, 사람들의 마음 속에 새겨질 것이다(렘 31:31-33). 예레미야는 이 새 언약의 결과로 모든 사람들이 하나님에 관한 지식으로 충만하여질 것이며, 하나님의 법을 마음 속에서부터 기뻐하며 순종하여 지킬 것이라고 예언한다.

예레미야는 하나님의 새 언약에 대한 하나님의 영의 역할에 대해서 아무런 언급을 하지 않는 듯 보인다. 그러나 에스겔 선지자는 새 언약으로 주어질 새 마음은 하나님의 영과 법으로 채워진 마음이라고 다음과 같이 주장한다:

> "내가[하나님] 그들에게 한 마음을 주고, 새 영을 그들 안에 임하게 할 것이다. 내가 그들의 돌 같은 마음을 제거하고 부드러운 마음을 줄 것이다. 이를 통해서 그들이 나의 법 가운데 걸으며, 나의 명령을 지켜 행할 것이다. 그들은 나의 백성이 되겠고, 나는 그들의 하나님이 될 것이다"(사역, 겔 11:19-20).[28]

이 새로운 마음은 그들의 돌 같이 굳은 마음을 대신하여 하나님의 영의 인도로 하나님의 법 가운데 거하기를 마음속 깊은 곳에서부터 즐거워하는 위로부터 오는 하나님의 선물이다(겔 36:26-27; 39:29; 고후 3). 멸망한 이스라엘에 대해 위로의 예언의 말씀을 전하면서, 에스겔은 마른 뼈가 가득한 들판을 환상 중에 목격한다. 그 환상 속에서 에스겔은 하나님의 영이 마른 뼈들을 소생시켜 살아 있는 하나님의 백성들로 창조하시는 사건을 목도하게 된다(겔 37:5-6, 14). 에스겔 37장 5절과 9절에서 에스겔은 사방에서 바람이 불어와(하나님의 영의 첫 번째 정의가 '바람'임을 기억하자) 죽어 있는 뼈들에게 호흡을 불어넣는 것을 이야기한다. 그리고 곧바로 37장 14절에서 이 생명의 호흡/바람은 바로 하나님의 영이라고 주장한다. 여기서 중요한 사실은, 이 마른 뼈의 환상이 부활을 의미하느냐 아니냐의 문제를 떠나서,[29] 하나님의 새 창조의 역사는 하나님의 생명의 능력이신 하나님의 영이 단지 개인들의 부활만이 아닌 하나님의 백성 전체를 살리는 사역이라는 것이다.

이스라엘의 초기 역사에 있어서 하나님의 영은 오직 특별하게 부름받고 택함받은 이스라엘의 지도자들에게만 부여된 소수만의 특권인데 반하여,[30] 하나님의 종말의 때에 부어질 하나님의 영은 모든 하나님의 백성들이 향유하고 누릴 보편적인 특권으로 묘사되어진다. 특히 종말에 부어지는 하나님의 영은 사람들의 마음을 새롭게 하여 하나님의 말씀 혹은 율법에 순종하게 함으로써 아담의 불순종을 극복하게 한다. 이에 따른 결과로 아담이 세상에 잉태시킨 죽음을 극복하고 아담이 잃어버린 하나님의 영광과 형상이 회복되어지는 것이다. 이 종말론적인 하나님의 영의 보편적인 부어짐은 다름아닌 아담의 타락과 그에 따른 저주를 극복하는 하나님의 새 창조의 활동이다. 이 종말론적인 보편적인 축복으로서의 하나님의 영은 바로 요엘서에

서 가장 강력하게 묘사되어진다:

> "때가 이르리니, 내가[하나님] 나의 영을 모든 인생들에게 부어줄 것이다. 너의 아들과 딸들은 예언할 것이며, 노인들은 꿈을 꾸게 될 것이고, 젊은이들은 환상을 볼 것이다. 그날에는 심지어 남종과 여종들에게도 내가 나의 영을 풍성히 부어줄 것이다"(사역, 욜 2:28-29)

요엘서의 예언에 따르면, 과거에 선지자들의 특권이던 예언의 영이 남녀노소 모든 인생들에게 '퍼부어'질 것이라고 말씀한다. 모든 사람들이 예언을 하고, 꿈을 꾸고, 환상을 보며 하나님의 기이한 역사를 목도할 것이라고 예언되어진다. 종말에 부어지는 하나님의 영은 하나님의 마지막 축복의 때가 종결되었음이 아니라, 시작되었음을 이야기한다. 다시 말해서, 하나님의 종말의 영의 부어짐은 어떤 의미로든 하나님의 영과 그 영의 능력 있는 현상들이(신약 성경에 나타나는 성령의 은사를 포함하여) 그 순간에 끝나는 것이 아니라, 더 풍성한 하나님의 역사들로 계속해서 채워질 것임을 의미한다.[31] 이 종말의 영이 부어진 후, 요엘은 계속해서 예언하기를, 이방인들의 심판과 세상에 임한 여러 가지 무서운 표적들이 따라온다고 한다. 종말에 약속된 하나님의 영은 예언의 영인 동시에 하나님의 백성들의 심령을 깨우고 그들의 하나님을 향한 마음을 새롭게 하는 하나님의 생명의 기운 곧 새 창조의 능력이다.

사사와 선지자를 위한 하나님의 능력과 지혜

위에서 살펴본 바와 같이, 하나님의 영은 창조의 영으로서 사람들에게 생명을 불어넣어 주셨고, 종말의 때에 영적으로 죽어 있는 주의 백성들을 다시 살리시어, 하나님을 마음 깊은 곳에서부터 경배하고 그의 법을 지키는 순종하는 백성으로 새롭게 창조하실 것으로 예견되고 있다. 그러나 다른 한편에서는, 하나님의 영은 이스라엘의 선택된 소수의 지도자들에게 임하여 그들로 하여금 하나님의 백성들의 안위와 평안을 지킬수 있도록 하나님의 능력으로 그들 가운데 임재하였다. 따라서 우리는 사사와 선지자들에게 임한 하나님의 영의 역할에 대해서 살펴보고자 한다.

모세와 하나님의 영

출애굽 과정 중에 모세의 인도하에 있던 이스라엘 백성 가운데 하나님의 임재가 동행하였는데, 그 임재는 하나님의 영이 아닌, 구름 기둥과 불 기둥으로 묘사되어진다. 시내 산에서 율법을 주신 후 하나님은 모세에게 환상을 보여주시며, 하늘에 있는 하나님의 처소를 본따 이스라엘 가운데 장막을 만들 것을 명하신다(출 36-38). 이 장막은 하나님께서 이스라엘과 함께 이 땅에 거하시겠다는 의지의 표현이시다. 그러나 비록 그 장막을 짓는 기술자들에게 하나님의 영이 임하여 장막을 지을 지혜를 주시나, 하나님의 영이 그 장막 가운데 거하셨다고는 언급되지 않는다. 대신 하나님의 영광이 구름과 함께 그 가운데 임하였다고 출애굽기는 전하고 있다(출 40:34-35). 여기서 우리는 하나님의 영광과 하나님의 영의 기능이 서로 겹치고 있음을 본다.[32] 둘 다 이 땅에서의 현저한 하나님의 임재를 나타내고 있음을 알 수 있다.

출애굽 후, 이스라엘은 드디어 약속의 땅 가나안에 정착하게 되며, 하나님의 법궤는 십계명과 아론의 싹난 지팡이와 함께 이스라엘 중에 거하면서 하나님의 임재를 드러내었다. 하나님의 임재는 먼 훗날 솔로몬이 성전을 건축하였을 때에서야 비로소 하나님의 성전을 가득 채우는 하나님의 영으로서 표현되어진다. 물론 이스라엘이 범죄하여 멸망당할 때 하나님의 영은 즉시 성전을 떠나게 되는데, 이는 바로 하나님이 그 백성을 버리셨다는 것을 의미한다.

그렇다면 출애굽 사건 중에서는 왜 하나님의 영이 별로 빈번하게 언급되고 있지 않을까? 모세야말로 이스라엘 전통 중에서 가장 위대한 지도자로 기억되고 있음은 물어볼 필요가 없을 것이다. 그러나 모세의 역할에 대한 긴 기록 중에서 왜 민수기에서 딱 한 번만 모세에게 임하신 하나님의 영이 언급되고 있는 것일까(민 11:24)? 물론 모세는 하나님이 정하신 자신의 죽음을 앞두고 자신을 선지자로 여기며, 먼 훗날 하나님이 자신과 같은 선지자를 그 백성 중에서 세우실 것에 대해서 예언한다: "주 하나님께서 너희를 위하여 나와 같은 선지자를 너희 중에 세우실 터이니, 너희는 그의 말에 순종하라"(사역, 신 18:15; cf. 막 9:7). 또한 모세가 혼자 60만이 넘는 이스라엘 백성들을 다스리고 재판하느라 지쳐서 하나님께 불평할 때, 하나님은 칠십인의 장로들을 세워 모세를 돕도록 하신다. 그때 모세 위에 임했던 하나님의 영이 그 칠십인의 장로들에게 임하자, 그들은 예언을 하기 시작한다(민 11:16-25). 분명히 모세와 칠십인의 장로들에게 임한 하나님의 영은 예언의 영 곧 선지자의 영이다.

그럼에도 불구하고, 사사들과 선지자들은 하나님의 영의 능력과 지혜로 채우심을 입은 후에야 비로소 하나님이 정하신 사역을 시작하였음에 반하여, 구약 성경은 왜 모세에게 임한 하나님의 영의 임재에 대해서 전체적으로 침묵하고 있을까? 여러 가지 이유가 있겠으나, 아마도 모세는 하나님과 직접 대면하여 대화하였으므로 멀리 계신 하나님의 임재를 대변하는 하나님의 영의 중재가 필요 없다고 생각되지는 않았을까?

모세는 하나님으로부터 소명을 받을 때, 불붙은 가시떨기 나무 아래에서 하나님을 직접 대면하였다(출 3:4). 하나님은 자신의 임재가 거한 그곳이 거룩한 곳임으로, 모세로 하여금 신발을 벗어서 하나님을 향한 경배를 표시하도록 명하셨다. 또한 모세는 시내 산에 올라가 율법의 말씀을 받을 때, 하나님과 마주하여 대화함으로써 그의 얼굴에 하나님의 영광이 머물게 되었다(출 34:30-35; cf. 고후 3:2-4:6). 이스라엘 백성들은 모세가 시내 산에서 내려온 후 그의 얼굴에 비치는 하나님의 영광을 인하여 모세를 똑바로 쳐다볼 수가 없었다. 그 때문에 모세는 그의 얼굴을 베일로 가려야만 했다. 모세가 언제나 하나님을 대면하러 갈 때 그는 그의 얼굴에 덮혀 있는 베일을 제거하였고, 이스라엘 백성들에게 돌아와 하나님의 말씀을 전할 때마다 모세는 다시 그 베일로서 자신의 얼굴에 비친 하나님의 영광을 덮어야만 했다.

이 사건 이면에는, 죄악된 인간이 하나님의 영광을 바로 대면하여 볼 수 없다는 이스라엘의 경건한 믿음이 존재한다. 이 사건은 또한 하나님의 형상 곧 하나님의 영광으로 덮힌 아담이 하나님과 직접 교제하다가, 타락 후 하나님을 피하여 숨어야 했던 일화를 떠올리게 한다. 시내 산에서 모세는 아담의 저주를 부분적으로 극복하게 되나, 그 극복은 모세에게만 한정된 제한된 사건이었다. 독자들은 그 시간 이스라엘이 아론의 지휘 아래 만든 금송아지 사건을 기억할 것이다.

드디어 하나님이 명하신 장막이 완성된 후, 모세는 그 장막에서 머물며 하나님과 직접 대면하여 대화하곤 하였다. 이스라엘의 역사상, 누가 감히 하나님께 직접 나아가 하나님과 대면하여 대화하는 특권을 누리게 되었는가? 만약 하나님의 영이 이 땅에서 저 멀리 하늘에 계신 하나님의 임재와 능력을 나타낸다면, 하나님 자신과 직접 대면하는 특권을 누리고 있는 모세에게는 간접적인 하나님의 영의 중재가 필요하지 않다고 여겨진 것은 아닐까? 이런 측면에서, 이스라엘의 전통은 하나님과 직접 대면하였던 모세를 하나님의 영의 중재가 필요하였던 사사와 선지자들보다도 훨씬 탁월한 지도자로 간주하고 있는 것 같다.

사사들과 하나님의 영

출애굽 직후, 이집트를 비롯한 이스라엘의 주변 국가들이 왕에 의하여 지배받는 왕정 국가의 형태를 띠었던 반면에, 이스라엘은 하나님만을 그들의 왕으로 모시는 신정 국가의 형태를 띠게 된다. 그러나 모세 이후로 하나님은 항상 여호수아나 사사들과 같은 자신의 뜻에 합한 인간들을 세우셔서, 하나님 자신을 대신하여 이스라엘을 다스리게 하신다. 하나님은 언제나 이스라엘 역사를 통하여 하나님과 자신의 백성들 간에 인간 중재자를 세우셔서 그 백성들을 인도하신 것을 알 수 있다. 이스라엘의 영적인 지도자들은 어떻게 하나님이 자신을 택하여 이스라엘의 지도자들로 세우셨는지 스스로 자각하게 되었을까? 또 이스라엘 백성들은 어떻게 그들이 하나님으로부터 보냄을 받은 참된 지도자들이라는 것을 믿을 수 있었을까?

하나님의 영은 하나님의 능력과 지혜와 함께 하나님이 택하신 소수의 이스라엘의 지도자들에게 특별한 선물로 주어졌다. 이 하나님의 영의 임재는 너무도 강력하여서, 이 영을 선물로 받은 자들은 자신들이 하나님의 능력에 붙들렸다는 사실을 즉각적으로 깨닫게 된다. 이 하나님의 영의 선물은 한시적인 것이며, 하나님이 정하신 특별한 사명을 완수하기 위하여 필요한 능력을 제공하여 준다.[33]

하나님으로부터 모세의 지혜를 받아 모세 이후에 이스라엘을 이끌어온 여호수아 사후에, 이스라엘이 메소포타미아 왕에 의하여 괴롭힘을 당하게 되었다. 그때, 이스라엘 백성들은 하나님께 기도하며 자신들을 이방인들의 괴롭힘에서 구원해 주시기를 간구한다. 그 기도의 응답으로, 광야에서 하나님의 심판을 피한 두 사람 중에 하나인 갈렙의 동생의 아들 옷니엘에게 하나님의 영이 임한다. 하나님의 영의 임재의 결과로 사사 옷니엘은 이스라엘을 공의로 다스릴 지혜를 얻고, 또 메소포타미아와의 전쟁에서 승리할 수 있는 능력을 부여받는다(삿 3:9). 또한 삼손은 그의 부모님과 함께 딤나라고 하는 지역으로 내려갔을 때, 젊은 사자의 공격을 받게 된다. 그때 하나님의 영이 힘있게 삼손 위에 임하여 삼손으로 하여금 사자를 제압하여 죽일 수 있는 힘을 갖게 하신다(삿 14:5-6; cf. 15:14). 삼손은 자신에게 임한 하나님의 영의 임재와 능력을 즉각적으로 자각하여 느낄수 있었다. 이 사사들에게 임한 하나님의 영의 임재의 목적은 무엇인가? 하나님은 이들 사사들을 택하신 후, 자신의 영으로 채우시고 특별한 능력으로 강하게 하신 후, 그의 백성 이스라엘을 이방인들의 손에서 구원하게 하셨다(cf. 기드온, 입다, 그리고 사울).

어떻게 하나님의 영이 옷니엘이나 삼손과 같은 특별한 소수의 사람들에게만 임하고, 또 왜 임하시는지에 대해서 많은 경우 성경은 침묵하고 있다. 하나님이 자신의 뜻에 합한 자들을 자신의 기쁘신 뜻에 따라 선택하셨다는 사실 이외에는 어떠한 설명도 주어지지 않는다. 그러나 누구든지 하나님의 영에 의해 붙들린 자는 이스라엘의 지도자로서의 역할을 감당하게 되고, 하나님의 택함받은 지도자들은 하나님의 영으로 기름 부음을 받게 된다. 하나님의 영의 오고감은 예측할 수 없지만(영의 일차적인 의미는 바람임을 기억하자), 하나님의 능력은 하나님의 영을 체험한 자나 또 그들을 관찰하는 자들이 다 부인할 수 없을 정도로 강력하고 현저한 모습으로 나타났다.

그러나 사사들에게 임한 하나님의 영은 한시적으로 그들 가운데 머물면서, 하나님이 정하신 역할이 끝나면 인간들로부터 물러나 하나님께로 돌아가게 된다. 예를 들어 사울이 사무엘에 의해서 기름 부음을 받고 하나님의 영으로 채워지는 그 순간, 하나님의 영은 사울에게서 떠나시게 된다. 그러나 더욱더 흥미로운 사실은, 사울에게서 하나님의 영이 떠나자마자 악한 영이 그를 찾아와 괴롭히기 시작한다는 것이다(삼상 16:14). 그렇지만 하나님의 영에 붙들린 다윗이 사울을 위해 노래 부르면, 악한 영이 사울을 떠나곤 하였다. 여기서 우리는 하나님의 영과 악한 영들과의 싸움을 최초로 목격하게 된다. 사사들에게 임한 하나님의 영은 하나님의 백성들을 인도하고 보호하기 위한 특별한 하나님의 돌보심의 결과였고 그 영의 임재는 한시적인 것이었다.

선지자들과 하나님의 영

사사들의 경우와 유사하게, 선지자들도 하나님의 영에 붙들려 특별한 기적을 행하거나, 예언을 하게 되었다. 위에서 이미 언급한 것처럼, 모세가 혼자 60만이 넘는 이스라엘 백성들을 다스리고 재판하느라 지쳐서 하나님께 불평할 때, 하나님은 칠십 명의 장로들을 세워 모세를 돕도록 하신다. 그때 모세 위에 임했던 하나님의 영이 그 칠십 명의 장로들에게 임하자 그들은 예언을 하기 시작한다(민 11:16-25).

이스라엘의 초대 선지자 사무엘은 선지 학교를 만들어 제자 선지자들을 길러내어 하나님의 말씀을 분별하고 예언하는 법을 가르쳤다. 사울 왕의 사신이 사울 왕의 명을 받고 사무엘을 방문했을 때, 그 사신은 사무엘의 제자 선지자들이 예언하는 것을 본다. 그러자 신기하게도, 그 사신도 선지자들의 예언의 영의 영향을 받고 덩달아 예언을 하기 시작한다(삼상 19:23). 다윗도 "하나님의 영이 나를 통해서 말씀하셨다. 그의 말씀이 나의 혀 위에 임하여 있다"(사역, 삼하

23:2-3)라고 고백하였다. 이 선지자의 전통 속에서 하나님의 영은 예언의 영으로 묘사되어지며, 하나님의 마음과 뜻을 분별하여 그 백성들에게 계시해주는 기능을 하였다. 엘리야와 엘리사의 전통에서 잘 보여지고 있듯이, 이 예언의 영은 또 선지자들로 많은 기적들을 행하게 하였다.

흥미로운 것은 사사들에게 임했던 하나님의 영이 전혀 예측할 수 없던 바람처럼 그 오고가는 것을 알 수 없었다면, 예언자들의 영은 그 제자들에게 전승되는 경향이 있다는 것이다. 모세가 자신의 은퇴를 앞두고 여호수아를 세울 때, 모세가 여호수아의 머리에 손을 얹고 기도하자 "지혜의 영"이 여호수아에게 임한다(신 34:9). 그러나 이러한 특정한 임무를 위하여 하나님의 영이 계승되는 현상은, 엘리야-엘리사 전통에서 가장 두드러지게 나타난다. 엘리야가 하나님의 부름을 받고 하늘로 불리워갈 때, 그의 제자 엘리사는 하나님의 영을 갑절로 달라고 요청한다(왕하 2:9).[34] 자신의 기도의 응답을 체험한 엘리사는 엘리야가 행한 기적들을 재현할 뿐만 아니라, 그의 스승이 행하지 못한 다른 많은 기적들을 행하게 된다.

엘리야는 그의 생전에 비를 그치게 하거나(왕상 17:1) 다시 내리게 하고(왕상 18:41-45), 빈그릇에 넘치도록 기름을 채우고, 죽은 소년을 살려내며, 불을 하늘에서 내려 제단(왕상 18:38)과 아하시야의 군사들을 다 태워버리고(왕하 1:10-12), 요단 강을 가르고 건너간다(왕하 2:8). 엘리사도 그의 스승 엘리야가 행한 모든 기적들을 다 행할 수 있게 된다. 어떤 랍비들의 전통에 따르면, 엘리야는 일곱 가지의 기적을 행하였으나 엘리사는 열네 가지의 기적을 행하였다고 한다. 엘리야-엘리사 전통에서 특이할 만한 점은, 그들에게 임한 예언의 영이 그들로 많은 기적을 행하게 했다는 것이다. 이 기적들은 그들의 예언의 말씀들이 하나님으로부터 온 참된 말씀이라는 것과, 그들이 하나님에 의하여 세움받은 참된 선지자라는 것을 사람들에게 증거하는 역할을 하였다.

　선지자들에게 임한 하나님의 영은 무엇보다도 하나님과 그 백성들 간의 직접적인 의사 소통을 가능하게 하였다. 하나님의 영은 하나님의 마음속 깊은 생각들을 살피시는 분이시다(cf. 고전 2:10-12). 하나님의 영은 선지자들의 마음 속에 혹은 환상과 꿈으로써 하나님의 뜻과 지혜를 알게 하시고, 그 말씀들을 백성들에게 전하게 하신다. 발람은 자신을 환상을 보는 자로 칭하고 있고(민 24:2-3), 요셉은 하나님의 영으로 인하여 꿈을 꾸고 해석하는 자로 바로의 궁전에 알려지게 되었다(창 41:38; cf. 렘 23:25-28). 미가서 3장 8절과 호세아 9장7절은 선지자들을 "하나님의 영의 사람"이라고 부르고 있다.

　그러나 이스라엘 역사 초기에 선지자들의 예언이 이스라엘이 처한 특별한 상황에 관한 하나님의 지혜로우신 인도에 있었다면,[35]이스라엘 역사 후기로 갈수록 선지자들의 예언은 하나님의 율법에 종속되는 경향을 나타낸다. 후기 선지자들의 예언은 이스라엘의 특별한 상황보다도, 하나님의 말씀을 바르게 이해하는 것에 대해서 더 촛점을 맞추게 된다. 이러한 현상은 예언되어진 말씀들이 성경으로 권위를 인정받아 정경화되는 과정 중에 있었음을 잘 보여주고 있다. 특히 정경화가 끝난 후, 예언은 하나님의 백성들이 율법에 관해서 보여주는 잘못된 자세들을 지적하여 다시 율법으로 돌아오도록 사람들을 권면하는 기능을 하게 된다(왕하 17:13ff; 말 4:4-6). 한마디로 말해서, 예언의 전통이 말씀과 율법의 권위에 복종되어졌다 하겠다.

　엘리야가 호렙 산에서 하나님을 대면할 때, 하나님이 움직이시자 거기에 "바람"(루아흐)과 지진과 불이 일어났다. 그러나 하나님은 거기에 계시지 않고 그후에 세미하게 들려오는 하나님의 말씀 중에 계셨다(왕상 19:11-13). 이 사건은 후기 이스라엘의 믿음 속에서 하나님의 말씀이 하나님의 영보다도 더욱더 하나님의 임재를 잘 나타내고 있다는 것을 상징적으로 보여주고 있다. 물론, 일부 예언자들은 서기관들이 주장하는 성경의 정경화에 따른 예언의 소멸에 반대하여, 자신들만의 공동체를 조직하여 묵시 문학을 쓰거나, 이스라엘의 옛적 조상들의 이름으로 자신들의 예언을 대중에게 전달하곤 하였다.[36] 이것이 바로 정경화가 끝난 중간기에, 왜 그토록 많은 외경들이 이스라엘의 유명한 조상들의 이름으로 쏟아져 나왔는지에 대한 이유가 되겠다.

결론적으로, 사사와 선지자들에게 임한 하나님의 영은 특별한 인간들을 이스라엘의 지도자로 세우신 하나님의 선택의 결과로 주어진 선물이었다. 하나님의 영은 사사와 선지자들이 하나님으로부터 부여받은 특별한 임무를 잘 완수하도록 하나님이 능력으로 함께 하셨던 것이다. 이 하나님의 영의 선물은 한시적이며, 하나님의 영의 임재의 결과로 이스라엘의 지도자들은 하나님에 뜻에 대해서 분별하게 되고, 이스라엘을 다스릴 지혜를 얻게 되며, 곤궁에 처한 이스라엘을 구할 수 있는 하나님의 능력으로 채워지게 되었다. 또한 엘리야와 엘리사의 전통에서 보여지고 있듯이, 하나님의 영이 임한 선지자들은 여러 가지 초자연적인 기적들도 행하곤 하였다. 예수님이 갈릴리에 나타나셔서 성령이 충만하여 여러 기적들을 행하시며 능력 있는 가르침을 베푸실 때, 사람들은 당연히 엘리야가 부활했다고 생각할 수도 있었을 것이다(막 8:28). 그러나 사사와 선지자들에게 임한 하나님의 영은 그들 개인만을 위한 하나님의 선물이 아니라, 하나님의 백성들을 보호하고 하나님의 길로 인도하기 위한 하나님의 백성 공동체를 위한 특별한 선물이었다.

왕과 메시야에게 임한 기름 부음

사사 시대가 끝나고 다윗의 왕조가 시작될 때, 열왕기상하에서 발견되는 왕조의 이데올로기(royal ideology)에 따르면, 하나님의 영은 한시적으로 개인에게 머무르는 것이 아니라, 다윗의 자손들에게 계속해서 계승되어지는 것으로 이해되기 시작한다. 특히 기름 부음을 통해서(삼상 16:13-14), 하나님의 영이 이스라엘의 왕들에게 계속적으로 부여되고 있음을 볼 수 있다.[37] 그러나 실제적으로는, 오직 사울과 다윗의 경우에만 사무엘에 의하여 기름 부음을 받고 특별한 하나님의 영의 임재와 능력을 경험하며, 다른 왕들의 경우는 하나님의 영으로 말미암는 특별한 기름 부음을 경험하지 못하였다.[38] 솔로몬이 왕으로 즉위할 때, 그는 기브온에서 꿈을 꾸고 하나님을 만나게 된다(왕상 3). 곧 왕이 되어 이스라엘을 다스릴 솔로몬에게 하나님의 영이 아닌, 지혜가 주어졌다. 물론, 이 지혜는 하나님의 영으로부터 왔음으로 솔로몬은 하나님의 영으로 기름 부음 받았다고 할 수 있으나, 하나님의 영에 관해서 성경 저자가 침묵하고 있다는 것은 주목할만 하다.

그러나 이사야가 미래에 오실 왕 같은 메시야에 대해서 예언을 할 때, 하나님의 영의 임재는 다시 굉장히 중요한 역할을 감당하게 된다(사 11:1-10). 다윗의 자손 중에 나올 이 미래의 메시야에게 하나님의 영이 임할 것이라고 예언되어지고 있는데, 특히 이 메시야에게 임한 하나님의 영은 "지혜와 이해의 영," "권고와 능력의 영," 그리고 "지식과 하나님을 향한 경외의 영"으로 불린다(2절). 지혜와 이해의 영은 그의 재판장으로서의 역할을 이야기하고, 권고와 능력의 영은 전쟁을 이끄는 지도자를 묘사하며, 지식과 두려움의 영은 메시야가 하나님에 대해서 가지는 특별하고 밀접한 관계를 상징한다.[39]

이 미래의 메시야는 공의와 정의로 그 백성을 다스릴 것으로 예언되어 있는데, 공의와 정의는 왕되신 하나님의 가장 중요한 성품들이다. 흥미로운 것은 이 미래의 메시야는 짐승들과 사람들 간에 평화를 가져오고, 광야 같은 이스라엘을 옥토로 바꾸는 하나님의 새 창조의 도구가 된다는 것이다. 또한 그는 흩어진 하나님의 백성들을 모아 새로운 하나님의 백성을 창조할 것이며, 이스라엘을 핍박한 모든 이방인들을 심판할 것으로 묘사되어진다. 그러나 그의 새 백성이 이스라엘 뿐만 아니라, 이방인도 포함하고 있다는 사실은 매우 예외적으로 중요하다 하겠다(사 42:6). 아마도 이방인들도 이 메시야의 백성이 될 수 있다는 사실 때문에, 예수의 복음이 유대인들보다도 이방인들에 의하여 더욱더 환영받고 믿어지는 것을 목격한 초대 교회는 이사야의 메시야에 대한 예언을 그들의 메시야인 예수 그리스도에게 적용하기를 즐겨하였을 것이다.

이사야가 예언하는 메시야는, 위에서 이미 언급한 것처럼, 공의와 의로 그 백성을 다스리는 왕인 동시에, 고난받는 선지자로서도 묘사되어진다. 이미 잘 알려진 소위 "하나님의 고난받는 종"(사 42:1)으로서의 하나님의 택한 메시야는 그 위에 하나님의 영이 임하여 하나님의 택하심과 임재가 동행할 것으로 묘사되어진다. 또한 하나님의 고난받는 종은 하나님의 새 창조의 역사와 밀접하게 연관된다(사 42:5). 하나님의 고난받는 종에게서 흥미로운 점은 그가 하나님이 자신의 백성들과 세울 새 언약의 증거가 될 뿐만 아니라, 이방 나라들에게도 역시 구원의 빛이 될 것이라는 것이다(6절). 다윗의 자손들 특히 왕 같은 메시야가 이방인들의 압제에서 이스라엘을 구원하는 하나님이 정하신 왕으로 묘사되는데 반하여, 하나님의 고난받는 종은 이스라엘뿐만 아니라 이방인들도 구원하여 다스리시는 온 열방의 왕이 될 것으로 예언된다. 이는 창조주 하나님이 이스라엘만의 하나님이 아니요, 그가 친히 창조하신 온 세상의 주인이시라는 사실을 잘 나타내주고 있다.

이미 하나님이 아브라함을 불러 이스라엘을 창조하실 때 하나님은 아브람을 아브라함이라 부르셨으니, 이는 그가 이스라엘만의 아비가 아니라 "열방의 아비"가 될 것이기 때문이다(창 17:4-5). 하나님은 아브라함에게 이스라엘뿐만 아니라, 온 열방이 다 그를 통해서 하나님의 복을 체험하게 될 것이라고 분명히 말씀하셨다. 아브라함을 불러내어 이스라엘을 세우신 그때부터 하나님은 온 세상을 자신의 새 창조의 프로그램 속에 포함시켰음을 이사야는 우리에게 말하여 주고 있다. 이사야 42장 6절은 초대 교회 성도들에게 예수님의 복음이 왜 이방인들 가운데서 그렇게 큰 성공을 거두게 되었는지에 대해서 잘 설명해 주었고(눅 2:32), 바울로 하여금 이방인의 선교에 전념할 수 있게 하는 성경적 근거를 제시하여 주었다.

하나님의 고난받는 종은 또 눈먼자들의 눈을 뜨게 하고, 감옥에 갇힌 자들의 결박을 푸시며, 하나님의 새로운 일들을 선포하신다고 한다(사 42:7-9). 이사야의 메시야 고난받는 종은 스스로의 정체성과 사역에 관하여 다음과 같이 고백한다:

> "주님이 나를 기름 부으심으로 주 하나님의 영이 내게 임하였다. 이는 고통받는 자들에게 복음을 전하려 하심이다. 그가 나를 보내심은 심령이 상한 자들을 세우려하심이며, 포로된 자들에게 자유를 선포하려 하심이며, 감옥에 갇힌 자들에게 해방을 선포하려 하심이다"(사역, 사 61:1).

세례 요한이 자신의 제자들을 예수님께 보내어 예수님이 구약 성경에 의하여 예언된 메시야인지에 대해서 묻자, 예수님은 이사야의 예언이 어떻게 자신의 사역에서 이루어졌는지에 대해서 말씀하신다. 이사야서가 왜 초대 교회 성도들에게 가장 많이 인용되는 선지서인지는 너무도 명백하다 하겠다.

결론

위에서 우리는 하나님의 영이 구약 성경에서 어떻게 크게 두 가지 형태로 역사하는지에 대해서 살펴보았다. 첫 번째는 하나님의 영은 하나님의 창조 시 동행한 하나님의 생명의 기운이었다. 하나님의 영은 흙에 불과한 아담에게 생기를 불어넣으셨고, 아담처럼 불순종하여 하나님께 버림받은 그의 백성에게 새 생명을 줄 것이라고 예언되었다. 이는 에스겔이 본 마른 뼈의 환상에서 가장 잘 보여진다. 또한 이 생명의 기운으로서의 하나님의 영은 종말의 때에 다시 부어져, 아담의 불순종의 유전자를 가지고 태어나 하나님의 법에 순종할 수 없는 목이 곧은 백성들의 돌 같이 굳은 마음을 변화시킬 것으로 기대되어졌다. 이는 하나님의 영이 사람들의 마음에 거하여 하나님의 뜻을 알게 하고, 그 뜻에 순종함으로써 하나님이 아담에게 기대하셨던 완전한 인간 곧 하나님의 형상을 지닌 참 아담을 만들어 가신다는 것이다.

두 번째는 창조로 시작하여 새 창조로 마무리되어지는 이스라엘의 역사 가운데서, 하나님의 영은 특히 선택된 소수의 지도자들에게 임하여 하나님의 능력과 지혜를 경험하게 하셨다. 하나님의 영의 지혜와 능력을 덧입은 지도자들은 하나님의 백성들을 하나님의 길로 인도하고, 그들의 원수들로부터 보호하는 역할을 감당하였다. 이들에게 임한 하나님의 능력으로서의 하나님의 영은 하나님의 백성들을 향한 하나님 자신의 계속된 관심과 사랑과 돌보심을 의미한다. 이 두 가지 하나님의 영의 역할은 이사야가 예언한 기름 부음 받은 메시야와 그가 행할 새 창조의 사역에서 절정을 이루고 있으며, 이 새 창조의 소망과 종말에 다시 부어질 하나님의 영은 많은 이스라엘의 선지자들에 의하여 반복해서 예언되고 소망되어졌다.

  초대 교회가 그들의 예배와 삶 가운데서 성령을 체험하고 예수님의 메시야 되심을 깨닫게 되었을 때, 그들은 위의 예언의 말씀들이 그들의 삶 가운데서 또 예수님의 사역 가운데서 모두 이루어진 것으로 굳게 믿게 되었다. 특히 오순절 날 성령을 폭포수처럼 체험한 초대 교회는 자신들이 살고 있는 시대가 바로 이 예언자들이 말한 종말의 때라고 확신하게 되었고, 자신들의 체험 속에서 지금 이 하나님의 영에 관한 종말론적인 예언들이 다 성취되고 있다고 믿게 되었다(행 2:17-20). 그들은 이 종말의 때는 사도들의 시대에 종결된 것도 아니고 정경이 완성된 후에 끝나는 것도 아니며, 오직 주님의 재림의 때에 부활을 경험함으로써 완성된다고 믿었다(고전 15). 다시 말해서 현재 우리가 살고 있는 시대는 종말의 마지막을 향하여 힘차게 달려가고 있는 종말이 한참 진행되고 있는 때이다. 종말의 영으로서의 성령의 역사와 그 현저한 능력의 은사들이 현재 종말을 살고 있는 성도들의 삶과 교회에서 사라져야 정상인가? 아니면, 종말을 살고 있는 성도들에게 성령의 현저한 역사가 예언과, 환상과, 꿈과 그외의 많은 성령의 은사와 능력들로 다양하게, 그리고 역동적으로 나타나는 것이 정상인가?

  신약 성경에서는 예수의 그리스도이심과 성령세례는 밀접하게 연관되어지고 있으며, 그의 새 창조의 사역과 교회의 탄생, 그리고 믿는 자들의 마음 속에서 삶을 변화시키는 성령님의 능력들이 구약 성경에서 발견되는 다양한 예언들에 근거하여 자세하게 다루어지고 있다. 또한 부활은 창조의 영이신 성령님의 가장 중요한, 그리고 마지막 사역으로 묘사된다. 성령은 성도들의 삶과 영화와 부활을 통해서 하나님의 형상 곧 그리스도의 형상을 하나님의 백성 가운데서 회복시키시는 분으로 묘사되어진다(롬 8; 고전 15; 고후 3:16-4:6; 빌 3:18-20). 이러한 다양한 초대 교회의 경험과 구약의 예언들을 근거로 하여 어떻게 자신들의 성령 체험을 여러 가지 형태로 묘사하고 있는지에 대해서 추후에 자세히 살펴보게 될 것이다. 그러나 우리는 먼저 신약 성경이 쓰여지기 전 중간기 유대인들의 생각 속에서 어떻게 하나님의 영이 이해되고 있었는지에 대해서 먼저 살펴보아야 한다.

CHAPTER

중간기 유대 문헌에 나타난 하나님의 영

(Andrei Rublev 1360-1430)

위에서 우리는 구약 성경에 나타난 하나님의 영의 역할에 대해서 살펴보았다. 초대 교회는 구약 성경을 당연히 자신들의 성경으로 간주하며, 그들이 경험하였던 예수님의 가르침과 사역을, 또 그들이 현재 경험하고 있는 성령의 역사에 대해서 이해하는 기준으로 삼았다. 그러나 구약 성경은 마치 진공 포장된 채 외부의 오염에 완전히 차단되어 초대 교회에 전달된 거룩한 말씀이 아니라, 유대인들의 많은 해석학적인 전통과 더불어 그들의 삶 속에서의 살아 있는 적용을 통해서 초대 교회에 전달되었다. 따라서 초대 교회 성도들의 성령에 관한 구약 성경 이해를 보다 정확하게 살펴보기 위해서는, 우리는 먼저 어떠한 해석학적인 전통들이 1세기 유대 사회에 존재하고 있었는지에 대해서도 조사해 보아야 한다. 다시 말하면, 구약 성경과 신약 성경 중간기에 나타난 유대 문헌들은 우리로 하여금 어떻게 초대 교회 성도들이 성령과 구약을 이해하였는지에 대한 많은 정보를 제공해주고 있다. 마치 21세기를 살아가고 있는 우리 대한민국의 교회들이 우리를 둘러싼 세상의 여러 가지 일들과 교회의 전통에 대해서 끊임없이 반응하며 우리의 신앙을 세워가고 있듯이, 초대 교회 성도들도 그들이 처한 역사적인 상황과 자신들의 전통, 특히 유대교 전통의 영향 아래서 그들의 믿음을 형성해갔던 것이다. 따라서 우리는 이 중간기에 나타난 유대 문헌들을 통해서 어떻게 유대인들이 하나님의 영에 대해서 이해하였고, 구약 성경을 이해하였는지에 대해서 먼저 고찰해 보고자 한다.

예언이 폐한 시대

어떤 랍비들은 하나님의 영은 "예언의 영"이므로, 선지자들이 이 땅에서 사라졌을 때, 하나님의 영도 사라졌다고 주장한다(y. Sanh. 10: 28b, 51). 이들은 말하기를 학개, 스가랴, 그리고 말라기와 같은 마지막 선지자들의 사후에는 예언의 영 곧 하나님의 영이 이스라엘을 버렸다고 주장한다(t. Sota 13:2ff). 뿐만 아니라, 첫 번째 성전이 바벨론에 의하여 무너졌을 때, 하나님의 영이 이스라엘을 완전히 떠났다고 그들은 믿었다.[40] 예수님이 오시기 2-3백 년 전 팔레스타인을 다스렸던 유대인 지도자들 마카비와 그의 자손들의 시대에도, 유대인들은 예언의 영이 그치고 예언의 말씀이 폐지되었다고 믿었다(1 마카비 9:27). 이 예언의 시대가 끝났다는 믿음 이면에는 에스라 이후로 하나님의 뜻은 오직 율법의 말씀을 통해서만 드러나며, 더 이상 특별한 예언을 통해서 하나님의 말씀이 계시되지 않는다는 유대인들의 믿음이 있었다. 다시 말해서, 하나님의 예언의 말씀들이 정경으로 기록되었음으로, 더 이상 하나님으로부터 오는 특별한 예언의 말씀이 가능하지 않다는 것이다.[41] 이런 유대인들의 예언에 대한 회의적인 관점을 직면한 선지자들의 후손들은 혹은 여전히 예언이 가능하다고 믿고 있는 일부 유대인들은 자신들만의 공동체를 구성하여 유대 사회로부터 격리된 삶을 살거나, 아니면 먼 옛날 유대 족장들의 이름으로 자신들의 예언을 기록하여 대중에게 제시하곤 하였다.[42]

그러나 이러한 예언의 시대가 폐하였다는 보편적인 믿음에도 불구하고, 중간기를 살았던 일부 유대인들은 여전히 하나님의 영이 개인들에게 임하여 주신다고 믿었다. 중간기의 유대인들의 사상에는 유대 사회를 지배했던 몇몇 인기 있는 공동체들의 주장 외에도, 다양한 소수 공동체들에 의한 여러 가지 의견들이 함께 존재하고 있었음을 기억해야겠다. 물론, 여기서 말하는 개인들에게 주어지는 하나님의 영의 역사는 성경으로 기록되어진 옛 선지자들의 예언의 말씀과는 비교되어질 수 없는 것이거나, 혹은 단지 율법의 말씀을 해석하는 수준에 그치곤 하였다. 예를 들어 기원전 2세기의 유명한 유대인 선생 벤 시라는 말하기를, 하나님의 율법을 공부하는 일에 전념하는 자에게 하나님이 그의 영을 여전히 부어주신다고 한다(시라 38:34-39:6). 그에 따르면, 하나님의 영은 새로운 계시의 말씀을 주시기보다는, 율법을 공부하는 자의 마음에 율법을 이해할 수 있는 지식과 지혜의 말씀을 주신다고 한다. 1세기 유대인 장군이요 역사가인 요세푸스는 기원전 2세기에 팔레스타인을 다스렸던 마카비의 자손 요한 힐카누스가 예언을 하였다고 주장한다. 요세푸스는 요한 힐카누스 외에도 예언을 하였던 다른 많은 유대인들에 대해서도 언급하고 있다. 또한 1세기 알렉산드리아의 헬라파 유대인인 파일로(Philo)는 주장하기를, 자신도 모세가 소유하였던 바로 그 하나님의 예언의 영을 소유하였다고 한다(Som. II, 252). 그러나 파일로나 요세푸스는 예외적인 경우에 속하며, 쿰란 공동체와 일부 묵시론자들을 제외한 대부분의 유대인들은 예언의 시대가 이미 끝났거나, 정경의 권위 아래 예언이 복종된다고 믿었다.

마지막 때에 다시 부어질 하나님의 영

흥미롭게도, 이러한 유대인들의 예언의 영 곧 하나님의 영이 그쳤다는 믿음은 많은 유대인들로 하여금 하나님의 영이 다시 강물처럼 쏟아 부어질 그 마지막 날 곧 주의 날에 대한 기대를 높여주었다(Num. Rab. 15.10; Yoma 73). 이들의 미래에 쏟아질 하나님의 영에 대한 기대는 그들이 역사를 다음과 같이 세 단계로 나누어 이해하고 있음을 보여준다: (1) 하나님이 선지자들을 통해서 예언의 말씀을 전해주셨던 위대한 영감의 시대; (2) 예언이 폐한 시대; 그리고 (3) 다시 하나님의 예언이 강물처럼 부어질 미래의 종말의 시대.[43]

앞에서 이미 언급한 것처럼, 요엘서 2장 28-29절은 이런 미래에 있게 될 하나님의 예언의 영에 대한 유대인들의 생각을 잘 대변하여 준다. 하나님의 예언이 강물처럼 다시 부어질 미래의 시대는 특히 예언자적 전통에 속한 묵시론자들에게(apocalypticists) 인기가 많았다.[44] 그러나 많은 묵시론자들은 자신들이 받았다고 주장하는 예언의 말씀들을 여전히 자신들의 이름으로 공포하지 못하고, 대신 이스라엘 역사 속의 유명한 조상들의 이름으로 자신들의 예언을 기록, 전달하곤 하였다. 예를 들어 기원전 3세기에 쓰여진 1 에녹서에서는 예언의 영을 소유한 저자가 하나님의 영에 의하여 들림을 받아 하늘로 올라가게 된다. 그는 해석하는 천사(angel of interpretation)에 의하여 천국과 세상 여러 곳을 돌아보면서, 신비한 환상과 계시를 받게 된다. 그러나 저자는 이 책에 담긴 많은 계시들은 수천 년 전 죽음을 맞보지 않고 하늘로 올라간 에녹이 직접 하나님으로부터 받은 계시의 말씀 이라고 주장한다.

특히 쿰란 공동체는 그 미래에 부어질 것으로 약속된 하나님의 영 이 현재 그들 가운데 이미 거하고 계신다고 믿었다.[45] 쿰란 공동체는 자신들의 공동체가 하나님이 약속하셨던 바로 그 종말론적 새 언약 속에서 하나님과 관계하고 있으며(cf. 렘 31; 겔 36-37), 모든 공동체 구성원들이 다 하나님의 영 곧 성령을 소유하고 있다고 믿었다.[46] 쿰 란 공동체의 사해문서(Dead Sea Scrolls)에서는 하나님의 영이 당시 의 어떤 유대 문서들에서보다도 더 빈번히 언급되고 있다. 하나님의 영에 대한 그들의 이해는 전체적으로 구약의 이해와 매우 유사하다. 하나님의 영은 때로는 바람(1QH 1:10; 19:3; 4Q381 46:6; 4QpPs37 3:8; 4Q381 29:3)으로 불리기도 하나, 많은 경우에 있어서는 악한 영 과 대비되는 하나님으로부터 온 거룩한 영 곧 성령으로 불린다.

그러나 쿰란 공동체는 하나님의 영에 관한 자신들만의 독특한 이 해도 가지고 있었다. 성령에 관한 그들만의 독특한 이해는 소위 말하 는 "두 영의 원리"(the doctrine of the two spirits)에서 잘 발견된다.[47] 1QS 3:13-4:26에서 보여지듯이, 이 두 영의 원리에 따르면 (1) 모든 인간들의 삶이 두 가지 다른 영의 지배를 받는데, 이 두 가지 영은 "진 리의 영"과 "악의 영"이다. (2) 따라서 모든 사람들의 행동은 그들을 지배하는 영들에 의해서 이미 결정되어 있으나, 때론 악한 영이 의로 운 자도 미혹할 수가 있다. (3) 이 두 가지 진리의 영과 악의 영은 사 람의 마음 속에서 끝없이 싸우고 있다. (4) 그러나 마지막 구원의 때 에는 하나님이 자신을 믿고 따른 신실한 자들을 이 악한 영의 시험으 로부터 완전히 구원할 것이다. 쿰란 공동체의 "두 영의 원리"는 엄격 한 선악의 이원론(dualism)에 그 바탕을 두고 있는데, 선한 영과 악한 영의 전쟁의 근간이 되는 이 이원론은 중간기 유대 문서에서 공통적으로 발견된다(1 에녹 19; Jub. 10; 22:17). 창세기 6장에서 이미 악한 영들이 타락한 천사들과 연관되어졌다(cf. 1 에녹 15). 쿰란 공동체는 자신들의 공동체의 구성원이 아닌 외부 사람들은 다 악한 영의 영향 아래 있다고 믿었으며, 공동체 외부의 사람이 쿰란 공동체의 구성원이 되는 정화 의식을 거친 후에는 이 진리의 영이 그들의 마음 속에도 들어올 수 있다고 믿고 가르쳤다(1QH 13:19; 16:11; 17:17).

쿰란 공동체에 따르면, 이 하나님의 영 곧 성령은 예언의 영으로서 예언자들에게 임했던 영이다. 뿐만 아니라, 성령은 공동체의 모든 구성원들에게 선물로 주어지는 하나님의 능력이다. 이 성령은 구성원들의 마음 속에 거하면서 그들의 미래의 완전한 구원을 위해서 역사하신다. 특히 성령은 그들의 죄를 사하여 주시고, 하나님의 뜻을 따라 거룩한 삶을 살도록 개인들에게 힘을 주시는 하나님의 능력으로 나타난다(1QH 4:31; 7:6; 12:11; 16:11-12). 뿐만 아니라, 이 성령은 자신을 소유한 자에게 하나님의 비밀을 이해하고 깨달을 수 있는 마음을 주시며(1QH 14:13; 4QDibHam 4:5; 12:11-12), 하나님을 참 마음으로 경배할 수 있게 해주신다(4QDibHam 16:6-7). 한마디로 요약하면, 성령은 공동체의 구성원들로 하여금 하나님 앞에서 전혀 새로운 삶 곧 성령에 이끌리는 거룩한 삶을 가능케 하는 하나님의 능력인 것이다. 성령에 대한 쿰란 공동체의 이러한 이해는 예레미야와 에스겔이 예언하였던 하나님과의 새 언약의 삶 곧 성령이 내재하여 하나님의 법을 순종하는 삶이 이미 자신들의 공동체 가운데서 이루어졌다는 믿음을 담고 있다. 또한 먼 옛날 처음 인간 아담이 하나님의 법에 불순종함으로써 가져온 아담의 저주를 그들 가운데 내주하신 성령의 능력을 통하여 자신들이 극복해가고 있음을 의미한다. 그러나 이 쿰란 공동체조차도 종말론적인 하나님의 영의 풍성한 부어짐이 이미 그들 가운데서 다 완성되었다고는 믿지 않았다. 그들은 하나님의 종말론적인 구원과 마지막 날에 풍성하게 부어질 성령이 여전히 미래에 속한 것으로 보았다(1QS 4:20-21).⁴⁸

쿰란 공동체는 다른 유대 공동체들과 달리, 미래에 예언된 하나님의 새 언약 곧 성령이 현재 그들의 공동체 가운데 거하시는 것으로 믿고 있었으나, 풍성한 종말론적 성령의 부으심은 여전히 미래에 속한 것으로 보았다. 한편으로는, 구약과 동시대의 많은 유대인들과 마찬가지로, 쿰란 공동체는 이 미래의 종말론적인 시대는 예언된 메시야의 도래와 그에게 속한 의로운 자들의 부활을 통해서 온다고 믿었다.⁴⁹ 쿰란 공동체는 이 메시야를 "다윗의 자손", "의의 메시야", "이스라엘의 왕", "회중의 왕자"(prince of congregation), 혹은 "다윗과 같은 왕"으로 부르고 있다. 이 메시야가 올 때, 성령의 인도를 받는 "빛의 자녀들"과 악한 영의 지배를 받는 "어두움의 자녀들"간에 큰 전쟁이 일어날 것이며, 이 전쟁은 곧 종말의 때가 시작되었음을 나타낼 것이다(1QpIsa).⁵⁰ 따라서 쿰란 공동체는 이 종말의 시작을 기다리면서 어둠의 자녀들과의 전쟁을 준비하는데 많은 노력을 기울인다. 실제로 쿰란 공동체가 거주하였던 사해 주변에는 많은 전쟁 무기들이 발견되었다. 여기서 우리는 한 가지 질문에 대해서 더 생각해 보아야 한다: 마지막 날에 하나님의 백성들에게 부어질 보편적 은사로서의 성령과 성령의 임재와 함께 종말에 나타날 메시야와의 관계는 무엇일까?

마지막 때에 나타날 메시야와 하나님의 영

기원전 6세기경 이스라엘의 첫 번째 성전이 바벨론에 의해 파괴된 후, 이스라엘은 바벨론, 페르시아, 그리스, 그리고 로마에 의하여 수백 년간에 이르는 이방인의 통치를 경험하게 된다. 이스라엘은 하나님이 자신들의 왕이실 뿐만 아니라 전 우주의 왕이시라고 믿어 왔다. 이들은 하나님의 왕되심에 대한 믿음에도 불구하고, 실제로는 많은 이방 왕들이 자신들이 거하고 있는 약속의 땅 팔레스타인을 지배해왔다는 현실 속에서 큰 신학적인 고민을 하게 되었다: "우리가 이방인들에 의하여 고통받는 동안 우주의 왕이신 하나님은 어디에 계셨는가? 하나님이 아브라함과 세우신 과거의 약속을 폐하시고 그 백성을 버리셨는가?" 하나님의 왕되심에 대한 믿음은 이스라엘을 이방인들의 손에서 구원하시기 위하여 하나님이 직접 인간의 역사에 개입하시거나, 아니면 그의 택하신 메시야를 보내어 이스라엘을 이방의 손에서 구원하실 것이라는 희망을 유대인들의 마음 속에 불어넣었다. 랍비들에 따르면, 마지막 종말의 때 곧 하나님의 메시야가 이스라엘을 구원하실 때, 하나님의 영이 하나님의 전으로 다시 돌아오고, 그때에 메시야와 그의 의로운 백성들이 성령을 소유하게 될 것으로 기대하였다(Gen. Rab. 2:3; Num. Rab. 15.10). 뿐만 아니라, 에스겔서 36-37장과 요엘서 2장에 기록된 모든 예언들이 이스라엘 가운데서 다 이루어질 것으로 그들은 희망하였다.

    위에서 이미 언급된 것처럼, 예수님 당시의 혹은 그 이전의 유대인들은 자신들이 예언이 폐해진 시대에 살고 있다고 믿었다. 그러나 또 다른 한편에서는, 마지막 날에 부어질 종말론적인 성령의 선물이 하나님의 백성들에게 퍼부어지게 될 것을 갈망하였다. 이 종말론적인 성령의 부어짐은 미래에 올 메시야와 밀접한 관계가 있다. 에스겔이 본 하나님의 영광의 전통에서 발전된 "인자"(the Son of Man)는 "의의 영"으로 채워질 것으로 예언되어진다(1 에녹 49:3; 62:2).[51] 다른 모든 구약의 메시야가 땅에서 기원한 인간임에 반하여, 다니엘서 7장 13-14절에 처음 나타나는 이 인자는(보다 정확하게 말하면, "인자 곧 사람 같이 보이시는 분," ὡς υἱὸς ἀνθρώπου, כְּבַר אֱנָשׁ) 하늘로부터 내려오는 신적인 메시야이다. 이 인자는 또한 지혜와 이해의 영을 소유하게 된다. 인자가 소유하게 되는 지혜와 계시의 영 혹은 의의 영은 이사야의 메시야가 소유할 바로 그 하나님의 영이다. 다시 말해서, 신적인 메시야 인자는 하나님을 대신해서 하나님의 의로운 성품을 가지고 하나님의 영으로 그 백성을 다스리시는 하나님의 대리인이라는 뜻이다.

뿐만 아니라, 솔로몬의 시편(Psalms of Solomon)에 따르면 미래의 왕 같은 메시야는 성령을 통해서 백성을 이방의 손에서 구원할 능력을 부여받는다고 한다(18:7; cf. T.Levi 18:7; T. Jud. 24:2). 솔로몬의 시편 17장 37절은 이렇게 말한다: "하나님이 그[메시야]를 성령 안에서 의와 능력으로 강하게 하시며, 이해에 지혜를 더하실 것이다." 솔로몬이 주님으로 부르는 이 메시야는 하나님을 경외하고 성령의 지혜를 소유하고 있다고 한다(Pss. Sol. 18:7). 족장 레위에 따르면, 이 미래의 메시야는 그 얼굴에 하나님의 영광이 비춰고, 지혜와 거룩의 영이 그에게 임할 것이다(Test. Levi. 18:6-7)[52]:

"하늘이 열리고, 영광의 성전으로부터 거룩함이 그에게 임할 것이며, 마치 아브라함이 이삭을 부르듯이 하나님이 아버지의 음성으로 그를 부를 것이다. 하나님의 영광이 그 위에 비춰고, 이해와 거룩의 영이 그 위에 임할 것이다."[53]

메시야는 마치 아브라함이 이삭을 부르듯이, 하나님이 무한한 아버지의 사랑으로 그를 아들로 부르고 있다. 여기서 하나님의 성령의 임함은 메시야가 하나님의 아들이라는 사실에 대해 증거해 주는 의미가 있다.

시편 2편은 이스라엘이 자신들의 왕이 대관식을 거행할 때 낭독하던 시이다. 시편 2편 7절에 따르면, 이스라엘의 왕이 왕으로서 선포되는 그날 하나님이 그를 자신의 아들로 선포하신다: "그가[하나님] 내게[이스라엘의 왕] 말씀하시기를, '너는 나의 아들이니', 내가 오늘 너를 낳았다." 그러나 여기서 이스라엘의 왕이 하나님의 아들로서 선포되는 것은 아마도 그날 그가 하나님의 양자로서 채택된다는 의미일 것이다.54 반면에, 아브라함과 이삭의 관계에 비교되는 레위의 메시야와 하나님의 관계는 양자로서가 아닌 하나님의 친아들로서의 관계에 더 가깝다.55 미래의 메시야에 관한 레위의 예언 중에서 참으로 흥미로운 것은 이 메시야가 올 때 그 백성들 가운데서 죄가 끝나고, 낙원의 문이 활짝 열리게 된다는 것이다. 메시야가 아담의 타락 이후로 낙원을 지키던 검을 든 천사들로 하여금 낙원의 문을 열게 하고, 성도들로 하여금 생명나무의 실과를 먹도록 허락하시며, 성령을 그들 가운데 영원히 거하도록 하신다는 것이다(Test. Levi. 18:9-11). 이는 레위의 메시야가 아담의 저주를 풀으시고 그 백성을 낙원으로 인도하심으로써, 이스라엘의 구원의 역사가 하나님이 창조 시에 계획하신대로 그의 메시야에 의해서 완성되는 낙원에서의 행복한 결말로 마무리 된다는 뜻이다. 이런 측면에서, 레위의 메시야는 사도 바울의 제2의 아담이신 예수와 비교된다.

또 *Testament of Judah*에서 족장 유다는 다음과 같이 예언한다:

"그[야곱의 별 메시야]의 위에서 하늘이 열리고 하늘에 계신 아버지로부터 축복의 성령이 부어질 것이다. 그는 그 은혜의 성령을 너희에게 부으실 것이다. 너희는 진리 안에서 나의 아들들이 될 것이며 그의 처음과 마지막 법을 따라 행할 것이다. 그는 높으신 하나님의 자손이며 모든 인간들의 생명의 근원이시다. 그가 나[하나님의 왕국의 홀을 밝히며…주를 부르는 자들을 심판하여 구원하실 것이다"(24:2-6).

족장 유다의 메시야에 대한 예언 중에서 주목할 만한 점은 족장 레위의 메시야와 마찬가지로 하늘이 열리고 성령이 하나님의 아들 곧 메시야에게 임할 뿐만 아니라, 이 땅에 거하는 그의 모든 백성들에게까지도 하늘의 성령이 부어진다는 것이다. 그 성령의 임재의 결과로 메시야의 백성들은 하나님의 법을 따라 행하며 생명을 얻고 영원한 심판에서 구원을 받는다. 뿐만 아니라, 하나님의 아들 메시야와 마찬가지로, 그 백성들이 다 하나님의 아들, 딸들로 부름을 받게 된다.

위에서 이미 살펴본 것처럼, 쿰란 공동체도 마지막 종말의 때에 하나님의 영이 메시야에게 부어질 것에 대해서 이야기한다(1QS Sb 5:24-25; 11QMelch 18). 물론, 쿰란 동동체의 메시야 사상에 있어서 이 성령으로 기름 부음 받은 메시야가 성령으로 그의 백성들을 기름 부을 것인지에 대해서는 논란의 여지가 있다.[56] 그러나 분명한 것은 일부 중간기 유대인들의 문서에서는 이 미래의 메시야가 올 때, 모든 하나님의 백성들이 하나님의 영을 선물로 받는다고 함께 예언되고 있다는(4 에스라 6:26) 것이다. 이는 에스겔과 예레미야가 예언한 하나님의 백성들의 마음에 심겨질 새 언약, 곧 하나님의 영이 마침내 종말을 사는 백성들의 마음에 영원히 거하게 될 것이라는 의미이다 (cf. 겔 36:26-27; 37:14; 렘 31). 이 유대인들의 종말에 대한 두 가지 전통은-(곧 종말을 사는 백성들에게 부어질 성령과 성령을 소유한 메시야의 도래)-때론 독립적으로, 또 때론 함께 동시에 중간기에 쓰여진 유대인들의 문헌 속에서 빈번히 발견된다.

결론

위에서 하나님의 영이 구약 성경을 거쳐 중간기 유대인들의 문헌 속에서 어떻게 이해되었는지에 대해서 살펴보았다. 물론, 이 두 문서들은 수없이 다양한 사람들에 의해서 오랜 시간에 걸쳐서 기록되었으므로, 쉽게 일반화해서 논의하기가 쉽지 않다. 그럼에도 불구하고, 구약에 나타난 하나님의 영에 대한 유대인들의 이해는 크게 두 가지 흐름으로 요약될 수 있다. 첫 번째는 하나님의 영은 하나님의 생명의 기운을 의미하며, 창조 시에 흙덩이에 불과한 아담/인간에게 생명을 주신 분이다. 이 생명의 기운은 하나님이 새롭게 창조하시는 종말론적인 새 백성들의 새 마음에 다시 주어질 것이라고 여러 선지자들에 의하여 예언되었다. 두 번째는 하나님은 이스라엘 가운데서 소수의 사람들을 택하여 불러낸 후 이스라엘의 지도자로 삼으셨다. 이들은 사사로 또 선지자로 또 왕으로 세움을 입어, 하나님을 대신하여 하나님의 백성들을 인도하였다. 하나님의 영은 이들에게 임하여 하나님의 임재가 그들과 함께하고 있음을 알게 하시고, 또 그들에게 지혜와 능력을 주셔서 그들에게 주어진 특별한 사명을 감당할 수 있게 하셨다. 이 전통은 종말에 나타날 성령으로 기름 부음 받은 메시야에 의해서 그 절정을 이룬다.

우리는 또한 중간기 유대인들의 문헌에서, 하나님의 영에 대한 위의 두 가지 유대인들의 생각이 때론 독립적으로, 또 때론 함께 동시에 나타나는 것을 보았다. 그러나 많은 유대인들은 이 중간기 시기에 하나님의 예언이 폐해진 것으로 믿었다. 그럼에도 불구하고, 일부 묵시론자들이나 쿰란 공동체는 여전히 하나님의 성령이 그들에게 주어질 수 있는 것으로 이해하였다. 특히 쿰란 공동체는 자신들이 이 종말의 영 곧 성령의 내주하심을 따라 살아가는 새 백성의 공동체라고 믿었다. 그러나 쿰란 공동체조차도 종말의 때에 나타날 하나님의 영의 폭포수 같이 부어짐은 미래의 마지막 때에야 가능한 것으로 생각하였다. 중간기 유대인들은 종말의 때 특히 마지막 "주의 날"에 하나님의 영이 임한 종말론적인 메시야가 세상에 나타나고, 이와 동시에 종말의 영이 모든 하나님의 백성들에게 풍성히 부어질 것을 기대하였다.

결론적으로, 창조 시에 나타난 하나님의 영과, 하나님의 백성과 하나님이 택한 이스라엘의 지도자에게 임한 하나님의 영은 특히 하나님의 메시야에 임한 하나님의 영은 하나님의 구원의 역사 속에서 함께 이해되어야 한다. 유대인들과 기독교인들의 믿음에 따르면, 하나님의 구원의 역사는 하나님의 창조로 시작하여 새 창조로 마무리된다. 물론, 기독교인들은 주님의 재림이 이 종말의 때의 마지막임을 주장한다. 하나님의 구원사의 모든 영역에 있어서 하나님의 영은 때론 하나님의 능력 있는 임재로, 또 때론 하나님의 생명의 기운으로, 또 때론 지혜와, 이해와, 예언의 영으로서 그의 백성들과 그 백성들의 지도자들을 감동시키셨다. 이러한 하나님의 영의 감동을 통해서 하나님은 창조 시 계획하였던 자신에게 순종하는 참 백성을 만들어가시고자 하신다.

이러한 하나님의 영에 대한 유대인들의 이해를 바탕으로 우리는 이어지는 장들에서 어떻게 초대 교회가 자신들의 메시야 예수와 그의 새로이 창조된 백성 교회에 대해서 이해했는지에 대해서 살펴보고자 한다. 우리의 다음 논의의 출발점은 예수님의 메시야로서의 정체성과 그의 백성들을 위한 다양한 역할들이 어떻게 초대 교회의 믿음 속에서 하나님의 영 곧 성령과 연관되어 이해되었는지에 대해서 알아보는 것이다.

성령과 예수

초대 교회는 예수님이야말로 구약 성경이, 그리고 유대인들이 고대하였던 바로 그 메시아라는 믿음을 자신들의 전통의 가장 중요한 부분으로 간주하였다. 예수님이 종말의 영 성령으로 기름 부음 받은 메시아라는 사실은 그의 세례 시 하늘로부터 온 성령의 세례와 하나님의 증거에서 잘 나타난다. 예수님은 성령의 능력을 힘입어 귀신을 쫓아내고, 기적을 행하며, 권세 있는 가르침을 전하고, 하나님의 나라를 선포하였다. 그러나 초대 교회는 예수님이 단순히 종말의 때의 하나님의 메시아라는 사실을 넘어서, 다윗의 주요 하나님의 독생자라고 주장하기 시작하였다. 이 사실은 마태와 누가가 잘 기록하여 보여주고 있듯이, 예수님의 탄생 시 하나님이 성령을 통하여 깊이 관여하고 계셨다는 사실에서 잘 보여진다. 성령은 예수의 인성과 몸을 창조하시고, 그 몸에 생명을 불어 넣으셨다. 그리고 예수님이 자라가시면서 하나님을 아버지로 인식하도록 그의 마음에 지혜와 하나님의 은혜를 채우셨다. 성령이 하나님의 영으로서 이 땅에서의 예수님의 사역의 모든 영역에 깊이 관여하신 반면에, 예수님의 부활 후에는 부활하신 주님의 영으로 선포되어진다. 부활하신 주님과 성령과의 관계에 큰 변화가 부활 후에 초래되어진 것이다. 이제 부활하신 주님은 성령의 주가 되어 교회에 성령을 부어주시는 혹은 성령으로 세례를 주시는 분이 되셨다. 성령은 그리스도의 영으로서 이 땅에서 부활하신 그리스도의 임재와 능력을 나타내게 된다. 성령은 그리스도에 관한 진리를 선포하는 진리의 영으로, 그리고 그리스도의 복음을 믿게 하는 믿음의 영으로, 그리고 그리스도의 새 언약과 새 창조의 사역을 계속해 가시는 새 언약과 새 창조의 영으로 불리우게 되는 것이다.

CHAPTER

성령과 종말에 나타날 그리스도

(Andrei Rublev 1360-1430)

신약 성경에서 영을 의미하는 그리스어 단어 프뉴마(πνεύμα)는 대략 379번 정도 언급된다. 요한복음 3장 8절, 히브리서 1장 7절, 그리고 데살로니가 후서 2장 8절의 경우 프뉴마는 단순히 '바람/호흡'을 의미하나, 그외의 대다수의 경우에 있어서 프뉴마는 하나님의 영이나, 악한 영 혹은 사람의 영을 의미한다. 대략 275번 정도의 경우 프뉴마는 하나님의 영을 의미하는데, 그중에서도 149번은 단순히 영으로 나머지 경우는 성령으로 불리운다.[57] 대략 38번 정도는 프뉴마는 악한 영을 의미하는데, 이는 1세기 예수님이 살았던 당시에 마귀들에 관한 관심과 이해가 구약 시대에 비해서 급증하였음을 나타낸다. 또한 쿰란 공동체에서 이미 논의되어졌듯이, 초대 교회도 하나님의 영을 악한 영들과 구분하여 거룩하신 하나님의 성품을 드러내는 성령으로 부르기 시작하였다.

제1-2장에서 이미 논의되었듯이, 바벨론 망명 전·후의 유대인들은 미래의 종말론적인 하나님의 날에 성령이 보편적인 선물로서 그의 백성들에게 부어질 것에 대해서 기대하였다. 그에 반하여, 신약 시대에 살았던 초대 교회 성도들은, 비록 초대 교회의 신학적인 배경이 구약과 유대인들의 해석학적 전통으로부터 시작하였음에도 불구하고, 그 종말론적인 하나님의 성령을 이미 자신들의 예배와 삶 가운데서 체험하고 있다고 믿었다. 초대 교회는 종말의 마지막 날이 이 땅에서의 예수님의 사역을 통하여 지금 여기에 이미 임하였다고 믿었다. 여기서 주목할 만한 점은 복음서와 바울 서신서들에서 초대 교회는 자신들이 경험하고 있는 성령의 존재에 대해서 결코 논증하여 증명하려고 시도하지 않는다는 것이다. 이는 그들이 경험하는 성령의 임재가 너무도 현저하며 전체 초대 교회 성도들이 함께 공유하는 공통된 경험이었기 때문에 성령에 대해서 변증할 필요를 전혀 느끼지 못하였기 때문이다. 변증은 서로 동의하지 않는 논란의 여지가 있는 문제들에 관하여 행해지는 것이기에, 성도들이 다 공유하여 일치된 의견을 보이는 성령 체험과 같은 문제들에 대해서는 서로 반박하여 논증할 이유가 없었을 것이다.

예를 들어 율법에 대해 매력을 느끼고 바울의 복음을 떠나려 하는 갈라디아 교인들에게 바울은 "너희가 성령을 받았는데, 율법을 통해서 받았느냐, 아니면 믿음을 통해서 받았느냐?"(갈 3:2)라고 반문한다. 바울은 갈라디아 교인들의 성령에 대한 경험을 그의 복음이 어떻게 갈라디아 교회를 효과적으로 탄생시키게 되었는가를 확증하기 위한 증거로 사용하고 있다. 만약, 소수의 갈라디아 교인들이라도 자신들의 성령 체험에 대해서 확신할 수 없었다면, 이 성령의 체험은 바울의 변증의 증거로 사용될 수 없었을 것이다. 갈라디아 교인들은 자신들이 경험하고 있는 성령이 부인할 수 없는 너무도 강력한 경험이었기 때문에, 그 경험을 초래한 바울의 십자가의 복음의 유효성과 진정성에 대해서 인정해야만 했던 것이다.

초대 교회 성도들은 자신들의 삶 가운데서 경험하고 있는 성령에 대해서 어떻게 이해하였을까? 그들은 무엇보다도 이 성령은 하늘로 부활하여 승천하신 주님이 하늘로부터 보내신 보혜사로서 곧 자신들을 도우시는 분이라고 믿었다(요 14-17). 주님은 자신이 승천하신 후, 돕는 분 곧 보혜사 성령이 이 땅에 와서 믿는 자들을 능력으로 덧입히시어 자신의 복음을 증거하게 하실 것에 대해서 약속하셨다(행 1:1-8).

이러한 성령에 관한 믿음들 이면에는, 초대 교회가 하나님의 구원사를 성령과 연관해서 세 가지 시기로 구분하여 이해하고 있음을 보여준다: (1) 약속의 시대(구약), (2) 성취의 시대(예수님의 사역과 부활), 그리고 (3) 교회를 통한 증거의 시대. 다시 말하면, 초대 교회는 자신들이 현재 누리고 있는 성령은 구약 시대에 하나님으로부터 약속되어진 바로 그 종말의 영이라고 믿었다. 또한 이 성령은 주님이 이 땅에 오셔서 그에게 부여된 하나님의 모든 사역들을 이루시고 승천하심으로써 교회에게 부어주신 선물로 간주하였다(갈 4:4-6). 따라서 마지막 교회의 시대는 성령의 능력으로 살고 성령의 능력을 힘입어 복음을 증거하는 시대이며, 이 성령은 메시야 되신 주님의 사역을 계승하고 완성하기 위하여 교회 공동체 위에 부어진 하나님의 능력 있는 임재라고 그들은 생각하였다. 성령은 메시야이신 부활하신 주님이 하나님의 구원의 뜻을 완성하시기 위하여 교회에게 부어주신 하나님의, 그리고 부활하신 주님의 능력 있는 임재인 것이다.

초대 교회 성도들은 자신들이 경험하고 있는 성령이 이 땅에서의 예수님의 사역의 결과로서 주어진 것이라고 굳게 믿었다. 따라서 이번 장에서는 주님의 오심과 사역이 이 땅에서, 그리고 하늘 위에서 하나님의 영 곧 성령과 어떻게 연관되어지는가에 대해서 먼저 살펴보고자 한다.[58] 이 논의 중에 중요하게 생각해 보아야 할 것은 다음과 같다. 첫째, 주님이 바로 성령으로 기름 부음 받은 약속된 메시야라는 믿음이다. 둘째, 주님이 부활하신 후 친히 '성령의 주'가 되어 믿는 자들에게 성령으로 세례를 주시는 분이 되셨다는 것이다. 셋째, 교회는, 특히 1세기부터 21세기에 이르는 모든 교회들은 주님의 오심으로 시작된 마지막 종말의 때를 성령과 동행하며 살도록 주님에 의하여 계획되어졌다는 사실이다. 이 종말의 때는 1세기에 끝난 것도 아니고, 사도들의 시대에 국한된 것도 아니며, 정경이 완성됨으로써 마무리되어진 것도 아니며, 주님의 재림의 때를 향하여 더욱더 힘차게 진행되고 있다. 넷째, 초대 교회의 믿음에서 성령과 예수님의 그리스도이심이 너무도 긴밀하게 연관되어 있기에, 우리들의 성령과 연관하여 살펴보는 예수님의 정체성과 역할에 대한 논의는 먼저 예수님이 오시기 전 팔레스타인에서 무슨 일들이 벌어지고 있었는지에 대한 역사적인 배경을 이해함으로써 더욱더 분명해질 것이다. 특히 예수님의 공생애 직전 유대 땅 팔레스타인에 나타난 많은 '거짓' 메시야들에 관한 기록들은 예수님이 살았던 당시의 혼란스러운 정치적 상황과 종교적 기대에 대한 유익한 정보를 우리들에게 제공해 줄 것이다.

거짓 유대인 메시야들

예수님이 태어날 당시 유대 땅 팔레스타인은 로마의 황제 아우구스투스 시저에 의하여 통치되고 있었다. 로마 황제 시저(Caesar, 27 BCE-14 CE)는 지중해를 중심으로 한 큰 왕국을 건설하였는데, 그는 많은 정적들을 힘으로 굴복시킴으로써 지중해에 평화를 가져왔다. 시저는 그의 추종자들에 의하여 신이라고 불리게 되었다. 또한 그가 가져온 평화로 인하여 그의 추종자들은 그를 "세상의 구세주"라고 불렀고, 그에 관한 소식들은 복음으로 여겨졌다.[59] 한편, 당시에 유행하였던 그리스 스토익 사상에 의하면 곧 세상에 큰 불이나서 전 우주가 소멸되고, 새로운 우주가 탄생할 것이라고 믿어졌다. 이런 정치·철학적 상황 속에서 지중해 연안에 살고 있던 많은 사람들은 거대한 정치, 사회적 혼란과 새로운 세상에 대한 기대를 동시에 가지며 살고 있었다.

그러나 비록 시저의 평화가 로마인들에게는 복음의 소식이었으나, 팔레스타인에 살고 있는 유대인들에게는 하나님이 아닌 이방인들에 의한 또 다른 압제에 불과하였다. 시대가 바뀐 혼란한 상황 속에서 많은 유대인들은 오래전 선지자들이 예언한 하나님의 날이 언제 자신들에게 도래할 것인가에 대해서 질문하게 되었고, 하나님에 의하여 예언되어진 다윗과 같은 메시야 곧 기름 부음을 받은 그리스도가 와서 자신들을 로마인들의 압제로부터 구원해줄 날을 강력히 소망하게 되었다. 이러한 시대적 상황 속에서 일부 유대 지도자들은 자신들이 바로 그 예언된 메시야 곧 하나님의 그리스도라고 주장하면서, 로마인들을 향한 많은 반역을 이끌게 되었다.[60]

1세기 유대인 역사가 요세푸스(Josephus)도 로마에 대항해 싸웠던 한명의 유대인 장군이었으나, 로마인들에게 항복한 후 로마인들에게 글로써 유대인들의 사상을 변호하려 하였다. 요세푸스의 Antiquity XVIII.1.3-4.15에 따르면, 가말라라는 도시의 유다는 로마에 대한 반역을 일으켜 로마에 협조한 유대인들의 암살을 시도하였다. 유다는 Sicarii라는 암살 단체를 만들어 많은 친로마 유대인 지도자들을 암살하며, 헤롯에 의하여 더렵혀진 성전에 불을 지르곤 하였다. 갈릴리 출신의 또 다른 유다는 하나님 외에는 아무도 자신들의 왕이 될 수 없다는 성경적 믿음에 근거하여 기원후 6년경에 로마를 향한 또 다른 반역을 일으켰다. 또 이집트 출신의 한 선지자는 수천명의 유대인들을 이끌고 광야로 나가, 제2의 출애굽을 선포하며 팔레스타인의 독립과 하나님의 나라를 선포하였다. 이들 외에도 수백 명의 유대인들은 자기 자신들이 바로 하나님이 택하신 메시야라고 주장하면서, 하나님의 나라와 통치를 팔레스타인에 회복시킬 것을 약속하였고, 자신들을 따르는 유대인 추종자들을 모아 팔레스타인 땅에 대한 로마의 통치를 끝내려고 하였다.[61]

이들 유대인 '거짓 메시야'들에게 많은 영감을 주었던 가장 중요한 유대인의 사상적 토대는 이스라엘을 위한 하나님의 나라 곧 하나님의 통치였다.[62] 우리는 예수님도 요한에 의해 세례받으신 후 하나님의 나라의 도래를 선포하며, 유대인들의 회개를 촉구하였던 것을 잘 알고 있다. 많은 '거짓' 메시야들의 반역과 그들의 비참한 최후에 익숙해진 팔레스타인의 유대인들은 예수님이 하나님의 나라가 자신의 사역을 통하여 이 땅에 도래하였음을 선포하며 자신을 메시야로 주장할 때, 그를 의심반, 그리고 기대반의 심정을 가지고 바라보았을 것이다. 또한 유대인 관리들과 로마 관헌들은 예수도 다른 '거짓' 메시야들과 마찬가지로 언제 로마에 반기를 들것인지 모르기 때문에, 그의 일거수 일투족을 주의깊게 살펴보았을 것이다.

그러나 예수님을 포함한 모든 유대인 '메시야'들은 다 로마에 의하여 제압당하거나, 그들의 추종자들에 의하여 죽임을 당하였다. 그러나 흥미롭게도, 오직 한 메시야만이 그의 죽음 후 부활을 통해서 지금도 살아 있다고 그의 추종자들에 의해서 믿어지고 있으며, 그의 제자들은 21세기 현재 세계의 곳곳에서 교회를 만들어 그를 하나님의 아들로 예배하고 있다. 오직 이 한 메시야이신 그리스도만이 로마의 압제와 죽음을 극복하고, 그가 세운 새로운 공동체와 운동이 2천 년이 지난 지금까지 계속되어지고 있다.

위에서 언급된 유대인 거짓 메시야들의 반역 운동 가운데서 흥미로운 점은 그들이 어떻게 이사야서를, 특히 이사야 40장 3절을("광야에서 주의 길을 준비하며, 사막에서 하나님을 위한 평탄한 대로를 만들라") 자신들의 운동에 대해서 적용하여 이해하였는가 하는 것이다. 요세푸스에 따르면, 위에서 언급된 이집트 선지자 외에도 뚜다 (45 CE), 시린 지방의 요나단 (73 CE), 그리고 다른 많은 거짓 메시야들이 자신들의 추종자를 이끌고 광야로 나아갔다고 한다. 그들은 그들의 추종자들에게 약속하기를, 그들이 광야에서 하나님의 기이한 구원의 표적들을 보게 될 것이라고 주장했다. 이들은 아마도 이사야 40장에 기록된 하나님이 종말에 세울 자신의 나라와 메시야에 관한 예언들에 의하여 많은 영감을 받은 듯하다. 이사야 40장에 따르면, 마지막 날 하나님이 세울 자신의 나라는 과거 그가 모세를 통하여 출애굽과 광야를 거쳐 약속의 땅 가나안을 점령하였듯이 이 광야에서 자신의 메시야를 통하여 새 백성을 세우는 것으로 묘사된다. 특히 이사야 40장은 그 광야 모티브와 함께 하나님의 마지막 전쟁이라는 주제로 많은 유대인 사상가들에 의하여 다양하게 연구, 묵상되었다(예, 1QM 1:2-3).[63] 흥미로운 것은 우리가 소유한 최초의 복음서인 마가도 이사야 40장 3절을 인용함으로써 예수님의 복음과 하나님의 왕국 사역에 대하여 서술하기 시작한다는 것이다.

예수-성령으로 기름 부음 받은 그리스도

복음서

최초의 복음서인 마가는 자신의 기록을 "하나님의 아들, 예수 그리스도의 복음"이라고 부르며, 이사야 40장 3절과 말라기 3장 1절을 인용함으로써 시작한다:

> "보라, 내가 나의 메신저를 너의 앞에 보내노니, 그는 너의 길을 예비할 것이다. 광야에서 부르짖는 외침이 있으니, 주의 길을 예비하고, 그의 대로들을 평탄케 하라"(사역, 막 1:2-3).

이 인용에 등장하는 "주"와 "하나님의 메신저"는 각각 누구를 지칭하고 있는 것일까? 이사야 40장은 하나님이 친히 이 땅에 오셔서 이스라엘을 회복하시는 것에 대한 예언의 말씀이다. 이사야는 이 예언을 한 후 한두 장 뒤에서, 하나님의 구원은 바로 하나님의 영으로 기름 부음 받은 하나님의 종 메시야를 통해서 이루어질 것에 대해서 선포하였다(사 42:1). 그러나 마가복음에 기록된대로, 초대 교회 공동체는 세례 요한을 하나님의 메신저로, 그리고 예수를 그들의 "주"라고 고백한다. "주"는 유대인들이 구약 성경을 그리스어로 번역할 당시(셉투아진트: LXX), 하나님의 이름 야훼를 대신하여 선택한 그리스어 단어 큐리오스(κύριος)의 한국말 번역이다. 초대 교회는 예수가 부활하신 후, 하나님의 보좌 우편에 앉으시고(막 16:19)[64] 하나님으로부터 세상에서 가장 고귀한 이름 곧 하나님 자신의 이름을 받았다고 선포한다. 그 이름은 바로 큐리오스 곧 "주"이다(빌 2:11).[65] 마가복음의 시작은 그 독자들로 하여금 초대 교회가 어떻게 이사야에 나오는 성령으로 기름 부음 받은 하나님의 메시야에 대한 예언을 예수님의 정체성과 사역에 적용하여 이해하였는지를 잘 보여주고 있다.

낙타 털옷을 입고 가죽띠를 두른 채 광야에서 갑자기 나타난 세례 요한은, "나 이후에 나보다 더 강한 이가 오시는데, 나는 그의 신들메를 풀 자격도 없다. 나는 물로 세례를 주나, 그는 너희를 성령으로 세례를 줄 것이다"(사역, 막 1:7-8)라고 선포한다. 세례 요한의 등장은 유대인들로 하여금 오랜 예언의 가뭄 후에 마침내 종말의 예언의 영이 다시 돌아왔다는 기대와 설렘을 안겨주었다. 세례 요한은 많은 유대인들에 의하여 종말의 날에 나타날 말라기에 예언된 바로 그 선지자로 여겨졌다(눅 7:27; 말 4:5).[66] 세례 요한은 성령이 충만한 사람이었다(눅 1:80). 심지어 그가 어머니의 태에 잉태되었을 때 조차도 그는 성령이 충만한 상태에서 그리스도의 방문을 기뻐하였다(눅 1:15). 예수님조차도 요한이 사람 중에서 가장 위대한 자라고 말씀하신다(눅 7:28).

그러나 세례 요한은 증언하기를, 자신은 예수님의 신들메도 풀 자격이 없다고 한다. 이는 자신은 단지 물로 세례를 베푸는 자인데 반해서, 예수는 성령으로 세례를 주시는 분이기 때문이다. 세례 요한이 본, 또 마가가 깨달은 이 예수님의 성령세례는 왜 초대 교회에게 그렇게 중요한 주제였을까?[67] 요한에게 찾아온 예수님이 요한에 의하여 세례를 받고 물위로 걸어 나오자, 예수의 머리 위에서 하늘이 갈라지고 성령이 비둘기처럼 그의 머리 위에 강림하신다(막 1:9; 마 3:16-17; 눅 3:21-22). 그리고 즉시로 하늘 위에서 하나님이 선포하시기를, "이는 내 사랑하는 아들이니 내가 그를 인하여 기뻐하도다"(사역, 막 1:11)라고 하셨다.

하늘이 갈라진다는 표현은 특히 이사야 64장 1절에서 발견되는데, 하나님이 직접 하늘에서 내려오셔서 새 출애굽과 새 창조를 이루신다는 예언의 시작을 알리는 말씀이다.[68] 그러나 복음서에서는 하나님의 새 출애굽과 새 창조의 사역이 예수의 성령으로 기름 부음 받는 사건과 예수님의 하나님의 아들 되심에 대한 선포로부터 시작되어진다. 예수님의 성령세례의 의미는 예수님의 그리스도로서의 모든 사역에 하나님의 능력 있는 임재 곧 예언된 메시야의 영이 예수와 더불어 함께하게 될 것임을 의미한다. 이는 예수께서 행하신 많은 기적들과, 권세 있는 가르침들과, 하나님의 뜻을 분별하여 순종함으로써 십자가에서 죽임을 당하시는 일들에 성령이 주님과 동행하며 그를 도우실 것이란 의미이다.[69] 물론, 예수님의 성령세례와 하나님의 아들 되심의 선포는 바울 신학에서 발견되는 양자의 영으로서의 성령과 (갈 4:4-6) 밀접한 관계가 있으나, 복음서에서의 예수님의 성령세례의 직접적인 의미는 하나님이 자신의 영 곧 성령의 세례를 통하여 예수님의 메시야로서의 사역을 준비하셨다는 것이다.[70]

우리는 앞에서 유대인들이 하나님의 성령으로 기름 부음 받은 메시야 곧 그리스도가 종말의 때에 나타나 하나님의 구원을 완성할 것에 대하여 살펴보았다. 마가는 다른 복음서 저자들과 마찬가지로 자신이 믿는 이 예수야말로 이사야를 비롯한 유대인들이 갈망하던 바로 그 종말에 나타날 그리스도라고 주장한다. 구약 성경에서는, 다윗의 경우에서 잘 보여지듯이, 왕들은 사무엘을 비롯한 선지자들에 의하여 기름 부음을 받았다. 그러나 이 종말의 메시야 예수 그리스도는 인간을 통해서가 아니라, 직접 하늘로부터 내려오는 성령에 의하여, 다시 말해서, 하나님에 의하여 친히 기름 부음을 받게 된다. 공생애를 막 시작하는 예수님의 그리스도 되심은, 첫째, 하늘로부터 내려오는 성령의 시각적 증거와, 둘째, 하늘로부터 들려오는 하나님의 음성의 청각적 증거와, 셋째, 하나님의 종말의 시대가 이제 예언된 그리스도의 오심으로 막 시작되었다는 초대 교회의 믿음으로 선포되어진다

(막 1:15).

예수님의 성령세례의 직접적인 의미는 믿는 자들이 회심 이후에 받아야 할 두 번째 축복을 상징하지도 않고,[71] 혹은 단지 선교의 목적을 위한 예언의 영의 부어짐도 아니며,[72] 혹은 물세례에 즉각적으로 따라오는 구원의 일부로서의 성령의 부어짐도 아니다.[73] 복음서에 기록된 예수님의 성령세례의 직접적인 목적은 지금 이 자리에 서 계신 예수님이야 말로 구약에 약속된 하나님의 영으로 기름 부음 받은 바로 그 그리스도라는 하나님의 신적인 선포의 행위이다. 물론, 바울이 그의 서신서들에서 거듭 강조하여 말하고 있듯이, 예수님을 믿는 자들은 다 예수님처럼 그들의 삶의 모든 영역에서 성령의 인도를 받아야 한다(갈 5). 또한 누가가 그의 사도행전에서 강조하고 있듯이, 믿는 자들의 성령세례는 예수님의 복음을 열방에 널리 전파하는 선교의 사역을 폭발적으로 가능케 하는 하나님의 능력의 임재이다.

예수님의 성령세례 후, 성령은 예수님을 즉시 광야로 인도하여 40일 밤·낮을 야생 동물들과 거하게 하시면서, 사탄에게 시험받게 하신다. 이는 이후에 있을 예수님의 그리스도로서의 사역과 그가 선포할 하나님의 나라가 눈에 보이는 로마인들을 향한 물리적인 전쟁이 아니라, 눈에 보이지 않는 영적인 세력들과의 싸움임을 암시한다. 하나님의 영과 악한 영과의 싸움은 쿰란 공동체를 비롯한 묵시 문학들에서 이미 강조 발전되었다. 뿐만 아니라, 예수님은 광야에서 돌아오시자마자, 자신의 메시야로서의 사역을 통하여 완성될 (1) 하나님의 나라에 관한 복음을 전파하시는 동시에, (2) 악한 영들을 물리치는 치료의 기적들을 베푸신다. 다시 말해서, 예수님이 건설하실 하나님의 나라는 세상을 다스리는 악한 영들을 이 땅에서 물리치는 것을 전제로 하고 있음을 알 수 있다. 예수님의 첫 이적은 가버나움 회당에서 귀신들린 자를 고치신 것이다(막 1:23). 또한 예수님의 제자들을 포함한 모든 인간들이 예수님의 정체에 대해서 혼란스러워함에도 불구하고, 귀신들은 먼 발치에서 예수를 보기만해도 그가 누구인지를 알고 무릎을 꿇게 된다(막 1:32-34; 3:11-12). 누가는 예수님이 광야의 시험을 마치고 돌아오실 때, 성령의 능력으로 충만해져 있었다고 강조하여 말하고 있다(눅4:14).

마가는 광야에서 돌아온 성령 충만한 예수 그가 바로 이사야의 메시야 곧 아담의 타락으로 저주받은 광야를 옥토로 바꾸고, 하나님의 나라와 새 백성을 창조하실 분이시라는 것을 거듭 강조하여 말한다(사 40-42; 1QS 8.12-16; 4Q176; 시라 48:24-25; T. *Moses* 10:1-8; *Pss. Sol.* 11). 유대인들의 전통에서는, 위에서 우리가 이미 살펴본 것처럼, 모세의 시내 산 언약과 율법은 아담의 저주를 극복하는 사건으로 간주되었다. 그러나 이스라엘이 아론의 지도 아래 황금 송아지를 만들 때, 그리고 광야에서 하나님의 성령을 근심케 하였을 때(사 63:10), 그들은 아담의 저주받은 불순종의 길을 그대로 답습하고 말았다. 이에 반하여, 광야에서 40일 밤·낮을 시험받으시며 하나님의 말씀과, 하나님의 나라와, 하나님의 영광을 구함으로써 예수님은 자신의 개인적인 욕구를 하나님의 뜻에 완전히 복종시키게 되었다. 이를 통하여 예수님은 첫 인간 아담과 이스라엘의 불순종을 극복하였다(마 4:1-16; 눅 4:1-12). 예수는 첫 인간 아담의 타락과 이어지는 이스라엘의 반복된 불순종의 악순환의 고리를 완전히 끊고, 새 창조의 가능성을 인류에게 활짝 열어주신 분이라고 복음서 기자들은 서술하고 있다.

바울

바울 서신서들에서 그리스도는 거의 180여 번 이상 언급된다. 이는 바울이 그의 서신서들을 쓸 당시 예수는 그리스도라는 초대 교회의 믿음이 더 이상 논쟁의 대상이 아니라, 초대 교회 공동체들이 공통적으로 공유하는 초기 기독교 전통의 핵심이 되었다는 것을 의미한다. 그의 서신서들에서 수많은 문제들에 대해서 논쟁하고 변론하는 것에 익숙한 바울이지만, 예수가 이스라엘이 오랫동안 기다려온 메시야 곧 그리스도라는 사실에 대해서는 논증할 필요조차 느끼지 않는다. 물론 유대인들은 십자가에 못 박힌 예수를 그리스도라고 부르는 것을 받아들일 수 없었다(고전 1:23). 왜냐하면 신명기 21장 23절에 따르면 나무에 매달리어 죽임을 당하는 자마다 다 하나님께 저주받은 자이기 때문에, 유대인들은 십자가에 달린 예수를 하나님께 저주받은 자로 간주하였기 때문이다. 그러나 이러한 유대인들의 주장에 대해서 바울은 변증하기를, 예수가 율법 아래서 저주를 받으심으로써 우리를 율법의 저주에서 구원하셨다고(갈 3:13) 말한다.

그리스어를 사용하고 히브리어를 알지 못하는 이방인들에게는 그리스도 곧 '기름 부음 받은 자'(메시야)라는 단어는 이해하기 힘든 낯선 말에 불과하였다. 그래서 바울 서신서들에서는 그리스도가 마치 예수님의 성(姓)처럼 쓰여지고 있다. 그럼에도 불구하고, 바울은 초대 교회 특히 첫 번째 교회인 예루살렘 교회의 "예수는 이스라엘의 기름 부음 받은 자 곧 그리스도"라는 믿음에 전적으로 동의하고 있다(롬 9:3-5; 15:2-3). 그러나 바울 서신서들에서 흥미로운 점은 바울은 요한의 세례 이후에 즉각적으로 발생한 예수님의 성령세례에 대해서는 침묵하고 있다는 것이다. 오직 한 곳 로마서 1장 3-4절에서 바울은 성령의 역사를 기반으로 한 예수의 그리스도이심에 대한 초대 교회의 전통적인 믿음을 인용하고 있다:

"그[하나님]의 아들, 예수 그리스도 우리의 주, 곧 육으로는 다윗으로부터 나셨고, 죽은 자로부터 부활하신 후에는, 거룩의 영으로 능력의 하나님의 아들로 선포되셨으니…"(사역)

학자들은 로마서 1장 3-4절에서 바울이 예수님의 그리스도이심에 대한 예루살렘 교회의 전통을 인용하고 있다는 사실에 대해서는 일치된 의견을 보인다. 그러나 그들은 '능력의 하나님의 아들', '아들로의 선포', '거룩의 영'의 의미에 대해서는 매우 상반된 견해들을 보여 준다. 이 본문에서 본 저자의 의견은 예수님의 메시야 되심이 두 가지 형태로 묘사되고 있다고 본다.

첫째는 자연적인 출생을 통하여("육으로는") 예수는 다윗의 혈통을 따르는 이스라엘의 그리스도가 되셨다는 것이다. 마태(마 1:1-17)와 누가(눅 3:23-38)는 예수님의 탄생이 다윗의 혈통을 따른다는 사실을 그의 족보를 통해서 자세히 증명하려 한다. 예수님의 족보에 따르면, 이 땅에서의 그의 육신의 아버지 요셉이 다윗의 혈통에 속하였음으로 예수님도 법적으로 다윗의 혈통에 속한다는 것이 입증된다. 이 부분에 대해서는 아래에서 더 자세히 논의하게 될 것이다.

둘째는 예수님이 부활하실 때, 하나님의 아들로 양자삼아졌다기보다는, 예수님이 이미 하나님의 아들이셨음에도 불구하고 부활 후에야 비로소 '능력'의 하나님의 아들로 선포되어졌다는 것이다. 이는 그가 부활 전·후에 똑같이 하나님의 아들 곧 메시야이셨으나, 부활 전에는 연약한 인간으로서 하나님의 아들이심을 드러내신 것에 반하여, 부활 후에는 능력 있는 하나님의 아들로 나타나셨음을 의미한다.[74] 물론, 바울이 인용하고 있는 예루살렘 교회의 전통에 따르면, 성령이 하나님의 창조의 영 곧 생명의 영으로서 예수님의 부활에 깊이 연관되어 있음을 알 수 있다. 예수님이 십자가에 못 박혀 죽으실 때, 빌라도는 예수님을 "유대인의 왕" 곧 그리스도라고 부르며 그를 심문하였다(막 15:9-12). 또 예수님의 십자가 위에 놓인 명패에도 "유대인들의 왕"이라고 적혀 있었다(막 15:26). 심지어 지나가는 행인들도 예수를 그리스도 유대인의 왕으로 부르며 조롱하였다(막 15:32). 예수님은 그리스도 곧 하나님의 아들이셨으나, 십자가에서는 단지 나약한 인간으로서 죽음을 맞이하셨다. 그러나 복음서의 전통에서 보여지듯이, 예수님의 하나님의 아들 되심이 예수님의 탄생과 예수님의 세례와 변화산상 사건들에서 부분적으로 계시된 것에 반하여, 예수님의 부활 후에는 온 세상에 공개적으로, 그리고 능력 있게 선포될 것이라고 예언된다(막 14:61-62).

셋째는 부활 후에 드러난 예수님의 "능력의 하나님의 아들" 되심은 성령의 사역과 밀접한 관계가 있다. 그러나 일부 학자들은 로마서 1장 4절에 나타나는 '거룩의 영'(πνεύμα ἁγιωσύνης)을 성령을 의미한다기보다는 단순히 육체의 반대어인 영으로 해석함으로써, 위의 본문이 현재 영으로서 존재하시는 주님의 부활 후의 상태를 이야기하는 것으로 본다. 또 다른 학자들은 여기서 나타나는 영과 육은 예수님이 초래하신 두 가지 다른 시대(aeon 혹은 age)에 대해서 이야기하고 있는 것으로 해석한다.[75] 그러나 비록 "거룩의 영"이 신약이나 구약에서 쉽게 발견되는 표현은 아니지만, 성령을 의미하는 히브리 표현 '루아흐 코데쉬'(רוּחַ קֹדֶשׁ, Holy Spirit)의 문자적인 번역인 것은 틀림이 없다(시편 51:11; 사 63:10-11).[76] 뿐만 아니라, 족장 레위의 증언과 다른 후대 유대인들의 기록들에서 종종 발견되어지고 있듯이, 성령은 위의 "거룩의 영"으로 종종 언급되어지곤 한다(Test. Levi 18:11; 1QS 4:21; 8:16; 9:3; 1QH 7:7-17; 9:32; 12:12). 본 저자는 이 표현은 바울이 로마서 1장 3-4절에서 인용하고 있는 예루살렘 교회의 오래된 전통에 속한 것이라고 본다. 따라서 여기 인용된 초대 교회 전통에 따르면, 예수님의 능력 있는 아들로서의 그리스도이심과 예수님의 부활에서 보여주신 성령의 역할은 아주 긴밀하게 연관되어 있다고 볼 수 있다. 바울은 로마서 8장 11절에서 예수님을 부활시키신 분이 성령님이시며, 동일한 성령님이 성도들의 부활도 책임지실 것이라고 약속한다(cf. 고전 6:14).[77]

일반적으로 말해서, 바울은 예수님의 생애와 이 땅에서의 사역에 대해서 전체적으로 침묵하고 있다. 물론, 그의 서신서 여기 저기서 초대 교회가 예수님에 대해서 기억하는 많은 전통들에 대해서 바울은 직·간접적으로 언급하고 있다. 고린도후서 5장 16절에 따르면, 바울은 공생애를 살으셨던 인간 예수보다도 부활하신 예수의 의미에 대해서 더 묵상하기를 즐겨한 듯하다. 뿐만 아니라, 예수님이 직접 공생애 기간 중에 세우신 사도들과 부활 후 예수님이 직접 세우신 사도 바울은 그의 많은 유대인 정적들에 의해서 직·간접적으로 종종 비교되곤 했다(고후 2-3; 12:1-5; 고전 9:1-3; 15:3-10). 바울의 정적들의 주장에 따르면, 바울의 사도직이 예수님이 살아계실 때 직접 세우신 12제자들의 사도직에 비해 열등한 것이라는 것이다(갈 2:1-10). 아마도 바울은 예수님이 살아계셨을 때 예수님을 직접 만나보지 못하였을 것이고, 예수님에 대한 행적은 그가 회심 후 교제하였던 헬레니스트(팔레스타인이 아니지만 그리스어를 말하고 디아스포라에서 태어난 유대인 출신 기독교인들)들로부터 듣고, 배웠을 것이다.[78] 뿐만 아니라, 바울은 당시 구전으로 전승되던 복음서에 나타난 예수님에 관한 내용들을 초대 교회 성도들이 다 알고 있다고 전제하고, 자신의 사역에서는 현재 부활하신 예수님이 성령을 통하여 어떻게 교회들에 역사하시는지에 대해서 더 촛점을 맞추고 있는 것 같다.

결론

　구약과 유대인들의 사상에서 성령으로 기름 부음 받은 메시야 곧 그리스도에 대한 기대가 이스라엘의 바벨론 망명 전·후를 기점으로 하여 선지자들에 의하여 예언되어지기 시작하였다. 하나님이 직접 자신의 영으로 기름부으신 그리스도는 이스라엘의 인간 지도자들의, 특히 왕들의 무능과 폭정에 실망한 유대인들의 마음 속에 하나님 자신의 직접적인 간섭에 대한 희망과 기대를 불어 넣어 주곤 하였다. 이 가운데서도 이사야의 기름 부음 받은 메시야에 대한 예언은 중간기 시대의 문헌들과 유대인 지도자들의 마음 속에 계속해서 묵상되어지며, 그들의 행동과 사고에 깊은 영향을 미쳤다. 예수님이 탄생하시기 전, 많은 유대인 지도자들은 자신들을 이 성령으로 기름 부음 받은 하나님의 메시야로 간주하면서 추종자들을 끌어모아 로마에 대한 많은 반역을 일으키곤 하였다. 물론, 예수님을 포함한 모든 메시야와 거짓 메시야들은 다 로마인들에 의하여 죽임을 당하였다.
　예수님도 자신의 사역과 삶을 통하여 하나님의 종말론적인 나라가 이 땅에 임했다는 것을 주장하였다. 그의 의식 속에는 자신이 바로 그 하나님의 성령으로 기름 부음 받은 메시야라는 분명한 자각이 있었고, 자신의 사역, 특히 기적들과 가르침을 통하여 하나님의 나라가 이 땅에서 지금 현실화되고 있다고 굳게 믿으셨다. 그의 제자들도 예수님이 이사야가 예언한 바로 그 종말론적인 메시야임을 믿고 선포하는데 자신들의 모든 힘과 노력을 기울였다. 복음서에 기록된 예수님의 물세례와 그에 따른 성령세례, 그리고 하늘로부터 선포하신 하나님의 증언에서 보여지고 있듯이, 하나님도 예수님이야말로 성령으로 기름 부음 받은 바로 그 약속된 메시야임을 친히 증거하셨다. 하나님이 친히 예수님을 자신의 아들로서 하늘 위에서 공포하심으로써 예수님의 그리스도이심을 선포하여 알리신 것이다. 초대 교회 성도들은 예수님의 그리스도이심을 당연한 것으로 받아들였고, 심지어 바울 조차도 이 사실에 대해서는 논증할 필요를 느끼지 못하였다.

예수님이 성령으로 기름 부음 받은 메시야라는 사실은 또한 그의 사역들을 통하여 계속하여 증명된다. 그가 행한 귀신을 쫓아내는 사역과 치료들, 그리고 능력 있는 가르침들에서 성령의 힘있는 능력이 부인할 수 없는 역동적인 모습으로 묘사되어진다. 그러나 초대 교회는 예수님의 하나님의 아들 되심이 그가 메시야이심에 대한 증거 그 이상의 것임을 주장한다. 예수님이 마리아의 뱃속에서 잉태되어 탄생하실 때부터, 성령은 하나님의 창조의 영으로서 예수님의 삶에 관여하셨고, 그가 자라 성인이 되어 하나님의 아들로서 사역을 마치실 때까지 성령은 예수님과 동행하셨다. 따라서 다음 장에서 우리는 성령과 예수님의 하나님의 아들 되심이 어떻게 연관되는지에 관하여 살펴볼 것이다. 여기서 우리는 예수님의 하나님의 아들 되심이 단순히 예수가 약속된 메시야이심을 뛰어넘는 사실이라는 것과, 하나님의 독생자이심이 바로 성령으로 말미암는 예수님의 잉태를 통해서 강조되고 있음을 알 수 있을 것이다.

CHAPTER

성령과 예수님의
하나님의 아들 되심

(Andrei Rublev 1360-1430)

　복음서의 기록들에서 보여지듯이, 예수님의 성령세례 중에 우리는 하늘로부터 들려오는 하나님의 음성을 듣게 된다: "너는 나의 사랑하는 아들이니, 내가 너로 인하여 크게 기뻐하였다"(사역, 막 1:11; 마 3:17; 눅 3:22). 여기에 기록된 예수님의 하나님의 사랑하는 아들 되심에 대한 선포는 독자들로 하여금 시편 2편 7절("너는 나의 아들"), 이사야 42장 1-2절("나의 선택된 자…내가 기뻐하는"), 그리고 창세기 22장 2절("너의 사랑하는 아들")을 기억하게 한다.[79]

　이 예수님의 하나님의 아들 되심에 대한 선포는 우리로 하여금 마가와 다른 복음서 기자들이 그들의 복음서 전체를 통하여 보여주고자 하는 예수님의 사역과 정체성에 관한 핵심적인 개요를 담고 있다.⁸⁰ 따라서 이번 장에서 우리는 위의 하나님의 선포의 각각의 요소들이 어떻게 예수님의 아들 되심과 성령의 역할에 대해서 설명하고 있는지 자세히 살펴보고자 한다. 결론적으로, 예수님은 하나님의 독생자로서 다윗과 같은 메시야와 이사야의 고난받는 종의 역할을 감당하고 있으며, 그의 독생자 되심은 성령으로 말미암는 잉태를 통하여 가장 잘 나타난다.

다윗과 같은 그리스도

먼저, 하나님의 아들이라는 표현은 시편 2장 7절에 나오는데, 이 시편은 다윗의 자손이 왕으로 선출되어 대관식을 행할 때 하나님이 그를 아들로 삼으신다는 사실을 선포하고 있다. 물론 이 시편에서 하나님이 다윗의 자손을 대관식 순간에 양자 삼으신다는 것인지에 대해서는 많은 논란이 있어 왔다.⁸¹ 이스라엘의 전통에서 하나님의 아들이라는 표현은 때로는 천사들에게, 또 때로는 이스라엘에게 적용되기도 하였으나, 이 표현은 특히 다윗의 자손들 곧 왕들을 지칭하는데 가장 빈번하게 사용되었다. 다시 말하면, 유대인들의 사상에 있어서 하나님의 아들이라는 표현은 다윗과 같은 메시야를 지칭하는 전문적인 용어로 간주되었다.⁸² 이런 측면에서, 예수님이 성령으로 세례를 받으실 때 들으신 하나님의 아들 되심에 대한 선포는 예수님이 다윗과 같은 왕, 곧 약속된 기름 부음 받은 메시야/그리스도라는 것을 하나님이 직접 증명하고 있는 것이라고 볼 수 있다.⁸³ 우리는 다음 장에서 성령이 기름 부음 받은 그리스도를 통하여서 어떻게 하나님의 백성을 위한 다양한 구원의 활동을 행하시는 지에 대하여 좀 더 자세히 살펴보게 될 것이다.

그러나 우리는 이미 로마서 1장 3-4절에서 예수님이 다윗의 자손으로서 그리스도 되심과 성령으로 말미암는 능력의 하나님의 아들 되심이 서로 비교되어지고 있음을 살펴보았다. 바울이 인용하는 초대 교회 전통은 예수가 다윗의 자손 메시야라는 사실보다도, 능력 있는 하나님의 아들 되심을 더 우월한 것으로 비교, 강조하여 전하고 있다. 바울과 마찬가지로, 복음서에서도 다윗의 자손으로서의 그리스도이심을 인정하는 동시에, 예수는 다윗을 넘어서는 더 특별한 존재임이 강조되어진다. 다시 말하면, 복음서에 따르면 예수님의 하나님의 아들 되심은 예수님이 다윗의 자손 그리스도이심을 뛰어넘는 그 무엇을 의미한다는 말이다.

첫째로, 마가복음 12장 35-36절에서 성전에서 가르치시던 예수님이 한 가지 질문을 청중들에게 던지신다: "어떻게 서기관들은 말하기를 그리스도는 다윗의 자손이라고 하느냐?" 이는 그리스도라고 스스로 주장하는 예수를 단지 다윗의 자손으로 폄하하려는, 혹은 예수 그리스도를 다윗의 권위 아래 복종시키려는 유대인 지도자들의 시도에 대한 예수님의 반응을 나타낸다고 볼 수 있다. 스스로 던지신 질문에 대하여 예수님은 시편 110편 1절을 인용함으로써 친히 답하신다: "주님이 나의 주에게 말씀하시기를, '내가 너의 원수들을 너의 발아래 둘 때까지, 너는 나의 우편에 앉아 있으라'"(사역, 막 12:36). 예수님이 인용하는 시편 110편 1절에서 다윗은, 흥미롭게도, 두 명의 주를 언급하고 있다. 첫 번째 주는 당연히 하나님을 지칭하지만, 문제가 되는 것은 저 두 번째 주님 곧 다윗의 주는 누구를 지칭하느냐는 것이다. 유일신론을 굳게 믿고 있던 유대인들은 예수님이 인용하시는 이 본문에 대해서 어떻게 이해해야 할지 많은 고민을 했을 것이다. 이들의 침묵에 답하시면서, 예수님은 당연히 그리스도이신 자신을 다윗이 친히 그의 주로 불렀다는 사실을 유대인 지도자들에게 말씀하신다. 다시 말하면, 예수 그리스도는 단지 다윗의 혈통에서 나온 다윗의 자손이 아니라, 다윗이 하나님과 더불어 경배한 그의 주인이시다는 것이다.

초대 교회 전통에서는 주님이 부활하신 후 하나님의 이름 곧 주라는 이름을 부여받으시고, 하나님에 의하여 높임을 받아 하나님 우편에 앉게 되었다고 주장되어진다(막 14:61-62; 히 1:3-4). 하나님의 우편에 앉는다는 것은 무엇을 의미하는가? 그것은 바로 부활하신 예수님이 하나님과 더불어 세상을 다스리는 왕권을 공유하게 되었다는 것이다. 따라서 마태는 예수님의 대명령으로 자신의 복음서를 마무리할 때, 부활하신 예수님이 하늘과 땅에 있는 모든 권세를 하나님으로부터 부여 받으셨다고 주장한다(마 28:18). 유일신을 믿는 유대인들은 당연히 초대 교회의 이러한 예수님에 대한 경배를 우상 숭배로 간주하며 이단시 하였을 것이다.[84]

둘째로, 예수님의 탄생을 기록한 마태와 누가의 기록을 보면, 예수님은 다윗의 자손으로서 그리스도이심이 강조되고 있는 동시에, 예수님이 다윗을 뛰어넘는 분으로 묘사되어진다. 차후에 하나님의 독생자 부분에서 더 자세히 다루어질 것이지만, 마태의 기록에 따르면 예수님의 잉태 시 하나님의 천사가 요셉에게 나타나 그를 "다윗의 자손"(마 1:20)이라고 호칭한다. 이는 성령으로 잉태된 예수님이 적법적으로 다윗의 혈통에 속한 자라는 것을 증명하는 의미가 있다. 마태는 이 사실을 예수님의 족보에 대한 논의에서 이미 명백하게 언급하였다(마 1:6).

그러나 이 성령으로 말미암는 아기는 다윗의 권위를 뛰어넘는 분으로 묘사되어진다. 그의 이름은 예수라고 불리게 될 터인데, 그 이름의 의미는 "그가 그의 백성을 죄에서 구원하실 것이다"라는 것이다(마 1:21). 유대인들의 사상에 따르면 오직 하나님만이 인간들의 죄를 사하시는 권세가 있다. 또한 예수님은 "임마누엘"이라고 불리우게 될 터인데, 그 이름의 의미는 "하나님이 우리와 함께 하신다"(마 1:23) 이다. 흥미로운 사실은, 부활하신 예수님의 대명령에서 예수님은 자신이 친히 제자들과 영원히 함께하실 것이라고 말씀하신다. 마태복음에서는 예수님의 존재가 하나님의 임재를 상징할 뿐만 아니라, 하나님 임재 그 자체가 된다.

마태와 마찬가지로, 누가도 예수님의 족보를 논의하면서 예수님이 다윗의 혈통에 속한 분이시라는 것을 강조한다(눅 3:31). 뿐만 아니라, 예수님의 잉태 중에 천사 가브리엘은 마리아에게 나타나 하나님이 예수에게 영원한 다윗의 왕위를 주실 것이라고 예언한다(눅 1:32). 이는 예수가 다윗의 혈통을 따르는 기름 부음 받은 그리스도라는 사실을 선포하는 것이다. 그러나 누가의 예수님의 잉태 기록을 보면, 예수님의 하나님의 아들 되심은 단순히 그가 다윗의 자손 메시야라는 사실 그 이상의 의미를 가지고 있음을 알 수 있다. 성령 곧 하나님의 창조의 영의 임재를 통해서 하나님이 직접 예수님의 잉태에 관여하심으로써 하나님이 친히 예수님의 아버지가 되신다는 사실을 보여주고 있다. 이 초대 교회의 믿음에서는 예수님의 하나님의 아들 되심이 단순히 예수가 그리스도라는 사실을 증명하는 것을 뛰어넘어, 그가 하나님의 친아들 곧 독생자이심을 선포하는 것이다.

하나님의 고난받는 종

예수님의 세례 시 들려지는 하나님의 선포에서 두 번째로 발견되는 이사야 42장 1-2절의 "나의 종, 내가 기뻐하는 자"는 하나님의 백성들을 위하여 친히 고난받는 "하나님의 종"에 대한 하나님의 사랑의 표현을 담고 있다.

예수님의 하나님의 아들 되심은 마가복음 전체의 구성에 있어서 굉장히 중요한 역할을 담당한다. 두 번은 예수님의 세례 시와(막 1:11) 변화산상 사건에서(막 9:7) 하나님 자신에 의하여 직접 선포되고, 또 한 번은 예수님이 십자가에서 돌아가신 후 그 자리를 지켜보던 로마인 백부장에 의해서 선포된다(막 15:39). 물론 귀신들도 예수님을 보기만 하면 그 앞에 무릎을 꿇고 고백하기를, "당신은 하나님의 아들입니다"(막 3:11)라고 한다. 귀신들의 고백에서 발견되는 예수님의 하나님의 아들 되심은 예수가 다윗의 자손으로서 그리스도라는 사실보다는, 예수가 하늘과 땅의 권세를 가지신 자라는 사실을 의미한다. 물론 그들의 고백은 예수님에 대한 참된 경배와는 거리가 멀다. 흥미로운 사실은 이 예수님의 하나님의 아들 되심에 대한 고백이 영적인 영역에 속한 하나님과 귀신들에 의해서만, 그리고 인간 중에서는 하나님의 언약의 자손인 이스라엘이나 예수님의 제자들이 아닌 이방인 백부장에 의해서만 선포되었다는 사실이다. 왜 예수님이 친히 선택하시고 가르치신 12제자들은 이 고백을 하지 못하였을까? 그러나 흥미롭게도 이 선포들에서 공통적으로 드러나는 하나님의 아들 되심은 예수님의 하나님의 고난받는 종되심에 의하여 그 의미가 더욱 깊어지고 있다는 것이다.

예수님의 변화산상 사건 중에서 우리는 예수님과, 제자들과, 하나님의 흥미로운 삼중 대화를 발견하게 된다. 벳세다에서 장님을 두 단계에 걸쳐 치료하신 후(막 8:22-26), 가이사랴 빌립보에 이르자 주님은 제자들에게 질문하신다: "사람들이 나를 누구라 하느냐?"(막 8:27). 세례 요한 혹은 엘리야라는 사람들의 의견을 베드로를 통하여 들으신 후, 예수님은 베드로에게 다시 질문하신다: "너희는 나를 누구라 하느냐?"(막 8:29). 물론 예수님은 자신이 직접 선택하시고 동행하시면서 가르치신 자신의 제자들이 일반 대중들보다 더 나은 대답을 하기를 기대하셨다. 베드로는 제자들을 대신하여 '예수는 그리스도'

라고 대답한다. 그러나 흥미롭게도 예수님은 베드로의 대답에 대하여 옳다 혹은 그르다라는 아무런 말씀도 없이, 자신이 유대인들의 지도자들에 의하여 고난받고 죽으신 후, 사흘만에 부활하실 것에 대하여 말씀하신다(막 8:31). 다시 말하면, 자신의 그리스도로서의 역할은 하나님의 종으로서의 역할에 의하여 완전해진다는 것을 예수님은 여기서 암시하신다. 그러나 예수님의 제자들은 그리스도 예수의 능력과 기적은 즐거이 바라보고 다가올 그의 영광의 나라는 기쁨으로 기대했으나, 그의 고난과 죽음의 메시지는 감당하기 힘들어 하였다(막 8:32-28).[85]

가이사랴 빌립보에서 베드로와의 대화 후 육 일 정도 지난 후, 예수님은 베드로와 야고보와 요한을 데리고 높은 산에 오르신다. 그리고 그들 앞에서 홀연히 영광스런 모습으로 변화하신다(막 9:3). 변화된 예수님 곁에 모세와 엘리야가 나타나 주님과 대화하기 시작한다. 베드로는 이 신비한 현상에 당황하며 예수님과 베드로와 엘리야를 위하여 초막 세 개를 지을 것을 제안한다. 물론 베드로는 두려움에 사로잡혀서 그의 제안이 무슨 의미를 띄고 있는지 전혀 알지 못한다. 그러나 그때 구름 사이로 하나님이 직접 베드로의 제안에 대해 응답하시며, 예수님의 독특한 신분과 정체성에 대한 자신의 견해를 말씀하여 주신다: "이는 내 사랑하는 아들이니, 그에게 순종하라(혹은, 그의 말을 들으라)"(사역, 막 9:7). 예수님이 세례받으실 때처럼 하나님이 친히 예수님이 자신의 아들이심을 제자들에게 증거하시며, 그 예수에게 순종하라고 하신다.

베드로의 제안에 대한 이러한 하나님의 응답은, 첫째, 예수님과 엘리야와 모세를 위하여 세 개의 초막을 짓겠다는 그의 제안이 잘못되었다는 것을 알려준다. 이는 예수님은 모세와 엘리야와 비교할 수 없는 분이라는 것이다. 다시 말하면, 가이사랴 빌립보에서 던지신 예수님의 첫 번째 질문에 대한 사람들의 대답, 곧 예수님이 모세와 엘리야와 같은 선지자라는 인식이 틀렸다는 것이다. 변화산상에서 하나님은 예수는 자신의 아들로서 옛적 하나님의 영에 붙들려 사역하였던 위대한 선지자들을 훨씬 초월하는 분이라고 직접 선포하시고 있는 것이다.[86]

둘째, 베드로의 제안에 대한 하나님의 응답은 주님께 순종하며 주님의 말씀에 귀기울이라는 것이다. 여기서 우리는 질문하게 된다. 어떤 주님의 말씀을 들으라는 것인가? 그것은 변화산상 바로 직전 예수님이 제자들을 가르치신 예수님의 고난받으심과, 죽으심과, 부활하실 것에 대한 가르침에(막 8:31-38) 귀 기울이라는 것이다. 다시 말하면, 주님의 그리스도 되심은 혹은 하나님의 아들 되심은 주님이 하나님의 종으로서 고난받는 삶을 통해서 완전하여진다는 것이다. 변화산상 사건 후 산을 내려오시면서, 예수님은 제자들과 또 다른 대화를 나누신다. 이 대화 중에서 주님은 인자가 어떻게 고난받아야 할 것에 대해서 다시 한 번 제자들을 가르치신다(막 9:9-14).[87]

뿐만 아니라, 변화산상 사건 직후 하늘나라에서 예수님의 우편에 앉게 해달라는 야고보와 요한의 요청에 대해서 예수님은 남을 섬김으로써 자신을 낮추는 자가 하늘나라에서는 가장 큰 자가 됨을 말씀하신다. 심지어 예수님조차도 이 땅에서 높임을 받으시기 위하여 오신 것이 아니라, 다른 사람들을 섬기고 그들을 위하여 목숨을 내어주시기 위하여 이 땅에 오셨다(막 10:45)고 말씀하신다. 즉 주님 자신이 이 땅에 오심은 고난받는 종으로서의 사역을 감당하기 위해서라는 것이다.

마지막으로, 예수님의 하나님의 아들 되심에 대한 고백은 주님이 십자가에 달리사 죽음을 당하신 후, 로마의 백부장에 의하여 선포되어진다(막 15:39). 마가복음 15장 26절에서 보여지듯이, 예수님의 죄명은 예수님이 로마 왕국에 위협이 되는 잠재적인 반역자로서 이스라엘의 왕 곧 그리스도였다는 사실이었다. "엘리 엘리 라마 사박다니"(나의 하나님, 나의 하나님, 어찌하여 나를 버리셨나이까?)를 외치신 후 주님이 마지막 숨을 거두시자, 사람들은 그가 엘리야를 부른다고 생각하였다. 사람들의 대화 속에 언급되는 엘리야의 등장은 변화산상에서 예수님 옆에 나타난 엘리야와 사람들이 예수님을 부활한 엘리야로 오해하였던 두 사건을 떠올리게 한다. 마가는 예수님이 죽음을 경험하자마자, 성전의 베일이 반으로 갈라지는 사건을 가장 먼저 언급한다(막 15:38). 이는 하나님의 아들의 죽음이 로마 왕국의 멸망보다는 하나님과 사람들 간에 놓여 있던 두터운 장막을 제거하고, 하나님과 사람들 간에 아담의 타락 이후로 막혀버렸던 친밀한 관계가 다시 가능해졌다는 것을 의미한다. 그러나 전혀 예상치 못하게도 제자들이 아닌 백부장의 입을 통해서 우리는 주님이 하나님의 아들이시다는 고백을 듣게 된다. 마가복음의 독자들이었던 대부분의 이방인들이 이 백부장의 입을 통해서 자신들의 주님을 향한 신앙을 고백하고 있는 것일까? 아무튼 백부장의 고백은 예수님의 하나님의 아들 이심이 십자가의 사건을 통해서 확증된 것임을 보여주고 있는데, 이는 변화산상에서와 마찬가지로 그의 아들 되심이 하나님의 고난받는 종으로서의 역할을 통해서 완성되었음을 보여준다고 하겠다.

　예수님의 세례 시, 그리고 변화산상에서 울려퍼진 예수님의 아들 되심에 대한 하나님의 고백과 십자가 밑에서 울려퍼진 백부장의 고백은 예수님의 아들 되심이 이사야의 고난받는 종 곧 성령에 의하여 기름 부은 받은 그리스도로서 예수님의 순종에 의하여 완성되어졌음을 알려준다. 예수님의 하나님의 아들 되심은 그에게 분명하게 드러난 하나님의 뜻, 곧 예수님의 고난과 십자가에서의 죽음의 순종을 통하여 완전하여 졌다. 이미 마가복음 8장 31절에서(특히 신적인 δεῖ)

예수님은 자신의 죽음이 하나님에 의하여 정해진 운명임을 말씀하셨다. 그러나 예수님의 하나님의 뜻에 대한 순종은 겟세마네 동산에서 세 번 기도하신 후 하나님이 주시는 고난의 잔을 마시기로 결정하시는 바로 그 사건에서 정점을 이룬다(막 14:32-42).

이런 측면에서, 예수님이 하나님의 계시된 뜻에 온전히 순종함을 통해 보여주신 하나님의 아들 되심은, 비록 하나님이 직접 창조한 아들이었으나(눅 3:38), 하나님의 뜻에 불순종함으로써 그 아들됨을 상실한 첫 인간 아담과 극명하게 대조된다. 첫 번째 아담과 비교되는 두 번째 아담 예수의 사역에 대해서는 바울의 서신서들에서 더욱더 잘 묘사되어 질 것이다(고전 15; 롬 5; 빌 3; 고후 3-4). 이 부분에 대해서는 제7장에서 더 상세히 기술하고자 한다.

하나님의 독생자

예수님의 세례 시 들려진 하나님의 선포 중에서 "나의 사랑하는 아들"이라는 표현은 창세기 22장 2절을 독자들로 하여금 기억나게 한다. 창세기 22장에서 하나님은 아브라함으로 하여금 이삭 곧 아브라함의 "사랑하는 아들"을 제물로 바치라고 명령하신다. 사흘 밤·낮을 걸어 모리아 산으로 향하는 아브라함은 이 여정 중에 무슨 생각을 하였을까? '하나님께서 온 열방으로 나를 인하여 복을 받으리라는 약속으로 주신 아들인데, 그 약속의 아들 이삭을 바치라니 대체 하나님은 무슨 생각을 하고 계신 것일까?' 아마도 아브라함은 곧 죽임을 당해야 할 자신의 친아들 이삭을 향하여 속에서부터 터져나오는 탄식과 함께 이 질문을 여러 번 반복하여 물었을 것이다.

그러나 아브라함은 하나님의 명령에 순종하여 모리아 산 정상에 이르러 자신의 사랑하는 아들 이삭을 하나님께 제물로 바치려 한다.

그러나 우리는 이미 잘 알고 있듯이, 하나님은 아브라함이 이삭을 칼로 치려는 마지막 순간에 그의 손을 가로막으시고, 이삭 대신에 하나님이 친히 준비하신 양을 제물로 삼아 죽일 것을 명하신다. 이 하나님이 준비하신 양은 무엇을 혹은 누구를 상징하는가?

초대 교회는 하나님이 준비하신 양은 바로 십자가에 달려 죽으신 예수님을 상징한다고 믿었다. 요한계시록 4장에서는 사도 요한이 환상 중에 하늘로 올라가 하나님 앞에 선 장면이 나온다. 요한은 일곱 가지 인감으로 봉인된 책을 본 후, "누가 이 봉인들을 부수고 책을 열기에 합당한가?"(사역, 계 5:2)라고 외치며 절규하며 울기 시작한다. 요한은 아무도 하나님 옆에 놓인 비밀한 계시의 책을 열 수 있는 자가 없다고 생각했기 때문이다. 그러나 옆에 선 한 장로는 요한에게 말하기를, 선지자 다윗의 자손에서 나신 그리스도가 그 책의 봉인을 풀기에 합당한 자라며 그를 위로한다. 그리고 즉시로 요한은 하나님의 왕좌와 장로들 사이에서 "죽임을 당한 양"(계 5:6) 곧 십자가에 달려 죽으신 후 부활하신 예수님을 발견한다. 그 "죽임을 당한 양"은 일곱 뿔과 일곱 눈을 가지고 있는데, 이것들은 세상으로 보내어진 하나님의 일곱 영을 의미한다. 어떤 측면에서, 이 일곱 영은 교회 가운데 거하신 성령을 상징한다고 볼 수 있다.

모리아 산에서 이삭을 대신하여 하나님이 준비하신 양이 바로 예수님을 상징한다고 초대 교회는 굳게 믿었다. 그러나 아브라함과 그의 사랑하는 아들 이삭과, 그리고 하나님과 그의 사랑하는 아들 예수, 곧 "죽임을 당한 양"에 나타나는 두 관계의 공통점은 무엇일까? 물론 두 사랑하는 아들들에게는 자신들이 감당해야 할 고난을 기쁨으로 받아 순종하였다는 공통점이 있다. 이삭은 모리아 산에서 아브라함에게 순종하여 죽임을 당할 것을 자신의 운명으로 순종하여 받아들였고, 예수님은 하나님의 뜻에 복종하여 친히 자신의 죽음을 십자가에서 맞이하셨다. 그러나 이 두 가지 관계가 상징하는 더 깊은 의미는 아브라함이 자신의 아들을 희생하려 하였듯이, 하나님도 불순종한 그의 백성들의 구원을 위하여 자신의 친아들을 희생하였다는 것이다. 뿐만 아니라, 마치 이삭이 아브라함의 '사랑하는 친'자식인 것처럼 예수님도 하나님의 사랑하는 친자식이라는 것이다. 이는 예수님이 하나님의 친아들 되심이 양자로 택함받아 하나님의 아들들로 불리우는 많은 다윗의 자손인 왕들과는 질적인 차이가 있음을 알려준다. 바울도 주장하기를, 믿는 자들도 예수의 복음을 믿음으로 인하여 하나님의 아들들이(혹은 딸들이) 되지만, 이 양자됨은 하나님으로부터 직접 난 하나님의 아들 예수님의 친아들 되심과는 질적으로 다른 것이다(갈 4:4-6; Cf. 히 3:5-6). 마태복음에서도 예수님은 이 땅에서의 그의 생명의 시작부터 하나님의 아들이라고 선포되어짐에 반하여, 이 땅에 평화를 가져오는 순종하는 백성들은 미래에 하나님의 아들들(딸들)로 불리게 된다고 한다(마 5:9, 45).

마가는 예수님의 탄생에 관한 이야기를 기록하고 있지 않으나, 예수님의 하나님의 아들 되심을 통하여 예수님이 다윗 왕의 후손에서 난 메시야임을 넘어 선지자나 왕 같이 하나님이 세우신 이스라엘의 지도자들보다도 훨씬 더 우월하신 분으로 묘사하고 있다. 예를 들어 마가복음 12장 1절부터 11절까지에는 포도원의 비유가 나온다. 포도원 주인으로 상징되는 하나님이 그의 종들 곧 선지자들을 이스라엘에 보냈으나, 그들은 이스라엘에 의하여 고난과 죽음을 맞보게 된다. 마지막으로, 하나님은 자신의 사랑하는 친아들을 보내면서, 그 백성들이 그의 아들을 경외할 것을 기대한다(막 12:6). 그러나 하나님의 아들도 역시 그 백성들에 의하여 죽임을 당하게 된다. 이 비유는 그 주 목적이 하나님의 아들이신 예수님이 유대인들에 의하여 경험하게 될 고난과 죽음을 예시하며, 나아가 하나님의 친아들을 죽인 그 백성들의 완악한 불순종에 대하여 말하고 있다. 그러나 이 비유는 예수님과 하나님과의 특별한 관계에 대하여 말하고 있는데, 예수는 하나님의 사랑하는 친아들로서 다른 모든 이스라엘의 지도자들과 구별되는 존재라는 것이다. 물론 여기서 마가가 예수님의 선재(preexistence)에 대해서 주장하고 있는지에 대해서는 많은 학자들의 논쟁이 있어 왔다. 그러나 분명한 것은 예수님은 여기서 하나님의 친아들로서 다른 선지자들과 확연히 구분되고 있다는 사실이다.[88]

뿐만 아니라, 마가복음에서 예수님의 하나님의 아들 되심은 그가 천사들보다도 훨씬 더 높으신 분이라는 사실을 통해서도 잘 알 수 있다. 마가복음 13장에서 예수님은 제자들과 예루살렘 성전에 관하여 대화하신다. 예루살렘 성전의 화려함에 관하여 칭찬하는 제자들에게 예수님은 그 성전이 곧 파괴될 것에 대하여 예언하신다. 예루살렘 성전의 파괴를 기점으로 하여 예수님은 종말에 나타날 표적들과 적그리스도들의 출현에 대해서 제자들에게 말씀하신다. 물론 예수님은 종말에 세상을 심판하실 다니엘의 "인자"로서 이 땅에 다시 오실 것임을 예언하신다. 제자들은 예수님에게 언제 이 종말의 때가 임하고 말씀하신 모든 종말의 표적들이 언제 나타날 것인지에 대하여 예수님께 질문한다. 그러나 예수님은 말씀하시기를, "그때와 시에 대해서는 아무도 알지 못한다. 하늘에 있는 천사들도, 심지어는 그 아들도 알지 못하고, 오직 아버지만이 아신다"(사역, 막 13:32)라고 하신다. 여기서 예수님은 자신이 종말의 정확한 때에 대해서 알고 있지 못함을 고백하시지만,[89] 자신을 아버지 되신 하나님의 친아들로 간주하면서 천사들보다도 훨씬 더 우월하신 분이라고 주장한다.

마찬가지로, 누가의 기록에 따르면(눅 10:17-20), 예수님이 성령의 능력으로 덧입혀서 보내신 70명의 제자들이 기쁨을 가지고 돌아와 예수님께 어떻게 귀신들이 자신들에게 굴복하였는지에 대해서 보고

하는 장면이 나온다. 이 소식을 접하신 후, 예수님은 성령의 감동으로 크게 기뻐하시며 다음과 같이 말씀하셨다.

> "모든 것이 내게 아버지로부터 주어졌다. 그 아들이 누구신지 아버지 외에는 아무도 모른다. 또 아버지가 누구신지에 대해서 그 아들과, 아들이 아버지를 계시해 주기를 기뻐하는 자들 외에는 아무도 알지 못한다"(사역, 눅 10:22).

놀라운 것은 예수님은 그가 오직 하나님 아버지만 아시는 독생자이심을 말씀하시면서, 자신만이 하나님 아버지가 누구신지에 대해서 알고 있다고 주장하신다는 것이다. 또한 예수님은 자신의 사역을 제자들에게 아버지를 계시하는 것으로 이해하고 있다는 것이다. 이 본문이 독자들에게 강조하여 선포하는 사실은 예수님은 자신과 하나님과의 독특하고 긴밀한 아버지와 아들로서의 관계에 대해서 완전히 자각하고 계신다는 것이다. 이스라엘 역사에 있어서 가장 뛰어난 영웅들인 아브라함과, 모세와, 다윗은 하나님의 친구들로 불리우며 하나님의 영광을 체험하는 특권을 누린 자들로 기억되고 있다. 그러나 그들조차도 하나님의 독생자로서의 독특한 관계에 대해서는 결코 언급하고 있지 않다.

성령과 예수님의 탄생

아브라함과 이삭처럼, 예수님이 하나님의 친아들이셨다면, 이 친아들 되심과 성령은 어떤 관계가 있는 것일까? 예수님이 이스라엘의 지도자들이나 천사들보다도 훨씬 우월하신 하나님의 친아들이심을 복음서들은 어떻게 증명하고 있는가? 가장 먼저 쓰여진 마가복음에는 예수님의 탄생에 관한 기사가 기록되어 있지 않다. 따라서 마가복음을 통해서 초대 교회의 예수님에 대한 믿음을 처음 접하는 많은 1세기의 독자들은 예수님의 아들 되심이 그의 세례 시에 시작되었다고 생각하였을 수도 있었을 것이다. 그러나 또 다른 한편으로는, 예수님 당시의 고대 독자들은 많은 영웅들이 아폴로나 제우스 같은 신들을 아버지로 하여, 기적적인 탄생을 통하여 이 땅에 태어난다고 믿었다. 이러한 시대적 배경 속에서 예수님이 하나님의 독생자 되심을 공통적으로 공유하여 믿었던 초대 교회는 예수님의 탄생 시 어떻게 하나님이 직접 성령을 통해서 관여하셨는지에 대해서 선포하기 시작한다. 초대 교회의 선포는, 한편으로는, 마가복음이 이방인들에게 줄 수 있는 오해를 제거하기 위해서, 또 다른 한편으로는, 자신들이 믿는 예수님이야말로 이 세상의 참된 영웅이라는 변증의 의미가 있었을 것이다.[90] 마태와 누가는 예수님의 가족 특히 예수님의 어머니 마리아에 의하여 전달된 예수님의 탄생 일화를 근거로 하여 예수님의 탄생 시 어떻게 하나님 아버지와 성령님이 함께 역사하셨는가에 대하여 자신들만의 영감받은 독특한 관점을 제시하고 있다. 따라서 우리는 예수님의 하나님의 아들 되심이 마태와 마가에 의하여 어떻게 그의 탄생에서부터 주장되어졌는지에 관하여, 특히 성령의 역사와 활동과 관련하여 자세히 살펴보고자 한다.

마태복음 1:18-25[91]

마가가 자신의 복음서를 이사야와 말라기를 인용함으로써 시작하고 있는 반면에, 마태는 예수님의 족보를 논의함으로써 자신의 복음서를 시작한다. 마태는 이 족보를 통해서 예수님의 그리스도이심을, 곧 다윗의 자손이요, 나아가 아브라함의 자손임을 유대인 독자들에게 선포한다(마 1:1-16). 아브라함은 이스라엘의 아버지로서 그들의 역사의 시작을 의미하며, 다윗은 그의 아들 솔로몬과 더불어 이스라엘의 역사에서 가장 강력한 나라를 이루었던 왕으로 소개된다. 예수님이 이스라엘의 메시야가 되기 위해서는 다윗의 혈통에 속해야만 했다. 뿐만 아니라, 아브라함에서 다윗까지, 그리고 다윗에서 바벨론 포로까지, 그리고 바벨론 포로에서 예수님의 탄생까지, 이 모든 이스라엘 역사의 주기들이 14세대에 의해서 구분되어짐을 보임으로써, 마태는 예수님의 탄생이 하나님의 특별하신 계획의 결과임을 주장한다. 마태에 따르면, 아브라함으로부터 시작된 이스라엘의 역사가 예수님의 탄생에 의하여 그 정점을 이루고 있는 것을 알 수 있다(마 1:17).

예수님의 족보를 소개한 후, 마태는 예수님의 동정녀 탄생에 대하여 이야기하기 시작한다(마 1:18-25). 예수님의 어머니 마리아가 요셉에게 청혼되어져 결혼을 앞두고 있는 시점에, 마리아가 성령으로 말미암아 잉태된 것이 발견된다. 마리아의 남편 요셉은 의로운 사람으로 조용히 그녀와 이혼하려 한다. 그러나 그때 홀연히 주의 천사가 요셉의 꿈에 나타나 마리아가 잉태한 아기는 성령으로 말미암았음을 알려준다.[92] 구약 성경에서와 마찬가지로, 주의 천사는 하나님의 사자로서 하나님의 임재와 예수의 탄생에 대한 숨겨진 의미를 요셉에게 전달한다(창 16:7-9; 22:11-12; 왕하 1:3; 역상 21:18). 이는 예수의 성령으로 말미암는 동정녀 탄생에서 하나님이 직접적으로, 그리고 효과적으로 관여하고 있음을 암시하고 있다. 천사는 말하기를, 그 아기의 이름은 예수가 될 터인데, 이는 그가 그의 백성을 많은 죄에서 구원할 것이기 때문이라는 것이다. 예수라는 이름은 히브리 이름 여호수아의 그리스어 번역인데, 그 의미는 '야훼는 구원이다'라는 뜻이다.[93] 마태에 따르면, 이 성령으로 말미암는 동정녀 탄생은 하나님이 이사야 선지자로 말씀하신 것을 이루기 위함이다: "보라, 처녀가 아이를 낳을 것이니, 그의 이름은 임마누엘이라 불리우게 될 것이다"(사역, 마 1:23; 사 7:14). 따라서 예수님의 동정녀 탄생은 하나님에 의하여 오래전 계획되고, 선지자를 통하여 예언되어진 사건이 성령을 통하여 완성되고 있는 것이다.

　예수님의 탄생 이야기에서 주목할 만한 점은, 첫째, 하나님의 천사는 요셉에게 나타나 그를 "다윗의 아들"이라고 부르고 있다는 것이다. 유대인 출신 기독교인들을 주요 독자로 하는 마태에게 있어서 이 정보는 상당히 중요했을 것이다.[94] 왜냐하면 만약 예수님이 그리스도시라면 그는 유다 지파 소속이어야 하고, 다윗의 혈통에 직접적으로 연관되어져야 하기 때문이다(삼하 7:11-19). 사무엘을 통해서 하나님은 다윗의 혈통에서 난 자손들을 통하여 영원한 왕국을 건설하실 것을 약속하셨다. 마태는 이미 예수님의 족보를 통해서 그리스도이신 예수님이 다윗의 혈통에 속한다는 사실을 자신들의 독자들에게 공포하였다.

　둘째, 아기 예수의 잉태는 성령으로 말미암은 것이라는 것이다(마 1:18, 20). 여기서 우리는 유대 기독교인인 마태가 성령을 구약 성경에 나타난 하나님의 영으로 이해하고 있음을 알 수 있다. 앞에서 이미 살펴보았듯이, 성령은 하나님의 영으로서 하나님의 임재를 나타내고, 하나님의 창조의 능력으로서 생명의 창조와 새 창조를 가능케 하시는 분으로서 기억되어졌다. 마태는 예수님의 잉태와 탄생 시에 관여한 성령은 하나님의 임재를 상징하면서, 하나님이 예수님의 아버지로서 그의 잉태와 탄생에 긴밀히 관여하셨다는 것을 보여준다고 말하고 있다. 또 나아가 성령은 하나님의 창조의 능력으로서 친히 성자 예수의 잉태에, 특히 그의 인성의 창조에 깊이 관여하셨다.[95] 비록 유대인들의 사상에 있어서 아이를 낳는 사건에서 성령의 역사는 언급되지 않고 있으나, 창세기 기록과 후대 유대인들의 사상에서 잘 보여지고 있듯이(시편 33:6; 겔 37:14; 쥬딧쓰 16:14; 2 바룩 21:4), 하나님의 영은 새로운 생명을 창조하시는 분으로 믿어져 왔다.

셋째, 천사와 요셉의 대화에서 보여지듯이, 예수는 임마누엘, 곧 "하나님이 우리와 함께 하신다"라고 불리게 된다. 이는 예수가 이 땅에서 성령님처럼 하나님의 임재를 드러낸다는 것이다. 뿐만 아니라, 천사는 예수님이 그 백성들을 죄에서 구원하신다고 예언하였는데, 죄로부터의 구원은 하나님만의 독특한 기능으로서 그 어떤 인간도 자신에 대하여 주장할 수 있는 권리가 아니다. 이는 예수님이 단순히 주의 천사처럼 하나님의 임재를 나타낼 뿐만 아니라, 하나님의 이름을 포함한 여러 가지 권리와 기능을 물려받아 하나님이 친히 하시던 일들을 수행하시게 된다는 의미이다. 여기서 우리는 예수님이 여러 천사들이나 인간 메시야들을 뛰어넘어 하나님과 특별하고 독특한 관계 속에 거하고 있는 것을 알 수 있다. 이 사실은 특히 마태가 자신의 복음서를 예수님의 대명령으로 마무리 짓고 있을 때 잘 나타난다(사역, 마 28:16-20):

> "하늘과 땅에 있는 모든 권세가 내게 주어졌다. 그러므로 가서 모든 백성들로 제자 삼으며, 아버지와, 아들과, 성령의 이름으로 그들에게 세례를 주라. 또한 그들에게 내가 너희들에게 명령한 모든 것을 가르쳐 지키게 하라. 보라, 내가 세상 끝날까지 너희와 항상 함께 있을 것이다."

이 대명령에서 주목할 만한 점은 이 땅에서 예수님의 탄생 시에 그가 임마누엘, 곧 하나님의 임재를 나타내신다고 주장되어진데 반하여, 예수님이 부활 하신 후에는 그가 직접 그의 제자들과 항상 함께 있을 것이라는 사실이다. 다시 말하면, 하나님의 임재를 '상징하던' 예수님이 이제는 직접 자신을 통하여서 제자들로 하여금 하나님의 임재를 '경험하게' 하신다는 것이다. 이는, 어떤 의미에서, 부활하신 예수님이 신적인 임재로 이 땅을 다스리셨던 하나님의 역할을 대신 하신다는 것을 의미하고 있으며, 하나님 아버지와 동일한 초월적인 영역에 속하는 독특한 신적인 존재가 되었다고도 볼 수 있다.

그렇다면, 부활 후 하늘로 올리워 가신 예수님이 어떻게 이 땅에 있는 그의 제자들과 하나님의 임재로서 늘 함께 하신다는 것일까? 마태는 여기서 제자들에게 능력과 권세 곧 성령을 주셨던 사실을 근거로 하여, 이 땅과 하늘의 모든 권세를 가지신 예수님이 성령을 통하여서 계속해서 제자들의 삶 속에서 함께하게 될 것임을 이야기한다. 이런 측면에서, 마태는 요한복음에 기록된 예수님의 보혜사에 대한 성령의 역할을 독자들로 하여금 기억하게 한다(요 14-17). 그러나 제자들의 삶 가운데에서 성령을 통한 예수님의 임재는 누가에 의하여 가장 잘 설명되어지고 있다.

누가복음 1:26-38[96]

누가의 예수님 탄생에 관한 기사에서는 성령의 역할이 마태의 기록에서보다도 더욱더 다양한 형태로 강조되어 나타난다.[97] 누가의 기록에 따르면, 예수님이 탄생하시기 전부터 성령의 예언의 활동이 그쳤다는 유대인들의 믿음에 반하여, 성령은 이스라엘 가운데서 활발하게 움직이기 시작한다. 세례 요한은 그의 잉태 중에서부터 성령으로 충만하였고(눅 1:15), 그의 어머니 엘리사벳도 성령으로 충만하여 세상에 행하실 하나님의 새 일들에 대하여 선포하기 시작한다(눅 1:41). 또 세례 요한의 아버지 스가랴도 성령으로 충만하여져서 하나님이 그 백성 이스라엘에게 베푸실 은혜의 날들에 대하여 예언한 다(눅 1:67). 세례 요한은 아이로 자라가면서 성령으로 더욱더 강건 하여졌다(눅 1:80). 뿐만 아니라, 성령은 예언자 시므온의 마음을 감 동하여서 예수님의 역할과 정체성에 관한 특별한 영감과 계시를 주 시고, 그를 성전으로 향하게 하사 아기 예수님과 만나게 하신다(눅 2:25-26).

이 모든 성령에 관한 누가의 기록들은 이스라엘의 역사에 있어서 무엇인가 굉장히 중요한 일이 곧 일어날 것이라는 기대를 독자들에 게 안겨준다. 이러한 독자들의 기대에 부응하여 누가는 성령으로 말 미암는 예수님의 탄생과 요엘에 의하여 예언되어졌던 성령이 폭포 수처럼 부어질 그 종말의 새날이 이제 막 도래하였음을 선포한다(눅 4:18-19; 사 61:1-3). 이 새로운 종말의 날에 확연히 등장하는 성령 의 풍성한 역사 속에는 오랫동안 기다려 왔던 하나님의 아들의 탄생 이 그 중심에 서 있다. 그렇다면 누가의 예수님 탄생 사건 속에서 성 령은 어떻게 역사하고 계시는가?

마태복음의 기록에 반하여 누가의 예수님 탄생에 대한 기록은 세 례 요한의 탄생 이야기에 의하여 선행되어진다. 세례 요한의 어머니 엘리사벳은 사무엘의 어머니 한나와 이삭의 어머니 사라처럼 아기 를 잉태할 수 없는 나이였으나(눅 1:6-7), 기도의 응답으로 하나님으 로부터 아기가 주어지게 된다(눅 1:13). 어머니의 배에서부터 성령이 충만한 세례 요한의 기적적인 잉태는 세례 요한이 증거하게 될 예수 님의 잉태가 얼마나 중요한 사건인지에 대해서 독자들의 마음을 환 기시켜주는 역할을 한다. 주의 천사가 세례 요한의 아버지 스가랴에 게 나타났듯이(눅 1:11), 천사 가브리엘이 마리아에게 나타나 성령 곧 하나님의 능력으로 말미암아 잉태될 아기 예수에 대해서 이야기 한다(눅 1:26, 35). 천사 가브리엘은 말하기를, 이 아기 예수는 높으신 하나님의 아들이라 불리우게 될 것이며, 다윗의 보좌가 그에게 주어질 것이라고 선포한다(눅 1:32). 로마서 1장 3-4절에서와 마찬가지로, 예수님의 메시야 되심과 하나님의 아들 되심이 가브리엘에 의하여 동시에 선포되어지고 있는 것이다. 흥미로운 것은, 누가복음 1장 35절에서는 하나님 아버지와, 하나님의 아들 예수와, 하나님의 능력인 성령이 동시에 등장하고 있다는 것이다. 비록 누가가 믿고 있는 성부, 성자, 성령에 대한 삼위일체론적 믿음이 4세기 니케아 신조에서 확고히 선포된 삼위일체론(한 하나님, 그리고 동일한 신성을 공유하는 세 분의 인격체)과 동일한 것이라고 보긴 힘드나, 성부와 성자와 성령이 누가의 기록에 동시에 함께 언급되고 있다는 것은 그 세 분의 정체성과 역할이 긴밀하게 연관되어져 있다고 보는 초대 교회 성도들의 믿음을 잘 보여주고 있다고 하겠다(cf. 마 28: 19).

예수님의 탄생 이야기 속에 등장하는 성령은, 구약에서와 마찬가지로, 하나님의 은혜로운 임재와 간섭을 나타낸다. 또한 성령은 하나님의 능력으로서 창조 시에 활동하시어 인간에게 생명을 주었던 바로 그 창조의 영으로 나타난다. 이 예수님의 탄생 시 생명을 주시는 분으로 나타나는 성령의 역할은 이미 마태의 기록에서도 발견되었다. 예수님 탄생에서의 창조의 영으로서 성령의 역할은 예수님의 탄생이 다른 인간들과 같은 자연적인 탄생이 아니라, 하나님의 영이 직접 관여하시는 새 창조의 결과라는 것이다. 가브리엘은 마리아에게 하나님의 성령이 그녀를 "그늘처럼 완전히 감쌌다"(ἐπισκιάζω)라고 하는데, 이 그리스어 단어 에피스키아조는 광야에서 하나님의 영광의 구름이 이스라엘을 감쌌을 때 사용되었던 바로 그 단어이다(출 40:35).[98] 성령의 감싸심은, 마치 하나님의 영광이 하나님의 임재를 시각적으로 보여주었듯이, 예수님의 탄생 중에 하나님 자신이 친히 마리아와 함께 하시고 계신다는 것을 말하여 준다.

예수님의 탄생 시의 성령의 역사는 아담이 하나님의 성령에 의하여 하나님의 형상을 따라 죄 없는 상태로 창조되어 하나님의 아들로 불리어졌듯이(눅 3:38), 예수님도 아담의 불완전한 형상이 아닌 하나님의 형상을 따라 죄 없이 탄생된 '제2의 아담' 혹은 '새 아담'이 되었다는 것이다(cf. 히 7:26). 로마서 5장 12-18절에서 바울은 아담의 죄와 타락으로 말미암아 그의 모든 후손들이 죄와 사망을 경험하게 되었다고 주장한다. 만약 예수님이 아담의 형상을 따른 자연적인 출생을 경험하였다면, 그도 역시 죄의 결과로서의 사망을 경험해야 했을 것이다. 그러나 복음서 기자들은 예수님은 아담의 형상이 아닌 하나님의 형상에 따른 새로운 창조의 결과로 이 땅에 존재하셨으므로, 그가 죄로부터 전혀 자유로운 분이셨다고 주장한다. 이는 그분의 죽음이 자신의 죄의 결과로 말미암은 것이 아니라, 다른 사람들을 위한 하나님의 속죄제물이었음을 의미한다. 또한 예수님이 세례 요한에 의하여 받으신 세례는 그의 죄를 위해서가 아니라, 하나님의 의를 이루기 위해서라고 예수님은 분명히 말씀하신다(마 3:15). 그러나 성령으로 잉태되었다는 사실은 아기 예수님이 그 자체로 완벽한 인간이 되셨다는 것을 보여주기보다는, 타락 전 아담의 상태와 같이 죄 없는 인간으로서 제2의 아담으로서의 삶을 시작하시게 되었다는 것이다.[99] 예수님은 아담과 달리 하나님의 뜻에 완전히 순종하여 죄의 결과로서가 아닌 죄인들을 위한 대속의 죽음을 당하심으로써 첫 아담이 이루지 못한 완전한 하나님의 형상으로서의 인간성을 완성하시게 되었다(cf. 히 2:10).

마태와 마찬가지로, 누가도 예수님의 '양아버지' 요셉이 다윗의 혈통에 속한다는 사실을 반복해서 강조하고 있다(눅 1:27; 2:4). 이는 예수님이 다윗의 혈통에 속하여 합법적으로 다윗의 왕좌를 계승하는 그리스도가 되기 위해서 꼭 갖추어야 할 조건이기 때문이다. 그러나 요셉에게 임한 하나님의 천사의 예언을 기록한 마태와 달리, 누가는 마리아에게 임한 가브리엘의 예언을 기록하고 있다. 누가는 마태의 그 이름 없는 천사가 단순히 "주님의 천사"(마 1:20)가 아니라, 하나님의 소식을 전달하는 역할을 하는 가브리엘 천사라고 주장한다(눅 1:26). 이 가브리엘 천사는 세례 요한의 아버지 스가랴에게 나타났던 바로 그 천사이다(눅 1:19). 이런 측면에서, 누가는 세례 요한의 탄생과 예수님의 탄생을 긴밀하게 연관된 한 사건으로 제시하고자 한다. 세례 요한은 자신의 탄생에서부터 예수님의 탄생을 증거하고 있는 것이다. 누가는 예수님의 이름의 의미 곧 "그가 그의 백성을 죄에서 구원하실 것이다"(마 1:21)에 대해서는 침묵하고 있다.

누가에 따르면, 예수님은 자라가면서 성령의 충만한 임재의 결과로 지혜가 자라가고, 하나님의 은혜가 그와 함께 하였다고 한다. 예수님이 열두 살 때, 그의 부모들은 예수를 데리고 예루살렘의 성전을 방문하게 된다. 그후 고향으로 돌아가는 길에 예수는 마리아와 요셉과 동행하지 않고 성전에 계속 남아 유대인 율법 선생들과 논쟁하고 있었다. 12살 먹은 예수의 가르침을 들은 모든 사람들은 그의 이해와 질문들에 놀라워한다(눅 2:47). 왜 자신들을 따라오지 않았느냐는 마리아의 질문에 예수는 자신이 "아버지의 집" 혹은 "장소"(τοῖς τοῦ πατρός)에 있어야 하는 것을 알지 못하였느냐고 반문한다.[100] 여기서 흥미로운 사실은 청소년 예수가 마리아와 요셉이 아닌 하나님을 자신의 아버지로 부르면서, 하나님의 성전이야말로 자신이 있어야 할 자신의 집이라고 말하고 있다는 것이다. 누가복음에서도 예수님이 하나님의 아들 되심은 단순한 그리스도이심을 뛰어넘어, 하나님의 독생자로서의 친아들 되심을 의미하고 있다.

결론

　예수님이 하나님의 성령으로 기름 부음 받은 그리스도라는 사실은 초대 교회 성도들에 의하여 공통적으로 공유되어진 믿음이다. 예수님의 그리스도 되심은 그가 요한의 세례를 받으신 후, 이어지는 하늘로부터의 성령세례와 하나님의 친아들 되심에 대한 하나님 자신의 선포를 통하여 더욱 강조되어진다. 그러나 복음서 기자들은 예수님의 아들 되심에 대한 하나님의 선포가 단순히 예수가 그리스도로 그의 사역을 시작하였다는 것 그 이상의 의미가 있음을 주장한다. 제자들을 포함한 인간들이 예수의 정체에 대해서 혼란스러워하는 반면에, 귀신들은 그를 볼 때마다 무릎을 꿇고 그가 하나님의 아들이심을 고백하였다. 나아가 예수님은 다윗이 자신을 주님으로 불렀음을 상기시키면서, 실제로 자신은 다윗의 자손이 아님을 말씀하신다. 하나님은 변화산상에서 예수님을 자신의 아들로 부르심으로써, 예수님은 모세와 엘리야를 뛰어넘는 분이라고 친히 증거하신다.

　예수님이 하나님의 친아들 되심은 그의 탄생에 관한 이야기들에서 가장 잘 보여진다. 마가가 예수님의 탄생에 대해서 침묵하고 있는 반면에, 마태와 누가는 어떻게 하나님이 자신의 영 곧 성령을 통하여 예수님의 동정녀 탄생에 깊이 관여하고 계시는지에 대해서 자세히 서술해 주고 있다. 예수님의 탄생에 관한 이야기들을 살펴보면, 예수님은 성령으로 기름 부음 받은 그리스도이실 뿐만 아니라, 친히 하나님의 창조의 능력이신 성령에 의하여 그의 인간으로서의 생명이 시작되었다. 특히 누가는 예수님의 탄생과 관련하여 많은 사람들이 성령 충만하게 되어 예수님에 관한 예언과 축복의 말씀을 전하게 함으로써, 예수님의 탄생이 오랫동안 희망하여 왔던 바로 그 종말의 성령의 부어짐을 시작하였다는 사실을 강조하여 말한다.

그러나 성령으로 말미암는 예수님의 탄생은 그가 하나님의 독생자였음을 증거하고 있을 뿐만 아니라, 죄 없는 하나님의 형상으로 태어난 새로운 아담임에 대해서도 이야기해 준다. 아담이 하나님의 뜻에 불순종하여 죄와 사망을 인류의 역사에 소개한 반면에, 예수님은 죄 없는 새 아담으로서 하나님의 뜻에 순종하여 십자가상에서의 죽음을 맞이하게 되었다. 이 순종을 통하여 예수님은 새로운 구원의 역사가 바로 자신을 통하여 시작되었음을 알리면서 사람들로 하여금 새로이 창조된 하나님의 나라에 동참할 것을 촉구하신다. 또 다른 측면에서는, 예수님은 이삭이 고난받은 아브라함의 독생자였듯이, 이사야의 고난받는 종으로서의 역할을 감당함으로써 하나님의 아들 되심을 증명하셨다. 하나님의 드러난 뜻, 곧 많은 사람들을 위한 속죄제물로써 자신을 드리는 것에 순종함으로써 두 번째 아담 예수님은 첫 아담이 이루지 못한 참 하나님의 아들됨을 완성하셨다.

다음 장에서 우리는 성령으로 말미암아 잉태된 하나님의 아들 곧 성령으로 기름 부음 받은 예수 그리스도의 삶과 사역에서 어떻게 성령이 역사하고 있는지에 대해서 살펴보고자 한다. 성령은 예수님의 축사와, 치료들과, 권세와 능력 있는 말씀들에서 자신의 능력을 보이시고 있다. 뿐만 아니라, 세례 요한이 이미 예언한 것처럼, 예수님은 성령으로 세례를 주시는 분으로서 자신의 능력과 권세 곧 성령을 그의 제자들에게 나누어 주시는 분이 되신다.

CHAPTER

05

성령과 예수님의 사역

(Andrei Rublev 1360-1430)

　요한의 물세례 후, 예수님의 머리 위에 내려오신 하나님의 영 곧 성령은 하나님이 이스라엘의 지도자들에게 특히 그의 메시야에게 부어주셨던 바로 그 능력의 영이다. 이 성령은 예수의 그리스도 되심을 최우선적으로 증명하는 역할을 하면서, 예수님의 생애와 사역을 통하여 그리스도이신 예수님께 임한 하나님의 현저한 능력을 다양한 방법으로 나타내어 주신다. 예수님이 행한 축사와 치료, 그리고 하나님 나라에 관한 능력 있는 말씀의 선포들에서 우리는 성령의 다양한 활동을 관찰하여 볼 수 있다. 뿐만 아니라, 세례 요한이 예언한 것처럼, 예수님은 그의 제자들에게 성령을 나누어 주심으로써 그들로 하여금 자신의 사역을 나누어 감당하게 하신다. 일부 제자들은 이미 예수님의 부활 전에 성령의 권능을 체험하기도 하나, 일반적으로는 주님이 부활하신 후에야 모든 하나님의 백성들이 성령의 불로 말미암는 세례를 보편적으로 체험하게 된다. 이런 측면에서, 부활하기 전 주님은 성령의 능력을 힘입어 그의 사역을 진행하였으나, 부활 후에 주님은 친히 성령의 주가 되어 성령의 세례를 자신의 제자들에게 베풀어 주시는 분이 되셨다.

따라서 이번 장에서는, 선지자들에 의하여 예언되어진대로, 하나님의 성령의 능력으로 덧입혀진 예수님이 하나님의 백성들을 위한 종말의 그리스도로서의 사역을 어떻게 펼치시는지에 대해서 살펴보고자 한다. 예수님의 사역에서 마지막 때의 하나님의 구원의 역사를 완성해가시는 성령의 능력 있는 활동에 대해서 예수님 자신과 그의 기적들을 목격한 군중들은 어떻게 반응하고 있는가를 확인해 보고자 한다.

사탄을 몰아내심[101]

예수님의 세례 후, 성령은 예수님으로 하여금 사탄을 굴복시키고 악한 영들을 제압하게 하는 능력을 주셨다. 광야에서의 예수님의 첫 번째 시험은 사탄과의 싸움이었고, 곧이어 광야에서 돌아온 후 첫 번째 행하신 기적도 가버나움에서 귀신들린 자를 고치시는 일이었다(막 1:12-28). 또한 베드로의 장모집에 거하고 있는 예수님의 소식을 접한 사람들은 많은 귀신들린 자들을 주님께 데리고 와서 치료를 부탁하였고, 그들의 기대에 부응하여 예수님은 귀신들을 쫓아내심으로써 그들을 다 고쳐주었다(막 1:32). 예수님의 갈릴리에서의 사역은 말씀을 전하시는 일과 귀신들을 쫓아내는 일로 요약되어진다(막 1:39). 심지어 예수님이 세우신 12제자들도 예수님의 말씀을 전하는 일과 예수님의 권세로 귀신들을 쫓아내는 일들에 부르심을 받았다고 주장된다(막 3:13-14).

마가복음 3장 22-30절에 따르면, 예수님이 많은 귀신들린 자들을 고치셨다는 소식을 들은 예루살렘으로부터 온 서기관들은 예수님을 방문하여 말하기를, 예수님이 사탄의 왕 브엘제불(Beelzebul, 개역개정은 '바알세불'로 번역)의 힘을 빌려 귀신들을 쫓아낸다고 주장하였다. 이 서기관들의 영적인 무지에 대해서 예수님는 대답하시기를, 사람들에 대하여 지은 모든 죄들은 용서받을 수 있으나, 성령에 대한 모독은 용서받을 수 없다고 하신다. 여기서 예수님은 자신의 축사의 기적들을 자기 자신의 능력에 돌리지 않으시고, 성령 곧 하나님의 능력에 돌리고 있다. 이 대화 속에서 드러나는 중요한 사실 한 가지는 예수님이 자신의 사역 속에서 역사하는 성령의 능력에 대해서 스스로 자각하여 알고 있다는 것이다. 비록 예수님의 정적들인 서기관들은 이 능력을 귀신의 왕 바알세불에게 돌리고 있지만, 축사의 결과들이 사람을 죽이는 것이 아닌 살리는 선한 행위라는 사실이 바로 예수님으로 하여금 자신 안에서 활동하시는 능력이 악한 영이 아닌 하나님의 영 곧 성령이심을 증거하여 주고 있다. 예수님은 자신 속에서 역사하는 성령에 대하여 굉장히 심각하게 의식하고 있음을 알 수 있는데, 이는 하나님의 능력 곧 성령을 거역하거나 거절하는 행위를 용서받지 못하는 죄로 간주하시기 때문이다. 예수님은 자신의 축사의 사역 속에서 하나님이 종말론적으로 관여하여 하나님의 능력인 성령을 통해 특별한 일을 행하고 있다고 자각하고 있었다.

예수님의 축사의 사역에 나타나는 성령의 중요성은 마태복음 12장 28절(눅 11:20)에서 가장 잘 보여진다. 마태복음 12장 28절에서는 예수님의 귀신쫓는 사역과 성령과 하나님의 나라가 상호 밀접하게 연관되어 나타난다[102]: "내가 하나님의 영으로 마귀들을 쫓아내면, 하나님의 나라가 이미 너희 가운데 임하였다"(사역, 마 12:28; 눅 11:20).[103] 여기서도 예수님은 자신의 귀신을 쫓아내는 사역을 자신의 사역 속에서 역사하고 있는 성령에게 돌리고 있다. 예수님은 분명하게 하나님의 능력 곧 성령이 자신을 통하여서 흘러가고 있음을 깨달아 알고 계신다. 예수님은 이 능력이 자신에게 속한 것이 아니라, 하나님으로부터 오는 것임을 성령을 하나님의 영으로 부르심으로써 분명하게 알도록 하신다. 이는 하나님이 직접 예수님의 성령 사역을 통하여 악한 영들을 쫓아내심으로써, 하나님 자신의 나라를 만들어 가고 있다는 믿음의 표현이다. 또 다른 의미로는, 이스라엘이 오랫동안 고대해왔던 그 종말론적인 하나님의 나라가 예수님의 사역을 경험한 하나님의 백성들 가운데 지금 현실화되어 가고 있음을 말하여 준다. 비록 27절에서 예수님은 유대인들의 축사 행위에 대해서 간단하게 언급하고 계시나, 그들의 축사와 하나님 나라의 도래 사이의 연관성에 대해서는 전혀 언급하고 있지 않으신다. 예수님의 축사가 마지막 날에 나타날 하나님의 나라의 도래를 의미하는 이유는 그의 축사가 종말에 나타날 하나님의 영이 현재까지 세상의 나라들과 영광을 소유했던 '강한 자' 곧 사탄(마 4:8-9)을 먼저 결박함으로써만 가능하기 때문이다(마 12:29).

　막스 터너(Max Turner)는 성령을 통하여 악한 영을 제압하는 사건이 유대인들의 문헌에서 발견되지 않는다고 주장한다.[104] 그러나 우리는 이미 성령으로 충만해진 다윗이 악한 영에게 고통받던 사울을 고쳐주었던 것을 알고 있다. 또한 쿰란 공동체는 하나님의 영으로 채워진 빛의 자녀들과 악한 영의 자녀들과의 영적인 전투에 대해서 이미 많은 기록들을 남겼다. 복음서의 예수님의 축사에 대한 전통은 세상에서 벌어지는 악한 일들이 악한 영들로 말미암는다는 시대적인 이해 속에서, 선한 영과 악한 영의 대결에 관한 유대인들의 전통이 예수님의 축사 전통에서 한층더 발전되어진 것으로 보여진다.

　일부 유대인들의 묵시 전통에서는 세상은 악한 영들에 의하여 지배를 받고 있고, 인간은 자신들의 힘으로 이 악한 세력들을 상대할 수 없다는 전제하에 하나님의 종말론적인 개입을 희망하였다.[105] 이러한 유대인들의 묵시론적인 세상관은 복음서에서 발견되는 세상관과 매우 흡사하다. 이미 살펴보았듯이, 예수님이 오시기 전 인간의 상황은 '강한 자' 곧 사탄에게 결박된 상태였고, 예수님이 그들을 자유롭게 하여 주시기 전까지 그들은 자신들을 위해 아무것도 할 수 없는 무기력한 상태에 처하여 있었다(막 3:27). 구원은 하나님을 통해서만 가능한데(막 10:26-27), 이는 성령을 통해서, 그리고 예수님을 통해서 흘러가는 하나님의 능력을 통해서만(막 9:23, 29) 귀신들을 제압할 수 있기 때문이다. 따라서 예수님이 세례 후 첫 번째 하신 일이 바로 사탄과의 목숨을 건 투쟁이었고(막 1:12-13), 첫 번째 중요한 사역이 축사였으며(막 1:21-28), 결코 용서받지 못할 죄인 성령을 모욕하는 죄도 예수님의 축사에 대한 논쟁에서 비롯되고 있는 이유이다(마 12:31).

하나님의 나라

　마태복음 12장 28절에서 예수님이 하신 말씀을 통해 알 수 있듯이, 축사를 통해서 드러나는 성령의 역사와 하나님의 나라 사이에는 아주 긴밀한 관계가 있다. 예수의 그리스도로서의 기름 부으심은, 특히 하나님에 의하여 성령으로 기름 부으심은 하나님을 대신해서 그의 백성을 다스리시는 그리스도의 왕되심의 표현이다.[106] 따라서 성령으로 기름 부음 받은 메시야의 등장은 하나님의 통치가 그의 사역을 통하여 이 땅에 임하였음을 의미하게 된다. 물론 복음서에서 나타나는 예수를 통한 하나님의 통치와 나라는 이스라엘이 거한 팔레스타인을 넘어서 보이지 않는 영적인 세계를 다 포함하고 있다는 것을 보여준다. 바로 이 사실이 왜 예수님이 성령세례를 받으신 후 곧바로 광야로 가서 사탄에 의하여 시험받으셨는지를 설명하여 준다. 세례 요한은 이미 예수를 통해서 어떻게 하나님의 나라가 이 땅에 임하게 될 것인가에 대해서 자신을 둘러싼 유대인들에게 선포하였다(마 3:1-12).

특히 누가에 따르면, 부활 후 예수님은 40일동안 이 땅에 머물면서, 무엇보다도 우선하여 하나님의 나라에 대하여 가르치셨다(행 1:3-8). 그러나 흥미로운 것은 예수님은 세례 요한이 자신에 대해서 행한 예언을 언급하시면서, 하나님의 나라의 도래에 대해 고대하는 제자들에게 예루살렘에 머물며 하나님이 약속하신 성령을 받으라고 명령하신다. 다시 말해서, 하나님의 나라가 그들 가운데 임하여 체험되어지는 것은 제자들이 하나님의 성령을 받고 예수님처럼 기적을 행하며 하나님의 나라의 복음을 전할 때라는 것이다. 누가는 그의 복음서 12장 31-32절에서 예수의 제자들이 힘써 구해야 할 것은 하나님의 나라라고 이야기한다. 그러면서 누가복음 11장 13절에서 누가는 그들이 힘써 구할 때 하나님이 성령을 선물로 주신다고 약속한다. 여기서 우리는 누가의 신학에서 하나님의 나라와 성령이 서로 밀접하게 연관된 개념이라는 것을 알 수 있다. 성령의 사역이 있는 곳에 하나님의 나라가 임했고, 하나님의 나라가 임한 곳에 성령의 사역으로 말미암는 치료와 새 생명의 창조의 기적들이 일어난 것이다. 복음서의 전통에서 보여지듯이, 예수님의 죽음과 부활 전에는 하나님의 나라가 성령의 사역을 통하여 선포되고, 예수님의 부활 후에는 성령의 다양한 사역들이 제자들에게 임한 하나님의 나라의 증거로써 강조되어진다. 요한도 성령으로 거듭나지 아니하면 하나님의 나라를 체험할 수 없다고 선포한다(요 3:5).

　바울도 예수님의 사역에서 성령과 하나님의 나라가 서로 밀접하게 연관되어 있는 것으로 간주하고 있다. 바울은 데살로니가전서 2:12-13에서 하나님께서 그의 백성들을 그의 나라로 부르시는 일은 복음을 통해서, 그리고 성령의 거룩케 하시는 역사를 통해서 온전하여진다고 주장한다. 또 바울은 "우상 숭배하는 자나, 간음하는 자나, 도적이나, 술취한 자"는 하나님의 나라를 유업으로 받지 못할 것이라고 하면서, 오직 "하나님의 성령에 의하여 씻기워지고, 거룩하여지고, 의로와 진" 자만이 하나님의 나라에 들어갈 수 있다고 한다(고전 6:9-11). 다시 말하면, 성도가 미래에 하나님의 나라를 경험하기 위해서는 현재 성령의 역사를 그의 삶과 신앙 가운데서 체험하고 있어야 한다는 말이다. 또 바울은 말하기를, 혈과 육은 하나님의 나라를 상속받을 수 없으므로, 믿는 자는 다 성령으로 인하여 변화되어야 한다고 주장한다(고전 15:44-50).

　바울에게 있어서 성령은 하나님의 나라를 이 땅에 구현하는 역할을 할 뿐만 아니라, 믿는 자들로 하여금 미래에 온전히 완성될 하나님의 나라를 소망하며 현재 이 땅에서 자신의 육체의 정욕들과 싸우도록 격려하신다. 바울은 성도들의 마음 속에서 현재 육과 영이 싸우고 있다고 주장하고 있는데, 이러한 영적인 전쟁 중에서도 성령은 하나님의 나라를 성도들로 하여금 미리 맛보도록 하신다고 가르친다. 따라서 성령은 성도들이 미래에 받을 하나님의 나라의 유산의 "보증" 혹은 "첫 열매"로 불리고 있다(cf. 엡 1:14). 또 하나님의 나라는 먹고 마시는 것에 있는 것이 아니라, 성령 안에서의 공의와 평화, 그리고 기쁨에 있다(롬 14:17)고 바울은 주장한다.[107]

치료의 기적들

성령은 하나님의 능력으로서 예수님으로 하여금 많은 치료의 기적들을 행하게 하신다.[108] 복음서에서는 많은 질병들이 사탄의 역사로 간주되고, 예수님에 의한 질병의 치료는 사탄을 몰아내고 세워지는 하나님의 나라와 긴밀하게 연관된다(눅 9:2; 10:9-11; 마 10:7-8). 그러나 보다 중요한 사실은 이 예수님의 치료의 기적들이 성령의 사역과 밀접하게 연관되어 있다는 것이다.

예수님께서 회당장 야이로의 딸을 고치기 위해서 그의 집으로 향하고 있을 때, 수많은 군중들이 그를 에워싸며 몰려들었다. 그때 혈루병을 앓는 한 여인이 예수님의 옷 자락을 만지자, '능력'이 예수님으로부터 그 여인에게로 전달되어 여인의 병이 낫게 된다(마 5:30). 구약 성경에서 이 '능력' 곧 하나님의 능력은 성령의 임재를 통해서 선지자와 사사들에게 전달되었다. 특히 우리는 엘리야 - 엘리사 전통에서 많은 기적들과 치료들을 가능하게 하시는 하나님의 능력으로서의 하나님의 영의 역할을 이미 제1장에서 자세히 살펴보았다. 예수님의 사역에 동행하시면서 병자들을 고치신 성령의 능력은 구약의 선지자들이 체험했던 바로 그 하나님의 능력이다. 마찬가지로, 예수님의 사역과 치료에서 드러나는 하나님의 능력은 바로 하나님의 성령을 지칭한다.

누가복음에 따르면, 스가랴에게 나타난 가브리엘 천사가 그의 아들 세례 요한에 대하여 예언하기를 주님 앞에서 성령과 능력으로 행할 것이라고 한다(눅 1:17). 세례 요한에 대한 가브리엘의 예언에서 우리는 하나님의 능력과 성령이 아주 긴밀하게 연관된 것을 알 수 있다.[109] 부활 후, 예수님은 자신의 고별사에서 제자들에게 하나님의 능력으로 덧입혀지기 위해서 예루살렘에 머물러 있으라고 명하신다(눅

4:49). 예수님은 사도행전 1장 8절에서 제자들에게 임할 하나님의 능력은 자신이 곧 부어주실 성령세례로 말미암을 것임을 말씀하신다.

옥에 갇힌 세례 요한이 예수가 메시야로서 행한 많은 이적들에 관하여 들은 후, 제자들을 보내어 예수께 이렇게 질문한다: "당신이 바로 그 오실 분이십니까? 아니면 다른 분을 기다려야 합니까?"(사역, 마 11:5; 눅 7:19). 이 요한의 질문에 대해서 예수님은 요한의 제자들에게 그들이 본 것을 전하라고 하신다. 예수님은 여기서 자신이 행한 많은 기적들, 곧 장님의 눈을 뜨게 하고, 저는 자를 걷게 하고, 문둥병자들을 깨끗하게 하며, 귀먼자의 귀를 낫게하여 주시며, 가난한 자에게 전파된 복음들에 관하여 말씀하고 계신다. 이 모든 예수님의 기적들은 이사야를 통해 메시야에 의해 미래에 행해질 것으로 예언되어졌던 바로 그 하나님 나라의 사역들이다(사 29:18; 35:5-7; 42:18; 62:1-2). 예수님은 자신이 행한 각종 치료의 기적들과 말씀들을 이사야가 예언한 마지막 날 하나님 나라의 도래와 함께 보여질 종말의 표적들과 동일시하고 있다. 다시 말하면, 예수님은 자신을 주의 날을 선포하는 이사야의 바로 그 예언된 선지자적 메시야로 간주하고 있다:

> "주의 영이 나에게 임하였으니, 이는 주께서 나를 기름부었음이로다. 그가 나를 보내심은 나로 하여금 복음을 억압받는 자들에게 전하게 하고, 심령이 무너진 자들을 위로하게 하고, 포로된 자들에게 자유를 선포하며, 감옥에 갇힌 자들을 자유케 하며, 또 주의 은혜의 해를 선포하게 하려 함이라"(사역, 사 61:1-2).

누가에 따르면, 예수님이 광야에서 사탄과의 시험을 무사히 마치시고 성령이 충만하여 자신의 고향 땅 나사렛에 도착하였을 때, 그는 먼저 안식일날 회당을 방문하여 말씀을 전하신다(눅 4:14-21). 예수님은 이사야 61장 1-2절을 읽으시면서 회당에 모인 유대인들에게 선포하시기를, "오늘 이 성경 말씀이 너희가 듣는 가운데 성취되었다"(사역, 눅 4:19)고 말씀하신다. 이 사건에서 나타나는 예수님의 이사야서 61장 1-2절의 인용은 예수님이 오래전에 예언된 하나님의 나라가 자신의 사역을 통하여 현재 임하게 되었다라는 사실과 더불어, 자신을 이사야가 예언한 바로 그 메시야로 자각하고 있음을 말해주고 있다.

지혜와 권세 있는 계시의 말씀

위에서 우리는 예수님이 어떻게 이사야서 61장 1-2절을 자신의 사역과 정체성에 적용하여 이해하였는지에 대해서 살펴보았다. 특히 마태복음 11장에서 세례 요한의 질문에 대하여 대답하시는 중에 예수님은 자신의 치료의 기적들과 부활의 기적들이 어떻게 자신이 하나님의 성령으로 기름 부음 받은 메시야로서 하나님의 나라를 현재 제자들이 경험하는 실체가 되게 하였는지에 대해서 말씀하셨다. 흥미로운 사실은 예수님의 사역의 정점이 치료나 부활의 기적들이 아니라, 가난한 자들에게 복음을 전하는 것에서 발견되고 있다는 사실이다(마 11:5). 여기서 우리는 예수님이 현재 임한 종말의 하나님의 나라의 가장 중요한 표적으로서 억압받는 자에게 선포된 복음의 말씀을 제시하고 있다는 것을 알 수 있다. 이런 측면에서, 산상수훈(마 5-8)에서 보여진 예수님의 가르침은 현재 체험되고 있는 종말의 하나님의 나라의 가장 현저한 증거라고 할 수 있다.[110] 산상수훈은 "심령이 가난한 자는 복이 있나니, 이는 천국이[하나님의 나라] 저희의 것임이라"(마 5:3)로 시작되어진다. 이는 예수님의 복음의 말씀 선포야말로 하나님의 나라가 그들 가운데 임했다라고 하는 사실의 가장 중요한 표적이요 증거라는 것을 의미한다.

성령이 구약의 선지자들과 이스라엘의 지도자들에게 임할 때, 하나님의 영은 특히 이해의 영 혹은 지혜와 계시의 영으로 불렸다. 하나님의 영을 통해서 하나님에 의해 택함받은 지도자들은 이스라엘이 처한 특별한 상황에 대한 하나님의 뜻을 분별하게 되었고, 하나님의 진리의 말씀을 전하여 이스라엘로 하여금 악한 길에서 돌이키게 하였다. 선지자들이 하나님의 말씀을 전할 때 그들의 말에는 부인할 수 없는 하나님의 영의 능력과 권위가 동행하였다. 마찬가지로, 예수님이 가버나움에서 첫 번째 이적으로서 귀신들린 자를 고치실 때 사람들은 웅성거리며 말한다. "이것이 무엇이냐? 권세 있는 새 가르침이냐?"(사역, 막 1:27; 눅 4:36). 예수님이 팔레스타인을 돌아다니며 사역을 하시다가, 잠시 자신의 고향 나사렛에 들르신다. 그때 회당에서 가르치시는 예수님의 가르침을 들은 후 그의 고향 사람들은 놀라서 다음과 같이 말한다:

> "이 사람은 이 모든 가르침을 어디서 받았느냐? 그에게 주어진 이 지혜는 무엇이냐? 그의 손에 의해서 행해지는 이 모든 능력 있는 행위들은 다 무엇이냐?"(사역, 막 6:2; 마 13:54)

예수님의 고향 사람들이 예수님의 가르침에 대해서 보여주는 반응은 그의 기적뿐만 아니라 그의 가르침에서 나타나는 부인할 수 없는 신적인 권세에 대한 것이었다. 사람들은 예수님의 가르침에 나타나는 하나님의 영 곧 성령의 놀라운 영감과 능력을 보았고, 심지어 그를 믿지 않는 자들까지도 그를 선지자로 간주하기 시작하였다(막 6:15; 8:28; 눅 7:16, 39; 24:19). 특히 예언자의 영으로서 성령의 역할은 이스라엘의 해석학적 전통들에 반하여, 예수님이 산상수훈에서 자신만의 권위 있는 해석들을 자신의 이름으로 내어놓을 때 가장 확연하게 드러나게 된다(마 5-7).[111] 산상수훈에서는 예수님이 심지어 율법을 전해준 이스라엘의 최고의 지도자 모세를 능가하는 분으로 묘사될 뿐만 아니라, 율법을 직접 작성하신 하나님의 역할에도 비교되어진다.[112]

예수님의 사역 중에 드러난 지혜와 권위 있는 말씀은 성령의 임재에 따른 감동의 결과로서 나타났다. 복음서는 예수님의 어린 시절에 대해서 많이 침묵하고 있으나, 흥미롭게도, 누가는 예수님의 어린 시절을 성령과 연관하여 이야기하고 있다. 우리는 예수님의 잉태 시 관여하셨던 하나님의 성령이 예수님이 자라는 과정 동안 그와 계속하여 동행하였다는 것을 쉽게 추론해 볼 수 있다. 누가복음 2장 40절에서, 예수님은 커가시면서 "지혜"가 계속 자라가고 "하나님의 은혜"가 그의 위에 임하고 있었다고 전해진다. 비록 누가는 여기서 성령에 대해서 아무런 직접적인 언급을 하고 있지는 않으나, 어린 예수님의 마음 속에 계속해서 지혜를 공급하시는 분은 바로 성령이시라는 것을 암시해주고 있다. 또한 누가가 언급하고 있는 어린 예수님에게 임한 하나님의 은혜는 좀 더 구체적으로 무엇을 상징하고 있는 것일까? 예수님이 잉태될 때, 가브리엘 천사가 마리아에게 나타나 하나님의 은혜가(χάρις) 그녀 위에 임했다고 선포했다(눅 1:30). 그 은혜의 결과로 마리아는 예수님을 잉태하게 되는데, 그 아기의 잉태는 성령으로 말미암았다고 가브리엘은 말한다(눅 1:35). 여기서 누가는 성령의 임재를 하나님의 은혜와 직접적으로 연관시키고 있다. 이런 측면에서 본다면, 어린 예수에게 임한 하나님의 은혜는 아마도 하나님의 성령의 계속되는 동행을 의미하고 있을 것이다.[113] 하나님이 자신의 아들인 예수와 항상 함께하고 있다는 사실은 특히 요한복음에서 반복하여 언급되어진다.

예수님이 열두 살 때, 그의 부모와 함께 예루살렘 성전을 방문한 기록이 누가복음 2장 41-52절에서 전해지고 있다. 이 사건에서도 누가는 성령에 대한 직접적인 언급을 하지 않는다. 그럼에도 불구하고, 누가의 독자들은 하나님의 성령의 능력이 청소년 예수와 함께하고 있다는 인상을 지울 수 없다. 왜냐하면 열두 살 예수의 가르침과 질문들에 그의 주위를 둘러싼 많은 학자들과 서기관들이 놀라워하고 있기 때문이다. 이는 청소년 예수의 지혜가 그 나이 또래의 자연적인 청소년들의 지혜를 훨씬 뛰어넘고 있음을 말해주는데, 이 지혜의 말씀은 당연히 예수님과 동행한 성령의 임재의 결과였던 것이다(눅 2:47).

또한 예수님이 마리아와 요셉에게 자신이 자신의 아버지인 하나님의 집 곧 성전에 있어야 함을 말씀하실 때, 독자들은 예수님이 성령으로 말미암아 잉태됨으로써 하나님의 아들이 된 사건을 기억하게 된다. 다시 말하면, 예수님의 하나님의 아들이심에 대한 자각은 그의 잉태 시 그의 위에 임한, 그리고 그의 성장 과정을 통하여 그와 동행한 성령의 임재의 결과인 것이다. 누가는 열두 살 때 있었던 예수님의 성전 방문 사건을 마무리하면서, 위의 2장 40절에서와 마찬가지로 예수님의 지혜가 계속해서 자라가고 하나님의 은혜가 그의 위에 임하였다고 말해준다(눅 2:52). 성령으로 잉태되어 성령의 능력을 힘입어 사역한 예수님, 그 예수님의 성장기간 동안에 성령이 항상 그와 함께 동행하였다는 것은 복음서의 독자들이 자연스럽게 추론해 볼 수 있는 사실이다.

마가복음 13장에서 예수님은 종말의 때에 대해서 말씀하시다가, 왕들과 권세 있는 자들이 제자들을 붙잡아 옥에 가두게 될 것에 대해서 예언하신다. 그러나 예수님은 그들이 그 상황에서 무엇을 말할 것인지에 대해서 염려하지 말라고 하신다. 왜냐하면 그때 성령이 친히 그들에게 말씀을 주사 그 상황을 극복하게 하실 것이기 때문이다(막 13:11). 예수님의 승천 후, 제자들은 성령의 능력을 힘입어 말씀을 전하게 되고, 그 말씀의 진위성을 증명하기 위하여 각종 표적들이 행해질 것이라고 약속되어진다(막 16:17-20). 성령은 예수님과 제자들에게 지혜의 말씀을 통해서 그들의 많은 인생의 위기들을 극복하게 하셨고, 특히 하나님의 뜻과 말씀을 통한 가르침에서 그들에게 영감과 이해를 주시는 분으로 묘사된다.

성령으로 세례를 주시는 분[114]

요한의 선포에 나타난 예수님의 성령세례

세례 요한의 삶은, 누가복음에서 가장 잘 나타나고 있듯이, 그 시작부터 끝까지 예수님의 사역과 깊이 연관되어 있다. 기적 같은 하나님의 간섭의 결과로서 세례 요한의 잉태와 탄생은 그 자체로서도 독자들의 깊은 관심을 끌 가치가 충분하지만, 복음서의 독자들로 하여금 곧 전개될 예수님의 동정녀 탄생에 대한 사건을 더 잘 이해할 수 있도록 도와주는 역할을 한다. 어른이 된 후에도 세례 요한은 성령의 능력에 이끌려 물로 세례를 베풀며 사람들의 죄에 대해서 하나님의 용서를 선포하는 은혜의 도구로써 쓰임받게 된다. 그러나 그의 삶과 사역의 정점은 예수님에 관한 그의 마지막 선포에서 발견되어진다.

> "나 이후에 나보다 더 위대한 분이 오시는데, 나는 그의 신들메를 풀 자격도 되지 않는다. 나는 너희들을 물로 세례를 주지만, 그는 너희들을 성령으로 세례를 주게 될 것이다"(사역, 막 1:8; 마 3:11; 눅 3:16; 요 1:33).

여기서 "오시는 분"(ἔρχομαι)은 메시야를 지칭하는 전문적인 용어로 쓰이고 있는데,115 요한은 자신이 곧 오실 그리스도의 신들메를 풀 자격도 없는 자라고 주장한다. 신들메를 푸는 것은 주로 고대의 노예들이 담당하는 일인데, 선지자 중의 선지자로 불리우는 세례 요한은 자신을 곧 오실 그리스도에 비해서 노예보다 더 낮은 자로 묘사하고 있다. 세례 요한은 오실 그리스도가 자신보다 더 위대한 이유는 자신이 물세례를 베푸는 것에 반하여, 그분은 불로 세례를 주실 것이기 때문이라고 주장한다. 비록 쿰란 공동체가 종말의 메시야와 성령의 세례를 같이 연관하여 보았을 가능성이 많이 있으나, 예수 그리스도를 성령으로 세례주는 분으로 묘사하는 세례 요한의 선포는 세례 요한이 받은 독특한 영감의 결과인 것 같다.116 물의 세례는 유대인들의 사상에서 죄의 씻음과 정화를 의미하는데 성령의 세례는 무엇을 의미하고 있는가?117

물과 성령의 세례는 에스겔서 36장 25-28절을 독자들로 하여금 상기시켜주고 있는데, 쿰란 공동체는 이 본문을 해석하면서 물세례와 성령세례를 하나의 과정 혹은 한 사건의 두 가지 양면적인 현상으로 이해하였다(1QS 4:18-23). 유대인들의 사상에서는 불과 성령이 죄의 정화와 그에 따른 심판을 의미하기도 하였다(사 31:9; 암 7:4; 말 4:1; 슥 13:9; 사 4:4; 30:28; 렘 4:11; 겔 39:29; 욜 2:28-29). 쿰란 공동체도 성령을 죄를 깨끗하게 하고 정화하는 하나님의 능력으로 이해하였다(1QS 3:7-9; 4:20-21; 1QH 16:12). 또한 예수님의 성령세례의 이면에는 유대인들의 메시야가 여는 새 시대에 대한 묵시 전통이 놓여 있다. 이 묵시 전통에 따르면, 메시야의 도래를 따라 새로이 열리는 종말의 때는 심각한 재난들과 고통들이 동반될 것이 기대되었다. 소위 말하는 "메시야 잉태의 고통"이다(슥 14:12-15; 단 7:19-22; 12:1; Jub. 23:13; 1 에녹 100:1-4; 2 바룩 25-30; 1QH 3:29-36; 막

13:8, 19; 계 16). 이 전통에서도 불은 심판과 죄의 정화의 상징으로 여겨지고 있다(민 31:23; 사 66:15-16; 암 7:4; 1 에녹 100:9; 2 바룩 48:39). 또 때로는 강물과 홍수가 메시야의 시대에 임한 재앙을 상징하기도 하고, 나아가 성령도 하나님의 축복으로의 기능보다는 하나님의 심판으로서의 기능을 나타내곤 한다(사 4:4; 렘 4:11-12; 1QSb 5:24-25).

흥미롭게도, 마가는 세례 요한의 선포에서 예수님의 성령의 세례만 언급하고 있으나(1:8), 누가(3:16)와 마태(3:11)는 성령세례와 더불어 "불"세례도 언급하고 있다.[118] 아마도 복음서보다 먼저 존재했던 초기 기독교 전통은 예수님의 불과 성령세례에서 예수님의 종말론적인 심판자로서의 역할을 강조하였지만,[119] 복음서 기자들은 성령세례가 하늘로부터 그들에게 주어지는 최고의 은혜로운 선물임을 더욱 강조한 것 같다.[120] 따라서 마태는 28장 19절에서 온 열방들을 "성부와 성자와 성령"의 이름으로 세례를 주라는 예수님의 대명령을 기록하고 있는데, 여기서 성령세례는 하나님의 심판이라기보다는 하나님의 구원의 큰 은혜를 지칭하고 있다. 마찬가지로 누가도 사도행전 2장에서 오순절 날 "불 같이" 교회에 부어지는 성령의 세례에 대해서 언급하고 있는데, 이 오순절 사건도 심판이라기보다는 교회에 부여하는 하나님의 최고의 선물로 이해되고 있다.

그러나 하나님의 은혜로운 선물로서의 성령의 부어짐은 예수님의 십자가상에서의 죽음과 부활 이후에야 비로소 성도들에게 보편적으로 주어지게 되는데, 이 사실은 성령의 부어짐이 예수의 죽음에서 이미 발생한 인간의 죄에 대한 하나님의 심판을 전제로 하고 있음을 말하여 준다. 신약 성경에 따르면, 예수님의 죽음은 성도들의 죄에 대한 하나님의 심판을 의미하지만, 또 다른 한편에서는 그들의 죄를 용서하시는 하나님의 은혜를 상징한다. 따라서 성령은 예수님이 도래하신 종말의 시대에 속한 성도들을 향한 하나님의 심판과, 용서, 그리고 새로운 시작을 허락하시는 하나님의 은혜로운 선물로서 복음서 기자들에 의하여 이해되어지고 있다.

세례 요한은 그리스도에 대한 선포에서 자신의 물세례와 예수님의 성령세례를 비교하고 있다. 세례 요한은 분명하게 성령세례가 곧 오시는 종말론적인 그리스도의 독특한 역할과 밀접하게 연관이 되어 있음을 말하고 있다. 이는 다시 말하면, 성령세례가 세례 요한이 속한 옛 시대를 끝내고 그리스도가 도래시키는 새 시대 곧 마지막 종말의 시대를 여는 신호탄이 될 것임을 말하여 준다. 물세례를 통해서 자신의 죄를 회개하고 마음을 깨끗하게 하는 것이 새로이 시작된 성령의 시대에 들어가는 필수적인 준비 과정이라는 것이다. 이런 측면에서 성령세례는, 과거 오순절 운동이 주장하듯이, 성령의 역사로서 새 믿음을 가진 신자가 추후에 받는 이차적인 추가의 선물이라기보다는, 회개와 회심을 경험한 성도가 새로운 종말의 실존으로 인도되는 경험 전체를 포괄하는 사건인 것이다.[121]

뿐만 아니라, 예수님의 성령세례에 대한 요한의 선포에서는 세례 요한이 예수님을 종말의 시대를 여는 성령으로 기름 부음 받은 약속된 메시야로 인식하고 있음을 보여준다. 그러나 흥미로운 것은 예수님의 사역에서 이 불로 인한 심판에 대한 행위들이 자주 발견되어지지 않는다는 것이다. 우리는 단지 미래에 주님이 다시 종말론적인 "인자"로 오실 때, 사람들이 그의 가르침에 보여준 태도에 따라 그들을 심판하게 되실 것에 대해서만 주님의 입을 통한 예언의 말씀으로 듣고 있을 뿐이다(막 8:31-38). 예수님은 자신이 행할 심판을 미래로 연기하시고, 현재는 회개하여 구원을 얻는 기회의 때로 간주하고 있는 것일까? 부활 후에 예수님이 제자들에게 다시 나타나 자신의 성령 사역을 계속하며 회개의 말씀을 전하라고 하신 것은 죄인들을 향하여 한번 더 기회를 주시는 하나님의 은혜로운 인내의 결과일까?

예수님의 사역에 나타난 성령세례

위에서 이미 논의 되었듯이, 요한은 그의 제자들을 보내어 예수님이 바로 그 오실 메시야인지에 대하여 질문하였다. 세례 요한은 예수님의 성령과 불세례가 축복과 동시에 심판임을 의미하고 있는데 반하여, 예수님은 자신의 성령 사역이 어떻게 눈먼 자들과, 귀먹은 자들과, 귀신들린 자들과, 가난한 자들에게 하나님의 축복으로 역사하였는지에 대하여 말씀하신다(마 11:3-5; 눅 7:19-22; cf. 눅 4:18-19). 여기서 예수님은 자신이 바로 그 예언된 이사야의 메시야이며(사 35:5-6), 새 시대가 혹은 하나님의 나라가 이미 이 땅에서 자신의 사역을 통하여 현존하는 실체가 되었음을 주장하고 계시나, 세상에 대한 메시야의 심판에 대해서는 아무런 말씀을 하지 않으신다. 예수님이 이 땅에서 사역하시는 중에 심판은 오직 사람들을 사로잡아 괴롭혔던 귀신들과 사탄에게만 부분적으로 행하여졌고, 사람들을 향한 심판은 주님의 재림의 때로 연기되어진 듯하다(막 8:38). 마치 주님은 '현재는 은혜 받을 때요, 그 은혜를 통하여 미래에 있을 심판을 피할 수 있는 기회가 주어지는 때이다'라고 말씀하시는 것 같다.

누가복음 12장 49-50절에서 예수님은 자신이 이 땅에 심판의 불을 내리기 위해서 온 자라고 말씀하신다. 그러나 놀랍게도, 예수님은 자신이 그 '심판의 세례'를 먼저 받으셔야 한다고 주장한다. 여기서 예수님이 말씀하시는 심판의 세례는 죄인들을 향한 하나님의 심판으로서의 자신의 십자가의 죽음을 의미하고 있다(막 8:31; 9:31; 10:33-34). 누가복음 9장 54절에서 예수님을 환영하지 않는 사마리아인들을 향하여 제자들은 예수님께 자신들이 하늘로부터 불을 명하여 저들을 태워버리기를 원하시는지 물어 본다.¹²² 그러나 예수님은 그들을 책망하여 꾸짖으시며, 지금은 마지막 심판의 때가 아니라 선교의 때임을 말씀하여 주신다(눅 9:55).

예수님이 이 땅에서 사역하시는 중에 그는 자신의 사역을 통하여 하나님의 능력 곧 성령이 힘있게 역사하고 있는 것을 경험하여 알고 있었다. 뿐만 아니라, 그의 주위에 몰려든 군중들도 그로부터 성령 곧 하나님의 능력이 흘러나오고 있음을 인식하게 되었고, 기회가 있을 때마다 그를 만져 그로부터 나오는 능력을 체험하려 하였다(눅 6:19; cf. 막 5:30; 6:14). 군중들은 그를 만지기만 하여도 그로부터 나오는 하나님의 능력이 그들의 모든 질병들을 치료하여 줄 것이라고 굳게 믿었기 때문이다. 예수님은 그의 죽음과 부활 전에 일부 제자들에게 성령을 허락하심으로써, 그들에게 부분적인 성령세례를 체험하게 해 주셨다. 예를 들어 열두 제자를 선택하신 후, 예수님은 그들에게 귀신들을 쫓아내는 권세를 주시고 복음을 전하게 하셨다(막 3:13-15). 이 권세는 당연히 그에게 임한 성령으로 말미암는 것이었음을 우리는 이미 살펴보았다. 또한 70명의 제자들을 따로 세우시고 두 명씩 짝을 지어 그가 가시고자 하는 지역들로 미리 먼저 보내시면서, 예수님은 그들에게 귀신을 제어할 수 있는 자신의 능력을 나누어 주셨다(눅 10:17-19). 그러나 이 두 가지 경우는 예외적인 것이며, 주님으로부터의 보편적인 성령세례는 오직 주님의 부활 후에야 비로소 모든 제자들에게 허락되어진다(cf. 요 7:39).¹²³

> "그들과 머무시면서, 그[부활하신 예수님]는 그들로 예루살렘을 떠나지 말고, 아버지가 약속하신 것을 기다리라고 명령하신다. 그가 말하기를, 이것이 너희들이 나로부터 들은 말씀이다. 왜냐하면 요한은 물로 세례를 주었으나, 나는 곧 너희를 성령으로

세례를 줄 것이다."(사역, 행 1:4-5).

이 본문에서 예수님이 말씀하신 성령세례는 곧 제자들이 경험할 오순절 사건을 의미하며, 그들이 가까운 미래에 체험하게 될 하나님의 능력에 관한 예언의 말씀이다(행 2:1-4; 10:44-46; 11:15-17).

사도 바울은 요한에 의하여 선포된 예수님의 성령세례를 부활하신 예수님이 현재 교회 가운데 역사하시면서 행하시는 구원의 사역과 연관하여 자신만의 이해로 새롭게 해석하여 제시한다. 고린도전서 12장 13절에서 사도 바울은 선포하기를, "우리는 모두 한 성령 안에서 세례를 받아 한 몸이 되었다. 유대인이나 그리스인이나, 자유인이나 노예나, 우리는 모두 한 성령을 마시도록 허락되었다." 이 본문에서 우리는 바울이 분명하게 예수님의 성령세례를 지칭하고 있음을 알 수 있다. 그러나 바울은 예수님의 성령세례를 자신이 처한 상황에 맞게 새로이 해석하여 전달하고 있는데, 첫째로, 성령세례를 통하여 믿는 자들이 다 한 몸 곧 그리스도의 몸된 교회를 구성하게 되었다는 것이다. 믿는 자 개인들은 그 한 몸 곧 그리스도의 몸의 구성원으로 불리우게 된다(고전 12:27). 복음서에서 성령세례가 개인의 회심과 구원에 좀 더 촛점을 맞추고 있다면, 바울 서신에서는 성령세례가 개인들의 회심을 통한 교회 공동체 곧 하나님의 백성의 창조에 촛점이 맞추어진다.

둘째로, 성령세례를 통하여 형성된 예수님의 몸된 교회에서는, 사람들을 구분하던 인종적, 사회적, 신분적인 차이들이 다 무의미해진다는 것이다. 헬라인들은 자신들을 현명한 자라고 부르며 타인들을 야만인이라고 불렀고, 유대인들은 자신들만 하나님의 선택된 백성이라고 주장하며 타인들을 이방인이라고 불렀다. 그리고 자유로운 로마의 시민들은 자신들이 노예보다도 훨씬 우월한 존재라고 생각하며, 노예들은 사람보다 못한 존재로 간주하였다. 그러나 위의 고린도전서에서 보여지고 있듯이, 이 모든 인간들이 만들어 놓은 차이들은 성령세례로 말미암는 하나님의 공동체에서 다 그 의미를 잃게 된다고 바울은 주장한다(cf. 갈 3:27-28). 또한 바울은 성령으로 세례받아 그리스도의 한 몸이 되는 경험은 그리스도의 고난과 죽음에 동참하는 것이라고 한다(롬 6:3). 다시 말하면, 하나님의 성령의 선물은 예수님의 고난과 죽음의 결과로서 성도들에게 허락되어진 보편적인 선물이라는 것이다.

따라서 바울에게 있어서, 그리고 누가에게 있어서, 성령세례의 의미는 성도가 믿은 후에 누리는 제2의 축복이라기보다는, 성도가 회심하여 예수의 공동체의 일원이 되는 전 과정을 포괄하는 역동적인 새 생명의 경험인 것이다.[124] 이 회개와 믿음을 통한 새 생명을 누가와 바울은 요한의 물세례와 예수님의 불세례의 조합을 통해서 묘사하고 있다. 물론 누가는 개인들의 중생과 초대 교회들의 탄생에서, 그리고 복음의 증거에서 주님에 의한 성령의 불세례를 누구보다도 강조하고 있다. 중생한 성도는 성령을 그 안에 모시고 살게 되고, 그의 인생 여정 중에서 항상 성령으로 충만해져 있어야 한다.[125] 때론 성도가 영적인 침체와 어려움을 겪을 때, 그는 강력한 성령의 충만을 새롭게 경험하게 되기도 한다.

결론

성령은 창조 시 활동하였던 하나님의 영으로서 예수님의 잉태에 깊이 관여하여 그가 하나님의 아들이시며, 이스라엘의 약속된 메시야임을 증거하였다. 예수님이 자라가는 동안에도 성령은 그와 함께

하시며 지혜를 주시고 또 하나님의 은혜로운 임재를 나타내시며 그와 동행하였다. 예수님은 세례 요한에 의하여 세례를 받으신 후, 광야에서 사탄과의 영적인 전쟁을 치르시고, 계속하여 귀신들을 몰아내시고, 병든 자를 고치면서 하나님의 나라에 관한 권세 있는 가르침을 말씀으로 선포하였다. 이 모든 사역들은 이스라엘의 지도자들에게 임하였던 바로 그 하나님의 영 곧 성령이 예수님을 능력으로 채워주신 결과였다. 이 성령의 능력 있는 임재는 예수님 자신뿐만 아니라, 예수님을 둘러싼 모든 군중들도 인식할만큼 강력하고 현저한 것이었다. 예수님의 사역에서 드러난 현저한 성령의 활동은 (1) 오래전 약속되었던 하나님의 나라가 예수님을 통하여 현재 이 땅에 임하였음을 증거하고, (2) 이 성령의 사역을 행하시는 예수님이 오래전 이사야와 많은 선지자들에 의하여 예언되어졌든 바로 그 성령으로 기름부음 받은 그리스도임을 나타낸다. 물론 이 두 가지 사실에 대해서 예수님도 스스로 자각하여 알고 계셨다.

　세례 요한이 선포한 예수님이 행하실 불과 성령의 세례는, 한편으로는, 세상을 향한 하나님의 메시야의 심판을, 또 다른 한편으로는, 하나님의 백성을 향한 종말론적인 선물(죄의 용서)을 동시에 의미하고 있다. 흥미롭게도, 예수님은 하나님의 선물로서의 성령에 관해서는 빈번히 언급하고 있음에 반하여, 세상의 심판으로서의 자신의 성령 사역에 대해서는 대개 침묵하고 계신다. 반면에 예수님은 이 심판의 세례를 자신이 직접 받으실 것에 대해서 말씀하고 계시는데, 이 심판의 세례는 십자가 위에서의 사람들의 죄에 대한 하나님의 심판으로서의 자신의 죽음을 의미한다. 따라서 메시야에 의한 세상의 심판은 종말의 미래에 속한 것으로 간주되어지며, 현재는 제자들이 예수님이 약속하신 성령으로 세례를 받아 하나님의 나라와 회개의 말씀을 전파해야 할 때로 간주되어진다.

예수님이 이 땅에 살아계실 때, 곧 자신의 부활 전에, 자신이 선택하여 세운 12명의 제자와 또 다른 70명의 제자들에게 성령의 세례를 부분적으로 허락하셨다. 그들은 예수님의 능력으로 채워진 후 예수님처럼 능력의 말씀을 전파하며 사탄의 권세들을 파괴하였다. 그러나 종말에 관하여 요엘이 예언하였듯이, 중생한 성도들이 종말론적인 하나님의 나라를 체험하는 것을 의미하는 보편적인 은사로서의 성령세례는 예수님이 부활하신 후 오순절에서 처음 경험되어진다. 이는 성령세례가 곧 하나님의 백성들에게 부어지는 종말론적인 성령의 축복이 오직 예수님의 십자가에서의 죽음과 부활을 거친 후에야 가능해지는 사건임을 우리에게 이야기해준다.

예수님의 부활 후에야 성령세례가 가능해졌다는 초대 교회의 믿음 이면에는, 첫 번째, 초대 교회가 구원사를 예언의 시기와 성취의 시기로 구분하여 이해하고 있는데, 이 성취의 시기는 다시 예수님의 사역과 교회의 사역의 두 시기로 나누어지고 있음을 알 수 있다. 구약 성경에서는 창조와 이스라엘의 역사를 통하여 역사하였던 하나님의 영이 마지막 종말의 때에 하나님의 메시야에게 임하여 하나님의 나라를 이 땅에 도래하는 역할을 할 것이 예언되어졌다. 뿐만 아니라, 이 마지막 때에 하나님의 백성들에게도 종말의 영 곧 성령이 폭포수처럼 부어질 것이 예언되었다. 이 두 가지 예언들은 각각 예수님과 교회에 의하여 성령세례로서 경험되어 성취되었다. 그러나 초대 교회는 교회의 성령으로 기름 부음 받는 사건을 기름 부음 받은 메시야의 죽음과 부활 이후에야 발생하는 사건으로 이해하고 있으며, 예수 그리스도에 의하여 시작된 하나님의 나라가 교회에 임한 성령에 의하여 계속하여 체험되어지고 완성되어져야 할 것을 굳게 믿었다.

두 번째, 성령세례를 예수님의 부활 이후에 따라오는 사건으로 이해한 초대 교회의 믿음 이면에는, 부활하신 예수님이 단순히 성령의 능력으로 채워져 자신의 사역을 완성한 메시야로만 머물러 계시는 것이 아니라, 이제는 성령의 주가 되어 성령을 교회에 나누어주시는 분이 되셨다라는 기독론적인 믿음이 깔려 있다. 마치 하나님이 자신의 영을 자신이 원하는 사람들에게 선물로 부어 주었듯이, 이제 부활하신 예수도 성령의 주가 되어 성령을 자신의 교회에 선물로 부어 주고 있다는 것이다. 이 사실은 부활하신 주님이 하나님의 이름("주")과, 죄를 사하시는 권세와, 하나님의 보좌를 공유하시는 분으로 승격되셨다는 초대 교회의 믿음과 같은 선상에 있다. 다음 장에서 우리는 초대 교회가 어떻게 부활하신 예수를 성령의 주로 이해하고 있는지, 또 성령의 주로서 예수님의 역할은 무엇인지에 대해서 살펴보고자 한다.

CHAPTER

예수
-성령의 주

(Andrei Rublev 1360-1430)

 우리는 앞장에서 어떻게 성령이 하나님의 능력과 권세로서 예수님의 사역과 가르침을 통하여 그와 동행하셨는지에 대하여 살펴보았다. 마치 과거 이스라엘의 역사에서 하나님의 영이 하나님이 택하신 지도자들을 친히 감동하시고 주장하셔서 하나님의 백성들을 인도하시고 보호하시는 역할을 행하신 것처럼, 동일한 성령이 예수님을 감동하여 그의 모든 사역에 하나님의 임재로서 깊이 관여하게 되신 것이다. 성령은 예수님의 잉태와 탄생, 유년기 시절, 그리고 성년기를 거치면서 그에게 지혜와 권세를 채워주셨고, 그의 위에 머무신 하나님의 은혜를 나타내었다.
 그러나 예수님의 부활 후, 예수님은 단지 성령의 감동을 통하여 사역을 행하셨던 분에 머무시는 것이 아니라, 친히 성령의 주가 되셔서 그의 백성들에게 성령을 나누어주시는 분 곧 성령으로 세례를 주시는 분으로서 새로운 역할을 감당하게 된다(눅 24:49; 행 2:33; 요 20:22; 엡 4:7-12). 교회 가운데 거하신 성령의 역사를 통하여 부활하신 예수님은 친히 그의 백성들을 위하여 직접 일하시는 분으로 이해되는 것이다. 따라서 구약에서 하나님의 영이 이 땅에서의 하나님의 능력 있는 임재를 나타내었듯이, 성령이 이제는 이 땅에서의 부활하신 주님의 능력 있는 임재를 나타내게 된다. 이런 측면에서, 성령은 부활하신 예수 곧 주님의 영으로서 불리우기 시작하며, 부활하신 주는 성령의 주로서의 새로운 역할을 감당하기 시작한다(고후 4:13; 갈 4:6; 롬 8:9; 빌 1:19). 물론 성령은 여전히 하나님의 영이시며, 자신의 자유로운 뜻에 따라(성부와 성자의 뜻과의 신비한 조화 속에서) 교회에 은사를 나누어 주시는 인격체이시다(고전 12:11).

뿐만 아니라, 하나님의 영이 이스라엘의 지도자들에게 임할 때, 이 영은 하나님이 그들에게 맡기신 특별한 사명을 이루기 위한 일시적인 선물에 불과하였으나, 이제 성령은 주님의 백성 곧 교회의 영구적인 선물로서 그 백성들과 항상 함께하시는 분으로 경험되기 시작한다(롬 8:9). 따라서 교회는 자신들을 하나님의 종말의 때를 살아가는 하나님의 영으로 채워진 새 백성으로 인식하게 되며, 선지자들을 통하여 약속되었던 종말의 새로운 시대가 이제 막 그들 가운데 시작되었다는 종말론적 인식 속에서 살아가게 된다.

그러나 이 성령의 선물은 오직 부활하신 예수님에 대한 사람들의 태도 혹은 믿음을 통해서만 그들에게 선물로 부어지는데, 이는 초대교회가 어떻게 성령을 예수 그리스도의 사역과 정체성과 연관하여 이해하기 시작하였는지에 대해서 알려주고 있다. 부활하신 예수 그리스도의 사역과 신분을 통하여 성령을 이해하기 시작한 초대 교회의 믿음은 구약의 창조에서부터 시작된 하나님의 구원사가 예수 그리스도를 통해서 온전히 완성되었고, 이제 교회를 통해서 체험되고 있다는 그들의 신앙관을 잘 보여준다고 하겠습니다. 그러나 교회의 종말을 살고 있는 자신들의 삶과 예배에 미치는 성령의 역할에 대한 믿음을 살펴보기에 앞서, 우리는 이번 장에서 먼저 이 땅에서의 예수님의 사역의 마지막 순간과 이어지는 부활에서 어떻게 성령이 그와 더불어 사역하셨는지에 대해서 살펴보고자 한다. 본 저자는 다음과 같은 질문들을 마음에 두고 토론을 전개해 갈 것이다. 첫째, 예수님의 죽으심과 부활의 사건에 있어서 성령은 어떠한 역할을 감당하셨는가? 둘째, 부활 후, 예수님의 신분과 역할에는 어떤 변화가 있었으며, 셋째, 이 변화를 근거로 하여 부활한 예수님과 성령의 관계는 어떻게 재조명되어졌는가?

성령과 예수님의 죽음과 부활

앞장에서 우리는 복음서의 기록들에서 성령은 예수님의 생애의 모든 영역들에서 함께하시며 도우시는 분으로 이해되어진 것을 관찰하였다. 성령은 예수님의 잉태와 탄생 시 예수님의 몸을 창조하셨고, 그의 유년기 시절에 지혜와 능력으로 강건하게 자라게 도우셨고, 그의 마음에 특별한 깨우침들을 허락하시어 하나님과의 독특하고 유일한 독생자로서의 관계에 대해서 깊이 깨닫게 하셨다. 뿐만 아니라, 성령의 세례를 통하여 예수님의 메시야로서의 사역에 대한 하나님의 인증을 증거하시고, 그를 즉시 광야로 인도하여 사탄과의 전쟁으로 이끌어 승리하게 하셨다. 계속되는 마귀와의 전쟁에서 지혜와 능력을 예수님에게 부으사 승리하게 하시고, 하나님의 나라 복음을 전파하실 때 아무도 보여주지 못한 신적인 권세가 그의 선포에 깃들이게 하셨다. 따라서 복음서의 독자들이 예수님의 사역의 마지막 결정적인 순간들, 곧 그의 십자가에서의 죽음과 부활에서도 성령의 도우시는 역할에 대해서 기대하게 되는 것은 당연한 것이라고 하겠다.

예수님의 십자가상에서의 죽음

만약 성령이 예수님의 전 생애를 통하여 그의 사역의 완성을 도우셨다면, 그의 사역의 최정점을 이루고 구원사의 핵심이 되는 예수님의 십자가상에서의 죽음에서 복음서의 독자들은 당연히 성령의 의미있는 기여와 역할을 기대하게 된다. 그러나 독자들의 기대에 부응하지 않고, 복음서의 기자들은 예수님이 십자가에서 죽으시는 장면을 묘사할 때 성령의 사역에 대해서 침묵하고 있다. 대신에 독자들은 홀로 외로이 죽음을 맞이하시는 예수님의 고독한 절규를 듣게 된다: "나의 하나님, 나의 하나님, 어찌하여 저를 버리셨나이까?"(사역, 막 15:34). 여기서 복음서의 독자들은 질문하게 된다. 하나님과 성령은 이 순간 어디에 계셨을까? 죄인들을 위한 하나님의 심판을 대신하여 죽음을 맞이하시는 주님은 이 순간 죄인들의 처참한 죄의 결과로서 철저하게 하나님으로부터 격리되고 고립되어 버림받은 것인가? 한편으로는, 예수님이 십자가상에서 죄인들에 대한 하나님의 심판의 결과로 하나님으로부터 철저히 버림받고 있는 것도 사실이다. 그러나 또 다른 한편으로는, 복음서 기록에서 온 땅이 어둠으로 덮히는 이적 속에서 우리는 하나님의 "눈물"을 보고(막 15:33), 곧이어 성전의 베일이 반으로 갈라지는 사건 속에서 하나님의 환희를 본다(막 15:38). 그리고 "진실로 이분은 하나님의 아들이셨다"라는 이방인 백부장의 고백에서 그를 감동시킨 성령의 임재를 느끼게 되는 것은 본 저자만의 개인적인 생각일까?

신약 성경에서는 오직 한 곳만이 예수님의 죽음과 성령의 역할에 대해서 직접적으로 언급하고 있다. 히브리서 9장 13-14절은 이렇게 말한다:

"만약 죄인들을 위하여 뿌려진 염소나 송아지의 피가, 그리고 암소의 재가 육체를 깨끗하게 정화하였다면, 예수님의 피 곧 영원한 영을 통하여 자신을 하나님께 흠없이 드린 예수님의 피는 얼마나 더 우리의 양심을 죽은 행실에서 깨끗하게 하여 살아 있는 하나님을 섬기게 할 수 있지 않겠는가?"(사역)

언뜻 보기에 히브리서는 당연히 성령이 예수님의 죽음 가운데 함께하고 계셨다는 것을 주장하고 있는 것 같다. 그러나 그리스어 표현 "영원한 영"(πνεύματος αἰωνίου)은 히브리서를 연구하는 학자들에 의하여 오랫동안 논란의 핵심이 되어 왔는데, 이는 이 표현이 신약에서 딱 한 번 이곳에서만 발견되어지기 때문이다.[126] 초대 교부들이 영원한 영을 하나님의 성령으로 일괄적으로 해석한데 반하여, 해롤드 애트리지(Harold W. Attridge)는 히브리서에서는 성령에 관한 논의가 그다지 활발하지 않다는 사실을 근거로 하여 이 교부들의 해석을 즉각적으로 거부한다.[127] 반면에 애트리지는 "영원한 영"은 예수님의 희생이 드려진 장소에 관하여 이야기하고 있는데, 그 희생의 장소는 벽돌이나 사람의 손으로 지어진 이 땅에서의 성전이 아니라 영적인 영역을 지칭한다고 한다. 뿐만 아니라, "영원한 영"은 예수님이 드리신 제물의 속성에 관하여 말해주고 있는데, 예수님의 제물은 예수님의 육체가 아니라 그분의 어떤 깊은 영적인 본성과 관계가 있다고 주장한다.[128] 그러나 이전의 여러 학자들의 의견들을 종합한 결과로서 고찰해 보면, 애트리지의 두 가지 대안책은 히브리서 기자가 예수님의 희생제사에 있어서 그의 영이 아닌, 그의 몸의 중요성에 대해서 반복해서 강조하고 있다는 사실과 정면으로 배치된다(히 2:5-10; 2:14-18; 5:1-10).[129] 따라서 애트리지의 이 두 가지 대안책은 "영원한 영"에 대한 최선의 설명이라고 할 수 없다.

본 저자의 견해로는, "영원한 영"이 성령을 의미한다는 전통적인 입장이 가장 타당하다고 본다.[130] 왜냐하면 히브리서 기자가 성령을 영원한 영으로 부르는 이유는 아마도 성령이 영생 곧 영원한 대제사장인 예수님에 의해서 성취된 영원히 지속되는 시대의 영원한 구원에 대해서 증거하고 있기 때문일 것이다(히 9:12, 15; 1:2). 다시 말하면, 성령은 이 모든 영생을 영구적으로 가능케 한 주님의 단 한 번의 사역에 너무도 깊이 관계되어 있기에, 히브리서 기자는 성령을 영원한 영으로 부르고 있다는 것이다. 그렇다면, 다시 위의 히브리서 본문으로 돌아가서, 이 영원한 영이 성령을 의미한다면 "성령으로 말미암아 자신을 하나님께 흠없이 드렸다"는 표현을 통해서 히브리서 기자는 그의 독자들에게 무엇을 말하고 싶은 것일까?

성령세례 후, 예수님은 즉각적으로 성령의 인도를 받아 광야로 나아가 사탄에게 시험을 받으셨다. 수많은 악한 영들을 물리치시고 질병들을 치료하신 후, 예수님은 자신의 마지막 시험을 겟세마네 동산에서 경험하신다. 그 시험은 자신의 의지에 반하여 분명하게 들어난 하나님의 의지 곧 자신의 십자가상에서의 죽음을 받아들일 것인지에 대한 가장 결정적인 시험이었다(막 14:34-36).[131] 주님이 드리신 세 번의 간청은 그 시험의 강도가 얼마나 큰 것인지에 대해서 간접적으로 말하여준다. 그러나 하나님의 뜻을 따르기로 결정한 주님의 결정과 순종에서(막 14:36; 히 10:7), 하나님의 뜻에 대한 온전한 이해를 도우시고 자신의 뜻을 아버지의 뜻에 일치시키도록 감동하사 도우신 성령의 보이지 않는 손길을 느낄 수가 있다. 이미 살펴본 것처럼, 예수님은 자신의 사역의 결정적인 순간들에서 자신이 경험해야 할 고난과 죽음에 대해서 반복해서 말씀하셨다. 예수님의 고난에 대한 확고한 예언의 말씀들에서 예수님 자신의 역할에 대한 하나님의 기대를 정확히 이해하도록 도와주신 성령의 영향이 있었음을 부인할 수 없다. 왜냐하면 성령은 한 순간도 주님을 떠나지 아니하시고 이 땅에서의 그의 전 생애를 통하여 그와 동행하며, 하나님의 임재와 뜻을 느끼고 깨닫게 해주셨기 때문이다.

복음서 기자들은 예수님의 고난을 이사야의 고난받는 종에 관한 전통을 통해서 그 의미를 해석하였다. 이사야가 자신의 고난받는 종을 처음 소개할 때, 하나님은 자신의 영이 그의 위에 임하였다고 증거하셨다(사 42:1). 이 말씀은 특히 예수님의 성령세례에 의해서, 그리고 계속되는 예수님의 성령과 동행하며 행하신 사역들을 통하여 성취된 것으로 복음서 기자들은 이해하였다. 다시 말하면, 고난받는 종의 고난의 사역이 혹은 역할이 성령의 부어짐에 의해서 시작되어 졌다는 것이다. 예수님의 십자가상에서의 고난과 죽음이 그의 사역의 가장 중요한 클라이맥스를 구성하고 있고, 예수님의 십자가상에서의 죽음이 이사야가 말한 고난의 종으로서 많은 사람들을 위한 대속의 죽음을 의미하고 있음으로(막 10:45), 우리는 당연히 성령이 예수님의 마지막, 그러나 가장 결정적인 고난의 사역에도 깊이 관여하고 있었음을 쉽게 추론해 볼 수 있다. 이런 측면에서, 예수님은 하나님의 고난받는 종으로서 자신의 마지막 십자가에서의 사역 곧 죽음도 성령의 감동과 도우심을 통하여 온전히 완성하였다고 볼 수 있다.[132]

예수님의 부활

신약 성경에 기록된 초대 교회의 전통에 따르면, 예수님의 죽음은 예기치 못한 사고가 아니라 시작부터 끝까지 하나님의 구원의 계획 속에서 미리 계획되고 반복해서 예언된 사건이었고(행 2:22-23; 고전 1:23-24), 하나님으로부터 보냄 받은 아들 예수님의 자발적인 순종의 결과였다(막 14:36; 요 4:34; 5:30; 6:38). 그러나 예수님의 죽음이 언급될 때마다 그의 죽음은 그의 부활과 계속해서 연관되어 다루어지고 있는 것을 알 수 있다(고전 15:3-8; 막 8:31; 9:31; 10:32-34; 행 3:15; 4:10). 초대 교회의 입장에서 볼 때, 주님의 죽음은 자신의 죄에 대한 심판이 아니라, 다른 죄인들을 위한 영원한 속죄제물이었다라는 사실을 증명한다는 의미가 있다(롬 4:25). 그렇다면, 누가 어떻게 예수님을 죽은 자 가운데서 다시 살리셨는가? 예수님은 자신의 신성 속에 내재하고 있는 자신의 고유한 능력으로 스스로 부활하여 일어나셨는가? 아니면 다른 이의 힘이 그를 살리어 부활하게 하셨는가?

신약 성경의 어떤 본문들에 따르면, 예수님이 스스로 자신의 힘을 빌려 부활하신 것을 암시하는 말씀들이 있다. 예를 들어 예수님은 자신의 죽음과 부활을 의미하면서 "이 성전을 헐라. 내가 삼일만에 다시 만들리라"(사역, 막 14:58; 요 2:19-21)고 말씀하신다. 그리고 요한복음 10장 17-18절에서는, 예수님이 자신의 생명을 포기하거나 혹은 다시 되찾을 수 있는 권세가 있는 분이라고 선포하신다. 다른 공관복음서들에 비해 요한복음은 그 시작부터 예수님을 하나님의 말씀 곧 선재하신 로고스로 묘사하고 있다. 공관복음서들이 예수님이 하나님의 영광으로 이 땅에 다시 돌아오시기 전에 그가 이 땅에서 완전한 인간으로 사시면서 고난의 길을 가야 한다는 필요성을 강조하고 있는 반면에(막 8:33-38), 요한은 예수님의 완전한 신성 곧 예수님이 하나님의 영광의 독생자임을 자신의 복음서의 시작부터 강조하고 있다.[133] 이런 요한의 신학적인 견해에서는 당연히 예수님이 자신을 살리실 수 있는 능력을 가지신 분이실 것이다.

그러나 요한도 자신의 복음서 2장 22절에서 예수님의 부활에 대해 언급하면서 수동형(ἠγέρθη)을 쓰고 있는데, 이는 예수님의 부활이 자신의 힘으로가 아닌 하나님의 능력으로 말미암아 이루어졌음을 이야기해준다(벧전 1:21; 행 3:15; 4:10; 5:30; 10:40; 13:30, 37; 롬 4:24; 8:11; 갈 1:1). 여기서 복음주의 독자들은 시험에 빠지지 말고, 예수님이 이 땅에서 사시면서 자신의 신성에 관한 모든 특권들을 철저히 '포기'하시고 완전한 인간으로서 사시면서 하나님의 손에 자신을 온전히 맡기신 것을 기억해야겠다. 특히 예수님이 십자가상에서 마지막 숨을 내쉬면서 말씀하시기를, "아버지여 당신의 손에 저의 영혼[생명]을 의탁합니다"(눅 23:46)라고 하셨음을 기억하자. 예수님의 죽음과 부활을 포함한 예수님의 전 생애는 자신의 뜻과 능력에 의지하는 삶이 아니라, 하나님의 뜻에 철저히 의지하며 하나님의 능력에 자신을 온전히 의탁하는 삶이었다.

바울도 고린도 교회에 보내는 그의 첫 번째 편지에서 예수님의 죽음과 부활에 관한 초대 교회의 전통을 인용하면서, 예수님이 "일으키심을 입으셨다"(ἐγήγερται, 고전 15:4)고 주장한다. 다시 말하면, 예수님이 스스로의 신적인 능력으로 부활하신 것이 아니라, 하나님이 친히 자신의 능력으로 예수님을 부활시키셨다는 것이다(고전 15:14-18). 바울은 또 로마서 9장 19절에서, 로마의 교인들이 "입으로 예수를 주라 시인하고, 마음으로 하나님이 그를 죽은 자 가운데서 살리신 것을 믿으면" 그들이 다 구원을 얻을 것이라고 선포한다. 그런데 흥미로운 것은 로마서 8장 11절에서 바울은 예수님의 부활을 성령과 연관시켜 말하고 있다:

> "만약 예수를 죽은 자 가운데서 살리신 이의[하나님] 성령이 너희 가운데 거하시면, 예수를 죽은 자 가운데서 살리신 이가 역시 너희 가운데 거하신 성령을 통하여 너희 죽을 육체들에 생명을 주실 것이다."(사역)

이 본문에서 우리는 하나님이 예수님을 죽은 자 가운데서 일으켜 살리실 때, 자신의 성령을 통해서 그의 죽은 몸에 생명을 주셨다는 것을 쉽게 추론해 볼 수 있다. 뿐만 아니라, 성령이 그 안에 거하는 자마다 다 예수님과 동일한 부활을 하나님의 성령을 통하여 경험하게 될 것이라고 바울은 이야기하고 있다. 이미 유대인들의 전통에서 살펴본 대로, 하나님의 영은 하나님의 생명의 기운으로서 창조 시, 그리고 새 창조 시 이스라엘에게 생명을 주시는 분 곧 하나님의 생기로 묘사되었다(창 1:2; 욥 33:4; 시 104:30; 겔 37:1-14).[134] 우리는 로마서 1장 3-4절에서, 바울이 예루살렘 교회의 전통 곧 예수님의 하나님의 아들 되심과 다윗의 혈통을 따르는 메시야 되심에 대한 전통에서 초대 교회가 어떻게 예수님의 부활과 하나님의 능력 곧 성령을 연관 지어 생각하고 있는지에 대해서 살펴보았다. 고린도전서 6장 14절에서도 바울은 성도들의 부활과 주님의 부활이 다 하나님의 능력 곧 성령으로 말미암는다고 주장하고 있다.

본 저자는 고든 피(Gordon D. Fee)가 성령을 하나님의 부활의 사역에 역사하시는 하나님의 능력이 아니라, 단지 미래에 올 부활을 보증하시는 분이라고 주장하는 것에 대해서 동의할 수 없다.[135] 피는 고린도전서 6장 14절에 나오는 주님을 살리신 하나님의 능력이 추상적인 의미로서의 하나님의 능력을 의미할 뿐, 하나님의 성령과는 아무런 연관이 없다고 주장한다.[136] 그러나 고린도전서 2장 4-5절에서 바울은 분명히 하나님의 능력과 성령을 동일시하며 인간의 지혜와 능력과 비교하며 논의하고 있다. 또 데살로니가전서 1장 5절에서 바울은 자신의 복음이 데살로니가 교인들에게 전파될 때, 그 복음이 인간의 말의 지혜를 통해서가 아니라 하나님의 능력 곧 성령의 나타남을 통하여 그들에게 효과적으로 전파되었다고 주장한다.[137] 고린도후서 3장 6절에서도 바울은 성령을 생명을 주시는 분으로 부르고 있다.

결론적으로, 신약 성경의 증거들을 통해서 드러난 초대 교회의 주님의 부활에 관한 이해에 따르면, 첫째, 부활의 주인은 하나님이시며, 둘째, 성령은 하나님의 능력으로서 주님의 죽어 있는 몸에 생명을 불어넣으셨으며, 그리고, 셋째, 주님이 부활하신 것처럼 성령을 그 안에 모시고 있는 모든 믿는 자들은 다 성령으로 말미암아 하나님의 부활을 체험하게 될 것이다.

예수-성령의 주

예수님의 죽으심과 부활 사건에 있어서 성령이 하나님의 창조의 영으로서 깊이 관여하였음은 의심의 여지가 없다. 그러나 예수님의 부활 후 초대 교회 성도들은 예수님의 신분과 역할에 있어서 큰 변화가 생겼다고 주장하기 시작한다. 부활하신 주님은 하나님 보좌 우편에 앉으사 그분의 왕권과 영광과 권세와 이름을 공유하시고, 친히 온 우주의 주가 되어 세상을 다스리기 시작하신다. 뿐만 아니라, 부활하신 주님은 성령의 능력을 힘입어 활동하시던 하나님의 메시야의 사역에 국한되지 않고, 성령을 소유하시어 그의 제자들에게 직접 나누어 주시는 사역을 시작하시게 되었다는 것이다. 다시 말하면, 부활하신 주님이 성령의 주가 되어 그의 백성들에게 그의 뜻을 따라 성령을 선물로 베푸시기 시작하신 것이다(고전 12:3). 이런 성령과 예수님의 새롭게 형성된 긴밀한 관계 속에서 성령은 이 땅에서 부활하신 예수님의 임재를 드러내는 예수의 영으로, 예수님에 관한 진리를 증거하는 진리의 영으로, 예수님에 관한 선포의 말씀을 믿을 수 있게 하는 믿음의 영으로 초대 교회에 의하여 새롭게 이해되기 시작한다.

하나님 우편에 앉으신 부활하신 주

추후에 자세히 논의하겠지만, 사도행전 1장에서 언급된 예수님의 성령세례는 제2장에서 제자들이 체험하는 오순절 사건에서 그 약속이 완전히 성취되어지는 것으로 누가에 의하여 묘사되어진다. 오순절을 경험한 제자들은 부활하신 예수님이 "인자" 곧 종말의 심판자로 오셔서 세상을 심판하신다는 긴박함 속에서 죄에 대한 회개를 유대인들에게 선포하기 시작한다(행 2-7장). 마틴 헹겔(Martin Hengel)이 주장하고 있듯이, 이들은 자신들이 선포하는 복음의 메시지를 간략하고 효과적으로 정리하여 선포해야 했는데, 이들이 자신들의 간략하고 효과적인 복음의 메시지를 만들기 위하여 이용한 세 가지의 자료들은 다음과 같다: (1) 현재 자신들이 경험하고 있는 부활하신 주님; (2) 예수님 자신이 메시야이심에 대하여 가르치셨던 말씀들에 대한 기억; 그리고 (3) 유대인들이 누구나 기억하여 외우고 있는 메시야에 대한 시편들 등이다.[138]

이 메시야에 관한 시편들 중에서도 시편 110편 1절이 초대 교회에게는 가장 중요하게 여겨졌는데, 이는 초대 교회의 경험에서 시편 110편 1절이 현재 부활하신 주님의 신분과 정체성에 대해서 가장 잘 설명해 주고 있기 때문이었다:[139] "주께서 나의 주에게 말씀하시기를, '내가 너의 원수들을 너의 발등상으로 만들기까지, 너는 나의 우편에 앉아 있으라'"(사역). 초대 교회 성도들은 이 시편 구절을 통해서 현재 예수님이 하나님의 우편에 앉아계시면서, 하나님의 왕좌를 공유하시는 분으로 믿고 이해하였다. 다시 말하면, 오순절을 경험한 예수님의 제자들에게 있어서 이 시편은 부활하신 예수가 온 세상의 "주"(μαράν)로 하나님에 의하여 높임을 받으시게 되었다는 것이다. 바울도 이 초대 교회의 예수가 세상의 주가 되셨다는 전통을 잘 알고 있었다. 그는 자신의 이방 교회들에서 특히 성찬식을 거행하는 중에 "주여 어서 오시옵소서"(μαράνα θά, 고전 16:22)를 아람어로 낭송하곤 하였다.140 바울과 예루살렘 초대 교회에게 있어서 예수의 주되심은 부활하신 예수가 하나님의 보좌 우편에 앉아 하나님의 왕권을 공유하게 되었다는 사실에 근거한 것이다.141 나아가 바울은 고린도전서 15장 25절에서 시편 110편과 8편을 동시에 인용하면서 부활하신 예수가 하나님의 아들로서 하나님의 보좌를 공유하실 뿐만 아니라, 하나님의 능력으로 채워져서 세상을 다스릴 종말론적인 심판관이 된 것에 대해서도 이야기한다(cf. 막 14:61-62).142 이 부활하신 예수에 대한 믿음은 바울이 로마서 1:3-4에서 언급하고 있는 "능력의 아들"과 일맥 상통한다고 볼 수 있다.

흥미로운 사실은 고린도전서 15장에서 바울은 시편 110편("주")과 다니엘서 7장 9-13절("인자")을 연관하여 예수님을 이해할 뿐만 아니라, 예수님의 왕권을 시편 8편 5-6절에 나오는 "영광과 명예로 관 씌우시고"라는 표현을 통해서 한층 더 깊이 보완해서 설명하고 있다는 것이다. 시편 8편은 원래 아담이 세상의 왕으로서 피조된 세상을 다스렸던 것에 대해서 쓰여진 시이다. 다시 말하면, 바울은 하나님의 보좌를 공유하면서 주로 높이 올리워지신 부활하신 예수는 창조 시 하나님이 아담에게 기대하셨던 바로 그 역할, 곧 세상을 다스리시는 참된 왕으로 높임을 받게 되셨다는 것이다. 이는 부활하신 예수가 아담의 저주를 극복하고, 하나님의 창조의 사역을 완성할 제2의 아담 혹은 새 아담이 되었다는 것이다. 이 사실은 빌립보서 2장 6-11절에서 가장 잘 보여지고 있다(cf. 고전 15:23-28; 창 1:26-28). 우리는 예수님의 새 아담 되심을 다음 장에서 좀 더 상세하게 살펴보게 될 것이다.143

빌립보서 2장 6-11절에서는 예수님의 선재(preexistence)와 탄생, 그리고 십자가에서의 죽음과 승천이 한편의 시로서 잘 묘사되고 있다.144 이 시에 따르면, 예수는 비록 "하나님의 모습/형상"(the form of God) 곧 신성을 가진 존재셨으나 "종의 형상"을 입고 인간으로 이 땅에 나타나셨다. 하나님의 형상(image of God)으로 존재하였으나 하나님이 되려고 했던 불순종한 아담과 달리, 예수님은 하나님의 뜻에 순종하여 친히 인간이 되셨을 뿐만 아니라, 아담의 저주로 이 땅에 들어오게 된 죽음을 십자가상에서 맞이하게 되었다.145 이 순종의 결과로 부활하신 예수님은 온 우주를 다스리시는 "주"(κύριος)라 불리우게 되는데, 이 주는 구약에서 나타나는 하나님 자신의 고유한 이름이다. 이 하나님의 이름과 권세와 왕권을 소유하신 부활하신 주님은 타락의 결과로 피조물에 대한 왕위를 상실한 아담과 극명한 대조를 이루게 된다. 바울은 또 말하기를, 이 주님이 종말의 때에 세상의 심판관으로 오실 때, 그가 믿는 자들의 몸을 자신의 영광의 몸처럼 변화시킬 것이라고 한다(빌 3:20-21).

예수—성령의 주

빌립보서 2장 6-11절에서 잘 보여지고 있듯이, 하나님의 뜻에 순종하여 죽음과 부활을 경험한 예수님은 그의 신분과 정체성에서 큰 변화를 경험하게 된다. 부활 전에도 하나님의 아들이셨고 하나님의 형상 곧 신성을 지니셨던 예수님이,146 부활 후에는 능력의 하나님의 아들로 공개적으로 선포되고, 하나님의 이름과 보좌를 공유하며 하늘과 땅에 있는 모든 존재들로부터 경배를 받으시는 분으로 묘사되기 시작한다(빌 2:10). 이제까지 오직 하나님 한 분만이 전 우주의 경배를 받기에 합당한 존재로 여겨졌던 것에 반하여, 부활하신 주님은 하나님 보좌 우편에 앉으신 후 하나님과 함께 사람들의 경배를 받기 시작했다고 초대 교회는 믿기 시작한다.147 유일신을 섬기던 유대인 출신 성도들에게 있어서 예수님의 경배는 하나님 자신의 설득과 하늘로부터 오는 강력한 체험의 증거가 없었다면 정말 받아들이기 힘든 변화였을 것이다.148 예수를 메시야로 부르는 것과 예수를 하나님과 함께 주로 부르며 경배하는 것에는 엄청난 질적인 차이가 존재한다.

초대 교회의 고백에 따르면, 예수님의 부활·승천 후 성령은 교회 가운데 너무도 풍성하게 부어져서, 그의 존재가 교회의 증거와 선포, 그리고 예배 가운데서 현저하게 나타났다고 한다. 초대 교회는, 오순절 직후 베드로의 요엘서 2장 28-32절의 인용에서 보여지듯이(행 2:17-21), 성령이 그들 가운데서 종말의 마지막 날 혹은 새 시대의 도래를 나타내면서 그들과 함께 영원히 거하게 되었다고 인식하게 된다. 초대 교회는 자신들에게 선물로 주어진 성령에 대해 언급하면서, 하나님이 친히 하나님을 따르는 자신들에게 성령을 보내어주셨다고 고백한다(행 5:32; 15:8).149 바울도 자신의 하나님으로부터 주어진 사도직에 대해서 논의하면서, 하나님이 친히 종말의 첫 열매로 자신의 성령을 선물로 주었다고 주장한다(고후 1:22; 5:5). 바울에 따르면, 이 하나님으로부터 주어진 성령은 데살로니가에 거하고 있는 모든 믿는 자들에게도 하나님의 사랑의 표현으로 아낌없이 부어졌다고 한다(살전 4:8). 초대 교회의 고백에서는 성령은 항상 하나님 아버지로부터 직접 오는 최고의 선물로 여겨졌다.

그럼에도 불구하고, 초대 교회는 점차 이 성령이 부활하신 주님의 뜻과 의지에 의해서 교회에 주어지기 시작했다고 주장하기 시작한다. 누가의 기록에 따르면, 오순절을 막 경험한 후 베드로는 불처럼 바람처럼(행 2:2-3) 자신들에게 임한 하나님의 성령세례에 대해서 설교하기 시작한다.[150] 주님에 대한 다윗의 시편을 인용한 후(행 2:25-31), 베드로는 부활하신 주님의 현재 신분과 정체성에 대해서 선포하기 시작한다. 예수님은 자신의 능력을 통해서 스스로 부활하신 것이 아니라, 하나님이 예수님을 부활시키신 후 그의 우편에 앉도록 높이셨다는 것이다(행 2:33). 여기까지는 베드로의 부활하신 주님에 대한 이해가 빌립보서에서 바울이 부활하신 주님에 대해 시로 노래한 내용과 거의 동일하다고 하겠다. 그러나 베드로는 부활하시고 하나님 우편에 앉도록 높임을 받으신 주님에 대해서 새로운 사실 한 가지를 더 전해주고 있는데, 그것은 바로 주님이 직접 아버지로부터 약속하신 성령을 받아 그의 제자들에게 부어주셨다는 것이다(행 2:33). 다시 말하면, 성령의 능력을 힘입어 이 땅에서의 그의 메시야 사역을 완수하신 예수님이 그의 부활과 주님으로 높아지신(exaltation) 이후에는 "성령의 주"가(고전 12:3)되어 성령을 선물로 나누어 주시기 시작하셨다는 것이다.[151] 따라서 이제부터 성령은 단순히 하나님의 영이 아니라, 예수 그리스도의 영으로 불리기 시작한다(행 16:7; 롬 8:9; 빌 1:19; 벧전 1:11).

뿐만 아니라, 성령과 부활하신 예수님은 비록 분명히 구분되는 두 인격체임에도 불구하고, 성도들의 경험에서 마치 동일한 분을 경험하는 것처럼 인식되기 시작한다. 바울은 고린도전서 15장 45절에서 부활하신 주님이 단지 살아 있는 영적인 존재가 되신 것이 아니라,[152] 생명을 주시는 성령(πνεῦμα ζῳοποιοῦν)이 되셨다고 한다(cf. 롬 8:11; 고후 3:6, 18; 요 6:63).[153] 성도들의 경험에서 성령은 이제 단순히 하나님의 임재만 나타내시는 것이 아니라, 부활하신 주님의 임재와 능력으로서 체험되어진다는 것이다(요 14:15-28).

또 요한복음에 따르면, 십자가에서의 고난을 앞둔 마지막 날 밤에 주님은 자신이 떠나고 난 후 제자들을 위하여 보혜사 성령이 그들에게 올 것에 대해서 약속하신다(요 14-17). 흥미로운 것은 예수님이 직접 아버지로부터 성령을 받아서 자신이 친히 보혜사 성령을 제자들에게 보내시겠다고 약속하고 있다는 것이다(요 15:26). 이 약속의 말씀에 대한 응답으로, 죽으시고 부활하신 후 예수님은 제자들 앞에 나타나 그들에게 숨을 불어넣으시며 성령을 받으라고 말씀하신다(요 20:22). 요한복음에서는 마치 창세기에서 아담에게 불어넣어 주셨던 하나님의 입으로부터 나오는 바람이 하나님의 영으로 동일시 되어졌듯이, 예수님의 입에서 나오는 바로 그 바람이 제자들에게 주어진 보혜사 성령과 동일시 되어지고 있다.

구약과 복음서에서 성령은 하나님의 영으로서 하나님이 친히 그의 택하신 자들에게, 특히 그의 메시아에게 부어주셨던 특별한 사명을 위한 선물이었던 것에 반하여, 예수님의 부활 후에 성령은 자신의 주가 되시는 주님의 뜻에 따라 그가 원하는 자들에게 부어지는 특별한 혹은 보편적인 선물로 간주된다.[154] 따라서 베드로는 성령의 선물을 받기 위해서는 먼저 예수 그리스도의 이름으로 세례를 받고, 예수 그리스도의 십자가에서의 죽음에 근거하여 죄의 용서를 받으라고 둘러 모인 유대인들에게 설교하기 시작한다(행 2:38). 여기서 우리는 성령이 주님에 대한 사람들의 태도와 그의 사역에 대한 믿음 여부에 따라 주어지기도 혹은 주어지지 않기도 하는 새로운 현상을 초대 교회의 성령 체험에서 목도하게 된다. 이 땅에서의 예수님의 사역 이전에 성령이 하나님의 뜻에 따라 사람들에게 선물로 주어졌다면, 이제 교회의 시대에는 부활하신 주님의 뜻에 따라 성령이 사람들에게 주어진다. 물론 이 과정에서 성령도 자신의 뜻에 따라 자유롭게 움직이시는 분으로 묘사되어지고 있는 것도 엄연한 사실이다(고전 12:11). 부활하신 주님에 대한 성령의 순종이 결코 성령님의 자유를 침해하지 않고, 두 분은 완벽한 신적인 뜻의 조화 속에서 하나님의 백성들을 위하여 함께 사역하게 된다.

성령-부활하신 주님의 영

바울과 요한을 비롯한 많은 신약 성경 저자들은 성령의 자유로운 운행을 존중하는 동시에 또 성령이 이제 주님의 뜻에 따라(물론 하나님 아버지의 뜻을 근거로 하여) 움직이시는 분으로 묘사하고 있다. 그들은 성령이 과거에 하나님의 영으로서 이 땅에서의 하나님의 능력 있는 임재를 나타내었던 것처럼, 이제 이 땅에서 부활하신 주님의 능력 있는 임재를 나타낸다고 굳게 믿게 되었다. 따라서 신약 성경의 저자들은 성령의 정체성과 역할을 예수님과의 긴밀한 관계 속에서 이해하게 되는데, (1) 바울과 누가는 성령을 "주님의 영"으로 부르고, (2) 요한은 성령이 주님의 사역과 정체성에 대해서 계시하고 가르치시는 "진리의 영"이라고 부르며, 또 (3) 바울은 성령이 예수님에 관한 성도들의 믿음을 가능케 하시는 "믿음의 영"이라고 부른다.

성령-부활하신 주님의 임재

복음서의 기록들에 따르면, 예수님은 자신의 탄생과, 유년기 시절, 그리고 성년 시절의 사역을 통하여 성령을 소유하고 계신 분으로 묘사되었으나, 이 성령은 하나님께 속한 하나님 자신의 고유한 영으로 이해되었다. 그러나 주님의 부활 후에는 주님이 친히 성령의 주가 되어 자신의 이름을 부르는 종말을 사는 예수 공동체에게 성령을 선물로 부어주시기 시작하였다. 이 새로운 현상의 이면에는, 부활하신 주님과 성령의 관계에 대한 새로운 놀라운 이해가 숨어 있는데, 이는 부활하신 주님이 자신의 백성들을 성령을 통해서 친히 만나시고 있다는 것이다. 다시 말하면, 성령이 과거 하나님의 임재와 능력을 이 땅에서 나타내었다면, 이제는 성령이 이 땅에서 부활하시고 하늘에 거하고 계신 주님의 임재와 능력을 나타내기 시작하셨다는 것이다. 이것이 왜 성령의 선물이 주님의 이름을 부르고 믿으며, 주님의 이름으로 세례를 받는 자들에게만 주어지고 있는지를 잘 설명해 준다고 하겠다.

사도행전 10장에서는 베드로가 이방인 백부장 고넬료의 가족을 회심시키는 장면이 나온다. 이 사건 중에서 특이한 것은 베드로가 기도 중에 환상을 보게 되는데, 그 환상 중에서 부활하신 주님은 친히 베드로에게 유대인들에게 부정한 것으로 간주되었던 네 발 달린 짐승들과 땅에 기어다니는 곤충들을 잡아 먹으라고 명령하신다(행 10:14). 이 부정한 짐승들은 큰 보자기에 싸여서 하늘에서 땅으로 내리워졌다. 베드로가 이 환상의 의미에 대해서 묵상하는 중에, 성령은 친히 베드로에게 말씀하시며 고넬료가 보낸 두 명의 종과 군인이 그를 찾고 있다고 알려주신다(행 10:19). 여기서 우리는 창세기에서 하갈이 때로는 하나님과 또 때로는 주의 천사와 대화하듯이, 베드로가 때로는 부활하신 주님과 또 때로는 성령님과 대화하고 있는 것을 목격하게 된다. 다시 말하면, 베드로는 성령을 통해서 하늘에 계신 부활하신 주님과 대화하기 시작하였다는 것이다.[155] 누가는 이 성령을 "예수님의 영"이라고 부르고 있는데, 이는 성령이 이제 이 땅에서 부활하신 주님의 능력 있는 임재를 나타내고, 특히 주님의 사역을 이루시는 역할에 자신의 활동의 촛점을 맞추고 있기 때문이다(행 16:7).

누가는 자신의 복음서에서 부활 전 예수님이 하나님의 능력 곧 성령을 통해서 귀신들을 쫓아내고 하나님의 나라를 이 땅에 실현시키셨다고 말한다(눅 11:20). 부활 전 예수님은 단지 두 번의 경우에서만 성령의 능력으로 제자들을 덧입히어 자신을 대신하여 보내셨는데, 한 번은 열두 제자(눅 9:1), 또 한 번은 칠십인의 전도단의 경우였다(눅 10:1-20). 그러나 흥미롭게도, 칠십인의 전도단은 기쁨으로 돌아와 예수님께 고백하기를, "주님, 심지어 귀신들도 주님의 이름으로 저희들에게 굴복했습니다"(사역, 눅 10:17)라고 한다. 이 한 번의 예외적인 경우를 제외하고는 복음서의 치료와 축사는 전적으로 하나님의 능력 곧 성령에게 돌려졌다. 그러나 사도행전에서는 모든 치료와 축사가 "예수님의 이름" 곧 성령을 통한 예수님의 능력 있는 임재에 돌려지기 시작한다. 베드로는 성전 앞에서 구걸하는 앉은뱅이를 "예수님의 이름"으로 낫게 한다(행 3:6, 16). 또한 예수님의 이름으로 행하는 가르침을 금하는 유대인들의 위협을 접하면서, 베드로는 예수님의 이름으로 기적을 행하며 담대히 말씀을 전하게 해달라고 하나님께 기도한다(행 4:30). 그때 베드로와 함께 기도하던 모든 제자들은 다시 한 번 성령으로 충만하게 채워져 하나님의 말씀을 담대하게 전할 수 있게 된다(행 4:31). 여기서 우리는 성령이 여전히 하나님의 능력을 나타내고 있으나, 이제는 예수님의 임재를 이 땅에서 드러내면서 예수님의 이름으로 행해지는 가르침과 기적들에 현저하게 동행하고 있음을 목격하게 된다.

바울도 구약에 나타난 하나님과 성령 두 분의 긴밀한 관계를 부활하신 주님을 통하여 삼위일체론적으로 새롭게 해석하기 시작한다. 갈라디아서 4장 4-6절에서 바울은 성도들이 경험하고 있는 성령은 양자의 영으로서 하나님이 그들에게 보내신 그의 아들 예수 그리스도의 영이라고 주장한다. 나아가 고린도전서 2장 4-16절에서 바울은 십자가를 하나님의 참 지혜로 묘사하고 있는데, 여기서 성령을 하나님의 깊은 생각들을 이해하고 계시는 하나님 자신의 영으로 묘사한다. 그러나 바울은 곧이어 성령 곧 하나님의 영이 바로 그리스도의 생각들을 주장하는 그리스도의 마음(νοῦς)이라고 덧붙인다. 빌립보서 1장 19절에서도 바울은 성령을 예수 그리스도의 영으로 부르고 있다. 흥미로운 사실은 갈라디아서 4장 4-6절에서와 마찬가지로, 고린도전서 12장 4-6절에서 바울은 성부와 성자와 성령의 긴밀한 관계를 교회에게 주어진 성령의 은사들과 사역들을 통하여 이야기하고 있다:

> "많은 종류의 선물들이 있으나 오직 동일한 성령으로 말미암고, 다양한 종류의 봉사들이 있으나, 오직 주는 동일하시고, 여러 가지 종류의 역사들이 있으나, 모든 사람들 가운데서 이 모든 것들을 가능케 하시는 분은 동일한 하나님이시다."(사역)

바울에게는 성도들이 성부와 성자와 성령을 체험하여 만나는 것은, 세 분 중 누구를 만나는지에 상관없이, 하나님을 만나는 하나의 동일한 사건이다.[156]

사도 요한도 부활하신 주님과 성령 두 분을 구분하여 부르는 동시에, 때로는 마치 동일한 인물을 부르고 있는 듯한 인상을 독자들에게 준다. 요한은 성령에 이끌려 밧모섬에서 환상을 보고(계 1:10), 부활하신 주님이 친히 말씀하시는 것들을 기록하고 있었다(계 1:12). 요한계시록 2장에서 사도 요한은 그의 오른손에 "일곱 별을 들고, 황금 등잔들"(계 2:1) 사이로 걸어다니시는 부활하신 예수님이 일곱 교회들에게 하시는 말씀들을 교회들에게 다 기록하여 전하고 있다. 그러나 요한은 부활하신 주님의 말씀을 다 전한 후 교회들에게 말하기를,

"성령이 하시는 말씀에 귀기울이라"고 경고한다(계 2:7, 11, 17, 29). 요한은 부활하신 주님의 음성을 성령의 음성을 통해서 들은 것이다. 여기서 성령은 명백하게 부활하신 주님의 이 땅에서의 임재를 나타내고 있으며, 요한과 일곱 교회로 하여금 부활하신 주님을 자신의 사역을 통하여 체험하게 한다.

성령—주님에 관한 진리의 영

요한복음은 다른 공관복음서들과 마찬가지로 기본적으로 성령을 구약에 나타난 하나님의 영으로서 이해한다. 요한복음도 공관복음서들과 마찬가지로 예수님이 요한의 세례 후 성령세례를 받으신 것으로 기록하고 있으며, 예수님을 성령으로 세례를 주실 분으로 선포하고 있다(요 1:32-34). 그러나 요한은 마태와 누가가 강조한 예수님의 잉태 시에 임한 성령의 역할에 대해서는 침묵하고 있는데, 이는 요한은 창세 전부터 예수님이 하나님의 로고스 곧 말씀으로서, 그리고 하나님의 독생자로서 하나님과 독특하고 친밀한 관계 속에서 존재하고 계셨다고 믿기 때문이다(요 1:1-18).[157] 또한 요한은 예수님의 치료와 기적들에 대한 성령의 역할에 대해서 침묵하고 있는 반면에, 예수님의 하나님을 나타내시는 계시의 활동들에서의 성령의 역할에 대해서는 다른 복음서들과 비교할 수 없을 정도로 강조하고 있다. 왜냐하면 요한에게는 하나님에 관한 지식과 계시가 바로 하나님의 구원을 체험할 수 있는 유일한 방법이기 때문이다.[158] 요한은 예수님에 대해서 증거하기를, 계시의 영으로서의 성령을 구약의 선지자들과 비교할 수 없을 정도로 풍성하게 소유하신 분으로(요 3:34-36) 묘사하고 있다. 이는 요한은 예수님이 하나님의 독생자로서 하나님에 관한 모든 것을 알고 계시할 수 있는 분이라고 믿기 때문이다. 따라서 요한의 예수님에 대한 이해를 따르자면, 예수를 영접한 자는 하나님을 영접하였고, 이 영접의 결과로서 인간은 하나님의 구원을 선물로 받게 된다. 성령으로 말미암는 예수님의 하나님의 말씀에 대한 가르침은 바로 믿는 자들에게 구원을 주는 생명수로 간주되어진다(요 4).

요한이 말한 하나님의 구원사 속에서의 성령과 예수님과의 긴밀한 관계는 예수님이 잡히시기 전날 전하신 마지막 설교에서 잘 요약되어 전해지고 있다(요 14-17). 이 마지막 설교에서 예수님은 자신이 아버지의 집으로 돌아가신 후 제자들에게 도와주는 자(παράκλητος)[159] 곧 보혜사 성령을 보내시겠다고 약속하신다(요 14:16, 26). 이 보혜사 성령은 "진리의 영"으로서 제자들과 영원히 함께할 것이라고 주님은 말씀하신다(요 14:17; 15:26;16:13). 이 진리의 영에 대한 요한의 증거는 세 가지로 요약될 수 있는데, 첫째, 예수님이 죽으시고 부활하신 후에야 이 땅의 제자들에게 성령이 선물로 주어진다는 것이다. 둘째, 요한복음 14장 16절과 26절에서 예수님은 하나님 아버지가 직접 진리의 성령을 제자들에게 보내신다고 약속하고 있는 반면에, 15장 26절과 16장 7절에서는 예수님이 아버지께 받아서 자신이 직접 성령을 제자들에게 보내시겠다고 약속하신다. 셋째, 성령 곧 진리의 영은 크게 두 가지 기능을 이 땅에서 수행하게 되는데, 그것은 제자들을 향하여 주님이 말씀하신 것들을 이해하고 기억하게 해주는 기능과(요 14:26), 세상을 향하여 죄와 의와 심판에 관하여 판결하는 기능을 하게 된다는 것이다(요 16:8).[160]

성령에 관한 요한복음의 위의 처음 두 가지 이해는 공관복음서와 바울의 서신서들에서 공통적으로 발견되고 있는 내용들이다. 그러나 마지막 진리의 영으로서의 성령의 역할은, 한편으로는 바울과 일치하는 면이 있으나, 여전히 예루살렘 교회로 상징되는 유대인 기독교인들의 믿음과 바울 및 이방인 기독교인들의 믿음 중간에 위치한 요한의 독특한 신학을 잘 대변하여 준다고 하겠다.

먼저 성령은 요한에 의하여 도와주시는 분 혹은 보혜사로 불리고 있는데,161 그는 이 땅에 와서 제자들에게 예수님이 가르치셨던 말씀과 명령하셨던 것들의 깊은 의미에 대해서 자세히 설명해 준다고 한다(요 15:26). 예수님의 사역에서 제자들은 자주 예수님의 가르침의 의미에 대해서 깨닫지 못하였는데, 이는 예수님의 가르침이 암시적으로 "비유"들을 통해서 주어졌기 때문이라고 요한은 말한다(요 16:25). 예수님의 말씀과 명령에 대한 바른 이해는 제자들의 미래의 구원에 있어서 너무도 중요한데, 이는 예수님의 말씀은 하늘에 계신 아버지로부터 말미암았기 때문에 오직 하늘의 아버지에게 속한 자만이 이 말씀을 받을 수 있다(요 17:14). 요한에 따르면, 하늘 아버지에게 속하지 아니하여 주님의 말씀을 받을 수 없는 자들은 아버지와 아들을 미워하는 세상에 속하였다.

성령이 진리의 영으로서 예수님에 관한 진리를 설명하여 준다고 하는 성령에 관한 요한의 독특한 이해는 성령을 하나님의 말씀을 조명하시는 분으로서의 유대인들의 이해가 초대 교회에 의하여 기독론적인 방식으로 크게 발전되었음을 보여준다. 다시 말하면, 진리의 영으로서의 성령에 관한 요한의 이해의 이면에는, 하나님의 말씀은 예수님 자신의 해석과 예수님의 사역을 통해서만 온전히 이해되어지고, 완전히 성취되어진다는 초대 교회의 믿음이 자리잡고 있다(cf. 마 5-8; 28:20; 눅 22:44). 여기서 우리는 예수님이 초대 교회의 성경 해석에 있어서 해석학적 열쇠가 되었다는 사실을 다시 한 번 확인할 수 있다.162

요한에게 있어서 성령은 "진리의 영"(πνεῦμα τῆς ἀληθείας, 요 14:17)으로서 예수님에 관한 진리의 말씀을 제자들로 하여금 온전히 깨닫도록 도와주실 뿐만 아니라, 부활하신 주님의 능력 있는 임재로서 제자들의 신앙을 이끌어가는 역할도 하신다. 예수님은 성령의 오심에 대해서 설명하면서 "또 다른 보혜사"가 오신다고 말씀하신다(요 14:16). 이는 성령이 이미 오셔서 자신의 사역을 마치시고 돌아가시는 첫 번째 보혜사로서의 주님을 대신하여, 또 다른 도와주시는 분으로서 주님의 사역을 계속하여 완성해 가실 것이라는 의미이다.[163] 예수님은 하늘에 계신 아버지께서 성령을 보내실 때 자신의 이름으로 보내신다고 하는데, 이것은 성령이 예수님의 사역과 정체성과 긴밀하게 연관된 사역 곧 주님 자신의 사역을 행하게 되실 것을 말하여 준다. 예수님은 요한복음 15장 26절에서 말씀하시기를, 성령이 오면 자신에 대해서 증거할 것이라고 한다.[164]

성령에 관한 요한의 이해에는 보냄의 공식(sending formula)에 근거한 성부, 성자, 성령의 긴밀한 관계를 엿볼 수가 있는데, 그 관계는 아버지가 아들을 이 땅에 보내어 아버지를 증거하신 것처럼, 아들이 성령을 이 땅에 보내어 아들에 관하여 증거하게 하신다는 사실에서 가장 잘 보여진다(요 16:7-8, 13-16;17:8). 예수님과 하나님의 긴밀한 연합은 요한복음 14장 20-23절에서 잘 보여지고 있는데, 주님을 사랑하는 자를 하나님이 사랑하실 것이고, 주님과 하나님 아버지가 함께 그를 사랑하는 자에게 찾아오셔서 그와 함께 거하실 것이라고 주님은 약속하신다. 이 말씀을 성령에 관하여 한 번 더 발전시켜 이야기하면, 예수님에 관하여 증거하시는 성령을 사랑하는 자에게 성부와 성자가 찾아오셔서 그와 함께 영원히 거하게 될 것이라는 것이다.[165] 이는 성령이 주님의 영으로서 현재 하늘에서 아버지와 함께 거하시는 부활하신 주님의 이 땅에서의 임재를 그의 백성들 가운데 나타내시며, 그의 백성들을 도와주시는 보혜사로서 주님의 사역을 계속해 가시는 분이시기 때문이다.[166] 우리는 로마서 5장 1-5절과 갈라디아서 4장 4-6절에서, 바울도 역시 하나님의 구원사를 논의하면서 이 세 분을 함께 동시에 언급하고 있는 것을 보게 된다. 여기서 우리는 비록 요한과 바울이 서로 다른 신학적 노선을 취하고 있음에도 불구하고, 초대 교회의 많은 전통들을 서로 공유하고 있음을 보게 된다.

흥미로운 사실은 요한에게 있어서 이 사랑과 증거를 바탕으로 한 보냄의 공식(sending formula)은 성부, 성자, 성령에게만 제한된 것이 아니라, 나아가 주님의 제자들에게까지도 확장되어 적용된다는 사실이다. 요한복음 15장 26-27절에 따르면, 진리의 영 보혜사 성령이 제자들에게 주어지면, 제자들도 주님에 의하여 세상으로 보내어져 주님에 대하여 증거하게 된다. 이 생각은 누가의 오순절 사건에서 나타나고 있듯이, 불과 바람으로 폭포수 같이 쏟아 부어진 성령이 제자들을 이끌어 무엇보다도 먼저 주님의 복음을 증거하는 일을 행하게 한다는 것과 일맥 상통하다고 하겠다. 그러나 독자들은 예수님에 대한 성령의 증거의 사역을 너무 강조한 나머지 자연인들로 하여금 그 증거를 믿고 회심하게 하는 성령의 구원의 기능에 대해서 망각하는 실수를 범하지 말아야겠다.

성령-주님을 향한 믿음의 영

오순절 전통에 속한 학자들은 성령은, 특히 누가의 저서들에 나타나는 성령은, 예수님의 성령세례에서와 마찬가지로 이미 믿어 구원받은 제자들을 말씀의 선포를 위하여 능력으로 덧입히는 분으로 이해하는 경향이 있다.[167] 물론 성령은 열두 제자와, 칠십인의 전도단, 그리고 스데반과 빌립과 같은 헬레니스트들을 자신의 능력으로 덧입혀서 주님의 복음의 말씀을 담대히, 그리고 효과적으로 전하게 하셨다. 이미 살펴본 것처럼, 요한복음에 나타나는 성령도 바울과 누가에서와 마찬가지로 제자들을 능력의 전도자로 부르셔서 예수님에 관한 진리를 선포하게 한다.

오순절 전통에 따르면, 성령은 믿는 자에게 주어지는 '두 번째 은혜' 혹은 추가적인 은혜로 해석되어진다. 그러나 성령의 역할은 하나님의 구원사에서 단순히 이 한 가지 역할에만 그치는 것이 아니라, 사람들에게 그 선포된 진리를 믿게 함으로써 사람들의 믿음과 구원에도 직접적으로 관여하시는 분으로 묘사되어진다(요 17:3). 요한은 물과 성령으로 거듭나지 아니하면 하나님의 나라에 들어갈 수 없다고 하는데(요 3:5), 이러한 성령에 관한 이해는 바울이 주장하는 "믿음의 영"(πνεῦμα τῆς πίστεως, 고후 4:13)으로서의 성령의 역할과 매우 유사한 개념이다.

고린도전서 2장 6-16절에서 바울은 성령의 은사에 지나치게 도취되어 자신들을 영적인 거인들로 간주하고 있는 고린도 교회 교인들에게 하나님의 참 지혜와 성령의 역할에 대해서 논의하기 시작한다. 바울은 말하기를, 자신은 십자가에 못 박힌 그리스도 외에는 선포할 것이 없다고 주장하는데, 이는 십자가에 달린 예수님이야 말로 바로 하나님의 궁극적인 지혜요 구원을 가져오는 하나님의 능력이기 때문이다(고전 1:23-25). 바울은 주장하기를, 진정한 영적인 거인들은 각종 다양한 성령의 은사들을 소유하고 있는 자가 아니라, 하나님의 참 지혜 곧 주님의 십자가의 의미를 온전히 이해하는 자들이다. 바울에게 있어서 십자가에 달리신 주님은 하나님의 참 지혜 그 자체요, 하나님이 죄인들을 의롭다고 선포하는 근거가 되며, 성도를 거룩케 하는 하나님의 은혜이며, 죄인들을 구원하는 하나님의 능력이다(고전 1:30).

그러나 바울은 말하기를, 이 십자가의 복음은 유대인들에게는 장애물이며, 이방인들에게는 어리석은 지혜로 간주되어진다고 한다(고전 1:23). 바울은 십자가의 복음에 대한 자연인들의 반응을 너무도 잘 알고 있었기에(바울 자신도 십자가의 복음을 잘 이해하지 못하여 그보다 먼저 믿은 자들을 핍박한 것을 우리는 잘 알고 있다; 갈 1; 고전 15; cf. 행 8), 자신의 복음은 인간의 지혜와 설득력을 통해서가 아니고, 오직 성령 곧 하나님의 능력을 통해서만 선포되고 믿어질 수 있다고 주장한다(고전 2:4). 그러나 놀랍게도, 고린도에 있는 자연인들은 이 바울의 복음을 듣고 믿어서 교회를 구성하기 시작하였다. 따라서 바울은 그들의 믿음이 인간의 지혜로 말미암은 것이 아니라, 하나님의 능력 곧 하나님의 마음속 깊은 생각들을 살피시는 성령의 계시를 통해서라고 주장한다(고전 2:10). 자연인들은 신령한 것들을 받고 이해할 수 없는데, 이는 신령한 것들이 하나님의 마음속 깊은 곳에서 비롯되고, 오직 하나님의 마음을 살피시는 그의 영 곧 성령에 의해서만 계시되고 이해되어지기 때문이다(고전 2:10-16).

바울에 따르면, 십자가의 복음이야말로 하나님의 신령한 지혜들 중에서도 가장 으뜸인 지혜이기 때문에, 복음을 믿고 받아들이는 것이야말로 가장 숭고한 성령의 새 창조 활동의 역사이며, 자연인이 경험할 수 있는 최고의 하나님의 기적이라고 주장한다. 이런 측면에서, 성령은 "믿음의 영"으로 불리기 시작하며(고후 4:13), 자연인들로 하여금 예수 그리스도의 사역과 정체성에 관하여 믿고 깨닫게 하는 것을 자신의 최고의 사역으로 간주하시는 분이다.

따라서 구약의 하나님의 영이 하나님의 사람들로 하여금 하나님의 뜻에 대해서 이해하고 하나님을 따르고 순종하는 일을 가능케한데 반하여, 성령 곧 예수님의 영은, 보다 구체적으로, 예수님의 십자가를 통하여 드러난 하나님의 구원의 뜻을 이해하게 하고, 복음을 믿고 하나님께 순종하는 삶을 가능케 하는 분으로 묘사된다. 차후에 제13장에서 깊히 논의하겠지만, 성령의 모든 화려하고 능력 있는 은사들이 영성이 시들어가고 있는 현대 한국 교회에 어느 때보다도 더 절실히 요구되어지는 것이 사실이나, 자연인으로 하여금 십자가의 복음을 믿고 새 창조를 경험하게 하는 바로 이 성령의 역사야말로 성령의 능력 있는 사역들 중에 가장 중요한 사역임을 망각하지 말아야 하겠다.

결론

이 땅에서의 예수님의 사역을 통하여 그와 항상 함께하신 성령이 그의 죽음과 부활에도 깊이 관여하고 있음을 살펴보았다. 특히 아버지의 뜻에 자신의 뜻을 복종시키신 겟세마네 동산에서의 주님의 순종과 죽으신 주님을 부활시키시는 하나님의 역사 속에서, 성령은 이해의 영, 그리고 창조의 영으로서의 그의 역할을 다시 한 번 우리들에게 증거하여 주고 있다. 그러나 예수님의 부활 후, 부활하신 예수님은 만유의 주로 불리기 시작하며 하나님의 권세와 왕권과 보좌를 공유하며 하나님 우편에 앉아 계신 분으로 묘사되기 시작한다. 나아가 성령을 이 땅에 보내주시던 아버지의 고유한 권한도 주님은 공유하게 되는데, 주님은 이제 성령의 주로서 아버지에게서 성령을 받아 이 땅에 있는 그의 제자들에게 나누어 주시는 성령의 주로 불리어지기 시작한다.

부활하신 주님으로부터 보내심을 받은 성령은 이제 하늘에 계신 부활하신 주님의 이 땅에서의 임재와 능력 있는 사역을 나타내신다. 과거 이스라엘이 하나님의 영을 통하여 하나님 자신을 체험하였듯이, 신약의 백성들은 성령을 통하여 하나님 뿐만 아니라 교회에 임한 부활하신 주님의 임재도 체험하게 된다. 따라서 이제 성령은 주님의 복음과 신분에 대해서 증거하는 진리의 영으로서의 새로운 역할을 감당하게 되고, 이 땅에 있는 자연인들로 하여금 선포된 예수님의 복음을 믿고 하나님의 새로운 백성이 되도록 하는 믿음의 영으로서의 새로운 사역을 감당하게 된다.

　예수를 믿고 자신들의 주로 받아들여 성령을 선물로 받은 자마다, 이제 성령이 그들과 함께 영원히 거하신다는 새로운 사실을 깨닫게 된다. 무엇보다 하나님의 백성들 곧 교회 가운데서 영구히 거하게 된 하나님의 성령은 과거 그가 하나님의 성전을 떠났지만, 이제 그의 성전 곧 하나님의 백성들에게로 다시 돌아오셨다는 종말론적 깨달음을 교회에 허락하신다. 이제 그들 가운데 영원히 거하실 성령은 성령의 주 곧 주님이 다시 오실 그때까지 주님을 대신해서 교회를 가르치며, 강하게 하며, 성숙하게 하여 주님의 재림의 때를 준비하게 하실 것이다. 그러나 이러한 교회를 위한 성령의 다양한 활동들을 살펴보기에 앞서, 우리는 먼저 예수님이 어떻게 새 아담 혹은 제2의 아담이 되셔서 하나님의 구원사에 과거에 보지 못한 큰 변화를 가져오게 되었는지에 대해서 살펴보고자 한다. 왜냐하면 교회를 위한 예수님의 사역은 그의 새 아담으로서 정체성과 밀접히 연관되어 있기 때문이다. 물론 예수님의 새 아담으로서의 역할을 조명해보는 과정 속에서, 우리는 성령이 어떻게 이 새 아담을 통한 하나님의 새 창조로서의 구원 사역에 관여하게 되시는지에 대해서도 살펴보게 될 것이다.

CHAPTER

07

성령과 새 아담

(Andrei Rublev 1360-1430)

　최종적으로 66권의 책으로 편집되어 있는 성경은 창세기로 시작하여 요한계시록으로 끝난다. 초대 교회의 이러한 성경의 배열의 순서에는 성경이 수천 년에 걸쳐 기록된 다양한 저자들에 의한 여러 가지 다른 장르의 책들의 단순한 집합체가 아니라, 그 시작부터 끝까지 하나의 큰 이야기에(meta-narrative) 대해서 서술해 주고 있다는 초대 교회의 믿음을 잘 반영해 준다. 이 성경이 제시하는 하나의 큰 이야기를 우리는 하나님의 구원사라고 부를 수 있다. 이 구원사는 창세기 1-2장에 나타나는 하늘과 땅의 창조를 시작으로 하여, 주님이 다시 오실 때 완성될 새 하늘과 새 땅의 창조로 끝을 맺는다. 물론 세상의 창조 이전에도 하나님은 성경이 다 설명할 수 없는 방식으로, 그리고 성경의 인간 저자들이 다 이해할 수 없는 영역에서 이미 존재해 계셨으며, 성경의 큰 이야기를 마무리짓는 새 창조 이후에도 하나님과 그 백성들의 영원한 교제가 새 하늘과 새 땅에서 계속될 것임을 성경은 여러 곳에서 말해 주고 있다.

성경은 하나님의 구원사라는 큰 이야기와 하나님과 다양한 시대를 살아간 수많은 인간들과의 교통과 교제에 관한 작은 이야기들이 긴밀하게, 그리고 하나의 큰 목적을 향하여 상호 연관되어 있다고 주장한다. 이 하나님의 구원사는 여러 가지 방식으로 다양한 각도에서 이야기 될 수 있겠으나, 본 저자의 경우는 하나님의 구원사가 크게 두 가지 사상에 의하여 요약 정리되어 질 수 있다고 본다. 첫째, 하나님이 창조하신 아담의 불순종을 시작으로 하여 그의 모든 자손들이 하나님께 반역하며 끝없는 멸망의 길로 치닫게 되었고, 그의 결과로 온 세상과 인류는 창조 시의 아름다움을 잃어버리고 하나님과 대적하는 하나님의 원수가 되었다는 것이다. 둘째, 하나님은 그의 원수된 피조물들을 구원하기 위하여 새로운 아담을 계획하여 부르시고, 이 새 아담을 통하여 인류를 자신과 화해시키시며, 자신에게 온전히 순종하는 새 인류를 창조하시고자 하셨다는 것이다(롬 5:12-21). 따라서 이러한 하나님의 구원사에 대한 본 저자의 견해에 의하면, 세상의 구원자로서의 예수님의 역할 중에서 가장 중요한 것 중의 하나는 바로 아담의 저주를 되돌리는 새 아담의 새 창조 사역이다.

하나님의 창조 활동에서 우리는 이미 하나님의 말씀과 더불어 아주 핵심적인 역할을 담당한 하나님의 창조의 영에 대해서 살펴 보았다. 이 창조의 영은 에스겔과 예레미야에 의해서 하나님께 순종하는 새 마음을 품은 종말의 새 백성을 창조하실 분으로 예언되었고, 이사야에 의해서 하나님의 새 창조의 선구자가 될 메시야를 기름 부을 것으로 예견되었다. 따라서 이번 장에서 우리는 이 창조의 영이 어떻게 하나님이 새 아담을 창조하시는 일에 관여하셨고, 또 이 새 아담을 통하여 하나님이 어떻게 새 백성을 만드시는 일에 함께 하시는지에 대해서 깊이 살펴보고자 한다. 새 아담으로서의 예수님의 정체성과 그에 대한 성령의 독특한 역할은 이어지는 3부에서 진행될 성령과 교회에 관한 다양한 우리의 논의를 이끌어가는데 있어서 아주 중요한 기능을 담당하게 될 것이다.

예수님이 바로 새 아담이심에 관한 초대 교회의 이해는 이스라엘의 성경에 기록된 아담의 이야기와 후기 유대인들의 해석학적인 전통에 의존하고 있음으로, 우리는 먼저 이스라엘의 역사에 나타난 다양한 아담에 관한 이야기들을 성령과 성령으로 기름 부음 받은 메시야를 중심으로 해서 간략하게 조사해 보고자 한다. 그리고 복음서와 바울과 다른 신약의 저자들이 어떻게 이 아담에 관한 유대인들의 전통을 자신들의 새 아담 예수를 통해서, 그리고 그와 동행하신 성령을 통해서 재해석하게 되었는지에 대해서도 함께 논의해 볼 것이다. 마지막으로, 이 새 아담 예수의 사역이 새로이 창조된 하나님의 백성들의 삶의 모든 영역에서 어떻게 아담의 저주를 풀고, 자신의 영 곧 성령을 통해서 하나님이 창조 시 의도하셨던 완전한 참 인류를 어떻게 새롭게 창조해 가시는지에 대해서도 간략하게 조사해 볼 것이다.[168]

이스라엘의 역사에 나타난 아담과 새 창조에 대한 기대[169]

많은 학자들이 유대인들의 문서에 나타나는 아담에 관하여 이미 다양하게 논의하였는데, 그들은 이 아담에 관한 논의를 통하여 특히 바울이 어떻게 예수님을 제2의 아담 혹은 새 아담으로 이해하게 되었는지에 대해서 설명하고자 하였다.[170] 유대인들의 아담에 대한 논의는 단순한 하나의 모델을 통해서 설명되어질 수가 없다. 이는 수

천년에 걸쳐서 수많은 유대인들이 자신들의 역사적, 정치적, 종교적 필요를 위하여 아담에 관한 창세기의 이야기를 다양한 방식으로 재해석하여 이해하였기 때문이다.[171] 그럼에도 불구하고, 아담에 관한 유대인들의 다양한 논의에는 다음과 같이 공통적으로 발견되는 요소들이 있다:[172] (1) 하나님의 형상을 따라 하나님의 영으로 창조된 아담과 사탄의 시험으로 인한 아담의 타락; (2) 아담의 타락으로 말미암아 저주받은 인간들의 현재 상황; (3) 아담의 저주를 극복할 종말의 때 혹은 종말의 메시야에 대한 희망; (4) 의로운 하나님의 종말의 백성들이 회복하여 누리게 될 타락 전 아담이 누렸던 많은 축복들 등이다.

중간기에 살았던 유대인들도 이러한 아담에 관한 여러 가지 해석학적인 전통들에 비추어 자신들이 현재 체험하고 있는 고난과 이방인들에 의한 압제를 이해하려 하였고, 미래에 나타날 하나님의 메시야와 그의 새 창조의 사역에 대해서 묵상하곤 하였다(cf. 롬1:18-32; 7:7-13; 1 에녹 37; 85-90). 이런 측면에서, 유대인들의 하나님의 나라와 종말론적인 새 시대, 그리고 종말의 메시야는 아담과 아주 밀접하게 연관지어 이해되었다.

아담과 유대인들의 인간관

예수님의 탄생 전 유대인들은 수백 년간 이방인들에 의한 억압과 폭정에 시달려 왔다. 그들은 자신들이 현재 처한 끔찍한 환경과 하나님의 백성으로서 누리도록 예정되어 있던 축복 간에 큰 괴리가 있음을 깨닫게 되었다. 유대인들은 자신들이 경험하고 있는 현재의 비극적인 상황 곧 이방인들에 의한 오랜 기간의 압제의 원인이 어디에 있으며, 자신들이 하나님의 백성으로서 누려야 할 축복을 왜 현재 누리지 못하고 있는가에 대해서 깊이 고민하게 되었다. 그들은 창세기의 저자가 아담의 이야기를 통해서 자신들의 이 두 가지 질문에 대한 해답을 제시해 주고 있다는 것을 발견하였다. 첫째, 아담의 이야기는 유대인들을 포함한 모든 인간들이 경험하고 있는 죄와 사망과 파괴된 세상에 대한 원인을 제시하고 있다. 둘째, 하나님에 의하여 창조된 완전한 인간의 상태 곧 하나님의 백성들이 누리도록 계획되어졌던 축복들은 바로 타락 전 아담이 누리던 권세와 영광과 왕권과 생명나무 실과들임을 알게 해주었다.[173]

이러한 아담에 관한 계속되는 관심 속에서 중간기의 유대인 저자들은 창세기에 나오는 아담의 이야기를 자신들의 상황에 맞게 한층 더 발전시켜 이해하였다. 그 가운데서도 그들은 창세기에서 제시되는 아담의 이야기에 대한 기본적인 요소들에 대해서는 계속 주목하여 강조하였다. 예를 들어 유대인 선생 벤 시라는 죽음은 원죄의 결과라고 주장하였고(시라 25:24), 쥬빌리도 아담의 불순종이야말로 인간이 처하고 있는 비극적인 상황의 주된 원인이라고 이야기하였다(쥬빌리 3:17-31).

그러나 현재 그들이 당하는 고통과 죽음이 아담의 죄로 말미암았다는 사실은 특히 묵시론자들에 의하여 강조되었다. 4 에스라에 따르면, 에스라는 그가 본 첫 번째 환상에서 아담이 하나님의 법을 파괴하는 것을 보게 되고, 이의 결과로 죽음이 아담과 그의 자손들에게 피할 수 없는 운명으로 선포되는 것을 목격하게 된다(3:7; 7:48; 7:68-69; 8:35). 에스라에 의해서 강조되는 또 다른 하나의 사실은 하나님의 백성들을 포함한 모든 인간들은 아담이 가졌던 바로 그 '악한 마음'(evil heart)에 의하여 계속해서 영향을 받고 있다는 사실이다(3:20-27; 4:30). 다시 말하면, 아담의 자손들은, 유대인들이든 이방인들이든 상관없이, 다 자신들의 '악한 마음' 때문에 아담처럼 반복하여 죄를 짓게 되고, 그 죄의 결과로 죽어야 하는 저주의 악순환에서 결코 벗어날 수가 없다는 것이다. 2 바룩도 그가 처한 현재의 삶은 아담의 죄에 의하여 끊임없이 괴롭힘을 당하고 있으며, 죄가 그 강한 능력으로 죄인들뿐만 아니라 의인들에게까지도 깊은 영향을 미치고 있음에 대해서 한탄하며 슬퍼한다(23:1-7; 24:1). 이 두 묵시 문학들은 비록 기원후 70년경 두 번째 성전이 로마인들에 의하여 파괴된 직후에 쓰여졌으나, 예수님과 바울 당시의 유대인들의 생각을 잘 대변해주고 있기에, 초대 교회 연구에 대한 아주 중요한 자료가 된다고 볼 수 있다.[174]

유대인 사상가들은 타락한 아담의 저주와 그 저주가 현재에 미치는 영향에 대해서 깊이 고찰하는 동시에, 하나님이 창조하신 후 좋다고 선포하셨던 타락 전 아담의 본성에 대해서도 묵상하게 되었다. 그들의 사상에 따르면, 타락 전 아담의 본성이야말로 새로운 시대에 나타날 하나님의 새 백성이 가지게 될 새 인류의 참 본성이라는 것이다. 따라서 하나님의 직접적인 간섭으로 인해 아담의 저주가 풀리고 새로운 종말의 시대가 오면, 그들은 타락 전 아담의 본성을 자신들의 본성에서 다시 회복하게 되고, 아담의 타락 후 막혔던 낙원의 문이 다시 그들에게 활짝 열리게 될 것을 기대하였다. 유대인들의 전통에 따르면, 타락 전 아담은 천사들처럼 영광으로 덧입혀졌다고 믿어졌는데(1 QS 4:23; CD 3:20; 1 QH 17:15),[175] 이 영광은 종말의 때에 나타날 하나님의 백성들에게 다시 주어질 것이라고 기대되어졌다(2 Bar 51; 54:15, 21; 15:8; 1 En 39:9; 50:1; 58:2). 뿐만 아니라, 타락 전 아담이 세상을 다스리는 왕이었듯이, 그들도 역시 새 창조의 시대에 다시 왕으로서 세상을 다스릴 것을 기대하였고, 무엇보다도 이 모든 새 창조의 회복의 증거로써 하나님께 온전히 순종할 수 있는 "부드러운 마음"이 그들에게 주어질 것이라고 믿었다. 하나님께 순종하는 부

드러운 마음은 성령이 그들 가운데 거하여 하나님의 법을 지키게 함
으로써 가능해진다고 예레미야와 에스겔, 그리고 쿰란 공동체에 의
해서 주장되어졌다.

이스라엘의 역사에 나타난 아담의 저주

아브라함과 모세

유대인 저자들은 자신들이 소망하는 새로운 세상을 어떻게 이스라
엘 가운데 다시 회복할 수 있을지에 대해서 깊이 고민하던 중 아담의
저주를 극복하면서 하나님께 순종하는 삶을 살아간 이스라엘의 영웅
들의 행적에 대해서 아담과 비교하여 묵상하곤 하였다. 예를 들어 아
담이 영생을 꿈꾸며 하나님의 뜻에 불순종함으로써 죽음을 맞이한
데 반하여, 이스라엘의 시조 아브라함은 하나님의 뜻에 온전히 순종
함으로써(이삭의) 생명을 선물로 받았다. 그러나 아브라함의 순종의
효과는 자신에게만 한정된 부분적인 것이었는데, 이는 그의 자손들
이 계속해서 아담의 저주인 죄와 사망의 악순환에서 결코 벗어나지
못했기 때문이다.[176] 아브라함 이외에 이스라엘의 역사에서 아담의 저
주를 극복한 영웅은 바로 모세라고 많은 유대인 저자들에 의하여 주
장되어진다. 모세가 시내 산에서 하나님의 신성한 율법을 받아 아담
의 저주로 어두워진 세상에 빛을 비추고 아담이 잃어버린 영광을 되
찾았을 때, 아담의 저주가 풀리게 되었다고 유대인들은 주장한다(출
34:30-35; 2 바룩 57).[177] 그들의 아담과 모세의 비교에서 특히 중요
한 것은 아담이 하나님의 법을 깨트린데 반하여, 모세는 하나님의 법
을 다시 세웠다는 것이다. 그러나 안타깝게도, 유대인 저자들은 모세
가 하나님의 법을 받고 있는 바로 그 순간 시내 산 아래에서 아론의
지휘 아래 금송아지를 만든 이스라엘이 하나님의 법을 파괴하게 되

었고, 또 다시 하나님의 영광을 잃어버리며 아담의 저주에 다시 갇히게 되었다고 말한다(cf. 출 32).

유대인들의 사상에 있어서 모세가 가장 뛰어난 지도자로 부각되는 이유는 바로 그가 하나님의 율법을 받았다는 사실 때문이다. 유대인들은 자신들의 율법이 '영원한 빛'과 '영광'을 그 속에 담고 있다고 믿었고, 이 빛과 영광은 아담이 세상에 가져온 어두움을 물리칠 수 있는 것으로 간주되었다(솔로몬의 지혜 18:4; 2 바룩 18:1-2; 54:13-22). 중간기의 유대인들은 율법을 따라 사는 자들은 영원한 하나님의 영광 중에 거하게 될 것이며, 아담이 잃어버린 것들을 다시 선물로 받게 되고, 특히 낙원의 생명나무의 실과도 먹게 될 것이라고 기대하였다(cf. *LAB* 28:8-9; Pseudo-Philo 2:163-62; 4 에스라 7:90f.; 8:52).[178] 그들은 하나님의 율법을 따르는 의로운 자들은 하나님의 영광으로 덧입혀지고, 해처럼 빛나게 되어 영생을 즐기게 될 것이라고 한다(cf. 4 에스라 7:79; 90; 바룩 4:1-2; 2 바룩 50:2).

이스라엘

아담의 저주를 극복한 것으로 믿어지는 아브라함과 모세에 반하여, 이스라엘은 아담과 연관하여 두 가지 다른 형태로 그들의 행적이 묘사되어지고 있다. 첫째는 이스라엘은 아담에 반하여 좀 더 긍정적으로 묘사되어지는데, 이스라엘은 타락 전 아담처럼 "하나님의 첫아들"(출 4:22; 4 에스라 6:53-59)로 불리고, 세상이 그들을 위하여 창조되어졌다고 믿었다(4 에스라 7:10-11). 다시 말하면, 이스라엘이야말로 아담의 타락 이후 하나님이 다시 창조하신 새 인류라는 것이다. 특히 시내 산에서 율법이 계시될 때, 이스라엘은 아담조차도 받지 못한 영원한 하나님의 율법을 받게 됨으로써 아담의 창조를 뛰어넘는 새 창조의 역사를 경험하게 되었다.[179] 유대인들은 자신들이 하나님의 창조의 가장 중요한 결정체요, 율법을 주신 하나님의 은혜에서 드러났듯이, 자신들이야말로 하나님의 관심의 가장 중심에 서 있다고 굳게 믿었다.

둘째는 이스라엘에 대한 위의 긍정적인 평가에 반하여, 아담처럼 이스라엘도 역시 하나님의 율법을 지키는데 있어서 실패하게 되었고, 이의 결과로 아담이 낙원에서 쫓겨난 것처럼 그들도 역시 약속의 땅 가나안에서 쫓겨나 바벨론으로의 망명 생활을 경험하게 되었다 (cf. 4 에스라 14:30).[180] 아담이 하나님이 주신 에덴 동산 중앙에 있는 나무의 실과를 먹지 말라는 명령을 들은 후 마음 속에 탐심을 느껴 죄를 지었듯이, 이스라엘도 시내산에서 하나님이 주신 율법을 통하여 탐심을 느끼고 죄를 지었다는 것이다(cf. 롬 1:211-25). 시내산 아래서 그들이 저지른 죄의 결과로, 이스라엘은 광야에서 방황하는 동안 계속되는 죽음과 재난에 의하여 괴롭힘을 당하였다.

신명기 27-30장에서, 약속의 땅을 목전에 둔 모세는 자신의 마지막 유언을 남기는 중에 이스라엘의 미래에 관하여 두 가지를 이야기한다. 첫째는 이스라엘이 그 약속의 땅에서조차 하나님의 법을 지키는 일에 실패할 것이라고 하는데, 이는 하나님이 그들에게 "깨닫는 마음과, 볼 수 있는 눈과, 들을 수 있는 귀"를 주시지 않았기 때문이다 (신 29:4). 그러나 동시에, 모세는 그들이 회개할 때 하나님이 이스라엘을 회복시키실 것에 대해서도 약속하고 있다. 마찬가지로, 에스라도 이스라엘에게 율법을 주신 하나님을 찬양하는 동시에, 그들의 마음 속에서 아담의 '악한 마음'을 제거하지 않은 것에 대해서 하나님께 불평한다(4 에스라 3:20-27). 에스라에 따르면, 이스라엘이 하나님께 불순종함으로써 이방인의 압제 아래 놓이게 되었는데, 이는 그들이 다른 이방인들처럼 아담의 '악한 마음'으로부터 전혀 자유롭지 못하였기 때문이다. 결론적으로, 유대인 저자들은 하나님이 자신들에게 하나님의 영원한 율법을 주심으로써 세상 모든 백성들 중에 가장 높여 주셨다는 믿음과 동시에, 여전히 아담의 '악한 마음'을 자신들 속에 남겨두심으로써 다른 이방인들과 동일하게 아담의 저주 아래 놓아두셨다는 두 가지 상반된 견해를 가지고 있다.

아담과 메시야, 그리고 율법

모세를 포함한 이스라엘의 선지자들은 이스라엘이 하나님의 율법을 계속해서 파괴하고 불순종하는 죄악에 대해서 그들을 비판하는 동시에, 하나님이 이스라엘을 회복하실 것이라는 사실에 대한 희망의 끈을 결코 놓치 않았다. 특히 예레미야와 에스겔은 이스라엘이 죄에 대해서 본능적으로 끌리는 현상에 대해서 비난하는 바로 그 자리에서 그들의 죄의 경향성에 대해서 하나님이 특별한 계획을 가지고 계시다는 것을 예언하기 시작한다(렘 31:31-34; 겔 36:26-27). 그들이 예언하고 있는 하나님의 계획에 따르면, 하나님이 그들의 마음에 "새 마음"을 심으심으로써 그들로 하여금 하나님의 법을 지킬 수 있게 해 주신다는 것이다. 에스겔은 이 새 마음을 사람들의 마음에 새겨진 성령으로 말미암아 "부드러운 마음"이라고 부른다.

예레미야와 에스겔의 성령으로 말미암는 새 마음은 특히 쿰란 공동체에 의하여 "할례받은 귀"(1QH 18.20) 혹은 "청소하여 깨끗해진 귀"(1QH 18.27) 라고 불린다. 쿰란 공동체는 성령을 모시고 사는 자신들이야말로 위의 선지자들이 예언하였던 율법이 마음 속에 기록된 선한 마음을 소지한 바로 그 종말의 새 백성이라고 주장하였다(1 QH 4.10 and 18.20, 23 and 27).[181] 마찬가지로, 쥬빌리는 하나님이 이스라엘의 마음에 할례를 행하여 그들 속에 성령을 주셔서 그들로 하여금 다시는 하나님의 율법에 불순종하지 않게 할 것이라고 예언한다

(1:22-25; 5:12). 물론 바울도 고린도후서 3장에서 주장하기를, 예레미야와 에스겔의 예언이 성도들의 마음에 임한 성령을 통하여 교회 가운데 성취되었다고 주장한다.

유대인들은 타락 전 아담의 축복받은 상태가 마지막 종말의 때에 하나님의 새 백성이 누리게 될 축복된 상태라고 주장하는 반면, 아담이 그 종말의 때를 시작할 메시야는 아니라고 말한다. 유대인들은 이 아담의 저주를 극복할 아담 이외의 다른 메시야에 대해서 소망하고 있는데, 이 미래의 메시야가 오면 아담이 잃어버렸던 모든 것들을 회복할 것이라고 주장한다(e.g. Test. Patr. 18:10-14). 랍비들의 전통에 따르면, 아담이 타락 후 잃어버린 것들은 "영광, 불멸, 큰 신장, 각종 과실들, 생명나무 실과, 그리고 빛"들이다(Gen. R. 12:6; Num.R. 13:12; Ex. R. 30:3).[182] 그러나 이 종말에 나타날 메시야의 가장 중요한 역할 중의 하나는 율법에 대한 사람들의 태도에 따라 그들을 심판하고, 그 심판에 따라 그들에게 영원한 생명 혹은 저주를 주시는 것이다.[183] 여기서 율법에 대한 순종은 하나님의 계명에 대한 아담의 불순종을 극복한다는 의미가 있다.

에스라는 그가 본 세 번째 환상에서(4 에스라 6:35-9:25) 메시야 곧 하나님의 아들의 부활과 사람들의 부활, 그리고 하나님의 심판대에 대해서 묘사하고 있다(7:28-44). 에스라에 따르면, 이 심판의 때는 하나님이 아담을 창조하실 때 이미 준비하셨는데, 이 심판의 때에 율법을 지킨자들의 영은 하나님께 돌아가고, 율법을 어긴자들의 영은 그들의 육체와 함께 시들어질 것이다(7:75-78). 물론 의로운 자들은 아담이 잃어버렸던 영광을 다시 받을 것이다. 그의 다섯 번째 환상(11:1-12:45) 곧 소위 말하는 "독수리 환상"에서는 마지막 날까지 하나님이 보존하신 다윗과 같은 메시야가 나타나 하나님의 백성들 가운데 남은 자들을(remnant) 짐승의 손아귀에서 구원하실 것이 약속되어진다. 이 다윗과 같은 메시야는 여섯 번째 환상에서(13:1-58) "인자 같은 분"으로 불리며, 모든 창조된 세계를 회복하실 것으로 예언된다. 다니엘서 7장 13-14절에서 이 인자 같은 분은 하나님으로부터 왕권과 세상의 통치를 부여받는데, 이는 타락 전 아담이 하나님을 대신하여 세상에서 행하던 가장 중요한 기능들이었다. 다시 말하면, 다니엘의 인자는 하나님을 대신하여 세상을 다스리도록 지어진 아담의 참 목적을 완성하는 자이다.

2 바룩에서도 영광으로 기름 부음 받은 메시야가 나타나자마자 그를 소망하였던 자들의 부활이 있게 되고, 의로운 자들이 세상 각처에서 다시 불러 모아지며, 악한 자들의 심판이 행해지고(38:2), 피조세계의 회복이 뒤따르게 된다(30:1-32:7). 의로운 자들은 그들의 마음 속에 하나님의 법의 열매들을 심는 자들임에 반하여(32:1), 불의한 자들은 아담의 죄를 좇아 하나님을 자신의 창조주로 인정하지 않고 하나님의 법을 멸시한 자들이다. 이 불의한 자들이 멸망을 받는데 반하여(48:49-50), 의로운 자들은 부활과 영광스러운 변화와 영생을 체험하며 영원한 하나님의 나라에서 천사와 같이 살게 될 것에 대해서 약속되어진다(50:2). 에스라에 따르면, 이 모든 일들은 마지막 날 성령으로 기름 부음 받은 메시야가 올 때에 다 이루어질 것이라고 한다(4 에스라 72:4-6). 종말의 메시야는 영원한 다윗의 왕 위에 앉으실 것이며, 아담의 죄와 저주로 말미암는 세상에 존재하는 모든 부정적인 결과들을 다 제거하실 것이고(56:66ff), 이렇게 회복된 세상에 영원한 안식과 기쁨과 영생을 허락하실 것이다.

예수 새 아담

중간기의 유대인들은 창세기에 나타난 아담에 관한 이야기를 자신들의 현재와 미래에 나타날 종말의 메시야와 연관하여 이해하였다. 자신들이 현재 처한 비극적인 현실은 아담의 저주와 자신들 속에 깊히 내재해 있는 아담의 '악한 마음' 때문이라고 믿었다. 그들은 종말의 성령으로 기름 부음 받은 메시야가 오면, 그들 마음속 깊히 뿌리박혀 있는 이 하나님에 대한 불순종의 악한 마음을 제거하고, 대신 성령으로 말미암아 하나님의 법을 즐거이 지키며 순종하는 새 마음을 자신들 속에 심어줄 것에 대해서 기대하였다. 예레미야와 에스겔이 예언한 이 '새 마음'은 성령으로 말미암아 하나님의 법을 지키기를 즐거워하는 '부드러운 마음'이다. 이 종말의 메시야는 그의 백성들에게 아담의 악한 마음과 전혀 다른 새 마음을 그의 백성들에게 부여함으로써, 그들로 하여금 아담이 잃어버렸던 많은 축복들, 곧 영광과 영생과 생명나무 실과와 왕위와 권세를 다시 회복하게 하여줄 것이라고 기대되어졌다. 계속되는 논의에서, 이러한 유대인들의 아담의 저주를 극복한 메시야 사상에 비추어 바울과 복음서 저자들이 어떻게 성령으로 기름 부음 받은 자신들의 메시야 곧 새 아담의 탄생과 사역을 이야기하고 있는지, 이 새 아담이 어떻게 첫 아담의 저주를 극복하게 되는지에 대해서 살펴보고자 한다.

복음서

창세기 1-2장에 나타난 아담의 창조에서, 우리는 그가 하나님의 형상을 따라 하나님 자신에 의하여 직접 창조되어진 것을 본다. 그의 몸은 세상의 흙으로 말미암았으나, 그의 생명은 하나님의 호흡 곧 창조의 영으로 말미암았다. 하나님이 직접 아담의 창조에 관여하셨기에, 아담은 하나님의 아들로 불리게 되었다(cf. 눅 3:38). 아담에게 부여되어진 사명은 창조된 세상의 왕으로서 하나님을 대신하여 피조 세계를 다스리는 것이었다. 아담에게는 에덴 동산의 모든 과실들을 마음껏 먹을 수 있는 자유가 주어졌으나, 동산 중앙에 있는 선악을 알게 하는 나무의 실과는 먹을 수 없었다. 이 한 계명은 아담이 피조물로서 영원히 창조주이신 하나님께 순종하며 그의 뜻을 따라 살아야 하는 존재임을 스스로에게 자각시켜주는 기능을 하였다. 그러나 독자들이 이미 잘 알고 있듯이, 하와를 통한 사탄의 시험에 아담은 굴복하였고, 자신의 탐욕을 좇아 하나님의 계명을 어김으로써 자신이 누리던 모든 지위와 특권을 다 잃어버리게 되었다. 더 나아가 아담을 통하여 죄와 사망이 이 땅에 들어오게 되었고, 아담의 형상을 따라 태어난 모든 그의 자손들은 아담의 저주 아래서 신음하며 고통받다가 사망으로 그 인생이 끝나게 되는 비극적인 상황에 처하게 되었다.

앞장들에서 우리는 어떻게 복음서 기자들이 자신들의 메시야인 예수의 삶과 행적에 관하여 묘사하고 있는지를 성령의 동행하시는 사역에 촛점을 맞추면서 살펴보았다. 아담에 관한 창세기와 유대인 저자들의 여러 가지 이야기들을 배경으로 하여 예수님의 탄생과 사역을 이해해 보면, 예수님이 바로 아담이 살았던 바로 그 인간/아담으로서의 삶을 살았으나, 성령의 감동을 통해서 아담과 다른 결정들을 내리게 됨으로써 아담의 저주를 하나씩 해결해 가고 있음을 알 수 있다.

먼저, 마태와 누가는 그들의 메시야인 예수님의 탄생에 있어서의 성령의 역할에 대해서 강조해서 말하고 있다. 만약 예수님이 요셉의 아들로서 태어나셨다면, 예수님이 요셉의 피에 흐르는 아담의 형상으로(창 5:3) 인해 예수님 속에 인간의 죄와 그에 따른 형벌로서의 사망을 경험해야 할 아담의 자손으로서의 운명이 각인되었을 것이다. 그러나 타락 전 아담처럼, 예수님은 하나님의 창조의 영인 성령을 통하여 그의 인성이 창조됨으로써, 아담의 형상이 아닌 하나님의 형상을 따라 죄 없는 타락 전 아담과 같은 순전한 상태로 태어나게 되었다. 그러나 제럴드 호쏜(Hawthorne)의 견해를 따르면, 예수님의 죄 없는 상태는 죄를 지을 수 없는 완벽한 상태를 이야기하는 것이 아니라, 아담처럼 죄를 지을수 있는 가능성이 그 속에 내재한 상태의 순전하고 죄 없는 상태를 이야기한다.[184]

따라서 이 땅에 사는 동안 예수님은 철저하게 인간으로 사시면서 모든 인간들이 공통적으로 경험하는 육체의 제약들 아래 놓인 제한된 삶을 살게 되었다. 다시 말하면, 인간으로서의 예수님은 자신이 사랑하는 자 나사로의 죽음에 슬퍼하기도 하셨고, 오랜 여행에 목마르기도 하셨으며, 사십 일간의 금식 후에 배고픔을 느끼기도 하셨고, 복음을 전하시며 여러 곳을 다니신 후에 피곤해하기도 하셨다는 것이다. 히브리서 기자는 이에 대해서 다음과 같이 말한다.

> "모든 것이 그를 위해서 존재하고, 그를 인하여 존재하는 그분[예수] 곧 구원의 주인이 많은 자손들을 영광으로 인도하는 일에 고난을 통하여 완전해져야만 했다"(사역, 히 2:10).

히브리서 기자는 또 말하기를, 예수님이 아담의 자손들의 구주가 되신 것은 그가 이 땅에 오시기 전 이미 하나님이 정하신 세상의 구주이셨기 때문만이 아니라, 그가 친히 이 땅에 육체를 입은 인간/아담이 되신 후 인간/아담으로 사시면서 하나님의 뜻에 완전한 순종을 이루셨기 때문이다(히 2:15-18; 10:5-6).[185]

두 번째, 예수님은 키가 자라고 지혜가 자라면서 보통 인간으로서 성장해가는 과정 속에서 모든 인간적인 유혹과 제약들로부터 자유로운 신으로서의 삶을 사신 것이 아니라, 다른 인간들이 공통적으로 경험하는 많은 육신의 제약들을 자신의 몸에 지니고 사셨다. 첫 아담과 그의 자손들처럼, 철저히 인간으로 사신 예수님이 그들과 다른 점은 그의 탄생시 역사하였던 성령이 그의 성장과정 속에서 늘 그와 동행하여 그를 지혜와 하나님의 은혜로 채워주셨다는 것이다(눅 2:40, 52). 예수님이 열두 살 때 성전을 방문하여 서기관들과 바리새인들과 논쟁하실 때 보여주신 그의 지혜와 가르침의 권위는 그가 하나님의 아들이셨기 때문에 자연스럽게 그가 소유한 것들로서 당연히 그로부터 흘러나오는 예수님 자신의 신적인 능력으로 말미암은 것일까? 복음서 기자들은 예수님은 시작부터 끝까지 철저히 인간으로 사셨다고 주장하며, 인간 예수님의 지혜와 권세 있는 가르침들은 그와 동행하신 성령의 충만함으로부터 말미암았다고 말한다. 이 하나님에 대한 지혜와 그의 말씀에 대한 이해가 아담에게는 결여되어 있었다(창 3:1-5). 여기서 우리는 그들 가운데 성령이 어떻게 동행하였느냐의 여부가 첫 아담과 두 번째 아담/인간의 삶에서 엄청난 차이를 만들어 낸 것을 유추하여 볼 수 있다.

  세 번째, 성령으로 세례를 받으신 후 예수님은 성령에 이끌려 광야로 나아가 사탄의 시험을 받는다(막 1:12-13; 마 4:11; 눅 4:1-13). 광야는 유대인들의 전통에서 사탄의 주거지로 이해되었으나, 아마도 복음서 기자들이 광야를 언급하는 이유는 아담의 저주로 황폐해진 피조 세계를 강조하기 위함인 듯하다. 사십일 밤·낮을 금식하신 후, 예수님은 심한 굶주림에 시달리게 된다. 사탄은 그에게 '먹음직스러운' 빵과(마 4:4), '보기에 좋은' 세상과 그 영광들과(마 4:8), 하나님을 시험하라는 유혹을 통하여 예수님을 시험한다(마 4:6). 광야에서의 예수님의 시험은 광야에서 하나님을 시험한 이스라엘의 이야기를 떠올리게 하지만(신 6:16),[186] 그보다도 먼저 창세기에서 사탄이 동일한 시험을 통하여 아담과 하와를 유혹했던 것을 기억나게 한다. 창세기의 기록에 따르면, 사탄이 보여준 동산 중앙에 위치한 선악을 알게 하는 나무의 실과는 "눈에 보기에 좋았고," "지혜를 주기에 충분할 정도로 먹음직스러워 보였기에"(창 3:6), 그들은 하나님을 시험하여 그 실과를 먹게 되었다(창 3:1-5). 첫 아담을 넘어뜨린 바로 그 시험을 두 번째 아담인 예수님은 하나님에 대한 순종과 말씀으로 극복하신다. 그러나 중요한 것은 예수님의 시험의 극복은 그에게 충만히 임하신 성령 곧 그를 광야로 인도하시고 또 광야에서 인도하여 내신 그 성령의 도우심을 통하였음을 마태와 누가는 암시하고 있다(마 4:1; 눅 4:14).[187]

네 번째, 누가의 이야기에 따르면, 광야에서 예수님을 시험하였던 사탄은 자신의 뜻을 이룰 수 없게 되자 예수님을 떠나가게 되는데, 이는 예수님에 대한 완전한 굴복을 의미하는 것이 아니라 '적절한 기회가 다시 임할 때까지'(눅 4:13)의 전술적인 후퇴임을 의미한다. 여기서 우리는 계속해서 사탄이 예수님을 시험하여 넘어뜨리려 시도할 것을 쉽게 기대할 수 있다. 가이사랴 빌립보에서 십자가의 고난에 대한 예수님의 메시지를 반박하는 베드로에게 "사탄아 내뒤로 물러나라"고 예수님은 꾸짖으신다(막 8:33). 예수님의 고난과 십자가에서의 죽음에 대한 베드로의 도전을 예수님은 사탄으로부터 오는 시험으로 간주하고 계시는 것이다. 그러나 예수님에게 닥친 가장 결정적인 시험은 주님이 죽으시기 전날 겟세마네 동산에서 행한 세 번의 기도에서 발견되어진다.

우리는 겟세마네 동산에서 예수님이 자신의 뜻 곧 십자가의 죽음을 피하고 싶은 마음과 그 십자가의 잔을 받으라는 하나님의 뜻 가운데서 갈등하신 것에 대하여 복음서 기자들에게서 듣는다(막 14:36). 결국 주님은 자신의 뜻을 아버지의 뜻에 굴복시키시는데, 이는 예수님이 하나님의 아들이기에 자동적으로 아무런 갈등 없이 하나님의 뜻에 순종하셨다는 것이 아니라고 복음서 기자들은 증언한다. 복음서 기자들은 공통적으로 이 십자가의 죽음을 앞두시고 예수님은 심령에 큰 고통을 겪으시고(막 14:34; 마 26:37; 눅 22:44), "땀이 핏방울처럼 떨어지는"(눅 22:44) 세 번의 간절한 기도를 통한 영적인 싸움을 행하신 후에야 비로소 하나님의 뜻에 대한 완전한 순종을 이루게 되셨다. 첫 번째 아담이 하나님의 뜻에 불순종함으로써 자신의 죄에 대한 사망의 저주를 세상에 가져왔으나, 두 번째 아담은 하나님의 뜻에 순종하여 아담의 저주로서의 사망을 몸소 경험하심으로써 그 사망의 저주를 영원히 극복하게 되시는 것이다(cf. 고전 15:54-57; 히 2:14). 흥미로운 사실은 누가는 그의 복음서에서 겟세마네 동산에서 기도하시는 주님을 천사가 나타나 도왔다고 전한다(눅 22:43). 비록 이 겟세마네 동산에서 성령이 언급되지 않고 있으나, 예수님의 탄생 시 그의 인성을 창조하시고, 그가 자라가는 동안에 지혜와 권세를 공급하시고, 그의 세례 시에 그의 머리 위에 임하며, 그의 사역을 통하여서 하나님의 능력으로 동행하신 성령이 예수님의 사역에서 가장 중요한 이 겟세마네 동산에서의 시험에도 당연히 동행하지 않으셨을까?

마지막으로, 하나님의 뜻에 대한 주님의 순종은 이미 그가 하나님의 뜻을 따라 자신의 생명을 많은 사람들의 대속 제물로 내어주시기로 작정하셨을 때 이미 시작되었다(막 10:45). 여기서 예수님은 자신을 인자로서 지칭하고 계시나, 그의 사역은 이사야의 기름 부음 받은 고난받는 종의 사역이다. 예수님은 가이사랴 빌립보에서 베드로를 꾸짖으신 후, 자신이 종말의 심판관인 인자로서 마지막 때에 하나님의 영광으로 오실 것에 대해서 예언하였다(막 8:38). 또 자신을 심문하는 대제사장의 질문에 예수님은 자신을 하나님의 우편에 앉을 인자 곧 사람/아담처럼 보이는 이로서 묘사한다(막 14:61-62). 여기서 예수님은 하나님의 왕권과 통치를 공유하는 하나님의 신적인 메시야로 묘사되고 있는데, 이 왕권과 통치는 바로 첫 아담이 자신의 불순종을 인하여 잃어버린 특권들이다. 다시 말하면, 하나님의 뜻에 순종한 새 아담이 첫 아담이 상실한 바로 그 왕권을 다시 회복하게 된다는 것이다. 따라서 복음서 기자들은 예수님의 탄생에서 사탄과의 시험과 영적인 전쟁, 그리고 십자가에서의 죽음과 부활에 이르기까지, 예수님의 삶의 모든 영역이 아담의 삶과 비교되어지고 있음을 잘 보여주고 있다. 아담의 삶에서 성령의 동행이 결여된 반면에, 혹은 아담은 자신에게 생명을 주신 하나님의 영과의 교제가 결여되어 있음에 반하여, 예수님은 자신의 삶의 모든 영역들에 있어서 성령의 영향력에, 그리고 성령과의 교제에 깊이 의존하셨다.

바울

복음서 기자들이 예수님의 탄생과 이 땅에서의 사역에 집중하여 자신들의 복음서를 기록하고 있는 반면에, 바울은 이 땅에서의 예수님의 사역에 대해서 별로 언급하지 않고 있다(고후 5:16). 그러나 바울은 이 땅에서의 예수님의 사역에 관한 초대 교회 전통들에 관하여 이미 잘 알고 있었다(cf. 고전 15:3-4).[188] 단지 바울은 부활하신 예수님의 성령을 통한 현재 교회에서의 사역에 대해서 더 촛점을 맞추고 있다. 따라서 바울은 예수님이 이 땅에 계시는 동안에 행하신 성령사역에 대해서는 침묵하는 대신에, 부활하신 예수님의 새 아담으로서의 성령 사역에 대해서는 그의 서신서들 대부분에서 빈번하게 언급하고 있다.

예수 새 아담

요한을 제외한 복음서 기자들에 따르면, 새 아담으로서의 예수님의 사역은 마치 그가 성령으로 말미암아 탄생하는 바로 그 시점으로부터 시작되어지는 것처럼 보여진다. 이는 그들의 복음서가 이 땅에서의 예수님의 탄생 이전의 선재(pre-existence)에 대해서는 비록 몇 군데에서 전제되어지기는 하지만(cf. 막 12:1-11), 직접 언급하여 논의하지 않기 때문이다. 반면에 바울은 예수님이 새 아담이심을 그의 선재와 연관하여 빌립보서 2장에서 논의하고 있다.189 빌립보서 2장 6-11절에서 발견되는 그리스도에 관한 시는 크게 두 부분으로 나누어지고 있는데, 처음 6-8절은 하늘에서 이 땅으로의 예수님의 낮아지심을, 그리고 마지막 9-11절은 이 땅에서 하늘로의 예수님의 높아지심에 대해서 묘사하고 있다.190

이 시의 첫 번째 부분에서(6-8절) 바울은 주장하기를, 예수님이 비록 "하나님의 모습"(μορφῇ θεοῦ)을 지니고 계셨으나,191 이 하나님과 동등됨(τὸ εἶναι ἴσα θεῷ)을 자신만을 위하여 사용하기를(ἁρπαγμὸν) 거절하시고, 대신 '종의 모양 곧 '인간의 모습'을 취하시고 이 땅에 오셨다고 한다. 여기서 그의 성육신은 창조 전에 존재하셨던 예수님이 자신 속에 깃든 신성을 잠시 "비우"(ἐκένωσεν)신 겸손의 결과로 이해되어진다.192 나아가, 인간으로 태어나신 예수님은 자신을 더욱 낮추시고 하나님의 뜻에 순종하여 십자가에 달려 죽으시기로 결정하신다(8절). 여기서 우리는 분명히 첫 아담의 이기적인 삶과 비교되어지는 새 아담의 이타적인 삶을 볼 수 있다. 첫 아담은 하나님과 같이 되기 위해서 하나님의 뜻에 불순종하였으나, 새 아담은 비록 하나님과 같은 분이셨으나 하나님의 뜻에 순종하여 인간(아담)이 되셨다. 첫 아담은 자신의 불순종의 결과로 사망을 경험하였고, 새 아담은 순종을 통한 사망을 경험함으로써 사망의 저주를 영원히 파괴하셨다.

빌립보서 시의 두 번째 부분에서는(9-11절) 죽음 이후의 예수님의 높아지심이 논의된다. 비록 여기서 예수님의 부활이 언급되지 않고 있으나 예수님의 높아지심을 선행하는 사건으로 당연히 전제되며, 부활하신 예수님이 하나님에 대한 순종의 표시로서 맞이하신 죽음을 인하여 하나님에 의하여 높아지셨다고 바울은 노래하고 있다. 하나님의 높이심의 결과로 예수님은 모든 이름 위에 뛰어난 하나님 자신의 이름 곧 "주"라고 불리게 되며(9절), 하늘과 땅에 있는 모든 만물이 예수를 주라 고백하며 그를 경배하게 된다.

이 시에서 우리는 비록 성육신 전에 선재해 계셨던 예수님이 여전히 신성을 가진 분이셨으나, 죽음과 부활 후 높아지신 주님은 단순히 자신의 신성을 회복하실 뿐만 아니라, 이제는 더 높아지셔서 하늘에서 하나님과 함께 경배를 받으시는 분이 되셨다는 것을 알 수 있다(10-11절). 아담이 하나님에 대한 불순종의 결과로 하나님의 아들로서의 자신의 위치와 피조 세계에 대한 왕권을 상실한데 반하여, 하나님에 대한 순종의 결과로 새 아담은 피조 세계뿐만 아니라, 하늘 위의 영적인 세계에까지 미치는 하나님의 왕권을 공유하는 자리에 이르게 된 것이다.

빌립보서에 기록된 이 시에서 바울은 예수님의 선재를 포함한 전 생애를 첫 아담의 삶과 비교하여 이해하고 있다. 물론 이 시에서 바울은 이사야의 고난받는 종과 인자에 관한 유대인들의 전통들을 통해서도 예수님의 삶을 묘사하고 있기는 하지만, 이 시의 전체적인 구성은 아담과 새 아담 예수의 비교에 그 바탕을 두고 있다. 비록 바울은 여기서 성령의 역할을 언급하고 있지 않으나, 이 성령에 관한 침묵은 이 시를 통해서 그가 예수님의 생애를 간략하게 노래하고자 했기 때문일 것이다. 그러나 빌립보서의 시가 노래하고 있는 곧 하나님의 뜻에 대하여 온전히 순종하는 그리스도의 마음은 새 언약의 성령이 종말의 때에 하나님의 백성들에게 부어주실 바로 그 '마음'이다. 이 순종하는 마음은 성령이 성도들의 심령 깊은 곳에서 만들어 가실 하나님의 새 백성의 가장 중요한 특징이다. 또한 고린도전서 15장과 갈라디아서 4장에서 보여지고 있듯이, 바울의 신학에 있어서 예수님의 부활과 승천은 성령을 이 땅에 보내시는 사역의 시발점이 되고, 부활하신 주님에 의해서 보내어진 성령은 새 아담의 새 창조의 사역을 이 땅에서, 그리고 교회 가운데서 계속해서 진행해가시는 분으로 이해된다.[193]

예수 하나님의 형상

예수님의 선재는 구약 성경에 나오는 하나님의 지혜의 가장 중요한 특징 중의 하나이다. 잠언 8장 29절에 따르면, 하나님의 지혜는 하나님의 자녀로서 창조 전부터 아버지되신 하나님 곁에 같이 계셨던 분으로 묘사된다. 또한 이 지혜는 하나님이 세상을 창조하실 때 하나님 곁에서 그를 도우신 분으로 이해되어진다(잠 8:30). 유대인 선생 벤 시라도 이 지혜를 하나님의 보좌 우편에 앉으시고, 창조 시에 하나님과 함께 동역하신 분으로 묘사하고 있다(시라 24). 솔로몬의 지혜서도 솔로몬이 자신의 기도의 응답으로 받았던 하나님의 지혜는 하나님 보좌 우편에 계신 분으로서, 창세 전부터 존재하셨다고 주장한다(9:10). 이 지혜는 솔로몬에 의하여 "하나님의 형상"으로 불리우고 있는데, 이는 그가 보이지 않는 하나님을 대신하여 하나님을 계시하여 주시기 때문이다.[194]

하나님의 지혜와 예수님은 두 분 다 선재하는 분으로서 하나님의 보좌에 앉으신 하나님의 자녀들이라는 공통점이 있기에, 초대 교회는 아무 거리낌없이 예수님을 창세 전부터 선재하신 하나님의 지혜와 동일시하게 되었다(cf. 고전 1:30; 10:4).[195] 이러한 초대 교회의 믿음 이면에는, 예수님이야말로 하나님 우편에 앉아계신 최고의 하나님의 대리자로서 하나님과 가장 가까이 계신 분이라는 믿음이 존재한다. 이렇게 새로이 깨달아진 예수님의 선재에 대한 인식을 바탕으로 해서, 이 땅에서의 예수님의 탄생은 구원을 위하여 하늘로부터 보냄을 받으신 새 아담으로서 하나님의 아들의 출현으로 간주되어졌다(갈 4:4-6; cf. 골 1:15-20). 또한 하나님의 지혜와 동일시된 예수님은 하나님의 형상으로서 보이지 아니하시는 하나님을 사람들에게 나타내는 하나님의 대표자로서 인식되어졌다(cf. 요 14:6-7).

우리는 창세기에서 아담이 하나님의 형상으로 창조되어진 사실을 기억한다. 하나님의 형상 그 자체이신 예수 곧 새 아담은 비록 하나님의 형상으로 지어졌으나 불순종의 결과로 그 형상을 상실해버린 첫 아담과 쉽게 비교되어 질 수 있다. 바울은 예수님이 하나님의 형상이심에 대한 인식을 부활하신 예수님과의 다메섹 도상에서의 만남과 그에 따른 오랜 묵상을 통하여 체득한 것 같다. 바울이 다메섹 도상에서 부활한 예수님을 만났을 때(갈 1:1-16; 고전 9:1-2; cf. 행 9, 22, 26), 그는 영광으로 덧입혀진 신적인 존재를 만나고 있다는 강한 의식에 사로잡혔으며, 이 영광으로 덧입혀진 신적인 존재는 베드로와 열두 제자들에게 나타나신 부활하신 주님으로 이해되어졌다(고전 15:3-11). 자신이 다메섹 도상에서 만난 영광 중에 거하시는 부활하신 주님을 이해하기 위해서 바울은 자신이 이미 잘 알고 있는 하나님의 영광에 관한 성경적인 전통들에 대해서 묵상하였을 것이다.[196]

하나님의 영광에 관한 구약의 전통에 따르면, 에스겔이 본 하나님의 보좌 위에 앉으신 하나님의 영광은 인간의 모습으로 묘사되어진다(겔 1:28). 이 하나님의 영광은 다니엘서 7장 13절과 1 에녹에서 독립적인 인격을 가진 인자의 전통으로 발전되어진다.[197] 유대인의 전통에서는, 아담의 영광스러운 모습이 바로 하나님의 형상이라고 주장되어지며, 아담이 불순종하여 죄를 지었을 때 이 영광 곧 하나님의 형상을 잃어버리게 되었다고 한다(창 3:10).[198] 나아가, 특히 하나님의 영광에 관한 성경적 전통에서는, 아담이 잃어버린 하나님의 영광이 에스겔이 본 "빛 가운데 보이는 인간과 같은 하나님의 모습"과 빈번히 연관되어 설명되어지며, 하나님의 이름을 가지고 나타난 천사장들의 모습을 묘사할 때에도 종종 언급되어지곤 한다(단 10:16, 18). 이런 측면에서, 바울이 자신의 다메섹 도상에서의 체험을 이러한 하나님의 영광에 대한 성경적 전통에 근거하여 묵상할 때, 영광 중에 나타나신 부활하신 예수님을 하나님의 형상 곧 영광으로 간주하게 되었다는 주장은 많은 설득력이 있다(고후 4:6).[199] 물론, 본 저자는 이에 덧붙혀서, 위에서 이미 언급된 것처럼, 하나님의 지혜와 동일시된 예수님에 관한 초대 교회의 전통도 바울이 예수님을 하나님의 형상으로 부르게 된 사실에 상당한 영향을 미쳤을 것이라고 생각한다.

예수의 부활과 풀려진 아담의 저주

바울은 부활하신 예수님과의 만남에서 그의 영광스러운 모습이 바로 아담이 잃어버린 하나님의 형상이라는 중요한 깨달음 이외에도, 또 다른 두 가지의 중요한 사실에 대해서도 깨닫게 된다. 예수님은 십자가상에서 하나님의 뜻에 대한 순종으로 죽음을 맞이 하셨으나, 부활을 통해서 그 죽음을 극복하게 되셨다는 것이다. 바울은 고린도전서 15장 3절에서 예수님의 죽음과 부활에 관한 초대 교회의 전통을 다음과 같이 인용하고 있다: "예수님은 성경을 따라 우리의 죄를 위하여 죽으셨다…그리고 성경을 따라 제 사흘째 되는 날 그는 살리움을 입으셨다."²⁰⁰ 예수님의 죽음이 "우리의 죄"를 위한 죽음이었다는 사실은 초대 교회가 직면하였던 가장 어려운 변증학적 질문인 "십자가에 못 박힌 저주받은 메시야"에 대한 해답을 제공하여 주었을 것이다. 유대인들이 십자가에 달린 예수를 하나님에 의하여 저주받은 자로 부르고 있는데 반하여(cf. 4QpNah. 1:7-8; 11QTempleScroll 64:6-13), 바울은 갈라디아서 3장 13절에서 신명기 21장 23절을 인용하여 예수님의 저주받으심은 "우리를 하나님의 율법의 저주에서 풀어 주시고자 함"이라고 말하면서 유대인들의 주장에 반박한다.

  부활하신 예수님을 다시 만난 바울이 깨달은 또 다른 놀라운 사실은 이 예수를 하나님이 다시 살리셨다는 것이다. 죽음은 하나님이 아담의 불순종에 대한 징벌로서 모든 인간에게 주어진 피할수 없는 운명이었으나, 예수님의 대속의 죽음이 이제 그 아담의 저주를 풀게 되었음을 하나님이 친히 자신의 아들을 살리심으로써 증거하고 계신다는 것이다. 이미 예루살렘에 거하던 예수님의 제자들은 예수님의 부활을 목격하였고, 그 결과로 요엘에 의하여 약속되었던 종말의 성령을 풍성히 체험하고 있었다(cf. 행 2, 4). 이제 사도 바울도 자신이 그 제자들과 같이 부활하신 예수님을 직접 목격한 증인이 되었고, 그로 말미암는 종말의 성령을 함께 체험하고 있다고 주장하기 시작한다(cf. 고전 15:1-11; 갈 3:2; 4:4-6). 여기서 우리는 신학적으로 상당히 다른 의견을 표방하는 예루살렘 교회와 바울이 성령과 주님의 부활에 관하여 일치된 견해를 보이고 있음을 알 수 있다.

  죽음은 아담의 자손들에게 차별 없이 부과되어진 하나님의 심판의 결과였고, 오직 마지막 종말의 때에 하나님이 보내신 메시야의 새 창조의 사역과 더불어 올 부활을 통해서만 극복되어질 것으로 유대인들은 기대하였다. 이런 전통 속에서 바울은 이 부활하신 예수님이야 말로 종말의 때에 오신 하나님의 메시야요 새 창조의 능력의 선구자로서 아담의 저주를 되돌리신 분이라고 주장하게 된다. 로마서 8장 11절에서 이야기하고 있듯이, 바울은 주님을 살리신 하나님의 창조의 능력이신 성령이 이제 성도들 가운데 거하시면서, 그들의 죽을 몸에 부활을 경험하게 해 주실 것에 대해서 약속한다. 그러나 바울에게 있어서 이 부활은 주님의 재림의 때에야 완성될 것임에 반하여, 성령의 부활의 사역은 성도들의 삶의 모든 영역에서 이미 시작되어졌다고 주장된다. 따라서 바울에게 있어서 새 아담 예수는 자신의 순종을 통하여서 첫 아담의 불순종을 극복하였고, 자신의 부활 중에 역사하였던 하나님의 창조의 영 곧 성령을 자신의 백성들에게 보내사 그 백성들 가운데 있는 아담의 저주를 계속해서 풀어가도록 역사하시는 분이신 것이다.

결론적으로, 바울에게 있어서 예수님은 하늘에서 이 땅에 오시기로 작정하신 순간부터 아담과 비교되는 삶을 사셨고,[201] 그의 십자가에서의 죽음을 통하여 결정적으로 아담의 저주를 파괴하셨으며, 성령을 통하여 부활하신 후 하나님의 보좌 우편으로 높아지사 아담이 잃어버렸던 하나님의 형상 곧 영광과 피조 세계에 대한 왕권을 회복하신 새 아담이시다. 뿐만 아니라, 이 새 아담은 현재 하늘에 거하시면서 자신의 종말의 성령을 통하여 그의 백성들의 삶의 모든 영역에서 자신이 시작한 새 창조의 사역을 계속해서 완성해 가고 계신다. 따라서 바울은 로마서 5장 12-21절에서 말하기를, 첫 아담의 불순종을 통해서 죄와 사망이 전 인류를 다스렸으나, 이제 새 아담의 순종을 통하여서 생명이 전 인류를 다스리게 되었다고 주장하게 된다.

새 아담과 그의 성령을 통하여 극복되는 아담의 저주

첫 번째, 예수님은 가이사랴 빌립보에서 베드로를 꾸짖으신 후, 자신이 종말의 심판관인 인자로서 마지막 때에 하나님의 영광으로 오실 것에 대해서 예언하였다(막 8:38). 또 자신을 심문하는 대제사장의 질문에 대해서도 예수님은 자신을 하나님의 우편에 앉을 인자 곧 사람/아담처럼 보이는 이로서 묘사한다(막 14:61-62). 종말에 나타날 심판자로서의 인자는 에스겔이 본 그 하나님의 영광이 독립된 인격체로 발전하여, 마지막 날에 하나님의 심판을 수행하는 분으로 유대인들의 묵시 전통에서 묘사되어진다.

인자이신 예수님이 보유하게 되실 하나님의 영광은 아담이 잃어버린 바로 그 하나님의 형상이다. 이제 하나님의 형상은 예수님의 얼굴에 비춰는 하나님의 영광에서 다시 발견되어진다고 바울은 주장한다(고후 4:4-6). 이 종말의 인자는 하나님의 왕권과 통치를 하나님으로부터 직접 부여받는 것으로 다니엘은 묘사하고 있는데, 복음서 저자들은 이 인자 곧 부활하신 예수가 하나님의 우편에 앉으실 때에 세상의 모든 권세를 하나님께 받으셨다고 주장한다(마 28:18). 다시 말하면, 복음서 저자들은 이 다니엘의 인자에 대한 예언이 부활하신 예수 곧 그들의 인자를 통하여 다 성취되었다고 믿었다. 또한 바울도 자신의 서신서들에서 비록 인자를 직접 언급하고 있진 않으나, 데살로니가전서 1장 10절에서 종말의 심판관으로서 하나님의 아들의 재림에 대한 기대를 보여주고 있다.[202] 바울은 이 인자의 전통을 근거로 하여, 부활하신 새 아담이 하나님을 제외한 모든 자들을 다스리는 권세를 얻으셨다고 주장한다(고전 15:20-28). 예수가 인자로서 회복한 왕권은 아담이 잃어버린 하나님의 형상으로서 세상을 다스리던 바로 그 피조 세계에 대한, 그리고 영적인 세계도 포함하는 왕권이다.

두 번째, 갈라디아서 4장 4-6절에서 바울은 주님의 부활 후 성령이 하늘로부터 보내어져 새 아담 예수님의 사역을 계속하여 완성해가는 분으로 묘사하고 있다. 이 성령은 종말의 마지막 때에 부어질 것으로 구약의 선지자들에 의해 예언되어졌고, 오순절 사건을 경험한 초대 교회는 이 종말의 시대가 자신들 속에 이제 막 시작되었음을 자신들이 체험한 성령세례를 통하여 확신하게 되었다. 성령으로 충만해진 제자들은 이 하나님의 능력을 근거로 하여 예수님의 복음을 증거하며 이적들을 행하게 되었는데, 무엇보다도 그들은 자신들을 예수님의 부활을 증거하기 위하여 부름받은 부활의 증인들로 간주하고 있다(행 1:22; 5:30-32; 13:33). 마찬가지로, 바울도 다메섹 도상에서 부활하신 예수님을 만난 후, 새로운 메시야의 종말의 시대가 예수님의 부활을 통하여 이제 막 도래하였음을 확신하게 되었다. 이제부터 바울은 자신이 경험하는 모든 것들을 메시야에 관한 모든 예언들이 나사렛 예수를 통해서 성취되었다는 종말론적 관점에서 보게 된다. 특히 유대 묵시론자들이 가장 중요한 종말의 메시야의 때의 표적으로 간주한 부활과, 그 부활을 가능케 한 하나님의 창조의 영인 성령은 곧 펼쳐질 바울의 선교 사역에서, 그리고 그가 세운 교회들 가운데서 부활하신 새 아담의 새 창조의 사역을 풍성하게 진행하게 될 것으로 믿어졌다(cf. 갈 3:2). 누가와 바울은 공통적으로 주장하기를, 새 아담이신 예수가 부활을 통하여 아담의 오랜 저주를 풀고 새 시대를 도래하게 하였다고 한다. 그리고 이 새 시대는 종말론적인 성령의 부어짐으로 특징지어진다.

세 번째, 유대인 묵시론자들의 종말에 관한 기대와 부활의 중요성에 대해서 이미 잘 알고 있었던 바울은 부활하신 예수님을 만나고 난 후 즉각적으로 아담의 저주인 죄와 사망이 파괴되었음을 깨닫게 된다. 그러나 이 새 아담의 부활이 가져온 아담의 저주가 풀어지는 사건은 그 효과가 새 아담 예수에게만 국한되는 것이 아니라, 그의 안에 거하는 모든 그의 백성들에게까지 미치는 것이라고 바울은 주장하고 있다(롬 5:12-20). 뿐만 아니라, 그 부활의 영이신 성령이 이미 성도들 가운데서 종말론적인 변화의 사역을 행하고 있는 것으로 그는 믿었다. 따라서 바울은 고린도후서 3장 18절에서 성도들이 이미 영광에서 영광으로 변화하고 있다고 말하는 동시에, 부활하신 주님이 다시 오실 때 이 종말론적인 변화가 완성될 것이라고 약속한다(빌 3:20-21).

이 변화를 통하여 성령의 내주함을 경험한 성도들은 자신들이 아담이 잃어버린 하나님의 형상 곧 하나님의 영광을 회복해 가는 과정 속에 있음을 알게 된다(롬 5:2). 뿐만 아니라, 아담이 잃어버린 세상을 향한 왕권도 새 아담에게 속한 모든 그의 백성들에 의하여 다시 회복되어질 것에 대해서 바울은 이야기하고 있다(고전 6:2). 그러나 주님의 초림과 더불어 재림을 살고 있는 주님의 백성들은 단순히 성령의 변화 사역의 객체로서 주님의 재림을 조용히 기다려야 하는 존재들이 아니라, 성령 사역의 능동적인 주체가 되어 자신들 가운데 거하신 성령의 인도를 좇아 삶의 모든 영역에서 변화를 경험하도록 격려되어진다(롬 12:2; 갈 5:16-25).

네 번째, 다메섹 사건 전의 바울은 다른 많은 유대인 사상가들과 마찬가지로 율법에 대한 자신의 성취에 대해서 상당히 긍정적인 생각들을 가지고 있었다(빌 3:4-6). 그러나 율법과 아담의 저주로부터 인류를 구속하시기 위하여 하나님의 아들이 친히 죽으셔야만 했다는 사실은 바울로 하여금 인간의 죄에 대한 성경의 평가에 대해서 더욱 심각하게 고려해 보게 하였다.[203] 유대인들의 지혜 전통에서는 하나님의 지혜, 특히 율법에 드러난 하나님의 지혜를 통하여 자신들의 악한 본성을 극복할 수 있다고 믿어진 반면에, 4 에스라와 2 바룩과 같은 묵시 전통은 인간의 본성에 대해서 상당히 비관적인 견해들을 가지고 있었다. 다시 말하면, 이들의 인간에 대한 이해에 따르면, 인간들이 소지한 아담의 '악한 마음'은 그들의 자유의지로 하여금 하나님의 법에 대한 순종 대신에 불순종을 선택하게 한다는 것이다.[204] 바울은 이 묵시 전통을 하나님의 아들의 죽으심을 근거로 하여 한층더 비관적인 방향으로 발전시키고 있는데, 이 사실은 인간의 악한 마음은 하나님으로부터 온 최고의 선물인 율법조차도 극복할 수 없는 대상이라는 바울의 생각에서 잘 발견된다(cf. 롬 5:12-14; 1:18-3:20; 7:4-25).[205] 바울은 이제 인간 역사의 시작부터 율법을 소지한 이스라엘을 포함한 모든 인간들이 죄의 권세 아래 놓여 있다고 주장하게 된다. 이는 그들이 다 죄의 결과로 세상에 들어온 사망을 보편적으로 경험하였기 때문이다.[206]

그러나 새 아담의 부활 이후 도래한 종말의 시대에 성령의 새 창조의 역할에 의하여, 인간은 죄를 그 뿌리에서부터 해결할 수 있게 된 것으로 바울은 주장한다(롬 8:3-4; 10:6-8). 이미 선지자들이 반복하여 주장하기를, 인간의 마음은 너무도 죄로 깊이 오염되어 있어서 하나님의 말씀을 순종할 수 없기에, 하나님의 영으로 말미암는 마음 속에서부터의 내적인 변화를 갈망하게 되었다(겔 36:26-27; 렘 31:31-34; 13:23; cf. 고후 3). 또한 묵시론자들도 하나님의 은혜로운 간섭을 통하여 인간들의 악한 마음이 제거되고, 그 속에 새 마음이 심기워질 것에 대해서 기대하였다. 바울은 예수님의 부활 직후 부어진 성령은 종말의 새 창조의 영으로서 유대인 선지자들이, 그리고 묵시론자들이 예언한 바로 그 일을 행하고 있다고 믿게 되었다. 이제 이 종말의 때를 사는 하나님의 백성들은 그들 가운데 거하시는 성령을 통하여 하나님의 법의 요구사항들을 다 지킬수 있게 되었다고 바울은 주장하게 된다(롬 8:1-4). 이런 면에서, 예수 곧 새 아담은 자신이 직접 하나님의 뜻에 순종하셨을 뿐만 아니라, 자신에게 속한 모든 새 아담의 후손들로 하여금 하나님의 뜻에 온전히 순종할 수 있도록 자신의 영 곧 성령을 통하여 계속해서 역사하시고 계신다. 이런 측면에서, 예수님이야말로 율법의 완성 혹은 마침(τέλος)이라고 사도 바울에 의하여 반복해서 선포되어진다(롬 10:4).

결론

이번 장에서 우리는 어떻게 예수님이 아담과 비교하여 새 아담으로 이해되어졌는지를 복음서와 바울을 통하여 알아보았다. 바울과 복음서의 저자들에 따르면, 예수님은 그의 선재시부터 하나님의 뜻에 순종하여 인간으로 나타나셨고, 또 십자가에 달려 죽으심으로써 하나님의 원수되었던 아담의 자손들에게 하나님의 화해의 손길을 보내어 주셨다. 이 순종의 결과로 예수님은 하나님 우편에 앉기까지 높아지셨고, 하나님의 이름인 주로 불리게 되었으며, 아담이 잃어버렸던 왕권과 하나님의 형상을 회복하게 되었다. 이러한 예수님의 순종을 통하여 낮아지시고 높아지신 삶은 불순종을 인하여 높아지려다 낮아진 아담의 삶과 극명하게 대비되어진다. 이런 측면에서, 예수님은 종말에 나타날 메시야임을 넘어서 새로운 창조를 불러오는 하나님의 새 아담이 되신 것이다.

하나님의 창조의 영으로서의 성령은 예수님의 탄생 시에 그의 인간으로서의 삶을 시작케 하셨고, 그가 자라서 메시야의 사역을 완수하도록 지혜와 능력을 공급하여 주었으며, 겟세마네 동산에서 하나님의 뜻에 순종하기로 결정하시는 모든 과정 중에서도 그와 동행하셨다. 현재 하늘 보좌 우편에 앉아 계신 새 아담은 자신의 영인 성령을 교회에 보내사 자신이 새 아담으로서 시작하신 새 창조의 사역을 계속해서 진행해 가도록 하셨다. 새 아담의 형상 곧 하나님의 형상을 따라 새롭게 창조된 그의 백성들은 그들의 악한 마음이 성령이 주신 순종하는 마음으로 대치되었음을 느끼게 되고, 날마다 영광에서 영광으로 변화하는 과정 속에 있음을 자각하게 된다. 이 새 아담의 후손들은 그들의 삶의 모든 영역에서 변화를 받고, 성령을 따라 걸어감으로써 하나님이 아담에게 기대하셨던 온전히 순종하는 성품을 그들 가운데서 완성하게 된다. 새 아담이 다시 오실 때, 그를 살리신 하나님의 창조의 능력 곧 성령은 그들의 죽을 몸에 역시 생명을 불어 넣으실 것이라고 약속되어진다.

이 새 아담으로서의 예수의 사역과 앞장에서 살펴본 성령으로 세례를 주시는 분으로서의 예수의 사역은 구약에서 보여졌던 성령의 두 가지 사역이 어떻게 교회의 시대에도 계속되어지고 있는가를 잘 보여준다. 첫째, 하나님의 영은 이스라엘의 역사에서 창조의 영으로 기억되어졌는데, 이 창조의 영은 종말의 때에 다시 부어질 것이라고 많은 선지자들에 의하여 예언되었다. 초대 교회는, 특히 바울은 이 창조의 영이 새 아담의 후손들 곧 예수를 주라 시인하는 모든 믿는 자들 가운데 거하면서, 날마다 그들을 하나님의 형상 곧 예수의 형상을 따라 변화시켜가고 있다고 주장한다.

둘째, 하나님의 영은 이스라엘의 역사에서 특별한 하나님의 사역을 위하여 소수의 선택된 자들에게 임하여 하나님의 능력과 지혜로 덧입혀 주셨다. 이러한 하나님의 영의 사역은 메시야이신 예수의 이 땅에서의 치료와, 축사와 말씀 전파에서 잘 나타나고 있다. 또한 부활 후 예수님은, 세례 요한이 이미 예언하였듯이, 하나님이 약속하신 성령을 받아 친히 교회에게 성령세례를 허락하여 주셨다. 이를 통하여 초대 교회의 성도들은 성령의 능력으로 덧입혀져서 담대히 하나님의 복음을 전할 수 있게 되었다. 특히 사도행전에 기록된 사도들의 이적과 능력 있는 복음 전파는 이 특별한 사명을 위하여 부여되었던 하나님의 영이 이제는 부활하신 예수님을 증거하는 사역에 촛점을 맞추고 있음을 보여준다.

결론적으로, 교회에 임한 성령의 사역은 두 가지의 서로 다른 그러나 상호 보충하는 형태로 나타난다. 하나는, 복음 전파 곧 부활하신 주님을 증거하기 위하여 능력으로 제자들을 덧입히시는 특별한 사명을 위한 하나님의 영으로서의 성령의 사역과, 다른 하나는, 제자들 가운데서 새 창조의 변화를 가져오는 창조의 영으로서의 성령의 역할이다. 따라서 오순절 계통에 속한 학자들과 장로교 전통에 속한 학자들의 성령에 관한 논쟁, 특히 성령이 복음 증거를 위한 능력으로서의 제2의 축복인지, 아니면 내주하시면서 성도들의 구원을 완성해 가시는 믿음의 주이신지에 대한 논쟁은 성령에 관한 신약 성경의 증거를 부분적으로만 이해하고 있음을 보여준다. 사도행전은 복음 증거를 위한 능력으로서의 하나님의 성령의 역할에 더 촛점을 맞추고 있는 반면에, 바울은 창조의 영의 새 창조의 역할에 좀 더 촛점을 맞추고 있다. 바울과 누가는 서로 다른 성령에 관한 이해를 가지고 있는 것이 아니라, 교회의 두 가지 삶의 영역에서 어떻게 성령이 두 가지 다른 사역을 행하고 있는지에 대해서 보충하여 혹은 일부를 강조하여 말하고 있는 것이다. 현대 교회는 이 두 가지 성령의 사역을 다 필요로 한다. 다음 장에서 우리는 성령세례에 대해서 더욱더 자세히 살펴보게 될 것이다.

3부

성령과 교회

제3부에서 우리는 그리스도의 몸된 교회에 임하신, 그리고 그 몸의 지체들에게 행하시는 성령의 다양한 사역들에 대해서 살펴보게 될 것이다. 부활하신 주님은 성령의 주가 되셔서 친히 성령을 교회에게 부어주신다. 부활전 주님은 하나님의 나라를 선포하였으나, 부활하신 주님에 의하여 이 땅에 오신 하나님의 나라의 능력이신 성령은 교회들을 세우신다. 교회들이 바로 현존하는 하나님의 나라 곧 하나님의 통치의 증거인 것이다. 하나님의 통치는, 무엇보다도, 그리스도의 보혈을 근거로 하여 하나님과 새 언약의 관계에 놓인 새 백성들을 통해서 경험되어진다. 성령은 새 백성들의 속사람 안에서 옛 아담의 완악한 마음을 새 아담이신 예수의 순종하는 마음으로 바꾸어 놓으신다. 나아가 성령은 이 새 언약의 백성들이 주님처럼 영화롭게 내적으로, 그리고 외적으로 변화하게 하신다. 이 변화는 주님의 백성들의 속사람이 주님의 성품으로 닮아가는 내적인 변화와, 그들의 겉사람이 주님과 같은 부활의 몸으로 덧입혀지는 겉사람의 변화를 다 포함한다. 그러나 성령의 사역은 성도 개인들의 변화에만 집중되어지는 것이 아니라, 그 성도들로 구성된 그리스도의 몸 전체를 세우시는 일도 포함하고 있다. 이를 위해서 성령은 모든 지체들에게 다양한 자신의 은사들을 허락하사 다른 지체들을 세우고 그리스도의 몸을 세우는 일을 하게 하신다. 따라서 건강한 교회에는 단지 한두 가지의 성령의 은사들만 나타나는 것이 아니라, 성령의 다양한 은사들이 모두 나타나야 한다. 제3부에서 우리는 그리스도의 영이신 성령이 그리스도의 몸된 교회를 위하여 어떻게 이러한 사역들을 진행해 가시는지에 대해서 자세히 살펴보게 될 것이다.

CHAPTER

오순절 사건

(Andrei Rublev 1360-1430)

제1부에서 우리는 구약과 유대인의 사상에 나타난 성령의 역할이 크게 두 가지로 구분되어지고 있는 것을 보았다. 하나는 창조의 영으로서의 사역이었고, 또 다른 하나는 하나님이 택한 이스라엘의 지도자들에게 임한 특별한 사명을 위한 하나님의 능력의 덧입히심으로서의 하나님의 영의 사역이었다. 예수님은 이 땅에서의 자신의 사역 시작부터 창조의 영인 성령으로 말미암아 잉태되어지고, 계속되는 성령의 임재를 자신의 삶과 사역의 모든 영역에서 깊이 체험하게 되었다(눅 4:18; 사 61:1). 또한 예수님의 이 땅에서의 구원 사역에서 성령은 특히 기름 부음 받은 메시야로서의 주님의 사역을 위하여 하나님의 강력한 능력의 덧입힘으로 나타나게 되었다. 하나님의 영에 대

한 유대인들의 위의 두 가지 이해는 주님의 생애와 사역에서 함께 증거되고 있다.

세례 요한은 자신의 물세례보다 더 고귀한 성령의 세례를 주시는 분으로 예수님의 사역에 대해서 요약하여 선포하였다. 십자가에서 고난받으시고 죽으신 후 부활하신 예수님은 하나님의 우편에 앉도록 하나님에 의하여 높아지셨고, 나아가 하나님의 이름과 권세를 공유함으로써 하나님과 함께 초대 교회의 예배의 대상이 되셨다(빌 2:9-11). 복음서 기자들은 부활하신 예수님이 약속하신 성령을 아버지로부터 받아 그의 제자들에게 선물로 줄 것에 대해서 반복하여 이야기하고 있다. 부활하신 주님은 약속하신 대로 성령으로 그의 제자들에게 능력의 세례를 베푸셨는데, 우리는 누가가 그의 사도행전에 기록한 오순절 사건에서 이 성령세례에 대한 생생한 기록에 대해서 접하게 된다. 그러나 흥미롭게도, 요한도 자신의 복음서에서 부활하신 주님이 제자들에게 숨을 내쉬며 성령을 부어 주시는 장면을 기록하고 있는데, 이 장면은 누가의 오순절 사건과 매우 유사한 사건으로서 우리의 특별한 관심을 요한다고 하겠다. 따라서 이번 장에서 요한과 누가의 오순절 사건에 대한 기록들에서 주님의 부활 이후의 성령의 정체성과 역할에 관하여, 그리고 유대인들이 본 하나님의 영의 두 가지 역할과 예수님의 생애에 있어서 성령의 두 가지 역할에 비추어서 자세히 조사해 보고자 한다.

요한은 성령으로 거듭나지 않으면 하나님 나라에 들어갈 수 없다고 주장하고 있고(요 3:3), 부활하신 예수님에 의하여 성령으로 세례 받은 제자들은 곧바로 말씀을 전하는 복음 사역을 위하여 세상으로 보내어진다. 다시 말하면, 성령의 두 가지 역할들, 곧 창조의 영으로서, 그리고 특별한 하나님의 사역을 위한 능력의 영으로서의 역할들이 제자들의 성령 체험에서 동시에 경험되고 있다. 성령의 능력으로 덧입혀지는 것은 생명을 주는 성령의 구원의 말씀 사역과 결코 분리될 수 없다. 요한복음에 나타난 제자들의 성령 사역에서 중요한 것은 성령의 능력 있는 나타남은 하나님의 진리의 말씀 곧 예수님의 가르침을 효과적으로 증거하기 위한 하나님의 능력 있는 간섭의 역사이지, 그 자체가 그들의 성령 체험의 목적이 아니다.

성령세례에 관한 누가의 오순절 기록은 요한의 기록에 비해 더욱 현저하고 화려하게 묘사되어지고 있다. 불과 바람처럼 임하는 성령은 인간의 시각과 청각으로 느낄수 있을 정도로 강력하게 제자들에게 임하였다. 오순절 사건에서 누가의 성령은, 무엇보다도 먼저, 제자들을 예수님의 부활의 증인들로 부르시고, 그들을 특별한 하나님의 사역 곧 복음 증거의 사역을 위하여 능력으로 덧입히시는 분으로 나타난다.[207] 누가는 어떻게 제자들이 성령에 의하여 영감받은 설교를 행하고, 성령을 통하여 이적들을 행함으로써 자신들이 선포한 말씀의 진정성을 어떻게 확증해 가는가를 잘 보여주고 있다. 누가는 바울의 제자로서 바울이 제자들의 삶 가운데서 행하시는 성령의 새 창조의 다양한 사역들에 대한 선포들에 대해서 이미 잘 알고 있었을 것이다.[208] 그러나 누가는 자신의 기록들에서 이 성령이 어떻게 교회에 처음 주어지게 되었는지, 그리고 어떻게 하나님의 백성들인 교회를 굳게 세워가셨는지에 대해서 더 촛점을 맞추고 있다. 그럼에도 불구하고, 누가는 창조의 영으로서 성령의 새 창조의 사역과 구원의 사역에 대해서도 사도행전의 여러 가지 사건들에서 다양한 방식으로 암시해주고 있다. 이 사실은 성령세례가 항상 선포된 구원의 복음에 대한 믿음의 결과로서 회심한 죄인들에게 임한다는 사실에서 잘 보여진다 (행 19:2).

결론적으로, 성령 이해에 있어서 누가의 가장 중요한 두 가지 사실은, 첫째, 성령은 자신이 직접 사람들의 관심의 대상이 되기보다는,

항상 하나님의 말씀(λόγος) 곧 그리스도의 십자가의 복음의 말씀이 흥왕하고 자라가도록 역사하신다는 것이다. 둘째, 성령이 제자들의 여러 가지 말씀 선포 사역과 기적들을 행하는 사역들 이면에서 현저하게 역사하고 있지만, 항상 이 모든 이적들은 예수님의 이름을 근거로 하여 행하여지고 있다는 것이다. 이 두 가지 사실들은 성령이 이제 부활하신 그리스도의 영이 되어 그리스도의 사역에 자신을 헌신하고 있음을 잘 보여준다 하겠다. 다시 말하면, 성령에 대한 관심은 성령의 '능력 있는 역사'에 대한 관심으로 끝나서는 안 되고, 성령이 가리키고 있는 십자가에 못 박힌 그리스도에 대한 관심으로 전이되어져야 한다는 것이다.

사도 요한의 성령세례(요한복음 20:22)

요한복음은 성령이 예수님의 부활 이후에야 비로소 교회에 부어질 것이라는 초대 교회의 전통을 잘 반영하여 보여주고 있다. 요한복음 7장 39절에서 요한은 말하기를, 예수님이 영광으로 덧입혀질 때까지 성령은 주어지지 않을 것이라고 한다. 요한복음 14-16장에서 예수님은 자신이 하늘로 올라가신 후에야 성령을 보내실 것에 대해서 길게 설명하고 있다. 이 예수님의 가르침에 따르면, 미래에 오실 보혜사 성령은 제자들에게 예수님이 말씀하신 것들을 이해하고 선포하는 일을 최우선적으로 행하신다고 한다. 여기서 성령은 진리의 영으로 불리우며(요 14:17), 거듭남을 허락하는 분으로 이해되어진다(요 3:5-6; 6:63). 요한복음에서는 진리의 영으로서의 성령의 역할과 거듭남을 허락하는 새 창조의 영으로서의 성령의 역할이 하나로 연합되어 나타나게 되는데, 이 사실은 예수님의 말씀을 통한 성령의 사역과(요 15:26; 16:13) 제자들의 사역에서(요 20:21-22; 17:18) 공통적으로 발견되어진다. 예수님의 말씀은 하나님으로부터 온 진리 그 자체로서(요 5:24), 그 말씀을 증거하는 성령과 제자들에 의해서 진리를 깨닫게 된 자들은 다 하나님께 속한 자들 곧 새로 태어난 하나님의 자녀들이 된다(요 8:31; 10:35).

요한복음에 따르면, 부활 후 예수님이 행하신 첫 번째 사역은 유대인들에 대한 두려움에 휩싸여 골방에 숨어 있는 제자들에게 나타나 자신을 보이신 후, 자신이 약속하신 보혜사 성령을 아버지로부터 받아 제자들에게 나누어주신 일이다(요 20:22). 일부 학자들은 숨을 내쉬는 예수님의 행위와 이에 따른 "성령을 받으라"는 말씀은 곧 가까운 미래에 제자들이 경험할 오순절 사건에 대한 약속을 의미한다고 한다.[209] 그러나 이러한 설명은 초대 교회가 단지 딱 한 번의 오순절 성령세례를 경험했다는 잘못된 견해에 근거하고 있으며, 사도행전에 기록되어 있듯이, 다양한 믿음의 공동체들이 초대 교회 역사를 통해서 반복해서 성령세례를 경험했다는 사실을 간과하는 실수를 범하고 있다(행 2; 4; 8; 10; 19).

요한복음 20장 22절에서 부활하신 주님이 제자들에게 숨을 내쉬는 행위에 대해서 쓰여진 그리스어 단어(ἐμφυσάω)는 창세기에서 하나님이 아담의 코에 숨을 불어 넣으시어 생명을 그에게 허락하실 때 쓰여진 바로 그 단어이다(창 2:7).[210] 이 단어는 또한 에스겔이 본 마른 뼈의 골짜기에서 하나님이 성령의 바람을 불어서 마른 뼈들을 살려내어 하나님의 백성으로 만드는 장면에서도 나타난다(겔 37:9). 이런 맥락에서 볼 때, 부활하신 예수님이 숨을 내쉬면서 "성령을 받으라"고 말씀하신 것은 미래에 있게 될 오순절에 대한 약속이 아니라, 요한의 공동체가 직접 경험한 그들만의 성령세례 사건에 대한 기록으로 보여진다.[211] 요한복음에 나오는 숨을 내쉬는 예수님의 행동은 두려움과 절망감에 빠져 마른 뼈처럼(영적으로, 심리적으로) 죽어 있는 주님의 제자들에게 부활하신 주님이 직접 새로운 생명을 불어넣으사 자신을 따르는 생명의 공동체를 창조하시는 부활하신 주님의 새 창조의 활동인 것이다(요 10:10; cf. 고후 5:17).[212] 이미 요한은 자신의 복음서에서 예수님을 하나님의 말씀 곧 로고스로 부르고 있는데, 이 로고스가 어떻게 하나님의 창조 사역에 깊이 관여하셨는지에 대해서 신약성경의 저자들은 여러 곳에서 반복해서 선포하고 있다(고전 8:6; 골 1:15-20; 히 1:3; cf. 창 1:9, 11, 13).

주님이 모여 있는 제자들에게 성령을 주사 죽어 있는 영혼에 새로운 생명을 불어넣으신 목적은 하나님이 자신을 보내신 것처럼 주님도 제자들을 세상으로 보내사 사람들의 죄를 용서하여 주는 것이다(요 20:21, 23). 이 죄를 용서하는 행위의 의미를 논하기 전에, 우리는 여기서 아버지와 아들과 성령과 제자들 간의 흥미로운 관계에 대해서 살펴볼 수 있다. 요한은 자신의 복음서 3장 16절에서, 예수님이 이 땅에 오심은 세상이 하나님의 독생자를 믿음으로 구원을 받게 하고자 하시는 하나님의 사랑의 표현이라고 한다. 죽음을 목전에 둔 예수님은 요한복음 17장 18절에서 하나님 아버지께 기도하시면서, 아버지가 아들인 자신을 세상에 보내셨듯이 주님 자신도 자신의 제자들을 세상에 보내시겠다고 말씀하신다. 다시 말하면, 하나님이 예수님에게 부여하신 진리에 대한 증거의 사역을 제자들이 계속해서 수행해 가야 한다는 것이다. 그러나 흥미로운 것은 예수님은 그들을 그냥 아무런 보호 없이 세상으로 내보내시는 것이 아니라, 마치 주님 자신이 성령의 세례를 통하여 성령과 함께 세상으로 보내어졌듯이(요 1:32-33), 제자들에게도 성령의 세례를 통하여 성령과 함께 세상으로 보내시겠다는 것이다(요 14:26). 여기서 성령의 역할은 마치 하나님의 영이 선지자들에게 영감을 주사 하나님의 말씀을 깨닫게 하셨듯이, 제자들의 특별한 시역 곧 주님에 내하여 증거하는 사역을 완수하기 위하여 제자들에게 영감을 주어 주님의 가르침 곧 진리에 대해서 온전히 이해하고 깨닫게 하여 주시는 것이다.

그러나 요한복음 20장 23절에서 부활하신 예수님은 제자들에게 부여된 특별한 사역을 "사람들의 죄를 사하는 사역"이라고 부르고 있다.[213] 흥미로운 것은 요한복음 16장 9절에서 예수님은 자신이 보내실 성령이 자신을 믿지 않는 세상의 죄에 대해서 세상을 책망하실 것이라고 이미 선포하셨다는 것이다. 예수님을 믿지 않는 세상의 죄에 대해서 책망하시는 바로 그 성령의 임재와 동행을 통하여 세상으로 나가는 제자들, 그 제자들의 세상의 죄를 사하는 사역은 무엇을 의미하는 것일까? 곧 요한복음에서 죄는 우선적으로 예수님을 통하여 계시되는 하나님을 믿지 않고 받아들이지 않는 불신앙의 행위이다(요 8:24; 9:39-41; 15:22, 24). 성령이 오시면 예수님의 말씀의 의미를 곧 그 속에서 계시되는 하나님에 관한 진리를 선포하시는데(요 17:3), 이 선포에 대한 사람들의 반응에 따라서 그들은 선포된 복음의 말씀을 믿지 않는 죄를 범하거나, 아니면 믿음으로써 속죄함을 받게 되는 선택의 기로에 서게 된다(요 16:8-9). 마찬가지로, 성령과 동행하여 예수님의 말씀에 관하여 증거하는 제자들의 선포에 대한 사람들의 반응은 그들이 성령이 증거하는 예수님의 말씀에 대한 반응에 따라서 받게 될 죄 사함의 은혜와 혹은 죄 가운데 내버려지는 것과 동일하다.[214] 따라서 성령으로 채워진 제자들은 주님이 부활 전에 행하던 바로 그 죄 사함의 사역을 계속하게 된다.

결론적으로, 요한복음에 기록된 예수님이 제자들에게 성령 부어주심은 세례 요한이 선포한 성령으로 세례를 주시는 분으로서의 예수님의 사역과 자신이 부활하신 후 제자들에게 보혜사를 보내사 그들과 영원히 함께 하실 것이라는 예수님 자신이 하신 약속 두 가지 모두를 성취하는 사건이다. 요한의 공동체가 경험한 성령세례에서는 예수님의 새 백성의 창조에 관여하시는 성령의 창조 사역과, 제자들을 능력과 영감으로 덧입혀서 예수님의 말씀의 증인으로서 특별한 사역을 감당하게 하는 두 가지 성령의 사역이 동시에 발견되어진다. 그러나 요한이 기록하고 있는 예수님의 성령세례 사건에서 간과하지 말아야 할 점은 예수님의 성령의 세례가 성령의 현저한 드러남에 촛점이 맞추어지고 있는 것이 아니라, 성령을 통하여 영감받은 제자들이 전파하게 되는 예수님의 말씀에 더욱더 촛점이 맞추어 지고 있다는 사실이다.

누가의 오순절 성령세례(사도행전 2장)

복음서 저자들은 공통적으로 예수님의 성령세례에 대한 세례 요한의 예언을 예수님의 사역과 정체성에 대해서 굉장히 중요한 것으로 간주하고 있으며, 이 예언을 예수님의 사역의 첫 머리에 기록하고 있다. 심지어, 예수님이 창세 전부터 하나님의 영광의 아들이시요 말씀이심을 강조하며 예수님의 기적들을 예수님 자신의 신적인 본성에 돌리는 경향이 있는 요한조차도 주님의 성령세례의 사역을 부활 후에 주님이 행하신 첫 번째 사역으로 묘사하고 있다. 바울도 고린도후서 1장 21-22절에서 말하기를, 하나님이 성령을 자신들에게 허락하심으로 자신들을 기름부으셨다고(χρίω) 한다. 모든 신약의 저자들이 하나님으로부터 온 성령을 교회를 향한 하나님의 최고의 선물로 간주하고 있는데,[215] 그 중에서도 누가는 초대 교회에 부어진 성령세례에 대해서 가장 큰 관심을 보여주고 있다. 이는 누가가 성령을 언급하고 있는 빈도에서도 잘 보여지는데, 누가의 글들에서 "영"은 106번, "하나님의 영"은 75번, 그리고 "성령"은 54번 정도 나타난다. 그 가운데서도, 오순절날 임한 성령세례는 종말의 마지막 때의 시작을 알린다는 의미에서 그 의미가 아주 특별하다. 무엇보다 성도들이 반복해서 체험한 여러 성령세례 중에서도(cf. 행 4:31; 8:17; 10:44-48) 부활하신 후 주님의 첫 번째 성령세례이기 때문에 우리들의 특별한 관심을 요한다고 하겠다. 그러나 오순절의 성령세례는 다양한 신학적 배경을 가진 신학자들과 목회자들에 의해서 자신들의 신학적 경향성을 대변하기 위해서 일방적으로 해석되는 경향이 있어 왔다. 따라서 누가가 사도행전 2장에서 기록하고 있는 오순절 사건을 먼저 누가의 언어와 그가 보는 초대 교회의 특별한 상황에 비추어 최대한 객관적으로 해석해 보고자 한다. 누가가 제시하는 오순절날 성령세례에 대한 다양한 의미들에 대해서 종합적으로 검토해 본 후에야, 우리는 누가와 바울의 서신들을, 그리고 현대 교회의 이해들을 함께 묶어서 비교하며 이해해 볼 수 있을 것이다.

종말의 때에 부어주시는 성령세례(행 2:14-21)

오순절의 성령세례가 후대의 교회들에게 준 영향과 발생시킨 여러 가지 반향에 반하여, 오순절에 대한 누가의 기록은 '실망스러울 정도로' 매우 간결하다(행 2:1-4). 누가의 기록에 따르면, 제자들이 모여 있는 곳에 홀연히 하늘로부터 강한 바람소리가 나며, 그 바람이 제자들이 거하고 있는 집 전체를 가득 채웠다고 한다(2절). 또한 이 강한 바람과 함께 불처럼 타오르는 "혀"($\gamma\lambda\hat{\omega}\sigma\sigma\alpha\iota$)들이 나타나서 제자들 위에 임하게 되었다(3절).[216] 이 두 가지 사항 곧 제자들이 귀로 듣고 눈으로 볼 수 있는 현상으로서의 성령세례는 그들에게 임한 성령세례가 제자들의 주관적인 판단의 영역을 뛰어넘는 현저하게 객관적인 현상이었음을 이야기해 준다.

그들 위에 임한 성령의 혀의 결과로 제자들은 성령이 그들에게 허락하시는 갖가지 다른 언어(ἑτέραις γλώσσαις)들로 하나님에 관하여 선포하기 시작한다. 이 "방언"에 대해서는 추후에 성령의 은사를 다루는 곳에서 더욱 깊이 논의가 될 것이나, 사도행전 2장에서 누가는 방언을 인간의 다양한 언어들 곧 외국어로 해석하고 있으며(행 2:6, 8, 11), 이 언어들을 통해서 제자들은 세계 곳곳으로부터 예루살렘으로 모여든 하나님을 경외하는 사람들에게 "하나님의 위대한 일들"(τὰ μεγαλεῖα τοῦ θεοῦ) 곧 그리스도의 복음을 통해서 이루신 하나님의 위대한 구원 사역에 대하여 선포할 수 있게 되었다.

이 오순절 사건은, 무엇보다도 먼저, 성령세례에 대한 예언의 말씀들이 부활하신 주님에 의하여 이제 막 제자들 가운데 성취되었음을 독자들에게 선포하고 있다(행 1:5; 11:16). 당시 예루살렘에서는 많은 디아스포라 출신 유대인들이 오순절을 기념하기 위하여 모여 있었는데, 그들은 성령으로 충만해진 제자들이 자신들의 모국어로 하나님에 관한 일들을 이야기하자 놀라움을 가지고 그 제자들 주위에 몰려들기 시작한다(행 2:5-13). 이 사실은 제자들이 경험하고 있는 성령세례와 그들이 말하는 방언들이 그들이 모여 있는 처소를 넘어 거리 곳곳에 모여 있는 혹은 지나가고 있는 사람들에게 전달되어 들릴 정도의 강력한 현상들이었음을 독자들에게 이야기해 준다. 제자들 주위에 모여든 군중들 중 일부는 전혀 교육받지 못한 갈릴리 출신 제자들이 자신들의 언어로 말하고 있는 것에 대해서 놀라워하나, 다른 일부는 그들이 술취했다고 조롱하기 시작한다. 제자들에게 임한 오순절 성령세례에 대한 이들의 혼란된 반응을 접하고, 베드로는 일어나 자신들이 경험하는 성령세례의 의미가 무엇인지에 대해서 설교하기 시작한다.

베드로는, 무엇보다도 먼저, 이 오순절의 성령세례는 마지막 종말의 때를 위하여 예비해 두신 하나님의 특별한 선물임을 요엘서 2장

28-32절을 인용하여 선포하기 시작한다(행 2:14-21).²¹⁷ 요엘은 자신이 예언하고 있는 때를 단순히 "그 날들"(욜 3:1)이라고 지칭하나, 사도행전의 베드로는 이를 "마지막 날에"(행 2:17)로 해석하여 성령에 관한 요엘의 예언의 말씀을 자신들의 경험에 적용한다. 이는 자신들이 경험한 예수님의 부활과 곧이어 발생한 성령세례가 유대인들이 오랫동안 기대하고 희망해 온 바로 그 마지막 날에 대한 예언들이 자신들 가운데 마침내 현실화되었다는 초대 교회의 믿음을 잘 반영하여준다.²¹⁸

특히 종말의 때에 부어지는 하나님의 선물로서 누가의 성령 이해는 자신들이 현재 종말의 때를 살고 있음과, 그 증거로서 자신들 가운데 성령이 현재 경험되고 있다는 대부분의 신약 성경 저자들의 보편적인 믿음과 일치한다. 이러한 이해 이면에는, 예수님이 성령세례를 통하여 종말에 나타날 메시야의 사역을 시작함으로써 선지자들에 의해서 예언된 새 시대가 열리게 되었던 것처럼, 제자들이 부활하신 주님을 통해서 주어진 성령세례를 경험함으로써 그 새 시대의 효과가 이제 교회 가운데 경험할 수 있는 실체가 되었음을 인식하고 있었기 때문이다.²¹⁹ 이런 측면에서 오순절 사건은 이 땅에서의 예수님의 사역이 이제는 다 완수되었으며, 부활하신 예수님의 성령을 통한 사역이 교회를 통하여 특히 성령으로 충만해진 제자들을 통하여 이제 막 시작되어졌다는 사실을 누가는 자신의 독자들에게 말하고 싶은 것이다.

베드로가 자신의 설교에서 인용하고 있는 요엘서의 예언을 따르면, 마지막 종말의 때에 하나님이 자신의 백성들뿐만 아니라, 모든 인간들에게(행 2:17) 하나님의 영을 "퍼부어"(ἐκχεω)주실 것이라고 한다. 이 종말의 성령의 부어짐의 결과로, 그들의 딸들과 아들들은 "예언"을 하게 되고, 젊은이들은 "환상"을 보며, 노인들은 "꿈"을 꾸게 된다고 한다. 뿐만 아니라, 노예들도 이 성령의 부어짐의 결과로 예언을 하게 된다. 나아가, 이 모든 현상들에 덧붙여서 하늘과 땅에 여러 가지 이적과 기이한 현상들이 벌어질 것이다. 여기서 베드로는 요엘서를 인용함에 있어, 특히 예언에 대해서 언급함으로써, 제자들이 방언 곧 여러 가지 인간의 언어들로 하나님의 위대한 역사들에 대해서 선포하게 된 것은 그들이 술취했기 때문이 아니라, 하나님의 성령으로 충만해진 결과라고 주장한다.

베드로의 설교에서 흥미로운 사실은 제자들의 방언 곧 다른 인간의 언어로 하나님의 일을 선포하는 것과 구약의 예언이 상호 연관되어 이해되고 있다는 것이다. 다시 말하면, 제자들이 방언을 통해서 선포한 하나님의 능력 있는 역사들은 이미 행해진 예수님의 구원 사역에 대한 선포와 더불어, 앞으로 세상을 위하여 행해질 하나님의 복음을 통한 구원 사역에 대한 예언들을 담고 있었다는 것이다. 우리는 사도행전 전체를 통해서 하나님의 말씀이 예루살렘에서부터 유대 땅 전역으로, 그리고 사마리아를 넘어 온 세상으로 전파되는 것을 누가의 기록을 통해서 생생하게 접하게 된다(행 1:8).

또한 사도행전 2장 19-21절에서 베드로는 요엘에 의하여 예언된 하나님이 행할 여러 가지 이적들과 기사들에 대해서도 언급하고 있다. 원래 요엘의 본문에서는 하나님의 이적들이 해가 어두워진다던지 달이 핏빛으로 변한다든지 불과 연기로 온 세계가 가득차게 되는 등의 초자연적인 현상들이 언급되고 있으나, 베드로는 이 요엘서의 초자연적인 현상들을 성령세례 이후에 여러 사도들과 제자들에 의해서 행해질 각종 기적과 이적들에 대한 예언의 말씀으로 이해한다. 실제로, 성령으로 충만해진 제자들은 예수님이 이 땅에서 병든 자들을 고치고, 귀신을 쫓아내는 사역을 성령을 힘입어 행하였듯이 각종 질병을 고치는 이적들과 사람들의 위협과 자연의 재난을 초월하게 되는 신적인 행위들을 보여주게 된다.

누가는 사도행전을 통해서 어떻게 성령으로 충만해진 제자들의 삶에 성령이 깊이 관여하시는지에 대해서 다양한 방법으로 묘사하고 있는데, 특히 그 중에서도, 베드로가 언급한 요엘서의 "꿈과 예언에 대한 환상들"이 제자들의 사역에서 두드러지게 나타난다. 성령은 제자들에게 다양한 환상과 꿈을 통해서 앞으로 일어날 일들 혹은 성령이 교회와 개인들에게 행할 일들에 대해서 미리 알려주신다(행 7:55-56; 9:10-18; 10:10-20; 16:9-10; 18:9-10; 22:17-21). 또 성령은 특별한 상황에 처한 제자들에게 그 상황들을 극복할 말씀들과 지시 혹은 인도를 허락하여 주신다(행 4:25; 7:51; 8:29; 10:19; 11:12, 28; 16:6-7; 21:4, 11). 성령은 또한 교회의 지도자들에게 교회의 여러 가지 어려운 문제들을 해결할 수 있는 특별한 지혜나 영적인 분별력도 허락하신다(눅 21:15; 행 5:3; 6:3, 5, 10; 9:31; 13:9; 16:18). 마지막으로, 성령은 복음을 전파하고 부활하신 예수님에 대하여 증거하는 제자들에게, 예수님이 누가복음 12장 11-12절에서 약속하신 것처럼, 영감을 주사 시기에 적절한 말씀을 선포하게 하시거나, 상황에 맞는 가르침을 허락하신다(행 4:8, 31; 5:32; 6:10; 9:17).[220]

이 모든 성령의 사역들은, 이미 우리가 앞에서 살펴본 것처럼, 하나님이 택하신 소수의 이스라엘의 지도자들에게 임했던 하나님의 영의 사역들과 일치한다. 그러나 이 하나님의 영의 특별한 사역에 대해서 구약의 저자들과 누가는 세 가지 서로 다른 이해를 보여주고 있다. 첫째, 구약 시대에 이 하나님의 영은 일부 소수의 택함받은 지도자들에게만 임한 하나님의 능력 있는 임재였던 것에 반하여, 신약 시대에는 이 하나님의 영이 모든 제자들에게 주어진 보편적인 하나님의 은혜가 되었다는 것이다. 둘째, 구약에서의 하나님의 영은 이스라엘을 이방인들로부터 구원하고 보호하기 위한 특별한 하나님의 사역을 목적으로 하는 하나님의 능력 있는 간섭을 의미하였으나, 사도행전에서의 성령은 특히 예수님의 복음을 통한 하나님의 구원 사역에 촛점을 맞추고 있다는 것이다. 셋째, 이 하나님의 구원 사역은 이스라엘에게만 한정된 것이 아니라, 모든 세상의 나라들을 그 은혜의 대상으로 간주하고 있다.

성령과 온 세상을 향한 예수님의 복음(2:5-13, 22-36)

온 세상을 향한 담대한 복음 증거

누가의 신학적 이해를 따르면, 이 오순절의 성령세례는 예수님이 사도행전 1장 8절에서 예언하신 두 가지 약속의 성취를 최우선적으로 의미한다. 첫째는 제자들이 부활하신 주님으로부터 성령 곧 하나님의 능력을 선물로 받았다는 것과(cf. 눅 24:48-49), 둘째는 이 능력은 특히 제자들로 하여금 부활하신 주님의 증인으로서의 역할을 감당하게 하고자 함이라는 것이다. 제자들의 증인 됨은, 부활전·후에 예수님이 강조하여 명령하고 있듯이, 예루살렘과 유대 땅뿐만 아니라, 사마리아와 팔레스타인 너머 온 세상을 다 포함한다.

오순절 계통의 학자들에 의하여 특히 강조되어졌듯이, 오순절의 성령세례는 초대 교회의 선교 곧 복음 전파 사역에서 과거에는 볼 수 없었던 놀라운 열정과 능력을 부여받는 사건이 되었다.[221] 주님의 제자들에게 미친 오순절의 영향은 오순절 전·후에 확연하게 드러나는 베드로의 변화에서 가장 잘 보여진다. 예수님이 잡히시던 날 밤, 예수님의 예언처럼 베드로는 닭이 두 번 울기전 예수님을 세 번 부인하게 된다(눅 22:54-62). 이 사건 전에도 베드로는 반복되는 예수님의 고난의 가르침에 대해서, 그리고 예수님 자신의 정체성에 대해서 계속해서 오해하는 실수를 저지르곤 하였다(눅 8:25; 9:33). 그러나 오순절 사건 이후의 베드로는 예수님의 사역의 의미와 정체성에 관한 온전한 이해를 보여줄 뿐만 아니라(행 2:36-38), 유대인들의 위협에도 굴하지 않고 예수님의 이름으로 복음을 전하며 기적들을 행하는데 조금의 망설임도 없게 된다(행 4:19-20). 마치 구약의 예언자들이 하나님의 뜻에 대한 온전한 이해와 하나님의 영의 임재를 통하여 하나님의 말씀을 선포하는데 있어서 조금의 주저함이 없었던 것처럼, 성령의 감동 아래 놓인 베드로와 다른 모든 제자들은 예수님의 복음이 하나님의 구원사에서 어떠한 의미를 가지고 있는지에 대해서 정확히 이해하게 되며, 그들에게 임한 유대인 정적들의 위협 앞에서도 조금도 두려움 없이 담대하게 회개의 복음을 선포하게 된다. 베드로와 제자들의 영감받은 이해와 복음 전파에서 보여주는 담대함은 (παρρησία, 행 2:29) 그들에게 임한 성령의 직접적인 결과이다.²²²

제자들이 성령의 세례를 경험한 후, 그들은 전에 경험하지 못한 담대함을 자신들의 복음 전파에서 경험할 뿐만 아니라(행 4:29), 요엘이 이미 예언하고 베드로가 자신의 설교에서 확증한 것처럼 각종 기적과 이적들이 그들의 복음 사역에 따라오게 된다. 예수님이 자신의 성령세례 후 하나님의 복음을 전파하며 치료와 축사의 기적을 행하였듯이, 베드로는 오순절 사건 후 선포한 그의 첫 번째 설교 직후에 성전 앞에서 구걸하는 앉은뱅이를 고치는 기적을 행하게 된다(행 3). 또한 성령으로 충만해진 스데반은 유대인 지도자들과의 논쟁에서 성령의 지혜와 능력으로 그들을 압도하며, 하나님 우편에 서 계신 영광의 주님 곧 인자를 보는 환상을 경험한다(행 7). 성령이 충만한 바울은 예수님처럼 사탄을 쫓아내는 축사의 기적들을 행하고, 심지어 그의 손수건이나 앞치마를 통해서도 하나님의 능력이 흘러나와 사람들의 질병들이 치료되는 기적들이 발생한다(행 19:11-19; cf. 눅 8:44). 오순절의 성령세례를 경험한 제자들은 자신들을 통해서 하나님이 친히 치료와, 이적과, 기적들을 행하실 것을 굳게 믿으며 이를 위해서 기도하기 시작한다(행 4:30). 이런 측면에서, 성령세례를 경험한 제자들은 성령세례 후의 예수님의 사역을 그대로 따라서 반복하여 행하는 것으로 묘사되어지고 있다. 그러나 예수님과 제자들의 성령에 관한 그들의 관계에 있어서는 극복될 수 없는 질적인 차이가 있음을 기억해야겠다. 예수님은 성령으로 말미암아 잉태된 하나님의 아들이며 부활 후에는 성령의 주로서 성령을 부어주시는 분인데 반하여, 제자들은 하나님의 양아들로 삼아져 성령을 부활하신 주님으로부터 선물로 받은 자들이기 때문이다.223 부활하신 예수는 성령의 주이시지만, 주님의 제자들은 성령의 도구들이다. 이 차이는 예수님의 성령세례는 단지 후대의 기독교인들이 반드시 따라야 할 하나의 페러다임이라는 일부의 주장이 성령과 예수님, 그리고 제자들의 관계에 대한 너무도 단순한 이해라는 것을 잘 보여준다.224

오순절의 성령세례가 복음 전파에 미친 또 다른 중요한 영향은, 요엘이 이미 예언하였듯이, 종말의 영 성령은 유대인들에게만 제한되지 않고 모든 (이방) 인간들에게 부어지도록 계획된 하나님의 보편적 선물이라는 사실이다(cf. 눅 24:47; 행 1:8). 이제 교회의 시대에 임한 이 종말의 영의 선물은, 구약에서와 달리, 오직 사람들이 회개하고 예수를 믿음으로써만 주어지게 된다(행 2:38). 여기서 우리는 오순절 사건을 필두로 하여 믿는 자들에게 부어진 성령이 단순히 제자들을 하나님의 능력으로 덧입혀서 복음의 효과적인 증인으로 만드는 역할을 할 뿐만 아니라, 그 복음을 듣고 믿는 자들의 구원의 사건 그 자체를 구성하는 중요한 요소가 된다는 사실을 알 수 있다. 오순절 이후로 유대 땅 너머 모든 인간들에게 복음을 전파해야 한다는 주님의 명령에 관하여 초대 교회가 가지고 있던 심각한 문제점들 중의 하나는 어떻게 수많은 다른 언어를 쓰는 온 세상 사람들에게 갈릴리 출신의 아람어밖에 구사할 줄 모르는 '교육받지 못한' 제자들이(cf. 행 4:13) 자신들의 언어의 장벽을 극복하여 복음을 전할 수 있는가였다. 비록 많은 사람들이 그리스어로 기본적인 의사소통은 할 수 있었으나, 복음을 전할 수 있는 정도의 그리스어에 대한 지식은 주로 지식층이나 전문인들에게 제한되었다.

그러나 갈릴리 출신의 외국어를 전혀 구사할 줄 모르는 제자들에 의해서 온 세상에 선포되어야 할 복음 사역을 위하여 하나님은 이미 해결책을 마련해 두고 계셨다. 오순절날 성령은 불 같은 혀들의 모습으로 제자들에게 임하여 그들로 각종 다른 인간들의 언어로 복음을 선포할 수 있게 하신다(행 2:6, 8, 12).[225] 예루살렘에 모여 있던 많은 디아스포라 출신 유대인들과 이방인 출신으로서 하나님을 경외하던 자들은 갈릴리 출신 제자들이 자신들의 모국어로 예수님을 통하여 이루신 하나님의 큰 구원 사역에 대해서 선포하고 또 미래에 행해질 복음 사역에 대한 예언의 말씀을 전하는 것을 듣고는 경악하며 놀라게 된다. 오순절날 부어진 성령의 세례는 방언의 부어짐이 가장 현저한 현상이었는데, 이 방언들은 인간의 언어들로서 하나님의 복음을 유대 땅 바깥의 모든 세상에 증거할 수 있도록(행 2:9-10) 특별하게 역사하신 성령의 능력 있는 나타남의 결과였다.[226]

여기서 우리는 오순절의 성령세례가 창세기에 기록된 바벨탑 사건에서의 하나님의 저주를 극복하는 효과가 있음을 알게 된다(창 11:1-9).[227] 창세기의 바벨탑 사건에서는 하나님을 대적하여 높은 탑을 쌓으려 하는 인류의 죄악된 시도에 대하여 하나님이 인류의 한 가지 언어를 여러 가지 언어로 구분하여 나누심으로써 사람들이 서로 이해할 수 없게 하였고, 이로 인하여 바벨탑 앞에 모인 많은 사람들은 이전에 겪어보지 못한 심각한 대화의 혼란을(συγχέω, 창 11:7, 9) 경험하게 되었다. 오순절 사건에서는 이러한 언어의 장벽과 저주가 하나님의 성령에 의해서 극복되어지고, 사람들이 서로 이해할 수 있게 됨으로써 혼란스러워졌다(συγχέω, 행 2:6). 죄로 인하여 갈라진 인류가 성령의 사역을 통하여 하나의 백성으로 회복되고 있는 것이다. 누가는 이 사실을 이어지는 사도들의 이방인 복음 사역을 통하여 자세히 설명해 주고 있다.

이방인들에 대한 선교는 예언자 시므온이 성전에서 아기 예수님을 만났을 때 예수님의 미래 사역에 대해서 이사야 42장 6절("이방인들을 위한 계시의 빛")을 인용하면서 이미 예언하였다(눅 2:32). 이 시므온의 예언은 예수님 자신에 의하여 반복해서 확증되어졌고(눅 24:47; 행 1:8), 또 베드로가 인용한 요엘서에 의하여 모든 인류가 하나님의 성령을 경험하게 될 것이라고 거듭 증거되어졌다(행 2:17). 이방인들의 선교를 위해서 오순절날 임한 성령은 방언을 통해서 제자들이 예수님의 복음을 이방인들 혹은 이방 출신 유대인들에게 전하게 하였다. 또 베드로가 이방인으로서 하나님을 경외하는 고넬료와 그의 가족들을 방문하여 복음을 전할 때, 그들이 베드로에 의해서 선포된 복음에 믿음으로 화답하자, 하나님은 이 이방인들의 믿음에 성령세례로 응답하신다(행 10:44-45). 놀라운 것은 이 성령으로 충만하게 된 이방인들도 역시 방언으로 하나님을 찬양하기 시작한다는 것이다. 또 바울이 에베소에서 제자들을 위해 안수하고 기도하자, 그들이 다 성령을 받고 방언으로 말하며 예언하기를 시작하였다(행 19:6).

누가는 이렇게 여러 제자들의 복음 전파 사역에서 빈번히 발생한 성령세례와 방언을 통해서 예수님의 복음이 어떻게 유대 땅 팔레스틴을 넘어 세계 곳곳으로 뻗어나가게 되는지를 거듭하여 보여주고 있다. 그러나 한 가지 기억해야 할 중요한 사실은 선교를 위한 하나님의 능력으로서의 성령의 역할은 그가 동시에 행하시는 구원 사역과 분리할 수 없는 긴밀한 관계에 있다는 것이다.[228] 성령으로 충만한 제자들을 통하여 그들의 복음 사역에 성령의 능력이 동반될 때, 그 복음을 듣는 사람들에게 구원얻는 회개와 성령의 충만함이 동시에 같이 나타나는 것을 누가는 반복해서 이야기해 준다(행 2:37-42; 8:32-33; 8; 10; 13). 사도행전 2, 8, 10, 그리고 19장에 기록된 성령세례의 가장 중요한 의미는 유대인들과 사마리아인들과 이방인들과 그리고 세례 요한의 제자들이 율법을 통해서가 아니라, 오직 부활하신 주님의 성령세례를 통해서만 하나님의 백성으로 연합되어질 수 있음을 잘 보여준다 하겠다. 바울은 에베소에 모인 제자들에게 질문한다: "너희가 믿을 때에 성령을 받았느냐?"(행 19:2).

예수, 복음의 중심

오순절 사건은 이 땅에서 예수님의 사역이 십자가상에서의 죽음과 부활을 통해서 성공적으로 끝나게 되자, 이제 부활하신 예수님의 사역이 성령을 통해서 새로이 시작되었다는 사실을 알려준다. 다시 말하면, 예수님이 자신의 부활 전에는 하나님의 나라를 선포하는 선포자였으나, 자신의 부활 후에는 성령으로 하나님의 나라의 구원의 복음을 선포하는 제자들의 선포의 대상이 되었다는 것이다. 예수님의 부활은 종말의 영이 이 땅에 부어지도록 하는 중요한 근거가 되었고, 오순절날 부어진 이 종말의 영은 바로 예수님의 죽으심과 부활에 대해서 선포하도록 제자들에게 영감과 능력으로 함께 하신 성령님을 지칭한다(행 2:11). 여기서 우리는 누가가 예수님의 부활 후 성령이 예수님의 영이 되어 예수님을 증거하기 시작하였다는 초대 교회의 보편적인 믿음에 동의하고 있음을 알 수 있다.

사도행전 2장 14-21절에서 요엘서를 인용함으로써 오순절 성령세례의 의미에 대해서 설교한 베드로는 이어지는 22-36절에서는 자신들이 체험한, 그리고 예루살렘에 거한 모든 사람들이 목도하고 있는 오순절의 성령세례를 예수님의 사역과 정체성에 비추어 설명하기 시작한다. 특히 베드로는 이 오순절의 성령세례는 메시야이신 주님의 부활 이후에 주님이 아버지로부터 약속하신 성령을 받아 자신들에게 보내어주신 사건이라고 말한다(행 2:32-34).²²⁹ 마치 오순절 사건이 자연인의 관점에서 '달콤한 와인에 취한 결과'(행 2:13)로 보이는 반면에, 제자들의 관점에서는 '성령으로 충만해진 결과'이듯이, 예수님에 대한 평가도 자연인에게는 단순히 십자가에 못 박힌 죄인임에 불과하지만(행 2:36), 제자들에게는 하나님이 정하신 주와 메시야임을 베드로는 선포한다.

오순절의 성령세례가 하나님의 종말의 때의 선물임을 입증하기 위하여 요엘서 2장을 인용하였듯이, 베드로는 예수님이 이스라엘의 부활하신 메시야임을 입증하기 위하여 시편 16편 8-11절을 인용하고(행 2:25-28), 예수님의 주님이심을 증명하기 위해서 시편 110편 1절을 인용한다(행 2:34-35).²³⁰ 시편 16편 8-11절은 "주를 항상 보는 자," "그의 육체가 썩지 않는 자," 그리고 "생명의 길들을 본 자"에 대해서 노래하고 있다. 그러나 베드로가 주장하고 있듯이, 이 시편은 다윗에 관한 시편이 아니다. 왜냐하면 모든 유대인들은 다윗이 이미 죽었고, 그의 무덤은 이스라엘 가운데 여전히 존재하고 있기 때문이다(행 2:29). 따라서 베드로는 주장하기를, 이 부활에 관한 시편은 그의 자손 곧 다윗과 같은 메시야를 향하여, 특히 그 메시야의 부활에 관하여 예언한 다윗의 노래라는 것이다. 베드로는 결론지어 말하기를, "이 예수를 하나님이 다시 살리셨고, 우리가 바로 그 부활의 증인들이다"(행 2:32)라고 그를 둘러싼 군중들에게 선포한다.

베드로는 또 주장하기를, 하나님이 친히 부활시킨 이 메시야를 자신의 이름을 일컬어 주라 부르게 하시고, 이 부활하신 주를 하나님이 자신의 우편에 앉게 하셨다고 선포한다(행 2:34-35). 여기서 베드로는 다시 시편 110편 1절을 인용한다. 이미 예수님과 사두개인들의 논쟁에서(눅 20:41-44), 예수님은 시편 110편 1절을 인용하시면서 다윗이 친히 자신을 "다윗의 주"로 부른 사실을 상기시켰다. 이 시편에서 다윗은 두 명의 주를 언급하고 있는데, 첫 번째 주는 당연히 하나님을 지칭하고, 두 번째 다윗의 "나의 주"는 하나님에 의하여 높아지사 그의 보좌 우편에 앉으신 분을 지칭하고 있다. 베드로를 포함한 초대 교회 성도들에게는 이 하나님 보좌 우편에 앉아계신 이는 당연히 부활하신 예수님이다. 여기서 우리는 바울이 빌립보서 2장 6-11절에서 이미 묘사한 예수님의 낮아지심과 높아지심에 대해서 누가가 전적으로 동의하고 있으며, 예수님의 부활과 이어지는 높아지심에 대한 초대 교회의 전통을 잘 이해하고 있음을 알 수 있다.

결론적으로, 베드로는 이 십자가에 달려 죽으신 예수가 바로 하나님이 친히 세우신 메시야요 주이시며, 오순절의 성령세례는 이 부활하신 주가 약속하신 성령을 아버지로부터 받아 그들에게 부어주신 사건이라고 선포한다(행 2:32-33, 36). 베드로는 그의 청중들에게 예수님에 관한 인식을 바꿀 것을 요구하며, 그들의 변화된 예수님에 대한 평가는 오순절 사건에 대한 바른 이해를 가져올 것이라고 한다. 오순절에 임한 성령은 자신의 놀라운 역사들 그 자체에 사람들의 관심을 모으는 것이 아니라, 베드로와 제자들을 사로잡으사 예수님의 사역과 정체성에 대한 새로운 영감을 주시고, 부활하신 예수님에 대한 증인이 되게 하사 담대하게 복음을 증거하게 하시는 분이다. 또한 그들의 영감받은 설교를 들은 청중들로 하여금 예수님에 대한 그들의 생각을 바꾸게 하고, 자신들의 불신앙을 회개하며 죄 사함을 받아 성령을 선물로 받는 구원의 역사를 이끄신다(행 2:38).

성령과 구원얻는 회개(2:37-40)

베드로의 설교를 들은 청중들은 마음의 찔림을 받고, 베드로에게 다음과 같이 질문한다: "우리가 무엇을 해야 합니까?"(행 2:37). 이 반응은 세례 요한이 처음 유대 땅에 등장하여 다가올 하나님의 심판에 관한 말씀을 선포할 때 그의 말씀을 들은 청중들이 보인 첫 번째 반응이었다(눅 3:10). 이들의 질문에 대해 베드로는 말하기를, "너희들의 죄 사함을 위하여 회개하라, 그리고 각 사람들은 예수님의 이름으로 세례를 받으라, 그리하면 너희가 다 성령을 선물로 받으리라"(사역, 행 2:38).[231] 베드로와 그의 설교를 듣고 반응한 청중들의 대화는 부활 후에 예수님이 그의 제자들과 가지신 대화를 떠올리게 한다(눅 24:47-49). 그 대화에 따르면, 죄 사함의 회개가 제자들에 의하여 선포되어져야 하고, 이 일을 위해서 그들이 약속된 하나님의 성령을 선물로 받을 것이라는 것이다. 성령세례는 자연인의 회개에 따르는 하나님의 선물이라는 것이다.

세례 요한에 의해서, 그리고 부활 전·후에 예수님에 의해서 친히 예언되어졌듯이, 예수님의 제자들은 성령의 세례를 받게 되었다. 그러나 흥미로운 사실은, 그의 설교를 듣고 반응하는 청중들의 질문에 대한 베드로의 응답에서 보여지고 있듯이, 죄 사함의 회개와 예수님의 이름으로 행해진 물세례를 받은 모든 자들은 다 하나님의 성령을 선물로 받게 된다는 것이다. 여기서 우리는 물세례와 회개와 성령세례가 서로 밀접하게 연관된 하나님의 구원의 여러 가지 다른 요소들임을 알 수 있다. 베드로는 이 점에 대해서 분명하게 말하기를, "이 [성령의] 약속은 너희와, 너희의 자손들과, 멀리 떨어져 있는 모든 자들을 위한 것이다"(행 2:39). 이 성령의 약속은 예루살렘과 유대 땅 너머 세상의 모든 나라들에게 허락된 약속이지만(욜 2:28-29; 행

1:8), 성령을 통하여 하나님의 백성들로 인치심을 얻을 자들은 다 "하나님이 친히 자신에게로 부르신 자들"이라고 베드로는 주장한다(행 2:39).[232] 여기서 우리는 하나님의 예정과 부르심은 구원의 시작으로서, 그리고 초대받은 인간들의 믿음은 하나님의 부르심에 대한 올바른 반응으로써, 이 둘이 긴장 속에 동시에 존재하고 있는 것을 보게 된다.

오순절날 임한 성령은 제자들로 하여금 각종 방언을 통하여 사람들에게 예수님의 부활에 관한 하나님의 큰 역사들에 대하여 선포하게 하고, 그들의 복음 전파에 하나님의 능력으로 동행하며 많은 기적들과 이적들을 행하게 한다(행 2:43). 그러나 성령의 능력으로 뒷받침된 그들의 복음 전파는 듣는 자들에게서 회개의 반응을 이끌어내고, 회개하고 예수님의 이름으로 세례를 받는 모든 자들에게 하나님의 성령은 하나님의 약속의 선물로 부어지게 된다. 이는 그들 가운데 임한 성령이 그들도 하나님의 구원받은 백성이 되었다는 사실을 입증해 준다는 측면에서 사도 바울이 이야기하고 있는 양자의 영으로서의 성령의 역할을 수행한다고 볼 수도 있다(갈 4:4-6). 선포된 말씀에 대한 사람들의 회개와 예수님의 이름으로 받은 세례의 결과로 임한 성령으로 말미암아 하나님의 새 백성이 탄생하게 된다. 따라서 오순절날 임한 성령은 단순히 제자들의 복음 전파를 위한 하나님의 능력으로의 덧입힘을 넘어서, 그 복음을 듣는 이들 가운데서 회개의 반응과 새로운 하나님의 백성의 탄생을 주도하는 구원의 영으로서의 역할도 감당하게 된다. 결국, 누가와 바울의 성령 이해는, 일부 학자들이 주장하고 있듯이, 그렇게 다르지 않다.

성령과 교회의 탄생(2:41-47)

베드로의 설교의 결과로 놀라운 회개의 역사가 청중들 가운데 일어나게 된다. 누가는 이에 대해서 증언하기를, 오순절날 하루에만 삼천 명이 회개하였다고 한다(행 2:41). 이렇게 회개한 후 제자들과 함께한 청중들은 하나님의 메시야 곧 부활하신 예수님을 따르는 하나의 공동체를 이루게 되고, 그들은 (1) 사도들의 가르침에 전념하여 듣고, (2) 서로 열심히 교제하며, (3) 함께 떡을 떼고, (4) 성전에 모여 기도에 전념하게 된다(행 2:42). 이 네 가지 행위들은 오순절 성령 강림과 베드로의 설교를 듣고 회심하여 성령의 충만을 경험한 사람들이 어떻게 새로운 하나님의 백성 곧 교회를 형성하고, 이 예수 공동체가 어떻게 자신들의 공동체 활동을 꾸려가게 되었는지에 대한 누가의 간략한 설명이라고 할 수 있다.

누가는 위의 네 가지 공동체 활동들에 관해 사도행전 2장 43-47절에서 더욱더 자세히 설명한다. 예수님의 경우와 마찬가지로, 제자들의 가르침에는 많은 이적과 표적들이 덩달아 행하여졌는데(43절), 이 이적들과 표적들은 제자들과 함께한 성령의 능력 있는 사역임은 너무도 당연하다고 하겠다. 예루살렘에 형성된 최초의 교회 공동체는 자신들의 모든 소유들을 팔아 공동으로 소유하며, 필요한 자들을 돌보는 사역을 행하게 된다(45절). 오순절의 성령세례가 단지 선교를 위한 성령님의 능력에 그 중요성이 있다는 일부의 주장에 반하여, 성령은 구원얻는 회개외[233] 모든 제자들의 윤리적인 삶에도 깊이 영향을 미치고 있음을 우리는 여기서 알 수 있다.[234] 또한 제자들은 기쁨과 마음의 진정함을 가지고 빵을 떼는 식사의 교제를 행하고, 성전을 방문하여 한 마음으로 하나님을 경배하며 기도하는 일에 전념하게 된다(46절).

이렇게 오순절날 임한 성령은 선포된 부활하신 예수님에 관한 복음의 말씀을 통하여 하나님의 새 공동체를 예루살렘에 창조하시고, 그 공동체에 구원의 기쁨과 생명을 불어넣어 그들의 교제와 하나님에 관한 예배를 회복하도록 하시고, 나아가 날마다 구원받는 자들을 더하심으로써 그 공동체가 급속도로 성장하게 되는 주님의 놀라운 은혜를 경험하게 한다. 따라서 누가에게 있어서 오순절의 성령세례는 바로 그리스도의 복음에 근거한 하나님의 새 백성 교회의 탄생을 의미한다.[235] 이 성령세례는 초대 교회의 역사에서 여러 번 반복되어 경험되어졌으며, 특히 새로운 믿음의 공동체들의 창조와 밀접하게 연관되어진다(행 4:30-37; 5:12-16; 8:14-17; 10:44-48; 19:1-7). 이러한 성령세례들의 경험들에서는 선포된 제자들의 믿음의 반응과 그에 대한 하나님의 신적인 응답으로서의 성령의 부어짐이 항상 동시에 언급된다.[236] 대다수의 성령세례의 경우들에서 성령은 제자들의 믿음 곧 예수님과의 새롭게 회복된 관계를 확증하는 하나님의 공적인 선포로서의 의미를 띄고 있다.[237]

성령세례의 정의[238]

세례 요한의 복음 선포와 물로 세례를 주는 행위는 그의 뒤에 오시는 분 곧 그보다 훨씬 위대하신 분 예수님의 복음 선포와 성령세례 사역에 대해서 예언적으로 선포하는 의미가 있다.[239] 요한의 물세례는 죄의 회개와 용서를 의미하며, 이의 결과로서의 새로운 삶을 상징한다. 그렇다면, 예수님의 성령세례는 성도들의 삶에서 무엇을 상징하는 것으로 처음 제자들에 의하여 이해되어졌을까?

구약 성경의 성령세례

구약 성경에서 선지자들은 종종 다가오는 하나님의 종말의 때에 대해서 예언하고 있는데, 이 종말의 때에는 하나님의 심판과 구원이 사람들에게 베풀어질 것으로 기대되었다. 이사야서에 잘 기록되어 있듯이, 하나님의 심판과 구원은 하나님의 영의 활동과 밀접히 연관된다. 하나님의 영은 이스라엘의 죄악을 깨끗이 씻으사 하나님의 구원을 맛보게 하는 반면에(사 4:4), 이스라엘의 원수들을 심판하여 멸망에 이르게 하시는 분으로 묘사된다(사 30:28). 또 에스겔 선지자는 자신이 본 환상에서 하나님이 물로써 자신의 백성들의 마음의 죄악들을 깨끗이 씻으시는 것과, 성령으로 그들의 마음을 새롭게 하시는 것을 목격한다(겔 36:25-28). 선지서들에서 물과 성령은 죄의 씻음과 심판의 행위를 통해서 밀접하게 연관되어지고, 성령은 종종 하늘 위에서 물처럼 퍼부어지는 것으로 묘사된다(슥 12:10). 죄의 씻음을 통한 성령의 역사는 파괴된 세상과 하나님의 백성들의 새로운 회복을 의미하곤 한다(사 44:3-4). 이런 측면에서, 예수님의 성령세례는 요한의 물세례와 더불어 한편으로는 죄 씻음과 회복을, 다른 한편으로는 심판을 의미한다.

마가의 성령세례

마가는 자신의 복음서를 "주의 길을 예비하는 자" 곧 세례 요한의 "성령으로 세례를 주실 분"이신 예수님에 대한 선포를 통해서 시작하고 있으며, 요한에 의하여 행해진 예수님의 물세례와 하늘로부터의 성령세례는 이 땅에서의 예수님의 사역을 시작하게 하는 기폭제가 된다(막 1:9-13). 그러나 마가는 예수님이 물이나 혹은 성령으로 세례를 주시는 사건에 대해서 침묵하고 있는 듯하다. 아니면, 마가는 자신의 복음서에서 누가와는 전혀 다른 방식으로 예수님의 성령세례에 대해서 말해주고 있는 것은 아닐까?

마가는 세례 요한의 예언 곧 예수님이 성령으로 세례를 주시는 분이라는 것이 예수님의 사역 가운데서 성취되어졌다고 주장하고 있다.[240] 온 유대 땅으로부터 몰려든 유대인들은 세례 요한의 물세례를 받았기에 이어지는 예수님의 성령세례를 받을 수혜자들로 기대되어진다. 예수님은 자신의 성령세례 후 성령의 능력을 따라 여러 가지 사역들을 행하시게 된다. 예수님의 사역들은 사탄을 몰아내시고 악한 영들을 심판하시는 것들과(막 1:12-13; 1:24; 3:29-30), 그 영들로부터 해방된 자들이 경험하는 자유와 회복으로 구성된다(막 5:1-15). 예수님의 기적들은 아픈 자들을 악한 영들로부터 자유케하시는 것을 넘어, 그들의 죄를 사하고 그들로 하여금 자신들의 악한 행위들로부터 떠나게 하신다(막 1:40-2:12; 5:21-34). 또한 예수님의 복음 선포는 회개에 대한 선포로 시작되었다(막 1:15).

이런 측면에서, 성령으로 세례 받으신 예수님의 죄 사함과 회복, 그리고 심판의 활동들은 구약 전통이 이해하고 있는 성령세례와 정확히 일치하고 있다. 한 가지 차이점이 있다면, 구약에서는 이스라엘의 원수들이 하나님의 심판의 대상이 되는 반면에, 마가복음에서는 사탄과 악한 영들이 예수님의 심판이 대상이 되었다는 것이다. 마가는 자신의 복음서에 기록된 이러한 예수님의 사역들이 바로 요한이 예언한 예수님의 성령세례에 대한 성취로 이해하고 있다.[241]

마태의 성령세례

마태는 기본적으로 마가의 성령세례와 비슷한 이해를 보여주고 있다. 마태복음에서도 예수님은 다양한 치료와 기적들과 죄 사함들을 통해서 사람들을 향한 자신의 성령세례 활동을 행하신다. 또한 마가와 마찬가지로, 마태는 이 땅에서의 예수님의 사역 중에 이미 자신의 제자들에게 사탄을 제압할 수 있는 능력과 권세를 주신 것으로 믿고 있는데(마 10:1; 막 6:7; 눅 9:1), 사탄을 제압하는 능력은 분명하게 그들 가운데 역사하시는 성령과 연관되어진다(마 12:28). 제자들은 자신들의 복음 선포와 치료 사역 가운데 임하신 성령의 능력과 권세를 이미 예수님의 부활 전에 부분적으로 경험하고 있는 것이다.

반면에 마태는 예수님의 심판이 사탄과 악한 영들 뿐만 아니라, 예수님의 사역에 반발하는 바리새인들과 사두개인들에게도 임하게 될 것임을 말해주고 있다(마 3:7-10). 예수님은 강조하여 말씀하시기를, 자신을 대적하는 행위는 용서받을 수 있으나, 자신의 기적들에 임하신 성령을 훼방하는 행위는 절대 용서받을 수 없다고 바리새인들에게 경고하신다(마 12:22-32; 막 3:20-30). 마태에게 있어서 심판의 측면으로서의 예수님의 성령세례는 매우 중요한 의미를 띠게 되고(마 5:27-30; 7:1-5; 10:15; 11:20-24), 예수님의 성령세례는 심판의 의미가 훨씬 강조된 불세례로 불리워진다(마 3:10, 12).

누가의 성령세례

누가는 다른 공관복음서 기자들과 마찬가지로, 예수님이 이 땅에서 행하신 모든 기적들을 포함한 주님의 사역이 예수님 자신이 경험한, 그리고 자신의 백성들이 경험한 성령세례라는 것을 부인하지 않는다. 또한 일부 예수님의 제자들도 오순절 사건 이전에 이 땅에서 사역하시던 예수님에 의하여 이미 성령세례를 경험한 것을 인정하고 있다. 그럼에도 불구하고, 누가는 세례 요한이 예언한 예수님의 성령세례는 오순절 사건을 통하여 진정으로 성취되어진 것으로 믿고 있다. 마태복음에서와 마찬가지로, 누가복음에서 세례 요한은 예수님의 성령세례를 불세례라고 부르고 있는데(눅 3:9, 17), 이 불세례는 그 기본적인 의미가 심판을 의미한다(사 4:4; 1QS 3:6; 4:20-21). 그러나 누가에게 있어서 불세례는 제자들이 성령의 능력으로 충만히 채워지는 오순절 사건을 지칭하는 것이다(행 2:2). 베드로의 설교에서 볼 수 있듯이, 회개와 죄 사함은 여전히 중요한 성령세례의 기능임에 반하여(행 2:38; 11:13-18; 15:8-9), 이의 결과로 따라오는 성령의 선물은 제자들로 하여금 능력 있는 부활의 주이신 예수의 증인이 되게 하는 동시에, 새롭게 회복된 예수 공동체를 구성하게 하는 하늘로부터 오는 부활하신 예수의 능력으로 묘사되고 있다.

따라서 기본적으로 누가는 다른 공관복음서 기자들과 마찬가지로, 예수님의 성령세례는 그의 치료와 죄 사함의 사역을 통하여 이미 그의 백성들에게 베풀어졌다는 사실을 부인하지 않는다. 그러나 누가는 오순절 사건이야말로 세례 요한이 말한 예수님이 베푸시는 성령세례에 대한 예언의 진정한 성취라고 주장한다(행 1:8). 이 성령세례를 통하여 모든 제자들은 부활하신 예수님의 능력으로 채워지게 되고 예수님의 성령세례 사역 곧 치료와 죄 사함과 공동체의 회복을 계속 경험하게 된다. 그러므로 오순절에 임한 성례세례에 관하여 오순절 신학에서 주장한 제2의 축복으로서의 성령세례는 틀린 이해는 아니다. 그러나 이 오순절에 임한 성령세례의 가장 중요한 목적은 예수님의 영으로 채워진 제자들로 하여금 예수님의 죄 사함과 공동체의 회복 사역을 계속해서 진행하게 하는 것이다.

우리는 다음 장에서 누가의 스승인 바울이야말로 자신의 성령에 관한 논의들에서 이 성령세례의 목적에 해당하는 죄 사함과 공동체의 회복에 더 촛점을 맞추고 있음을 보게 될 것이다. 결론적으로, 누가의 이해에 있어서 예수님의 처음 제자들이 경험한 성령세례는 제자들이 예수님의 능력으로 채워지는 것임을 의미하고 있으나, 이 성령세례가 주님의 구원 사역과 구분되는 별개의 축복으로 이해되어져서는 안 된다. 누가에게 있어서도 성령의 축복은 구원얻는 회개를 통한 믿음의 결과인 것이다.

요한의 성령세례

요한도 누가와 마찬가지로 예수님의 성령세례를 미래에 있을 사건으로 기대하고 있다. 요한은 자신의 복음서 7장 39절에서 주장하기를, 주님이 아직 영광에 이르지 못하였음으로, 성령이 아직 자신들 가운데 거하고 있지 않다고 말한다. 요한에게 있어서 주님이 영광에 이르는 사건은 그의 죽음과 부활을 의미하며, 요한이 기대한 것처럼 부활하신 주님은 제자들에게 성령을 불어넣어 주셨다(요 20:22). 그러나 위에서 이미 자세히 살펴본 것처럼, 요한은 자신의 공동체가 경험한 성령세례를 누가의 오순절 사건과 같이 현저한 사건으로 묘사하고 있지는 않다. 그 대신, 요한복음이 전하는 성령세례에 관해 살펴보면, 부활하신 주님은 자신의 성령을 제자들에게 선물로 주시면서 그들로 하여금 자신의 죄 사함의 사역을 계속하여 행할 것을 명하신다(요 20:23). 요한에게 있어서 성령은 생명을 주는 하늘로부터 오는 "물"이며(요 6:63), 주님이 제자들에게 부어주시는 "물"은 제자들의 회복을 가져오게 된다(요 4:14; 7:38). 물론, 성령은 세상을 죄와 심판에 관해서 정죄하는 역할을 하기도 한다(요 16:7-11). 그러나 공관복음서 기자들과 마찬가지로, 요한에게 있어서 제자들에게 임한 성령세례는 그들로 하여금 주님이 행하신 죄 사함과 회복의 사역을 자신들의 사역 가운데서 계속해서 진행해야 할 책임과 의무를 의미한다.[242] 제자들의 사역에서 성령이 제공하는 지혜와 능력이 제자들과 함께 동행할 것이라는데에는 의심의 여지가 없다.

결론

우리는 이번 장에서 요한복음 20장과 사도행전 2장을 통하여 초대 교회의 성령세례에 대한 두 가지 입장에 대해서 살펴보았다. 요한과 누가는 한 목소리로 말하기를, 부활하신 주님이 하신 첫 번째 사역은 바로 성령으로 자신의 제자들에게 세례주시는 일이었다고 한다. 요한의 경우 이 성령세례는 한편으로는 두려움과 실망으로 인해 영적으로 죽어 있던 요한의 공동체를 살리시는 새 창조의 행위였으며, 또 다른 한편으로는 부활하신 주님에 의해서 세상으로 보내어지는 사명이 제자들에게 주어지는 사건이었다. 제자들은 예수님의 진리의 말씀을 친히 가르치시는 성령의 인도를 좇아 이 진리의 말씀과 구원 얻는 회개를 세상에 증거해야 할 사명을 부여받는다. 이 진리의 말씀을 받는 자들은 다 죄 사함을 받아 하나님께 속한 자들임이 드러나게 되고, 이 진리를 거절하는 자들은 자신들의 죄 가운데서 이미 심판을 받은 것이다.

사도행전 2장에서의 오순절 사건은 제자들에게 종말의 때에 약속된 하나님의 영이 임하게 되었음을 증거하여 준다. 이 종말의 영은 제자들을 하나님의 능력으로 덧입혀서 그들의 복음 전파에 담대함을 주시고, 여러 가지 기적과 치료들을 통하여 그들이 증거하는 말씀이 진리임을 증명하신다. 특히 불과 혀로 임한 성령은 제자들에게 방언들 곧 각종 인간의 언어들로 예수님을 통하여 이룩하신 하나님의 위대한 일들에 대하여 선포하게 하였다. 그러나 이 종말의 영은 이제 부활하신 주님을 증거하는 이 사역을 자신의 주목적으로 삼고 계시며, 회개하고 주님의 이름으로 세례를 받는 모든 자들에게 선물로 임하게 되었다. 이의 결과로, 하나님이 새로이 창조하신 종말의 때의 새 백성 곧 교회가 탄생하게 된다. 성령의 인도를 받는 제자들은 이 하나님의 공동체를 구성하게 되고, 이 공동체 가운데서 말씀과 기도와 교제와 나눔의 삶을 살게 된다. 결론적으로, 사도행전에 나타나는 성령은 제자들의 회심과 복음 전파와 교회 공동체의 삶 곧 구원의 역사의 모든 영역에서 자신의 영향을 현저하게 보여주고 있다.

마지막으로, 요한과 누가가 자신들이 경험한 성령세례에 대해서 공통적으로 주장하고 있는 가장 중요한 점은 성령세례를 통해서 증거되어지는 분은 성령이 아니라 바로 부활하신 주님이라는 것이다. 요한의 경우 성령은 주님의 진리의 말씀에 대해서 증거하시고 제자들로 하여금 이 말씀을 온전히 이해하도록 도우시는 보혜사이다. 누가의 경우 성령은 철저히 주님을 높이시는 일에 자신의 능력을 드러내신다. 성령은 부활하신 주님의 복음 전파를 위하여 제자들을 능력으로 채우시고, 그들의 선포에 함께 동행하신다. 이 성령은 예수님의 이름으로 세례를 받는 자들에게 찾아오시고, 그의 결과로 성령 자신이 높아지는 것이 아니라 주님의 말씀이 흥황하게 된다(행 6:7).[243] 또 성령은 기도하는 제자들에게 치료의 기적들을 베풀게 되는데, 이 치료의 기적들은 다 예수님의 이름을 근거로 하여 행하여진다.

CHAPTER

성령과 하나님의 새 백성 교회의 탄생

(Andrei Rublev 1360-1430)

교회를 지칭하는 그리스어 단어 에클레시아(ἐκκλησία)는 그 기본적인 의미가 "따로 불러내어 세워진 모임"을 의미하며, 그리스 도시들에서 여러 가지 정치적인 결정들을 하는 자유로운 시민들의 모임을 지칭하는데 우선적으로 사용되었다.[244] 유대인들이 자신들의 히브리어 성경을 그리스어로 번역할 때(LXX), 그들은 이 그리스어 단어 에클레시아를 하나님 앞에 '따로 불러 모인' 이스라엘 백성들을 지칭하는데 사용하였다. 따라서 원래 정치적인 의미를 내포하던 시민들의 모임인 에클레시아는 유대인들의 용법에서 하나님 앞에 따로 모인 이스라엘 회중을 의미함으로써 종교적인 색채를 띠게 되었다.[245]

부활하신 예수를 따르는 제자들도 유대인들의 선례를 따라 자신들을 에클레시아 곧 교회로 부르기 시작하였다. 이 사실은 자신들이야말로 하나님에 의하여 구분되어 따로 불러 모아진 하나님의 새 백성이라는 변론적(polemic)인 의미를 내포하고 있다(cf. 마 16:28; 행 7:38; 고전 11:18).[246] 따라서 초대 교회는 쿰란 공동체와 마찬가지로 주류 유대인들에 대한 비판과 함께 자신들만의 공동체가 하나님의 참 백성됨을 가장 잘 나타낸다고 주장하였다. 물론 성도들은 자신들의 모임이 하나님의 백성 이스라엘에 속하고 또 이스라엘에게 약속하신 축복들을 근거로 하여 탄생되었다고 굳게 믿었다. 주류 유대인들의 관점에서 봤을 때 예수 공동체는 쿰란 공동체나 사두개인 그룹 혹은 바리새인 그룹들처럼 하나의 종파(sect)로 간주되었을 것이다. 그러나 예수 공동체의 예수에 대한 배타적인 믿음은 곧 주류 유대 공동체와의 깊은 갈등을 야기하게 되었고, 예수 공동체 곧 교회의 대다수 구성원들이 이방인들로 채워졌을 때 교회와 유대 공동체는 자신들이 이제 완전히 다른 두 개의 집단들로 발전되어가고 있음을 자각하게 되었다.

마태복음 16장 28절에 기록되어 있듯이, 예수님이 반석 위에 자신의 교회를 세우시겠다는 약속은 신약 성경에 딱 한 번 기록되어 있다. 그러나 예수님을 따르던 초대 교회의 성도들은 자신들의 다양한 지역적, 인종적, 언어적, 종교적 배경들에도 불구하고, 자기들이 하나님이 따로 불러내어 세우신 하나님의 공동체 곧 교회라는 생각을 공통적으로 소유하고 있었다. 그렇다면 신약에 나타나는 여러 가지 기록들을 볼 때, 언제부터 성도들은 하나님의 구원사 가운데서 교회가 탄생하였고, 또 자신들이 그 교회 곧 그리스도의 몸의 구성원들이 되었다고 믿기 시작하였을까? 그리고 이러한 교회의 탄생과 성도들의 교회에 대한 자각에서 성령은 어떠한 역할을 감당하셨을까?

대다수의 학자들은 교회의 탄생을 사도행전에 기록된 오순절 사건에서 찾는데 큰 이견이 없을 것이다.247 앞장에서 살펴보았듯이, 오순절날 모인 성도들은 불과 바람으로 임한 성령의 역사에 크게 감동을 받게 되고, 약속된 종말의 때 곧 하나님의 마지막 날이 자신들 가운데 이제 시작되었다는 것을 자각하기 시작하였다. 하나님의 능력이 성령을 통하여서 자신들 가운데 측량할 수 없을 정도로 풍성히 임한 것을 체험하면서, 그들은 종말의 때가 자신들 가운데 이르렀다고 믿게 되었다. 그러나 제자들은 이 성령세례와 그에 따른 여러 가지 외적인 현상들은 오순절 사건의 본질이 아니라, 하나님이 자신의 새 백성 곧 부활하신 예수를 통하여 새롭게 창조하신 주님의 몸된 교회를 만들어가는 과정 속에서 나타난 부수적인 현상이라는 것을 자각하게 되었다. 따라서 사도행전 2장에서 기록하고 있는 오순절 사건의 가장 중요한 의미는 예루살렘에서 부활하신 주님에 대한 새로운 헌신으로 뭉친, 그리고 유대인들과 이방인들로 구성된 믿는 자들에 의하여 에클레시아 곧 하나님의 교회가 탄생하게 되었다는 것이다.

이 교회를 사도 바울은 그리스도의 몸이라고 부르고 있다(고전 12:13, 27). 한 몸이 여러 가지 지체들로 구성되어지듯이, 한 교회도 여러 지역들에 흩어져서 존재하는 여러 지역 교회 공동체들로 구성되어진다. 예수를 믿고 회개하고, 이의 결과로 부활하신 예수님의 성령세례가 반복되어 경험되어지는 곳마다 새로운 공동체들이 생겨나기 시작한다(행 4, 8, 9, 10, 13, 19). 누가가 사도행전에서 교회의 탄생을 거시적인 관점에서 논의하는 반면에, 바울은 한 개인 개인들이 어떻게 예수를 믿고 성령으로 세례를 받아 그리스도의 몸을 구성하게 되는지에 대해서 좀 더 미시적인 관점에서 세부적으로 묘사하고 있다. 또한 누가는 이상적인 초대 교회의 모습을 독자들에게 제시하고자 노력한 나머지 초대 교회의 현실적인 갈등들과 문제들을 최소화하는 경향이 있으나, 사도 바울은 특히 이방 세계에 세워진 다양한 초대 교회들의 실질적인 문제들과 씨름하면서, 그리스도의 몸으로서의 교회관을 정립해서 보여주고 있다. 비록 1세기 초대 교회 역사에서 다양한 교회 공동체들이 존재하였으나,[248] 누가의 사도행전과 바울의 서신서들이 교회에 대한 그들의 관점을 가장 명백하게 제시하여 주고 있기 때문에, 성령의 창조 사역에 비추어 본 교회에 대한 우리의 논의는 이 두 저자들에게 집중될 것이다.[249]

누가의 오순절 성령세례와 교회의 탄생

오순절 성령세례 이후에 제자들은 성령의 충만함으로 말미암아 하나님을 향한 새로운 열정에 사로잡히게 되었다. 새로운 종말의 때가 시작되었다는 긴박한 의식 속에서 제자들은 복음 전파에 전념하게 되었고, 그들의 선포에는 과거에 볼 수 없었던 담대함과 말씀에 대한 분명한 이해들이 성령의 영감으로 말미암아 동반되었다. 그러나 오순절날 그들이 경험한 성령세례는 제자들로 하여금 함께 모여 하나님을 경배하고 교제하며 세례를 베풀고, 모든 소유들을 공유하게 되는 새로운 믿음의 공동체를 형성하게 하였다. 비록, 누가는 교회라는 단어를 사도행전 5장 11절에서야 처음으로 언급하고 있으나, 오순절 사건을 묘사하는 사도행전 2장 41-47절에서 이상적인 교회 공동체의 예배와 삶을 묘사하고 있음은 의심의 여지가 없다.[250]

오순절 성령세례를 통하여 새롭게 형성된 예수 공동체는 무엇보다도 부활하신 예수님을 "주와 메시야"로 고백하는 그들의 믿음에 의하여 정의되는 공동체이다(행 2:32-33, 36; 5:30-32). 예수님이 주와 메시야라는 사실이 사도들의 선포의 핵심 내용이므로, '사도들의 선포를 받아들인 자들'(행 2:41), '모든 믿는 자들'(행 2:44; 4:32), 그리고 '믿음으로 구원받는 자들'(행 2:47)은 다 예수를 향한 믿음을 근거로 하여 새로운 교회 공동체의 일원이 된 자들을 일컫는 표현들이다.[251] 이 새로운 교회 공동체는 비록 성전에서 하나님을 예배하며 기도하는 일을 소중히 여기기도 했으나, 자신들의 메시야가 현재 하늘에 거하고 있다는 사실을 믿고, 사람의 손이 아닌 하나님의 손에 의해서 지음받은 성전을 사모하는 자들이었다(행 2:46; 7:48-50).

사도행전 8장에서 누가는 또 다른 성령세례에 대해서 언급하고 있다. 헬레니스트 일곱 집사 중 한 명인 빌립은 예루살렘 교회에 임한 유대인들의 핍박을 피해 사마리아로 내려가 예수에 대해서 선포하기 시작한다. 이스라엘의 변방에 머물며 차별받던 사마리아인들은 놀랍게도 빌립이 전한 하나님의 나라와 예수에 관한 복음의 선포를 믿고 세례를 받게 된다. 이에 예루살렘에 머물던 사도들은 사마리아인들이 하나님의 말씀을 받았다는 소식을 듣고 베드로와 요한을 그들에게 보낸다. 베드로와 요한이 그들을 위해서 기도하자, 이스라엘의 변방에 속한 사마리아인들은 오순절날 제자들이 받았던 동일한 성령세례를 체험하게 된다. 그의 결과로 사마리의 여러 마을들에서 교회 공동체들이 탄생하게 되었다(행 8:25). 예루살렘에서 시작된 말씀의 선포와 교회의 탄생은, 주님이 사도행전 1장 8절에서 예언하였듯이, 사마리아로 전달되어지고, 곧이어 모든 이방인들의 땅에서도 동일한 일들이 발생하게 된다.

계속되는 사도행전의 이방인들의 회심에 관한 이야기들에서 우리는 이방인들을 믿음으로 부르사 교회들을 만들어 가시는 성령의 직접적인 사역을 계속해서 목격하게 된다. 사도행전 10장에서는 성령이 직접 베드로와 고넬료의 모임을 주선하시고(행 10:19), 베드로의 설교를 듣고 회심한 고넬료의 가족들에게 예루살렘에서 제자들이 오순절날 경험한 동일한 성령의 세례를 경험하게 한다. 고넬료의 가족들과 친구들은 예수에 관한 베드로의 증언에 믿음으로 화답하고, 회개와 물세례를, 그리고 성령세례를 체험하게 된다(10:44-48). 흥미로운 점은 성령세례를 경험한 이방인들도 방언으로 말하며 하나님을 찬양하기 시작하였다는 사실이다(46절). 또한 안디옥에 이른 제자들도 예수에 관한 복음을 전파하며 회개의 말씀을 전파하자, 그곳에 큰 회심의 역사가 일어나게 되었고(행 11:24) 교회가 탄생하게 되었다(행 11:26).[252] 이 안디옥의 교회는 예루살렘 교회 다음으로 큰 교회로 성장하며, 이방인들을 위한 선교의 중심지가 된다.[253]

뿐만 아니라, 바울이 에베소에 이르러 복음을 전하며 믿는 자들의 머리에 안수하자, 성령이 그들 가운데 내려오시며 그들은 방언과 예언을 말하기 시작한다(행 19:6). 제자들은 유대인들의 회당에서 유대인들과 함께 안식일을 보내며 예수의 메시야 되심에 대해서 전파하였으나(행 19:8), 그들은 또 따로 안식 후 첫날 가정 교회들에 모여 자신들만의 예배를 드림으로써 자신들이 바로 이스라엘의 '남은 자'(remnant)로 구성된 새롭게 회복된 하나님의 백성들임을 점차 깨달아가게 된다. 그리고 그들의 정체성을 결정하는 가장 중요한 요소는 이제 율법에 대한 그들의 태도가 아니라, 예수 그리스도의 주되심과 메시야 되심에 대한 그들의 태도 곧 믿음의 여부이다. 따라서 에베소 교회에서 바울은 교회를 "하나님이 자신의 아들의 피로 값주고 사신 하나님의 교회"(행 20:28)라고 부르고 있다. 하나님이 계획하신 구원의 경륜을 따라, 예수님의 사역을 근거로 하여 성령이 효과적으로 유대인들과 이방인들로 구성하여 세우신 하나님의 백성으로서의 교회의 정체성은 스데반과(행 7), 예루살렘의 사도들과(행 15), 사도 바울에(행 15) 의하여 반복해서 행해진 설교들에서 잘 나타난다.[254] 유대인들과 이방인들에게 공통적으로 부어진 성령은 이제 하나님의 백성됨이 율법의 소유 여부에 있는 것이 아니라, 그리스도를 믿는 믿음에 있다는 것을 모두에게 말하여 주고 있다.

초대 교회의 가장 두드러진 특징 중의 하나는 성령의 능력 있는 임재로 말미암는 열정과 자발성이었다. 모든 믿는 자들 가운데 거한 성령은 사람들로 하여금 자발적으로 복음 전파 사역에 관여하게 하며, 다양한 교회 공동체의 사역들과 교제에 기쁨과 열정으로 참여하게 하였다(행 2:42-46). 그러나 우리는 곧 열두 사도들이 말씀과 기도 사역에 전념하기 위하여 일곱 집사를 세우게 되는 것과(행 6-8),[255] 열두 사도 가운데서도 베드로와 요한과 야고보 등 세 명의 제자들이 핵심 그룹으로 등장하게 되는 것을 목격한다(행 2-5; 12:2). 뿐만 아니라, 예수님의 형제인 야고보가 어떤 의미에서는 베드로와 열두 사도의 권위를 뛰어넘는 예루살렘 교회의 '실세'로 등장하게 되고(행 12:17; 15:13-21; 21:17; 갈 2:9), 장로들의 모임이 형성되어 그를 돕는 것을 목격하게 된다(행 11:20; 21:18). 예루살렘 교회 안에서는 바리새인들이나 유대인 사제 출신 성도들은 아무런 특별한 지위를 누리지 못하였다(행 6:7; 15:5). 반면에, 아가보와 같은 선지자나 선생들은 안디옥 교회에서 중요한 지도자의 위치를 차지하게 되나(행 13:1-3), 예루살렘 교회에서는 예언자들의 활동에 대해서 전혀 언급되지 않는다.

결론적으로, 여러 지역들에 세워진 교회 공동체들은 예수에 대한 그들의 공통의 믿음과, 그리고 공통적으로 경험한 성령의 세례를 근거로 하여 자신들이 이제 하나님의 백성이 되었다는 자의식을 가지게 되었고, 이 공동체들은 다른 형제 교회들을 도와 주고 돌아보아야 할 의무와 책임이 있음을 깨닫게 되었다. 초대 교회의 많은 공동체들 가운데서도 예루살렘 교회와 안디옥 교회가 가장 크게 번성하였다. 예루살렘 교회는 모교회로서 유대인들을 위한 사역을, 그리고 안디옥 교회는 이방인 선교를 위한 전초기지가 되었다(cf. 갈 2).

바울의 성령세례와 그리스도의 몸된 교회

세례 요한이 광야에서 거하다가 팔레스타인으로 돌아와 회개와 물세례를 선포하자, 오랜 예언의 가뭄을 경험한 유대인들은 하나님이 무엇인가 중요한 일을 자신들 가운데서 행하기 시작하였다는 각성된 의식을 가지게 되었다. 새로운 예언자의 등장과 곧이은 성령으로 기름 부음 받은 메시야 예수의 등장은 유대 사회로 하여금 종말의 때에 대한 그들의 기대가 지금 현실화되어지고 있는 것은 아닌가 하고 기대하게 하였다.

예수님의 부활 후 오순절의 성령세례를 경험한 제자들은 자신들 속에 내재하는 성령의 역동하는 움직임을 통하여 새로운 생명과 활력을 자신들의 삶과 예배 가운데서 경험하게 되었다. 이들은 자신들에게 임한 오순절의 성령세례를 마른 땅에 내린 하늘로부터의 폭우처럼 "퍼부어졌다"(ἐκχέω, 행 2:17, 욜 2:28; 겔 39:29)라는 표현을 통해서 생생하게 설명하고 있다. 사도 바울과 그의 교회들도(롬 5:5; 딛 3:6) 역시 이 성령세례 곧 성령의 퍼부어짐에 대하여 중요하게 언급하고 있는데, 특히 고린도전서에서 바울은 믿는 자들이 다 한 성령으로 세례를 받고 한 성령을 "마시게 되었다"(ποτίζω)고 주장한다: "우리가 다 유대인이든 그리스인이든, 자유한 자이든 노예이든, 한 성령으로 세례를 받아 한 몸이 되었고, 우리가 다 한 성령을 마시게 되었으니"(사역, 고전 12:13).[256] 이러한 "퍼부어졌다" 혹은 "마시게 되었다" 등의 생생한 표현들은 초대 교회 성도들이 경험하였던 성령세례가 자신들이 객관적으로 자각할 수 있을 정도의 강력한 경험이었음을 나타내어 줄 뿐만 아니라, 성령세례를 통하여 임한 하나님의 창조의 능력이 영적으로 죽어 있던 자신들 가운데서 하늘로부터 오는 생명력으로 느껴졌다라는 것을 말하여 준다.

초대 교회의 다양한 공동체들에 속한 모든 성도들은, 자신들의 다양한 신학적인 이해와 입장들의 차이에도 불구하고,257 하늘로부터 "퍼부어"진 약속된 성령을 자신들의 기대에 넘치도록 체험하였다는 공통된 경험을 신약 성경의 다양한 본문들에서 보여주고 있다. 이 성령세례는, 오순절날 베드로의 설교에서 잘 보여지고 있듯이, 예수님의 부활이 진실된 사건이었음을 증명하고, 나아가 성령세례와 예수님의 부활은 모든 성도들에게 하나님의 마지막 날 곧 종말의 때가 자신들 가운데 임하였다는 믿음을 가지게 하였다.258 성도들은 자신들 속에서 체험하는 살아 역동하는 성령의 역사와 각종 은사들, 그리고 선포되는 말씀들에 동반되는 하나님의 능력으로서의 성령의 활동들을 통해서 부활하신 예수님에 대한 자신들의 믿음이 사람이 만들어낸 하나의 생각이 아니라, 하나님으로부터 기인한, 그리고 하나님 자신에 의하여 친히 확증된 사실임을 믿을 수 있게 되었다. 그들은 부활하신 예수님에 대한 공통된 믿음과 그들 가운데 거하시는 성령에 대한 공통된 경험을 근거로 하여, 자신들이 동시대의 다른 유대인들과 로마인들부터 구분되는 하나의 새로운 예수 공동체를 구성하게 되었다는 자의식을 가지기 시작하였다(고전 1:23-24).

바울은 이방인 교회들에 보내는 자신의 많은 편지들 속에서 그에 의하여 새롭게 형성된 교회들이 앉고 있는 다양한 신학적·목회적 문제들을 논쟁과 변론을 통하여 분명히 하려고 하였다. 그러나 흥미롭게도, 바울은 한번도 그들이 성령을 체험하였다는 사실에 대해서는 논쟁하지 않고 있으며, 오히려 성령 체험이 성도들이 가지게 된 보편적인 경험임을 전제로 하여 이 성령 체험을 자신의 다양한 논의들을 위한 증거로 사용하고 있다. 예를 들어 데살로니가전서 1장에서 바울은 데살로니가 교인들이 자신의 복음을 어떻게 "성령의 기쁨"(살전 1:6)으로 받아들이게 되었는지에 대해서 되돌아보게 하며, 또 성령이 어떻게 하나님의 능력으로 자신의 복음 사역에 동행하였는지에 대해서 데살로니가 교인들을 상기시키고 있다. 나아가 바울은 하나님을 "성도들에게 성령을 주시는 분"(살전 4:8)으로 부르고 있으며,[259] 데살로니가 교인들에게 예언을 금하지 말고 성령을 소멸하지 말것에 대해서 당부하고 있다(살전 5:19-20). 예수님의 재림에 대하여 자신의 논쟁의 촛점을 맞추고 있는 데살로니가전서에서, 바울이 이토록 다양하게 성령에 대해서 언급하고 있다는 사실은 성령이 얼마나 그의 신학 전반에 깊은 영향을 미쳤으며, 나아가 성령 체험이 어떻게 초대 교회들이 경험한 가장 핵심적인 사건들 중의 하나였는지에 대해서 잘 이야기해 준다.

바울의 복음 전파의 결과로 탄생한 갈라디아 교회는 유대인 출신 그리스도인 정적들의 율법에 대한 강조에 설득되어 자신들에게 할례를 행하려고 하였다(갈 5:1-8).[260] 바울의 정적들의 논리는 이제 복음을 믿어 아브라함의 자손들이 된 이방인들은 하나님의 백성된 표인 할례를 받고 율법을 지킴으로써 하나님과의 바른 언약의 관계 속에 거해야 한다는 것이었다(갈 3:15-18; cf. 창 17). 이에 대해 바울은 아브라함의 "씨"에 대한 하나님의 약속은 400년 후에 주어진 율법을 선행하며, 아브라함의 씨는 바로 예수님을 지칭한다고 주장한다. 놀랍게도, 이러한 논의에서 바울은 갈라디아 교인들이 체험한 성령을 근거로 하여 자신의 변론을 시작하고 있다(갈 3:1-5): "너희가 성령을 받은 것은 율법의 일들을 통해서냐 아니면 [바울의 예수님에 관한 복음을] 믿음으로 들음으로서냐?"(사역, 갈 3:2).[261] 흥미롭게도, 여기서도 바울은 하나님을 "성령을 주시고 그들 가운데서 기적을 행하시는 분"(갈 3:5)으로 부르고 있다. 바울의 논지는 아브라함에게 허락된 하나님의 약속, 곧 "모든 나라들이 너를 통해서 복을 받으리라"는 그 약속이 갈라디아 교인들의 예수님에 대한 믿음을 통하여 경험된 "성령의 약속"(갈 3:14)을 통하여서 이미 그들에게 허락되어졌다는 것이다.

바울은 주장하기를, 율법은 하나님의 아들이 이 땅에 오시기 전까지만 하나님의 백성들을 인도하는 선생의 역할을 하며(갈 3:23-25), 하나님의 아들이 와서 자신의 일을 마친 후에는 아들의 영 곧 성령이 이 땅에 와서 사람들의 삶을 인도하신다고 말한다(갈 4:1-6; cf. 요 14-16). 따라서 바울의 관점에서는, 이미 오신 성령 곧 아브라함을 통하여 약속된 축복을 이미 자신들 가운데서 풍요롭게 누리고 있는 갈라디아 교인들이 아들이 오시기 전까지 임시로 주어졌던 율법으로 다시 돌아가려는 그들의 행위는 마치 대학원을 다니고 있는 성인이 성인으로 자라가기 위하여 유치원으로 다시 돌아가려는 행위와 같은 것이다.

다른 어떤 교회들보다도 더 풍성히 성령의 은사를 누리고 있던 고린도 교인들에게도, 바울은 그들이 어떻게 자신의 복음 전파에 드러난 하나님의 성령을 체험하게 되었는지에 대해서 설명한다(고전 2:4). 하나님의 성령은 각종 성령의 은사들과 함께 현재 고린도 교인들 가운데 친히 거하시는 분으로 묘사되고 있고(고전 3:16; 6:19; 12), 그 성령이 그들을 "씻으시고, 거룩케 하시고, 의롭게 하셨다"고 주장한다(고전 6:11). 이 성령의 사역을 통해서 고린도 교인들은 주님과 하나로 연합되어졌고(고전 6:17), 나아가 주님의 몸을 구성하는 구성원들이 되었다(고전 12:13). 여기서 바울은 각 개인들이 회심의 때에 받은 그 성령의 경험을 그들이 그리스도의 몸으로 연합하게 되는 성령의 세례라고 지칭하고 있다.[262] 그리스도의 몸을 구성하게 된 각 개인들은 성령에 의하여 각종 은사들이 주어지게 되는데, 이 은사들을 통해서 그들은 그리스도의 몸을 세워가는 일을 하도록 의도되어진다(고전 12-14). 이어지는 고린도후서에서 바울은 "보증금

(down payment)" 혹은 "첫 납부금(first installment)" 등의 표현을 통해서 고린도 교인들이 경험한 성령의 세례가 이어지는 그들의 영광스런 변화의 시작을 의미하며, 마침내 성령이 그들의 몸의 부활로 인도할 것임에 대해서 자세히 설명하고 있다(고후 1:21-22; 4:16-5:5).

마지막으로, 바울은 로마에 있는 교인들에게 쓴 편지에서도, 하나님의 사랑이 믿는 자들에게 허락된 성령을 통하여 "퍼부어졌다"고 말한다(롬 5:5). 바울 서신서 중에서 유일하게 로마서는 그가 직접 세우지 않은 로마에 있는 교회에 보내진 편지이며, 로마 교인들의 모든 상황에 대해서 바울이 얼마나 잘 이해하고 있는가에 대해서는 학자들 간에 많은 논란이 있어 왔다.[263] 이런 맥락에서, 로마서 5장 5절에 기록된 성령에 관한 바울의 주장 곧 로마의 모든 교인들을 포함한 "우리"가 다 성령으로 부어짐을 입었다는 주장은 상당히 위험한 주장일 수가 있다. 왜냐하면 만약 소수의 로마 교인들이라도 이러한 성령체험을 공유하고 있지 않다면, 로마서 전체의 바울의 논리 전개는 곧바로 붕괴되어지기 때문이다. 그러나 바울은 성도들의 보편적인 경험으로서의 성령세례 체험에 대해서 당연히 모든 로마 교인들이 동의할 것으로 전제하고 있으며, 이 성령세례를 모든 이방인 신자들에게 주어진 "마음의 할례"(롬 2:29; 렘 4:4; 9:25-26; 겔 44:9)라고 부르고 있다. 이 마음의 할례 곧 성령의 세례를 받은 이방인들은 "참 유대인"이 되며 율법의 저주와 사망을 극복할 성령 안에서의 새로운 삶을 경험하는 것으로 바울에 의해서 주장되어진다(롬 7-8). 로마서 7-8장에 묘사된 성령의 역할은 죄와 사망과 율법에 의하여 통제받던 아담과 그의 자손들의 삶이 성령에 의해서 인도되고 통제 받음으로 의와 생명을 경험하게 되는 것이다. 로마서 8장에서 설명되고 있는 성령은 성도들의 삶을 가장 결정적으로 형성하는 분으로서 이해되며, 바울의 성령 신학의 가장 발전된 모습을 잘 보여 주고 있다.[264]

결론적으로, 바울은 자신의 서신서들에서 성도들의 성령세례의 체험에 대해서는 한 번도 변증하여 증명하려 하지 않고, 오히려 모든 성도들이 다 공통적으로, 그리고 보편적으로 경험한 사실로 간주하고 있다. 따라서 바울의 신학을 따르면, 하나님의 성령을 소유한 자는 다 하나님께 속하였고, 그리스도의 성령을 소유하지 않은 자는 하나님께 속하지 아니한 자이다(롬 8:9, 14). 바울은 스스로의 경험을 통해서 자신의 복음 전파 사역에서 성령의 역사가 얼마나 결정적인지에 대해서 배웠고, 회심을 경험한 성도들의 삶의 모든 영역에 미치는 성령의 영향은 하나님에 의하여 창조된 새로운 생명의 가장 중요한 요소임을 알게 되었다. 바울에게 있어서의 성령은 (1) 자신의 복음 사역에 동행한 하나님의 능력이요, (2) 하나님의 창조의 영으로서 믿는 자들로 하여금 새 생명을 경험하게 하는 분이시며, (3) 그리스도의 영으로서 성도들을 그리스도와 연합하게 하고, (4) 그리스도의 성품을 그들 안에 형성하는 분이시다.[265] 또한 (5) 그리스도의 영이신 성령은 모든 회심한 개인들을 그리스도의 몸에 접붙히사 한 몸된 하나님의 백성을 형성하게 한다.

성령세례와 그리스도의 몸

성령은 바울이 복음을 이방인들에게 전할 때, 그리고 복음을 들은 이방인들이 믿음으로 화답할 때 그들에게 임하였다(살전 1:5; 롬 15:16, 18-19; 갈 3:2-5). 여기서 성령은 전파된 복음과 함께하는 하나님의 능력이요, 믿음으로 듣고 응답하는 자들을 하나님의 백성으로 만드시는 하나님의 창조의 영이다. 성령세례의 시기에 대해서-성령세례가 회개 시에 주어지는 단 한 번의 경험인지, 아니면 회심 이후에 주어지는 제2의 축복으로서의 경험인지에 대해서-많은 논란이 있어 왔다.[266] 그러나 이 성령세례의 시기와 회심에 대한 정의들에 관한 현대인들의 논의에 대해서 바울은 별로 중요하게 생각하고 있지 않는 것 같다. 왜냐하면 바울에게 있어서의 성령세례는 분명히 회심의 때에 임한 성령의 현저한 역사를 의미하며, 동시에 이 성령은 자신의 다양하고 역동적인 활동들을 통해서 성도들의 삶 가운데서 계속적으로, 그리고 반복적으로 경험되어지기 때문이다.[267] 때로는 신적인 영역들에 대한 인간의 언의를 통한 정의가 신적인 영역들을 제한하는 결과를 가져오게 된다.

사도 바울에게 있어서 성령의 체험은, 가장 우선적으로, 각 개인들이 하나님과 화해하여 하나님에 대하여 영적으로 살아나고, 그의 결과로 형성된 아들과 아버지로서의 새로운 관계를 의미하고 있다(갈 4:6; 롬 8:14). 이런 측면에서, 성령은 "노예의 영"이 아니라 "양자의 영"(spirit of adoption)으로 불리워진다(롬 8:15). 그러나 동시에, 이 성령의 역사를 통해서 가능해진 하나님과 성도들의 개인적인 새로운 관계는 항상 공동체적인 성격을 띠게 된다. 다시 말하면, 한 개인이 회심하여 아담이 파괴해 버린 하나님과 인간들과의 관계를 개인적으로 회복할 때, 이 회심한 개인은 하나님의 백성이라는 공동체에 자연적으로, 그리고 필연적으로 소속되어진다는 사실이다. 따라서 회심은 개인적인 결정으로서 한 개인의 삶의 방향이 완전히 바뀌어지는 사건인 동시에, 이 개인들이 반드시 하나님의 백성의 구성원이 된다는 측면에서 공동체적인 현상을 띠게 된다. 따라서 바울은 성도들의 성령세례에 대해서 혹은 성도들의 삶에 미치는 성령의 역할들에 대해서 논의할 때마다, 개인들을 향하여 개인적인 용어로 권고하기보다는(고전 7:40), "우리들" 혹은 "너희들"의 복수형의 단어들을 써서 전체 교회를 향한 성령의 역할들에 대해서 논의하곤 한다.

사도행전에서 성령세례를 경험한 제자들이 유대인들의 회당 모임과 구분되는 또 다른 모임들을 만들어 따로 모여 예배드렸듯이, 바울의 복음 전파를 통하여 회심한 이방인들은 함께 모여서 각 지역의 교회 공동체를 구성하거나(행 13:42-43; 14:17; 18:5-8; 19:8-10), 아니면 이미 존재하고 있는 교회 공동체에 즉시 소속되어 함께 예배함으로써 새로운 공동체적 정체성을 소유하게 되었다. 따라서 누가와 바울에게 있어서 교회 공동체는 무엇보다도 각 개인 구성원들의 개인적인 그러나 공통된 성령 체험을 근거로 하여 형성된 예수 공동체이다.[268] 그러나 바울의 경우는 이 새로운 예수 공동체가 단순히 하나님의 백성을 의미하는 교회에 머무는 것이 아니라, 그리스도를 머리로 하는 그리스도의 몸을 의미하게 된다(롬 12:3-13; 고전 12:13, 27; 골 1:24-25). 여기서 우리는 바울이 그리스도의 몸으로서의 교회를 전통적인 유대인들의 하나님의 백성에 대한 이해와 전혀 다르게 제시하고 있는 것을 보게 된다(cf. 롬 11).

바울은 로마서 12장 3-13절에서 성도들이 그리스도의 몸을 구성하고 있으며, 각 성도들은 그 몸의 개개의 구성원들이라고 말하고 있다. 고린도전서 12장 27절에서도 바울은 개개인의 성도들은 그리스도의 몸의 각 부분들로서 다 함께 하나의 몸을 구성하게 된다고 주장한다. 그러나 여기서 중요한 것은 성령세례의 경험은 즉각적으로 세례 받은 개인을 그리스도의 몸의 한 구성원이 되게 한다는 사실이다. 개인의 회심은 즉시로 그 회심한 개인을 하나님의 백성들로 구성된 공동체의 일원이 되게 한다. 유대인과 헬라인, 그리고 자유인과 노예, 그리고 남자와 여자들로 구성된 교회 공동체의 구성원들은 자신들의 지역적, 인종적, 사회적 신분의 차이에 상관 없이, 오직 동일한 한 성령으로 말미암아 세례를 받았다는 사실에 근거하여 모두 다 동등한 조건으로 한 몸을 이루게 된다. 따라서 성령세례를 경험하여 한 몸이 된 그리스도의 지체들은 이제 "성령의 교제"(ἡ κοινωνία τοῦ ἁγίου πνεύματος, 고후 13:13/14; 빌 2:1)-성령에 의하여 창조되고, 성령에 의하여 유지되는 교제-에 함께 동참하게 되며,269 성령으로 말미암는 다양한 은사들을 통하여 다른 지체들을 섬기는 사역으로 부름을 받게 된다. 바울은 빌립보 교인들에게도 하나된 마음을 품으라고 권하면서 그들이 공통적으로 경험한 성령의 체험을 그 근거로 제시하고 있다(빌 2:1-4). 결론적으로, 성도들이 경험한 성령세례는 모든 성도들을 그리스도의 한 몸으로 모으는 단일화의 효과를 발휘한다는 측면에서 예수 공동체의 가장 중요한 자격 요건이 된다.270

다양한 지체들과 성령의 다양한 은사들

바울에게 있어서 성령은 두 가지 구약에 나타난 하나님의 영의 역할들을 잘 보여주고 있다. 바울이 예수님의 복음을 선포할 때 동반된 성령은 기적을 통해서 표현된 하나님의 능력이었고, 또 모든 성도들의 회심 과정 중에 찾아오신 성령은 그리스도의 몸된 공동체를 창조하게 하는 하나님의 창조의 영이었다. 바울에 따르면, 이 창조의 영, 그리고 하나님의 능력으로서의 성령은 모든 성도들이 공통적으로 경험한 실체로서 성도들을 하나로 연합하여 한 몸, 곧 그리스도의 몸을 구성하게 하였다. 그리스도의 몸으로서의 성도들의 연합은, 갈라디아서 3장 27-29절에서 바울이 잘 묘사하고 있듯이, 성도들 간에 존재하는 인종적, 신분적, 성적 차별들을 극복하고 넘어서게 하는 시대적 제한들을 뛰어넘는 현상이었다. 따라서 하늘로부터 내려온 성령에 의하여 시작된 성도들의 그리스도의 몸 안에서의 연합은 세상에서 인간들에 의하여 만들어진 모든 차별과 부조리와 불평등을 넘어서는 일을 가능케 하였다. 물론, 그리스도의 몸 안에서의 이상적인 평등과 다양한 지체들 간에 존재하는 현실적인 차이점들은 주님이 재림하시기 전까지 항상 긴장 속에 공존하게 될 것이다. 왜냐하면 이 땅에서의 그리스도의 몸은 아직 온전함에 이르지 못하였기에 계속해서 자라가야 하고(엡 4:15), 각 개인들도 자신들 가운데 거하시는 성령의 인도와 감동 속에서 주님의 형상을 따라 계속해서 변화되어져 가는 과정 중에 있기 때문이다(고전 3:18; 롬 12:2; 빌 3:13-14).

성령세례를 통하여 믿는 자들로 하여금 한 몸 곧 그리스도의 몸을 창조한 성령은 동시에 자신이 창조한 그리스도의 몸을 친히 유지시키고 성장시키는 역할을 감당하게 된다. 성령이 어떻게 그리스도의 몸을 성장시키고, 계속해서 그리스도의 몸으로서의 공동체 속에서 공동체의 생명력을 유지시켜가고 있는가? 성령은 그리스도의 몸된 공동체의 각 구성원들에게 다양한 은사들을 공급하여 자신의 임재를 체험하게 하고, 자신의 능력을 깊이 경험하게 함으로써 성령을 체험한 지체들이 그리스도의 몸된 공동체를 섬기게 하며, 나아가 그리스도의 몸의 생명력을 유지시켜 나가게 하신다(롬 12:6; 고전 12:7).[271] 로마서 12장과 고린도전서 12장에서 바울은 말하기를, 믿는 자들 개인들은 모두 다 그리스도의 몸의 일부분을 형성하고 있고, 각 개인들은 성령이 자신의 자유로운 뜻을 따라 부여한 성령의 은사들과 사역들을 통해서 공동체를 세우는 역할을 감당하게 된다(고전 12:11). 따라서 모든 지체들은 성령의 뜻에 따라 자신들에게 주어진 성령의 은사들을 통하여 한 몸 곧 그리스도의 몸된 공동체를 섬기기 위한 다양한 기능들을 행하게 된다. 그리스도의 몸의 구성원이 된다는 것은 성령의 세례를 통하여 그몸으로 연합되는 경험을 시작으로 하여, 그 구성원들 속에서 역사하는 성령을 통해서 공동체를 섬기기 위한 다양한 사역과, 그 사역을 감당하기 위한 다양한 은사들을 계속해서 부여 받는다는 것을 의미한다.

인간의 몸 전체가 건강하기 위해서는 인간의 몸의 모든 지체들이

다 건강하여 제 기능을 효과적으로 발휘해야 하듯이, 그리스도의 몸이 건강하기 위해서는 모든 개개의 지체들이 건강해야 하고 또 다양한 성령의 은사들을 통해서 계속해서 그 몸을 섬기는 사역을 감당해야 한다. 결론적으로, 그리스도의 몸의 단일성은 다양한 지체들이 공통된 성령의 체험을 통해서 그리스도 안에서 연합할 때 이루어지며, 그리스도의 몸의 건강함은 모든 지체들이 다양한 은사와 사역들을 통해서 그 몸된 공동체를 섬길때에만 유지되어진다. 우리 몸의 일부가 제 기능을 발휘하지 못할 때 우리는 아프다고 하며, 그리스도의 몸된 지체들이 성령의 감동과 은사를 통해서 공동체를 섬기지 못하게 될 때 우리는 그리스도의 몸이 병들어 있음을 알 수 있다.

바울은 로마서 12장 6-8절과 고린도전서 12장 8-10, 28-30절에서 다양한 성령의 은사들에 대해서 언급하고 있는데, 이 은사들은 크게 말에 관한 은사와 행동에 관한 은사들로 나뉘어진다.[272] 말에 관한 은사들은 지혜의 말씀, 지식의 말씀, 예언, 그리고 방언을 포함하고 있고, 행동에 관한 은사들은 봉사, 나누어 줌, 가르침, 치료, 경영, 그리고 인도 등을 포함하고 있다. 바울이 언급한 성령의 은사들에 관한 목록들은, 무엇보다도, 한 몸을 섬기기 위한 여러 은사들의 다양성이 그 특징이며, 사람들의 관심을 끌만한 놀라운 현상들과 또 아무도 주목하지 않을 듯한 평범한 봉사들 둘 다를 포함하고 있다.[273] 그리스도의 몸은 놀라운 기적의 은사들과 평범한 봉사의 은사들을 다 필요로 하며, 이 모든 은사들은 동일한 성령으로 말미암았고, 주님 앞에서 동일하게 중요하다(고전 12:4-6). 신령한(πνευματικος) 성도가 되는 것은 그 성도가 기적적인 은사들을 소유했느냐의 여부에 달린 것이 아니라, 자신에게 주어진 은사들을-사람들의 눈으로 볼 때 놀라운 것이든, 아니면 평범한 것이든 간에-통하여 어떻게 그리스도의 몸된 공동체에 기여하게 되는지 그 여부에 전적으로 달려 있다(고전 12:14-

26).

  또한 성령의 은사들은 그리스도의 몸된 지체들이 어떻게 다양한 은사들을 통해서 상호 긴밀히 연관되고 있는지를 잘 보여주고 있다. 은사들의 목적은 그 은사를 소유한 자가 자신의 이익을 위해서 쓰는 것이 아니라, 다른 지체들을 세워주기 위해서 쓰여지도록 계획되어진 것이다. 손과 발이 다른 기능으로 온몸을 섬기듯이, 각 지체들은 자신들만의 다양한 기능들로 그리스도의 몸 전체를 섬기게 되는 것이다. 결국 그리도의 몸의 지체된 모든 믿는 자들은 여러 가지 은사들을 가지고 자신만의 이익을 위해서가 아니라, 전체 공동체를 섬기는 적극적인 공동체의 구성원들이 되어야 한다.

  그러나 고린도전서와 로마서에 나타난 은사들의 목록들은 고린도 교회와 로마 교회의 특징적인 현상들을 담고 있으며, 바울과 그의 교회들이 경험한 모든 은사들을 다 나열하여 보여주고 있는 것은 아니다. 또한 이 목록들에 나타난 다양한 은사들은 그 기능들에 있어서 상호 겹치는 부분들도 많이 보인다. 바울은 성령의 본질과 현상이 때론 인간의 이해 능력을 벗어나는 신적인 현상임을 겸허히 받아들이기에, 이 모든 은사들을 정확하고 세밀하게 인간의 언어로 정의하려 하지 않고 있다.[274] 바울은 자신의 서신서들에서 주로 그의 교회들이 당시에 겪고 있는 여러 가지 어려운 문제들에 대해서만 촛점을 맞추고 있었기에, 바울과 그의 교회들이 실제로 경험한 성령의 은사 체험들은 고린도전서에 기록된 고린도 교회가 경험한 성령의 은사들보다도 훨씬 더 광범위한 현상일 수 있음을 기억해야 하겠다. 다시 말하면, 성령의 은사들에 대한 우리들의 이해는 현재 성도들이 경험하고 있는 다양한 은사 체험들과 성경과 다른 기독교 역사 기록들에 기록된 과거의 경험들을 다 함께 고려해서 보아야 한다는 것이다. 따라서 성령에 대해서 배우는 우리 현대인들은 이 모든 과거와 현재의 성령의 현상들의 주인이신 성령의 영감을 그 어느 때보다도 더 절실히 필요로 하고 있다.

이스라엘과 교회

누가

막스 터너(Max Turner)가 강조하여 말하고 있듯이,[275] 사도행전 2장 33-36절에서 베드로는 부활하신 예수님이 하나님의 우편으로 높아지시고, 다윗의 주로서 다윗 자손 메시야에게 약속된 모든 능력과 왕권을 회복하였다고 선포하였다. 이 베드로의 높아지신 메시야 예수님에 대한 선포는 "야곱의 집"에 임할 다윗의 통치의 회복을 의미한다(눅 1:32-33). 그러나 문제는, 터너가 질문하듯이, 하늘의 보좌에 앉으신 주님을 통해서 어떻게 이스라엘에 대한 통치의 회복이 가능해지는가이다. 터너에 따르면, 누가는 이 질문에 대해서 오순절날 하늘에서 부어진 성령이 부활하신 주님의 역사하는 통치의 능력으로서(executive power) 이스라엘에 대한 주님의 통치의 회복을 가능케 한다는 것이다.

제자들에게 임한 능력의 하나님의 성령은-터너는 자신의 저서들에서 성령을 특히 "예언의 영"으로 부른다-공동체에도 임하여 그 공동체로 하여금 회복된 하나님의 통치를 경험케 하고, 하나님의 나라에 관한 구원의 복음을 세상 끝까지 전하게 하는 "세상의 빛"이 되게 한다(눅 24:47-49; 행 1:3-8; 비교 사 49:6). 뿐만 아니라, 성령은 이 공동체의 죄를 씻으시고 그들의 삶과 예배를 현저하게 회복시킴으로써 하나님의 징계 아래 놓였던 그들에게 과거 이스라엘의 약속된 회복을 실현시켰다. 이런 측면에서, 개인들과 공동체에 임한 오순절의 성령과 그의 다양한 활동들은 하나님이 자신의 종말의 영 혹은, 터너의 견해를 따르면, "예언의 영"을 통하여 이스라엘을 회복하시겠다는 과거 하나님의 약속의 성취인 것이다.276 따라서 터너는 결론짓기를, 누가에게 있어서 성령은 이스라엘의 변화와 회복을 위하여 역사하는 하늘에 계신 주님의 통치의 가장 근본적인 능력의 수단이다. 누가의 성령 이해에 관한 터너의 입장에 따르면, 성령을 통해 부활하신 그리스도에 의해 통치되는 교회는 곧 하나님에 의해 회복된 이스라엘을 의미하고, 성령은 부활하신 주님에 의해 회복된 이스라엘에 대한 통치의 능력이다.

본 저자는 누가의 성령에 대한 터너의 이러한 이해에 근본적으로 동의하고 있으나, 이 성령을 단순히 "예언의 영"으로 부르기보다는 이스라엘을 회복하기로 약속된 종말의 하나님의 영으로 부르는 것이 더 옳다고 본다. 왜냐하면 "예언의 영"은, 터너 자신이 직접 언급하고 있듯이, 성전 파괴 후 후기 유대인들이 성령을 이해한 개념이며,277 또한 "예언의 영"으로서의 성령의 정의는 그 범위가 너무 협소하여 하나님의 영에 대한 구약과 유대인들의 다양한 이해를 제한하는 경향이 있기 때문이다.278

초대 교회 성도들은 부활하신 주님이 하나님의 영 곧 종말의 영의 주가 되어 세상에 성령을 부어주셨다고 하면서 유대인들과의 차별화된 성령 이해를 보여주고 있다. 그러나 사도행전에 나타난 성령은 단순히 이스라엘의 메시야의 하늘로부터의 통치하는 능력에 머물기보다는, 온 세상을 통치하는 예수의 주되심과 더욱 밀접한 연관이 있다. 이는 하나님의 회복된 왕국을 의미하는 주님에 관한 복음이 단순히 이스라엘의 메시야의 영토인 예루살렘과 유대 땅에 제한되지 않고 부활하신 주님의 영토인 온 세상으로 퍼져가야 하며, 이 일을 위해서 성령이 현저하게 제자들 가운데서 역사하고 있다는 사실에서 잘 드러난다. 또한 비록 성령이 주님의 뜻을 위하여 역사하는 것은 틀림이 없지만(행 2:33), 사도행전의 성령은 하나님과 주님과 구별되어 자신만의 의지를 가진 독립된 인격체로 묘사되기 시작한다(행 10:19-20). 따라서 사도행전 전체에서 묘사되는 성령과 부활하신 주님과의 관계는 단순히 주인과 주인이 '하늘에서 행사하는 능력'(executive power)보다도 훨씬 더 복잡한 두 인격체들의 교제인 것이다.[279]

누가가 부활하신 주님을 이스라엘의 메시야일 뿐만 아니라 세상의 주님으로 선포하고 있듯이(행 2:36), 누가의 이해에서 교회와 이스라엘의 관계는 단순히 교회가 회복된 이스라엘을 지칭한다고 보기에는 무리가 있다.

한편으로 누가는 초대 교회의 탄생을 이스라엘의 회복으로 보고 있으며, 이 교회의 창조를 통하여 하나님이 자신의 백성 이스라엘을 자신의 독생자와 성령을 통하여 새롭게 회복하셨다고 주장한다. 누가는 교회가 이스라엘이라는 하나님의 백성의 전통에 깊이 뿌리를 내리고 있음을 거듭하여 강조한다. 그러나 또 다른 한편으로 누가는 기존의 유대인들의 율법과 혈통을 근거로 한 하나님의 백성관에 대해서 분명하게 반박하고 있다. 하나님의 백성됨은 더 이상 율법의 소유나 혈통에 의한 것이 아니라, 회개($\mu\varepsilon\tau\acute{\alpha}\nu o\iota\alpha$, 행 2:38)를 통하여 예수님의 이름으로 세례를 받는 것에 의하여 결정되어진다. 다시 말하면, 누가의 관점에서 하나님의 참 백성됨은 사람들이 예수 곧 하나님의 구원의 결정체에 대해서 어떻게 믿음으로 반응하는냐에 전적으로 달려 있다고 하겠다. 이런 측면에서, 교회는 회복된 하나님의 백성 이스라엘인 동시에, 죄악된 이스라엘 가운데서 남은 자들로(remnant) 구성되어 새롭게 하나님의 성령에 의하여 창조된 하나님의 새 백성인 것이다.[280] 따라서 누가는 교회와 이스라엘 간에 존재하는 연속성을 강조하고 있는 동시에, 그 둘간의 비연속성에 대해서도 반복해서 강

조하고 있다(행 10:35).[281]

분명히 누가가 이해하는 교회는 이스라엘의 전통에 기반을 둔 이스라엘의 메시야를 통하여 이스라엘의 성경에 기록된 예언의 성취로서 형성된 하나님의 백성이다. 누가는 다윗의 혈통을 따르는 메시야로서의 예수의 역할을 자신의 복음서 시작부터 강조하였고(눅 1:32-33), 교회도 이스라엘의 뿌리에서 나온 것으로 이해하고 있으며, 결코 교회와 이스라엘을 분리시켜 이해하지 않는다.[282] 그러나 누가는 사도행전 1-8장에서 스스로 하나님의 백성들로 간주하는 두 개의 모임들을 상호 비교하고 있는데, 한 모임은 예수를 주와 메시야로 받아들이는 자들의 공동체인 교회요, 또 다른 모임은 예수를 단순히 십자가에 못 박힌 죄인으로 간주하는 유대인 지도자들과 그들을 따르는 자들의 모임이다.[283] 이 두 그룹은 둘 다 유대인들이 주류를 이루고 있으나, 두 개의 다른 지도자들과 두 개의 다른 믿음에 대한 원칙들을 고수하고 있다. 그러나 누가가 반복하여 보여주고 있듯이, 주류 유대인들의 지도자들은 초대 교회 공동체를 계속해서 핍박하며 그 존재 자체에 대해서 인정하지 않으려고 한다. 따라서 누가의 신학에서 교회는 단순히 회복된 이스라엘이라기보다는, 베드로가 인용한 요엘서에서 언급된 것처럼(행 2:21), 이스라엘과 이방인들 가운데서 "주의 이름을 부르는 자들" 곧 남은 자들로 구성된 하나님의 새 백성을 일컫는다.[284] 이런 측면에서, 누가가 언급한 교회를 창조한 성령은 에스겔의 종말의 창조의 영과 비교될 만하다.

터너에 의한 하나님과 인간의 대화를 가능케 하는 "예언의 영"으로서의 성령의 개념은 이 성령의 새 창조의 역사를 잘 설명할 수 없다.[285] 하나님의 남은 자들로서 새롭게 창조된 교회를 구성하는 제자들은 예수를 믿고 하나님을 경배하는 자신들의 신앙 행위를 "그 길"(the way, 행 9:2; 16:17; 18:25, 26)이라고 부르며, 다른 유대인들의 신앙 행위와 구분하여 이해하고 있다. 반면에, 주류 유대인 지도자들과 그들을 따르는 유대인들은, 사도행전의 기록에 의하면, 이 "그 길"을 반복해서 핍박하고 없애려 한다.

오순절 직후 성령에 의하여 창조된 초기 예수 공동체는 이스라엘 안에서 기원하여 다른 유대인들의 종교 행위를 비판하는 하나의 새로운 유대인 각성 운동(sect)으로 시작하였으나, 시간이 지날수록, 특히 제2성전의 파괴 이후에는 율법주의(nomism)에 근거한 랍비들에 의해서 통치된 주류 유대 사회와 점차 차별화되어 이해되어지기 시작하였다. 바울의 전도에 관한 사도행전의 기록에서 잘 보여지듯이, 바울을 비롯한 유대인 출신 성도들은 안식일날 회당에 가서 유대인들과 함께 동일한 하나님을 예배하고 동일한 성경(Torah)을 읽었다.[286] 그러나 초기 그리스도인들이 주장하는 예수에 대한 믿음과 성경해석이 자신들의 이해와 너무도 다르다는 것을 인식한 유대인들은 점차 그리스도인들이 회당에 오는 것을 금하기 시작하였다(행 19:8-10). 제자들의 기대와 달리 자신들이 전파한 예수가 바로 이스라엘의 메시야라는 사실을 유대인들은 반복해서 거절한 반면에, 오히려 이방인들은 이 복음의 메시지를 받아들이는 예기치 못한 현실에 대해서 초기 기독교인들은 매우 의아해 했을 것이다. 그러나 점차로 이렇게 회심한 이방인들이 교회의 주류를 차지하기 시작하면서 교회는 점차 랍비니즘으로 발전해 가는 유대인들의 공동체와 더욱더 구분되어지고, 마침내 독립된 존재로 발전하게 되었다.[287] 결과적으로, 누가가 최종적으로 묘사하고 있는 새로운 하나님의 백성 곧 예수 공동체는 단순히 회복된 유대 공동체와 다수의 유입된 이방인들의 연합체가 아니라, 혹은 유대인들이 떠나고 이방인들로만 구성된 새로운 이스라엘이 아니라, 랍비들의 유대 공동체와 구분되는 이스라엘의 뿌리에서 시작하여 유대인들과 이방인들로 구성된 교회를 지칭하게 되

었다.288

바울

바울의 교회와 이스라엘의 관계에 관한 연구는 오랫동안 많은 학자들에 의해서 논의되어져 왔고, 현재까지도 학자들은 일치된 견해에 이르지 못하고 자신들의 이해와 필요를 따라 다양한 의견들을 제시하고 있다. 누가의 교회와 이스라엘의 관계에 대한 이해가 연속성과 비연속성 둘 다를 보여주고 있듯이, 누가의 선생인 바울도 비슷한 이해를 보여주고 있다. 그러나 일부 복음주의 진영의 학자들은 교회와 역사적인 이스라엘 간의 완전한 단절과 비연속성을 강조하는 반면에, 바울에 관한 "새 관점 학파"(new perspectives on Paul)는 둘의 연속성에 대해서 더 많은 강조점을 둔다. 특히 톰 라이트는 교회를 이스라엘의 회복으로 보면서 예수의 이스라엘의 메시야 되심을 누구보다도 더 강조하고 있다.289 그러나 라이트는 종종 일반화의 오류를(over-generalization) 범하거나, 구약의 이스라엘에 관한 이야기를 통하여 바울의 교회관의 모든 것을 해석하려 하는 단순화의 오류를(over-simplification) 종종 범한다.290 반면에 본 저자의 판단에 따르면, 제임스 던은 교회와 이스라엘의 관계에 대해서 연속성과 비연속성 둘 다를 견지하려 하며, 라이트보다 좀 더 균형잡힌 견해를 보여준다. 물론, 던의 "율법의 일들"을(works of the law) 이스라엘의 정체성에 관한 뱃지(national identity marker 혹은 badge)로 이해하는 관점은 많은 학자들에 의하여 이미 충분히 비판받았으며, 본 저자도 그의 견해에 동의하지 않는다.291

바울의 교회관에 관한 논의는 로마서 9-11장에 관한 해석에 집중되고 있으며, 특히 새 관점 학파에 의해서 제안된 "이스라엘에 대한 하나님의 신실함"이라는 질문에 의해서 주도되어져 왔다. 바울의 교회에 관한 의견은 본 저서의 범위를 넘어섬으로, 여기서 본 저자는 바울의 교회관에 관한 몇 가지 중요한 요점만을 성령과 연관하여 로마서를 중심으로 제시하고자 한다. 바울이 로마서에서 대답하고 있는 큰 질문 중의 하나는 이스라엘에 관한 하나님의 신실성에 관한 질문이라는 것에 대해서 본 저자는 동의한다(롬 3:2). 바울은 로마서 전반에 걸쳐 이스라엘이 가지고 있는 모든 특권들-율법, 하나님의 선택, 아들됨, 영광, 언약 등-을 인정하는 동시에(롬 9:4), 하나님께 속한 이스라엘이 단순히 아브라함의 혈통이나(롬 9:7-9), 율법에(9:10-12) 의하여 정의되는 개념이 아님을 강조하고 있다.292 대신에, 이스라엘은 율법의 일들이 아니라 예수님에 대한 믿음을 근거로 하여 정의되는 개념이며, 혈통의 제한을 넘어서 유대인과 이방인들로 구성되어지는 공동체이다(롬 9:9-10; 11:5). 바울은 이 남은 자들로 구성된 새로운 하나님의 이스라엘을 하나님의 회중 혹은 교회라고 부른다.293

교회라는 단어(ἐκκλησία)는 예수 공동체를 이스라엘과의 연속성 속에서 보는 동시에, 주류 유대인들의 이스라엘관에 대한 비판을 담고 있다. 그러나 바울은 로마서 9-11장에서 남은 자들로 구성된 새로운 이스라엘을 정의한 후에, 곧바로 이어지는 12장에서 하나님의 백성 이스라엘 곧 교회를 "그리스도의 몸"(롬 12:5)이라고 부르고 있다. 여기서 우리는 바울이 기존의 이스라엘의 개념과는 완전히 구분되는 새로운 개념을 제시하고 있음을 알 수 있으며, 이미 논의되어졌듯이, 이 그리스도의 몸은 모든 지체들의 공통된 성령 체험을 그 기반으로 하고 있다. 교회가 성령세례에 의하여 세워졌다는 사실은 교회가 종말의 영에 의하여 새롭게 창조된 하나님의 백성임을 이야기하지만, 교회가 그리스도의 몸으로 불리게 된다는 사실은 하나님의 백성됨이 더 이상 혈통이나 율법의 일들이 아니라 예수에 대한 그들의 믿음에 의해서 결정된다는 것을 잘 보여준다.

또한 바울의 교회관에 관하여 두 가지가 더 언급되어야 하는데, 하나는 아담 기독론이며, 또 다른 하나는 예수님의 세상의 주되심이다. 로마서에서 바울은 유대인들의 혈통과 율법의 소유가 그들을 이방인들보다 더 나은 존재로 혹은 구원받기에 합당한 존재로 만들지 않는다고 주장한다. 왜냐하면 아담의 타락 이후로 모든 인간은 죄와 사망의 권세 아래 놓이게 되었고(롬 5), 인간의 죄된 본성은 하나님의 거룩한 율법을 결코 지킬수 없기 때문이다(롬 7). 아담의 타락한 본성은 그의 모든 자손들에게 영향을 미치고 있는데, 이 본성은 오직 새 아담 예수와 그의 성령을 통해서만 극복되어질 수 있다(롬 8). 뿐만 아니라, 새 아담 예수의 구원 사역은 단순히 아브라함의 육의 혈통을 따르는 이스라엘에게만 제한된 것이 아니라, 하나님에 의하여 창조된 모든 피조물들 전체에게 미치는 전 우주적인 사건이다. 여기서 우리는 왜 바울이 예수님의 이스라엘의 메시야 되심보다도 전 우주의 주되심을 그렇게 강조하고 있는지 알 수 있다(롬 8:9; 빌 2:9-11; 고전 12:3; 골 1:15-18). 따라서 이어지는 장들에서 우리는 예수님의 새 아담 사역을 근거로 하여 어떻게 성령이 성도들을 새로운 하나님의 백성들로 만들어가고 있는지에 대해서 좀 더 자세히 관찰해 볼 것이다.

결론

이번 장에서 우리는 교회의 탄생과 관련된 성령의 두 가지 활동들-말씀의 선포에 함께하신 하나님의 능력과 그리스도의 몸을 탄생시킨 창조의 영으로서의 활동들-에 대해서 누가와 바울의 서신서들을 통해서 살펴보았다. 성령이 오순절날 제자들에게 임할 때, 그들은 부활하신 예수님의 주되심과 메시야 되심에 대한 새로운 이해를 가지게 되었고, 부활하신 주님으로부터 오는 성령에 의하여 새로운 공동체가 형성되었다. 이 새로운 예수 공동체는 종말의 영에 의해서 회복된 이스라엘을 의미하나, 이 종말의 하나님의 백성은 혈통이나 율법의 일들이 아닌 예수님에 대한 그들의 믿음에 의해서 그 공동체의 특성이 결정되게 되었다. 오순절 사건 이후 전파되는 복음을 통해서, 사도행전과 바울의 서신서들에서 잘 나타나고 있듯이, 많은 이방인들도 그들 가운데 동일한 성령세례를 경험하게 되었다. 성령은 예루살렘에서 처음 교회를 세우신 것처럼, 이방인들의 땅에서도 다양한 교회 공동체들을 세워서 예수님을 머리로 하는 그리스도의 몸을 창조하였다.

예수님의 복음을 접한 이방인과 유대인들이 믿음으로 회개하고 성령으로 세례를 받을 때, 그들은 다 그리스도의 몸을 구성하는 구성원들이 되었다. 그들은 성령세례를 통하여 그리스도의 몸에 접합되어질 때 자신들의 다양한 인종적, 혈통적, 신분적 차이들이 더 이상 그리스도의 몸 안에서 무의미해지고 있음을 경험한 반면에, 성령으로 말미암는 다양한 성령의 은사와 사역들에 모두 부르심을 받게 된 것을 깨닫게 되었다. 성령의 은사들은-초자연적인 것이든, 아니면 지극히 평범한 것이든-은사를 소유한 자들의 개인적인 유익을 위해서가 아니라, 전체 공동체를 살리고 세우기 위하여 성령이 자신의 기쁘신 뜻을 따라 모든 성도들에게 부여한 선물들이었다.

그러나 우리는 누가와 바울이 서로 상이한 관점과 이해를 가지고 자신들의 성령 체험과 교회의 탄생에 대해서 묘사하고 있는 것을 살펴보았다. 누가는 성령이 어떻게 처음 예루살렘에 모인 제자들에게 부어지고, 이의 결과로 교회가 어떻게 예루살렘에서 탄생하였는지,

나아가 복음이 예루살렘으로부터 시작하여 어떻게 온 세상으로 퍼져 나갔는지에 대해서 촛점을 맞추고 있다. 반면에 바울은 자신의 복음 전파를 통하여 각 이방 도시들에 세워진 교회와 그들 가운데서 현재 역사하고 있는 성령의 사역에 대해서 더 촛점을 맞추고 있다. 이 중에서도 예수님의 주되심과 새 아담 되심을 근거로 하여 바울은 성령이 어떻게 교회를 구성하는 성도들의 삶의 모든 영역들에서 역사하고 있는지에 대해서 자세히 묘사해 주고 있다. 따라서 이어지는 장들에서 우리는 교회 안에서의 이러한 성령의 역사를 새 언약과, 부활과, 각종 은사들을 중심으로 하여 좀 더 자세히 살펴보고자 한다.

CHAPTER
10

성령과 새 창조/새 언약, 그리고 종말론적 긴장

(Andrei Rublev 1360-1430)

신약 성경에 기록된 성령에 관한 초대 교회의 이해에 있어서 가장 주목할 만한 점은 구약과 중간기 유대인들은 성령이 주로 일부 택함 받은 지도자들이나 선지자들에게만 임하여 하나님의 특별한 사명을 완수하게 한 역할을 감당한 것으로 본 반면에, 초대 교회는 모든 성도들이 이 성령을 보편적으로 공유하는 경험으로 간주하게 되었다는 것이다. 물론, 하나님의 종말의 때의 축복으로서 모든 하나님의 백성들에게 부어지는 성령은 이미 여러 유대인들의 문서들에 기록되어 있었고, 종종 하나님의 종말의 영으로 기름 부음 받은 메시야의 도래와 함께 메시야의 새 백성들에게 주어질 것으로 기대되었다. 예를 들어 에스겔은 마른 뼈들이 가득찬 계곡에서 하나님의 성령이 임하여 그 뼈들에게 생명을 부여함으로써 엄청난 수의 하나님의 백성들이 형성되는 것을 환상중에 보았다(겔 37:9-10). 요엘도 하나님의 영이 모든 육체들에게, 나이와 성별과 신분에 관계없이, 폭포수처럼 부어지는 때 곧 마지막 때에 대해서 예언하였음에 대해서 우리는 이미 살펴보았다(욜 2:28-29).

이러한 예언들은 유대인들의 문서에서 모두 미래에 있을 하나님의 마지막 날에 성취되어질 것으로 기대되었다. 그러나 예루살렘에 모여 있던 초대 교회 성도들은 이 예언들이 오순절날 자신들 가운데서 마침내 성취되었다고 주장하였다. 성령으로 기름 부음 받은 메시야 예수의 성령세례를 통하여 그들은 다 성령을 체험하게 되었고, 요엘이 예언한 것처럼 방언과 예언을 말함으로써 자신들 가운데 찾아온 성령의 존재를 강하게 느끼기 시작하였다. 베드로는 제자들이 체험한 오순절 사건의 의미에 대해서 제자들 주위에 둘러 모인 각처에서 온 유대인들에게 성령이 새로이 허락하신 말씀으로 담대히 선포하였다(행 2). 나아가, 에스겔이 본 환상처럼, 이렇게 성령으로 새로워진 개인들은 모두 한자리에 모여 한 목소리로 하나님을 찬양하며 교제함으로써 새로운 하나님의 백성 곧 교회로 세워지게 되었다. 따라서 초대 교회가 오순절날 경험한 성령은 요엘이 예언한 선지자의 영으로서의 성령의 역할과 에스겔이 본 창조의 영으로서의 성령의 역할들을 다 포함하는 것이었다.

그러나 오순절날 이 땅에 부어진 성령은, 예수님이 이미 명령하신 것처럼(눅 24:47; 행 1:8), 유대인들과 이방인들 간에 존재하던 혈통적인 경계선을 넘어 온 세상 백성들을 예수님에 관한 믿음으로 부르사 그들로 하나님의 교회를 구성하게 하였다. 성령은 고넬료와 베드로의 만남을 직접 주선하였고, 베드로의 안수를 통해서 이방인 고넬료와 그의 가족들과 친구들에게도 강력한 성령세례의 경험을 허락하였다(행 10). 이에 베드로는 예루살렘 교회에 전하기를, "하나님이 이방인들도 자신의 백성으로 받아들이셨다. 따라서 우리도 그들을 받아들여야 한다"(사역, 행 10:44-48)고 주장하였다. 누가의 사도행전 기록에 따르면, 이방인들에게 허락된 성령세례가 안디옥과 에베소를 비롯한 많은 이방 땅들에서 반복해서 발생한 것임을 알 수 있다.

바울도 갈라디아서 3장에서 약속된 아브라함의 축복이 성령의 선물을 통하여 갈라디아인들에게 임했다고 주장하고 있다(갈 3:2-5, 14). 바울에 따르면, 이제 하나님의 자녀됨은 아브라함으로 시작된 유대인의 혈통으로 말미암는 것이 아니라, 아브라함에게 주어졌던 하나님의 약속 곧 그의 자손 예수로 말미암는다는 것이다. 예수에게 속한 하나님의 자녀들은 하나님의 양자의 영 곧 성령을 그 마음에 받아, 자신들의 출신지에 상관없이, 하나님을 "아바, 아버지"라고 부를 수 있게 된 자들이다(갈 3:14; 4:1-6). 에베소서도 증거하기를 그리스도가 유대인들과 이방인들을 구분하던 그 장벽을 성령을 통해서 부수었다고 한다(엡 2:18).[294]

초대 교회가 경험한 성령은 하나님의 백성들에게 약속된 종말의 영의 부어짐에 대한 성취의 결과였다. 그러나 또 다른 측면에서 이들이 경험한 성령은 에스겔이 본 새 백성의 창조와 이사야가 기대하였던 파괴된 피조 세계의 회복에 깊이 관여한 하나님의 새 창조의 실행자(agent)였다. 이 새 창조의 성령은 기존의 피조 세계에 속한 모든 인종적·혈통적 제한들을 극복하는 것을 넘어서서, 모든 인류의 운명을 결정지어온 아담의 저주를 극복하는 일을 최우선적으로 행하신다. 하나님의 선물인 율법의 소유여부에 상관없이, 그리고 유대인이든 이방인이든 상관없이, 모든 인간들은 돌같이 굳어버린 자신들의 마음 때문에 하나님께 불순종한 아담의 운명을 따라서 죄와 사망 아래 놓이게 되었다(롬 5:12-21). 따라서 성령은 새 아담이시며 부활하신 예수님의 변화의 사역을 파괴된 피조 세계에 대해서 행하게 되는데, 특히 돌 같이 굳은 사람들의 마음을 변화시키는 일을 가장 우선적으로 행하기 시작한다(고전 3).

이러한 성령의 새 창조의 사역은 이미 예레미야에 의하여 미래에 하나님이 자신의 새 백성과 세울 새 언약의 약속으로 예언되어졌고 (렘 31-33), 쿰란 공동체에 의하여 깊이 묵상되고 소망되어졌으며, 4 에스라와 2 바룩에 의하여 간절히 기대되어졌다.[295] 누가도 오순절 사건을 유대인들이 시내 산에서 경험하였던 하나님과의 언약과 비교하여 설명하고 있으나,[296] 바울은 특히 고린도전서 3장에서 고린도 교회 교인들을 포함한 모든 성도들이 경험한 성령을 예레미야가 예언한 새 언약에 대한 성취로서의 새 아담이신 예수의 변화의 사역과 연결지어 설명하고 있다.[297] 이들이 경험한 새 언약의 성령은 그들의 마음에 할례를 베풀어 하나님께 순종할 수 있게 하며, 하나님의 율법의 모든 요구들을 다 만족시킬 수 있게 한다(롬 8). 여기서 바울은 유대인 묵시론자들처럼 인간의 마음 속에서 선한 영과 악한 죄의 본성이 싸우고 있다는 것을 전제로 하여, 어떻게 성령이 새 아담의 자손들로 하여금 이 죄된 본성과의 전쟁을 승리하게 하는지에 대해서 자세히 설명하고 있다. 그러나 성도의 마음 속에서 일어나는 옛 아담의 본성과 새 아담의 성령의 싸움은 성도들이 여전히 종말론적인 긴장 속에서 영화로운 변화를 경험해 가는 과정 속에 있음을 잘 말해준다.

예레미야와 에스겔의 새 언약과 새 창조

제7장에서 자세히 살펴보았듯이, 이스라엘의 역사는 아담의 저주를 극복하고자 하는 이스라엘의 바람과 아담의 저주에 계속해서 굴복되어지는 이스라엘의 비극적인 운명으로 점철되어졌다고 할 수 있

다. 이미 모세는 약속의 땅 가나안 입성을 앞두고 자신의 마지막 유언을 이스라엘에게 전하면서, 이스라엘이 약속의 땅에서도 반복해서 율법을 파기함으로써 하나님과의 언약의 관계를 깨트릴 것에 대해서 예언하였다(신 28:15-68). 그러나 모세는 자신이 예언한 모든 하나님의 저주들이 이스라엘의 머리 위에 임하는 그 순간에도, 아브라함과 세운 언약에 신실하신 하나님이 다시 그들을 회복하여 주실 것에 대해서 약속하는 것을 잊지 않는다(신 30:1-6). 특히 모세는 하나님이 직접 이스라엘과 그들의 자손들의 마음에 할례를 행하심으로써 그들이 하나님을 자신들의 온 마음과 정성으로 사랑하게 될 것에 대해서 약속한다. 이 할례받은 마음의 약속 이면에는 그들이 반복해서 아담의 불순종의 길을 쫓아 하나님을 격노케 하며, 아브라함과 모세를 통하여 세우신 언약들을 파괴하게 된 것이 '할례받지 못한 그들의 마음'에 있다는 모세의 판단이 있었기 때문이다.

모세가 예언하였듯이(신 28:64), 가나안 땅에 입성한 이스라엘은 하나님을 향하여 또다시 범죄하게 되자, 하나님은 그들을 바벨론을 통하여 세상 곳곳으로 추방하여 기약없는 망명의 길을 떠나게 하셨다. 그러나 이때에도 하나님은 자신의 선지자들을 통하여 이스라엘의 회복을 말씀하고 계시는데, 특히 예레미야는 이스라엘에 의하여 깨어진 옛 언약을 대신할 하나님의 새 언약에 대해서 예언하고 있다(렘 31:31-34). 예레미야의 새 언약은 모세의 옛 언약과 비교할 때 세 가지 새로운 요소들을 포함하고 있다. 첫째는 하나님의 율법이 돌판에 새겨지는 것이 아니라, 사람들의 마음판에 새겨진다는 것이다. 둘째는 하나님에 관한 지식들이 모세의 중재를 통하여 이스라엘에게 전해졌던 것과는 달리, 새 언약의 수혜자들은 어린 아이로부터 큰자에 이르기까지 다 하나님에 관한 지식을 하나님으로부터 직접 받아 소유하게 될 것이다. 셋째는 이러한 새 마음과 새 지식의 결과로, 하하나님의 새 백성들은 아담과 그들의 선조들의 불순종의 악순환을 극복하게 되어 하나님께 온전히 순종함으로써 하나님의 영이 다시 그들에게 돌아와 그들로 성령이 친히 거하시는 성전이 되게 하실 것이다.

에스겔은 예레미야의 새 언약에 대한 약속을 "평화의 언약" 혹은 "영원한 언약"(겔 37:27)이라고 부르고 있으며, 그 새 언약에 대한 개념을 하나님의 백성들 가운데 내주하는 성령과 새 창조의 사역을 통하여 한층 발전시켜 제시하고 있다. 예레미야가 하나님에 의하여 이스라엘의 죄가 씻기우고(렘 31:34) 새 마음과 지식을 선물로 받게 될 새 언약에 대하여 예언하였듯이, 에스겔도 "깨끗한 물"로써 이스라엘의 죄악들이 씻기워지고, 돌로 된 마음 대신 부드러운 새 마음을 얻게 될 것이라고 선포한다(겔 36:25-26). 에스겔은 나아가, 이스라엘이 하나님으로부터 받은 새 마음 속에 하나님의 성령이 거하여 하나님의 법을 알게 하고 그들로 하여금 하나님의 계명들을 지킬수 있게 할 것이라고 예언한다(겔 36:26-27). 에스겔의 예언에 따르면, 마른 뼈들로부터 새롭게 창조된 하나님의 백성들의 마음 속에 거하는 성령을 통해서 모세가 지적한 이스라엘의 할례받지 못한 마음이 할례를 경험하게 되며, 하나님의 새 백성들이 자신들의 할례받은 마음을 통해서 아담과 그들의 조상들의 불순종을 좇지 않고 하나님께 순종하는 삶을 살게 될 것이다.

에스겔은 이 영원한 언약을 하나님의 새 창조의 현상으로 이해하고 있는데, 이는 세 가지 사실들에서 분명하게 보여진다. 첫째는 하나님이 에스겔에게 새 언약에 대하여 약속하신 후, 그를 마른 골짜기로 데리고 가서 무덤들을 열고 죽어 있는 자신의 백성들을 되살리시는 환상을 보여주신다(겔 37:1-12). 무덤 속에 죽어 있던 마른 뼈들에게 하나님은 자신의 영 곧 성령을 불어넣으시고, 그들로 살아 있는 존재들이 되게 하신다(겔 37:14; cf. 창 2:7). 둘째는 하나님은 이렇게 되살아난 자신의 백성들을 그들의 땅으로 다시 돌아오게 하사, 번성하여 그들의 수가 증가하게 하신다(겔 36:11; cf. 창 1:26). 이러한 번성은 하나님이 아담을 창조하신 후 아담에게 주신 첫 번째 사명이었다. 셋째는 새로이 창조된 하나님의 백성들이 거하는 땅들도 하나님의 창조의 영의 영향 아래서 아담의 저주로 파괴된 상태를 극복하고, 새로운 가지들을 내며 열매들을 풍성히 산출하게 된다(겔36:4-9; cf. 창 3:17-18). 이렇게 회복된 이스라엘의 땅은 그들의 이웃들에 의하여 "에덴의 정원"이라고 불리게 된다(겔 36:35).

이러한 예레미야와 에스겔의 새 언약과 새 창조에 대한 예언의 말씀들은 중간기 유대인들에 의하여 함께 기억되고 소망되어져 왔다. 쥬빌리 1.22-25은 하나님의 백성들이 하나님과의 영원한 언약 속에 거하게 될 것에 대해서 예언하고 있다. 이 영원한 언약을 통하여 하나님은 이스라엘의 굳은 마음에 할례를 행하고, 자신의 영을 그들의 마음 가운데 거하게 하여 그들로 자신이 거하시는 처소가 되게 하며, 하나님의 모든 규례와 계명들을 지켜 행하게 할 것이라고 약속하신다. 이미 언급되어졌듯이, 쿰란 공동체는 이 새 언약이 자신들의 공동체 가운데서 부분적으로 성취되었다고 믿었다. 따라서 성령이 이미 자신들 가운데 내주하여 거하고 있다고 주장하였다(1QH 17.25-26; 4Q504.5; 1QS 4.20-23). 그러나 쿰란 공동체조차도 미래에 부어질 하나님의 종말의 영의 온전한 도래를 여전히 소망하고 있었다.

마찬가지로, 초대 교회도 예레미야와 에스겔의 예언들을 자신들이 경험한 성령세례와 연관하여 이해하였다. 우리는 이미 복음서와 사도행전에서 죄를 사하는 요한의 물세례와 회개가 어떻게 성령세례와 함께 연관되어 이해되었는지에 대해서 살펴보았다. 이런 측면에서, 성령세례는 단순히 위로부터 오는 능력에 붙들려 방언을 말하고 예언을 행하며 선교에 전념하는 일을 넘어서, 하나님의 새 창조와 새 언약이 그리스도의 몸된 교회와 그 몸을 구성하는 모든 성도들 개인의 삶과 예배를 새롭게 하는 하나님의 구원의 모든 과정을 다 포괄하는 것이다. 하나님의 새 언약과 새 창조의 행위로서의 성령세례는 바울의 서신들에서 가장 두드러지게 나타나고 있다(고전 3-4; 고후 15; 롬 5, 7-8; 골 1).

새 아담의 성령을 통한 새 인류의 창조

예레미야와 에스겔이 본, 그리고 모세가 오래전에 예언한 이스라엘의 근본적인 문제는 그들의 할례받지 못한 마음이 그들로 하여금 계속해서 아담의 죄를 좇아 불순종의 길을 가게 함으로써 아담이 경험한 낙원에서의 추방과 사망을 동일하게 반복해서 경험하게 한다는 것이었다. 예레미야와 에스겔은 이스라엘의 회복을 하나님의 성령의 새 창조의 사역을 통해서 이해하였는데, 이 새 창조의 사역의 중심에는 그들의 돌같이 굳은 마음이 성령에 의해서 할례받아 하나님과 다시 새 언약의 관계에 세워지는 일이다. 신약 성경 저자들 가운데서도 특히 바울은 성령의 새 창조와 새 언약의 사역이 옛 아담의 자손들에게 임하여 그들로 하여금 새 아담이신 예수와 연합함을 통하여 새로운 인류가 탄생하게 되었다고 주장한다. 물론 새 아담에게 속한 새 인류는 다 성령으로 말미암는 마음의 할례를 경험한 자들이다.

두 아담과 인류(로마서 5:12-21)

바울은 주장하기를, 율법을 소유하여 할례를 받은 유대인들이든, 율법을 소유하지 못한 이방인들이든, 모든 인류는 두 명의 아담이 제시하는 두 가지 길들에 의하여 그들의 모든 운명이 결정된다고 한다(롬 5:18). 특히 모든 인류는 예외없이 죽음을 자신들의 공통된 경험으로 공유하고 있는데,298 이 죽음은 창세기 2-3장에서 보여지고 있듯이 원래는 피조된 세계에 존재하도록 의도되지 않았던 것이다. 바울은 주장하기를, 죽음은 피조물들이 자연적으로 경험해야 할 운명이 아니라, 죄의 결과로 세상에 들어오게 된 이물질과 같은 존재라고 한다(롬 5:12). 한편으로는, 아담의 모든 자손들이 경험하는 죽음은 아담의 죄 때문이기도 하고, 또 다른 한편으로는, 모든 이들이 다 죄를 지었기 때문에 자신들의 죄의 결과로 죽음을 맛보게 된다는 것이다(롬 5:12).

바울에게 있어서 죄는 다양한 의미를 가지고 있는데, 첫째, 능력 있는 사탄과 같은 존재로서의 죄로서, 이 죄는 죽음을 통하여 세상을 다스리는 인격체로 묘사된다(롬 5:21). 둘째, 죄는 윤리적인 개념으로서 율법이지만 하나님의 계명을 어기는 행위에 대해서 선포되어지는 하나님의 선고이며(롬 5:13), 죄는 증가하기도 하고 감소하기도 한다(롬 5:20). 아담의 죄는 하나님의 명령을 어기고 하나님을 자신의 창조주로 인정하지 않은 것이었고, 이의 결과로 사망을 통하여 자신을 통제하는 사탄과 같은 죄의 능력 아래 놓이게 되었다.

모든 인류는, 선악과를 먹지 말라고 하신 하나님의 명령을 어긴 아담과 동일한 죄를 지었든 짓지 않았든 상관없이, 다 죽음 안에서 아담과 동일한 운명을 맞이하게 되었다. 왜냐하면 아담으로 말미암아 세상에 들어온 죄와 사망의 권세 아래서 모든 인류는 한결같이 하나님을 자신들의 창조주로 인정하지 않는 죄를 범하였기 때문이다(롬 1:18-32). 아담의 불안정한 형상으로 태어나(창 5:3), 연약한 육체 가운데 거하는 모든 인간은 죄의 영향력을 벗어나 하나님을 찾고 추구할 수 있는 능력이 결여되어 있기 때문이다. 모세가 전하여 준 하나님의 거룩한 율법을 소유한 유대인들조차도, 비록 율법이 유대인들에게 하나님의 계명들과 뜻들을 계시해 준 하나님의 거룩한 선물임에도 불구하고, 아담 안에 속한 그들의 육체는 율법의 드러난 계명들을 지킬수 있는 능력을 결여하고 있었다. 율법이 하나님의 많은 계명들에 대해서 계속해서 계시하면 할수록, 그 계명들을 지킬수 없는 이스라엘의 죄는 계속해서 증가하게 되었고, 그 결과로 그들은 사망으로 더욱더 가까이 가게 되었다(롬 5:20).

아담의 타락과 저주로 시작된 죄와 사망의 덫에 갇혀버린 인류에게, 바울은 주장하기를, 하나님은 새로운 아담을 해결책으로 제시하여 주셨다고 한다. 바울은 여러 곳에서 의도적으로 예수님을 아담과 비교하고 있는데, 특히 로마서 5장에서 새 아담 예수는 인류에게 미친 첫 아담의 모든 부정적인 영향을 제거할 분으로 묘사된다(롬 5:14-15). 아담이 인류에게 죄와 사망에 의하여 통제되는 시대(epoch)를 열었듯이, 첫 아담의 '종말론적인 상대'(eschatological counterpart)인 새 아담 예수님은 "은혜"와 "생명"에 의해서 다스려지는 새로운 시대를 도래시켰다(롬 5:17).[299] 옛 아담이 자신의 불순종을 통하여 죄와 사망의 판도라 상자를 열어 온 세상을 무질서 속으로 빠트린 것에 반하여, 새 아담은 자신의 순종 곧 하나님이 주신 고난과 죽음의 잔(막 14:36)을 마시는 행위를 통해서 온 세상을 다시 하나님이 창조하셨던 원래의 상태로, 아니 최초의 타락 전 아담의 상태를 훨씬 능가하는 전혀 새로운 상태로 회복시키셨다.

성령으로 말미암는 새 아담과의 연합을 통하여 옛 아담의 영역에서 새 아담의 영역으로 옮기워진 자들은 더 이상 죄와 사망의 권세 아래 놓이지 않게 된다. 이는 새 아담 예수가 자신의 부활 후 자신에게 속한 자들에게 나누어주신 성령이 율법의 모든 요구 사항들을 성취하도록 도우실 뿐 아니라, 특히 아담의 불순종을 극복할 수 있도록 그들의 마음 속에서 강력하게 역사하시기 때문이다(롬 8:2-4). 성령을 따라 걷는 자들은 자신들의 "회개하지 않는 완악한 마음"(롬 2:5)이 변하여 하나님이 즐거워하시는 일을 선택하여 행하게 되는 것을 경험하게 된다(롬 8:3-5). 따라서 성령은 "죄와 사망의 율법"에 반하여 "생명의 성령의 법"이라고 불리우고 있는 것이다(롬 8:2).

새 아담 예수는 자신의 영을 통하여 아담의 죄의 덫에 걸려 하나님에 의하여 사망 선고를 받은 자들을 자신에게로 불러 자신에게 속한 새 인류를 창조하시고, 자신의 죽으심과 부활을 통하여 이들의 죄를 사하여 주사 하나님 앞에서 의롭다 칭함을 받게 하신다(롬 4:24-25; 5:18).[300] 이렇게 하나님 앞에서 의롭다 칭함을 받게 되고 다시 하나님과 회복된 관계 속에 거하게 된 새 아담의 자손들은 아담이 잃어버렸던 하나님의 영광도 회복하게 되고(롬 3:23), 아담이 불러온 죽음을 극복하신 주님의 부활을 자신들의 죽을 몸에 직접 경험하게 되며, 영원한 생명을 소유하게 된다. 새 아담의 새 창조의 풍성한 은혜를 그들의 삶 가운데서 누리게 된다(고전 15:22).[301]

새 창조

하나님이 처음 아담을 창조하실 때, 그리고 예레미야와 에스겔이 본 새 창조의 환상에서처럼, 하나님이 자신의 새 백성을 창조하실 때 가장 결정적인 사건은 생명이 없는 사람들의 몸 안으로 하나님의 영 곧 성령이 들어가시는 것이었다. 흙으로 지어진 아담에게, 그리고 살과 신경들이 재결합된 마른 뼈들에게 성령이 임하여 거하게 될 때, 그들은 살아 있는 생명을 소유하기 시작하였다. 마찬가지로, 요한과 누가, 그리고 바울은 성령이 개인들 속에, 그리고 전체 공동체 가운데 거하게 될 때, 믿는 자들이 다 하나님의 생명의 성령의 만지심을 입게 되었고, 하나님께 대하여 살아나 새로운 언약 관계 속에 거하게 되었다고 주장한다. 특히 바울은, 성령이 성도들 가운데 생명으로 들어와 사시게 되는 새 창조의 사건은 믿는 자들이 새 아담 예수와 세례를 받아 한 몸으로 연합될 때 일어난 사건으로 본다(롬 6:3-5; 고전 12:13).[302]

바울은 로마서 5장 12-21절에서 새 아담 예수와 첫 아담을 그들의 사역과 인류에 미친 영향에 관하여 비교해서 설명한 직후에, 6장 1-7절에서는 어떻게 모든 믿는 자들이 다 옛 아담의 영역에서 새 아담의 영역으로 옮겨가게 되었는가에 대해서 상세히 이야기한다. 믿는 자들이 새 아담에게 속하게 된 사건은 그들이 예수를 자신들의 주라 믿고 예수님과 세례를 통하여 한 몸으로 연합되어질 때 일어난다. 믿는 자들이 자신들의 죄의 용서를 위하여 물로 세례를 받으면서 물 속에 자신들의 육체를 담글 때, 그들은 예수님이 겪으신 죽음에 연합하게 되고, 이의 결과로 자신들의 죄된 육체도 역시 주님과 함께 동일한 십자가에 못 박히게 되는 것을 경험하게 된다(롬 6:6). 믿는자들이 물 밖으로 나올 때, 그들은 예수님이 경험하신 부활의 생명을 자신들의 몸 안에서 경험하게 되고, 자신들이 새로운 생명 가운데 거하며 살도록 부름받았다는 사실을 깨닫게 된다(롬 6:4).

이렇게 믿는 자들의 죄의 육체와 자아가 주님의 십자가 위에서 주님과 함께 죽임을 당하였으므로, 그들은 더 이상 아담의 자손들을 통제하는 죄의 권세 아래 놓이지 않게 되고(롬 6:7), 자신들 속에 새로이 거하기 시작한 하나님의 생명의 능력 곧 성령을 통하여 하나님과 '영적으로' 살아 있는 관계를 시작할 수 있게 된다. 이렇게 그리스도와의 연합을 통하여, 자신들 속에 거하는 하나님의 생명의 성령을 통하여 하나님에 대하여 살아난 새 인류는 하나님의 뜻과 계명들에 순종으로 반응하는 새 아담의 자아를 소유하게 된다. 그러나 새 아담과 연합하여 그의 영과 더불어 사는 성도들의 새 생명의 삶은 이미 완벽한 상태에 이른 것이 아니라, 오직 완전함을 목표로 하여 계속하여 진행되는 종말론적 변화의 시작을 의미한다. 이 종말론적 변화의 완성은 오직 주님의 재림 시 부활을 경험할 때에야 비로소 완성되어진다(고전 15).

바울은 갈라디아서 3장 27절에서 믿는 자들의 세례를 "그리스도를 옷 입는 것"이라고 부르고 있는데, 이는 새 아담 그리스도의 성품과 자아가 그들 위에 덧입혀졌다는 것을 의미한다. 그리스도를 옷 입을 때 모든 믿는 자들은 다 그리스도의 영 곧 성령도 소유하기 시작하였다는 것은 의심의 여지가 없다. 바울은 주장하기를, 믿는 자들에게 하나님의 사랑이 폭포수처럼 퍼부어졌는데, 우리는 이 사실을 우리에게 주어진 성령을 통해서 알게 된다고 한다(롬 5:5). 따라서 새 아담 그리스도에게 속한 자들은 다 그의 영 성령을 소유하게 되고, 성령을 소유하지 않은 자는 새 아담에게 속하지 아니한 자이다(롬 8:9). 새 아담 그리스도와 연합된 자들은 모두 새 아담의 영 곧 성령의 새롭게 하심과 하늘로부터 오는 새 생명을 경험하게 된다. 뿐만 아니라(롬 7:6) 이 새 생명을 창조하시고, 계속 유지시켜 나가는 주체이신 성령을 따라 걷고 행하도록 독려받는다(롬 8:4).

결론적으로, 바울은 이렇게 새 아담에게 속하여 그리스도의 몸으로 연합된 자들을 "새 피조물들"이라고 부르고 있다(고후 5:17). 바울에게 있어서 가장 중요한 구원의 사건은 사람들이 율법을 소유하여 할례를 받았느냐 혹은 받지 않았느냐의 여부가 아니라, 그리스도의 십자가의 사건을 통하여 이루어진 '새 창조'를 경험하였느냐의 여부이다(갈 6:14-15). 이 새 창조의 사건은 "나" 자신이 세상에 대하여 못 박혀 죽고 세상도 "나"에 대하여 죽음으로써 "내"가 하나님에 대하여 살아나는 사건이다(갈 6:14-15; 롬 6:11). "내"가 세상과 죄에 대하여 죽고 새로운 피조물로 되살아 날때에야 비로소 파괴된 피조 세계도 다시 하나님의 새 창조의 영향 아래서 곧 새로워질 수 있는 것이다. 따라서 바울에 따르면, 모든 피조물들은 하나님의 영광스러운 자녀들의 나타남을 고대하고 있다고 한다(롬 8:19).[303]

그러나 이 모든 새 창조의 일들의 완성은 오직 부활하신 주님이 다시 오시는 그때에, 오직 주님의 재림의 때에야 가능해진다(고전 15:23-24). 따라서 성도들이 현재 누리고 있는 성령의 역사와 각종 은사와 생명력들은 계약의 체결 시 처음 지불하게 되는 "선수금"(down payment, 고후 1:22; 5:5; cf. 엡 1:14)이라고 불린다.[304] 이는 하나님이 성령을 통하여 교회를 새롭게 하시는 새 창조의 행위는 앞으로 따라 올 모든 새 창조의 다양한 결과들의 시작을 의미하기 때문이다. 또한 바울은 현재 성도들이 누리고 있는 성령을 주님의 재림 시 이루어질 '완전한 것'에 비추어 "성령의 첫 열매"(ἀπαρχὴν τοῦ πνεύματος, 롬 8:23; 고전 13:10)라고 부르고 있다.

새 언약의 성령과 할례받은 마음(고린도후서 3:1-4:6)

성령을 통하여 죄와 세상에 대하여 죽고 하나님께 대하여 살아나는 새 창조를 경험한 성도들은 하나님과 새로운 언약 관계에 놓이게 되고, 동시에 그 마음에 성령으로 말미암는 할례를 받아 아담과 이스라엘의 불순종의 역사를 극복할 수 있게 된다. 또한 성도들은 아담이 잃어버린 바로 그 하나님의 영광을 그리스도의 얼굴에서 다시 발견하게 되고, 그 영광을 통해서 자신들도 계속해서 영광스럽게 변화되어가는 것을 경험하게 된다. 성도들이 그리스도의 몸으로 연합된 것을 경험한 새 생명과, 이의 결과로 하나님과 새롭게 맺어진 새 언약은 고린도후서 3:1-4:6에서 가장 잘 묘사되고 있다.[305]

바울이 고린도 교회를 세운 후 이방인 선교를 위하여 다른 지역으로 떠나 있는 동안, 고린도 교회는 유대인 출신 전도자들의 방문을 받게 된다(고후 12:1-13).[306] 이들은 고린도 교회에 찾아와 자신들을 추천하는 사도들의 추천장을 보여주면서 고린도에 나타나 아무런 추천서도 제시하지 않았던 바울의 사도직과 그의 '율법을 배타하는 복음'에 대하여 비판하기 시작하였다(고후 3:1). 아마도 이들은 예루살렘 교회의 야고보와 연관된 보수파와 깊이 연관되어 있었을 것이며, 바울의 이방인 선교와 율법을 배타하는 그의 복음이 이스라엘의 전통을 파괴하고 있는 것으로 간주하였을 것이다.[307] 이에 대하여 바울은 고린도 교회야말로 예수님이 직접 자신을 위해서 하나님의 성령으로 쓰신 추천서라고 주장한다. 다시 말하면, 바울의 복음과 사도직은 주님이 직접 세우시고 인정하신 것이기에 자신의 성령을 통해서 바울의 복음이 효과적으로 역사하게 하였고, 그의 결과로 고린도 교회가 탄생하게 되었다는 것이다. 이렇게 고린도 교회의 탄생 자체가 바로 바울의 사도직과 복음의 진정성을 증명하고 있기 때문에, 만약 고린도 교인들이 바울의 사도직을 부인하게 되면, 자신들의 존재 자체를 부인하게 되는 웃지 못할 상황에 처하게 된다는 것이다. 이어지는 변론에서 바울은 자신의 복음 사역과 자신의 정적들의 전도 사역을 옛 언약과 새 언약, 그리고 모세에게 주어진 일시적인 영광과 예수님이 보유하신 항구적인 하나님의 영광들을 근거로 하여 비교하기 시작한다.

고린도후서 3장에서 발견되는 성령에 관한 논의에 대해 중요한 사실 한 가지는, 3장 3절이 암시하고 있듯이, 고린도 교회는 바울의 복음 전파에 동반된 성령의 능력으로 인해서 새롭게 탄생한 하나님의 공동체라는 것이다. 이 사실은 고린도후서 4장 6절에서 고린도 교인들의 회심을 하나님의 새 창조의 행위로 묘사하고 있는 바울의 선포에서 더 자세히 보여진다. 어둠에서 빛을 구분하며 창조를 시작하신 하나님이 고린도 교인들의 어둠이 가득 찬 마음에 "그리스도의 얼굴에 머문 하나님의 영광의 지식의 빛"(사역, 고후 4:6; cf. 창 1:14)을 비추심으로 고린도 교인들은 회심을 경험하게 되고, 나아가 자신들의 회심을 통해 하나님의 새 창조를 경험하게 되었다. 여기서 바울은 자신의 복음의 내용인 그리스도를 하나님의 새 창조의 빛과 동일시하고 있다. 또한 자신의 복음 전파 사역을 바로 하나님의 새 창조의 빛을 통한 고린도 교회의 창조 사건으로 이해하고 있다(고후 4:1). 바울의 복음 전파 사역이 그 시작부터 끝까지 성령의 인도와 능력에 의하여 주장되어진 만큼, 고린도 교회의 탄생은 전적으로 성령의 새 창조의 사역에서 기인한다고 볼 수 있다. 이에 바울은 단지 이러한 새 창조의 과정에서 산파 역할을 담당했다는 것을 알 수 있다.[308]

바울은 나아가, 고린도 교회의 탄생이 하나님의 새 창조의 결과물인 동시에, 이 새 창조의 과정을 주도하였던 성령은 바로 에스겔과 예레미야가 예언한 새 언약의 성령이라고 주장한다. 고린도후서 3장 6절에서 바울은 돌판에 새겨진 문자들에 근거한 옛 언약과 성령을 통해 마음에 새겨진 새 언약을 비교하면서, 돌판의 문자들 곧 율법이 사망을 가져오는 반면에, 마음판의 성령은 생명을 가져온다고 한다. 여기서 바울은 율법은 주어졌으나 그 율법의 내용들을 지킬수 있는 능력인 성령이 주어지지 않았음으로 그로 인하여 이스라엘 백성들이 다 사망을 맛보며 망명길을 떠나야 했던 사실을 상기시키고 있다.

신명기에서 모세가 자신의 마지막 유언에서 이미 선포하였듯이, 시내산에서 하나님이 이스라엘과 옛 언약을 만드실 때 성령으로 할례받은 마음을 주시지 않으셨다는 사실을 바울은 자신의 예레미야와 에스겔의 인용에서 전제하고 있다. 할례받은 마음이 결여된 옛 언약에 속하였던 과거의 이스라엘에 비하여, 성령에 의하여 새롭게 창조된 고린도 교회는 그들 가운데 거하시는 성령을 통하여 하나님과 새 언약 관계에 놓이게 되었다. 이 성령은 바로 생명을 주시는 하나님의 창조의 영으로서 그들로 하여금 하나님의 언약의 말씀을 지킬수 있도록 하늘로부터 오는 능력을 계속해서 공급하고 있다(고후 3:8; cf. 고전 15:45). 여기서 바울은 예레미야와 에스겔이 예언했던 새 창조와 새 언약의 말씀이 그의 복음으로 말미암아 새 아담 그리스도와 연합된 고린도 교회에 현실화되었음을 선포하고 있다.

바울은 "마음", "돌판", "성령", 그리고 "생명" 등의 단어들을 통해서 독자들로 하여금 에스겔과 예레미야의 예언들에 대해서 기억하게 한다. 다시 말하면, 독자들은 고린도후서에 나타난 바울의 옛 언약과 새 언약의 비교에서 할례받지 못한 마음으로 인해 거룩하고 성스러운 율법의 선물에도 불구하고(롬 7:12, 14) 죽음을 맞이했던 이스라엘의 과거를 떠올리게 된다. 이와 반대로, 고린도 교인들은 현재 그들의 마음 속에 성령이 거하고 있기에 그들의 마음이 성령으로 할례받아 죽음이 아닌 성령의 살리는 역사를 계속해서 경험하게 된다.[309] 뿐만 아니라, 이 고린도 교인들은 성령으로부터 기인한 다양한 성령의 은사들을 교회사에 존재하였던 그 어떤 교회보다도 더 풍성히 경험하게 되었다(고전 12-13). 고린도 교인들은 자신들이 성령으로 말미암는 새 창조 · 새 언약의 공동체라는 사실을 자신들 가운데서 현저하게 나타나는 성령의 은사들을 통해 결코 부인할 수 없었다. 그러나 고린도후서에서 바울은 성령의 현저한 영향력 아래 놓인 고린도 교인들에게 있어서 가장 중요한 것은 그들이 현재 체험하고 있는 다양한 성령의 은사들의 나타남이 아니라, 그들 가운데 거하는 성령을 통하여 마음의 할례를 힘입어 이스라엘과 아담의 저주받은 운명을 피해갈 수 있게 되었다는 것을 강조해서 말하고 있다.

성도들이 성령을 통해 받은 마음의 할례로 인해 과거 아담과 이스라엘의 비극적인 운명을 극복하게 되었다는 사실은 이어지는 하나님의 영광에 관한 바울의 논의에서 더욱 분명하게 나타난다(고후 3:7-11). 바울은 여기서 모세를 통하여 세워진 옛 언약을 "정죄의 사역"(고후 3:9)이라고 부르고 있는데 반하여, 그 옛 언약조차도 하나님으로 말미암았기 때문에 모세의 얼굴에 하나님의 영광이 반사되어 비추게 된 사실을 언급한다(고후 3:7). 여기서 바울은 출애굽기 34장 29-35절에서 십계명을 들고 시내 산에서 내려오는 모세의 얼굴에 비친 하나님의 영광을 독자들에게 상기시키고 있다. 그러나 바울은 자신의 얼굴에 비친 하나님의 영광을 두려워하는 이스라엘을 위하여 자신의 얼굴을 베일로 가린 모세의 행위를(출 34:35) 자신의 얼굴에서 점점 옅어져가는(καταργούμενον) 하나님의 영광의 사라짐의 끝을 감추고자 한 행위로 이해한다(고후 3:10).[310] 이에 반하여, 바울은 자신이 고린도 교인들에게 전한 복음은 영원히 사라지지 않는 하나님의 영광을 거울처럼 반사하여 비추고 있는데(καταργούμενοι, 고후 3:18), 이는 하나님의 영광이 바로 부활하신 주 예수 그리스도의 얼굴에서 영원히 빛을 발하고 있기 때문이다(고후 3:14-18; 4:4-6).

따라서 바울을 비롯한 모든 성도들이 주이신 예수님을 향하여 고개를 돌릴 때, 그들의 마음 속에서 모세의 얼굴을 가렸던 베일은 사라지게 된다(고후 3:14). 나아가 성도들이 예수님의 얼굴에 비치는 하나님의 영광에 노출되어질 때, 그들은 주님의 영광스러운 모습처럼 "영광에서 영광으로" 변화되어져 간다(고후 3:18).

그동안 고린도후서 3장 16절과 17절에 나오는 주의 정체에 대해서 하나님을 지칭하는지 아니면 예수님을 지칭하는지에 관한 많은 논쟁이 있어 왔다.[311] 그러나 바울에게 있어서 회심과 새 창조는 분명히 그리스도의 사역에 그 기반을 두고 있고, 하나님의 형상은 그리스도를 지칭하고 있음으로, 성도들의 영화로운 변화는 새 아담 그리스도와 그의 영을 통한 새 창조의 사역의 직접적인 결과임을 부인할 수 없다. 따라서 예수님이 아담이 잃어버린 하나님의 영광을 회복하사 하나님의 형상을 소유하고 계신 것처럼(고후 3:18; 4:4), 성령의 새 창조의 결과로 예수님과 연합되고 하나님과 새 언약 관계에 놓인 성도들은 자신들 가운데서 하나님의 영광 곧 하나님의 형상이 점차적으로 회복되어져 가는 것을 경험하게 된다.

우리는 이 영광스러운 변화를 영화(glorification)라고 부르는데, 이 영화는 성도들의 삶에서 한 순간에 이루어지는 것이 아니라, 성도들이 할례받은 마음으로 주님의 영광을 계속해서 따라가는 전 과정을 통하여 점진적으로 완성되어지는 현상이다("영광에서 영광으로," 18절). 성도들은 오직 주님의 재림의 때에야 비로소 자신들이 주님처럼 하나님의 형상 곧 영광을 온전히, 그리고 영원히 소유하게 되는 것을 발견하게 될 것이다(cf. 빌 3:20-21). 주님의 재림 전까지는 모든 성도들이 종말론적인 긴장 속에서 자신 속에 거하는 옛 아담의 본성을 새 아담의 성령을 좇는 삶을 통하여 제압해 가는 "성화"(sanctification)의 과정 속에 있게 된다. 이에 대해서 바울은 로마서 7-8장, 그리고 갈라디아서 5-6장에서 종말론적인 긴장과 성도들의 마음 속에서 벌어지고 있는 옛 아담과 새 아담의 본성간의 치열한 영적 전쟁을 통해서 자세히 설명하고 있다.

성령을 따르는 삶과 육체를 따르는 삶

지금까지 본 저자는 새 창조와 새 언약의 개념들을 그리스도의 몸을 구성하는 교회 공동체를 중심으로 해서 논의하였다. 이는 새 아담 예수와 성령을 통한 하나님의 새 창조와 새 언약의 사역이, 에스겔과 예레미야의 경우에서와 마찬가지로, 새 창조의 첫 열매로서 그리스도의 몸된 공동체를 가장 우선적으로 탄생시켰기 때문이다. 그러나 새 아담의 새 창조와 이의 결과로서 나타난 새 언약은 믿는 자 개인들의 구원과 영화로운 변화에 대해서도 중요한 의미를 함축하고 있다. 왜냐하면 하나님의 공동체의 회복은 각 개인의 영적인 회복을 전제로 하고 있으며, 건강한 지체들이 없이는 건강한 그리스도의 몸이 결코 형성될 수 없기 때문이다. 그리스도의 새 창조의 결과로 형성된 그리스도의 몸이 계속해서 자라가야 한다면(엡 2:21), 그 몸의 개개의 지체들도 계속해서 "그리스도의 장성한 분량"까지 자라가야 한다.

바울은 새로운 피조물들인 믿는 자 개인들의 마음 속에서 끊임없는 영적인 전쟁이 죄된 옛 본성과 할례받은 새 마음 속에서 진행되고 있다고 말한다. 비록 성도들이 성령을 통해서 그리스도의 몸에 연합하여 새 아담에 속한 존재가 되었으나, 성도들은 여전히 옛 아담의 본성과 파괴된 옛 피조 세계의 강력한 영향력 아래서 새 아담의 재림을 기다리고 있는 중이다. 새 아담에 속한 성도들조차도 이 땅에 자신들의 발을 디디고 사는 동안은 한 순간도 세상의 '죄악된' 공기로 호흡하는 것을 멈출 수 없기 때문이다. 따라서 성도들은 두 아담이 도래한 두 시대(epoch)를 동시에 경험하고 있는 종말론적인 존재들이다. 이 사실은 여러 신학자들에 의해서 "이미"(already) 그러나 "아직"(but not yet)이라는 종말론적 긴장으로 종종 설명되어졌다.[312] 따라서 바울은 개개인의 성도들 마음 속에서 벌어지고 있는 두 아담의 본성들의 싸움을 로마서 7-8장과 갈라디아서 5-6장에서 자세히 설명하고 있으며, 성령을 따르는 삶을 통하여 육체의 소욕을 죽이는 것은 성도들의 당연한 의무라고 주장하고 있다. 물론, 성령은 하나님의 종말론적인 승리의 확실한 보증으로서(cf. σφραγίζω, 엡 1:13) 성도들로 하여금 현재 자신들이 경험하고 있는 두 아담의 본성들 사이에서 벌어지고 있는 영적인 전쟁을 승리로 이끌기에 충분한 능력을 가지신 분이다. 그러나 이 영적인 전쟁은 그리스도에 의하여 이미 결정적으로 이겨진 전쟁임에도 불구하고, 그 완전한 끝은 주님의 재림의 때에 주님에 의하여 직접 선포되어질 것임으로, 현재를 살아가고 있는 성도들은 성령의 편에 서서 이 승리를 계속해서 자신들의 삶 가운데서 유지 · 경험해야 할 의무와 책임이 있다.313

"나"의 죄된 육체, 그리고 사망의 법과 생명의 성령의 법(로마서 7-8장)

로마서 7-8장에서 바울에 의하여 논의되는 "나"의 정체에 대해서는 수많은 논쟁이 학자들 간에 있어 왔다.314 여러 학자들의 다양한 의견들 중에서도, 특히 7장 7-25절은 7장 5절에 기록된 성도들의 회심 전 과거를, 그리고 8장 1-17절은 7장 6절에 기록된 성도들의 회심 후 현재를 상세하게 설명하고 있는 것으로 보는 의견이 가장 인기 있었다.315 그러나 이 의견은 현재 모든 성도들이 체험하고 있는 옛 본성과 새 본성의 갈등, 그리고 종말론적인 긴장을 희석시키는 약점이 있다. 본 저자는 위의 의견에 동의하며, 바울이 로마서 7-8장에서 두 아담에 속한 인류의 두 가지 종말론적인 상태에 대해서 논의하고 있다고 생각한다. 그러나 동시에, 바울은 또한 새 아담의 자손 곧 믿는 자 개개인들이 현재에도 경험하고 있는 죄악된 본성과 성령으로 할례받은 마음 간의 계속되는 갈등에 대해서도 논의하고 있다고 본다.316 왜냐하면 본 저자와 이 저서를 읽고 있는 많은 독자들도 비록 회심하여 새 아담 예수에게 속하게 되었으나, 여전히 우리의 죄된 본성과 새 본성 간의 종말론적인 긴장과 투쟁을 우리의 마음 속에서 끊임없이 체험하고 있기 때문이다. 물론, 현재 성도들의 삶 속에 존재하는 이 종말론적인 긴장은 부인될 수 없는 사실임에도 불구하고, 바울이 로마서 7-8장에서 강조하고 있는 점은 하나님의 성령이 성도들의 마음에 할례를 행하여 육체의 연약함을 극복하게 해주었다는 성령의 새 창조의 사역에 대한 승리에 찬 복음의 메시지이다.

바울은 로마서 7-8장에서 세 가지 법을 언급하고 있다: (1) 하나님의 율법, (2) 죄와 사망의 법, 그리고 (3) 생명의 성령의 법. 하나님의 법 곧 율법은 모세를 통하여 시내산에서 주어진 것으로, 그 율법 자체는 "거룩하고, 의로우며, 선"한 것이다(롬 7:12). 하나님의 율법은 그 법을 지키는 자들에게 생명을 주도록 의도된 신령한 하나님의 선물이다(롬 7:10, 14). 율법은 인간들로 하여금 하나님의 관점에서 본 죄악들이 어떠한 것들인지에 대하여 경고해주며, 그들로 이 죄악들을 떠나 하나님을 좇는 생명의 삶을 살아야 할 필요에 대하여 알려준다(롬 7:10). 그러나 아담의 자손들은 또 다른 "죄의 법"을 자신들의 육체 가운데서 발견하게 되는데(롬 7:23), 이는 그들이 하나님의 율법을 즐거워하고 하나님이 보시기에 선한 행위들을 하고자 함에도 불구하고, 율법이 악하다고 정의하는 바로 그 일들을 선택하여 행하게 된다는 사실이다(롬 7:17-23). 바울에 따르면, 하나님의 율법 앞에서 의롭다고 간주되는 행위들에 대한 간절한 바램에도 불구하고 악한 일들에 계속해서 굴복하게 되는 것은 바로 아담의 자손들의 마음 속에 거하는 "죄"와 "연약한 육체"(σάρξ)때문이다(롬 7:18). 이 죄악된, 그리고 사망의 선고를 받은 육체(σώμα, 롬 7:24) 때문에 아담의 자손들은 하나님의 선한 율법을 결코 지킬수 없다.[317] 여기서 죄는 아담의 자손들을 통치하는 강력한 법 혹은 원칙으로 묘사되고 있으며, 아담에게 속한 모든 자손들은 그들의 죄된 육체로 인하여 이 죄와 사망의 법을 극복할 수 없다고 바울은 주장한다.

여기서 주목할 점은 하나님의 선물인 의로운 율법이 인간들의 죄와 연약한 육체로 인하여 모든 아담의 자손들에게 하나님이 약속하신 생명 대신에, 하나님의 저주로서의 죽음을 선포하게 된다는 것이다. 다시 말하면, 하나님의 선한 율법이 인간의 연약함 때문에 죄와 사망의 법을 섬기게 되었다는 것이다. 따라서 바울은 이어지는 로마서 8장에서 주장하기를, 새 아담 예수의 사역은 이 두 가지 인류의 문제 곧 죄와 연약한 육체의 문제들을 해결하는 데 있다고 한다. 첫 번째 문제인 인간들의 죄에 대해서 예수님은 죄악된 육체의 모습을 가지시고 이 땅에 오셔서 인간/아담으로 태어나신 후, 희생제물로 자신을 드리시어 육체의 죄에 선고를 내리셨다(κατέκρινεν, 롬 8:3; cf. 3:25).³¹⁸ 이미 구약에서 희생제물들은 사람들의 죄악을 사하는 적법한 방법으로 하나님에 의하여 친히 제정되어졌고, 신약 성경의 여러 본문들은 하나님이 직접 자신의 아들을 모든 죄를 위한 한 번의 영원한 희생제물로 삼으셨다고 선포하고 있다(cf. 히 10). 로마서 8장 3절에 나타난 예수님의 탄생의 의미에 관한 이야기는 빌립보서 2장 6-11절에서 아담과 이사야의 고난받는 종을 통하여 자세히 설명되어지고 있음을 앞에서 살펴보았다.³¹⁹

두 번째 문제인 인간들의 연약한 육체에 대해서 바울은 주장하기를, 예수님은 자신의 성령을 통하여 자신에게 속한 자들을 도우시고 있다고 한다(롬 8:4, 9). 육체를 따라 걷는 자들은 필연적으로 육체의 소욕을 만족시키는 행위들을 하게 된다(롬 8:5). 그러나 문제는 육체의 소욕들은 하나님께 대하여 원수가 되었고 하나님의 법에 불순종하게 되므로, 육체를 따라 걷는 자들은 다 하나님의 법의 사망 선고 아래 놓이게 된다는 것이다(롬 8:6-7). 이에 반하여, 성령을 따라 걷는 자들은 하나님의 율법의 요구사항들 곧 하나님이 기뻐하시는 모든 행위들을 다 만족시킬 수 있게 된다(롬 8:4). 왜냐하면 성령은 자신의 영향력 아래 기꺼이 자신들을 맡기는 자들로 하여금 하나님이 기뻐하시는 일들에 대해서 소원하게 하고, 또 하나님이 기뻐하시는 일들을 성취할 수 있는 능력을 주시기 때문이다. 이런 의미에서 성령은 새 아담에게 속한 자들 가운데서 옛 아담의 죄된 본성을 제거하고, 그들의 연약한 육체를 새롭게 회복시켜 새 아담 예수의 본성을 형성해 가는 새 창조의 기능을 담당하는 분이시다.

또한 하나님은 성령을 따라 행하는 새 아담의 자손들에게 성령을 통하여 그들의 죽을 몸들에 영원한 생명을 주실 것이라고 약속하신다(롬 8:11). 다시 말하면, 성령을 통하여 자신의 아들을 부활시키신 하나님이 성령을 따라 걷는 모든 자들의 몸을 다시 부활시키실 것이라는 것이다. 이 성령 안에 거하는 자들은 하나님을 자신들의 아버지라고 부를 수 있게 되는 특권을 누리고 있고(롬 8:15), 주님처럼 영화롭게 변화되어질 것이며, 나아가 하나님의 나라를 유업으로 받게 될 것이다. 이렇게 영화로워진 하나님의 자녀들이 세상에 나타날 때, 피조된 온 세계도 아담의 저주를 극복하고 새롭게 회복되는 일들이 발생할 것이다(롬 8:18-22). 이런 이유로, 온 피조 세계가 하나님의 자녀들이 영광 중에 나타날 때를 간절히 기다리고 있다.

그러나 바울은 자신의 독자들에게 경고하기를, 성령의 첫 열매를 소유한 모든 믿는 자들은 여전히 하나님의 양자됨과 영화와 부활에 대해서 열심히 사모하라고 한다. 왜냐하면 새 아담의 자손들은 종말론적인 긴장 속에서 두 아담의 시대를 동시에 살고 있기 때문이다. 그렇다면 새 아담의 자손들은, 비록 자신들이 새 아담이 보내신 성령의 부인할 수 없는 영향력 아래 있다는 사실에도 불구하고, 여전히 옛 아담의 영향력 아래 놓여 있는 세상에 살고 있다는 것을 어떻게 알 수 있는가? 그들은 여전히 자신들의 몸이 죄와 죄의 결과로서 사망을 경험하게 되고, 부활은 여전히 소망하고 기대해야 할 미래에 속했다는 사실을 알기 때문이다(롬 8:9-11). 이런 측면에서, 현재 한국교회들에서 행해지는 많은 치유 집회들을 인도하는 사역자들은 궁극적인 몸의 치료는 부활을 통해서 오며, 이 부활은 주님의 재림 시에만 가능하다는 사실을 겸허하게 받아들여야 한다.

성령을 따라 걷는 삶과 육체의 욕심을 따라 사는 삶(갈라디아서 5-6장)

종말론적인 긴장 속에서 옛 아담의 죄된 육체의 본성과 새 아담의 의로운 본성 곧 성령에 의하여 형성되는 새 성품 사이에서 갈등하는 성도들의 현실에 대해서, 바울은 갈라디아서 5-6장에서 더 자세히 설명하고 있다.[320] 바울은 갈라디아서 5장 1절에서 자신을 포함한 모든 갈라디아 교인들이 율법 안에서 죽고 하나님에 대하여 살아나게 되었음으로(cf. 갈 2:19-21), 율법과 율법이 죄된 본성에 선고하는 사망으로부터 자유로와졌다고 선포한다. 갈라디아 교인들은 바울의 복음을 처음 접할 때, 믿음으로 응답함으로써 약속의 성령을 받아 하나님의 자녀들이 되었고(갈 3:2, 14), 이 성령 곧 그리스도의 양자의 영을 통하여 하나님을 "아바 아버지"라고 부를 수 있게 되었다(갈 4:6). 이의 결과로, 그들은 그리스도 안에서 새로운 피조물들로 선포되어졌다(갈 6:15). 그러나 동시에, 바울은 강조하기를, 자신이 여전히 그들 가운데서 그리스도가 온전히 형성되기를 위해서 힘써 수고하고 있다고 주장하며(갈 4:19), 바울과 갈라디아 교인들 모두 미래에 있을 온전한 "의의 소망"을 여전히 기다려야 한다고 설명한다(갈 5:5; 2:17).[321]

그러므로 바울에 따르면, 갈라디아 교인들은 자신들이 현재 온전히 의로와진 존재로서 하나님의 영광에 다 이르렀다는 거짓된 확신속에 거하지 말고(cf. 빌 3:13-14), 대신 "의의 소망"이 그들 가운데서 온전하여지기를 기다리면서 성령의 인도를 따라 살아가야 할 의무가 있다고 한다(갈 5:16). 왜냐하면 첫 번째, 그들에게 사망의 선고를 안겼던 율법의 요구들은 오직 성령이 그들 가운데서 이루어가시는 그리스도의 성품 곧 "믿음을 통해서 역사하는 사랑"으로서만 온전히 만족되어지기 때문이다(갈 5:6). 주님이 친히 이 땅에서 사역하시는 동안 이미 제자들에게 말씀하셨듯이, 바울은 "이웃을 자신처럼 사랑하라는 이 한 말씀"에 의하여 모든 율법의 요구들이 만족되어진다고 한다(갈 5:14). 이 사랑은 성령이 새 아담의 자손들의 마음 속에서 창조하시고자 하는 새 아담 예수의 본성의 가장 중요한 특징이며, 성령이 그들 가운데서 생산해 가고 있는 가장 중요한 성령의 열매이고, 또 그들 자신들이 선물로 받은 모든 성령의 은사들을 어떻게 교회를 위해서 사용해야 하는지에 대한 가장 중요한 원칙을 제공하여 준다(고전 12-13).

그러나 두 번째, 아담의 타락한 형상을 따라 지어진 인간의 죄된 육체는 이웃을 향한 사랑보다도, 마치 아담이 자신의 이기적인 육체의 소욕을 위하여 하나님의 법을 깨트렸듯이, 어떻게 해서든지(심지어 하나님을 이용해서라도) 자신의 육체의 소욕만을 만족시키려 한다(갈 5:16). 이 육체의 소욕은 성령을 거스리는 행위이며, 성령과 죄된 육체는 서로 원수가 되어 싸우고 있다(갈 5:17). 성령과 죄된 육체간의 싸움은 믿는 자들의 마음 속에서 계속해서 발생하며, 이 싸움은 이미 성령을 선물로 받고 하나님의 자녀들이 되어 새 아담 그리스도에게 속한 모든 자들도 현재 다양한 모습으로 경험하고 있는 실체이다.[322] 옛 아담에게 속하여 영적으로 죽어 있는 자들은 아담의 죄된 육체의 소욕을 따라 살아가는 것이 너무도 자연스럽기에, 그들은 아무런 죄책감 없이 자신들의 육체의 소욕을 만족시키기 위하여 자신들의 모든 생명의 기운을 쏟아 붓고 있는 것이다. 옛 아담의 자손들은 자신들 안에서 하나님의 성령을 전혀 체험하지 못하기 때문에, 새 아담의 자손들이 현재 경험하고 있는 두 본성 간의 갈등에 대해서 전혀 이해할 수 없다. 다시 말하면, 성도들의 마음 속에서 끊임없이 벌어지고 있는 두 본성 간의 영적인 전쟁은 그들이 성령 안에서 살아있다는 중요한 증거가 된다는 것이다.

그러므로 바울은 강조하기를, 성도들은 날마다 그리스도의 십자가에 자신의 정욕과 죄된 육체를 죽이고, 성령을 따라 행함으로써 그들 가운데 그리스도의 거룩한 성품 곧 성령의 고귀한 열매들을 맺어가야 한다. 바울은 말하기를, "육체의 행위들은," 곧 "비윤리적인 행동, 순수하지 못한 행위, 정욕, 우상 숭배, 술수, 증오, 분쟁, 시기, 분냄, 다툼, 나누어짐…" 등이다(갈 5:19-21). 이러한 육체의 행위들을 행하는 자들은 하나님의 나라를 유업으로 받지 못한다고 한다. 반면에, 성령의 열매들은 "사랑, 기쁨, 평화, 인내, 친절, 선함, 신실함, 친절함, 절제" 등이다(갈 5:22). 그리스도에게 속한 자들은 다 자신들의 정욕과 욕심들을 십자가에 못 박았고, 또 계속하여 못 박아가야 하며, 성령을 따라 행함으로 날마다 이러한 성령의 열매들을 자신들의 삶 가운데서 풍성하게 맺어가야 할 의무가 있다(갈 5:24-25). 이렇게 성령의 열매를 풍성히 맺는 자들을 바울은 신령한 자들이라고 부르고 있으며(갈 6:1), 이 신령한 자들에게는 영생이 약속되어진다(갈 6:8).[323]

결론적으로, 그리스도의 영을 선물로 받아 새로운 피조물이 된 자들에게는 성령을 따라 사는 삶 곧 성령의 열매 맺는 성화의 삶은 선택하거나 선택하지 않을 수 있는 하나의 선택 사항이 아니라, 모든 성도들이 반드시 그렇게 살아야 하는 성도됨의 필수 요건이다. 누가 참으로 그리스도 앞에서 신령한 자인가? 지혜를 많이 소유한 자도, 지식을 많이 소유한 자도, 은사를 많이 소유한 자도, 돈이나 명예를 많이 소유한 자도 아니고, 오직 성령의 거룩한 열매들 곧 그리스도의 성품이 그의 속사람 안에서 온전히 이루어진 자가 바로 신령한 자이다. 이런 측면에서, 한국 교회는 눈에 보이는 현란한 성령의 은사가 공동체의 건강한 기능을 위하여 어느 때보다도 절실히 필요하다는 사실을 깨닫는 동시에, 그 은사들의 목적은 바로 그리스도의 몸된 지체들로 하여금 그들의 삶과 예배 가운데서 풍성한 성령의 열매들을 맺도록 도와주고 격려하는 것임을 잊지 말아야겠다. 성령의 능력 있는 임재의 증거로서의 은사들은 성도들의 신앙생활의 목적이 아니라, 성령으로 말미암아 열매 맺는 삶이라는 주님의 새 창조의 목적을 위한 효과적인 수단이 되어야 한다.

결론

이번 장에서 우리는 어떻게 성령을 그들 안에 받아들여 새 아담 그리스도와 연합하게 된 새 인류 곧 교회가 탄생하게 되었는지를 로마서 7-8장과, 고린도후서 3-4장, 그리고 갈라디아서 5-6장을 중심으로 살펴보았다. 바울에게 있어서 성령은 예레미야와 에스겔이 예언하며 고대한 바로 그 새 언약과 새 창조의 하나님의 영이다. 그러나 이 새 언약과 새 창조의 영은 옛 아담에 속한 자들이 오직 믿음과 세례를 통하여 새 아담과 연합될 때 그들 가운데 임하여 그들과 영원히 함께하게 되었다. 이렇게 성령을 통하여 그리스도와 연합하게 된 자들은 새 아담에게 속한 새 인류를 형성하게 되고, 새 아담 그리스도의 장성한 분량에 이르기까지 공동체적으로, 그리고 동시에 개인적으로 계속해서 자라가야 할 의무와 책임 아래 놓인다.

이 성령은 새 인류를 위하여 육체의 욕심들로 인하여 돌처럼 굳어져 버렸던 그들의 마음을 할례하여 주고, 하나님의 기쁘신 뜻을 분별하여 순종할 수 있게 하는 지혜와 능력을 제공하며, 이를 통해서 옛 아담의 죄와 사망의 저주로부터 완전히 자유로와지게 한다. 그러나 새 인류가 누리게 된 성령 안에서의 자유는 죄악된 삶을 위한 자유가 아니라, 믿음을 통하여 역사하는 사랑의 행위들을 위한 자유이다. 세 창조의 모든 과정에 시작부터 끝까지 깊이 관여하신 성령은 아담의 형상으로 태어난 성도들 개개인의 마음 속에서 그리스도의 온전한 형상을 만들어가고자 하시며, 이 새 창조의 과정 속에서 성도 개인들과 그들로 구성된 공동체가 성령이 친히 거하시는 성전이 되도록 그들의 모든 죄들을 깨끗이 정화시켜 가신다(고전 6:19). 그러나 성령의 새 창조 사역은 단 한순간에 완성되는 일회성 사건이 아니라, 성도들의 삶 전체를 통하여 지속되어 가는 성화와 영화의 전 과정을 통하여 계속해서 성취되어져야 하는 부활하신 그리스도의 종말론적인 사역이다.

따라서 성도들이 선물로 받은 성령은 성도들이 과거에 경험하였던 회심의 순간에만 함께 하시는 분이 아니라, 그 회심을 시작으로 하여 주님의 재림을 향하여 끝없이 진행되고 있는 성화와 영화의 전 과정에서 부활하신 그리스도의 능력 있는 임재를 나타내면서 성도들과 늘 함께 하는 분이시다. 성령은, 새 창조의 시작부터 성도들의 삶에 깊이 관여하였듯이, 모든 성도들이 그리스도의 신부된 교회로서 주님의 재림을 맞이할 때까지 그들의 삶과 예배의 전 과정 속에서 늘 그들과 함께 하실 것이다. 현대 교회들의 문제는 새로운 성령세례를 제2의 축복으로서 반복해서 받아야 한다는 주장에 있는 것이 아니라, 이미 성령의 세례를 통해서 그리스도와 연합한 자들 가운데 거하시는 성령이 그들 안에서 능력 있게 역사하시도록 하지 못하고 성령을 근심케 한 모든 죄악들을 우리 가운데서 제거해야 하는 것이다. 위의 사실들은 종말론적인 긴장 속에서 옛 아담과 새 아담의 본성 사이에서 끊임없는 영전인 전쟁을 치루고 있는 성도들에게 큰 위로의 말씀인 동시에, 도전의 말씀이다. 주님이 다시 오실 때 마침내 모든 영적 전쟁들은 끝이 나게 될 것이며, 성도들은 자신들의 죽을 몸에 그리스도의 부활을 경험하게 됨으로써 완전한 새 창조의 마지막을 체험하게 될 것이다. 따라서 다음 장에서 종말의 때의 마지막을 화려하게 장식할 성도들의 영화와 부활에 대해서 좀 더 자세히 살펴보고자 한다.

CHAPTER

성령과 영화

(Andrei Rublev 1360-1430)

믿는 자들이 십자가에 달려 죽으신 그리스도와 연합하여 자신의 죄와 세상에 대하여 죽고 하나님께 대하여 살아나는 바로 그 순간부터(갈 2:19-20), 성령은 믿는 자들로 하여금 그리스도의 몸된 공동체를 형성하게 하며 그들 가운데 거하기 시작한다. 그리스도의 몸의 성숙과 성장을 위하여 성령은 그리스도의 몸을 구성하는 모든 지체들에게 다양한 은사들을 나누어 주어 그리스도의 몸을 섬기고 세우는 사역을 감당하게 한다.

그러나 동시에, 성령은 죄와 율법에 대하여 죽고 하나님께 대하여 살아난 성도들 개개인의 삶의 모든 영역에서 그리스도의 형상을 닮아가는 변화를 이끌어가기 시작한다. 예수님의 부활과 승천 후 성령은 그리스도의 영이 되었으며, 성령의 주이신 새 아담 그리스도의 성품을 그리스도의 몸된 지체들 한 사람 한 사람 속에서 새롭게 창조해 가는 역할을 담당하게 되었다. 따라서 아담의 불순종하는 마음을 닮아 돌처럼 굳어져버린 아담의 자손들의 마음이 성령의 내주하심을 통하여 순종하는 부드러운 마음으로 바뀌게 되고(고후 3), 성령을 따라 사는 성도들의 마음 속에서 그리스도의 성품이 다양한 성령의 열매들을 통하여 표현되어지며(갈 5), 그리스도가 십자가의 죽음을 통하여 보여준 하나님의 사랑이 성도들의 삶과 봉사를 결정짓는 최고의 원칙이 되었다(고전 12-13).

이렇게 성령을 통하여 그리스도 안에서 새로운 피조물이 된 성도들은 그들 안에 거하시는 성령을 통하여 그리스도의 성품이 그들 속에서 형성되어져 가고 있는 것을 느끼고 있는 동시에, 육체의 소욕을 따르지 말고 자신들 가운데서 역사하시는 성령의 거룩한 열정을 따라 살아가야 할 의무와 책임이 주어진다(갈 5:16-18). 아담의 형상을 따라 지어진 성도들이 과거에 아담의 행위를 따라 죄와 사망 가운데서 거하였던 것에 반하여, 이제 성령에 의하여 인도받는 새 아담의 자손들은 새 아담 그리스도의 형상을 따라 날마다 변화되어지고, 새 아담의 순종의 행위를 본받아 하나님께 순종하는 삶을 살아감으로써 하나님의 생명 가운데 거하게 되는 특권과 의무를 동시에 지니게 된다. 그러므로 바울은 말하기를, "이 세상에 동화되지 말고, 마음을 새롭게 함으로 변화를 받아, 하나님의 선하신 뜻이 무엇인지, 그리고 무엇이 선하고 받을만 하고 완전한 것인지를 분별하도록 하라"(사역, 롬 12:2)고 한다.

이렇게 성령을 따라 걷는 자들은 날마다 그리스도의 얼굴에 비친 하나님의 영광에 노출되어 자신들도 그리스도처럼 "영광에서 영광으로" 변화되는 영화의 과정을 경험하게 된다(고전 3:18). 그리스도가 영구히 소유한 이 하나님의 영광은 아담이 타락 후 잃어버렸던, 그리고 많은 유대인들이 종말에 회복될 것으로 기대하였던 바로 그 하나님의 형상이다. 하나님의 형상이신 그리스도에게 날마다 노출되어지고, 그의 새 창조의 영이신 성령의 인도를 따라 삶으로써 그리스도의 성품과 형상을 자신들 가운데서 온전히 이루어갈 때, 모든 성도들은 그리스도의 영광으로의 점차적인 변화를 자신들 가운데서 경험하게 되고, 최종적으로 자신들의 죽을 몸에 하나님의 영광으로 덧입혀진 썩지 않는 그리스도의 영생의 몸과 같은 영광스런 몸의 부활을 경험하게 될 것이다(고전 15). 이 몸의 부활의 체험을 사도 바울은 자신의 인생의 최종적인 목표라고 말하고 있다(빌 3:12-21).

그러므로 이번 장과 다음 장에서 우리는 성령의 새 창조 사역의 가장 결정적인 클라이막스가 되는 두 가지 사건들, 곧 그리스도의 형상에 따른 영화로운 변화와 부활에 대해서 살펴보고자 한다. 특히 성도들의 점진적인 영화의 과정과 부활 사건에서 성령의 역할에 대해서 주의 깊게 관찰해 볼 것이다. 공교롭게도, 성도들이 경험하는 영화와 부활은 바로 아담이 인류에게 불러온 하나님의 저주를 극복하는 사건들로서 새 아담 예수의 창조의 영이신 성령을 통한 새 창조의 사역의 결정체임을 알 수 있다. 이런 측면에서, 본 저자는 하나님의 구원사에 드러난 성령의 역할에 대한 논의에 있어서 예언의 영으로서 성령의 사역은 많이 논의되어진 반면, 정작 가장 핵심적인 새 창조의 영으로서 성령의 사역은 상대적으로 덜 논의되어진 것에 대해서 안타깝게 생각한다. 물론, 우리는 성령의 다양한 기능들을 통하여 성령의 정체성을 정의하기보다는, 인격체이신 성령이 하나님의 구원사에서 하나님의 영으로서 또 그리스도의 영으로서 어떻게 여러 가지 다양한 기능들을 행하고 있는지 바꾸어 생각하도록 노력해야 한다. 그럼에도 불구하고, 성도들의 삶과 관련된 새 아담 예수의 영으로서의 성령의 사역에서는 새 창조의 기능이 가장 두드러지게 나타나고 있음을 본 저자는 거듭 강조하고 싶다. 성령의 새 창조는 하나님의 형상 곧 영광스러운 그리스도의 모습을 따라서 성도들의 몸과 마음을 포함한 전인격을 변화시켜 가는 하나님의 구원의 마지막을 장식하는 신적인 행위인 것이다.

그리스도 – 하나님의 형상

바울은 성도들의 영화와 부활의 몸에 대해서 논의할 때, 항상 "그리스도의 형상을 따른 변화"라는 생각을 통하여 자신의 논리를 전개시키고 있다(고전 15:49; 고후 4:4-6; 빌 3:20-21). 바울에게 있어서 하나님의 형상 혹은 그리스도의 형상은 무엇을 의미하며, 바울은 이 개념을 왜 그렇게 중요하게 다루고 있는 것일까? 아래의 논의에서 분명하게 밝히겠지만, 유대 묵시론적 전통에 깊이 영향을 받은 바울에게 있어서 하나님의 형상은 바로 하나님의 영광을 의미한다. 이 영광은 이제 그리스도의 얼굴에서 항구적으로 발견되어지며, 모든 성도들이 경험할 영광스러운 변화의 원천이며 패러다임을 구성하게 될 것이다.

아담이 소유하였던 하나님의 형상

바울의 그리스도의 형상에 대한 개념을 이해하기 위해서는 우리는 먼저 구약 성경과 유대인들의 사상에 드러난 아담에 관한 이해에 대해서 살펴보아야 한다. 창세기 1-3장에서 기록된 것처럼, 아담은 하나님의 형상에 의하여 창조되었으나, 타락 후에는 벌거벗은 몸으로 발견되어져 하나님이 주신 가죽옷을 입어야 했다. 다시 말하면, 아담의 타락 전·후에 그의 신체에 큰 변화가 왔음을 창세기 저자는 말하고 있는데, 유대인들은 이 변화에 대해서 논의하기를 타락 후의 아담은 타락 전 그가 옷처럼 덧입고 있던 하나님의 영광을 잃어버리게 되었다고 한다. 타락 전 아담의 육체는, 비록 흙으로 빚어진 몸을 가지고 있었으나, 천사들의 몸을 구성하는 하나님의 영광 혹은 빛으로 둘러싸여 있었다고 그들은 주장한다. 예를 들어 모세 묵시록(Apocalypse of Moses) 20, 21:6과[324] 2 에녹 30:11에[325] 따르면, 아담의 몸은 하나님의 영광으로 가득 채워져 있었다. 쿰란 공동체도 그 공동체의 구성원들이 창조 때부터 인간들에게 주어지도록 의도되어진 영광을 유업으로 받을 것이라고 주장하고 있는데, 이는 그들도 아담의 타락 전 상태를 하나님의 영광으로 덧입혀진 상태로 이해하고 있음을 말해준다(1QS 4:23; CD 3:20; 1QH 17:15).[326] 유대인 묵시론자들도 의로운 자들이 종말의 때에 받게 될 상급은 바로 하나님의 영광인데, 이 영광은 아담이 에덴 동산에서 소유하고 있던 바로 그 영광이라고 한다(2 바룩 51; 54:15, 21; 1 에녹 39:9; 50:1; 58:2). 또 다른 유대인들의 문헌들에서도 "고귀한 돌들에서 나오는 빛"이 의로운 자들에게 주어지고, 이 빛의 결과로 그들이 최초의 아담처럼 빛을 발하게 될 것이라고 주장되고 있다(Apocalypse of Moses 20:1-2; Bereshith Rabbah 12:6; Bereshith 18; LAB 26:13; 그리고 Pirqe de R. Eliezer 12:4).[327]

뿐만 아니라, 창세기 1장 26-28절에 따르면, 아담 위에 덧입혀진 하나님의 형상 곧 하나님의 영광은[328] 아담으로 하여금 만물을 다스릴 수 있는 세상의 왕이 되게 하였다. 번성하여 자손들을 생산하라는 명령 후에, 하나님은 아담으로 하여금 땅을 채우고 정복하며, 바다의 물고기들과 하늘의 새들과 지구상에서 움직이는 모든 생물체들의 주로써 그들을 다스리라는 명령을 주셨다. 이의 결과로, 세상의 왕이 된 아담은 모든 피조물들에게 하나님을 대신하여 이름을 지어줌으로써 그들을 다스리는 하나님의 통치의 대리인이 되었다(창 2:19). 그러나 아담의 타락의 결과로, 아담은 자신의 몸을 감싸고 있던 하나님의 영광과 함께 피조물들에 대한 왕권도 상실하여 버렸다(창 3:15). 따라서 유대인들의 사상에서 하나님의 형상은 하나님의 영광을 가리키고 있으며, 동시에 피조 세계에 대한 왕권을 상징하는 의미가 있다.

예수님의 첫 제자들이 목격한 회복된 하나님의 형상

십자가 사건 직후, 베드로와 열두 제자들을 포함한 예수님의 첫 제자들에게는 자신들의 스승이신 예수님의 십자가에서의 비극적인 죽음은 너무도 생생하게 그들의 마음 속에서 살아 있었을 것이다. 비록 갈릴리로 돌아가 다시 생업에 종사하게 되었지만, 그들의 마음속 깊은 곳에서는 결코 지워질 수 없는 십자가상에서의 예수님의 비극적인 죽음에 대한 충격으로 한동안 어려움을 겪어야 했다. 그러나 그것도 잠시, 주님이 십자가 위에서 죽으신지 사흘 후 그들이 경험한 부활하신 주님과의 만남은 너무도 충격적이며 이 땅에서 전혀 기대할 수 없었던 미증유의 사건이었기에, 제자들은 그 비극적인 십자가상에서의 주님의 죽음조차도 하나님의 구원에 꼭 필요한 하나님의 계획의 일부분이었다고 이해하기 시작하였다.

변화산상에서 영광스러운 주님을(막 9:2-7) 목격한 베드로와 요한과 야고보를 제외한 다른 모든 제자들은 부활하신 예수님이 과거에 그들이 보지 못하였던 영광스러운 몸을 입고 자신들 앞에 나타나신 것을 목격하게 되었고(고전 15:3-8), 그가 하나님의 우편에 높이 올리워지사 세상의 주가 되신 것도 깨닫게 되었다(막 14:62-62; cf. 행 7:55-60).[329] 제자들은 인자의 영광과 왕권에 관한 시편 8편과, 하나님의 보좌 우편에 앉도록 높아지신 다윗의 주에 관한 시편 110편을, 그리고 다니엘서에 나타난 하나님의 영광과 왕권을 부여받는 "종말론적인 심판자로서의 인자"(단 7:13)에 관한 성경의 본문들을 통합하여 부활하신 예수님에게 적용하여 이해하기 시작하였다. 예수님의 처음 제자들은 부활하신 예수님이야말로 하나님의 아들로서 그의 보좌의 우편에 앉도록 높아지셨고(마 28:18; 막 16:19), 전 우주를 다스리시고 심판하시는 종말론적인 "인자"가 되셨음을 선포하였다.[330]

그러나 흥미로운 사실은 마가는 부활하신 주님이 그 전과는 전혀 다른 모습으로 자신들에게 나타나셨다고 주장하고 있으나(막 16:12), 복음서 저자들은 부활하신 주님의 영광스러운 모습에 대하여 아무런 설명을 제시하고 있지 않다는 것이다. 수많은 제자들이 목격하고, 놀라움과 기쁨으로 반응하였을 부활하신 주님의 영광스러운 모습에 대해서 복음서 저자들은 왜 침묵하고 있는 것일까? 본 저자의 견해로는, 복음서 저자들은 이미 부활하신 주님의 영광이 변화산상에서 세 명의 제자들에게 부분적으로 계시되었으며, 주님의 부활 이후에는 모든 제자들이 이 영광을 목도하여 보았다고 주장하고 있는 듯하다.[331] 그들은 주님의 영광을 부활 때보다도 주님이 이 땅에서 사역하실 때 변화산상에서 부분적으로 계시하여 주셨음을 강조함으로써, 이 영광은 주님이 부활 때에 새롭게 취득하신 것이 아니라, 이 땅에서 이미 자신의 것으로 소유하고 계셨음을 주장하고자 한다(cf. 빌 2:6-8). 요한은 공관복음서 저자들보다도 한 걸음 더 나아가 주장하기를, 주님은 이 땅에 오시기 전부터 이미 하나님의 영광을 소유하고 계신 분으로 묘사하고 있다(요 1).

복음서에서 주님의 영광이 가장 현저하게 드러나는 곳은 변화산상 사건에서이다. 예수님은 가이사랴 빌립보에서 제자들과 자신의 정체성과 사역에 관하여 논하신 후(막 8:27-38), 제자들 중 일부는 살아서 주님의 영광과 하나님의 나라가 능력으로 임하는 것을 보게 될 것이라고 예언하신다(막 9:1). 이 예언의 말씀을 전하신 후 6일 뒤에, 예수님은 베드로와 야고보와 요한을 데리고 변화산에 오르사 그들의 앞에서 친히 변화되어(μετεμορφώθη) 영광스러운 자신의 본 모습을 계시하여 주신다(막 9:2). 마가에 따르면, 이 변화의 결과로 예수님의 옷은 빛을 발하며 말할 수 없이 하얀 색을 띄게 되었는데, 이 세상의 어떤 세탁인도 만들 수 없을 정도의 하얀색을 띄고 있었다고 한다. 이는 변화된 예수님의 빛난 모습이 이 세상에 속한 것이 아니라, 하늘에 속한 것임을 말하여 준다. 반면에 마태는 변화된 예수님의 하얀 옷에 덧붙여서, 예수님의 얼굴이 해처럼 빛나고 있었다고 주장한다(마 17:2). 누가는 변화된 예수님이 하나님의 영광으로 빛나고 있었다고 한다(눅 9:29-31).

변화산상 사건은 이 땅에서 사역하시는 동안 예수님의 숨겨진 영광이 잠깐 부분적으로 드러나게 된 사건이며, 예수님이 예언하신 하나님의 나라가 능력으로 임하는 사건에 대한 증거가 된다. 다시 말하면, 주님이 세상의 심판자인 인자로서 아버지의 영광을 가지고 이 땅에 다시 오실 때, 하나님의 나라와 통치가 그들 가운데 완성되어질 것인데, 변화산상에서 보여주신 주님의 영광은 재림 때에 계시될 바로 그 아버지의 영광인 것이다(막 8:35-38; 고전 15:24-28; 벧후 1:16-18).[332] 그러나 하나님의 나라의 완전한 도래가 주님의 재림의 때로 미루어 지고, 부활하신 주님의 영광도 자신의 부활 후에야 비로소 많은 제자들에게 계시되어질 수 있었듯이(고전 15:3-11), 주님의 재림에 때에야 비로소 주님의 원수들을 포함한 모든 피조 세계가 다 목격하여 보게 될 것이다(계 1:7).[333] 그때 드러날 세상의 심판자되신 주님의 영광은 자신을 위하여 목숨을 바친 자들에게는 말할 수 없는 위로를, 그리고 주님과 교회의 원수들에게는 말할 수 없는 절망을 초래하게 될 것이다.

복음서에 기록된 부활하신 예수님에 관한 제자들의 이해에서 그들은 예수를 새 아담이라고 부르지 않는다. 대신에 그들은 변화산상 사건에서 목격한 영광스러운 예수님을 이사야의 고난받는 종과 다니엘의 인자와 연관시켜 이해하고 있다(막 8:33-38). 이사야의 고난받는 종은 하나님의 새 창조의 선구자의 역할을 담당하였고, 다니엘의 인자는 아담이 잃어버렸던 왕권을 회복한 하나님의 신적인 메시야이다. 위의 사실들은 복음서의 저자들도 부활하신 예수님이 회복하신 왕권과 제자들에게 보여주신 영광은 아담이 잃어버린 것들에 대한 회복으로 간주할 수도 있었음을 암시해준다.334

복음서에 따르면, 예수님은 성령세례 후 광야로 가서 사탄에게 시험받으심으로써 자신의 사역을 시작하였는데, 아담이 자신의 욕심을 따라 행함으로 하나님께 불순종한 반면에, 예수님은 하나님의 뜻에 순종하여 자신의 소욕을 죽이심으로써 사탄으로부터 오는 시험에서 승리하시게 되었다.335 아담의 높아짐과 왕권에 관한 시편 8편이 복음서의 전통에서(막 14:61-62), 그리고 바울과 히브리서 기자에 의해서 부활 후에 높아지신 예수님에 관하여 일괄적으로 적용되고 있다. 바울과 히브리서 기자는 이 본문들을 통하여 아담과 부활하신 예수를 직접적으로 비교하며 그들이 인류에게 미친 영향을 자세히 설명하여 준다(cf. 히 2:6-10).336 이런 측면에서, 복음서의 저자들은 변화산상에서 계시된 주님의 영광을 하나님의 영광 곧 하나님의 형상으로 이해하는데 아무런 문제가 없었을 것이다(막 8:38). 흥미로운 사실은, 변화산상에서 주님의 변화를 나타내는 그리스어 단어 μεταμορφόω(transform)는 신약 성경에서 오직 바울에 의하여 로마서 12장 2절과 고린도후서 3장 18절에만 나타나고 있다. 이 두 본문들에서 위의 그리스어 단어는 각각 성도들의 내적인, 그리고 외적인 변화를 의미하고 있다. 바울은 분명히 예수님의 변화산상 사건을 알고 있었고, 예수님의 변화처럼 예수님의 얼굴에 비치고 있는 하나님의 영광을 접하게 되는 성도들도 동일한 영광스러운 변화를 경험하게 된다고 주장하고 있는 것이다.337

바울이 목격한 회복된 하나님의 형상

바울은 초대 교회의 전통에 따라 부활하신 주님의 높아지심을 주님이 회복하신 주권과 연결하여 이해하고 있다. 높아지신 다윗의 주에 대한 시편 110편 1절은 분명히 로마서 8장 33-34절과 고린도전서 15장 25절에서 언급되고 있다. 로마서 8장 33-34절에서 주님은 우리를 위하여 중재자의 역할을 담당하고 계시는데, 이 중재자의 역할은 이미 시편 기자가 다윗의 높아지신 주에 의하여 행하여질 사역으로 예언되어졌다(시 110:4). 또한 고린도전서 15장 24-25절에서 바울은 시편 110편을 인용하면서 주님이 마지막 때까지 온 세상을 다스리신 후, 그리고 모든 권세들과 통치들과 능력들을 파하신 후 자신의 왕국을 아버지께 돌려드리게 될 것이라고 말한다. 부활하신 예수가 높아지셔서 이제 세상의 주가 되셨다는 사실은 초대 교회의 신앙고백의 중요한 축을 형성하고 있었다(빌 2:9-11; 고전 12:3). 그 결과 그들은 예배를 마칠 때 항상 "주여 어서 오시옵소서"(μαράνα θά)를 낭송하면서 주이신 예수의 재림을 고대하곤 하였다. 바울도 이 초대 교회의 전통을 따라 아람어로 위의 구절들을 자신의 교회들에서 반복해서 낭송하곤 하였다(고전 16:22). 바울과 초대 교회에게 주님이 하나님의 보좌 우편에 앉게 되셨다는 사실은 높아지신 주님이 하나님의 주권을 공유하게 되었음을 의미한다. 동시에 이는 아담이 실패한 사역 곧 하나님의 대리인으로서 세상을 다스리는 왕으로서의 사역을 주님이 다시 완성하게 되었다는 것을 의미한다.

바울은 예수님의 첫 제자들에게 나타나신 부활하신 주님에 대하여 고린도전서에서 잠깐 언급하고 있는데(고전 15:3-8), 자신도 그들과 마찬가지로 부활하신 주님을 직접 만나 부활의 증인이 되었다고 주장한다(고전 9:1-3; 15:8-11). 바울은 어디서 부활하신 주님을 만나게 되었는가? 그리고 이 만남이 어떻게 그리스도는 하나님의 형상이라는 바울의 중요한 신학적인 사상과 연관되어지는가? 바울은 다메섹 도상에서의 자신의 회심에 대한 경험을 갈라디아서 1장과 빌립보서 3장에서 분명하게, 그리고 고린도전서 9장과 고린도후서 3-4장에서는 간접적으로 언급하고 있다.[338] 누가는 바울의 회심 사건을 사도행전 9장, 22장, 그리고 26장에서 잘 기록하여 보여주고 있다. 비록 바울의 다메섹 도상에서의 사건은 많은 학자들에 의하여 논쟁의 대상이 되고 있으나,[339] 그가 본 것은 영광 중에 나타나신 부활하신 주요, 이 부활하신 그리스도의 재현(Christophany)의 결과로 그는 그리스도를 하나님의 아들로 부르기 시작했다는 사실에는 논란의 여지가 없다.[340] 이후로 바울은 초대 교회의 예수는 하나님의 메시야요 세상의 주라는 고백에 동참하게 되며, 바울 자신도 이 고백을 자신의 복음의 핵심 내용으로서 이방인들에게 적극적으로 선포하기 시작한다.

뿐만 아니라, 다메섹 도상에서 바울은 영광 중에 나타나신 부활하신 그리스도를 만나게 되고, 이 영광 중에 계신 분이 바로 하나님의 아들이라고 자각하기 시작한다(갈 1:1-16). 바울은 유대인들의 전통에 깊이 심취하였고, 특히 묵시론자들의 사상에 많은 영향을 받았으므로, 이 영광 중에 나타나신 예수님을 구약 성경에 기록된 하나님의 현현(Theophany), 특히 하나님의 영광에 관한 전통을 통하여 이해하려 하였다.[341] 구약 성경에 나타난 하나님의 영광에 관한 전통에 따르면, 에스겔이 본 하나님의 보좌에 앉은 "사람처럼 보이는 분"은 보이지 않는 하나님의 보이는 영광이라고 한다(겔 1:28, 70). 이 전통에서 하나님의 영광은 보이지 않는 하나님의 인간과 같은 모습으로의 현현을 의미하는 전문적인 용어로 이해되어진다.[342] 이 하나님의 영광에 관한 전통에서 에스겔이 본 하나님의 영광은 "인자"라고 불리게 되고(단 7:13; 1 에녹), 아담이 잃어버렸던 하나님의 형상은 바로 이 하나님의 인간적인 모습 곧 인간의 모습을 띈 하나님의 영광으로 이해되었다.[343] 이 하나님의 영광에 관한 전통에 익숙한 바울이 다메섹 도상에서 영광 중에 나타나신 인간의 모습을 띈 한 분을 만났을 때, 그는 당연히 이분을 하나님의 영광으로 간주하게 되었을 것이다. 이 영광 중에 거하시는 분이 바로 부활하신 예수님이라는 것에 대해서 알게 되었을 때, 바울은 아무런 주저 없이 부활하신 예수를 하나님의 영광 곧 하나님의 형상이라고 부르기 시작하였다(고후 4:6).[344]

다메섹 도상에서 부활하신 예수님을 만난 후, 바울은 예수님에 관한 제자들의 고백 곧 그가 바로 하나님의 메시야요 하나님의 아들이시며 세상의 주가 되셨다는 고백에 적극적으로 동참하게 된다.[345] 특히 바울은 자신이 경험한 다메섹 도상에서의 부활하신 예수님의 영광이 너무도 강력한 경험이었기에 예수를 "영광의 주"라고 부르기 시작하며(고전 8:6; 빌 2:6-11), 그의 얼굴에 하나님의 영광이 영원히 거하며 이 어두움의 세상에 하나님의 빛을 비추고 있다고 믿기 시작하였다. 그러나 이에 덧붙여, 다메섹 도상에 나타나신 주님은 바울로 하여금 주님이 친히 부활을 경험함으로써 죽음을 극복하였다는 사실을 바울에게 깨닫게 해주신다. 묵시 전통에 해박한 바울은 이 부활의 사건이 아담의 저주로서의 죽음을 극복하는 사건일 뿐만 아니라, 마지막 종말의 때의 시작을 알리는 결정적인 사건임을 기억하게 된다. 나아가, 예수님의 첫 제자들이 종말의 시작으로서의 주님의 부활을 경험한 후 이어지는 종말의 영으로 세례를 받았듯이, 바울 자신도 이제는 주님의 부활과 종말의 성령을 체험하여 그들의 증인이 되었음을 고백하게 된다(고전 15:1-11; 갈 3:2; 4:4-6).

이제 바울은 모든 것을 메시야에 관한 예언의 성취라는 관점에서 이해하기 시작한다(고후 5:16-17). 바울은 부활하신 예수를 "죽은 자들로부터의 첫 열매"라고 부르면서 곧 주님 안에서 죽은 모든 자들이 다 부활을 경험하게 될 것이라고 소망하게 된다. 유대인들의 묵시전통에 익숙한 바울은 부활하신 주님이 아담의 저주를 점차로 파괴해 나가실 것이라고 생각했다. 이의 결과로 주님과 연합된 자들이 다 주님과 같은 부활을 경험하게 되고, 잃어버렸던 하나님의 영광과 왕권을 회복할 것으로 믿기 시작하였다. 따라서 바울에게 있어서 새 아담 예수의 구원 역사는 아담의 저주를 풀고 아담이 잃어버렸던 모든 것들을 회복하는 것으로 묘사되어진다. 이 새 아담 예수의 새 창조 사역에서 창조의 영이신 성령은 아담이 잃어버렸던 하나님의 형상 곧 그리스도의 형상을, 처음 창조에서와 마찬가지로, 새 창조의 페러다임 혹은 청사진으로 삼아 그와 연합된 모든 자들을 영화롭게 변화시켜 부활에 이르게 하는 분으로 이해되어진다(고전 3).

그리스도의 형상을 통한 영광스런 변화

영화의 과정 속에 놓인 새 창조된 백성들

유대인들의 묵시론적인 사상에서 하나님의 의로운 자들이 천사들처럼 영광스러운 상태에 거하게 될 것이라는 기대는 아주 보편적인 생각 중의 하나였다(cf. 단 12:1-5). 예를 들어 1 에녹은 말하기를 하나님의 선택된 자들은 종말의 때에 그들 가운데 거하는 하나님의 영광으로 인해서 영광스러운 변화를 누리게 될 것이라고 한다(50:1;

38:2-4; 4:4; 58:3-6). 2 바룩도 하나님의 의로운 자들은 종말의 때에 영광스러운 변화를 경험하게 되고, 그들의 얼굴은 빛을 발하게 될 것이라고 한다(51:3, 10). 이들은 또 천사들과 의로운 자들이 누리게 될 마지막 때의 영광스러운 상태는 바로 아담이 타락 전 누리고 있다가, 타락 후 잃어버린 하나님의 영광과 밀접한 관계가 있다고 보았다.346 바울에게 있어서는 아담의 잃어버린 왕권과 하나님의 형상은 바로 부활하신 예수님에 의하여 회복되었다. 따라서 이 부활하신 예수가 이루게 될 구원은 당연히 그의 백성들로 하여금 자신이 회복한 왕권(고전 6:3; cf. 마 19:28)과 하나님의 형상을 함께 누리게 하는 것이다. 제자들이 예수님이 회복하신 하나님의 형상을 누리게 되는 현상은 그들이 예수님이 현재 소유한 하나님의 형상으로 날마다 변화되어질 때 발생한다고 바울은 주장한다(롬 8:29; 고전 15:49; 고후 3:18; 빌 3:20-22).

제10장에서 이미 살펴본 것처럼, 하나님의 새 창조의 영을 통하여 생명을 경험한 백성들은 하나님과 새로운 언약 가운데 놓이게 되었다(고후 3:1-6).347 그들은 죽이는 문자들 곧 율법의 규제들에 의하여 통제받는 삶이 아니라, "살리는 영" 성령에 의하여 생명으로 인도되는 삶을 살게 되었다(고후 3:6). 여기서 바울은 자신의 목회와 모세의 목회를 자신들이 경험한 하나님의 영광을 통해서 비교하게 된다. 모세가 시내 산에서 율법을 받을 때 경험한 하나님의 영광은 그의 얼굴 위에 영구히 머물지 않고 점차적으로 사라져가게 되었다(고후 3:7-11). 이에 반하여, 바울이 그리스도의 복음에서 발견하는, 그리고 다메섹 도상에서 경험한 하나님의 영광은 영원히 그리스도의 얼굴 위에 머물게 되었다(고후 3:11; 4:6). 더 놀라운 사실은, 유대인들이 모세의 율법을 향하여 자신들의 얼굴을 돌릴 때, 그들의 마음은 모세의 베일(veil)에 덮혀 하나님의 영광을 보지 못하게 된다(고후 3:14-15).

이에 반하여, 제자들이 바울에 의하여 전파된 예수님의 복음을 믿고 주님께 얼굴을 돌릴 때,348 그들은 주님의 얼굴에 비치고 있는 하나님의 영광의 빛에 노출되어, 자신들의 얼굴도 계속해서 영화롭게 변화되어져 가는 것을 경험하게 된다(3:16-18; 4:3-6). 이런 측면에서, 예수님의 얼굴에서 발견되는 하나님의 영광은 오랫동안 기대하던 새로운 시대가 도래하였음을 알리는 종말론적인(eschatological) 기능과 더불어 그 영광에 노출된 자들을 영광스럽게 변화시키는 변화의 힘(transformative power)으로서의 기능도 가지고 있다.

고린도후서에서 예수님은 하나님의 형상으로 불리우고 있는데(고후 4:4), 이는 그가 하나님의 영광을 자신의 얼굴에 소유하여 빛을 발하고 있기 때문이다. 필로(Philo)는 환상 중에 하나님의 영광과 형상을 보았다고 주장한다(*Moses* 1.158f.). 나아가, 필로는 모세가 이 하나님의 형상으로 변화되고, 다른 이들도 모세처럼 이 형상에 따른 변화를 경험해야 한다고 주장한다. 하나님의 새 언약 속에 거하게 되었다고 믿었던 쿰란 공동체도 그들의 "의로운 선생"이 자신의 얼굴에서 하나님의 빛을 발하게 되고, 이 빛에 노출되는 자들도 동일하게 빛을 발하게 된다고 한다(1QH 7:6-25; 2:1-10; 2:31-39; 4:5-5:4).349 그러나 바울은 주장하기를, 모세는 하나님의 종으로서 일시적으로 이 영광을 소유한 반면에, 예수는 하나님의 아들로서 영구히 하나님의 영광을 소유하게 되었다고 한다(cf. 히 1-2). 바울과 베드로와 야고보와 요한은 부활하신 영광의 주를 자신들의 눈으로 직접 목격하였으나, 이후의 제자들은 복음의 메시지를 통하여 간접적으로 예수님의 영광을 접하게 된다. 따라서 제자들의 영광 체험은 마치 거울을 통해서 간접적으로 비친 예수님의 영광을 보는 것으로 바울은 묘사하고 있다(κατοπτριζόμενοι, 고후 3:18).

하나님의 창조는 하나님이 빛을 어두움에 비추신 후, 자신의 형상을 따라 하나님의 영을 통하여 완성하셨다. 바울에 따르면, 하나님의 새 창조는 그리스도의 복음에 담긴 그리스도의 빛을 어두움에 비추신 후, 하나님의 형상인 그리스도를 따라 그리스도의 영인 성령을 통하여 이루어진다(고후 4:3-6). 그 결과 그리스도 안에 속한 모든 자들은 새로운 피조물이 되고(고후 5:17), 그리스도의 영인 성령을 통하여 영광스럽게 창조/변화된다. 그러나 아담이 한 순간에 하나님의 영을 덧입은 것에 반하여, 새 아담의 자손들은 자신들의 전 인생을 통한 긴 과정을 통하여 "영광에서 영광으로"(ἀπὸ δόξης εἰς δόξαν, 고후 3:18) 하나님의 형상인 그리스도의 영광스러운 모습처럼 변화된다. 이런 측면에서, 믿음을 통하여 그리스도와 연합하게 되고 그의 영인 성령의 임재를 체험하게 되는 사건 곧 중생의 사건은 성도들이 경험하게 될 완전한 영광스러운 변화의 시작을 의미한다.

성도들의 영광스러운 변화에 대해서 바울은 μεταμορφούμεθα라는 동사를 현재형의 형태로 쓰고 있는데, 이 동사는 예수님의 변화산상에서의 영광스러운 변화를 묘사할 때 쓰여진 바로 그 단어이다(막 9:2). 다시 말하면, 바울이 전하는 복음에 담긴 예수님의 영광 곧 하나님의 형상을 접하는 자마다, 예수님이 변화산상에서 보여주신 동일한 영광의 모습으로 변화되어진다는 것이다. 이 변화는 현재 복음에 노출된 모든 자들이 경험하는 것이고, 이 변화는 점진적인 과정을 통해서 완성된다. 이 점진적인 변화의 과정 이면에는, 바울이 반복하여 강조하고 있는 종말론적인 긴장이 존재하고 있다. 비록 현재도 성도들은 이 영광스런 변화를 경험하고 있지만, 그들이 현재 경험하고 있는 하나님의 영광은 마치 거울을 통하여 보는 것과 같은 간접적인 경험에 불과하다(고후 5:6-8; 고전 13:12). 그리스도의 얼굴에 비치는 하나님의 영광에 대한 성도들의 간접적인 경험은 그들이 듣고 믿게 된 그리스도의 복음을 통하여, 그리고 이 믿음의 결과로서 그들 가운데 거하시게 된 성령을 통해서 온다(고후 3:18).

우리는 여기서 바울을 비롯한 신약 성경 저자들의 성령에 관한 공통된 견해를 접하게 된다. 성령은 이 땅에서 그리스도의 임재를 나타내고, 그리스도를 영화롭게 하며, 그리스도의 능력과 영광을 드러내어 성도들을 영화롭게 변화시키는 일을 자신의 사역의 주 목적으로 삼으신다는 것이다. 그러나 바울은 강조하여 말하기를, 오직 마지막 날에서야 비로소 성도들은 그리스도를 곧 하나님의 영광을 얼굴과 얼굴로 맏대어 보게 될 것이며(고후 5:6-8), 오직 그때에만 성도들은 영광스러운 변화의 끝인 "영원히 충만한 영광"(αἰώνιον βάρος δόξης, 고후 4;17)에 이르게 될 것이다. 이 마지막 때의 변화의 마침을 바울은 "하나님의 영광의 소망"이라 부르고 있으며(롬 5:2), 성도들을 하나님의 나라와 영광으로 부르신 이는 바로 하나님 자신이라고 말한다(살전 2:12).

누가가 보여주는 영화의 예

복음서의 예수님의 변화산상 사건을 읽고 듣는 독자들이 자신들도 영광스러운 예수님의 몸처럼 영화로운 상태에 거하게 될 것에 대해서 기대하게 되는 것은 너무도 당연하다 하겠다. 예수님의 변화산상 사건은 예수님이 가이사랴 빌립보에서 나눈 제자들과의 대화의 결론를 구성하고 있는데, 이 대화는 예수님의 고난의 십자가를 제자들도 직접 지고 주님의 십자가의 길을 따라가야 할 필요성에 관한 것이었다(막 8:33-38). 여기서 예수님이 암시하고 있는 메시지는, 마치 자신이 고난의 십자가의 죽음 이후에야 영광스러운 하나님의 부활을 경험하였듯이, 오직 자신의 고난의 길을 좇는 제자들만 자신과 동일한 영광스러운 변화와 부활을 경험하게 될 것이라는 것이다.[350]

성령과 지혜가 충만한 집사 스데반은 자신의 설교에서 "광야에서의 텐트"(σκηνή, 행 7:43), 모세와 같은 선지자(행 7:52), 하나님의 손으로 지어지지 않은 성전들에 관하여 언급하고 있다. 이러한 단어들은 스데반의 설교를 통하여 변화산상 사건을 독자들에게 기억하도록 여러 면에서 도와주고 있다.[351] 뿐만 아니라, 스데반은 자신의 환상 중에 하늘이 열리고 인자가 영광 중에 서 계신 것을 본다(행 7:55-56). 여기서 우리는 예수님이 변화산상 사건 전에 자신이 영광 중에 인자로 마지막 날에 다시오실 것에 대해서 예언하신 것을 스데반이 '개인적으로' 체험하고 있음을 알 수 있다. 스데반의 체험은 세 명의 제자 베드로와 야고보와 요한이 인자의 종말론적인 영광을 변화산상에서 미리 체험한 사건과 동일한 것이라고 볼 수 있다. 뿐만 아니라, 변화산상 사건 직전에 예수님은 자신이 인자로 다시 오실 때 자신을 위하여 고난받는 자들을 회복시키실 것에 대하여 예언하였다(막 8:34-38; 눅 9:23-26). 우리는 예수님의 이 예언이 스데반의 사건에서 지금 현실화되고 있는 것을 보게 된다.

누가가 기록하고 있는 스데반의 사건에서 흥미로운 사실은 그리스도의 복음을 인하여 고난 중에 있는 스데반에게 성령이 충만히 임하여 그에게 선포할 말씀을 주시고, 이 성령의 충만의 결과로 하늘의 비전을 경험하게 되고, 그 비전 속에서 인자와 하나님의 영광을 목격하게 된다는 것이다(행 7:55). 특히 우리에게 흥미로운 것은 자신의 비전 속에서 인자와 하나님의 영광에 노출된 스데반의 얼굴이 천사들처럼 영광스럽게 바뀌어졌다는 것이다(행 6:15). 고린도후서 3-4장에서 바울이 논하고 있는 성도들의 영화와 마찬가지로, 스데반의 영화로운 변화의 사건에서도 성령과, 하나님의 영광과, 그 영광 중에 거하시는 그리스도가 공통적으로 언급되고 있다.

바울이 말하는 속사람의 변화

고린도후서 3-4장에서 부활하신 주님을 영광의 주로 부르며 모든 성도들이 주님의 영광스러운 형상을 따라 점차적으로 변화되어지고 있다고 강력하게 주장한 바울은, 아이러니컬하게도, 자신을 포함한 성도들의 몸 곧 겉사람은 점점 더 쇠퇴해져 가고 있다고 한다: "비록 우리의 겉사람(ὁ ἔξω ἡμῶν)은 쇠퇴해져가나, 우리의 속사람(ὁ ἔσω ἡμῶν)은 날마다 새로워진다"(사역, 고후 4:16). 우리의 '겉사람'은 날마다 생명의 기력을 잃어가면서 늙어가고 있고, 종래에는 죽음에 삼키운 바 될 우리의 죽을 몸을 지칭한다(고후 4:11). 이 겉사람은 인간 존재의 연약함을 나타내며, 외부적인 환경과 핍박에 의하여 고통받게 되는 인간의 죽을 몸을 지칭한다(고후 4:8-9).352 바울은 이 연약한 몸을 주님의 생명과 영광을 담고 있는 "질그릇"이라고 부른다(고후 4:7).

날마다 쇠퇴해져 가는 우리의 겉사람에 반하여, 우리의 '속사람'은 비록 육체의 눈에는 보이지 않으나, 인간 자아의 가장 궁극적인 중요성을 띠고 있는 부분으로서 우리의 마음 혹은 영혼과 깊이 관여된 부분이다.353 바울에 따르면 이 속사람은 죄로부터 자유케 되어 그리스도 안에서 하나님께 대하여 살아난 "나"(cf. 롬 6:11), 곧 그리스도의 부활의 생명에 의하여 변화된 갈라디아서 2장 20절의 "나"와 동일시된다. 나의 속사람은 그리스도와의 연합을 통해서 과거의 "겉사람" 혹은 "옛 사람"(롬 6:6)과는 전혀 다른 새로운 피조물이(고후 5:17) 되었다. 바울은 강조하기를, 날마다 쇠퇴해져가는 겉사람에 반하여 우리의 속사람은 날마다(ἡμέρᾳ καὶ ἡμέρᾳ) 새로와지고 있다고 한다(cf. 골 3:10). 여기서 우리는 바울이 고린도후서 3장 18절에서 언급한 성도들의 지속적인 영화로운 변화가 단순히 그들의 외모만 빛을 발하게 되는 외부적인 현상만을 말하는 것이 아니라, 그들의 자아 깊은 곳에 존재하는 속사람도 내주하는 성령에 의하여 전혀 새로운 변화를 경험해가고 있다는 사실도 포함하고 있음을 알 수 있다.

바울은 위의 생각을 로마서 12장 2절에서 다음과 같이 묘사하고 있다: "너희는 이 세대를 본받지 말고, 너희의 마음을 새롭게 함으로 변화를 받아, 하나님의 선하시고, 기뻐하시고, 온전한 뜻이 무엇인지 분별하도록 하라." 바울이 고린도후서에서 그들의 속사람이 날마다 변화되어 가고 있다는 사실에 대해서 단순히 선포한 반면에, 로마서에서는 그들의 마음이 계속해서 변화되어져 가야 할 필요와 의무가 있다고 명령형을(μὴ συσχηματίζεσθε, μεταμορφοῦσθε) 통하여 선포하고 있다. 성도들의 변화는 중생 이후 자연적으로 발생하는 현상이 아니라, 성도들이 자신들 가운데서 역사하시는 성령의 음성과 인도를 따라 믿음으로 힘써 수고하면서 이루어가야 할 의무라는 것이다. 이런 측면에서 우리는 바울이 갈라디아서 5장에서 논하고 있는 "육체의 소욕을 따르지 않고 성령을 따라 사는 삶"이 로마서에서 언급된 변화된 마음으로 하나님의 기쁘신 뜻을 따라 사는 삶과 밀접한 관계가 있음을 알 수 있다. 로마서의 변화된 마음과 고린도후서의 날마다 새로와지는 속사람은 갈라디아서의 성령을 따라 사는 자들이 가지게 되는 그리스도의 성품을 지칭한다.

흥미로운 사실은, 바울이 로마서 12장 2절에 언급한 성도들의 내적인 변화를 의미하는 그리스어 단어(μεταμορφόω, transform)는 신약성경에서 오직 네 번 발견되는데, 로마서 12장 2절을 제외한 나머지 두 번은 예수님의 변화산상에서의 영광스런 변화에 대해서 쓰이고 있고(막 9:2; 마 17:2), 마지막 한 번은 고린도후서 3장 18절에서 바울이 언급한 성도들의 영화로운 변화에 대해서 사용되고 있다. 결론적으로 말하면, 성도들의 영화로운 변화는 그리스도의 부활의 봄과 같은 영광스러운 몸의 부활을 목표로 하는 동시에, 성도들의 속사람 의 혹은 내면의 자아의 완전한 변화도 포함하고 있다는 사실이다. 따라서 새 창조와 새 언약의 관계 속에서 성령을 모시고 사는 성도들은 자신들의 돌처럼 굳은 마음이 변하여 부드러운 순종의 마음이 되어 성령의 열매를 맺는 내적인 변화와 함께, 마지막 날에 그리스도의 영광스러운 몸을 덧입게 되는 외적인 변화를 다 포함하는 전인적인 변화를 경험한다는 것이다. 이 전인적인 변화는 성도들의 현재의 삶에서 여전히 진행되고 있는, 그리고 진행되어져야 할 사건이며, 주님이 다시 오실 미래의 재림의 때에야 그 완전함에 이르게 될 것이다.

영화의 과정에서 성령의 역할

바울은 고린도후서 3장에서 성령을 살아 있는 하나님의 영으로서 생명을 주시는 분으로 묘사하고 있다(고후 3:3, 6). 바울은 또 자신의 목회를 성령의 목회 혹은 새 언약의 목회로 부르면서 성령을 새 언약을 실행하시는 분으로 이해하고 있다(고후 3:8). 모세의 목회가 죽음을 가져온 율법의 문자들의 목회임에도 불구하고 하나님의 영광이 모세에게 계시되었듯이, 자신의 목회 곧 의의 목회는 더 많은 영광으로 채워졌다고 바울은 주장한다(고후 3:9). 결국, 성령의 새 언약의 목회에 드러난 그리스도의 얼굴에 머문 하나님의 영광은 사람들을 계속하여 변화시키는 변화의 원천이요 능력이 되었다(고후 3:18).

그러나 이 영화에 대한 바울의 논의에서 우리는 아주 흥미로운 사실을 발견하게 된다. 고린도후서 3장 17절에서 바울은 "주는 영/성령이시다"라고 하며, 주의 성령이 있는 곳에는 자유함이 있다고 덧붙이고 있다. "주는 영/성령이시다"는 표현은 많은 학자들 간에 오랜 논쟁의 대상이 되어 왔고, 이에 대하여 여러 개의 해결책이 제시되었다.[354]

그 중에서도 세 가지 의견이 학자들에 의하여 가장 빈번하게 논의 되어지고 있는데, 첫 번째, 17절의 주의 앞에 나오는 정관사를 무시하고 성령을 17절 전체의 주어로 간주하면서, "성령은 주이시다"라고 읽는 견해이다.[355] 피는 여기서 성령이 삼위 하나님으로서 주라고 불리운다고 주장한다. 그러나 이 의견은 고린도후서 3-4장에서 주는 바울이 칠십인역을 인용하는 경우를 제외하고는(고후 3:17b) 항상 부활하신 그리스도를 지칭하고 있다는 사실에 정면으로 배치된다(cf. 고후 4:5).[356] 또 바울의 서신서들에서 성령은 한 번도 주라고 불리워진 적이 없다.

두 번째, 고린도후서 3장 17절의 주는 하나님을 지칭하며, 성도들은 성령의 일을 통하여 하나님의 임재를 경험하게 된다는 것이다.[357] 다시 말하면, 성도들이 성령의 역사들을 통하여 하나님을 향하여 돌아설 때(고후 3:16), 그들의 마음속에 놓여진 모세의 베일은 벗겨지고, 대신 하나님의 영광에 노출되어 영화의 과정이 시작된다는 것이다. 그러나 이 견해는 17절의 "주/하나님은 영/성령이시다"는 표현 자체에 대해서는 아무런 설명을 제시하지 못한다는 약점이 있고, 이 영화의 과정에서 그리스도의 역할에 대해서도 아무런 설명을 해주지 못한다는 치명적인 약점이 있다. 바울은 이어지는 고린도후서 4장 1-6절에서, 주이신 그리스도를 성도들의 영화의 과정에 가장 큰 영향을 미치는 중요한 분으로 묘사하고 있다.

본 저자는 고린도후서 3장 16, 17a절이 주이신 그리스도와 성령에 대해서 말하고 있다는 마지막 견해에 동의하고 있다.[358] 왜냐하면 바울의 복음은 항상 "예수는 주이시다"라는 내용을 그 핵심 메시지로 삼고 있으며, 고린도후서 2-4장에서 바울은, 칠십인역을 인용하는 부분을 제외하고는, 항상 그리스도를 주라고 부르고 있기 때문이다. 뿐만 아니라, 바울은 14절에서 이미 모세의 베일이 오직 예수님 안에서만 제거된다고 주장하였기 때문에, 16절에 나오는 모세의 베일을 제거하는 주는 부활하신 예수를 지칭하는 것이 더 타당하다고 보여진다.[359]

만약 본 저자의 견해가 옳다면, 17절의 "주는 성령이시다"는 표현을 통해서 바울은 무엇을 말하고 싶은 것일까? 여기서 바울은 부활하신 예수와 성령을 동일시하고 있는가? 바울은 분명하게 성령을 부활하신 예수와 구분하여 이해하고 있다는 것에 대해서는 의심의 여지가 없다. 갈라디아서 4장 4-6절에서 성령은 그리스도 자신과 구분되어 그리스도의 영이라고 불리고 있고, 주님의 부활 후 하늘에 계신 주님을 대신하여 이 땅에 거하는 성도들에게 보내어지신 분으로 묘사되어진다. 또 고린도전서 2장에서는 성령은 하나님의 영이시며, 동시에 그리스도의 마음이라고 불리운다. 여기서 성령은 하나님과 그리스도와 아주 밀접한 관계가 있는 분이시나, 분명히 두 분과 구분되는 분으로 묘사되고 있다. 가장 결정적으로, 고린도전서 12장 3절에서 성령은 사람들의 마음에 감동을 주사 "예수는 주이시다"라고 고백하게 한다는 것이다. 따라서 성령에 관한 바울의 이해에서 성령과 예수님은 독립된 인격체임이 분명하다. 이어지는 고린도전서 12장 4-5절에서 바울은 성령을 성부와 성자와 구분되는 독립된 의지와 뜻을 가지고 계신 분이라고 주장하며, 자신의 기쁘신 뜻을 따라 성령의 은사들을 성도들에게 나누어 주시는 분이라고 칭한다.

바울에게 있어서 성령은 성도들이 경험하는 여러 가지 구원 사건들의 실행자(agent)이다. 성령은 성도들로 하여금 기적을 경험하게 하고 하나님의 능력을 체험하게 하며(살전 1:5; 고전 2:4-5; 롬 15:19), 의로와짐과 성화를 경험하게 하고(고전 6:9-11), 또 하나님의 뜻에 대하여 분별하게 하며(고전 2:12), 기쁨과(살전 1:6), 사랑과(갈 5:22), 양자됨을(갈 4:6; 롬 8:15-16) 경험하게 한다. 그러나 무엇보다도 성령은 부활하신 예수가 교회 속에서 일하시는 통로가 되고, 교회 속에서, 그리고 성도들의 마음 속에서 부활하신 주님의 임재를 나타내는 일을 자신의 가장 중요한 사역으로 간주하고 계신다. 이 사실은 하나님의 영으로 불리던 성령이 이제는 부활하신 그리스도의 영으로 불리게 된다는 것과(갈 4:6), 성령이 그리스도의 몸을 구성하는 일을 자신의 새 창조의 사역의 핵심으로 간주하며, 그리스도의 몸의 온전함을 위하여 성령의 은사들을 각 지체들에게 부어주신다는 사실에서 잘 나타나고 있다(고전 12). 성령의 내주하심을 경험하고 있는 성도들은 내주하시는 성령을 통해서 자신들 속에 거하시는 주님의 임재를 체험하게 된다(롬 8:9-11). 성도들은 생명을 주는 성령의 역사들 속에서 생명을 주는 부활하신 예수님의 능력을 경험하게 된다(cf. 고전 15:45). 따라서 바울은 성도들이 경험하는 구원의 여러 가지 측면들에 대해서 논의하면서 종종 성령과 예수를 동시에 언급하고 있다(고전 6:11; 롬 1:3-4; 8:5). 이는 성도들의 경험에서 성령과 예수가 거의 구분되지 않은 채 동시에 체험되어지고 있기 때문이다.

다시 말하면, 성령은 그리스도의 임재를 이 땅에서 나타내고, 그리스도를 영화롭게 하며(cf. 요 16:14), 그리스도의 몸된 공동체를 세워가고, 성도들 안에서 그리스도의 형상과 성품을 만들어 가시는 사역을 위하여 이 땅에 보내어진 분이다.[360] 성도들이 경험하는 날마다의 영화로운 변화와 속사람의 새로워짐은 부활하신 주님의 능력과 임재를 나타내는 성령의 역사를 통해서만 가능한 것이다. 성도들은 성령의 역사을 통해서 자신들 가운데서 일하시는 그리스도를 느끼고 체험하게 된다. 성령과 주님은 독립된 두 분의 인격체임에도 불구하고, 두 분은 성도들의 체험에서 거의 구분되지 않는다. 성령을 체험한 자는 부활하신 예수를 체험하게 되고, 부활하신 예수와 연합된 자들은 자신들 속에 거하시는 성령을 통해서 그 연합의 진정한 의미들을 경험하게 되는 것이다. 성도들의 경험에서, 마치 아들을 본자가 아버지를 보았고 아버지를 사랑한 자가 아들을 사랑하듯이, 주이신 그리스도는 성령으로, 그리고 성령은 주이신 그리스도로 경험되는 것이다.

결론

성도들이 복음에 담겨진 하나님의 영광의 빛에 노출되는 것은 그 복음을 듣는 자들의 마음에 감화와 영감을 주시는 성령의 역사를 통해서이다. 성도들이 이렇게 자신들의 마음 속에서 복음에 반응하여 생명을 얻게 되는 것은 성령이 그들의 돌 같이 굳은 마음을 부드러운 마음으로 대치하셨기 때문이다. 성령의 감동 속에서, 오직 성령의 감동을 통하여서만, 성도들은 자신들을 사랑하사 자신들의 죄를 위하여 친히 십자가에 달려 죽으신 그리스도의 사랑을 믿고 경험할 수 있게 된다. 성도들은 자신들이 경험하는 성령을 통하여 부활하신 주님의 임재와 능력과 사랑을 체험하게 된다. 바울은 이 모든 사실들은 성도들이 성령의 세례를 통해서 다 그리스도와 함께 연합하게 된 결과라고 말한다.

이렇게 그리스도와 연합된 성도들은 자신들 속에서 살아 역사하시는 성령의 변화의 사역 속에서 날마다 그리스도의 영광 곧 하나님의 형상을 따라 점차적으로 변화되고 있는 자신들의 모습을 발견하게 된다. 이 변화의 과정 속에서 그리스도는 하나님의 형상으로 불리게 되는데, 이는 부활하신 주님이 아담이 잃어버렸던 하나님의 형상 곧 영광을 회복하여 영원히 자신의 얼굴에서 빛을 발하고 있기 때문이다. 계속되는 영광스러운 변화 속에서 성도들은 자신들의 속사람도 날마다 새로와지고, 하나님의 선하시고 기쁘신 뜻을 따라 계속해서 성령의 열매들을 맺게 된다. 그러나 이 성령의 열매들은 혹은 날마다 새로와지는 속사람은 오직 성령의 인도를 따르는 삶을 통해서만 가능하다. 성도들에 의하여 맺혀지는 성령의 열매들은 혹은 새로워진 속사람은 바로 성도들 속에서 성령이 창조해가고 계신 그리스도의 성품인 것이다. 그리스도의 성품이야말로 성도들이 종말론적으로 이루어가야 할 자신들의 변화의 최종적인 목표이기에, 바울은 갈라디아서 4장 19절에서 갈라디아 성도들 안에서 그리스도가 형성되어지기까지 자신은 산고의 고통으로 힘써 수고하고 있다고 주장한다.

CHAPTER

⋮
성령과 부활

(Andrei Rublev 1360-1430)

앞장에서 우리는 고린도후서 3-4장을 중심으로 성도들의 영광스러운 변화와 이에 대한 성령의 역할에 대해서 살펴보았다. 성도들의 영화는 중생 이후 성령에 의하여 시작된 영광스러운 변화의 과정을 의미하며, 이 변화의 마지막은 그리스도의 부활하신 몸과 같은 썩지 않을 몸을 덧입게 되는 부활의 사건이다. 성령의 새 창조의 역할은 이렇게 성도들의 부활을 통해서 아담이 인류에게 초래한 죽음을 극복하고, 성도들로 하나님의 형상 곧 하나님의 영광을 다시 회복하게 함으로써 하나님을 영원히 경배할 새 인류를 창조함으로써 마무리된다. 부활을 통한 새 인류의 창조의 완성은 에스겔이 본 마른 뼈들의 부활 환상의 완전한 성취를 의미한다. 성도들이 주님의 재림의 때에 완전한 부활을 경험하게 될 때, 바울이 마지막 원수라고 부르고 있는 사망도 세상의 왕이신 그리스도에 의하여 완전히 파괴되어질 것이고 (고전 15:26), 성도들의 죄와 연약한 육체와의 끊임없는 전투는 드디어 끝나게 되고, 성도들은 영원한 하나님의 안식 속에 거하게 될 것이다.

그러나 바울은 고린도후서 3-4장에서 성도들의 영화로운 변화에 대해서 논하고 그 영화의 끝인 부활에 대해서 언급한 후에, 성도들이 그리스도의 고난에도 동참해야 함에 대해서 설명하기 시작한다. 예수님이 자신의 십자가의 고난을 통해서 부활의 영광에 이르렀듯이, 그리스도와 연합된 성도들도 오직 그리스도의 고난에 동참하는 삶을 통해서만 자신들의 부활을 맛볼 수 있다고 바울은 강력히 주장한다 (고후 4:10-11; 빌 3:10-11). 그리스도와 연합된 성도들은 그리스도의 생애의 모든 측면들에서 그가 친히 경험한 것들을 하나씩 체험해 가야 하는데, 그리스도의 생애는 십자가에서의 고난을 통한 영화와 부활로 요약되어진다.

그러나 성도들이 그리스도를 따르는 고난의 길 속에서도 부활하신 주님은 그들을 홀로 내버려두지 않으시고 그들 가운데 거하시는 성령을 통하여 자신의 임재와 능력을 경험하게 하신다. 부활하신 주님은 성도들의 고난을 통하여 그들의 영화의 과정을 촉진시키시고, 또한 자신들의 연약한 몸 속에서 부활의 능력을 이 땅에서 이미 맛보게 함으로써 미래에 있을 부활의 확실성에 대해서 성령을 통하여 증거하신다. 하나님이 자신의 능력 곧 성령을 통하여 그리스도 예수를 부활시키셨듯이, 성도들 가운데 현재 거하고 계신 동일한 성령이 성도들의 죽을 몸에도 그리스도의 부활의 생명을 허락하실 것이라고 바울은 말하고 있다(롬 8:11). 따라서 이번 장에서 우리는 성도들의 부활에 대한 소망과, 부활에 관한 성도들의 현재의 고난의 의미와, 성도들의 부활에 있어서의 성령의 역할들에 대해서 자세히 살펴보고자 한다.

그리스도의 고난에의 동참과 성령

고난을 통하여 죽어가는 연약한 육체(고후 4:7-15)

성령이 시작한 그리스도의 새 창조의 변화에 대한 바울의 이해에 있어서 독특한 점 하나는 성도들의 영화로운 변화의 과정이 단지 그리스도의 생명을 계속해서 경험하는 것을 포함할 뿐만 아니라, 성도들의 자아와 몸의 계속적인 죽음의 체험도 포함하고 있다는 것이다. 성도들이 경험하는 자아와 자신들의 육체의 죽음은 종말론적인 긴장 속에 놓인 성도들의 현재 상황, 곧 (1) 성도들의 속사람에 새 아담의 본성이 성령을 통하여 심어졌으나, 여전히 그들 속에서 경험하고 있는 옛 아담의 성품과의 영적인 전쟁과(cf. 롬 7),[361] (2) 아담의 저주인 사망은 마지막날 곧 주님의 재림 때에야 비로소 완전히 극복되어진다는 사실 때문이다. 따라서 이 시대에 속한 옛 아담의 본성은 날마다 죽어야 하고, 새 시대에 속한 새 아담의 본성은 생명을 주는 성령을 통하여 날마다 살아나야 하는 것이다. 뿐만 아니라, 아담의 저주 아래 놓인 성도들의 연약한 육체도 날마다 경험하는 고난 속에서 죽음으로 점점 더 가까이 다가가야 하고, 죽음으로부터의 부활을 통해서 영원히 썩지 않는 부활의 몸으로 거듭나야 한다. 만약 우리들의 육체가 고난을 통하여 죽음으로 가까이 가지 않는다면, 우리는 그 육체의 부활을 결코 경험할 수 없다. 비록 에녹과 엘리야는 죽음을 맛보지 않고 하늘로 올리워졌으나, 어떤 측면에서 그들은 결코 육체의 부활이라는 기적을 자신들의 죽은 몸에서 맛보게 되는 경험을 할 수 없다고 볼 수 있다.

그러므로 바울은 고린도후서 3:1-4:6에서 하나님의 형상 곧 그리스도를 통한 성도들의 영화로운 변화에 대해서 논의한 후에, 이어지는 4장 7-12절에서 그리스도의 고난에의 동참이 그리스도의 영광에 동참하기 위한 필수 조건임을 주장하게 된다: "우리가 사는 동안 우리는 예수님 때문에 계속해서 죽음에 넘기워진다. 이는 예수님의 생명이 우리의 죽을 몸에 나타나기 위해서이다"(사역, 고후 4:11). 성도들의 죽을 몸 곧 겉사람은 날마다 고난에 넘기워져 계속해서 죽음의 고통을 맛보게 된다. 그러나 이 고난은 성도들의 겉사람이 그리스도의 부활을 경험하고, 속사람이 영원한 그리스도의 영광을 맛보기 위한 유일한 길이다. 오직 이 겉사람이 육체의 정욕과 함께 고난을 통한 죽음을 맛보게 될 때 우리의 겉사람은 그리스도의 부활을 통해서 새로와지게 되고, 성령에 의해서 새로와진 속사람과 더불어 그리스도의 새 창조의 모든 과정을 완성하게 되는 것이다(고후 5:1-5).

바울은 여기서 하나의 놀라운 고백을 하고 있는데, 이는 자신의 질그릇과 같은 육체 안에 "하나님의 능력의 지극히 크고 위대함"을 담고 있다는 것이다(고후 4:7). 자신의 몸이 복음 전파의 과정 중에서 계속해서 고난과 핍박과 사망의 고통 속에 넘기워지고 있음에도 불구하고, 바울은 그 과정 속에서 계속해서 커져가는 그리스도의 생명의 약동함을 느끼게 된다고 한다. 바울은 또 고린도후서 12장 1-10절에서 자신의 개인적인 경험에 대해서 언급하고 있는데, 자신이 하나님이 거하시는 삼층천에 올라갔다 왔으며 거기서 말할 수 없는 비밀한 계시에 대해서 들었다고 주장한다. 그러나 동시에, 바울에게는 "육체의 가시" 곧 "사탄의 사신"이 주어져서 그로 하여금 교만하지 못하게 하였다(고후 12:7)고 한다. 자신의 육체의 가시를 놓고 세 번 기도한 바울에게 주어진 주님의 응답은 바울의 약한 육체 속에서 오히려 그 안에 거하는 그리스도의 능력 곧 성령이 더욱더 효과적으로 역사하게 된다는 것이다(고후 12:8-10). 바울은 고난을, 특히 그리스도와 함께 그리스도로 인하여 받는 육체의 고난을 그리스도와 함께 누리게 될 하나님의 영광을 위한 필수적인 준비 과정으로 이해하고 있다.

빌립보서와 복음서에 기록된 예수님의 생애에 따르면, 그리스도는 아담이 잃어버린 하나님의 형상을 하나님의 뜻에 순종함으로써 곧 십자가상에서 죽음을 맛보심으로써 회복하게 되었다.[362] 특히 예수님의 변화산상 사건에서 잘 보여지고 있듯이, 예수님의 영광스러운 몸은 오직 십자가상에서의 죽음을 맛보신 후에야 비로소 모든 성도들에게 계시되어질 수 있었다. 영광의 주는 십자가에 달려 죽으신 바로 그 주님이시다. 뿐만 아니라, 변화산상 사건 바로 전 주님은 자신의 제자들도 자기들의 십자가를 지고 자신을 따라와야 한다고 말씀하셨다(막 8:33-38). 왜냐하면 오직 자신의 십자가를 지고 주님의 고난의 길을 걸어가는 자들만이 주님의 영광의 길에도 동참할 수 있기 때문이다. 바울과 복음서 저자들에게 있어서 그리스도의 영광에 이르는 유일한 길은 주님의 고난의 길을 자신들의 십자가를 지고 주님과 함께 한걸음 한걸음 죽음을 향하여 걸어나가는 바로 그 길이다.

결론적으로, 그리스도의 성령을 통한 새 창조의 과정이 성도들로 하여금 그리스도와의 연합을 통해서 그리스도를 닮아가게 하는 것이라면, 성도들은 그리스도의 십자가를 통해서, 오직 그리스도와 함께 십자가에 못 박힘으로써만, 그리스도의 영광과 부활을 경험할 수 있게 된다. 그리스도의 형상으로 변화된다고 하는 것은 그리스도의 죽음에의 동참을 통하여 부활하신 그리스도가 소유하고 계신 하나님의 영광을 체험하게 되는 것을 의미한다(빌 3:10, 20-21). 그러나 이 고난의 길을 걸어가는 성도들에게 주어진 분명한 약속과 위로의 말씀은 이 고난의 길 가운데서 그들이 홀로 남겨지는 것이 아니라, 그리스도의 고난의 길에 그와 함께 동행하였던 하나님의 영 곧 성령이 "부활의 보증"으로서 성도들과 늘 함께 하신다는 것이다(고후 13:4; 빌 3:21). 물론, 이 과정 속에서 성령은 이제 그리스도의 영으로 불리게 되고, 성도들로 하여금 자신들의 죽을 몸에서 부활하신 그리스도의 임재와 능력을 체험하게 한다.

하늘로부터 오는 생명의 몸에 대한 소망(고후 4:16-5:4)

바울은 성령의 내주하심을 자각하고 있음에도 불구하고, 연약한 육체가 날마다 죽어가고 있다는 사실과 세상에서 주어지는 다양한 고난에 의하여 끊임없이 고통받고 있다는 사실에 대해서 고린도후서 4장 7-15절에서 자세히 설명해주고 있다. 바울은 자신의 고난과 죽음을 그리스도와 연합하게 됨으로 인해 경험하게 된 그리스도의 고난과 죽음이라고 말함으로써, 그리스도의 부활의 생명이 자신의 죽을 몸에 임할 것에 대해서 기대하고 소망한다(고후 4:11). 바울은 고난 속에서 죽어가고 있는 자신의 육체에 대해서 자각하고 있는 반면에, 자신의 속사람은 날마다 새로와지고 있음을 인하여 기뻐하고(고후 4:16) 있고, 나아가, 자신이 현재 당하는 육체의 고난이 미래에 경험하게 될 영원한 영광과 결코 비교할 수 없다고 말한다(고후 4:17). 그럼에도 불구하고 바울은 자신이 경험할 미래의 영원한 영광을 보이지 않는 자신의 궁극적인 삶의 소망이라고 부른다.

바울은 이어지는 고린도후서 5장 1-5절에서 자신이 미래에 경험할 영원한 영광을 몸의 부활이라는 개념을 통해서 자세히 설명하고 있다. 바울은 여기서 아주 흥미로운 사실 하나에 대해서 논의하고 있는데, 이전까지는 성도들이 육체 안에서 살아있는 동안에 겪고 있는 고난과 죽음을 부활의 빛 아래서 논의한 반면에, 5장 1-5절에서는 인간의 육체가 고난의 정점인 죽음을 이미 경험하고 (무덤 속에서) 몸의 부활을 기다리고 있는 동안에 소망하게 되는 썩지 않는 영생의 몸에 대해서 논의하고 있다.363 고린도후서 5장 1절에서 바울은 인간의 육체를 "땅의 장막" (earthly tent) 곧 우리의 속사람이 거하는 집이라고 부르고 있으며, 인간이 죽을 때 이 땅의 장막 곧 육체가 파괴되어진다고 한다. 이렇게 육체가 파괴되고 속사람만 살아 있는 상태를 바울은 "벌거벗은 상태"(γυμνός, 고후 5:3)라고 부르고 있다.

그러나 다행스럽게도, 바울은 주장하기를, 우리들의 벌거벗은 속사람을 위하여 하나님이 친히 자신의 손으로 지으신 건물이 준비되어져 있는데, 이 하늘의 장막은 영원히 지속될 것이라고 한다. 우리의 겉사람 육체가 파괴된 후, 마치 벌거벗은 것처럼 존재하는 우리의 속사람은 하나님이 친히 준비하신 건물 곧 영원히 죽지 않는 영적인 몸을 마치 의복처럼 덧입게 될 것이다(고후 5:3-4).364 그러나 고린도후서에서 바울은 이 영원한 몸이 죽음 이후에 즉시로 주어지는지, 아니면 나중에 주님의 재림의 때에 주어지는지에 대해서는 침묵하고 있다. 물론, 데살로니가전서 4장 13-17절에서 바울은 주님의 재림의 때에야 비로소 성도들이 영원히 썩지 않을 몸을 덧입게 된다고 한다. 바울은 성도들은 자신들의 연약한 육체 속에서 날마다 죽음을 경험하며 고난 가운데 거하는 동안에 하나님이 준비하신 영원한 몸 가운데 살게 될 것에 대해서 소망하라고 한다. 성도들의 연약한 육체가 죽음에 굴복하는 연약한 존재임에 반하여, 하나님이 성도들을 위하여 준비하신 영적인 몸은 영원히 죽지 않는 생명이 그 몸의 가장 현저한 특징이며(고후 5:4), 모든 영광들을 뛰어넘는 하나님의 "영원한 영광"을 소유하고 있는 주님의 부활하신 몸과 동일한 몸이 될 것이다(고후 4:17).

고린도후서 5장에서 바울은 하늘로부터 온 건물과 의복이라는 개념들을 통하여 성도들이 받게 될 영원히 썩지 않는 부활의 몸에 대해서 설명하고 있다. 여기서 언급된 땅의 건물 혹은 하늘의 건물들이 그리스도의 몸으로서의 교회를 지칭하기보다는, 인간들의 연약한 죽을 몸과 죽지 않는 부활의 몸을 각각 지칭하고 있음에는 의심의 여지가 없다(cf. 고후 5:6-9).365 또한 영광스러운 의복으로 묘사되는 영화로운 몸은 유대인들의 묵시 문학에서 자주 논의되고 있는 주제이다. 하나님의 의로운 자들이 하늘에서 발견되어질 때, 그들은 종종 죄로 더러워진 자신들의 의복/육신을 벗고 하늘의 의복 곧 영광스러운 천사들의 몸과 같은 빛나는 몸으로 덧입혀지곤 한다. 예를 들어 2 에녹 62:15-16은 에녹과 같이 의로운 자들에게 준비된 "영광과 생명의 옷"을, 1QS 4.7-8은 쿰란 공동체의 의로운 자들이 맛보게 될 "영광의 면류관"과 "영원한 빛과 위엄의 의복"에 대해서 언급하고 있다.

또한 성도들이 죽을 때 몸의 의복을 벗고 벌거벗은 상태로 발견된다는 생각은 독자들로 하여금 타락 후 자신의 몸에 의복처럼 둘렀던 하나님의 영광을 상실하고, 벌거벗은 상태로 발견되었던 아담을 기억하게 한다(창 3:7). 하나님의 영광을 잃어버리고 죽음에 굴복하게 된 인간의 육체는 아담의 타락의 결과로서의 저주라는 사실은 성도들이 받게 될 하나님이 친히 준비하신 영광스러운 몸은 그리스도가 자신의 새 창조의 사역을 통하여 아담의 저주를 완전히 극복하였음을 증거해 준다. 바울은 앞에서 이미 성도들의 영화로운 변화가 하나님의 영광 곧 하나님의 형상이신 그리스도를 닮아가는 변화라는 것을 상세히 설명하였다(고후 3:18-4:6). 이런 측면에서, 바울이 종종 언급하고 있는 성도들이 "그리스도로 옷 입었다"는 생각은(갈 3:27; 롬 13:44) 재림의 때에 성도들이 경험하게 될 모든 영화로운 변화와 그리스도의 부활하신 몸과 같은 부활의 몸을 가지게 될 것에 대한 종말론적인 기대를 담고 있다고 할 수 있다. 물론, 그리스도로 옷 입었다는 바울의 선포는 성도들이 성령을 통하여 그리스도와 연합하게 된 세례의 경험을 직접적으로 지칭하고 있으며(갈 3:2-5, 27-28), 그리스도의 성품을 닮아가는 모든 내적인, 그리고 윤리적인 변화들을 다 포함하는 현상임을 우리는 앞에서 이미 살펴보았다(고후 4:16; 롬 12:2; 갈 5; 골 3:9-10).[366]

성령—부활의 보증금(고후 5:5)

그렇다면, 성도들은 어떻게 하나님이 자신들을 위하여 영원히 죽지 않는 영생의 몸을 준비하고 계신다는 것을 확신할 수 있는가? 바울에 따르면, 부활의 가장 확실한 증거는 그리스도를 살리신 하나님의 능력 곧 성령이 현재 성도들 몸 안에 거하면서 영광스러운 변화를 계속 진행해가고 있다는 사실에서 발견되어진다(고후 5:5). 이런 의미에서, 성령은 영원한 몸 곧 부활의 "보증금"(ἀρραβών)이라고 불린다.

성도들은 자신들의 땅의 장막 곧 육체가 쇠퇴하여 가는 것을 경험하면서, 하늘로부터 오는 하나님이 준비하신 영원한 몸의 장막을 기대하게 된다. 특히 질병과 연약한 육체가 날마다 겪어야 하는 고난 앞에서 성도들의 완전한 부활의 몸을 향한 기대는 간절한 소망으로 바뀌게 되며, 하늘로부터 오는 장막으로 덧입혀지기를 원하는 그들의 기대는 영혼 깊은 곳에서 터져나오는 "신음"으로 변하게 된다(고후 5:2). 비록 그리스도와 연합하여 영광스러운 변화의 과정 가운데 놓이게 되었지만, 부활로 향해 가는 성도들의 삶은 여전히 죄된 본성의 영향 아래서 자유롭지 못하고, 아담의 불완전한 유전자로 구성된 육체가 아담의 죄에 대한 선고인 죽음에 서서히 다가가고 있는 것을 발견하게 된다. 나이가 들어갈수록, 우리들은 몸의 기능이 현저히 떨어지게 되는 것을 서서히 자각하게 되며, 몸의 지체들이 하나씩 질병에 노출되어 죽어가는 것을 날마다 경험하게 된다. 노화와 질병은 죽음을 향한 자연스러운 삶의 궤적을 의미하며, 성도들에게는 부활로 더 가까이 다가가는 하나님의 은혜로운 길이다.

그러나 감사하게도, 하나님은 타락한 아담이 무화과 잎으로 자신의 벌거벗은 몸을 가리고 있을 때(창 3:7) 그들을 위하여 가죽옷을 준비하신 것처럼(창 3:21), 자신들의 몸이 죽어 썩은 후 벌거벗은 채 발견되어진 성도들의 속사람을 위하여 친히 썩지 않는 영광의 몸을 준비하여 놓으셨다(고후 5:1). 하나님이 준비하신 영광의 몸은 영원히 죽지 않는 하나님의 생명의 기운이 깃든 썩지 않는 몸이다. 하나님의 생명이 하나님의 호흡 곧 성령을 통하여 아담의 코에 들어가 그로 하여금 산자가 되게 하였듯이, 성령은 중생의 때에 성도들의 코에 들어가 그들 가운데 거하면서 하나님의 생명의 기운을 날마다 새로와지는 속사람의 변화 가운데서 느끼게 한다. 하나님이 부활의 첫 열매되신 주님을 이 성령을 통하여 직접 살리셨듯이(롬 8:11), 우리의 죽은 몸도 이 성령을 통하여 다시 생명을 얻고 영생을 누리게 될 것이다. 우리 안에 현재 거하고 계시는 이 성령이 바로 우리들의 죽을 몸을 살리실 분이시기에, 성령은 "부활의 보증금"이라고 불리우고 있는 것이다(고후 5:5). 바울은 이미 고린도후서 1장 22절에서 하나님이 우리를 성령을 통하여 인치시고, 미래에 허락하실 하나님의 모든 축복들의 "보증(금)"으로서 우리들의 마음에 성령을 허락하셨다고 선포하였다.[367]

여기서 하나님은 성도들에게 빚을 지고 계신 분으로 자신을 묘사하고 있다. 마치 하나님이 성도들에게 돈을 꾸시고 일부를 보증금으로 미리 주시면서 잔금은 추후에 다 갚으시겠다고 약속하신 것처럼, 성령을 보증금으로 주시면서 나중에 부활을 분명히 되갚아 주시겠다는 것이다. 아담의 자손들은 능력이 없어서 꾼돈을 갚을 수 없게 되기도 하고, 혹은 마음이 변하여 꾼것을 갚지 않기도 하지만, 꾼것을 갚으실 능력도 있으시고 갚고자 하시는 의지도 있으신 하나님은 부활의 몸을 반드시 성도들에게 허락하여 주시겠다고 자신의 이름을 걸고 자신의 영을 통하여 약속하고 계신다. 따라서 노화와 질병으로 인하여 날마다 신음하며 죽음의 고통을 맛보고 있는 성도들은 죽음 앞으로 다가가는 자신들의 운명 앞에서 날마다 두려워하며 슬퍼하는 대신에, 자신들 속에 거하시는 성령을 통하여 자신들의 죽을 몸을 살리실 하나님의 부활의 은혜를 소망하면서 육체의 죽음을 기쁘게 맞아들일 수 있는 성숙한 신앙을 가져야 하겠다.

자신의 무수한 육체의 고난들 속에서 이러한 부활에 대한 비밀을 깨달은 바울은 육체를 떠나 주와 함께 거하게 되는 부활에 대한 강력한 소망에 사로잡혀 죽음을 사모하는 지경까지 이르게 되었다(고후 5:8; 빌 1:23). 그러나 바울은 비록 세 번 태형에 처하고, 한 번 돌로 쳐 죽임을 받고, 세 번 풍랑을 만나 죽을 고비를 맞고, 배고픔과 추위와 도적들의 위험에 노출된 인생이었음에도 불구하고(고후 11:23-29), 자신이 이 땅에 살아 있는 동안 그리스도가 자신에게 맡기신 사명을 다 완수함으로써 주님을 기쁘시게 하는 삶을 살고자 하였다(고후 5:9; 빌 1:24-26). 고난 중에 거하는, 그리고 육체의 사망 선고를 받고 죽음을 향하여 달려가는 성도들은 죽음에 대한 두려움에 사로잡혀 하나님을 원망하기보다, 이 육체의 죽음을 통하여서, 오직 육체의 죽음을 통하여서만, 그들에게 허락되어질 확실한 부활의 소망을 붙잡고 하나님의 사역에 더욱 매진해야겠다. 비록 육체의 사망 선고를 받고 괴로운 중에도 하나님을 찬양하며 기도할 때, 우리 안에 거하시는 성령은 하나님을 향한 소망을 새롭게 하사 그가 마지막으로 이루실 새 창조의 마지막 걸작품 곧 부활을 체험하게 하는 믿음을 우리들의 마음 속에 허락하실 것이다. 부활은 성도들을 위하여 준비하신 하나님의 최고의 걸작품이다. 바울은 빌립보서 3장에서 그리스도를 아는 지식과 그의 부활의 권능을 체험하기 위하여 자신의 모듯 것을 희생하였다고 한다.

부활

부활은 고난 중에도 불구하고 현재 그리스도 안에(in Christ) 살고 있는 성도들이 미래에 육체의 사망을 극복하고, 그리스도와 영원히 함께(with Christ) 있게 될 것에 대한 성도들의 가장 근본적인 소망이다. 바울은 빌립보서 3장 14절에서 자신의 몸이 그리스도의 영광스러운 몸으로 변화되어지는 것을 자신의 인생의 궁극적인 목표라고 간주하고 있고, 고린도전서 15장에서는 이 영광스러운 부활의 몸에 대해서 상세한 설명을 제시해주고 있다. 흥미로운 사실은, 바울은 이 두 편지에서 공통적으로 초대 교회의 그리스도의 죽음과 부활에 관한 선포(kerygma)를 성도들이 경험할 미래의 부활의 근거와 청사진으로 제시하고 있다는 것이다(cf. 빌 3:8-11; 고전 15:3-5).

그리스도의 영광스러운 몸과 부활(빌 3)

바울은 빌립보서 3장 10-11절에서 "그리스도의 부활의 능력"과 "죽은 자로부터의 부활"을, 그리고 21절에서 "그리스도의 영광의 몸"과 같은 부활의 몸에 대해서 언급하고 있다. 빌립보서 3장은 빌립보 교회에 은밀히 숨어들어와 바울의 목회와 복음을 파괴하려는 "개들" 그리고 "악한 일꾼들"(빌 3:2) 그리고 "그리스도의 십자가의 원수들"(빌 3:18)에 대한 바울의 개인적인 변증을 담고 있는 장이다.[368] 바울의 원수들은 빌립보 교회의 이방인 성도들이 육체의 할례를 받아야 함을 주장하면서(빌 3:2-3), 모세의 율법을 지켜야 함을 강조하고(빌 3:5-9) 있다. 그럼에도 불구하고 그들은 하나님의 의와 그리스도의 고난과 부활, 그리고 믿음에 대해서 바울과 전혀 다른 견해를 선포하였다.

바울의 회심 전·후의 삶의 변화

갈라디아서 1장과 함께 빌립보서 3장은 바울 자신의 개인적인 인생 이야기와 감정들을 잘 보여주고 있는 곳이다.[369] 바울은 빌립보서 3장 4-6절에서 빌립보 교회에 찾아온 유대인 그리스도인 정적들의 할례와 모세의 율법에 대한 강조에 대해서 반응하면서, 자신의 회심 전 과거 바리새인으로 있을 때 "율법 앞에서의 완전한 삶"에 대해서 이야기한다. 바리새인 사울/바울은 베냐민 지파의 자손으로서, 히브리인들 중의 히브리인이었고,[370] 율법의 의에 대해서는 흠이 없었으며, 교회를 핍박할 정도로 율법에 열심이 있던 자였다. 다시 말하면, 바울은 회심 전 자신의 바리새인으로서의 삶은 자신의 빌립보 교회의 정적들의 삶보다도 훨씬 더 율법 앞에서 완전한 삶이었다는 것이다.

그러나 바울은 부활하신 그리스도와의 만남을 통해서 자신의 삶이 완전히 바뀌게 되었다고 주장한다(빌 3:7-9; cf. 갈 1; 행 9; 22; 26). 바울은 하나님의 아들인 그리스도와의 만남을 통하여 자신이 과거에 소중히 여기던 모든 것들을 손실로 간주하게 되었고, 그리스도를 아는 지식의 고귀한 가치와 그리스도를 향한 믿음에[371] 견주어 자신의 율법 앞에서의 의와 바리새인으로서의 삶이 얼마나 무가치한 것인지에 대해서 깨닫게 되었다고 한다(빌 3:7-8).[372] 여기서 바울은 바리새인으로서의 자신의 삶을 부정적으로 묘사하지는 않고 있으며, 단지 그가 새롭게 깨닫게 된 그리스도를 아는 지식 앞에서 자신의 과거의 삶이 너무도 가치 없는 초라한 것이었음을 깨닫게 되었다고 말한다. 다시 말하면, 부활하신 그리스도와의 만남은 바울이 과거에 소중히 여기던 모든 것들에 대한 가치를 완전히 바꾸어 놓는, 바울의 인생의 패러다임이 완전히 바뀌게 된 회심의 사건이었다는 것이다.[373]

그리스도의 고난과 부활에의 동참

바울은 회심 전 자신이 소중하게 생각하였던 유대인 전통들을 다 "배설물"(σκύβαλα, 빌 3:8)로 간주하고 있는데, 이는 그리스도를 알고 그리스도 안에서 발견되는 것이 얼마나 고귀한 가치를 지니고 있는지 새롭게 깨달았기 때문이다. 바울은 그리스도를 알고 그리스도 안에서 발견되어지는 것의 목적은 (1) 그리스도의 고난에 동참하여 그리스도의 "부활의 능력"을 알고자 함이며, (2) 그리스도의 죽음에 동참하여 그리스도의 부활을 자신 속에서 직접 경험하고자 함이라고 한다(빌 3:10-11).

여기서 바울이 언급하고 있는 그리스도의 부활의 능력은 그리스도를 부활시키신 하나님의 능력을(고후 13:4) 의미하고 있는데, 이는 현재 부활하신 그리스도가 소유하여 행사하고 있는 그리스도 자신의 능력 곧 성령을 지칭한다(빌 3:21).[374] 이 부활의 능력을 통하여, 바울은 주장하기를, 부활하신 주님은 자신의 고난에 동참한 성도들의 몸을 자신의 영광스러운 몸과 같이 변화시키실 것이다. 로마서 1장 4절과 8장 9-13절에서 바울이 주장하고 있듯이, 하나님의 능력은 하나님의 창조의 영 곧 성령을 통하여 행사되어졌다.[375] 하나님의 능력을 나타내는 성령이 이제는 그리스도의 영으로 불리며 그리스도의 능력을 이 땅에서 드러내는 역할을 하게 되었다. 따라서 그리스도의 복음은 영적으로 죽어 있는 모든 자들에게 생명을 주는 하나님의 능력이라고 일컬어진다(롬 1:17). 왜냐하면 그 복음을 통해서 하나님의 능력인 성령이 역사하시기 때문이다.

그러나 또한 바울은 빌립보서 3장 10절에서 그리스도의 부활의 능력을 체험하는 유일한 길은 그리스도의 고난에 동참하는 길이라고 강조하여 주장한다. 마치 예수님이 자신의 고난과 죽음을 통해서 부활을 체험하였듯이, 그의 부활에 동참하여 부활의 능력을 체험하고자 하는 모든 제자들은 다 그의 고난과 죽음에 동참해야만 한다는 것이다. 여기서 우리는 십자가의 길이야말로 바로 영광으로 인도하는 길이라는 초대 교회의 믿음을 다시 접하게 된다(살전 1:6; 3:2-3; 고후 1:5; 4:7-18; 롬 8:17; 골 1:24; 빌 1:29; 막 8:33-38). 바울은 이미 빌립보 교인들에게 십자가의 고난을 통하여 낮아지신 예수님이 어떻게 하나님께 높임을 받아 주라고 불리움을 받았는지, 그리고 어떻게 모든 피조물들의 경배를 받는 분이 되셨는지에 대해서 2장 6-11절에서 자세히 설명하였다. 이런 측면에서, 성도들의 부활은 그리스도의 고난에 동참하여 낮아진 성도들의 겸손한 순종에 대한 하나님의 높이시는 보답의 행위라고 할 수 있겠다.

미래에 속한 부활의 변화

여기서 바울은 왜 부활에 이르기 위한 고난의 중요성에 대해서 강조하고 있으며, 또 부활은 미래에 속하였다고 주장하고 있는 것일까? 그것은 바로 빌립보 교회를 방문한 바울의 정적들이 복음을 전하다가 (에베소) 감옥에 갇히는 고난에 처한 바울을 조롱하면서, 바울의 복음의 핵심인 그리스도의 십자가에 대한 메시지를 경멸하였기 때문이다(빌 1:12-14, 28-30). 바울의 정적들은 아마도 부활의 능력과 그리스도의 권세에 대해서 강조하면서, 자신들은 이미 부활의 완전함에 이르렀기에 육체의 고난을 넘어선 존재들이라는 사실을 반복해서 주장했을 것이다.376 바울이 살던 당시의 그레코-로만 사회는 영원한 불멸의 존재인 영에 대해서는 보편적으로 받아들이는 경향이 있었으나, 육체는 죽을 때 썩어져야 할 영혼의 감옥이란 생각이 팽배하였다. 따라서 육체의 고난은 극복해야 하거나 아니면 피해야 할 부정적인 것으로 간주되었다.

이미 완전한 영의 부활에 이르렀다는 이들의 거짓 신념 혹은 육체의 고난에 대한 경멸에 대하여 바울은 강조하기를, "내가 이미 얻었다 함도 아니요, 이미 완전하여졌다 함도 아니다. 나는 오직 그리스도에 의하여 붙잡힌 바 된 그것을 붙잡기 위하여 힘써 수고한다"(사역, 빌 3:12). 그리스도에 의하여 붙잡힌 바 된 그것은 바로 그리스도의 육체의 고난을 통한 부활과 그 부활을 가능케 한, 그리고 지금은 그리스도 자신의 소유가 된 하나님의 능력을 의미하고 있다. 바울은 이 부활이 미래에 벌어질 사건이며, "그리스도 안에서 위로부터 온 하나님의 부르심의 상급"이기에 자신이 성취해야 할 가장 중요한 인생의 목적이라고 주장한다(빌 3:13-14). 여기서 바울은 복음을 전하다가 감옥에 갇히게 된 자신의 고난을 궁극적인 부활에 이르고자 하는 빌립보 교인들이 따라야 할 본보기로 제시하고 있다(빌 3:17). 왜냐하면 바울이야말로 빌립보서 2장 6-11절에서 설명되는 그리스도의 고난과 그에 따른 영광의 본보기를 가장 충실하게 따른 모범이기 때문이다.377 이런 의미에서, 복음을 전하다가 감옥에 갇힌 바울을 조롱하는 바울의 정적들은 그리스도께서 친히 보여주신 고난의 본보기도 무시하는 죄를 저지른 것이다.

바울은 부활에 이르기 위한 육체의 고난의 필요성에 대해서 부정하면서 그리스도의 십자가의 의미를 희석해 버린 자신의 정적들을 "그리스도의 십자가의 원수들"이라고 부른다(빌 3:18). 그리스도의 부활과 하나님의 영광을 현재 이미 자신들 가운데 소유하고 있다는 이들의 주장에 반하여, 그들의 마지막은 멸망이요 그들의 영광은 그들의 부끄러움이 될 것이라고 바울은 반론을 제기한다. 반면에, 그리스도와 바울의 본을 따라 복음으로 인하여 고난을 받는 성도들에게는 그들의 시민권이 이 땅이 아닌 하늘에 있다고 위로한다(빌 3:20). 따라서 미래에 자신들의 구세주이신 주 예수 그리스도가 다시 오실 때,378 그들은 그리스도의 능력을 통하여 자신들의 고난에 의하여 훼손된 몸들이 그리스도의 영광의 몸과 같이 변화되어질 것을 기대할 수 있었다(빌 3:21). 이 부활의 영광의 몸을 소유한게 된 그리스도에게 속한 자들은 영원히 하늘에서 주님과 함께 거하게 되는 "하나님의 부르심의 상급"을 맛보게 될 것이다.

우리는 빌립보서에서도 그리스도의 영광스러운 몸은, 고린도후서 3-4장에서와 마찬가지로, 성도들의 새 창조의 청사진이 된 하나님의 영광 곧 하나님의 형상으로서의 기능을 하고 있음을 알 수 있다. 또한 성령은 성도들의 부활의 몸으로의 변화에 있어서도 하나님과 그리스도의 능력으로서 부활에 이르게 하는 변화의 실행자로서의 기능을 담당하고 있음을 알 수 있다. 빌립보서에서 언급된 부활의 몸의 변화에 대해서 바울은 고린도전서 15장에서 아주 상세히 설명해 주고 있다.

하늘에 속한 그리스도의 영적인 몸과 부활(고전 15)379

고린도 교회는 바울이 세운 여러 이방 교회들 가운데서도 성령의 은사와 성령의 현저하게 나타남을 가장 풍성하게 체험한 교회일 것이다. 그러나 고린도 교회는 자신들 가운데 현저하게 드러나는 성령의 역사로 인해서 자신들이 이미 영적인 완전함에 이르렀다는 영적인 자기 만족(고전 4:9-13) 속에서 자신들을 "영적인 사람들"이라고 부르며 육체를 경시하는 신학적 오류에 빠져 있었다. 이러한 고린도 교회의 종말론은 일부 학자들에 의해서 "이미 완성된 종말론"(realized eschatology)이라고 불린다.380 이러한 잘못된 종말론의 영향 아래서 일부 고린도 교회 교인들은 자신들의 육체를 경시하고 금욕적인 방향으로 나아간데 반하여, 일부 교인들은 육체를 경시하되 육체의 소욕을 만족시키는 것이 자신들의 영적인 상태와 아무런 상관이 없다는 전제 하에서 윤리적으로 방탕한 생활을 하기도 하였다(고전 6:12-20). 따라서 바울은 고린도 교인들의 몸이 예수 그리스도의 보혈과 성령에 의해서 깨끗하게 씻기움을 입었고(고전 6:11), 현재는 성령이 거하시는 거룩한 하나님의 성전이 되었음을 거듭해서 상기시키고 있다(고전 3:16-17; 6:19).381 그들은 장차 심판자이신 하나님 앞에 서게 될 것이며, 자신들의 육체에 행한 모든 일들에 대해서 심판을 받게 될 것이라고 바울은 주장한다.

바울은 고린도전서 15장에서 몸의 부활에 대해서 아주 상세히 설명하고 있는데, 이는 육체의 부활이 고린도 교회가 안고 있는 두 가지 문제점들, 곧 비윤리적인 삶의 행태와 이미 완성된 종말론에 대한 해결책을 제시하고 있기 때문이다. 첫 번째, 바울에게 있어서 고린도 교인들의 비윤리적인 삶의 행태는 심각한 문제를 안고 있는데, 이는 그들의 몸이 자신들의 육체의 쾌락을 만족시키기 위한 대상이 아니라 주의 몸을 섬기기 위한 주체가 되어야 하고(고전 6:13-15), 하나님의 거룩한 전으로서 하나님의 능력 곧 성령에 의하여 부활을 경험해야 할 대상이기 때문이다(고전 2:4-5; 15:35-57). 두 번째, 육체의 부활은 부활하신 주님이 최종적으로 이루실 종말의 마지막 사역임을 보여줌으로써, 바울은 고린도 교회 교인들의 잘못된 믿음 곧 자신들의 불멸의 영에 대한 믿음을 근거로 하여 이미 영적인 완성에 이르렀기에 육체의 부활은 더 이상 필요하지 않다는 잘못된 신앙관을 교정

하여 준다.[382]

부활하신 그리스도(고전 15:1-11)

고린도전서 15장의 서론을 구성하는 1-11절에서, 바울은 예수님의 죽으심과 부활에 대한 초대 교회의 가장 오래된 전통에 대해서 말해 주고 있다. 바울이 고린도 교회에 전파하였고, 또 고린도 교인들이 믿음으로 받아들인 이 전통에 따르면(1-2절), 예수님이 죽으시고 사흘 만에 부활하신 후 베드로를 포함한 열두 제자들에게 먼저 나타나시고(3-5절), 이후에 오백 명의 제자들에게 나타나셨으며(6절), 그후에는 예수님의 형제였던 야고보와 다른 많은 제자들에게 나타나셨고(7절), 마지막으로 바울에게도 자신의 부활하신 모습을 보여주셨다(8절). 바울은 부활하신 예수님의 나타나심에 관한 초대 교회의 전통과 자신의 개인적인 경험을 동시에 언급함으로써, 첫 번째, 자신이 곧이어 설명할 성도들의 육체의 부활에 대한 근거로서의 예수님의 몸의 부활에 대해서 상기시키고, 두 번째, 바울 자신도 이 주님의 부활의 증인들 중의 한 명이었음을 고린도 교인들로 하여금 자각하게 한다. 바울은 고린도 교인들이 이 초대 교회 전통을 과거에 기쁨으로 받고 믿었음을 언급함으로써 앞으로 그가 설명하게 될 몸의 부활에 관하여 열린 마음으로 들을 수 있도록 준비시키고 있다(11절).

고린도 교인들의 부활에 대한 의심과 바울의 도전(고전 15:12-34)

이어지는 15장 12절에서 바울은 고린도 교인들의 부활에 관한 의심에 대해서 언급함으로써 부활의 확실성에 대한 자신의 논증을 시작한다. 12-19절에서 바울은 고린도 교인들이 예수님의 부활에 대한 초대 교회의 전통을 믿음으로 받아들였던 반면에, 자신들의 몸의 부활에 대해서는 부인하고 있는 논리적인 모순에 빠져 있음을 보여준다. 만약에 부활이 존재하지 않는다면, 예수님도 부활하지 못하였을 것이고, 예수님이 부활하지 않으셨다면 부활하신 예수님에 대한 사도들의 선포도 거짓되고, 사도들의 선포로 말미암은 고린도 교인들의 부활하신 예수님에 대한 믿음도 헛된 것이라고 바울은 주장한다. 만약 부활이 없다면, 미래에 있을 부활을 기대하면서 현재 자신의 모든 삶을 희생하며 복음을 전하고 있는 바울이야말로 세상에서 가장 비참한 자로 판명되어질 것이다(19절).

이어지는 20-28절에서 바울은 그리스도의 부활이 그를 따르는 자들의 미래의 삶의 형태에 대해서 미치는 영향에 대해서 논의한다. 여기서 바울은, 로마서 5장 12-21절에서처럼,[383] 그리스도와 아담을 비교하면서 아담 안에서 모든 자들이 죽음을 경험하게 되었듯이, 부활의 첫 열매이신 새 아담을 통하여 모든 자들이 다시 살아나게 될 것임을 주장한다(20-21절). 그러나 이 부활에는 하나님이 정하신 순서가 있는데, 먼저 부활하신 그리스도를 필두로 하여 그에게 속한 모든 자들이 그가 다시 오시는 재림의 때에야 비로소 부활을 경험하게 된다고 한다(23절). 바울이 가장 먼저 기록한 데살로니가전서에 따르면, 주님이 하늘에서 내려오실 때 천사장이 소리치며 하나님의 나팔을 불게 되고, 이 나팔 소리를 듣고 주님 안에서 죽은 자들이 먼저 살아나게 되며, 또 주님 안에서 여전히 살아 있는 자들은 그들과 함께 하늘로 올리워져 공중에서, 구름 가운데 계신 주님과 다시 연합하게 된다고 한다(살전 4:16-17). 그리고 그리스도 안에서 죽은 자들의 부활을 통해서 그리스도의 마지막 원수인 죽음이 파괴되어지고, 하나님의 나라가 도래하여 모든 만물들이 주님에 의하여 하나님께 복종하게 된다고 한다(고전 15:24-28절).

이렇게 미래에 펼쳐질 주님의 재림과 부활의 확실성에 대해서 설명한 후, 바울은 29-34절에서 먼저 고린도 교인들의 부활에 대한 의심과 그들의 신앙 행위, 특히 죽은 자들을 위하여 베풀어지는 세례(고전 15:29) 사이에 존재하는 모순에 대해서 지적한다. 고린도 교회가 행한 죽은 자들을 위한 세례는 신약 성경에서 오직 이곳 한 곳에서만 발견되고 있는데, 비록 학자들에 의하여 다양한 의견들이 제시되어졌음에도 불구하고, 죽은 자들을 위한 세례를 통하여 바울이 혹은 고린도 교회가 무엇을 의미하고 있는지에 대해서는 아직 확실히 증명되지 않았다.[384] 아마도, 고린도 교회가 염려하였던 여러 가지 문제들 중 하나는 자신들의 가족 구성원들이나 혹은 교회의 새로운 신자들 중 일부가 죽어가는 도중에 믿음을 가지게 되었으나 세례를 받지 못했다는 사실이었던 것 같다. 이렇게 믿음을 가졌으나 세례를 받지 못하고 죽은 자들을 위해서 일부 고린도 교인들은 자신들이 직접 그들을 대신해서 세례를 받았던 것으로 추정된다. 비록, 바울은 이 고린도 교인들의 신앙 행위에 대해서 전적인 동의를 표현하고 있진 않으나,[385] 그들의 죽은 자들을 위한 세례 행위가 그들의 부활에 대한 불신앙과 정면으로 대치되고 있음을 지적하여 준다. 죽은 자들이 다시 사는 부활이 없다면, 고린도 교회가 행하고 있는 죽은 자들을 위한 세례가 대체 무슨 의미가 있단 말인가? 바울은 그들의 신앙 행위의 모순을 보여주고자 한다.

두 번째로, 바울은 만약 부활이 없다면, 자신이 왜 날마다 죽음의 위기 속에 노출되면서까지 복음을 전하는 일에 전념하겠냐고 반문한다(30절). 만약 부활이 없다면, 에피큐리언(Epicurean)들이 주장하는 것처럼, 현재 주어진 삶을 사는 동안 즐겁게 먹고 마시면서 인생을 즐겨야 한다는 것이다. 그러나 바울은 에베소에서 야생동물들과 싸우게 되는 상황에 처하기까지 고난을 받으면서도 그리스도의 복음을 전하는 일에 자신의 모든 인생을 바치게 된 것에 대해서 이야기한다. 바울은 자신이 복음을 위하여 자신의 인생을 기꺼이 희생하고자 함은 분명히 자신 앞에 펼쳐질 부활에 대한 믿음과 그의 희생에 따른 상급을 기대하고 있기 때문이라고 한다. 만약 바울이 제정신이라면, 왜 있지도 않을 부활에 대한 거짓된 소망에 근거하여 자신의 현재의 삶을 희생하면서까지 계속되는 고난 속에 자신을 방치시키겠느냐고 바울은 반문하고 있다.

부활의 몸(고전 15:35-57)

바울은 자신의 부활에 관한 논의 마지막 부분에서 어떻게 몸의 부활이 가능한지, 그리고 부활의 몸은 어떠한 것인지에 대해서 자세히 설명하여 준다. 먼저, 바울은 농경 생활에 익숙한 고린도 교인들에게 어떻게 씨앗이 뿌려져서 땅에 묻힌 후, 이듬해에 풍성한 열매를 거두게 되는지에 대해서 언급한다(37절). 마치 봄에 거두는 열매가 지난 해에 뿌려졌던 씨앗과 전혀 다른 모습을 띠게 되듯이, 땅에 묻힌 인간의 육체가 부활하여 열매를 맺을 때, 부활의 열매로서 부활한 육체는 전혀 다른 모습을 띠게 된다. 마치 땅에 뿌려진 씨앗이 이듬해 봄에 다시 싹이 피어 살아난 열매들처럼 "이땅의 육체"가 땅에 심기워져 죽은 후, 되살아난 육체는 "하늘의 육체"라고 바울에 의하여 불리워지고 있다(40절). 이 하늘의 몸/육체는 하늘의 달이나 별처럼 영광으로 덧입혀져 있다고 한다(41-42절). 고린도 교인들을 포함한 1세기의 고대인들은 스토익 사상의 영향을 받아 하늘의 달이나 별을 구성하는 에테르야(ether) 말로 썩지 않는 신들의 영원한 몸을 구성하는 최고의 원소로 간주하였다.

바울은 42절에서, 비록 이 땅의 육체가 죽어 땅에 심기워졌으나, 그 죽은 육체로부터 다시 살아난 하늘의 육체는 영원히 죽지 않는 몸이며, 하나님의 영광으로 덧입혀져 있고, 약함이 아닌 하나님의 능력으로 채워진 몸이라고 한다. 이 부활의 몸은 아담의 자손들의 "자연적인 몸"에 반하여 "영적인 몸"이라고 불리워진다(44절). 그러나 바울은 여기서 다시 부활하신 예수님을 첫 아담과 비교하면서 부활의 순서에 대해서 설명한다. 먼저 땅에 씨앗이 심기워져 죽어야 열매가 맺힐 수 있듯이, 이 땅에서 기인한 아담의 자손들의 육체가 먼저 죽고 땅에 묻혀야(cf. 창 2:7), 하늘로부터 온 새 아담 예수로부터 말미암는 하늘의 몸으로 덧입혀질 수 있다고 한다(고전 15:47-48). 다시 말하면, 성도들이 아담으로부터 받은 이 땅의 육신이 죽음을 경험해야만 하늘로부터 오는 부활의 몸으로 덧입혀 질 수 있다는 것이다. 여기서 바울은 우리의 죽을 몸이 이 땅에서 기인한 아담의 형상으로 말미암았음에 반하여, 우리의 부활한 몸은 하늘에서 기인한 새 아담 예수의 형상으로 말미암았다고 주장한다(49절; cf. 고후 4:4-6). 고린도전서 15장에 나오는 새 아담 예수와 첫 아담의 비교를 통해서 우리는 아담 기독론(Adam Christology)이 얼마나 바울 신학의 핵심을 구성하고 있는지에 대해서 다시 한 번 확인하게 된다.[386]

  마지막으로, 바울은 주님의 재림의 때에 일어날 부활의 순서에 대해서 자세히 설명함으로써 자신의 부활에 대한 논의를 마무리짓는다(고전 15:50-57). 바울에 따르면, 주님의 재림의 날에 마지막 나팔이 울리자 말자 "눈이 깜빡하는 순간"에 성도들의 몸은 변화를 경험하게 될 것이라고 한다. 성도들의 영광스러운 변화와 속사람의 새로와짐이 성도들의 인생 전반에 걸친 긴 과정을 통하여 진행되어지는 것임에 반하여, 부활은 눈깜짝할 사이에 순식간에 발생한다고 한다(52절). 주님의 재림의 때에 살아 있는 성도들은 순식간에 발생하는 자신들의 몸의 변화를 즉시로 경험하게 되고, 이미 죽어 땅에 묻혀진 성도들도 눈깜짝하는 순간에 다시 살아나게 될 것이다. 이 현상을 바울은 썩어질 것들이 썩지 않을 영생에 의하여 삼키워지는 현상이라고 부른다(53절). 썩어질 것이 썩지 않을 것으로 덧입혀지고, 죽을 것들이 죽지 않을 영생에 의해서 덧입혀질 때, 성도들은 사망이 그리스도의 생명에 의하여 완전히 정복되어진 것을 확인하게 되고(54절), 죄와 율법이 더 이상 그들의 부활한 몸에 아무런 영향을 미칠 수 없는 것을 발견하게 될 것이다. 바울은 자신의 부활에 관한 긴 논증을 결론지으며, 이 부활을 계획하신 분은 하나님이시며, 이 부활을 실행하신 분은 예수 그리스도라고 주장한다(57절). 물론, 이 부활의 과정 중에 역사하시는 하나님의 능력 곧 그리스도의 능력은 바로 성령님이시다.

그러나 바울은 부활에 대한 자신의 논의의 결론에서 왜 부활의 능력인 성령을 전혀 언급하고 있지 않는 것일까? 바울은 이미 고린도전서 15장 45절에서 마지막/새 아담 예수가 "생명을 주는 영"(πνεῦμα ζῳοποιοῦν)이 되었다고 주장하였다. 이 "생명을 주는 영"이라는 표현이 새 아담 예수의 성령을 통한 부활의 사역에 대해서 우리에게 어떤 중요한 정보를 제공하고 있는 것은 아닐까?

성령 – 부활의 능력[387]

고린도전서 15장 45절

이미 제2부에서 자세히 살펴본 것처럼, 이 땅에 계실 때 예수님은 성령으로 기름 부음 받은 메시야로서 그의 사역의 모든 부분들에서 성령의 능력과 영감에 깊이 영향을 받으셨다. 그러나 부활하신 예수님은 성령의 주가 되어 성령을 제자들과 교회에 나누어 주시는 분이 되었고, 하나님의 능력이요 영이셨던 성령은 이제 그리스도의 영 혹은 아들의 영으로 불리우게 되었다(롬 8:9; 갈 4:6; 빌 1:19).[388] 물론, 바울에게 있어서 성령은 여전히 하나님의 영으로서 하나님에 의하여 이 땅에 보내어 지시는 분으로 이해되고 있다(롬 8:9, 11, 14; 고전 2:11-12, 14; 3:16; 고후 1:21; 3:3; 빌 3:3). 그럼에도 불구하고, 성령과 주님은 예수님의 부활전·후에 있어서 아주 밀접한 관계를 가지고 동일한 사역에 함께 참여하고 계신다. 또한 동시에 바울과 누가와 요한에 의하여 독립된 인격체들로 간주되어진다.[389] 그러나 부활에 관하여 가장 상세한 설명을 담고 있는 고린도전서 15장에서, 우리는 "첫 사람 아담은 살아 있는 영혼이 되었고, 마지막 아담은 생명을 주는 영/성령이 되었다"(45절)는 바울의 선포를 발견하게 된다. 그렇다면 여기서 바울은 부활하신 주님의 성도들을 위한 부활 사역에서 성령과 부활하신 예수님을 동일시하고 있는 것일까?[390] 아니면, 단순히 부활하신 주님이 영적인 존재가 되었다는 것을 말하고 싶은 것일까?

바울은 성령과 부활하신 주님과의 친밀한 관계에 대해서 다음과 같이 상세히 설명해 주고 있다. 고린도후서 12장 3절에 따르면, 성령은 성도들로 하여금 "그리스도는 주이시다"는 고백을 하도록 영감을 주신다. 또한 성령은 성도들로 하여금 주님이 하나님을 "아바 아버지"라고 부르신 것처럼 하나님에 대해서 동일한 고백을 할 수 있게 해준다(롬 8:14-17). 뿐만 아니라 성령은 성도들로 하여금 그리스도의 형상을 따른 변화를 경험하게 하며(고후 3:18), 그리스도의 몸을 이루어 그리스도의 장성한 분량에 이르기까지 자라가게 하고(고전 12; 엡 4:1-16), 그리스도의 성품이 그들 속에서 이루어지도록 힘써 수고하고 계신다(갈 6; 롬 15:5). 바울은 성도들을 향한 성령의 사역이 그리스도를 향한, 그리스도를 위한, 그리고 그리스도에 의한 사역임을 반복해서 강조하고 있다. 물론, 요한도 바울에게 동의하면서, 성령이 오면 주님에 관한 진리를 밝힘으로써 주님을 영화롭게 할 것이라고 주장하고 있다(요 14-17). 다시 말하면, 중생의 역사를 통해서 하나님을 향하여 살아난 성도들이 성령을 통해서 경험하고 있는 것은 부활하신 주님의 임재와 능력과 그의 형상으로의 변화라는 것이다.

고린도전서 15장 45절은 위에서 언급한 것처럼 바울이 이해하고 있는 성령과 부활하신 예수와의 긴밀한 관계 속에서 이해되어져야 한다. 물론, "그리스도가 생명을 주는 영/성령이[되셨]다"는 표현을 통해서 바울은 첫 아담이 단순히 "살아 있는 영혼"이 된 것에 반하여, 새 아담 그리스도는 "생명을 주는 영적인 몸을 가진 존재"가 되었다는 생각을 표현하고 있다.[391] 다시 말하면, 아담의 몸이 이 땅에 속한 자연적인 몸인 것에 반하여, 부활하신 주님의 몸은 하늘에 속한 영적인 몸이라는 것이다.[392] 그러나 여기서 "생명을 주는"이라는 표현을 통해서 바울은 부활하신 예수님이 영적인 몸을 가진 존재가 되었다는 사실외에도 무언가 더 중요한 것을 말하고 싶어하는 것 같다.

고린도후서 15장 45절의 "생명을 주는 영/성령"(πνεῦμα ζῳοποιοῦν)이라는 표현은 바울에 의해서 고린도후서 3장 6절에서, 그리고 요한에 의해서 요한복음 6장 63절에서, 각각 성령에 대해서 사용되어지고 있다. 성도들은 자신들의 중생을, 그리고 새롭게 창조된 피조물로서의 경험을 자신들 안에 거하시는 성령의 임재와 능력을 통해서 경험하게 된다. 이런 측면에서, "마지막 아담이 생명을 주는 영/성령이 되셨다"는 표현은 부활하신 주님과 성도들 안에서 역사하시는 성령을 거의 동일시하는 결과를 가져온다. 왜냐하면 성령은 바로 부활하신 그리스도 자신의 새 창조의 능력 그 자체이기 때문이다. 그럼에도 불구하고, 우리는 바울이 분명히 성령과 부활하신 주님을 구분하여 별개의 인격체로 이해하고 있는 것을 위에서 이미 살펴보았다. 따라서 고린도전서 15장 45절의 "마지막 아담이 생명을 주는 영/성령이[되셨]다"는 표현은 부활하신 주님과 성령을 동일한 한 인물로 만드는 것이 아니라, 성도들의 경험 속에서 두 분은 거의 동일시되어지는 것처럼 밀접하게, 그리고 동시에 함께 경험되어지고 있음을 말하고 있는 것 같다.³⁹³ 특히 부활하신 주님을 직접 만나보지 못한 후대의 성도들은 자신들의 성령 체험을 통해서 부활하신 주님 자신을 직접 체험하고 있다는 것이다. 사람의 영이 그 사람의 일부분으로서 그 사람의 임재를 나타내고 있듯이, 그리스도의 영도 그리스도의 일부분으로서 그리스도의 임재를 나타내고 있는 것이다.

잠시 후에 살펴보겠지만, 로마서 8장 9-11절에서 바울은 내주하는 성령을 경험하는 성도들은 그를 통하여 내주하시는 부활하신 예수님 자신을 체험하고 있다고 한다. 고린도전서 12장 4-6절에서는 성령의 여러 은사들이 동일한 성령, 동일한 주, 심지어 동일한 하나님으로부터 기인한다고 한다. 성령의 은사들을 통해서 성도들은 독립된 세 분의 인격체를 동시에 경험하고 있다는 것이다. 또한 고린도전서 6장 17절에서 바울이 암시하고 있듯이, 성도들의 그리스도와의 연합은 오직 성령을 통해서만 가능해짐으로, 성도들은 자신들이 경험하고 있는 성령을 통해서 그리스도를 경험하게 되고, 그리스도의 임재와 능력을 자신들 속에서 살아 역사하시는 성령을 통해서 체험하게 된다. 성도들의 경험에서는 부활하신 그리스도와 성령이 구분되어지지 않을 정도로 긴밀하게, 그리고 동시에 체험된다는 것이다.³⁹⁴ 이는 마치 요한복음이 증거하는 것처럼, 이 땅에서 사역하시던 아들을 본 자가 이미 아버지를 보았듯이, 이 땅에서 사역하시는 성령을 체험한 자들은 그가 증거하는 아들을 체험했다는 것이다.

이런 측면에서, 고린도전서 15장 45절의 표현을 통해서 바울은 부활하신 그리스도가 성도들의 부활의 근원이 되셨는데, 성도들은 생명을 주는 성령의 사역을 통해서 부활하신 그리스도 곧 새 아담 예수의 부활 사역을 체험하게 된다고 주장한다. 물론, 아담의 자연적인 몸에 비해서, 부활하신 그리스도는 하늘로부터 온 영적인 몸을 가지게 되었다는 생각도 이 표현에 담겨져 있음은 의심의 여지가 없다.³⁹⁵ 결론적으로, 하나님의 창조 사역에서 아담에게 생명을 불어 넣어주었던 성령은, 그리스도의 새 창조 사역에서도 새 아담의 자손들에게 부활의 생명을 불어 넣어주는 분이시다. 죽어 있는 성도들의 몸에 생명을 불어 넣는 성령의 사역은 바로 부활하신 그리스도 자신의 사역인 것이다.

로마서 8장 9-11절[396]

이미 제10장에서 자세히 살펴본 것처럼, 로마서 8장은 죄와 율법으로 인해 죽을 수밖에 없는 연약한 육체를 지닌 성도들이 어떻게 성령 안에서 다시 살아나게 되는지에 대한 바울의 신학적인 입장을 가장 잘 설명해주고 있는 곳이다. 바울은 8장 1-8절에서 육체를 따라 사는 삶과 성령을 따라 사는 삶을 비교한 후, 9-11절에서 현재 성령을 따라 사는 자들이 미래에 경험하게 될 부활에 대해서 설명하기 시작한다.[397]

여기서 바울은 성도들의 몸 속에 지금 거하고 계신 성령은 바로 하나님의 영임을 말해주는 동시에, 이 성령은 또한 그리스도의 영이라고 주장한다(롬 8:9).[398] 성도들이 경험하고 있는 그리스도의 영은 하나님의 영과 동일한 분이라는 것이다. 성령이 바로 하나님의 영이라는 표현은 성령이 창조 시에, 그리고 이스라엘의 역사에서 하나님의 임재와 능력을 나타내었던 바로 그 하나님의 영이라는 것이다. 성령이 또한 그리스도의 영이라는 사실은 그리스도의 부활 후에는 성령이 그리스도에게 속하게 되었고, 이 땅에서 그리스도의 새 창조의 역사 속에서 부활하신 그리스도의 임재와 능력을 나타내게 되었다는 것이다. 따라서 이제는 하나님의 영을 자신들의 삶 속에서 체험하게 되는 일은 오직 하나님의 아들 그리스도를 통해서만 가능하다. 이 땅에서 그리스도의 영 곧 성령의 존재는 이제 그를 자신들의 육체에 모시고 사는 자들이 다 그리스도에게 속하여 있음을 증거하여 준다. 다시 말하면, 그리스도에게 속한 자들은 다 그리스도의 영 성령을 자신들의 육체 가운데 모시고 살게 되었고, 그리스도의 영을 가지고 있지 않는 자는 아무도 그리스도에게 속하지 아니하였다는 것이다.

바울에 따르면, 이 성령을 자신들의 몸에 모시고 사는 자들에게는 미래에 큰 영적인 유익이 있게 되는데, 그것은 바로 그들의 몸에 부활의 생명을 경험하게 된다는 것이다(롬 8:11). 아담의 죄로 인해서 세상에 들어온 죽음이 아담처럼 죄를 짓는 것에서 자유롭지 못한 인간들의 몸을 지배하게 됨으로써, 성도들을 포함한 모든 인간들의 몸이 죽음을 경험하게 되었다(롬 8:10; cf. 5:12-21). 그러나 자신의 영 곧 부활의 능력인 성령을 통하여 그리스도를 살리신 하나님이(cf. 고후 13:4) 동일한 방식으로 이제는 성령이 거하시는 하나님의 성전이 된 성도들의 죽을 몸에도 자신의 성령을 통하여 생명을 불어넣으신다는 것이다. 여기서 그리스도와 성도들의 부활을 계획하시고 진행하시는 분은 하나님이시며, 하나님의 영 곧 성령은 그 부활의 과정 중에 죽어 있는 죽은 몸들에 생명을 불어넣으시는 하나님 자신의 생명 곧 부활의 능력으로 묘사되어진다. 우리는 창세기에 기록된 아담의 창조와 에스겔이 본 마른 뼈들의 환상에서와 같이, 마지막 날에 죽어 있는 성도들의 몸에 생명을 불어넣으시는 성령의 부활의 역사에 대해서 기대하게 된다.

이 성령은 현재 성도들의 몸을 자신의 처소로 삼아 거하시는 분이시며, 장차 올 부활의 능력이시기에 부활의 첫 열매로도 불린다(롬 8:23). 바울은 로마서 8장 15절에서 성령을 "양자의 영"이라 부르고 있는데, 이는 성령이 성도들이 다 하나님의 자녀들이라고 그들의 영에 직접 증거하여 주고 있기 때문이다. 하나님의 자녀들이 된 성도들은 첫 아들이신 그리스도와 함께 하나님의 나라를 유업으로 받을 것이기 때문에, 그리스도와 함께 그의 고난에 동참하여 그의 영광에 이르러야 한다고 바울은 주장한다(롬 8:17). 첫 아들 예수의 고난과 그에 따른 영광의 형상을 따라 모든 하나님의 자녀들은 동일한 고난과 영광을 경험해야 한다는 것이다(롬 8:29). 로마서 8장을 통해서 우리는 바울이 그리스도의 고난에의 참여와 영광스러운 변화에 대해서 논의하였던 고린도후서 4-5장을 떠올리게 된다.

그러나 고린도전서 15장에 비해서 로마서 8장에서 바울이 성도들의 부활에 관하여 새롭게 첨가하고 있는 사실 하나는 아담의 저주 아래 놓인 모든 창조세계도 하나님의 영광스러운 자녀들의 등장을 고대하고 있다는 것이다. 이는 모든 창조세계가 하나님의 자녀들의 영광에 의하여 아담의 저주로부터 놓이게 될 것이기 때문이다(롬 8:19-21).[399]

로마서 8장에서 우리는 성령을 통한 그리스도의 새 창조의 역사에 대한 바울의 두 가지 종말론적인 중요한 생각을 발견하게 된다. 하나는 시간에(temporal) 대한 것이고, 또 다른 하나는 공간에(spatial/cosmic) 대한 것이다. 한편으로는, 현재 진행되고 있는 성령의 새 창조의 역사가 미래에 놓인 그 끝 곧 그리스도의 재림을 향하여 힘차게 달려가고 있다는 것이고, 또 다른 한편으로는, 우주의 모든 존재들 곧 땅 아래, 땅 위에, 그리고 우주 너머의 모든 존재들이 성령의 새 창조의 활동으로 완전히 회복된다는 것이다. 이 우주적인 회복은 요한이 자신의 계시록에서 소망하고 있는 "새 하늘과 새 땅"을 의미한다고도 볼 수 있겠다(계 21).

결론적으로, 로마서 8장에서 바울은 성령의 새 창조의 역사를 성도들이 자신들의 속사람에서 경험하게 되는 생명으로부터 시작하여 (1-8절), 죽을 육체가 경험하게 될 미래의 부활로(9-13절), 그리고 마지막으로 전 우주의 회복으로(18-21절) 점차 확장시켜 설명하고 있다. 이렇게 하여 바울은 아담의 타락으로 파괴된 인간과 전 우주의 회복이 성령을 통한 그리스도의 새 창조의 활동에 의하여 완전히 회복되어질 것임을 말하여 준다. 처음 창조 시 하나님의 영으로서 모든 피조 세계를 창조하신 성령은 새 창조 시 그리스도의 영으로서 파괴된 피조 세계를 새롭게 회복시키신다.

결론

이번 장에서 우리는 부활에 이르고자 하는 성도들은 모두 다 예외 없이 육체의 고난과 죽음을 맛보아야 하는 이유에 대해서 살펴보았다. 육체의 부활은 그리스도의 부활된 몸을 청사진으로 해서 이 땅에서의 우리의 죽을 몸이 그리스도의 하늘의 몸으로 덧입혀지는 사건이기 때문에, 죽음을 경험하지 않고서는 부활도 경험할 수 없기 때문이다. 바울은 이 부활의 사건을 그리스도의 고난에의 동참을 통하여 그리스도의 영광에 이르는 사건으로 부르기도 한다. 왜냐하면 부활하신 그리스도의 하늘의 몸은 하나님의 영광을 담고 있는 영광스러운 몸이기 때문이다. 이런 측면에서, 현재 우리 안에 거하고 계시는 성령이 진행하고 있는 영화의 과정은 부활을 그 목적으로 하여 진행되고 있는 사건으로 볼 수 있다.

그리스도의 십자가의 길을 통해서 현재 고난과 죽음을 경험하고 있는 성도들은 자신들 가운데 내주하고 있는 성령의 존재를 통해서 부활이 자신들에게 행해질 분명한 하나님의 약속임을 믿을 수 있게 된다. 왜냐하면 성령은 그리스도를 살리신 하나님의 능력으로서 그 성령이 현재 거하고 계신 성도들의 죽을 몸에도 역시 하나님의 생명을 불어넣어 주실 것이기 때문이다. 이런 측면에서, 성령은 '부활의 보증금' 혹은 '부활의 증표'로 불린다. 또한 하나님의 부활 사건은 그리스도의 부활 사건으로도 불리게 되는데, 이는 하나님의 능력이신 성령이 바로 부활하신 그리스도의 능력이 되었기 때문이다. 성도들의 부활을 계획하신 분은 하나님이시며, 성도들의 부활은 오직 그리스도의 죽으심과 부활을 근거로 하여 그와 연합된 자들에게 허락되어지고, 성령은 그 부활을 효과적으로 실행시키는 하나님의 능력, 그리고 그리스도의 능력이다.

성도들의 부활은 그리스도의 부활을 근거로 하여 그리스도의 부활 이후에 발생하는 성령의 새 창조 사역의 절정을 이룬다. 그러나 성령의 새 창조 사역은 성도들의 몸의 부활에만 머무는 것이 아니라, 성도들의 속사람도 새롭게 하여 그리스도의 형상으로 날마다 변화되어 가게 한다. 또 성도들의 겉사람을 그리스도의 영광의 몸으로 덧입혀 영원히 살게 하는 성령은 전 우주와 그 속에 거하고 있는 모든 피조물들도 새롭게 회복시키어 그리스도의 발 앞에 다 무릎 꿇게 할 것이다. 이렇게 모든 피조 세계에 대하여 아담이 잃어버린 왕권을 회복하신 주님은 이 왕권을 다시 하나님께 돌려드리어, 모든 피조물들이 하나님을 찬양하고 경배하게 하심으로써 하나님께만 온전한 영광을 돌려드리도록 할 것이다. 이렇게 해서, 창조로부터 시작된 하나님의 구원의 사역은 그리스도의 사역을 통하여, 그리고 이어지는 성령의 사역을 통하여 모두 완성되어진다. 우리는 주님의 재림의 때에 요한이 열망하고 바울이 소망하며 모든 성도들과 피조물들이 고대하였던 바로 그 하나님의 "새 하늘과 새 땅"을 마침내 우리의 두 눈으로 목격하게 될 것이다.

CHAPTER

성령과 은사

(Andrei Rublev 1360-1430)

　믿는 자들이 자신의 죄와 세상에 대하여 죽고 십자가에 달려 죽으신 그리스도와 연합하여 하나님께 대하여 살아나는 바로 그 순간부터(갈 2:19-20) 성령은 믿는 자들로 하여금 그리스도의 몸된 공동체를 형성하게 한다. 성령은 그들 가운데 공동체적으로, 그리고 개인적으로 거하시면서 부활하신 주님의 새 창조의 활동을 시작한다. 특히 성령은 그리스도의 몸을 구성하는 모든 지체들에게 다양한 은사들을 주사 그리스도의 몸을 섬기고 세우는 사역을 감당하게 하신다. 이런 측면에서, 성도들의 성령 체험은 자연인 개개인이 그리스도로부터 오는 새 생명을 자신의 삶 속에서 체험하게 되는 개인적인 중생의 경험인 동시에, 이렇게 중생을 체험한 모든 성도들이 그리스도의 몸을 구성하여 서로를 섬기게 되는 공동체적인 경험이다. 따라서 성도들은 자신들이 선물로 받은 혹은 받기를 사모하는 모든 성령의 은사들은 성도 개인의 영적인 혹은 물질적인 이익만을 위해서 주어진 것이 아니라, 항상 교회 공동체 전체를 바로 세우고자 하시는 성령님의 강한 신적인 의지의 표현이라는 것을 기억해야 한다.

논리적으로 따지자면, 우리의 다양한 성령의 은사들에 대한 논의는 제9장 "교회의 탄생" 바로 다음에 위치했어야만 했다. 그러나 본 저자는 성령의 은사들에 대한 현재의 논의를 성령의 정체성과 다양한 사역에 대하여 먼저 살펴본 후에 더욱 자세히 논의해 보고자 현재의 위치에 놓게 되었다. 왜냐하면 성령의 은사들에 관한 논의는 현재 한국 교회들에서 가장 논란이 되고 있는 사안들 중의 하나인 동시에, 성령의 은사들에 관한 바른 논의는 오직 성령의 다양한 사역들 전체에 관한 균형잡힌 이해를 통해서만 가능하기 때문이다. 특히 앞에서 살펴본 그리스도의 영으로서의 성령의 정체성은 우리로 하여금 성령의 사역과 은사들이 그리스도의 성품과 사역을 지속시키고 강화하는 역할을 한다는 것을 알게해 준다. 다시 말하면, 성령의 은사들의 진위성 여부는 그 은사들을 소유한 자들의 속사람 속에서 얼마나 그리스도의 형상이 온전하게 이루어져 가고 있는가, 그리고 그리스도의 몸을 세우기 위하여 그가 얼마나 수고하고 있는가의 여부에 달려 있다는 것이다.

아래에서 자세히 살펴보게 되겠지만, 교회사를 통틀어 볼 때 가장 풍성하게 성령의 은사들을 체험한 고린도 교인들은 사도 바울에게서 "영적인 아기들"이라고 불리게 되었다(고전 3:1-4). 왜냐하면 고린도 교인들은 자신들이 "천사의 방언"을 한다고 주장하면서 자신들이 이미 천사와 같은 영적인 존재가 되었다고 생각하였고, 이의 결과로 자신들이 경험해야 할 육체의 부활과 주님 안에서의 고난의 필요성에 대해서 부인하게 되었기 때문이다. 나아가 고린도 교인들은 그리스도를 "저주받은 자"(고전 12:3)라 부르면서 자신들의 성령 체험의 근거가 되는 십자가의 복음까지도 거절하게 되었다. 또한 그들은 영적인 엘리티즘에 빠져 교회 내에서 여러 당파들을 구성하여 싸우며, 그리스도의 몸을 분열시키는 심각한 죄를 범하였다. 고린도 교회의 문제들이 현재 성령의 은사들에 열광하는 한국 교회들에게 주는 교훈은 무엇일까? 성령의 은사들과 그리스도의 십자가의 복음은 결코 뗄래야 뗄 수 없는 동전의 양면임을 보여주고 있는 것은 아닐까?

이번 장에서 우리는 성령의 다양한 은사들, 특히 방언과 치료와 예언들과 지혜와 지식의 말씀에 대하여 살펴보게 될 것이다. 이러한 다양한 성령의 은사들의 특징은 무엇이고, 성령이 성도들에게 은사들을 주시는 이유들은 무엇인지에 대하여 심도 깊게 논의되어질 것이다. 그러나 성령의 은사들이 비록 하나님으로부터 비롯된 거룩한 선물이지만, 하나님의 선물조차도 타락한 인간의 죄악된 손길에 닿자마자 얼마든지 잘못된 동기와 목적들을 위하여 왜곡되어 사용되어질 수 있음을 인정하고, 스스로를 십자가 앞에서 끊임없이 돌아볼 수 있어야 하겠다. 뿐만 아니라, 인간의 제한적인 이해와 잘못된 신학적인 전제들에 의하여 성령의 거룩한 은사들이 여러 가지 방식으로 오해되어질 수 있기에, 성령의 은사들의 진위성에 대한 성경적인 기준은 무엇인지에 대해서도 살펴보고자 한다. 왜냐하면 우리는 성령의 불을 소멸하는 죄악을 범하지 말아야 하기 때문이다.

성령의 은사들에 대한 논의에 있어서 우리는 몇 가지 제한점을 안고 있다. 첫째, 성령의 은사들이 오직 고린도전서 12-14장과 로마서 12장에서 제한적으로 논의되어지고 있다는 사실이다.[400] 무엇보다 이방인 교회들이 현저하게 드러나는 성령의 은사들을 모두 다 공통적으로 충만하게 경험한데 반하여, 바울은 오직 성령의 은사들에 대한 잘못된 견해를 가지고 있는 고린도 교회를 위해서만, 그리고 고린도 교회가 가지고 있는 일부 문제점들에 대해서만 집중해서 성령의 은사들에 관한 그의 논의를 전개해 가고 있다. 그러나 고린도전서 12-14장과 로마서 12장이 고린도 교회를 비롯한 초대 교회들이 누리고 있던 성령의 은사들에 대한 포괄적인 백과사전적 설명을 전부 제공하고 있다고 할 수는 없다.

둘째, 성령의 은사들에 대한 우리의 경험도 매우 제한되어져 있다는 사실이다. 바울이 고린도전서 12장에서 말하고 있듯이, 성령은 은사들을 한 사람에게만 집중해서 주시지를 않고 여러 사람들에게 나누어 주시기 때문에, 다양한 성령의 은사들을 경험해 보지 못한 사람들은 그 은사들이 무엇인지에 대해서 체험적으로 이해할 수 없다는 제약이 있다. 이러한 은사들에 대한 경험적인 제한은 은사들을 개인의 욕심을 위해서 잘못 사용하거나, 혹은 자신에게 주어지지 않은 은사들을 마치 자신이 받은 것처럼 꾸며서 사리사욕을 취하는 거짓된 "선생들"에 의해서 충분히 악용되어질 소지가 다분하다는 것을 우리에게 경고해 준다. 따라서 우리는 제한된 성경적 증거들을 먼저 충분히 조사한 후에, 다양한 은사들을 경험하고 있는 신뢰할만한 사람들과의 폭넓은 대화를 통해서 성령의 은사들에 대한 우리의 견해를 바로 세워가야 하겠다.

성령의 은사들에 대한 논의는, 먼저, 바울의 고린도전서를 자세히 살펴봄으로써 시작되어질 것이다. 바울이 고린도 교회에 보낸 편지는 바울이 보고 있는 고린도 교회의 문제점들에 대한 자신의 반응을 담고 있으므로, 우리는 먼저 바울이 본 고린도 교회의 문제는 무엇이었는지에 대해서 살펴보아야 한다. 혹시, 바울이 본 고린도 교회의 문제점들은 성령에 지나치게 목말라 한 나머지 오직 현상적인 성령의 은사들에만 집착하는 한국 교회의 문제점들과 동일한 것은 아닐까?

아니면, 자신들의 제한된 신학적인 전제로는 도저히 이해할 수 없는 성령의 다양한 역사들을 두려워한 나머지 성령의 불을 소멸시켜 버리는 오류를 범하고 있는 일부 한국 교회들은 고린도 교회와는 정반대 방향으로 치닫는 실수를 범하고 있는 것은 아닐까? 성령의 은사들은 풍성히 받았으나, 그리스도의 십자가의 복음은 거절하게 된 고린도 교회의 예는 현대 한국 교회들의 성령의 은사들에 대한 이해에 대해서 어떤 중요한 메시지를 전달하고 있는 것일까? 풍성하게 드러나는 성령의 은사들에 대한 바른 이해와 그리스도의 십자가의 복음과 고난에의 초청은 어떻게 동시에 공존할 수 있을까? 이번 장에서 본 저자는 이러한 질문들을 마음에 품은 채 성령의 다양한 은사들을 논의할 것이다.

바울이 본 고린도 교회의 문제점들

복음에 대한 오해와 내부적 분열—누가 하나님 앞에서 진정으로 "신령한 자"인가?

고린도전서는 바울이 자신을 따르는 글로에의 집 사람들로부터(고전 1:11; 5:1; 11:18) 전해들은, 혹은 그들이 가지고 온 편지를(고전 7:1) 통해서 알게 된 고린도 교회의 내부적인 문제들에 대한 바울의 여러 가지 반응들과 해결책들을 담고 있다. 바울은 자신이 전해들은 여러 가지 문제점들 중에서도 특히 고린도 교회의 내부적인 분열에 대해서 가장 염려하고 있는 듯하다(고전 1:10-12; 3:4-5; 11:18-19). 바울은 1장 12절에서 바울 자신을 포함한 여러 지도자들을 따르는 무리들 간의 내부적인 분쟁에 대해서 언급하고 있다: "바울파, 아볼로파, 베드로파, 그리고 예수님파" 등이다. 그러나 그리스도와 베드로는 수사적인(rhetorical) 효과를 위해서 바울에 의해서 인용된 듯하고(예수님에게 속하지 않은 그리스도인들이 어디에 있는가?), 실제로 고린도 교회의 분열은 바울을 따르는 무리들과 아볼로를 따르면서 바울의 복음과 사도직을 공격하는 두 무리들로 나누어진 것 같다(3:5-9).[401] 따라서 바울은 자신이 고린도 교회에 보내는 편지의 첫머리에서 다음과 같이 권면의 말을 전함으로써 자신의 복음과 사도직에 대한 변론을 시작한다: "형제들이여, 내가 이제 주 예수 그리스도의 이름으로 너희들을 격려하노니, 너희는 다 서로 일치하며, 너희들 가운데 아무 분쟁이 없이 한마음과 한 뜻으로 완전하여지기를 바라노라"(사역, 고전 1:10).

바울의 정적들이 누구였던지 간에, 사도로서 바울의 권위는 고린도 교회에 의해서 심각하게 도전받고 있었던 것은 틀림없다. 왜냐하면 바울은 고린도전서를 통해서 사도로서 자신의 권위 곧 고린도 교회의 설립자로서 위치에 대해서 반복해서 방어하고 있기 때문이다(고전 3:5-10; 4:1-5; 9:1-4; 15:2-11).[402] 고린도 교회의 설립자로서의 바울의 권위가 흔들리게 된데는 아마도 아볼로의 가르침의 영향을 받은 고린도 교인들이 바울의 십자가의 복음과는 전혀 다른 "인간의 지혜"에 더 끌렸기 때문이다(고전 1:18-30).[403] 특히 고린도 교인들은 자신들의 새로운 믿음을 "지혜"라고 부르며, 화려한 수사학적인 변론과 당시 헬라인들에게 인기 있었던 철학적 개념들을 통하여 자신들의 지혜를 표현하려 했던 것 같다(고전 2:1).[404] 이들의 관점에서 볼 때, 성령의 능력에만 의지하여 복음을 전하는 바울의 복음 선포는 투박하였고, 그가 전하는 십자가의 메시지는 헬라인들에게 하나의 조롱거리에 불과해 보였다. 이들은 (바울의 복음을 처음 받은 후에 자신들에게 주어진) 다양한 성령의 은사들을 직접 체험한 후에 자신들을 예언자들 혹은 신령한 사람들이라고 부르면서, 자신들의 지혜를 그리스도의 복음보다도 더 높이게 되었다(cf. 고전 14:37).

뿐만 아니라, 고린도 교인들은 그리스도의 십자가의 복음 곧 십자가 위에서 처형당한 죄인이 세상의 구세주라는 메시지가 자연인 헬라인들의 관점에서 "어리석은 것"으로 간주되었기 때문에, 자신들로 하여금 풍성한 성령의 은사들을 체험하게 하여준 바로 그 바울이 전한 십자가의 복음에서 떠나려 하였다(고전 1:18). 이에 대해서 바울은 변증하기를, 이 십자가의 복음이야말로 하나님의 지혜의 결정판이며, 고린도 교인들이 주장하고 있는 인간적인 지혜들은 다 하나님 앞에서 어리석은 것에 불과하다고 선포한다(고전 1:18-2:16). 바울에 따르면, 만약 이 세상의 권세자들이 하나님의 지혜인 십자가를 바로 이해하였다면, 예수 그리스도를 십자가에 못 박지 않았을 것이다(고전 2:8). 십자가의 복음이 하나님의 숨겨진 깊은 지혜를 나타내기에, 바울은 당시의 철학자들처럼 인간적인 화려한 수사학을 빌려서 복음을 전하지 않고, 대신 오직 "성령의 능력과 나타남"을 통하여, 그리고 성령이 직접 가르쳐준 지혜의 말씀을 가지고 그리스도의 복음을 전파하였다(고전 2:4-5, 12-13).

바울에게 있어서 참된 신적인 지혜는 오직 십자가의 복음에서만 발견되어지며, 이 복음은 하나님의 영 곧 그리스도의 성령을 통해서만 깨달아진다(고전 2:16). 다시 말하면, 참으로 "신령한 자들"은 성령으로 말미암는 자들인데, 이 성령은 그리스도의 복음을 통해서만 경험되어질 수 있기에, 그리스도의 복음을 멸시하는 고린도 교인들은 하나님의 관점에서 결코 신령한 자들이 될 수 없다. 바울의 관점에서 봤을 때, 이것이 바로 고린도 교인들은 아직 신령한 사람이 되지 못하였고, 젖이나 먹어야 하는 영적 아기들에 불과한 이유이다(고전 3:1-2). 그들이 아직도 영적인 아기들에 불과하다는 사실은 그들 가운데 존재하는 "시기와 질투와 인간적인 분쟁"들에서 잘 보여진다

(고전 3:3-4). 자신들이 체험한 다양한 성령의 은사들을 근거로 자신들을 "신령한 자들"로 부르고 있는 고린도 교인들의 주장에 반하여, 성령의 열매 대신 육체의 열매를 맺고 있는 고린도 교인들은 여전히 "육에 속한 자들"인 것이다.

결론적으로, 하나님의 신령한 지혜인 그리스도의 복음을 거부하고 그 복음으로 말미암아 세워진 교회로부터 자신들을 분리시키려 하는 고린도 교회의 분리론자들에게 바울은 여러 가지 말로 권면하며 그들을 돌이키려 한다. 바울은, 첫 번째, 그리스도의 십자가의 복음이야말로 하나님의 신령한 지혜의 결정판이라고 주장한다. 아마도 고린도 교인들 중 일부는 십자가에 달린 예수는 하나님에 의하여 저주받은 자라는 로마인들과 유대인들의 주장에 동조하였던 것 같다(고전 1:23; cf. 갈 3:13; 신 21:23).[405] 이에 대하여, 바울은 주장하기를, 십자가에 달린 그리스도야말로 인간을 구원하는 하나님의 능력이요 창세 전부터 감추어진 하나님의 지혜이며(고전 1:24), 진정으로 신령한 자들은 곧 성령에 의하여 신령하게 된 자들은 "예수는 저주받은 자"라고 말하는 대신에 "예수를 주"라고 선포하게 된다고 한다(고전 12:3).

두 번째, 고린도 교회의 분리론자들에게 바울은 고린도 교인들과 바울 자신이 다 한 몸 곧 그리스도의 몸을 구성하게 된 지체들이라고 주장한다(고전 12). 다양한 지체들에게 다양한 기능들과 은사들이 성령에 의하여 주어졌는데, 특히 바울은 고린도 교회를 설립하는 사도로서의 기능을 부여 받았고, 다른 모든 고린도 교인들은 여러 가지 은사들을 통해서 그 몸된 교회를 계속해서 세워가야 한다. 따라서 고린도전서 12-14장에서 바울의 성령의 은사들에 대한 논의는 복음에 대한 오해로 인하여 분열과 반목에 이르고, 이로 인하여 그리스도의 몸을 쪼개고 있는 고린도 교인들에게 성령이 진정으로 원하고 있는 것이 무엇인지에 대해서 설명하여 준다. 다시 말하면, 고린도 교인들이 사모하는 참으로 신령한 자들이 되기 위해서는 성령의 은사들을 통해서 그리스도의 몸을 세워가야 한다는 것이다.

"이미 성취된 종말론"(over-realized/over-spiritualized eschatology)

바울의 복음과 사도직을 거부하려는 고린도 교회의 분리론자들은 자신들을 신령한 자들이라고 부르면서, 자신들처럼 성령의 다양한 은사들을 소유하지 못한 자들을 신령하지 못한 자들로 간주하면서 무시하였다(고전 12:14-24). 이들이 스스로를 신령한 자들이라고 부르게 된 근거는 자신들 속에서 역사하고 있는 성령께서 부어주신 다양한 은사들의 체험에 있었다. 고린도 교인들은 특히 예언과 방언의 은사를 풍성히 체험하고 있었던 것 같다. 고린도 교인들이 예배를 위하여 교회에 모였을 때, 수많은 사람들은 동시에 예언을 하고 동시에 방언을 말함으로써 교회는 예배의 질서를 상실하였고, 큰 혼란 가운데 빠지게 되었다(고전 14:23, 33). 이들의 예배에 처음 참석한 외부인들은 고린도 교인들이 다 제정신이 아닌 미친자들이라고 생각하게 되었다(고전 14:23).[406] 이 문제에 대하여 들은 바울은 예배 시 예언과 방언을 말하는 자들은 한 사람씩 차례대로 말해야 하며, 자신들의 마음으로 성령의 은사들의 나타남을 질서 가운데 통제하라고 권면한다. 왜냐하면 하나님은 혼란의 하나님이 아니라, 평화와 질서의 하나님이시기 때문이다(고전 14:33).

이렇게 다양한 은사들을 소유한 자들은 이러한 은사를 소유하지 못한자들에 대한 우월감에 도취되어 자신들을 영적인 엘리트들로 간주하게 되었다(고전 4:18; 5:2; 12:14-26). 특히 방언을 말하게 된 일부 고린도 교인들은 자신들이 "천사들의 언어"를 말하고 있다는 사실에 근거하여 자신들이 이미 천사들과 같은 존재가 되었다고 스스로를 높이게 되었다(고전 13:1).**407** 이러한 영적인 엘리티즘은 "영적으로 우월한 자들"과 "열등한 자들" 간에(고전 12:25) 깊은 갈등을 고조시킴으로써 고린도 교회의 분열을 더욱 가속화시키는 부작용을 가져오게 되었다. 그러나 바울은 그리스도의 몸의 모든 지체들은 다 소중한 가치를 지니고 있으며, 그들의 영적인 신분은 그들이 소유하고 있는 은사 곧 성령에 의하여 맡기워진 사역과 무관하다고 주장한다. 바울은 계속해서 강조하기를, 은사들의 목적은 오직 그리스도의 몸 곧 교회 공동체를 세우는 일이기에, 고린도 교인들의 영적인 엘리티즘은 은사들을 허락하신 성령의 의도에 정면으로 대치된다는 것이다.

"천사의 말"과 같은 방언을 말하게 된 일부 고린도 교인들은 자신들이 이미 천사와 같은 영적인 존재가 되었다고 생각하였다. "이미 성취된 종말론."**408** 바울이 고린도전서 14장에서 특히 방언에 대해서 자신의 논의를 집중하고 있다는 사실에 근거해 판단해 보면, 고린도 교인들이 방언을 성령의 은사들 중의 가장 중요한 것으로 간주하였음을 우리에게 말하여 준다.**409** 자신들이 영적인 존재라는 곧 신령한 자들이라는 믿음으로 인해서, 고린도 교인들은 자신들의 육체를 포함한 세상을 경멸하며 세상으로부터 완전히 분리되려고 하였다. 어떤 이들은 자신들은 더 이상 이 세상에 속하지 않은 존재들이라는 믿음 속에서 결혼을 거부하고 가정을 떠났으며, 또한 자신들이 감당하고 있던 모든 사회적인 역할들을 포기하고 금욕주의자로서의 삶을 살아가려 하였다(고전 7, 11). 또 다른 이들은 자신들이 이미 자신들의 육체와는 분리된 자들이므로, 자신들의 육체가 행하는 일들과 자신들의 영적인 상태와는 전혀 무관하다는 전제하에, 많은 비윤리적인 행위들을 행함으로써 자신들의 육체의 소욕을 만족시키려 하였다(고전 5:1-13). 이에 대하여 바울은 자신을 포함한 모든 고린도 교인들은 여전히 자신들의 육체의 부활을 기다리고 있는 중이며(고전 6:14;

15:12), 육체는 성령이 거하는 전으로서(고전 6:19) 주를 섬기는 일에 거룩하게 쓰여져야 한다고 주장한다(고전 6:13).

따라서 바울은 금욕과 탐욕이 다 옳지 않은 일임을 주장하며, 성도들이 이미 현재 성령의 은사들을 누리면서 성령의 신적인 영향력 아래 놓여 있다 할지라도, 여전히 미래에 이루어질 완전한 부활을 소망하며 책임감 있는 삶을 이 땅에서 살아가야 한다고 말한다. 이미 종말의 소망이 그들 가운데 성취되었다고 믿으면서 "현재" 자신들이 "이미 부유하고, 충만하며, 세상을 다스려야 한다고"(고전 4:8) 믿는 고린도 교인들에게 바울은 역설적으로 자신을 포함한 모든 사도들이 "현재" 복음을 전하면서 어떻게 "배고픔과 추위와 고난과 세상의 조롱과 경멸을" 견디고 있는지에 대해서 증거하여 준다(고전 4:9-13). 바울은 성령이 활동하고 있는 현재를 여전히 고난과 인내의 때로 간주하면서, 참된 소망의 완성은 오직 미래의 때 곧 주님의 재림의 때에야 완성되어질 것임을 강력하게 반복해서 주장한다(고전 1:5-8; 3:13-15, 17; 4:5; 5:5; 6:13-14; 7:26-31; 11:26, 32; 15:24, 51-56).

그리스도의 몸과 다양한 지체들

고린도 교인들은 어떤 교회보다도 성령의 다양한 은사들을 더 풍성히 경험하게 되었지만, 그 은사들로 말미암는 엘리티즘과 다른 연약한 성도들에 대한 경멸을 통해서 교회의 분열을 초래하는 결과를 낳게 되었다. 이것은 바울의 입장에서 간과할 수 없는 중요한 문제였다. 왜냐하면 첫째, 이 분열은 그리스도의 몸된 교회를 파괴하는 결과를 초래하며, 둘째, 그리스도의 몸의 파괴는 그 몸을 세우기 위해서 성령의 은사들을 선물로 주신 성령의 의도와 정면으로 대치되기 때문이다.

바울은 고린도전서에서 고린도 교인들로 구성된 교회를 "하나님의 성전"이라 부르고 있는데, 이는 하나님의 성령이 그들 가운데 거하고 있기 때문이다(고전 3:16-17). 하나님의 성전을 파괴하는 자마다 하나님에 의하여 멸망당할 것이라고 바울은 엄중히 경고한다(고전 3:17). 이 경고는 자신들의 비도덕적인 행위를 통해서 자신들의 몸 곧 하나님의 성전을 더럽히고 있는 일부 고린도 교인들에 대한 경고인 동시에, 덜 "신령한 성도들"을 무시함으로써 하나님의 전을 쪼개고 있는 자들에 대한 경고이기도 하다.

또한 하나님의 성전인 교회를 바울은 "그리스도의 몸"(고전 11:29; 12:12-26)이라고 부르기도 한다.[410] 왜냐하면 고린도 교인들이 성령으로 세례를 받음으로 말미암아 그리스도의 몸에 연합되어져 한 몸을 구성하게 되었기 때문이다(고전 12:13). 성령이 동시에 하나님의 영이요 그리스도의 영이라는 사실은 그 성령이 거하고 있는 성도들의 몸이, 그리고 성도들의 연합이 하나님의 성전인 동시에 그리스도의 몸이 됨을 말하여 준다. 하나님의 성전은 거룩하여야 하고, 그리스도의 몸은 모든 지체들이 다 건강해야 한다. 고린도 교인들이 그리스도의 몸이라는 사실은 그리스도의 십자가의 복음이 그들이 현재 누리고 있는 모든 성령의 은사들을 포함한 그들의 정체성과 신앙 행위 전체를 결정하고 설명하는 가장 결정적인 요소라는 것이다.

그리스도의 몸의 특징은, 바울에 따르면, 크게 두 가지로 나누어진다. 첫 번째는 그리스도의 몸은 다양한 지체들이 공통적으로 경험한 동일한 한 성령에 대한 체험을 근거로 한다. 따라서 고린도 교인들은 자신들의 다양한 차이점들에도 불구하고, 자신들이 공통적으로 경험한 성령의 은사들을 통하여 자신들 가운데서 한 몸됨의 연합을 이루기 위해서 노력해야 한다. 그들이 유대인이든 헬라인이든, 자유인이든 노예이든, 남자든 여자든, 그리고 영적인 자들이든 덜 영적인 자들이든, 그들은 다 그리스도의 한 몸됨을 인하여서 그 몸의 하나됨을 더욱더 견고하게 세워가야 할 의무가 있다. 이 한 몸됨을 위해서 특히 엘리티즘에 빠져 있는 영적인 고린도 교인들은 자신들보다 덜 영적으로 보이는 자들을 열등한 지체들로 무시하는 죄를 범하지 말아야 한다(고전 12:21). 대신 영적인 교인들은 덜 영적인 교인들을 섬기고 세워주어야 할 책임하에 있음을 깨달아야 한다.

두 번째는 그리스도의 몸으로서의 하나됨은 각 구성원들의 다양성을 없애는 것이 아니라, 오히려 그 다양성을 강조함으로써만 이루어진다는 것이다(고전 12:15-20). 건강한 몸은 다양한 지체들, 특히 건강하게 제 기능을 담당하는 여러 지체들을 통해서만 만들어진다. 어떤 사람의 몸이 오직 발만 가지고 있거나 혹은 머리만 가지고 있다면, 그 몸은 정상적인 몸이 아니라 괴물이 되는 것이다. 마찬가지로, 그리스도의 몸이 오직 '영적인 머리들'로만 구성되어 있다면 혹은 '영적인 입'로들만 구성되어 있다면, 그 몸은 결코 건강한 몸으로 간주될 수 없는 것이다. 이런 측면에서, 자신들이 소유한 한 가지 은사를 다른 모든 은사들보다도 더 귀한 것으로 간주하며, 자신들을 그리스도의 몸의 가장 귀한 지체들로 높이는 행위는 성령이 허락하신 은사들의 다양성을 파괴하게 되고 그 다양성을 통해서 이루어가야 할 한 몸됨(unity)을 이루지 못하게 한다.[411]

마치 이렇게 다양한 몸의 부분들이 자신들의 다양한 기능들을 통하여 정상적인 한 몸을 구성하고 있듯이, 성령은 다양한 교회의 지체들에게 다양한 은사들을 주셔서 그리스도의 몸을 건강하게 세워가고자 하신다(고전 12:4-7). 성령은 교회에 다양한 사역자들을 세우셨는데, 그들은 사도요, 선지자들이요, 선생들이다(고전 12:28). 성령은 또 다양한 은사들을 교회에 허락하였는데, 이 은사들은 기적들, 치료들, 구제들, 행정들, 방언들, 그리고 통역들이다(고전 12:28-30). 그러나 강한 지체이든지 약한 지체이든지 간에 모든 지체들이 다 제 기능을 발휘하는 것이 건강한 몸을 위해서 꼭 필요하듯이, "신령한" 지체 그리고 "덜 신령한" 지체들의 다양한 은사들은 그 은사들의 높고 낮음에 상관없이, 건강한 그리스도의 몸을 위해서 다 필요한 것들이다. 성령에 의해서 주어진 모든 은사들은 그리스도의 몸을 건강하게 세우기 위하여 주어진 하나님의 선물들이므로, 하나도 소중하지 않은 것이 없고, 덜 영적이거나 더 영적인 구분은 전혀 무의미하다(고전 10:23; 13:1-13; 14:1-33).

성령에 의하여 주어진 다양한 은사들은 그리스도의 한 몸됨을 유지하고, 그 몸을 세워나가기 위하여 주어진 것이다. 이런 측면에서, 자신들을 영적인 자들로 간주하면서 덜 영적인 자들을 무시하는 신령한 고린도 교인들은 사실은 은사들을 주신 성령의 뜻과는 전혀 반대로 사는 육적인 자들인 것이다. 바울은 "천사의 방언"을 말하면서 자신들이 이미 천사와 같은 영적인 존재가 되었다고 주장하는 고린도 교인들을 향하여 예배 중에 무질서하게 행해지는 이들의 방언을 금하고 있다. 이는 통역이 없는 방언은 교회를 세우는 것이 아니라 자기 자신만을 '사람들 앞에서' 세우는 기능을 하고 있기 때문이다(고전 14:3-5). 사랑이 가장 큰 은사인 이유는, 그리고 모든 은사들이 사랑으로 덧입혀져야 하는 이유는 사랑이야말로 모든 은사들로 하여금 다른 지체들을 세워주게 하는 성령의 참된 의도를 성취할 수 있게 해주기 때문이다. 그리고 바울이 예언의 은사를 방언보다도 더 격려하고 있는 이유는 예언이 교회 곧 그리스도의 몸의 여러 구성원들을 격려하며 세워주는 역할에 탁월한 효과가 있기 때문이다. 여기서 우리는 성령으로부터 온 은사들의 진위성의 기준은 그 은사들이 다른 지체들을 격려하고 세워주어 그리스도의 몸을 온전케 하고 있느냐의 여부임을 알 수 있다.[412] 설혹, 성령으로부터 온 참된 은사라 할지라도 자신의 개인적인 욕심을 위하여 사용되어진다면 이것은 성령을 모독하는 행위이며, 성령을 모독하는 죄는 결코 용서받을 수 없는 죄임을 기억해야 한다(막 3:29).

다양한 성령의 은사들

초대 교회는 교회사에 기록된 그 어떤 교회들보다도 더 많은 성령의 은사들을 경험하였음에는 의심의 여지가 없다. 어떤 교회가 예루살렘의 첫 교회가 경험한 것처럼 하루에 3천 명씩 회개하는 성령의 강력한 능력을 경험하여 보았는가? 바울의 서신서들과 누가의 기록들에서 보여지고 있듯이, 성령의 현저한 은사들은 초대 교회 성도들이 공통적으로, 그리고 보편적으로 경험한 성령의 강력한 나타남(manifestation)의 결과물이었다(cf. 살전 5:19-22; 고전 12:7-11). 사도 바울은 결코 이러한 성령의 은사들이 무엇인가에 대해서 자신의 교회들에게 자세히 설명하려 하지 않고, 단지 어떻게 성령의 은사들을 바르게 사용해야 하는지에 대해서만 설명하고 있다. 이 사실은 역으로 성령의 다양한 은사들은 그의 교회들이 공통적으로 체험한 공유된 경험이었음을 증명하여 준다. 그들에게 있어서 성령 체험은 성도들의 삶의 시작부터 끝까지 모든 영역에 걸쳐서 영향을 미치는 역동적인 사건이며, 단순히 믿음으로 동의해야 할 교리가 아니었다. 그들의 성령 체험은 본질적으로 능력 있게, 그리고 현저하게 경험된 사건이었다. 이러한 다양한 성령의 은사들에 대해서는 이미 많은 연구가 되어졌으므로, 본 저자는 여기서 고린도 교회와 현대 교회들에게 가장 논란이 되고 있는 몇 가지 은사들에 대해서만 촛점을 맞추어 설명해 보고자 한다.[413]

성령의 은사들에 대한 성령의 뜻과 안수를 통한 전이 현상(impartation)

성령의 뜻(고전 12:11)

바울은, 로마서 12장 3-13절 이외에, 고린도전서 12장에서 성령의 은사들(τῶν πνευματικῶν, 2절)에 관한 자세한 목록을 제시하고 있다. 바울은 다양한 성령의 은사들을 "동일한 성령으로부터 온 선물들"(χάρισμα, 4절), "동일한 주로부터 온 사역들"(διακονία, 5절), 그리고 "동일한 하나님으로부터 온 일들"(ἐνέργημα, 6절) 이라고 부르고 있으며, 대략 아홉 가지 정도를 언급하고 있다(8-10절). 성령의 은사들은 지혜의 말씀, 지식의 말씀, 믿음, 치료, 기적들, 예언, 영분별, 방언들, 그리고 통역들이다. 위의 세 가지 표현들은 성령의 은사들에 있어서 성부와 성자와 성령이 다 함께 관여하고 있다는 놀라운 사실을 우리에게 말해주고 있다. 다시 말하면, 성령의 은사들은 단지 성령에 의하여 독립적으로 주어진 무작위의 선물들이 아니라, 그리스도를 통하여 이루어지고 성령을 통하여 계속되어지는 하나님의 구원 사역의 중요한 부분을 구성하고 있다는 것이다. 또한 이 세 가지 성령의 은사들에 대한 표현 이면에는, 성부와 성자와 성령의 신적인 의지들 간에 완전한 조화가 이루어지고 있음을 알 수 있다.[414] 이는 독자들로 하여금 요한이 자신의 복음서에서 표현하고 있는 구원의 경륜에 있어서의 세 분간의 뜻의 조화, 곧 성자는 성부의 뜻을 알고 그를 영화롭게 하며 성령은 성자의 뜻을 알아 그를 영화롭게 한다는 것을 생각나게 한다.

바울은 때로는 성령의 은사들을 소유한 사역자들을(사도, 예언자, 선생 등), 또 때로는 성령의 은사들 자체를(치료, 예언, 믿음, 방언 등) 언급하면서 성령의 은사들에 대해서 설명하고 있다. 성령의 은사들의 특징은, 첫째, 은사를 받는 사람들의 신분 여하에 상관없이, 오직 성령이 자신의 거룩한 뜻을 따라 은혜로 주신다는 것이다(고전 12:11). 물론, 성령의 은사들을 사모하며 오랫동안 간구하는 자들이 그 은사들을 받게 될 가능성은 훨씬 많다고 할 수 있다. 그럼에도 불구하고, 성령의 의지가 성도들의 믿음이나, 자격이나, 필요와 어떠한 상관관계가 있는지는 오직 성령님만이 아신다. 고린도 교회 교인들의 경우, 바울이 고린도전서 12장 1-3절에서 언급하고 있듯이, 그들이 성령의 은사들을 사모하거나 혹은 바울에 의해서 안수 받았기 때문에 성령의 은사들이 주어진 것이 아니라, 그들이 이방인으로서의 삶의 행태를 떠나 바울의 복음을 받아들여 "예수를 주라 고백"할 때 성령이 선물로 여러 가지 은사들을 나누어 주셨다고 한다.

둘째, 성령의 은사들은 오직 그리스도의 몸을 세우고자 하시는 성령의 거룩한 뜻을 위하여 주어졌다(고전 12:7, 25). 다시 말하면, 발은 걸음으로써 몸을 건강하게 하고 입은 음식을 먹음으로써 몸에 영향을 공급하듯이, 여러 가지 은사들을 통해서 성도들은 그리스도의 몸 전체 곧 교회를 건강하게 해야 한다는 것이다. 현재 한국 교회들은 수많은 은사 운동들로 넘쳐나고 있으나, 은사 운동을 하시는 분들이 얼마나 자주 위의 평범한 사실에 대해서 무지하거나, 혹은 침묵하고 있는지 참으로 안타깝다. 우리가 받는 치료를 통해서, 혹은 보게 된 예언을 통해서, 혹은 말하게 된 방언을 통해서 우리는 우리가 속한 그리스도의 몸인 교회에 어떠한 영적인 유익을 가져다 주었는지에 대해서 계속해서 질문해 보아야 한다. 우리는 성령의 은사들을 잘못 사용함으로써 교회의 분열을 가져오는 실수를 범하여 성령을 근심케 하는 죄악을 범하고 있지는 않는가? 또한 우리는 성령의 은사들을 소유하고자 하는 우리의 동기들이 얼마나 심각하게 자기 사랑과 밀착되어 있는지에 대해서도 심각하게 고민해 보아야 한다. 아담이 자신의 욕구를 만족시키기 위하여 하나님의 명령도 거역하였듯이, 아담에게 속한 우리들의 옛 본성은 성령님을 이용하여서라도 우리들의 개인적인 욕구들을 만족시키려 한다는 사실을 항상 기억해야 한다.

안수를 통한 성령의 기름 부음 혹은 은사들의 전이 현상

최근에 은사 운동을 주관해오신 분들 중 어떤 이들은, 자신들의 안수를 통해서 성령의 기름 부음이 혹은 방언과 같은 성령의 은사들이 다른 사람에게 전이되어질 수 있다고 주장한다. 이들의 주장에 따르면, 자신들에 의하여 안수를 받은 사람들도 자신들과 같이 성령의 기름 부음을 맛보게 되고, 자신들과 동일한 은사들을 소유하게 되며, 나아가 다른 사람들에게 동일한 방식으로 성령의 기름 부음을 전이시킬 수 있는 능력을 소유하게 된다고 한다. 흥미로운 사실은, 바울은 자신의 서신서 어느 곳에서도 안수를 통한 성령의 전이 현상에 대해서 설명하고 있지 않다는 것이다. 반면에, 사도행전에서 바울은 아나니아의 안수를 통하여 성령 충만을 경험하게 되고(행 9:17), 또 자신의 안수를 통해서 에베소 제자들로 하여금 성령 충만을 경험하게 한다(행 19:6). 그러나 우리가 기억해야 할 사실은 바울과 아나니아가 성령의 도구가 되어 성령이 일하시는 통로가 되었다는 것이지, 그들이 결코 성령의 주가 되어 성령을 부리지 않았다는 것이다.

복음서의 기록에 따르면, 예수님은 안수를 통해서 많은 병자들을 고치셨다. 이 기록들에서 우리는 예수님의 안수를 통해서 하나님의 능력 곧 성령이 흘러가는 것을 볼 수 있다(막 5:28f.).[415] 제자들의 경우도 안수를 통해서 많은 치료를 행하게 되었는데(행 5:12; 9:12, 17; 14:3; 19:11; 28:8), 그들은 그 치료 과정 속에서 항상 예수님의 이름을 먼저 외쳤다. 이는 그들이 안수하는 자신들의 손이 아니라, 오직 예수님의 이름에 진정한 하나님의 치료의 능력이 거하고 있음을 잘 알았기 때문이다. 예수님이 이 땅에 살아 계실 때, 예수님은 12제자들과 70명의 전도단을 부르사 그들로 하여금 하나님의 복음을 선포하며 귀신을 쫓아낼 수 있는 권세를 주셨다(막 3:13-15; 눅 10:19). 그러나 복음서 기자들은 이 사건들에서 예수님의 안수에 대해서 침묵하고 있다. 흥미롭게도, 주님은 70명의 전도단에게 그들이 귀신을 쫓아내었음으로 기뻐하지 말고, 대신 그들의 이름이 하늘에 기록되어져 있음을 인하여 기뻐하라고 한다(눅 10:20). 한국 교회 성도들은 자신들이 받은 성령의 은사들 때문에 기뻐하는 것이 아니라, 자신들의 이름이 하늘의 생명책에 기록되어 있기 때문에 기뻐해야 하지 않을까?

성령과 연관된 제자들의 안수에 대해서 우리는 두 가지 다른 현상을 보게 된다. 첫 번째는 대부분의 경우 안수와 상관없이 성령이 제자들에게 찾아오시는데, 이때 반드시 그리스도의 복음에 관한 선포에 따른 결과로 성령이 오게 된다는 것이다. 오순절의 성령을 경험한 당일 날, 베드로는 담대히 일어나 자신들이 경험하고 있는 성령세례에 대해서 몰려든 군중들에게 선포하기 시작하였다. 베드로에 따르면, 부활하신 후 성령의 주가 되신 주님이 친히 아버지로부터 이 약속의 성령을 선물로 받아 자신의 제자들에게 부어주셨다고 한다. 베드로는 둘러선 청중들에게 그들도 동일하게 성령을 경험할 수 있는데, 이 성령의 선물은 자신의 안수를 통해서가 아니라, 오직 회개하고 자신들의 죄를 위하여 예수의 이름으로 세례받을 때 주어진다고 한다(행 2:38). 마찬가지로, 베드로가 성령에 이끌리어 고넬료와 그의 가족들과 친구들에게 복음의 말씀을 선포할 때, 성령의 선물이 이방인들에게 임하였다. 베드로의 안수를 통해서가 아니라, 베드로의 복음의 전파에 동반된 성령의 기름 부음의 결과로 이방인들은 방언을 말하며 하나님을 높이기 시작하였다(행 10:46).

신약에서는 오직 세 곳에서 안수와 성령이 연관되어 나타난다. 한 번은 베드로에 의해서, 다른 한 번은 아나니아에 의해서, 또 다른 한 번은 바울에 의해서(행 8:17; 9:17; 19:6)이다. 누가는 사도행전 8장에서 빌립의 전도를 받고 회심한 사마리아인들에 대해 이야기해 준다. 비록 유대인들에 의하여 "개만도 못한 존재들"로 취급받던 사마리아인들이 복음을 듣고 회개하여 물세례를 받았으나, 그들은 아직 성령세례를 받지 못하였다(행 8:12-16). 이에 예루살렘 교회는 베드로와 요한을 보내어, 그들로 하여금 사마리아인들이 성령세례를 체험하도록 그들을 위해서 기도하게 하였다. 이 기도 후, 베드로와 요한이 사마리아인들의 머리에 손을 얹자 그들에게 성령이 임하기 시작하였다(행 8:17).

누가는 이 사건을 통하여 두 가지 의미를 전달하고 있다. 첫 번째는 복음은, 주님이 예언하신 것처럼, 유대 땅을 넘어 사마리아로 넘어가 온 세상으로 퍼져가야 한다는 것이다. 이에 사마리안들을 전통적으로 미워하던 유대인 출신 사도들로 하여금 자신들의 선입관을 극복하고 그들에게 성령이 임하도록 기도하게 하였고, 또 성령이 그들에게 임하는 것을 보면서 유대인 그리스도인들은 하나님이 사마리아인들도 자신의 백성으로 받으셨음을 알게 하셨다는 것이다. 여기서 누가가 강조하는 것은 사람의 안수를 통하여 성령이 전이된다는 사실 그 자체가 아니라-물론 성령이 사도들을 자신의 도구로 사용하였음은 의심의 여지가 없다-, 성령의 선물은 사람들이 세워놓은 편견의 장벽을 뛰어넘어 하나님의 나라를 확장해 가시는 하나님의 의지를 잘 표현해 주고 있다는 것이다.

두 번째는 빌립의 복음 전파에 믿음을 가지고 그와 동행하였던 시몬이라는 마술사는 자신도 사도들처럼 안수함으로 성령을 나눠주는 능력을 받기 원했다(행 8:19). 시몬은 "하나님의 큰 능력"이라는 별명을 가질 정도로 마술에 능하였고, 능력을 과시하는 일에 아주 관심이 많았다(행 8:10). 그는 베드로에게 자신의 돈을 주면서, 안수하여 성령을 전이하는 능력을 얻고자 하였다. 그러나 베드로는 그를 저주하면서 성령의 선물들은 돈으로 살 수 있는 것이 아니라고 한다. 그래서 그는 시몬이 갖기를 소원하는 곧 안수를 통하여 성령의 은사들을 전이하는 능력을 나누어주지 않았다. 여기서 베드로는 인간의 동기와 의지와 무관하게 성령은 자신의 의지를 따라 택하신 자들의 안수를 통해서만 역사하신다는 것을 잘 말하여 준다. 안수를 통한 전이를 행하고자 하는 안수 사역자들은, 먼저, 성령께서 그 일을 기뻐하시는지에 대해서 항상 기도하며 묻는 습관을 배워야 한다.

부활하신 예수님을 만나 회개하고 믿음에 이른 바울은 아나니아의 안수를 받고난 후 성령의 충만을 경험하게 된다. 여기서 우리는 분명히 아나니아의 손을 통해서 성령이 바울에게 흘러가게 되는 것을 목격하게 된다. 그러나 아나니아는 자신의 안수는 자신의 의지가 아니라, 주님의 뜻과 의지에 따른 순종의 행위라고 말한다(행 9:17).

또한 베드로의 사마리아 사건과 매우 유사하게, 바울이 에베소를 방문할 때 세례 요한의 제자 12명을 만나게 된다. 바울은 그들이 "믿고 난 후"에 제2의 축복으로서 성령을 받았느냐고 질문하지 않고, 그들이 "믿을 때"에 성령을 받았느냐고 질문한다(행 19:2). 성령에 대해서 들어보지도 못했으나 요한의 물세례는 받았다는 제자들의 대답에, 바울은 그들의 머리에 손을 얹고 안수하기 시작한다. 바울의 안수를 받은 에베소의 제자들은 성령을 받게 되고, 방언을 말하며 예언하기 시작한다. 이 사건은 안수를 통해서 성령의 기름 부음이, 그리고 성령의 은사들이 전이될 수 있다는 주장을 뒷받침해주고 있는 것 같다. 그럼에도 불구하고, 누가가 에베소에서의 바울의 안수 사건을 통해서 강조하고자 하는 점은, 첫째, 회개로 얻는 요한의 물세례는 그리스도의 성령세례에 의하여 온전하여 진다는 것이다. 둘째, 그들의 회심과 중생은 성령에 의한 세례에 의하여 완전하여 진다는 것이다. 물론 개인들이 믿을 때 경험하는 성령 체험은 에베소 제자들처럼 강력한 것일 수도 있고, 그렇지 않을 수도 있다. 성령 체험의 가장 결정적인 증거는 바로 하나님을 "아바, 아버지"라고 부를 수 있느냐의 여부이다(롬 8:15; 갈 4:6).

결론적으로, 안수를 통하여 성도들에게 은사가 전이된다는 믿음은 전혀 성경적으로 틀린 주장은 아니다. 그러나 이 생각에는 약간의 주의가 필요하다. 첫째는 신약 성경에서 오직 세 번 나타나는 안수를 통한 성령의 주어짐은, 세 번의 경우에서 공통적으로, 처음 복음을 접하고 믿게 된 사마리아인들과 바울과 이방인들을 서로 구분하여 배척했던 자들과 화목케 하는 기능이 있었다는 것이다. 서로 반목하고 분리되었던 자들을 하나님께서 한 백성으로 모아주셨다는 상징적인 의미가 강하다는 것이다. 이 세 가지 본문들을 이미 중생하여 구원받은 성도들에게 단순히 더 많은 성령의 능력을 체험하게 하고자, 혹은 은사들을 전이시키고자 안수하는 행위의 근거로 사용하는 것에는 약간의 해석학적 무리가 있을 수 있다.

둘째는 이 세 가지 경우에서조차도 하나님은 성령을 통하여 이들을 구원하고자 하는 의도를 사도들에게 먼저 분명히 보여주셨다. 다시 말하면, 성령의 기쁘신 의도가 사도들의 안수 이전에 분명히 존재하고 있었다는 것이다. 따라서 현대 은사 사역자들은 자신들의 안수를 통하여서 성령께서 은사들을 안수받는 자들에게 전이시켜 주시기를 원하시는지 먼저 성령님께 물어보아야 한다. 성령은 우리들이 마음대로 부릴수 있는 단순한 능력이 아니라, 오직 자신의 신적인 뜻을 위해서 우리를 사용하시는 인격체이시다(고전 12:11). 본 저자는 성도들의 안수를 통해서 병도 낫고, 방언도 말하게 되고, 다양한 성령의 은사들이 교회 가운데서 나타날 수 있다고 믿는다. 따라서 야고보의 권면을 따라, 성도들이 아픈 자들을 위해서 안수하며 기도하기를 힘써야 한다. 그럼에도 불구하고, 우리가 성령의 주로서 성령을 부리는 것이 아니라, 성령이 우리들의 주로서 우리를 자신의 도구들로 사용할 때에만 이런 일들이 가능하다는 것을 항상 명심해야 한다.

예언

고린도전서 14장에서 바울은 특히 예언과 방언을 서로 비교하면서 설명해 주고 있다. 바울은 고린도 교인들로 하여금 "완전한 것"이 오기 전까지는 성령의 은사들을 강렬히 사모해야 하는데, 특히 예언을 사모하라고 한다(고전 14:1). 바울이 말한 "완전한 것"(고전 13:10)은 정경을 의미하기에 모든 성령의 은사들이 정경이 오기 전 사도 시대에만 국한된 것이라는 은사 중지론자들은 위에서 언급된 바울의 권면을 어떻게 이해해야 할까? 물론 위의 말씀을 현대 성도들에게는 더 이상 해당되지 않는 이미 폐기된 약속으로 간주할 수도 있다. 그러나 대부분의 신약 학자들과 주석가들이 동의하고 있듯이, "완전한 것"은 주님의 재림을 의미하므로, 성도들은 "모든" 성령의 은사들을 계속해서 사모해야 한다. 그럼에도 불구하고, 바울은 여기서 왜 그토록 예언을 말하는 것을 격려하는 동시에, 교회에서 방언으로 말하는 것에 대해서는 거듭해서 금하고 있는 것일까? 우리는 이 질문에 대해서 여러 가지 각도에서 생각해 볼 수 있겠으나, 바울이 거듭해서 강조하는 "교회를 세워주는 역할"을 하는 성령의 은사의 본질에 비추어 예언과 방언의 기능을 살펴보아야 한다.

예언의 은사는 정확히 무엇을 의미하는가?[416]

일부 학자들은 예언의 은사를 성령으로 영감받아 하나님의 말씀 특히 복음을 설교하는 것과 연관시키고 있다.[417] 이 의견은 성경이 예언을 통하여 주어졌다는 사실과 동시에 정경화의 과정이 끝났다는 것을 전제로 한다. 그러나 이 의견은 바울이 고린도전서 14장 3절, 24-25절, 그리고 30절에서 설명하고 있는 예언의 기능, 곧 "마음의 숨겨진 비밀들을 계시하여"(ἀποκαλύπτω, 30절) 하나님께 영광 돌리고, 성도들을 권면하고 세워주며 격려하는 기능을 잘 설명하지 못한다. 예언의 은사를 설교와 연관시켜 이해하는 것은 기적에 대해서 소극적인 서구 교회들의 영성을 잘 대변하여 준다. 그러나 우리는 사도행전에서 빌립의 네 명의 딸들과 아가보와 바울 같은 많은 예언자들이 1세기에 활동하고 있었던 것을 기억해야 한다.

구약과 중간기의 유대인들의 전통에서 예언은 하나님이 선지자/예언자들을 통해서 이스라엘의 특별한 상황들에 대한 자신의 "의지"를 계시하여 주는 것을 의미한다.[418] 이렇게 계시된 하나님의 의지는 때론 그들의 죄에 대한 심판을 담고 있었고, 또 때론 미래에 있을 하나님의 구원에 관한 선포를 담고 있었다. 여기서 선지자/예언자들은 이스라엘을 위한 하나님의 계시의 대변자로서의 기능을 담당하게 된다.

구약의 예언 전통과 유사하게, 신약 성경 중에서도 특히 누가는 바울을 포함한 많은 예언자들의 활동을 두드러지게 묘사하고 있다. 신약 성경에 따르면, 예언들은 "하나님이 주시는 확신의 말씀"(행 18:9; 23:11; 27:23-24), "금지의 말씀"(행 1:2; 21:4), "구원과 심판의 선포"(행 13:9-11; 계 14:13; 19:9), "확증의 말씀"(행 9:15), "종말에 대한 예언"(막 13; 롬 11:25-26) 등을 포함하고 있다.[419] 바울 자신도 스스로에 대해서 예언하기를, 자신이 에베소 감옥에서 풀려나와 복음을 계속 전하게 될 것과(빌 1:25), 복음 때문에 많은 환난을 겪을 것에 대해서 알려 준다(살전 3:3). 이러한 신약 성경의 예들에서 보여지고 있듯이, 예언의 은사를 통해서 성령은 교회와 성도들의 특별한 상황들에 대한 하나님의 시각을 계시해 주고, 그 상황들에 대한 하나님의 목회적인 인도를 나타내어 주신다.[420] 바울은 예언자들을 사도들의 권위 아래, 그리고 선생들 위에 위치시키고 있다(고전 12:28).

사도들은 이 땅에서 살아계시던 예수님에 의하여 혹은 부활하신 예수님을 직접 만나고, 그 예수님에 의하여 친히 택함받고 보냄받은 자들을 지칭한다. 이 사도들은 여러 가지 초대 교회의 사도적 전통을 통하여 교회를 세우고 치리하는 책임을 맡고 있다(고전 15:1-11). 물론 바울에게 있어서 사도직은 열두 사도를 넘어서 자신과 주님의 형제 야고보를 포함하는 광의의 개념이었다. 그러나 바울과 야고보와 열두 사도들의 순교 후, 초대 교회 교부들은 아무도 자신들을 사도라고 부르지 않았다. 2세기에 교부들이 교회의 정경을 결정할 때, 그들은 사도들과 그들의 제자들 곧 마가와 누가에 의하여 쓰여진 책들만을 선별하였다. 비록 헤르마스 목자(Shephard of Hermas)는 사도들의 책들만큼 인기가 있었으나, 그 저자가 자신들의 동시대 사람이라는 이유로 정경에 포함되지 않았다.[421] 신사도 운동을 주장하는 분들 혹은 자신들을 사도적이라고 주장하시는 분들은 부활하신 주님을 직접 만났는지, 다시 교회를 세우라는 교회의 반석으로서 주님의 사도직으로의 부르심을 주님으로부터 직접 받았는지에 대해서 스스로 정직하게 질문해 보아야 한다.

고린도전서 14장 24-25절에서, 그리고 30절에서 바울은 예언의 은사들을 통해서 사람들의 마음속 깊은 비밀들이 드러난다고 한다. 때론 그 비밀들이 숨겨진 죄악들일 수 있고, 때론 자신들만이 알고 있는 인생의 큰 문제들일 수도 있으며, 또 때론 하나님이 교회들에게 원하시는 특별한 순종일 수도 있다. 요한복음 1장에서 우리는 나다나엘과 예수님의 흥미로운 대화에 대해서 듣는다. 나다나엘이 예수님께 다가가자, 예수님은 나다나엘에게 "네가 무화가 나무 아래 있을 때 내가 너를 보았다"(사역, 요 1:48)라고 말씀하신다. 나다나엘은 아마도 무화과나무 아래서 홀로 앉아 기도했거나, 어떤 이유에서인지 알 수 없지만 하나님을 간절히 찾았을 것이다. 나다나엘은 아무도 모르는 자신의 개인적인 삶의 영역에 대해서 이미 알고 계시는 예수님께 "당신은 진정으로 하나님의 아들이십니다"라고 고백한다. 또한 요한복음 4장에서 예수님은 사마리아 여인과 대화하실 때, 그 여인이 현재 남편 없이 혼자 살고 있음에 대해서 언급하신다. 자신의 상황을 꿰뚫어 보시는 예수님께, 사마리아 여인은 예수님이 선지자라고 고백한다.

이런 측면에서, 피터 와그너나 손기철 장로가 주장하는 "지식의 말씀"은 사람들의 숨겨진 죄악이나 현재의 상태 혹은 그들에 대한 하나님의 뜻을 계시하고 있다는 측면에서 "예언의 말씀"으로 불려지는 것이 더 타당하다. 이러한 예언의 말씀들이 성령의 은사로서 초대 교회의 많은 성도들에게 주어져서 성도들의 삶과 교회에 하나님의 선하신 인도를 허락하신 것을 누가는 반복해서 증거하고 있다. 이러한 예언의 공동체적인 유익 때문에, 바울도 고린도 교회 성도들에게 예언의 은사를 방언보다 더 적극적으로 추구해야 할 성령의 은사로 권면하고 있다.

바울이 본 예언의 은사의 유익은 무엇인가?

본 저자는 수년 전 오랜 유학생활에 심신이 지쳐서 굉장히 힘들었던 때가 있었다. 그때 본 저자는 보스톤 광야에서 수년간 방황하는 길잃은 나그네라고 스스로에 대해서 생각하게 되었다. 지친 몸과 마음을 앓고 그해 여름 한국을 방문했을 때, 우연한 기회에 예언의 은사가 있으신 어떤 목사님을 만나게 되었고 그분의 기도를 받게 되었다. 그때 그분이 보신 여러 가지 예언의 환상 중에 제일 처음은 괴나리봇짐을 지고 하염없이 길을 걸어가고 있던 나그네의 뒷모습이었다. 그리고 곧 그 나그네의 앞모습이 본 저자의 얼굴과 일치한다고 말씀하셨다. 참고로, 본 저자는 스스로가 광야에서 떠도는 나그네 같다라는 생각을 아무에게도 이야기하지 않았다. 본 저자는 즉각적으로 깨닫기를, 나 혼자라고 생각했던 보스톤 광야에서 하나님이 나와 항상 함께 계셨다라는 강한 확신을 가지게 되었고, 그로 인하여 많은 마음의 위로를 받았던 기억이 있다. 물론 본 저자의 미래에 대한 많은 환상들에 대해서도 들었지만, 본 저자는 그것들이 과연 참된 예언인지에 대해서 확인하고자 묵묵히 인내하며 "호기심"을 가지고 기다리고 있는 중이다. 예언들의 진위성을 확인하는 가장 좋은 방법은 시간이 흘러서 그 예언들이 정말로 성취되어지는가를 확인하면 된다.

바울이 방언보다도 더 예언을 권면하는 이유는 예언의 은사가 사람들을 "세워주고, 격려하며, 위로해" 주기 때문이다(고전 14:3). 고린도전서 14장 24-25절에서 언급된 외부인들을 향한 예언의 경우는 그 예언의 말씀을 통해서 그들의 숨은 생각들, 혹은 숨겨진 죄악들이 드러나게 되었을 것이다. 이에 그 외부인들은 "진실로 너희 가운데 하나님이 계시다"라고 고백하면서 자신들의 죄를 자복하게 되었고, 이를 인하여 성도들은 자신들 가운데 살아 계신 하나님의 임재에 대한 큰 확신을 통하여 많은 은혜를 받게 되었다.

그러나 14장 3절에서의 예언의 기능은 좀 더 긍정적으로 묘사되어지고 있는데, 아마도 예언을 통해서 고난 가운데 처해 있던 고린도교회 성도들에게 하나님의 위로와 격려의 말씀들이 전달되었거나, 미래에 있을 하나님의 신적인 간섭에 대한 약속들이 예언의 형태로 계시되었던 것 같다(cf. 고전 14:30). 물론 바울은 우리들에게 더 이상의 자세한 정보를 제공해 주지는 않는다. 그러나 고린도 교인들에게 허락된 예언의 은사의 내용들이 무엇이었든지 간에 한 가지 분명한 사실은 그 예언의 은사를 통하여 성도들이 하나님으로부터 오는 "격려"와 "위로"를 경험하여 하나님을 향한 믿음 안에 굳게 "세워지는" 경험을 했다는 것이다. 이런 측면에서, 예언의 은사야말로 그리스도의 몸된 교회를 세우기 위하여 다양한 은사들을 허락하시는 성령의 의도에 가장 적합한 은사라고 바울은 주장하고 있다.

십자가의 복음에 대한 거부와 영적인 엘리티즘으로 인하여 교회의 분열을 초래한 고린도 교인들에게 바울은 예언의 은사의 가장 큰 유익은 교회를 세워주는 것이라고 한다. 그러나 본 저자가 생각하는 예언의 은사의 또 다른 큰 유익은 하나님이 시간의 제약을 넘어서 자신의 뜻대로 온 우주를 경영해 가신다는 사실을 알려주는 것이다. 특히 하나님이 미래에 대해서 예언을 허락하신다는 것은 그 예언의 내용들이 반드시 이루어진다는 전제하에서만 가능하다. 다시 말하면, 예언은 인간들의 불순종과 자유의지를 포함한 수많은 다양한 예측할 수 없는 요인들에도 불구하고, 하나님이 자신이 약속하시고 보여주신 것들을 반드시 이루신다는 측면에서, 하나님의 전지·전능하신 능력을 가장 잘 보여준다고 하겠다.

예언과 영분별

그러나 예언은 그 진위 여부를 가리기가 힘들다는 측면에서, 가장 악용되어지기 쉽다는 약점이 있다. 다른 사람이 예언한 것들이 참이고 거짓인지에 대해서는 시간이 흘러 그 예언들이 진실로 성취되는지를 따져보기 전에는 판단하기가 쉽지 않다. 따라서 바울은 "영분별의 은사"를 그 해결책으로 제시하고 있으며(διακρίσεις, 고전 12:10),

선지자들은 서로 다른 선지자들의 예언들에 대해서 진위성 여부를 검토하라고 권면받고 있다(διακρινέτωσαν, 고전 14:29; cf. 살전 5:20-21).422 왜냐하면 "예언자들의 영들은 예언자들에게 복종하기 때문이다"(고전 14:32).423

예언자들의 영들이 예언자들에게 복종한다는 말은, 긍정적인 측면에서, 여러 예언자들이 동시에 다발적으로 예언함으로써 혼란을 야기시키지 말고, 자신들의 영에서 나오는 예언들을 통제하여 한 번에 한 명씩 예언함으로써 교회의 질서를 회복하라는 말이다. 그러나 부정적인 측면에서는, 예언자들의 영에 있는 무의식적인 생각들 혹은 욕심들이 예언들에 영향을 줄 수 있으므로, 다른 예언자들이 그 예언을 듣고 참된 예언의 말씀을 인간적인 요소들로부터 구분해 내라는 의미도 있다. 바울은 고린도전서에서 예언자들 간에 상호 영분별을 행하라고 권고하는 반면에, 데살로니가전서 5장 20-21절에서는 온 교회가 그들 가운데 행해진 예언을 듣고 조심스럽게 예언의 내용들에 대해서 판단하라고 한다(cf. 빌 1:9-11). 영분별은 예언자들이 예언의 진위성을 가리기 위해서 행해야 할 은사적인 기능을 가지고 있는 동시에, 전 교회가 참여해서 참된 예언과 거짓된 예언을 구분해야 하는 교회 전체의 책임이라는 것이다.

안타깝게도, 이러한 바울의 영분별에 대한 권고는 현대 교회들에게 큰 도움이 되지 못한다. 왜냐하면 무엇을 근거로 해서 어떻게 판단하라는지에 대한 실질적인 지침들이 빠져 있기 때문이다. 제임스 던(James D.G. Dunn)은 여러 구약과 신약의 본문들을 분석한 후에 영분별의 근거로서 다음과 같은 사항들을 제시한다.424 첫 번째, 예언자의 성품이 중요하다. 다른 사람들에게 비윤리적인 행위들이나 죄를 권장하거나 자신의 사사로운 이익을 위해서 예언하는 자들은 거짓 예언자들이다(사 28:7; 렘 23:14; 미 3:5). 두 번째, 현재 계시되고 있는 예언의 말씀들이 이전에 계시된 권위 있는 예언들과 일치하고 있느냐의 여부이다. 예를 들어 바울은 고린도전서 12장 3절에서 주장하기를, 성령으로 말하는 자들은 예수를 저주받은 자라고 말하지 않고, 자신들의 주라고 고백한다는 것이다. 성경에 기록되고 교회에 전승된 사도들의 전통은 이후에 행해진 예언들의 진위성 여부에 관한 중요한 판단의 근거가 될 수 있다. 세 번째, 예언의 말씀이 공동체를 세워주느냐의 여부이다. 이것은 바울이 고린도전서 12-14장에서 말하고 있듯이, 모든 은사들은 다 공동체를 세우기 위하여 주어진 것이라는 보편적인 사실에 근거한다. 예언의 말씀이 공동체를 파괴하는 결과를 가져온다면, 그 말씀은 분명히 성령으로부터 오지 않았고, 대신 교회와 그리스도의 원수들로부터 왔을 가능성이 많다.

누가가 기록하고 있는 영분별의 실례와 하나님의 뜻

누가는 사도행전 21장에서 바울에 관한 아가보의 흥미로운 예언에 대해서 말해주고 있는데, 바울을 포함한 가이사랴에 있는 제자들이 어떻게 그 예언의 말씀을 판단해가는지에 대해서 한번 살펴보도록 하자. 예루살렘을 향한 여정 중에, 바울은 가이사랴에 들러 일곱 집사 중의 한 사람이요 뛰어난 복음전도자인 빌립을 방문하게 된다(행 21:8). 빌립에게는 네 명의 딸이 있었는데, 모두 다 처녀로서 예언하는 자들이었다(행 21:9). 바울이 빌립의 집에 머물며 제자들과 교제하는 동안, 유대 땅으로부터 아가보라 하는 예언자가 빌립의 집에 이르러 바울에 대한 예언의 말씀을 선포하기 시작한다. 아가보는 바울의 벨트를 취하여 자신의 손과 발을 묶고 말하기를, 예루살렘에서 유대인들이 이렇게 바울을 결박하여 이방인들의 손에 넘겨줄 것이라고 성령께서 자신에게 예언의 말씀을 주셨다고 한다(행 21:11).

그 예언의 말씀을 듣고 바울 주변에 몰려든 모든 제자들은 바울로 하여금 예루살렘에 가는 여정을 취소하라고 간청한다. 빌립의 집에 모여든 모든 제자들은 성령이 이 예언의 말씀을 주심으로써 바울로 하여금 그의 앞에 놓인 위험에 대해서 미리 알게 하시고, 그 위험을 피해가라는 경고의 의미로 해석한다. 사실 바울은 빌립이 사는 가이사랴로 오기 전 이미 두로라는 도시에서 다른 제자들을 통하여 동일한 성령의 예언의 말씀에 대해서 들었다(행 21:4). 바울은 어떻게 이 예언의 말씀에 반응하고, 또 어떤 과정을 통하여서 이 예언의 말씀을 분별하게 되는가?

흥미롭게도, 바울은 자신이 주 예수를 위하여 결박당할 뿐만 아니라, 기꺼이 죽을 준비가 되어 있다고 빌립의 집에 모인 모든 제자들에게 선포한다(행 21:13). 왜 바울은 성령이 명백하게 자신의 결박에 대해서 그렇게 수차례에 걸쳐서 예언의 말씀을 전해주고 있는데도 불구하고, 굳이 예루살렘으로 가서 순교자의 길을 맞이 하겠다고 하는가? 바울은 다른 예언자들로부터 자신의 고난에 대한 예언의 말씀을 듣기 전에, 이미 성령이 자신에게 직접 말씀하시는 자신의 고난과 핍박에 대한 예언의 말씀을 수차례에 걸쳐 들었기 때문이다(행 20:23). 바울은 오랜 묵상과 기도를 통해서 하나님의 뜻에 대해서 알기를 원하였고, 마침내 바울은 성령이 예루살렘에서 받을 자신의 고난에 대하여 계시해 주신 것은 그 고난을 피해가라는 말씀이 아니라, "하나님의 은혜의 복음"을 증거하면서 기꺼이 그 고난을 받아들이라는 것임을 깨닫게 되었다(행 20:24, 27). 성령이 바울과 제자들에게 예루살렘에서의 바울의 고난에 대한 동일한 예언의 말씀을 주었으나, 오직 바울만이 "하나님이 원하시는 뜻"이 무엇인지 물으며 기도했다는 것이다(행 21:14).

마치 겟세마네 동산에서 주님이 세 번 기도하신 후 십자가에 들어난 하나님의 뜻을 받아들이기로 결정하신 것처럼, 바울은 자신에 관하여 드러난 하나님의 뜻, 곧 복음을 위한 고난을 받아들이기로 마음에 결정하였다. 이에 바울은 에베소 장로들을 자신에게로 불러 모아 다시는 그들이 자신을 볼 수 없을 것이라고 말하면서(행 20:25), 자신을 대신하여 양들을 치는 일에 전념할 것을 권면한다(행 20:28-35). 가이사랴에서도 아가보의 예언을 듣고 자신을 말리는 제자들에게 바울은 주 예수 그리스도를 위하여 이미 죽기로 결정하였음을 알리며, 이것이 자신을 향한 하나님의 예정된 뜻임을 강력하게 선포한다(행 21:13). 예언자인 바울 자신의 해석과 예언자 아가보의 예언에 대해서 함께 고민하며 하나님의 뜻에 대해서 묻기 시작한 가이사랴에 있는 제자들은 결국 하나님의 뜻에 자신들의 뜻을 굴복해야 함을 깨닫게 되고, 하나님의 뜻이 이루어지기를 소원하며 바울을 보내는 아름다운 장면을 연출하게 된다(행 21:14-16). 바울의 고난에 대한 주님의 뜻은 바울이 부활하신 주님을 만나 회심을 경험할 때, 이미 아나니아와, 그리고 바울에게 명백하게 계시되었다(행 9:16). 바울은 과거에 명백하게 계시된 하나님의 뜻을 현재 자신이 경험하고 있는 예언의 말씀을 판단하는 근거로도 사용하였음을 우리는 잘 알 수 있다.

예언의 은사를 사모하라, 그리고 기도하라

본 저자는 고린도전서에서 바울이 말한 예언의 은사에 대한 권면을 아주 심각하게 받아들인다. 본 저자가 현재 출석하고 있는 교회에서도 한 집사님이 최근에 예언의 은사를 받게 되었다. 그분은 본 저자가 앞에서 언급한 예언의 은사를 가지신 목사님처럼 동일하게, 영화처럼 펼쳐지는 화면을 통해서 교회 성도들의 숨겨진 어려움과 미래에 행해질 하나님의 역사들에 대해서 보게 되었다. 그 집사님은 성령님의 인도에 따른 자연스런 만남을 통해서 그분들에게 자신이 받은 예언의 말씀들을 전하게 되었고, 많은 지체들이 자신들 가운데 살아 계시고 함께하시는 하나님의 임재에 대한 확실한 믿음을 가지게 되었다. 그분의 간증에 따르면, 자신의 예언의 말씀 중에 97%의 경우는 권면과 위로의 말씀이요, 3%는 회개와 책망의 말씀이었다고 한다.

그러나 우리는 예언의 말씀을 간구하고 사모하는 과정 속에서도, 위의 바울의 경우에서 잘 보여지고 있듯이, 항상 우리들을 향한 하나님의 뜻을 먼저 구하는 노력을 멈추지 말아야 한다. 왜냐하면 하나님은 오랜 기도와 묵상을 통하여 서서히 우리들의 마음을 움직이시기를 기뻐하시고, 우리가 하나님의 뜻에 대하여 간구하는 그 기도의 응답으로서 이러한 예언의 말씀들을 분명하게 우리의 귀에 들려주시기를 원하시기 때문이다. 하나님은 자신의 뜻에 대해서 알기를 소망하며 오랫동안 간구하고, 인내를 가지고 기다리는 성숙된 신앙을 소유한 자신의 자녀들을 특히 사랑하신다. 왜냐하면 인내는 하나님이 우리에게서 꼭 보시기 원하시는 중요한 신앙의 성품 중의 하나이기 때문이다(갈 5:22). 고린도전서에서 바울이 최고의 은사로 꼽는 사랑의 첫 번째 특징은 인내 곧 오래 참음이라고 말한 것은 결코 우연이 아니다(고전 13:4).

방언

한국 교회들은 몇년 전부터 방언의 열풍에 휩싸여 "하늘의 언어"를 통해서 "하나님의 심장"으로 직행하라고 권고 받고 있다. 일부는 이러한 권고를 죽은 교회의 영성을 깨우시는 성령의 음성으로 듣고 사모하는 마음으로 동참하고 있고, 또 다른 일부는 성도들이 지나치게 현상적인 은사들에 집착하는 것은 아닌지 염려하며 걱정스런 마음으로 지켜보고 있다. 자신들의 방언에 대한 의견이 무엇이든지 간에, 현재 한국 교회는 방언에 대한 성경적인 가르침에 목말라 하고 있다.

"천사의 방언"을 한다고 주장하는 고린도 교인들에게 공적인 예배에서의 방언을 금하고 있는 바울은 사적인 영역에서 자신들의 영을 세우기 위하여 행하는 방언 말하는 것을 금하지 말라고 한다. 그는 공적인 예배 시에는 통역하는 자가 있을 경우에만 방언을 말하라고 한다. 고린도전서의 독자들은 바울이 방언보다 예언을 훨씬 높이고 있다는 사실에 대해서는 의심의 여지가 없을 것이다. 그렇다면, 바울이 본 방언의 유익과 순기능은 무엇이고, 또 바울이 본 방언의 부작용과 역기능은 무엇이었을까? 그토록 방언이 바울에게 중요하였고 또 바울이 방언말하기를 즐겨하였다면, 왜 바울은 고린도전서를 제외한 자신의 다른 서신서들에서는 전혀 방언에 대해서 언급하고 있지 않는 것일까? 바울은 자신이 세운 모든 교회들이 방언에 대한 바른 이해를 가지고 바르게 사용하고 있다고 전제하고 있는 것일까? 아니면, 바울에게 있어서 방언은 그가 다루어야 할 수많은 교회의 문제점들과 선포해야 할 진리의 말씀들에 견주어 볼 때 너무나 사소한 문제였기 때문에, 그가 많은 서신들에서 방언에 대해서는 침묵하고 있는 것일까?

바울이 본 방언의 유익

바울은 방언을 말하는 자들이 방언을 통해서 사람들에게 말하지 않고, 하나님께만 말하고 있다고 한다. 왜냐하면 방언을 말하는 자는 자신의 영을 통하여 성령이 주시는 말을 따라 하나님의 "비밀"들에 대해서 말하기 때문이다(고전 14:2, 14-15). 또한 방언을 통해서 나의 영은 하나님을 축복하고 찬양하며 하나님께 감사드리기 때문이다(고전 14:16-17). 바울은 방언을 통해서 방언하는 자들이 스스로 세워짐을 입게 되는 것이 방언의 가장 큰 유익이라고 말한다(고전 14:4).

우리는 교회생활을 하면서 의외로 많은 성도들과 목사들이 방언을 말하고 있음에 놀라게 된다. 교회에서 평소에 같이 교제를 하고 식사를 나누시는 분들과 방언에 대해서 대화를 나누다 보면, 방언에 대한 몇 가지 공통된 체험들이 있음을 알게 된다. 이들 중 많은 것들이 바울이 설명하고 있는 방언의 유익과 일치하고 있다는 사실을 발견하게 된다. 첫 번째, 방언을 말하시는 분들 중 많은 분들은 방언 말하게 됨을 통하여 하나님과 더욱더 가까워진 신앙생활이 가능하게 되었다고 고백한다. 방언을 말함으로써 내 영이 성령님의 임재를 더 강하게 느끼게 되고, 외로울 때에도 내가 혼자가 아니라 하나님이 내 곁에 함께 계시다는 강한 임재 의식을 소유하게 된다. 두 번째, 이와 유사하게, 성도들이 신앙생활하면서 필연적으로 경험하게 되는 영적인 침체를 맞게 되었을 때, 방언으로 기도함으로써 영적인 침체에서 쉽게 빠져 나올 수 있었다고 말한다. 세 번째, 과거에 겪었던, 그리고 현재에 겪고 있는 마음의 깊은 상처들이 방언을 말하며 성령과 교제할 때 깨끗이 사라지게 되는 경험을 했다고 많이들 언급하신다. 네 번째, 특히 처음 방언을 말하게 되면서 하나님과의 깊은 기도의 교제로 들어가게 될 때, 어떤 분들은 깊은 회개와 죄를 통회하며 자복하게 되는 결과가 나타나고, 동시에 귀신을 보게 되거나 느끼게 되는 등 영적인 세계에 대한 각성된 인지 능력이 생기게 된다고 한다. 다섯 번째, 어떤 경우에는 방언을 하게 되면서 다른 은사들이 예를 들어 예언이나 신유와 같은 은사들이 동반되어 나타나는 경우도 많다(cf. 행 19:6). 저자가 아는 어떤 분들은 방언으로 기도하면서 예언을 보고, 방언으로 그 예언에 대해서 말한 후, 통변의 은사로 설명하시기도 한다. 여섯 번째, 언어로 기도할 때 몇 십분을 넘기지 못하던 기도생활이 방언으로 기도하면서 성령님께 자신들의 혀를 맞기게 될 때, 기도에 대한 부담이 사라지고 오래 기도할 수 있게 되었다고 한다.

결론적으로, 방언을 처음 말하게 된 많은 분들은 자신들의 영성이 더욱 개발되고, 하나님과의 관계가 깊이 회복되어지는 것을 보편적으로 경험하게 된다. 이것은 그들이 방언을 말할 때 그들의 영이 성령에 의하여 만지심을 입었기 때문이다. 어떤 분들은 방언을 말할 때 하나님의 강한 임재에 사로잡히기도 하고, 다른 분들은 시원한 느낌을 받기도 하고, 또 다른 분들은 아무런 느낌이 없다고들 한다. 또 경우에 따라서는, 한 사람이 이런 다양한 느낌들을 다양한 환경 속에서 번갈아가며 느끼기도 한다. 그러나 다른 한편으로는, 많은 분들이 자신들이 알아듣지 못하는 소리로 기도하는데서 오는 무력감에 쉽게 지치기도 하고, 말과 자신의 의식으로 기도하는 것에 비하여 경험되는 하나님의 임재가 상대적으로 덜하므로 방언 말하기를 그만두게 되는 경우도 많다. 이럴 때 아마도, 바울이 고린도전서 14장 15절에서 말하고 있듯이, 영으로 기도하며 동시에 마음으로 기도하기를 힘써야 하겠다.

본 저자는 위에서 언급된 여러 가지 방언의 유익들이, 한편으로는, "방언"으로 기도했기 때문에 발생한 것들이지만, 또 다른 한편으로는, 방언으로 "기도"하면서 "성령의 임재"를 체험하였기 때문에 발생한 것들은 아닐까 생각해 본다. 다시 말하면, 자신의 언어로 기도하면서 성령의 임재를 느끼고 하나님과 깊은 교제를 경험하게 될 때, 많은 성도들은 위의 방언의 기도의 유익들과 동일한 것들을 경험하게 되는 경우가 많다는 것이다. 하루에 한 시간씩 기도한다면, 방언으로 기도하든 자신의 언어로 기도하든지 상관없이, 성도들의 삶이 현저하게 달라지게 되며 하나님과의 회복된 관계를 분명히 경험하게 될 것이다. 성령이 다양한 은사들을 통해서 그리스도의 몸을 세우기를 원하시기에, 오직 특정한 한 가지 은사만 하나님과의 영적인 교제를 가능하게 한다는 식의 결론은 피해야 한다. 그럼에도 불구하고, 개인적인 신앙생활에서 방언 말하기를 힘쓰라는 바울의 권면은 지금도 여전히 유효한 것임은 틀림이 없다.

방언은 "하늘의 언어"인가?

많은 분들이 방언은 하늘의 언어인지, 아니면 단순히 인간의 언어인지에 대해서 궁금해 하신다. 바울은 고린도전서 13장 1절에서 "만약 내가 사람의 말(방언)과 천사의 말을 한다 할지라도"라고 하면서, 방언이 사람의 말일 수도 있고, 천사들의 말일 수도 있다는 가능성을 열어둔다. 위의 표현은 단순 가정법으로서, 일반적으로 사실일 수도 있고 아닐 수도 있는 것에 대해서 말할 때 사용되는 표현이다. 마치 내일 비가 올 수도 있고 안 올 수도 있을 때, 우리가 "만약 내일 비가 온다면"이라고 말하는 것과 유사하다. 가능성은 열려 있으나, 그 진위에 대해서는 전적으로 확신할 수 없다는 의미이다.

바울이 고린도전서 14장 8-11절에서 방언을 다양한 인간의 언어들과 비교하면서 논한다는 사실은 주목할 여지가 있다. 또한 누가가 기록하고 있듯이, 오순절날 성령을 받고 방언을 말하게 된 제자들은 분명히 각종 인간의 언어들로 하나님의 큰 일들을 이야기하게 되었고, 이의 결과로 세상 각처에서 모여든 사람들이 회개하고 구원받는 결과를 낳게 되었다(행 2).[425] 또 우리 주위에 방언하는 많은 분들과 대화를 하다 보면, 많은 분들이 자신들이 알아들을 수 없는 어떤 영적인 부호 혹은 신호라고 인식하면서 자신들의 방언들에 대해서 말씀하시거나, 아니면 방언을 통해서 자신이 모르는 외국어로 기도하는 것 같다고 고백하시는 분들이 많다. 방언은 우리들의 영이 만들어 내는 하나님이 이해하실 수 있는 특별한 신호나 기호들일 수 있다. 물론 이러한 경우는 성령이 우리의 혀를 주장하여 방언을 만들어 내었을 경우를 전제로 했을 때이다. 혹은 방언은 우리가 이해하지 못하는 외국어일 수도 있다.[426] 그것이 외국어이든 영혼이 만들어내는 기호이든, 방언을 말하는 자가 이해할 수 없는 말로 자신의 의지를 벗어나 성령의 인도하심을 따라 말하게 된다는 측면에서, 이 두 가지는 방언을 말하는 자에게 동일한 효과를 가져온다.

많은 분들이 궁금해하고 있는 질문에 대해서 한번 생각해 보자. 방언은 과연 "천사의 언어" 혹은 "하늘의 언어"인가? 본 저자의 대답은 "아니다"이다.[427] 바울이 13장 1절에서 "천사의 언어"를 언급하는 이유는, 고린도 교인들의 주장(자신들이 천사의 언어로 말한다)이 설혹 사실이라 할지라도, 사랑이 없으면 그것은 무익하다라는 것을 말하기 위해서이다. 또한 바울이 고린도전서 13장 1절에서 천사들의 언어를 가정법을 통해서 언급하고 있는데, 이 가정법적 표현은 사실에 대해서 선포하는 것이 아니라, 단순히 그 가능성에 대해서 언급하는 행위이다. 따라서 이 가정법적 표현은 바울이 방언을 통해서 천사들의 언어 혹은 하늘의 언어에 대해서 말하고 있다는 증거가 되지 못한다. 우리에게는 좀 더 명백한 증거가 필요하다.

바울은 13장 8-11절에서 우리는 현재 어린 아이 같이 알고 또 말하고 있는데, "온전한 것" 곧 주님의 재림의 때가 임하면 방언이나 예언이 그치게 된다고 한다. 주님의 재림의 때에 우리는 다 천사들과 같이 하나님의 나라에서 영원히 거하게 될 것이다. 만약 우리들이 말하는 방언이 하늘의 언어라면, 주님의 재림의 때에 방언이 그치는 것이 아니라, 대신에 하나님과 천사들을 포함한 우리 모두는 다 방언으로 말해야 하지 않을까? 만약 방언이 하늘의 언어로서 하나님이 천사들과 의사소통하시는 방법이라면, 왜 주님의 재림의 때에 곧 우리가 다 하늘에 거하게 될 때, 그 방언이 그치게 된다고 바울은 주장하고 있는 것일까? 우리가 말하는 방언은 하늘의 언어가 아니라, 우리가 이 땅에서 거하는 동안 "완전함에 이르지 못한" 영적인 아이들로서 영을 통하여 말하게 되는, 그러나 많은 영적인 유익을 가져오는, 특별한 인간의 언어들 혹은 영의 신호들인 것이다.

방언은 모든 사람에게 주어지는, 그리고 모든 성도들이 받아야 할 은사인가?

방언에 대해서 강조하고 있는 분들은 지식이 뛰어난 바울이 "누구보다도 더 방언을 잘 말하는 것을 인하여 하나님께 감사한다"는 사실과(고전 14:18), "모든 사람들이 다 방언 말하기를 원한다"(고전 14:5)는 말에 근거하여, 방언은 다른 은사들과 달리 모든 성도들이 "꼭" 받아야 하는 성령의 은사라고 주장한다. 특히 위에서 말한 여러 가지 방언을 통한 영적인 유익들에 대해 언급하면서, 성도들이 개인적으로 방언을 받고 영적으로 회복되어질 때 교회는 큰 부흥을 경험하게 된다고 주장한다.

본 저자는 방언의 영적인 유익들에 대해서 깊이 동감하면서, 더 많은 성도들이 방언을 말하게 됨으로써 하나님과 영적으로 회복된 관계를 소유하게 되기를 누구보다도 더 간절히 바란다. 개인의 영성이 회복되고 교회가 부흥할 수 있다면, 하나의 방언으로가 아니라 열 가지의 방언으로라도 말할 수 있게 되기를 위해서 간절히 기도할 것이다. 신학 공부를 위해서 아홉 가지의 언어를 읽을 수 있게 된 본 저자는 성령의 도움 없이 혼자 힘으로 방언(언어)을 배우고 말하는 것이 얼마나 어려운 것인지에 대해서 누구보다도 더 잘 알고 있다. 그러나 과연 방언은 다른 은사들과 달리 모든 성도들이 꼭 받아야 하는 은사일까?

흥미로운 사실은, 바울은 고린도전서 14장 5절에서 모든 사람들이 방언 말하기를 원한다고 하면서, 더욱더 그들이 예언을 말하기를 소원한다고 한다. 만약 일부가 주장하듯이, 여기서 바울이 모든 성도들이 반드시 방언을 받아야 함에 대해서 주장하고 있다면, 모든 성도들은 더욱더 예언으로 말할 수 있게 되어야 한다. 14장 18절에서 바울은 자신이 누구보다도 방언을 더 잘 말할 수 있게 된 것에 대해서 하나님께 감사하고 있다. 물론 이 말은 바울이 현재 방언으로 하나님께 기도하며 하나님을 찬양하는 일을 계속하고 있다는 것을 우리에게 알려준다. 그러나 바울은 곧이어 교회에서 수만 마디의 방언을 말하기보다, 깨달은 마음으로 다섯 마디의 말을 하겠다고 한다. 이 말은 방언을 누구보다도 더 많이 하는 바울은 방언의 유익과 더불어 방언의 분명한 제약을 잘 이해하고 있음을 우리에게 알려준다.

이미 바울은 고린도전서 12장 30절에서 너무도 분명하게 "모든 사람이 다 방언을 말하겠느냐?"라고 질문하면서, 다른 모든 은사들과 마찬가지로, 방언도 오직 "일부의 성도들"에게만 선물로 주어지는 성령의 은사라고 주장하였다. 고린도전서 12장에서 바울은 은사 사용에 있어서의 공적인 영역과 사적인 영역을 구분하지 않고 있고, 대신 성령의 은사들에 대한 일반적인 평가를 하고 있다. 이는 사도직이 공적인 예배 시에만 제한되는 은사가 아닌 것과 같은 원리이다. 물론 바울은 개인적으로 방언 말하는 것을 절대 금하지 않는다(고전 14:39). 그러나 예언은, 공적이든 개인적이든, 모든 성도들에게 적극적으로 권면하고 있는 반면에, 방언은 개인적인 영역에서만 허용하고 있다는 사실은 방언의 유익에 대한 바울의 태도가 상당히 제한적이라는 것을 말하여 준다. 최소한 예언의 은사와 비교해서는 그러하다는 것이다. 바울은 14장 39절과 12장 30절에서, 예배 시와 개인 기도 시에 따른 방언의 다른 사용법에 대하여 구분하여 논하고 있지 않다. 만약 12장이 예배 시의 방언에 대한 제한을 담고 있다면, 13장에서 권면되는 사랑도 오직 예배 시에만 구해야 할 은사가 되어 버린다. 바울은 위의 본문들에서 분명히 방언에 대한, 그리고 사랑에 대한 일반적인 평가와 권면을 하고 있다.[428] 오직 14장 6-38절만이 회중이 교회에 모여 예배드릴 때의 방언의 사용에 대한 구체적인 조언을 담고 있다.

어떤 성도들은 이런 질문을 할 수도 있겠다. 위에서 언급된 것처럼, 방언이 그토록 중요한 영적인 유익을 성도들의 삶에 가져온다면, 모두 방언을 받아야 하는 것이 아닐까요? 방언을 받지 않으면 영적으로 능력 있는 삶을 살 수 없을 것 같은데요? 만약 방언 받지 못했기 때문에 하나님의 임재를 경험하지 못하고 능력 있는 그리스도인의 삶을 살 수 없다면, 바울은 목숨걸고 방언받으라고 고린도전서뿐만 아니라, 그의 모든 서신서들을 방언으로 도배했을 것이다. 바울에 대해서 오랫동안 연구해온 본 저자의 견해로는 바울은 자신이 중요하다고 생각하는 것을 지키기 위해서는 죽음도 불사하는 특별한 "독종"이다. 그러나 바울은 다양한 은사들을 성령이 우리를 위해 준비해 두고 계시며, 각 사람에게 자신의 뜻을 따라 다양한 은사들을 주신다고 분명히 말하고 있다(고전 12:11). 오랫동안 기도 했어도 방언을 받지 못하였다면, 성령님은 당신에게 다른 은사를 주시고자 원하시기 때문이다. 성령님이 당신에게 방언을 주지 않으신 것은 성령님이 당신을 방언받은 김 집사나 박 권사보다도 덜 사랑하기 때문이 아니라, 당신이 성령의 능력으로 말미암아 기적을 행하거나, 혹은 예언을 말하거나, 혹은 말씀을 가르치거나, 혹은 봉사의 일들을 행하거나, 혹은 교회의 행정일을 하거나, 혹은 주차 봉사를 하거나, 혹은 점심 식사를 준비하게 함으로써 그리스도의 몸을 세우기를 원하시기 때문이다(고전 12:28).

본 저자에게는 말씀을 묵상하고 가르치며 말씀으로 섬기는 일은 너무도 즐거운 일이다. 그러나 설겆이를 한다거나 심방을 한다거나 여러 가지 교회의 일들에 자원봉사하는 성도들을 보면 그들의 열정과 헌신에 감탄하게 되고, 그들에게 그러한 은사들을 주신 성령님의 은혜로운 손길에 깊이 감사하게 된다. 모든 성도들이 다 나와 같은 한 가지 은사들만 가지고 있다면 교회는 어떤 모습이 될까? 모든 성도들이 다 선생이 되려 한다면, 혹은 말씀을 전하려 한다면 교회는 어떻게 될까?

방언을 통해서 말하게 되는 "비밀들"(고전 14:2)은 무엇인가?

방언을 말하다 보면, 특히 통역의 은사를 받지 않았다 할지라도, 자신이 말하고 있는 것들에 대한 대략적인 내용들이 마음에 감동으로 다가오기도 한다. 자신이 방언을 통하여 하나님을 찬양하기도 하고, 간구하기도 하며, 다른 사람을 위하여 중보하기도 한다는 생각을 마음에 강하게 느끼게 되는 것이다. 고린도전서 14장 2절에서 바울은 방언을 통해서 우리가 하나님의 "비밀들"(μυστήρια)에 대해서 말하게 된다고 한다. 이 사실은 많은 성도들로 하여금 방언에 관한 신비한 기대를 가지게 한다. 과연 바울이 말하고 있는 방언을 통해서 선포되어지는 하나님의 "비밀들"은 무엇일까? 하나님 나라에 관한 어떤 숨겨진 신비한 것들에 대해서 내 영이 깨닫게 되고, 성령의 인도를 받은 내 영이 그 신비한 비밀들을 내 입으로 어떻게 선포하게 되는 것일까? 방언으로 하나님의 비밀을 내 영이 말한다는 사실은 방언이 성도들에게 특히 매력 있게 느껴지는 가장 강력한 이유 중의 하나이다. 그러나 본 저자의 견해로는, 바울이 말하고 있는 하나님의 비밀은 창세 전에 감추어졌다가 주님을 통하여 드러난 십자가의 복음의 비밀을 가장 우선적으로 지칭하고 있다고 본다(고전 1-2). 설혹 하나님에 관한 하늘의 비밀들이 방언을 통해서 드러난다 할지라도, 이러한 하늘의 비밀들은 십자가의 복음을 통해서 행해진 하나님의 구원의 사역과 아주 긴밀한 연관성이 있거나, 아니면 결코 십자가의 복음을 뛰어넘는 새로운 비밀이 아니라는 것이다.

바울은 고린도전서에서 비밀에 해당하는 그리스어 단어 μυστήριον (mystery)을 다섯 번 언급하고 있다(고전 2:1, 7; 4:1; 13:2; 15:51). 고린도전서 2장 1-5절에서 바울은 자신이 처음 고린도에 도착하여 복음을 전하였을 때, 사람의 말과 지혜에서 오는 탁월함으로 복음을 전하지 않고, 오직 성령의 나타남과 능력으로 전했다고 한다. 바울에게 이 복음은 "십자가에 달려 죽으신 그리스도를 믿는 자들을 다 구원하는 하나님의 능력"(고전 1:18)을 지칭한다. 바울은 이 복음을 창세 전부터 숨기워진 "하나님의 비밀"이라고 부르고 있다(고전 2:1). 다시 말하면, 바울에게 있어서 하나님의 비밀은 바로 십자가의 복음의 메시지를 의미한다.[429]

또한 이 하나님의 비밀은 인간의 지혜로는 결코 이해할 수 없는 하나님의 지혜인데, 이 지혜는 하나님이 창세 전에 우리의 영광을 위하여 미리 정하신 것이라고 한다(고전 2:7). 이 지혜는 오랫동안 사람들의 눈에 감추어졌으나, 마침내 이 땅에 오신 주님의 사역과 죽으심과 부활을 통하여, 그리고 바울의 복음 전파를 통하여 사람들에게 드러나게 되었다. 따라서 바울은 자신을 "그리스도의 종"이요, "하나님의 비밀들을 맡은 자"라고 부른다(고전 4:1). 이러한 예들에서 바울은 우리가 방언을 통해서 말하게 되는 비밀들은 하나님의 숨겨진 지혜, 곧 하나님이 창세 전에 미리 정하신 최고의 비밀, 그러나 지금은 믿는 자들에게 계시되어진 그리스도의 십자가의 복음에 관한 비밀들임을 분명하게 말하여 준다. 우리는 방언을 통하여 그리스도의 십자가에서 드러난 하나님의 지혜와 사랑을 선포하며 찬양하고 있는 것이다.

하나님의 비밀한 지혜인 십자가의 복음은 죄인들을 위하여 자신의 독생자를 희생하신 하나님의 깊은 사랑을 담고 있고, 또 우리를 향한 그리스도의 측량할 수 없는 사랑을 나타내준다. 아마도, 방언을 사모하는 일부 독자들은 방언을 통해서 자신들의 영이 말하고 있는 것이 어떤 숨겨진 하늘의 일들에 대한 신비가 아니라, 그리스도의 복음에 대한 선포와 찬양을 담고 있다는 사실에 실망할지도 모르겠다. 그러나 우리는 이 십자가의 복음이야말로 하나님의 비밀 중의 비밀이요, 신비 중의 신비임을 기억해야 한다. 이 십자가의 비밀에 대해서는 하나님 곁에 선 천사들도 놀라워한다고 했다. 십자가의 비밀이 하나님의 극진하신 사랑을 담고 있기에, 설혹 예언과 방언을 통해서 하나님의 깊은 (복음의) 비밀들에 대해서 말하고 있다 할지라도, 만약 하나님의 사랑을 자신의 마음에서 혹은 영에서 전혀 느끼지 못한다면, 그의 예언과 방언은 아무것도 아닌 공허한 소리에 불과한 것이 된다(고전 13:2). 예언과 방언을 통해서 선포되는 하나님의 비밀 곧 십자가의 복음은 오직 듣는 자나 말하는 자가 다 하나님의 복음의 비밀에 담긴 하나님의 사랑을 깨닫고, 그 사랑을 자신들의 삶 가운데서 실현하게 될 때에만 온전히 이해되어진다.

바울은 고린도전서 15장 51절에서, 이 하나님의 비밀 곧 복음이 우리에게 가져올 또 다른 하나의 큰 비밀에 대해서 말해주고 있다. 그 비밀은 주님의 재림의 때에 마지막 나팔소리가 울리게 될 때, 우리가 죽어 있는 상태로 머물러 있지 않고, 순식간에 변화되어 부활의 몸을 입게 된다는 것이다. 이러한 하나님의 숨겨진 지혜인 복음의 비밀과 그 복음이 가져올 부활의 비밀이 너무도 신비한 하나님의 지혜를 담고 있기에, 성령은 사람들의 혀를 움직여서 이 하나님의 비밀들을 다양한 인간의 언어들로, 그리고 영혼의 깊은 소리들로 찬양하고 선포하게 하는 것이다. 이 사실은 오순절날 제자들이 성령의 인도하심을 따라 각종 방언 곧 외국어를 통하여 "하나님의 위대한 일들"(행 2:11) 곧 그리스도의 복음에 관한 비밀들을 선포하고 찬양하자(행 10:46), 그 방언들/외국어들을 통하여 선포된 복음을 들은 수많은 순례자들이 회심하게 된 사실을 잘 설명하여 준다.⁴³⁰ 이런 측면에서, 우리가 방언을 통하여 어떤 언어를 말하게 되느냐 보다도 더 중요한 것은 성령이 우리로 하여금 어떤 내용을 방언을 통하여 말하게 하느냐이다. 독자들은 이제 방언을 통하여 독자들의 영이 무엇을 말하고 있는지에 대해서 분명히 알게 되었을 것이다. 독자들은 여전히 방언으로 말하기를 사모하는가? 아니면, 방언을 통해서 십자가의 복음에 대해서 선포하고 찬양한다는 사실이 독자들로 하여금 방언 말하는 것에 대해서 흥미를 잃게 만들었는가?

여기서 우리는 몇 가지 질문에 대해서 좀 더 생각해 보아야 한다. 방언이 우리들로 하여금 성령의 감동 아래서 우리의 영혼의 소리로 혹은 인간의 언어들로 하나님의 복음의 비밀들에 대해서 선포하고 찬양하는 기능을 가지고 있다면, 우리는 방언 이외의 다른 방법으로도 하나님의 비밀인 십자가의 복음에 대한 동일한 선포와 찬양을 할 수 있지 않을까? 나아가, 하나님의 비밀들이 수많은 사도들과 제자들의 증거를 통해서 교회의 전통으로 우리에게 전달되어져 왔고, 마침내 정경의 형태로 우리에게 선물로 주어졌다는 사실은 방언과 말씀의 관계에 대해서 무엇을 암시해 주고 있는가? 바울은 교회에서 방언으로 말하기보다는 깨달은 다섯 마디 말을 하겠다고 하는데, 깨달은 말씀과 방언의 관계는 무엇일까?

바울이 본 방언의 부작용

바울이 고린도전서에서 방언에 대해서 이렇게 자세히 설명하고 있는 이유는, 위에서 이미 자세히 살펴본 것처럼, 각종 방언을 말하게 된 고린도 교인들이 예배 시에 무질서하게 방언을 말함으로써 수많은 혼란을 야기시켰기 때문이다. 나아가, 자신들의 방언을 "천사의 언어"(고전 13:1)라고 주장하면서 자신들이 이미 완전한 영적인 상태에 이르렀다는 영적인 자만에 빠지게 되었고, 이러한 영적인 자만은 방언을 하지 못하는 자들에 대한 우월의식을 부르게 되고, 마침내는 교회를 분열시키는 결과를 초래하게 되었기 때문이다(고전 14:16-17). 그러나 이중에서도 가장 심각한 문제는 자신들이 이제 영적인 존재라는 전제하에 자신들의 육체의 부활을 부정하고, 심지어는 십자가의 복음의 메시지를 거절하는 결과를 낳게 된 것이다(1-2장). 성령이 그리스도의 몸된 교회를 세우라고 주신 은사를 통하여 고린도 교회는 그 몸을 나누는 잘못을 범하게 되었고, 자신들의 은사 체험을 가능케 하였던 그 복음 자체를 부정하게 되는 우스운 상황에 처하게 되었던 것이다.

이에 바울은, 자신이 비록 누구보다도 더 방언을 잘 말하지만, 교회에서는 방언으로 말하지 않고 오직 마음으로 깨달은 다섯 마디 말을 하겠노라고 고린도 교인들에게 선포한다(고전 14:18-19). 또 성령으로 말미암아 방언을 말하는 자들은 아무도 그리스도를 저주받은 자라 부르지 않고, "예수는 우리의 주"라고 고백하게 된다고 한다(고전 12:3). 바울은 여기서 고린도 교인들로 하여금 그들이 방언으로 말하고 있는 십자가의 복음의 내용에 대해서 알려주면서, 자신들이 "영으로" 방언을 통해서 말하고 있는 복음의 메시지를 "마음으로" 받아들이라고 권면하고 있는 것이다. 여기서 우리는 바울에게 있어서 방언과 마음으로 깨달은 말들이 다 하나님의 비밀인 십자가의 복음과 깊이 연관되어 있음을 다시 한 번 확인할 수 있다. 결론적으로, 바울은 하나님은 질서의 하나님이요 평화의 하나님이시기에, 하나님의 성품에 합당한 방식으로 방언을 말하라고 권면한다(고전 14:39). 교회에서는 통역의 은사를 통해서, 그리고 사적인 영역에서는 영으로 방언으로 말하며 동시에 마음으로 기도하라는 것이다(고전 14:15).

안타깝게도, 방언의 열풍에 휩싸인 한국 교회들도 바울이 본 고린도 교회의 문제들과 유사한 문제들을 현재 경험하고 있다. 첫 번째, 한국 교회들은 강력한 성령님의 나타남을 그 어느 때보다도 간절히 필요로 하고 있고, 또 경험하고 있다. 그러나 많은 교회의 영적인 지도자들은 부패해가고 있고, 교회 내부의 문제점들이 언론에 보도되고 있다. 한국 교회의 촛대가 송두리째 흔들린다는 느낌을 받는 것은 비단 본 저자만의 느낌일까? 그리스도의 몸을 세우고자 원하시는 성령님은 현재 그 어느 때보다도 더 한국 교회들 가운데서 강력한 능력과 현저한 모습으로 자신을 드러내시고 싶어하신다. 한국 교회들이 위기를 맞이하고 있기 때문이다. 현재 한국 교회들에서 일어나고 있는 방언과 치유에 대한 열풍은 한국 교회들을 바로 세우고자 하시는 성령님의 강력한 의지의 증거라고 본 저자는 생각한다.

그러나 성령님이 "다양한" 은사들을 통해서 그리스도의 몸을 온전히 세우고자 하시는데 반하여, 많은 성도들은 오직 한두 가지 은사에만 몰입하는 잘못을 범하고 있다. 성령은 바울을 통해서 분명히 그리스도의 몸의 다양한 지체들을 위해서 다양한 은사들을 준비해 두고 계신다고 선포하셨다(고전 12). 성령님은 왜 한국의 교회들이 오직 한두 가지의 은사들에만 올인하여, 성령의 다른 풍성한 은사들에 대해서는 간구하지 않는지에 대해서 굉장히 의아해 하신다. 분명히 방언보다도 더 예언을 사모하고, 이들 위에 사랑을 덧입히라고 충고하고 있음에도 불구하고, 왜 한국 교회들은 방언에만 올인하고 있는 것일까? 왜 은사를 강조하시는 사역자들과 신학자들은 오직 한 가지 은사에 대해서만 그렇게 강조하면서, 다른 다양한 은사들의 유익에 대해서는 침묵하고 있는 것일까? 우리는 냉정하게 질문해 보아야 한다.

두 번째, 성령이 은사들을 교회에 허락하시는 목적 곧 그리스도의 몸을 온전히 세우고자 하시는 성령님의 의도에 대해서, 한국 교회의 성도들은 심각하게 고려해 보지 않는다. 비록 방언이 개인을 세워주는 기능을 하고 있지만(고전 14:4), 바울은 분명히 모든 은사들은 다 그리스도의 몸 전체를 세우기 위하여 주어지는 것이라고 선포하였다(고전 12:7-11). 다시 말하면, 방언을 통해서 세워진 성도 개인들은 어떻게 성령으로부터 받은 귀한 은사를 통해서 내 지역 교회를, 나아가 한국 교회 전체를 온전케 할 것인가에 대해서 심각하게 고민해야 한다. 왜 한국 교회 성도들은 '내 개인의 영성'에는 그토록 목숨 걸고 달려들면서, 성령이 그토록 간절하게 소망하시는 그리스도의 몸 전체의 세워짐에 대해서는 아무런 노력을 기울이지 않는 것일까? 우리의 이러한 영적인 불균형에 대해서 혹시 성령님은 근심하고 있지 않으실까?

세 번째, 한두 가지 은사들에 몰입하는 한국 교회들은 그 은사들이 현재도 계속해서 주어지고 있느냐, 아니면 중단되어 더 이상 주어지지 않느냐를 증명하기 위하여, 상호간에 생사를 건 '영적인 전투'를 벌이고 있다. 마치 우리는 아군과 적군을 구별하지 못한 채, 우리의 아군들을 영적인 전투의 적군으로 간주하면서 "피흘리기까지 믿음의 선한 싸움"을 벌임으로써 정작 사탄을 즐겁게 하고 있고, 동시에 성령님을 크게 근심시키고 있다. 우리와 동일한 문제를 고린도 교회에서 본 바울은 은사 중의 은사는 사랑이라고 주장함으로써 분열된 고린도 교회를 치유하려 하였다.

바울은 고린도전서 13장에서, 사랑을 은사 중의 은사 혹은 모든 은사들을 바르게 사용하는 최고의 숭고한 원칙이라고 주장하고 있다. 흥미로운 것은 갈라디아서 5장 22절에서 바울은 이 사랑을 성령의 열매들 중의 가장 첫 번째 열매로 제시하고 있다는 것이다. 본 저자는 성령의 열매들은 성령이 우리 속에서 형성하고자 하시는 그리스도의 거룩한 성품을 의미한다고 제10장에서 이미 자세히 설명하였다. 다시 말하면, 바울은 성도들이 성령의 은사들을 성령의 열매 곧 그리스도의 성품을 통해서 적절하게 사용하라고 권고하고 있다는 것이다. 바울은 한두 가지 성령의 은사들에 몰입한 한국 교회 성도들에게, 이제는 그 은사들을 통하여 회복된 개인적인 영성을 근거로 하여 그리스도의 몸된 교회를 섬기며, 동시에 성령의 열매들 곧 그리스도의 성품을 만들어가는 일에 전념하라고 권고하고 있다.

마지막으로, 특정한 은사들에만 열광하게 된 고린도 교회와 한국 교회들이 공통적으로 저지르게 된 가장 치명적인 실수는 그리스도의 복음에 대한 멸시이다. 십자가에 달린 그리스도에 관한 복음의 메시지가 고린도 교회에게는 "어리석은" 것이 되어버렸고(고전 1:18), 한국 교회에게는 더 이상 강조하여 선포되지 않는, 혹은 아무런 능력과 감동없이 기계적으로 선포되어지는 가장 인기 없는 메시지가 되어버렸다. 은사주의에 열광하는 교회들이 자칫 범하기 쉬운 실수 중의 하나는 현재 자신들 가운데 거한 성령님의 너무도 현저한 나타남 때문에 자신들의 고통스런 현실의 삶을 부정하게 되거나, 혹은 십자가의 고난의 길을 따라가는 제자도에 대해서 외면하게 되는 잘못을 범하게 된다는 것이다.

성령이 충만하신 주님은 성령이 충만한 자신의 제자들에게 자기들의 십자가를 지고 자신을 따르라고 명하셨고(막 8:33-38), 비록 주님 자신이 고난을 피할 수 있는 능력이 있었음에도 불구하고 자신이 친히 십자가에 못 박히시는 모범을 보이셨다. 성령을 누구보다도 더 많이 경험하고, 누구보다 더 방언을 잘 말하게 된 바울도 날마다 자신을 십자가에 못 박는다고 주장하고 있는데, 이 십자가의 고난의 "비밀"은 은사에 열광하는 한국 교회들과, 그리고 은사에 열광했던 고린도 교회가 가장 듣기 싫어하는 메시지가 되어버렸다. 성령님은 우리가 다 "자신의 십자가를 지신 그리스도"의 건강한 몸이 되라고 은사들을 허락하시는데, 우리는 오직 "건강한" 몸에만 관심을 두고 십자가에 달리신 그리스도는 쳐다보지 않는 실수를 성령님 앞에서 범하고 있는지도 모르겠다.

지혜의 말씀과 지식의 말씀

하나님의 지혜인 복음과 성령의 은사들

아이러니컬하게도, 고린도 교회 성도들은 각종 방언들을 통하여 영으로 하나님의 비밀 곧 복음에 관한 하나님의 지혜를 선포하고 찬양하고 있음에도 불구하고, 정작 자신들은 방언을 통하여 찬양하고 있는 그 복음은 부정하는 죄를 범하고 말았다. 방언을 말하게 된 많은 성도들은 자신들이 방언으로 말하는 내용을 이해하지 못하기에, 방언 중에도 아무런 감동을 느끼지 못하고 방언말하기를 중지하기도 한다. 왜 그들은 김우현 감독이나 손기철 장로처럼 방언을 통한 하나님의 임재에 대한 깊은 체험을 하지 못하고 있는 것일까? 본 저자는 그것이 그들의 영혼 속에서 십자가의 비밀에 대한 말씀과 감동이 부재하기 때문이라고 본다. 자신들의 영혼이 십자가의 비밀에 대해서 불타오르지 않는데, 어떻게 성령이 그들의 혀를 주장하여 그들의 영으로 십자가의 비밀에 대해서 찬양하게 할 수 있단 말인가?

성령이 불이라면, 그리고 그 성령의 불이 방언을 통해서 성도들의 혀를 통해서 타오르게 된다면, 성령의 불은 끊임없이 타오르게 할 연료가 필요하다. 그 연료는 바로 방언을 통해서 선포되고 찬양되는 하나님의 비밀 곧 복음의 말씀에 대한 끝없는 감동이다. 우리들의 영혼이 깊은 곳에서부터 하나님의 복음의 말씀으로 만져지고 감동받지 않는데, 어떻게 성령이 우리들의 영혼을 움직여 방언으로 하나님의 복음에 드러난 하나님의 사랑을 찬양하게 할 수 있단 말인가? 여러분이 설혹 여러분이 그토록 가지고 싶어하던 새차의 운전석에 앉아 엑

셀을 밟고 있다 할지라도, 그 차의 연료통이 텅텅 비어 있다면, 어떻게 그 차가 여러분을 여러분의 목적지로 안전하게 데리고 갈 수 있겠는가?

방언은 복음의 말씀에 대한 공부와 연구를 뛰어넘어 "하나님의 심장부에 직행하게 하는 잃어버린 하늘의 언어"가 결코 아니다. 방언을 포함한 여러 가지 성령의 은사들을 사모하고 있는 성도들은 성령님으로 하여금 여러분의 마음과 영혼 속에서 "핵폭탄의 에너지"로 움직이게 하는 비밀이 무엇인지 아는가? 그것은 바로 하나님의 지혜 곧 십자가의 복음의 메시지요, 그리스도의 몸된 교회를 향한 불타는 사랑이다. 바울 뿐만 아니라 요한도 성령이 오시면 주님에 관한 십자가의 진리에 대해서 증거하신다고 선포하고 있지 않는가? 성령님이 방언을 통해서 혹은 다른 많은 은사들을 통해서 가장 즐겁게 선포하고 싶은 메시지가 과연 무엇이라고 여러분은 생각하는가? 오순절날 베드로가 "주 예수의 복음"을 믿고 회개하면 성령을 선물로 받는다고 선포한 것이 그냥 빈말에 불과한 것일까?

바울은 그리스도의 복음과 성령의 긴밀한 연관성에 대해서 정확히 알고 있었다. 바울이 고린도를(아니, 다른 모든 도시들에서도 마찬가지로) 처음 방문하였을 때, 바울은 기적을 행하거나 치료의 은사를 보이거나 방언을 말하거나 예언을 말함으로써 그들의 이목을 집중시키지 않았다. 오직 바울은 십자가에 달린 그리스도에 대해서 선포하였다. 바울의 입에서 선포되는 그리스도에 대해서 들으신 성령님은 십자가에 달린 주님에 대한 바울의 복음 선포에 "흥분"하시면서 "핵폭탄의 에너지"로 함께하셨고, 수많은 이적들을 행하시면서 하나님의 능력을 나타내어 주셨다(고전 2:4-5; cf. 살전 1:5). 바울이 선포하는 복음의 메시지의 진정성을 증거하고 싶으셨기 때문이다. 이의 결과로, 이방 땅 고린도에 그리스도의 몸된 교회가 세워졌고, 고린도 교인들은 다양한 성령의 은사들을 체험하게 되었다. 일부 교회들은 주장하기를, 성령세례를 경험하지 못하였기에 교회들이 죽어 있고, 성도 개인들이 영적으로 침체해 있다고 한다. 이는 분명 맞는 말이다. 그러나 본 저자의 견해로는, 성령님이 그토록 사모하시는 십자가의 복음의 메시지가 강단에서 제대로 선포되지 않고 있기에, 성령님이 역사하시기를 원치 않는 것 같다. 성령님을 움직이게 만드는 것은 그리스도의 십자가의 복음의 선포와 그리스도의 피로 값주고 사신 그리스도의 몸의 온전함이다. 성도 여러분은 능력 있는 성령의 사람들이 되기를 원하는가? 여러분은 이제 그 해답을 알게 되었다.

지혜와 지식의 말씀들

고린도 교인들은 자신들을 신령한 자들이라고 부르며, 스스로를 하늘의 지혜와 지식을 소유한 자들로 간주하였다.[431] 이에 반하여 바울은 지혜와 지식의 말씀은 성령으로부터 오는 신령한 은사들인데(고전 12:8), 지혜의 말씀은 하나님의 참 지혜 곧 그리스도의 복음에 대한 성령이 주시는 깨달음을 의미한다고 한다(고전 1:17-2:16). 바울은 지혜의 말씀은, 고린도 교인들이 주장하는 것처럼, 숨겨진 하나님의 비밀들에 대한 감추어진 그러나 고린도 교인들에게만 계시되어진 지혜들을 의미하는 것이 아니라, 그리스도의 십자가의 복음이 품고 있는 하나님의 가장 숭고한 지혜라고 말한다. 성령이 아니고서는 이 깨달음에 이를 수 없기에, 그리스도의 복음에 대한 지혜의 말씀은 오직 성령으로부터 온 선물 곧 은사인 것이다.[432] 지식의 말씀은 이 복음의 지혜의 말씀을 통하여 세상의 다양한 존재 원리들에 대하여 새롭게 깨달아진 말씀들이다.[433] 고린도전서 8장에서 바울은 한 가지 지식의 말씀의 예로서 "더 이상 우상이 존재하지 않는다"는 고린도 교인들의 새로운 인식을 제시한다. 복음을 통하여 하나님과 그리스도에 대해서 알게 되자, 고린도 교인들은 더 이상 우상이 존재하지 않는다는 깨달음을 가지게 되었던 것이다. 이 복음의 지혜를 통하여 고린도 교인들은 모든 육적인, 그리고 영적인 세상의 원리들에 대해서 새롭게 깨닫게 되었다. 이러한 새로운 깨달음은 오직 그들이 체험한 성령으로 말미암았음으로, 바울은 세상의 원리들에 대한 그들의 지식을 성령의 은사 중의 하나인 지식의 말씀이라고 부르고 있는 것이다.

  우리 가운데 이러한 지혜와 지식의 말씀의 은사를 소유한 분들을 자주 보게 된다. 그분들의 설교를 듣게 되면 복음의 메시지가 선명하게 우리들의 마음에 각인되어지고, 그분들의 깨달은 말씀을 담은 글들을 읽으면 세상이 어떻게 하나님에 의해서 운행되어지는지에 대해서 더 분명하게 알게 된다. 성령이 주시는 지혜와 지식의 말씀의 은사에 대한 이해를 돕기 위해서 본 저자가 알고 있는 말씀의 은사를 가지신 한 분에 대해서 말해 보겠다. 저자가 아는 그분은 어릴 때부터 수학에 재능이 있어서 공학을 공부하여 교수가 되는 꿈을 가지고 있었다. 그러나 그분은 대학원에서 석사공부를 하다가 하나님의 부름을 받게 되었고, 신학을 공부하는 학자의 길을 들어 가게 되었다. 그런 그에게 성령은 방언의 은사와 말씀의 은사를 주셨다. 그분은 하루종일 성경을 읽고 묵상하며 관련된 서적들을 읽고난 후 저녁에 기도할 때, 마치 해리 포터의 영화에서 날개달린 편지들이 사람들에게 날아오듯이, 자신이 읽고 묵상하였던 말씀들이 살아서 날라와 그 의미들을 알려주는 경험들을 계속해서 하게 되었다. 성령님은 그의 마음 속에서 한 말씀 한 말씀 설명하여 주었고, 또 그렇게 받은 말씀들을 놓고 한 시간 두 시간 기도하게 하셨다. 또 그분은 도서관에서 하루종일 성경과 신학 서적들과 씨름하면서 시간들을 보낼 때, 어느 순간 하늘에서 번쩍이는 섬광이 비추어 자신의 머리와 영혼을 관통하는 경험들을 하곤 하였다. 마치 모든 퍼즐의 조각들이 맞추어져 하나의 완전한 그림이 완성되듯이, 그의 마음 속에 꽂힌 하늘의 빛은 그가 읽고 묵상하였던 수많은 성경의 본문들과 그 본문들이 복음과 성도의 삶에 의미하는 바들을 다 조합하여 하나의 완전한 말씀을 이루게 하였다. 이런 것이 바로 성령이 주신 지혜와 지식의 말씀의 은사가 아닐까?

우리는 바울이야말로 이런 지혜와 지식의 말씀의 은사를 가장 현저하게 받은 자임을 잘 알고 있다. 바울은 자신이 선포한 복음의 메시지와 하나님의 지혜에 대한 깨들음들이 사실은 성령이 친히 "가르쳐"(διδακτοῖς) 주신 것이라고 증거한다(고전 2:13). 이렇게 성령으로부터 직접 가르침을 받은 자들 곧 말씀의 은사를 받은 사도들은 자신들이 받은 말씀을 성경으로 우리에게 남겨 주었다. 또한 성령은 지금도 이 말씀의 은사를 그리스도의 택한 종들에게 부어주셔서, 이 기록된 말씀들에 대해서 연구하고 묵상하며 선포하게 하신다.

한국 교회 성도들은 우리가 가진 성경에 기록된 복음의 말씀을 성령님이 얼마나 우리들에게 가르쳐 주시기를 간절히 원하고 있는지에 대해서 깨달아야 한다. 성령의 은사들과 성경에 기록된 성령의 가르침들은 결코 양립할 수 없는 물과 기름이 아니다. 말씀과 은사는 둘 다 성령이 교회에 주신 선물들이기에, 함께 협력하여 선을 이루는 경향이 있다. 말씀과 은사들을 주시는 분은 동일한 성령님이시기에, 성령님은 결코 성령의 은사에 열광한 성도들이 말씀에 대한 선포와 공부를 게을리하는 것을 결코 용납하지 않으신다. 한국 교회에 이런 말씀의 은사를 가진 자들이 더욱 많이 등장하여, 그리스도의 몸을 세우도록 우리는 간절히 기도해야 한다. 방언을 간절히 구하는 동시에, 예언을 간절히 사모하는 동시에, 신유를 구하면서 기도하는 동시에, 우리는 말씀의 은사를 사모하고 그 말씀의 은사를 통하여 전해지는 복음의 비밀에 대하여 깨닫기를 간절히 소망해야 한다. 성령으로부터 오는 것들은 아무것도 버릴 것이 없고, 모두 다 그리스도의 몸의 건강한 세워짐을 위하여 필요한 것들이다. 한두 가지 은사에 몰입함으로써 성령이 주신 다른 모든 은사들을 멸시하는 죄를 범하지 말자.

치료의 은사

현재 한국에서는 한 장로님에 의하여 행해지는 치료의 기적들이 많은 교회들에 신선한 충격을 주고 있다. 동시에, 많은 교회들은 그의 치유의 사역에 의심의 눈초리를 보내며 침묵하거나, 아니면 목소리를 높여 그를 비판하고 있다. 그러나 분명한 것은 하나님의 말씀 특히 십자가의 복음을 붙들려고 하는 그 장로님의 노력은 이전에 한국 교회가 보아왔던 많은 "거짓" 성령의 치료자들과는 질적인 차이를 보여주고 있다는 것이다. 물론 전문가의 관점에서 보면, 그분의 성경 강해는 여전히 많은 신학적인 오류들을 포함하고 있지만, 그분의 성령과 복음에 대한 이해는 아주 정확하고 건전하다. 본 저자는 손 장로님 이외에도 치료의 은사를 가지신 많은 분들이 한국 교회 곳곳에서 자신의 이름을 드러내지 않은 채 조용히 그리스도의 몸을 고치고 있다고 믿는다. 특히 신유의 은사와 방언의 은사에 대한 열풍을 한국 교회에 지금 현저하게 허락하신 이유는, 흔들리고 있는 한국 교회를 세우고자 하시는 성령님의 분명한 의지의 표현은 아닐까라고 본 저자는 개인적으로 생각해 본다.[434] 또한 여기서 본 저자는 신유의 은사 곧 기적의 치유에 대한 성경적인 가이드 라인과, 현재 벌어지고 있는 혹은 미래에 벌어질 수 있는 여러 가지 부작용들에 대한 성경적인 대안을 제시해 보고자 한다.

성령의 치료와 현대 의학

성경을 읽다 보면, 우리는 종종 주님이 행하신 수많은 기적들에 비해서 현대 교회들에서는 아무런 기적들이 일어나지 않고 있음에 '믿음의 좌절'을 경험하곤 한다. 우리는 종종 이러한 현대 교회들에서의 기적들의 부재를 현대인들의 이성주의 혹은 적은 믿음에 돌리곤 한다. 과연 그럴까? 정말 현대 교회들에서는 아무런 기적들이 일어나지 않고 있는 것일까? 아니면, 단지 우리들이 그 기적들을 깨닫지 못하고 있는 것은 아닐까?

주님이 이 땅에서 세례받으신 후, 처음 행하신 질병의 치료는 시몬 베드로의 장모를 고치신 일이었다(막 1:29-31). 베드로의 장모는 열병으로 앓아 누워 있었고, 이 소식을 전해 들은 예수님은 그녀의 집으로 찾아가서, 손수 그녀를 일으켜 세우시고 그녀를 자신의 손으로 만지셨다. 주님의 손이 그녀에게 닿자마자, 그녀에게서 즉시로 열병이 떠나고 그녀는 고침받은 몸으로 주님을 시중들게 되었다. 놀라운 일이다.

아이를 키우다 보면, 이른 새벽 혹은 늦은 밤 아이의 고열 때문에 부모들은 잠을 못자고 꼬박 밤을 새우게 되는 일이 있다. 그러나 다행스럽게도, 부모들은 선반 속에 놓아둔 해열제를 기억하고 아이들에게 약을 투여한 후, 기도하며 그들의 완치를 기다린다. 놀랍게도, 대부분의 경우 아이들은 열병에서 곧 완치된다. 베드로의 열병을 고치신 주님의 기적이 현대 가정에서 아무렇지도 않게 계속해서 행해지고 있는 것이다. 놀라운 일이 아닌가? 이 해열제를 주님의 치료의 기적에 대한 도전으로 간주할 것인가? 결코 아니다. 현대 의학은 주님의 치료와 대치되는 것이 아니라, 주님이 살아 계실 때 행하셨던 많은 기적들을 지금 우리에게 더 보편적으로 허락하시는 하나님의 은혜의 결과이다. 현대 의학을 통하여 병을 치료받는 것은 결코 적은 믿음의 증거가 아니라, 오히려 하나님의 보편적인 은혜가 우리에게 임했다는 사실에 대한 믿음의 표현이다.

저자가 잘 아는 한 목사님은 고혈압을 앓고 계셨다. 그러나 이분은 너무도 '큰 믿음'을 가지고 계신 분이어서 하나님이 자신의 고혈압을 고쳐주실 것이라고 굳게 믿었고, 의사가 처방한 약을 복용하기를 거절하셨다. 그러던 어느 날, 중국 선교여행에서 돌아오시던 중, 이 목사님은 뇌혈증으로 쓰러지게 되었고, 곧이어 주님의 부름을 받게 되었다. 그분이 개척하여 섬기시던 교회는 결국 문을 닫게 되었고, 교인들은 삼삼오오 흩어지게 되었다. 이 소식을 전해 들은 저자는 이 분이 의사를 만나시고, 고혈압을 잘 조절하셔서 좀 더 이 땅에서 주님의 일을 하다가 주님의 부르심을 받았더라면 하는 생각을 오랫동안 떨쳐 버릴 수 없었다. 본 저자의 상식적인 생각으로는, 이 목사님이 의사를 찾아뵙고 적절한 의학적인 도움을 받는 것이 하나님의 뜻이었다고 생각한다. 몸이 아픈 성도들은 적극적으로 현대 의학의 도움을 찾아야 하며, 이것은 결코 연약한 믿음의 증거가 아니다. 물론 동시에, 성령께서 지금도 자신의 성도들을 치유하신다는 믿음을 붙들면서, 기도하는 노력을 멈추지 말아야 한다. 많은 신유의 은사를 소유하신 분들이 강조하고 있는 것처럼, 하나님은 우리의 영혼뿐만 아니라, 몸의 완전한 치유도 원하신다. 그렇기 때문에, 하나님은 우리들의 구원의 마지막 과정으로서 몸의 부활을 준비해두고 우리를 기다리고 계신 것이 아닌가? 하나님의 치료의 기적은 때로는 신유의 은사를 통해서, 또 때로는 현대의 의학을 통해서 온다. 성도들은 이 둘 다를 하나님의 은혜로 받아들여야 한다.

치료와 고난에 관한 하나님의 뜻, 그리고 우리의 믿음

그러나 우리는 때로 현대 의학이 고칠수 없는 질병을 앓게 되고, 말할 수 없는 육체적, 정신적, 영적 침체와 고통 속에 놓여지기도 한다. 그럴 때 우리는 간절히 하나님께 치유를 위해서 기도하게 되고, 지푸라기라도 잡는 심정으로 이름난 분들의 은사 집회들에 참석하기도 하며, 때로는 이름 없는 산속의 기도원으로 달려가기도 한다. 특히 그리스도의 복음과 성령에 관한 건전한 이해와 바른 관계 속에 거하는 자들에 의하여 행해지는 은사 집회들은 몸이 아픈 이들에게 말할 수 없는 위로와 실낱 같은 희망을 안겨준다. 실제로 어떤 집회들은 아픈 이들로 하여금 어디가서 하소연할 수도 없는 비참한 심정을 하나님 앞에서 토로하며 치료를 위하여 간절히 기도하도록 격려하여 주며, 이 과정에서 여러 사람들이 치료되는 역사들이 실지로 벌어지기도 한다.[435] 성령님은 지금도 치료의 기적을 우리 가운데 행하기를 원하시고, 또 이미 행하고 계신다.

　본 저자가 간절히 바라는 것은 이러한 치유의 은사 집회를 주도하는 분들이 그리스도의 몸된 지체들의 고통에 대한 성령님의 애통해 하는 마음을 가지고 집회들을 인도해 주시기를 원한다. 자신의 명예나 인기나 부를 위하여 자신에게 주어진 은사를 사용하고자 하는 유혹을 극복하고, 주님이 자신의 고통받는 지체들을 향하여 가지고 계신 그 애끓는 심정을 가지고 이들을 위해 기도해 주시기를 바란다. 주님의 마음을 품고 아픈 지체들을 위해 기도할 때, 성령의 치료의 능력이 그들을 통해서 아픈 자들에게 전달되어 질 수 있다고 본 저자는 굳게 믿는다. 만약 기적의 치료가 성령의 은사로서 지금도 우리에게 유효한 약속이 아니라면, 성령은 왜 바울로 하여금 치료의 은사를 사모하라고 우리에게 권면하고 계실까? 야고보도 아픈자들은 교회의 장로들을 불러서, 치료를 위하여 믿음의 기도를 함께 드리라고 권면한다. 믿음으로 간구하면, 주님이 그를 건강하게 회복시켜 주신다는 것이다. 성령의 권능으로 말미암는 치료가 가능하지 않다면, 왜 이러한 약속들이 성경에 기록되어 있을까? 신유에 대한 지나친 집착도 문제이지만, 신유에 대한 지나친 회의도 성령의 불을 소멸시키는 잘못을 범하는 것이다.

그러나 참으로 안타까운 현실은 신령하기로 소문난 위의 장로님의 집회에서조차도, 고침을 받는 사람들의 숫자에 비하여 고침받지 못하고 실망한 마음으로 집으로 돌아가는 영혼들의 숫자가 훨씬 더 많다는 것이다. 이들은 집으로 가는 길에 스스로 질문할 것이다. 주님은 왜 저 사람은 고쳐주셨는데, 나는 고쳐주시지 않은 것일까? 나를 더 이상 사랑하지 않는 것일까? 주님은 정말 살아계신 것일까? 정말 살아 계시다면, 내 믿음이 부족해서 고쳐주지 않으신 것일까? 이처럼 고침받지 못한 성도들은 힘들고 외로운 믿음의 싸움을 계속해서 싸우게 된다. 참으로 안타까운 일이다. 성령님이 그 집회에 참석한 모든 분들을 다 치료하여 주신다면 얼마나 좋겠는가.

성경에 나오는 믿음에는 여러 가지 종류의 믿음이 있으나, 바울이 고린도전서 12장 9절에서 언급하고 있는 성령의 은사로서의 믿음은 하나님에 관한 진리나 혹은 어떤 특별한 상황들에 대한 하나님의 역사하심에 대하여 성령님이 주시는 특별한 확신을 지칭한다.[436] 바울은 이 믿음을 "산을 움직이는 믿음"이라고도 부르고 있으며(고전 13:2), 전해진 복음을 영접하는 회심의 경험으로서의 믿음과는 구분되는 것으로 간주하고 있다. 아마도, 질병 중에 기도하시는 분들이 순간적으로 가지게 된 믿음도 이 은사로서의 믿음에 포함되어질 수 있을 것이다. 이러한 치료에 대한 믿음은 나의 마음의 결정으로부터 말미암는 것이 아니라 성령으로부터 오기에, 이 믿음은 성령의 은사 중의 하나로 간주된다. 물론 우리는 우리들의 특별한 상황들에 대한 하나님의 비상하신 간섭에 대한 믿음이 나 자신으로부터 말미암았는지, 아니면 성령으로부터 말미암았는지에 대한 영분별이 필요하다.

영분별은 때로 많은 기도와 시간을 필요로 할 수도 있다.

누가는 빌립과 스데반을 비롯한 일곱 집사들이 다 "성령과 믿음과 지혜"가 충만한 사람들이었다고 전한다(행 5:3-5). 이들의 믿음은 성령의 충만함에서 비롯된 하나님을 향한 굳건한 신뢰라고 정의되어지며, 성령의 은사로 주어졌던 믿음이 그들의 성품으로 굳어졌음을 의미한다. 성도의 성품으로서의 믿음은 많은 경우 오랜 기간의 연단과 훈련을 통해서 주어진다. 이 믿음의 연단을 위해서 하나님은 우리를 고난 가운데 내버려두시기도 하시고, 우리들의 반복된 기도에도 불구하고 그 응답을 미루시기도 하신다.[437] 또 때로는, 이 믿음의 연단이 성도들의 전 생애에 걸쳐서 이루어지기에, 하나님을 진실히 따르는 어떤 성도들은 평생을 감당하기 어려운 고난 속에서 살게 되거나, 순교로서 그들의 삶을 마감하기도 한다. 이 모든 일들은 하나님의 비밀하신 섭리에 속한다. 어떻게 우리가 다 하나님의 다양한 역사하심을 우리들의 제한된 지혜로 설명할 수 있겠는가? 그러나 이렇게 성도들의 삶 전체를 통해서 연단되어진 믿음은 하나님 보시기에 너무도 귀하다.

이런 이유로, 성도들이 오랜 연단을 통해서 소유하게 된 믿음, 곧 자신들의 상황에 상관없이 하나님을 향하여 가지고 있는 견고한 신뢰는 주님의 재림의 때를 넘어 하늘나라에서까지 영원히 지속될 것이라고 바울은 주장하고 있다(고전 13:13). 하나님이 어떤 성도들의 육체의 질병을 고쳐주시지 않는 것은 그 "순간적인" 육체의 고난을 통하여 "영원히" 지속될 하나님을 향한 견고한 믿음을 만들어 가시고자 함은 아닐까? 바울은 자신의 약한 육체를 통하여 그리스도의 능력의 강함을 체험하고 있다고 한다(고후 12:9). 성령님은 때로 우리의 질병을 포함한 연약함을 즉시로 제거하시지 않고, 그 연약함을 통해서 자신의 능력을 보여주시기를 원하신다. 하나님만이 온전히 찬양을 받으셔야 하기 때문이다.

현재와 미래의 종말론적 긴장

우리는 성경에서 또 교회사의 많은 예들을 통해서 고난에는 특별한 하나님의 섭리가 있다는 말을 자주 듣곤 한다. 반면에, 우리는 많은 은사 치료를 행하시는 분들에게서 "현재" 하나님은 여러분의 영혼과 육체를 비롯한 전 존재가 온전케 되기를 원하신다고 권면받는다. 하나님이 "현재" 우리들의 전 존재가 온전하기를 원하신다면, 하나님은 당연히 우리들의 질병들을 "지금" 고쳐주시기를 원하신다는 것이다. 이분들은 하나님의 나라와 통치가 "현재" 우리 가운데 임하고 있음을 강조하면서, 믿음으로 그것을 선포하여 온전한 몸의 회복을 경험하라고 권면한다. 틀린 말은 아니다. 그러나 이러한 가르침은 성경 속에 존재하는 여러 가지 가르침들의 긴장을, 특히 종말론적인 긴장을 제거해 버리는 약점이 있다.

본 저자는 하나님이 우리가 완전한 영혼과 더불어 완전한 몸을 가지기를 원하신다는 것에는 추호의 의심도 없다. 왜냐하면 하나님은 구원의 가장 마지막 단계로 부활의 몸을 우리를 위하여 친히 예비해 놓으셨기 때문이다. 그러나 "현재" 우리 모두가 육체의 온전함에 이르기를 하나님이 원하시는지에 대해서는 확신이 들지 않는다. 왜냐하면 우리의 죽을 몸은 계속해서 약해져 가고 있고, 끊임없이 질병에 노출되며, 결국에는 사망에 삼키운 바 되어야 하기 때문이다. 이 노쇠화의 과정은 반드시 부정적인 것이 아니고, 부활에 이르기 위하여 반드시 경험해야 하는 하나님의 섭리의 영역에 속한 것이다.

본 저자는 성도들이 한 번도 아프지 않고 주님께 돌아가는 것은 기적 중의 기적이라고 생각한다. 주님에 의하여 부활된 나사로조차도 결국에는 다시 질병에 걸려야 했고, 노쇠화에 따른 육체의 쇠퇴와 죽음을 맛보아야 했다. 바울이 드로아에서 다시 살린 젊은 청년 유두고도 결국은 질병과 사망에 굴복해야 했음에는 의심의 여지가 없다(행 20:6-9). 그러나 제12장에서 살펴본 것처럼, 질병과 사망의 끝에는 주님의 부활의 소망이 우리를 기다리고 있고, 영원히 썩지 않는 몸으로 덧입혀질 성령의 새 창조의 역사의 마지막이 우리를 반기게 될 것이다. 참으로 감사한 약속의 말씀이다. 한국말로 영어로 또 각종 방언으로 아무리 찬양하고 선포해도 하나님의 은혜를 다 갚을 수 없을 것 같다.

은사 치료자들은 "현재" 우리가 잘 되고 온전해져야 할 필요에 대해서 지나치게 강조함으로써, "미래"에 있을 부활의 소망을 희석시켜 버리고 있지는 않은지 스스로 질문해 보아야 한다. 물론 현재는 은혜 받을 때요, 하나님의 나라가 이 땅에 도래한 사실로 인하여 하나님의 나라의 다양한 열매들을 즐겨야 할 때이다. 그러나 동시에, 우리는 바울을 비롯한 수많은 주님의 제자들의 삶을 기억해야 한다. 바울은 미래에 있을 부활을 소망하면서, 현재에 자신이 누릴수 있는 모든 것들을 그리스도를 위하여 기꺼이 포기했다고 한다(고전 15:19). 오순절 날, 담대히 복음을 전파한 베드로도 십자가에 거꾸로 매달리는 죽임을 당했고,[438] 믿음과 성령이 충만한 스데반은 돌로 쳐 죽임을 당했다. 우리의 육체의 완전함은 미래로 연기되어져 있고, 현재는 복음의 능력을 맛보는 동시에 복음 때문에 고난과 희생을 받을 수 있는 때이다.[439] 아마도 하나님은 우리로 하여금 미래에 있을 몸의 부활에 대해서 더욱더 소망하도록, 그리고 그의 사랑하는 자녀들이 자신에게로 더욱더 가까이 다가 오도록 자신의 자녀들에게 질병을 허락하시기도 한다는 사실을 겸손히 받아들여야 한다.

예수님과 바울의 예

예수님보다 더 성령의 충만함을 받아, 자신의 전 생애를 통하여 성령과 동행한 사람이 이 지구상에 존재할 수 있을까? 주님은 성령으로 잉태되었고, 성령의 세례를 받아 메시야로서의 생애를 시작하였으며, 성령의 능력을 힘입어 사탄을 물리치고 병을 고쳤으며, 그의 가르침에는 부인할 수 없는 성령의 권세가 나타났었다. 이렇게 성령이 충만한 주님 자신이야말로 현재 이 땅에 임한 하나님의 나라의 가장 명백한 증거였다. 그러나 주님은 "인자는 머리둘 곳도 없다" 하시며, 고난 받는 인자로서의 인생을 사셨다. 주님은 자신의 제자들의 배고픔을 위하여 기적을 베푸시고 아픈 자들의 몸을 고치셨지만, 정작 자신은 배고픔과 목마름과 십자가에서의 형벌을 견뎌내어야 했다. 왜냐하면 "주님의 사역"으로 시작된 하나님 나라의 도래는 "주님의 십자가"상에서의 죽으심을 통해서 사탄의 왕국에 결정적인 패배를 안겨야 했기 때문이다. 그러나 십자가상에서의 결정적인 승리에도 불구하고, 주님이 완전히 사탄을 굴복시키시고 온 우주의 왕권을 하나님께 다시 돌려드리는 때는 "주님의 재림"의 때로 미루어져 있다(고전 15:24).

우리가 살고 있는 현재는 이미 임한 하나님의 나라와 이미 결정타를 얻어 맞고 패배한 세상 권세 잡은 사탄의 영향력이 동시에 공존하고 있다. 성도들은 바울이 로마서 7-8장에서 강조하여 말하고 있듯이, 두 왕국 간의 치열한 전투를 자신들의 마음 속에서 계속해서 경험하고 있는 것이다. 성령을 따라 행하는 자들은 성령 곧 하나님의 나라의 영향력 아래 놓이게 되고, 육체의 욕심을 따라 행하는 자들은 여전히 죄와 사망의 권세 아래 놓이게 되는 것이다. 아무리 구원받은 성도라 할지라도 계속해서 죄 가운데 거하게 되면, 그의 삶은 성령의 영향력보다도 사탄의 영향력 아래 놓여지게 된다. 우리의 삶이 이렇게 하나님 나라의 현재와 하나님 나라의 미래간의 팽팽한 종말론적 긴장 아래 놓여 있기 때문에, "성령의 첫 열매들"을 맛보게 된 성도들조차도 미래에 있을 "육체의 구속"을 여전히, 그리고 간절히 기다리고 있는 것이다(롬 8:23). 우리들의 육체는 성령에 의해서 기적적으로, 혹은 하나님의 섭리를 통한 현대 의학을 통해서 회복되어지기도 하지만, 질병과 사망의 영향력 아래 계속해서 노출되기도 한다. 바울은 주님과 함께 "현재의 고통"을 참으며 인내하고 있다고 간증하고 있는데, 이는 "현재의 고통"이 "미래의 영광"과 족히 비교될 수 없기 때문이다(롬 8:18).

주님을 따르던 제자들은 어떠하였는가? 오순절날 성령을 체험한 베드로는 주님처럼 병을 고치며 귀신을 쫓아내며 많은 기적들을 행하였지만, 결국은 네로 황제에 의하여 십자가에 거꾸로 못 박혀 죽게 되었다. 인간의 관점에서 보면, 그의 죽음은 끔직한 형벌이었지만, 하나님의 관점에서 보면, 주님의 십자가의 고난을 그 자신의 몸에 경험함으로써 부활의 능력을 경험하게 되는 은혜의 사건이었다. 바울은 어떠한가? 방언에 누구보다도 더 능하고, 각종 성령의 은사들을 누구보다도 더 풍성히 경험하였으며, 자신의 손수건을 통해서 전달되는 성령의 능력을 통해서 병자들을 치료하기도 하였으나(행 19:12), 바울 자신은 정작 주님이 그의 몸에 부여한 육체의 가시 곧 안과 질환을 인하여 고통받아야 했다(갈 4:13-15). 세 번이나 고쳐주시기를 위하여 주님께 기도하였으나, "내 은혜가 네게 족하다. 왜냐하면 [나의] 능력이 [너의]약함에서 온전하여지기 때문이다"라는 응답을 주님으로부터 들어야 했다(고후 12:9). 오랜 고난과 질병을 통하여 바울은 자신의 약함 속에 거하시는 하나님의 능력에 대하여 깨닫게 되었고, 자신이 약할 그때에 도리어 하나님의 능력을 인하여 자신이 강하여졌다고 고백할 수 있게 되었다(고후 12:10).

비록 바울은 주님의 사도로서 믿는 자들을 위하여 많은 기적과 표적들을 행함으로써 현재 그들에게 임한 하나님의 나라의 능력을 나타내었으나(고후 12:12), 바울 자신은 주님이 주신 질병과 평생 동행하면서, 주님의 능력이 어떻게 자신의 약한 육체를 통하여 완전하여지는가에 대해서 배워야 했다. 바울의 고난에는 주님의 놀라우신 섭리가 담겨져 있었던 것이다. 그로 하여금 그의 약한 육체 속에서 역사하시는 성령의 능력에 대해서 체험하게 하셨고, 부활의 비밀에 대해서 깊이 깨닫게 해주셨다. 바울의 경우는 예외적인 것으로 간주하면서, 바울처럼 자신들의 질병에 대한 하나님의 뜻을 주님의 음성을 통하여 분명하게 듣지 못한 자들은 모두 다 치료를 받아야 한다는 어떤 장로님의 주장에는 약간의 무리가 있다. 질병과 고난을 통하여 주님의 능력을 체험하는 것이 바울에게만 해당하는 것이 아니라, 모든 성도들도 경험할 수 있는 하나님의 진리라면, 바울처럼 성도들도 육체의 질병으로 고통받을 수 있다. 물론 그 진리에 대한 깨달음을 주신 후, 하나님은 우리를 다시 고쳐주시기도 하신다는 믿음을 우리는 결코 버리지 말아야 한다.

주님은 지금도 자신의 능력의 영 곧 성령을 통해서 우리를 고쳐주시기를 원하신다. 성령은 치유의 은사를 자신의 종들에게 허락하사, 기도와 안수를 통해서 많은 성도들의 병을 지금도 고쳐주시고 있다. 우리는 이 기적들에 대한 믿음을 결코 포기하지 말아야 한다. 그러나 동시에, 성령은 많은 주님의 백성들을 고난과 질병 속에 그대로 남겨두시기도 하신다. 그들을 사랑하지 않으셔서가 아니라, 그들로 하여금 자신들의 약함 속에서 역사하는 성령의 능력을 배우고 경험하며 느끼게 하시고자 함이다. 때로는 치료를 통해서 우리는 우리를 사랑하시는 하나님의 손길을 경험하게 되고, 또 때로는 고난을 통해서 주님의 십자가의 비밀에 대해서 깨닫게 되는 은혜를 경험하기도 한다.

그래도 참 감사하고 다행스러운 것은 현재 성도들의 질병이 고쳐졌든 고쳐지지 않았던 간에, 우리는 모두 곧 육체의 부활을 경험하게 될 것이고, 온전한 그리스도의 영광 가운데 거하며 영원한 생명을 누리게 될 것이라는 것이다. 이 부활의 몸에 대한 소망으로 현재의 고난을 이겨낼 수 있는 성숙한 성도의 인내와 믿음도 성령은 우리 가운데서 보기를 원하신다. 때로 현재의 고난은 우리로 하여금 하나님께 더욱더 가까이 가게 하고, 오랜 기간의 기도와 연단을 통한 성숙한 믿음으로 이르게 한다. 손기철 장로님이 고백하고 있는 것처럼, 신유의 은사를 경험하였음에도 불구하고, 믿음의 장성한 분량에 이르지 못한 경우를 우리는 종종 목격하게 된다. 주님이 고쳐주신 열 명의 문둥병자들 중, 오직 사마리아인 한 명만 주님께 돌아와 주님을 향한 믿음을 고백하였다(눅 17:11-19). 우리는 하나님이 우리가 "항상" 행복하고, 부하고, 건강하기를 원하시는지에 대해서 진지하게 질문해 보아야 한다. 우리에게 고난과 질병이 주어지지 않는다면, 주님의 재림의 때까지 타락하지 않고 순수한 믿음을 지킬수 있는 자가 얼마나 될까? 때로 우리는 축복을 통해서가 아니라 고난을 통해서 주님께 더 가까이 갈 수 있게 된다.

결론: 성령의 은사, 성령의 열매, 그리고 성령의 사역

아이를 낳아 키우다보면, 어린 애기들은 오직 부모의 품에만 머물러 있으려고 하는 것을 발견하게 된다. 신생아를 가진 부모들은 자신의 애기들이 얼른 커서 걷거나, 뛰게 되기를 간절히 바란다. 자유가 없기 때문이다. 그러나 곧 그 애기들이 자라서 뛰어다니기 시작하면, 부모들은 이내 그 아이들을 다시 품에 안고 싶어진다. 자신의 힘으로 걸어다닐 수 있게 된 아이들은 이제 좀처럼 부모님의 품에 다시 안 길려고 하지 않기 때문이다. 따라서 아버지들은 사탕을 손에 쥐고 아이들 앞에서 손을 높이 올린다. 사탕을 본 아이들은 아버지의 품으로 달려와 어깨 위를 타고 올라가 아버지의 손에 든 사탕을 빼앗으려 한다. 그렇게 해서라도 아이를 품에 안은 아버지는 아이의 따뜻한 몸을 느끼며 행복해한다. 아버지가 손에 쥔 사탕에는 분명한 목적이 있었다.

성령이 교회의 여러 지체들에게 나누어 주신 성령의 은사들에도 분명한 목적이 있다. 다른 지체들을 서로 섬김으로써 그리스도의 몸 전체를 세워가고자 하심이다. 아무리 개인적인 영성에 유익한 방언이라 할지라도, 결국은 새로워진 개인들이 전체 교회를 섬기는 일에 자신을 바쳐야 한다는 사실에는 의심의 여지가 있을 수 없다. 우리는 모든 성령의 은사들을 차별없이 구해야 한다. 한두 가지 은사들에 집중함으로써 그리스도의 몸이 영양실조에 걸리거나, 심각한 불균형 상태에 처해서는 안 된다. 건강한 그리스도의 몸을 위해서는 모든 은사들이 다 교회에 필요하다. 방언과 신유에 열광하는 한국 교회는 성령이 각 지체들에게 다른 많은 은사들도 준비해 두셨음을 믿고, 자신이 원하는 은사가 아니라 성령이 주시기를 원하시는 은사가 무엇인지에 대해서 진지하게 질문해 보아야 한다. 오랫동안 방언을 위해서 기도했음에도 불구하고 방언이 주어지지 않았다면, 혹시 성령이 다른 은사를 당신에게 주시고자 함이 아닐까? 왜 사랑과 예언과 신유와 말씀과 봉사와 행정의 은사들에 대해서는 별로 사모하는 마음이 없는가?

고린도전서에서 바울은 여러 가지 성령의 은사들이 은사들을 주신 성령의 목적에 반하여 공동체를 분열시킬 수 있음에 대해서 경고하고 있다. 바울은 오직 사랑을 통해서만 모든 은사들이 공동체를 세우고자 하는 성령의 뜻대로 바르게 사용되어 질 수 있다고 말한다. 놀라운 것은 이 사랑의 은사는 바울이 갈라디아서 5장에서 말하고 있는 성령의 첫 번째 열매라는 것이다. 다시 말하면, 성령의 열매들을 통해서 성령의 은사들이 성령의 뜻대로 제대로 사용되어 질 수 있고, 동시에 성령의 은사들을 통해서 그리스도의 몸을 세우고자 하시는 성령의 참 의도는 그리스도의 몸이 성령의 열매들을 풍성히 맺히게 하는데 있다. 건강한 그리스도의 몸이 성령의 열매들을 계속해서 맺히게 될 때, 이 성령의 열매들은 그리스도의 몸을 구성하는 성도들의 거룩한 습관을 형성하게 되고, 이렇게 형성된 거룩한 습관은 성도들 안에서 그리스도의 온전한 성품을 이루게 한다. 따라서 성령의 은사들은 그리스도의 성품을 성도 안에서 형성하고자 하는 성령의 새 창조의 역사를 가속화시키는 일을 하게 된다.

성령의 은사들은 이렇게 그리스도의 몸을 온전히 세우고, 그리스도의 몸의 지체들에게 그리스도의 성품을 형성하도록 돕는 역할을 한다. 그리스도의 몸으로서 성도들의 공동체적인 삶과 그리스도의 성품을 소유한 자로서의 개인적인 삶은, 둘 다 시작부터 끝까지 그리스도에 의하여 규정되어지고, 그리스도의 영 곧 성령에 의하여 결정되어진다. 성령은 우리 안에서 그리스도의 일을 계속해서 완성해 가시고자 한다. 성도들의 삶이 그리스도가 원하는 모습대로 그리스도의 장성한 분량으로 성숙되어져 갈 때, 그리스도의 영 곧 성령은 기뻐하신다. 성도들 안에서 그리스도의 장성한 분량에 이르는 성숙을 만들어 가기 위하여 성령은 현재도, 그리고 미래에도 과거처럼 풍성한 성령의 은사들로 교회를 축복하기를 원하신다. 그러기에 더욱더 성령의 은사들을 사모해야겠다.

CHAPTER

결론 : "귀있는 자는 성령이 교회들에게 하시는 말씀을 들을지어다"

(Andrei Rublev 1360-1430)

이제 성령의 사역과 정체성에 대한 우리의 논의를 마무리해야 할 시점에 이르렀다. 성령에 관한 논의를 마무리하는 방법에는 여러 가지가 있다. 그중에서도 가장 일반적인 방법은 지금까지 논의되어졌던 것들을 요약, 정리하여 간략하게 다시 제시하는 방법일 것이다. 본 저자는 이 책에서 창조로부터 새 창조, 그리고 부활에 이르는 성령의 다양한 사역들을 하나님의 구원사의 시간표를 따라 분석해 보았다. 그러나 우리의 결론이 단순히 여태까지 논의되어진 내용들을 요약, 정리해서 간략하게 제시하는데 그친다면, 독자들은 질문하게 될 것이다: "지금까지 논의된 성령의 역할과 정체성이 현재 21세기를 살아 가고 있는 한국 교회의 독자들에게 도대체 어떤 의미가 있는 것인

가?"⁴⁴⁰

따라서 본 저자는 이 책의 결론을 현재 한국에서 일어나고 있는 많은 은사 운동들과 많은 한국 교회들의 침체를 포함한 한국 교회의 상황을 요한계시록에 기록된 일곱 교회들을 향한 주님의 경고의 말씀과 비교함으로써 시작하고자 한다. 왜냐하면 본 저자는 1세기 소아시아의 일곱 교회들에게 도전하셨던 성령이 지금도 21세기의 한국 교회들에게 동일하게 도전하고 있다고 믿기 때문이다. 성령은 그때나 지금이나 그리스도의 몸된 교회들이 자신이 전해주는 말씀에 귀 기울이며, 자신을 경외하며, 자신과 동행하는 삶을 살기를 원하신다. 성령의 말씀에 귀 기울이며 성령과 동행하는 성도들과 교회들은 성령이 직접 기록한 말씀들에 약속되어진, 그리고 그리스도에 의하며 이미 성취되어진 하나님의 구원과 새 창조의 풍성한 은혜들을 맛보게 될 것이다. 나아가, 순종하는 한국 교회들에게 성령은 하나님의 보좌를 그들 가운데 펼치시고 하나님의 강력한 임재로 채우시는 큰 부흥도 경험하게 하실 것이다.

교회를 향한 성령의 도전

소아시아 일곱 교회들에 대한 성령을 통한 주님의 경고(계 2-3)

요한계시록에는 선지자 요한이 부활하신 주님으로부터 받은 소아시아(현재의 터키; 계 1:4) 지역에 위치한 일곱 교회들에 대한 계시의 말씀들이 기록되어 있다(2-3장). 이 계시의 말씀들에는 주님의 관점에서 본 그 일곱 교회들이 잘한 것들과 잘못한 것들에 대한 칭찬과 경고가 함께 담겨져 있다. 예를 들어 에베소 교회는 주님의 이름을 위해서 인내하며 고난을 감수하였으나, 주님에 관한 첫사랑을 잃어버리게 되었다(계 2:3-4). 버가모(Pergamum) 교회도 주님의 이름을 굳게 붙들고 주님을 향한 믿음을 부인하지 아니하였으나, 거짓 선지자 발람의 가르침을 받아 범죄하는 지도자들을 용납하는 죄악을 범하게 되었다(계 2:14). 두아디라(Thyatira) 교회는 거짓 선지자 이세벨(Jezebel)과 영적인 간음을 범하였고(계 2:20), 사데(Sardis) 교회는 자신들이 모르는 사이에 영적으로 죽은 상태에 처하게 되었다(계 3:2). 라오디게아 교회는 영적으로 차갑지도 뜨겁지도 않은 채, 자신들은 부유하다며 스스로 자족하는 상태에 빠져버렸고(계 4:16-17), 오직 서머나 교회(계 2:8-11)와 필라델비아 교회만이 주님의 칭찬을 듣게 되었다(계 3:8).

1세기 말 로마 황제 도미티안(Domitian)의 핍박 아래 놓인 많은 소아시아 교회들은 주님을 향한 그들의 믿음으로 인하여 주님의 칭찬을 듣게 되었다.[441] 그러나 위에서 본 것처럼, 일부 교회들은 영적인 자만에 빠지게 되었고, 거짓 가르침들과 악한 지도자들을 용납하였으며, 주님을 향한 첫사랑을 잃어버리게 되었고, 이의 결과로, 자신들이 깨닫지 못하는 사이에 영적으로 죽어버리는 상태에 처하게 되었다. 이에 부활하신 주님은 자신의 성령을 통하여 일곱 교회들에게 엄중한 경고의 말씀을 전하고 있다. 부활하신 주님은 바로 십자가에 달려 죽으신 그리스도시며, 곧 구름을 타고 이 땅에 재림하실 세상의 심판자이시다(계 1:7). 주님은 죽음을 이기시고 살아나셨으며, 현재 죽음과 지옥 하데스에 대한 열쇠를 가지신 분으로 자신을 묘사하고 있다(계 1:18). 또한 주님은 자신을 하나님처럼 시간의 제약을 초월하는 "알파와 오메가"로 부르고 계시며(계 1:4, 8), 일곱 교회의 촛대를 가지시고 그들의 운명을 결정하시는 분이시다(계 1:20).

사도 요한이 기록하고 있는 일곱 교회를 향한 모든 경고의 말씀들은 다 주님으로부터 온 것들이다(계 2:1). 그러나 주님의 모든 경고의 말씀들은 다 "귀있는 자는 성령이 말씀하시는 것들을 들을지어다"로 끝을 맺는다(계 2:7, 11, 17, 29; 3:6, 13, 22). 이 말은 우리로 하여금 주님의 계시의 말씀이 바로 주님의 영이신 성령을 통하여 전달되었음을 알려준다. 성령이 전달하시는 그 경고의 말씀들에 따르면, 만약 교회들이 위에서 언급된 주님의 경고를 무시하고 "회개"하여 악한 길에서 돌이키지 않는다면, 주님이 그 교회들의 촛대를 옮겨버리시겠다는 것이다.

주님의 성령은 현재 한국 교회들에게 어떠한 경고의 말씀들을 전해주고 계시는가? 현재 한국 교회들의 상황이 1세기 소아시아 교회들의 상황과 매우 유사할 수도 있다는 것은 비단 본 저자만의 생각일까? 영적인 침체와 첫사랑을 상실한 미지근한 예배들, 자신들의 유익을 위하여 불법을 일삼는 영적인 지도자들, 그리고 그러한 영적인 지도자들을 용납하고 묵인하는 교회들, 자신들이 가진 부와 권력으로 주님의 일들을 할 수 있다고 믿는 영적인 자만심들, 그리고 한국 교회에 만연되어 있는 죄에 대한 무감각한 현상들. 이제 한국 교회들도 회개하지 않으면, 자신들의 촛대가 옮겨질 수도 있다는 심각한 위기의식을 가져야 하지 않을까?

한국 교회들에 대한 성령을 통한 주님의 경고

하바드 대학교가 위치한 하바드 스퀘어와 보스톤 한국 총영사관이 위치한 뉴튼이라는 도시의 크라운 플라자는 마운트 어번(Mt. Auburn st.)이라는 길에 의해 서로 연결된다. 하바드 스퀘어에서 한국 총영사관 방향으로 마운트 어번 도로를 따라 운전을 하다 보면, 워터타운(Watertown)이라는 도시를 지나게 되는데, 그 길의 중간쯤에는 교회에서 운영하는 공동묘지가 길가에 놓여 있다. 미국에서는 많은 공동묘지들이 타운의 중심부나, 혹은 교회의 앞뜰에 위치하고 있다. 그 공동묘지와 작은 길 하나를 사이에 두고, 그 공동묘지를 운영하던 교회가 위치해 있다. 그러나 그 교회 앞에는 "당신의 집은 당신의 거룩한 장소(예배당)!"(Your home is your sanctuary!)라는 푯말과 함께, 멋있는 콘도의 내부 모습을 찍은 사진들이 걸려 있다. 그 교회의 나이드신 성도들이 다 그 공동묘지에 묻히게 된 뒤, 교회는 텅텅비게 되었고, 마침내 건축업자들에게 팔려 콘도로 개조되어진 것이다. 이제는 아무도 그곳을 교회로 기억하고 있지 않고, 단지 사람들이 거주하는 콘도로만 알고 있다. 그 교회의 촛대가 옮겨진 것이다. 그러나 더욱 안타까운 것은 이렇게 교회들이 텅텅 비어가고, 콘도로 혹은 레스토랑으로 혹은 나이트클럽으로 개조되는 현상은 이제 미국 곳곳에서 흔히 볼 수 있는 평범한 장면이 되었다는 것이다. 수많은 교회들의 촛대가 옮기워진 것이다.

본 저자는 한국 교회를 바라보면서 때론 위기감에 마음이 떨리곤 한다. 한국 교회들의 촛대는 안전한가? 아니면, 지금 주님이 그 촛대들을 흔들고 계시지는 않는가? 혹시 지금 주님은 자신의 마지막 경고로서, 성령을 통하여 여러 가지 방법으로 우리들에게 말씀하시며 회개를 촉구하고 있는 것은 아닐까?

북한의 지도자 김정은의 도발에 직면한 한반도는 다시 격정의 소용돌이에 빠져들게 되었다. 아무도 예측할 수 없는 급변하는 상황 속에서, 한반도의 미래는 한 번도 경험해 보지 못한 큰 성숙의 길로, 혹은 쇠퇴의 길로 갈수도 있겠다 싶다. 그토록 우리가 바라왔던 통일 한국을 경험하면서, 북녘 땅에도 복음의 문이 활짝 열릴 수도 있을 것이다. 아니면, 또 다시 전쟁의 포화 속으로 한반도 전체가 빠져들 수도 있다. 한국의 교회들은 주님의 음성을 듣기를 위하여 더욱더 간절히 기도해야 할 때이다. 부활하신 주님은 성령을 통하여서 현재 우리에게 어떤 경고의 음성을 혹은 위로의 말씀을 전해주고 있는 것일까? "귀있는" 한국 교회들이 "성령이 교회들에게 말씀하시는 것들을 듣고" 회개하여, 지금 주님이 원하시는 방향으로 나아가야 할 때는 아닌지 우리는 심각하게 질문해 보아야 한다.

소아시아의 일곱 교회들처럼, 한국 교회들도 일제하에서 큰 핍박을 견디며 주님을 향한 믿음을 굳게 붙잡음으로써, 교회사에서 유래를 찾아보기 힘든 양적인 부흥을 경험하게 되었다. 그러나 1세기 소아시아의 일곱 교회들처럼, 우리도 현재 "너무 부요하게 되었고 영적으로 미지근하며 거짓된 지도자들을 용납하여 영적인 간음을 행함으로써 영적으로 죽어가고 있는 것"은 아닌지 모르겠다. 주님은 현재 우리가 돌이켜 회개하기를 원하시고 있지는 않을까? 성령은 한국 교회들에게 어떤 메시지를 선포하고 계시는 것일까?

최근에 한국 교회들 여기저기서 성령의 은사들에 대한 열정들이 여러 가지 형태로 분출되었다. 실제로 많은 은사들이 교회들 앞에서 현저하게 보여지거나, 아니면 지금도 초대 교회 때처럼 부어질 수 있다고 주장되어진다. 이러한 성령의 은사들의 나타남은, 그리고 그로 말미암는 논쟁들은, 한편으로는, 영적으로 잠자고 있는 한국 교회들을 깨우고자 하시는 성령님의 간절한 부르짖음이다. "일어나라! 하나님 앞에서 너희들의 행위가 완전하지 못하니, 현재 남아 있는 것들, 그러나 죽어가고 있는 것들을 고쳐라!"(사역, 계 3:2). 현재 한국 교회가 가지고 있는 것들, 그러나 앞으로 우리가 잃어 버릴수도 있는 것들은 대체 무엇일까? 한국 교회들의 촛대와 직접적으로 연관된 한국 교회의 "현재 남아 있는 것들과 죽어가고 있는 것들"은 무엇을 말하는 것일까? 한국 교회들이 과거에 가졌던 주님을 향한 순수하고 거룩한 첫사랑일까? 아니면 성령이 한국 교회들 가운데서 이루고자 하시는 그리스도의 새 창조의 사역일까?

사도 요한은 교회들에게 찾아와 경고의 말씀을 전하는 성령님 뒤에서 주님이 서서 직접 교회의 문을 두드리고 있다고 말한다(계 3:20). 주님은 현재 한국 교회들의 문 앞에 서서 그 문을 두드리시면서, "내 음성을 듣고 문을 열어라. 그러면 내가 너희와 함께 먹고, 너희와 함께 거할 것이다"라고 말씀하신다. 이 말씀은 불신자들에게 주어지는 복음의 초청의 말씀이 아니라, 죽어가는 교회들에게 주어지는 회개를 촉구하는 말씀이다. 우리들의 실수와 허물과 영적인 자만과 죄악으로 닫혀져버린 교회의 문을 활짝열고 주님을 영접하면, 그가 우리를 고치시고 우리로 하여금 우리의 죄악을 극복하게 하며, 주님과 함께 하나님의 보좌에 앉게 될 것이라고 약속하신다(계 3:21). 한국 교회들의 촛대는 그들이 주님을 다시 영접하여 자신들의 삶 가운데로 모셔들이며, 그가 성령을 통하여 전달하시는 말씀에 귀를 기울이며 순종하고 사는 것에 전적으로 달려 있다. 성령을 통하여 전달되는 주님의 말씀을 듣고 순종하는 자들은 자신들의 촛대가 보존되는 것을 경험하게 될 것이며, 그 말씀을 무시하는 자들은 곧 자신들의 촛대가 옮기워진 것을 발견하게 될 것이다. 아니 그들은 촛대가 옮기워진 줄도 모르고 영원히 깨어날 수 없는 깊은 잠 곧 사망에 빠질 수도 있다. 귀있는 자들은 다 성령이 지금 한국 교회들에게 말씀하시는 것을 심각하게 들어야 한다.

성령과 초대 교회, 그리고 21세기의 한국 교회

　주님이 부활하신 후, 주님은 성령을 통하여 항상 교회 가운데 거하시면서 교회들에게 말씀하여 오셨다. 단지 많은 교회들이 그 음성을 들을 수 있는 귀가 없어서 성령의 음성을 듣지 못하였을 뿐이다. 한국 교회는 이미 부흥의 정점을 지나 침체의 국면으로 접어들게 되었다. 일부 교회들은 여전히 대형교회로 남아 있고 계속해서 성장하는 듯 보이지만, 사실은 다른 작은 교회들로부터의 수평적인 이동에 불과하다. 한국 교회들은 제자훈련과 말씀 운동을 통해서, 그리고 각종 프로그램들을 통해서 튼튼한 교회들을 완성해 가는 듯 보였다. 그러나 때로 일부 교회의 지나친 지성주의는 "성부, 성자, 성령"을 "성부, 성자, 성경"으로 대치하여 버렸고, 프로그램들에 의존한 교회의 운영은 교회 안에서 성령의 생명력을 상실하는 결과를 낳게 되었다. 이에 대한 반발로, 한국 교회는 성령과 직접적으로 소통하는 많은 '참된' 그리고 "거짓된" 은사주의자들의 도전을 경험하게 되었다. 반면에, 이러한 은사주의자들의 반발은 때로 일부 한국 교회들로 하여금 반지성주의 경향을 띠게 하였고, 성경을 무시하며 하나님께 직접 "직행"하고자 하는 운동들을 격려하는 폐단을 낳게 되었다. 현재 한국 교회는 성경에 대한 바른 지식과 성령의 현저한 나타남들 둘 다를 어느 때보다도 더 절실히 필요로 한다. 왜 성경과 성령은 우리들의 신앙 행위에서 서로 대치되어야만 하는가? 성령은 성경의 저자이시고 은사를 주시는 분이신데, 그리고 성경은 성령의 사역과 은사들에 대한 가장 믿을만한 증거인데, 왜 한국 교회는 하나만 취하고 다른 하나는 버리는 실수를 범하고 있을까? 우리에게는 불붙은 말씀이 필요하고, 말씀을 통해서 그리스도의 사역을 증거하는 성령의 불이 필요하다.

  우리는 교회에서 성령에 대해서 항상 언급하면서 삼위 중의 한 분으로 여전히 존경하고 있다. 그러나 과연 우리들의 개인적인 삶과 교회의 예배 가운데서 성령을 얼마나 강력하게 체험하고 있는지에 대해서 우리는 스스로 질문해 보아야 한다. 성령님은 자신의 사역을 위해서 우리들의 진지한 관심을, 그리고 여태까지 보였던 것보다도 훨씬 더 많은 관심을 그 어느 때보다도 더 필요로 하고 계신다. 왜냐하면 한국에 있는 그리스도의 몸된 공동체들이 지금 병들어 있고, 성령님은 그 병든 그리스도의 몸을 고치고자 간절히 원하시기 때문이다. 성령님은 오직 그리스도에게 헌신된, 그리고 그리스도의 심장을 가진 자들을 통해서만 일하신다. 그리고 그들에게 자신의 사역이 무엇인지, 자신이 누구인지를 알려 주시고자 하신다.

성령님의 정체성과 역할에 대한 관심은 하나님의 말씀을 향한 우리들의 관심과 반드시 함께 가야 한다. 과거에 사도들을 친히 가르치시며 그들에게 하나님의 지혜를 알려주시고 성경을 만드신 성령님께(고전 2:13) 우리는 다시 성경의 여러 진리들에 관하여, 특히 성령님의 사역과 정체성에 대해서 묻고 배워야 한다. 그리고 그 성경 속에 기록된 성령의 능력 있는 역사들을 우리에게도 허락하여 달라고 기도해야 한다. 성령은 성경의 저자이시고, 성경은 성령이 교회를 가르치시는 최고의 교제이다. 우리가 성령이 성경을 통해서 말씀하시는 것들을 제대로 배우고 순종하면, 사도들의 설교를 듣고 오순절의 성령을 체험하였던 초대 교회들처럼 우리도 풍성한 성령의 나타남과 각종 은사들을 얼마든지 체험할 수 있다. 왜냐하면 성령의 최고 관심사는 그때나 지금이나 변함없이 그리스도의 몸된 교회를 살리고 세우고자 하시는 일이기 때문이다. 그리스도의 피로 값주고 사신 교회를 성령은 자신의 "목숨"보다도 더 귀히 여기신다. 성령은 자신과 함께 그리스도의 몸을 세우기 위하여 자신의 모든 것들을 헌신하기를 원하는 자들을 지금도 찾고 계신다. 그리고 그러한 자들을 자신의 기름 부음으로 덧입히시기를 간절히 원하신다.

성령의 임재가 거의 느껴지지 않는 현대 교회들과는 달리, 초대 교회는 모든 교회 공동체들이 성령의 임재와 능력을 체험하는 것을 당연한 것으로 간주하였다. 누가가 사도행전에서 기록하고 있듯이, 예수를 믿고 회심하는 자들은 반복해서 오순절의 성령세례를 체험하였다(행 2, 8, 10, 18). 그들이 회심 중에 혹은 회심 후에 공동체 생활

가운데서 체험한 성령은 너무도 강렬한 것이었기에, 그들은 종종 예언을 말하게 되었고, 방언으로 하나님을 찬양하게 되었으며, 신유와 기적들이 그들의 예배 가운데 빈번하게 발생하였다. 이 모든 은사들은 성령의 현저하신 임재의 결과들이었다. 또한 사도들을 통하여 그들에게 선포된 하나님의 말씀에는 하나님의 능력이 배어 있었고(갈 2:15; 살전 1:5-10), 그 말씀과 함께 오신 성령은 수많은 기적들을 교회를 위하여 베풀어 주셨다. 초대 교회를 보면, 성령의 강력한 임재와 능력 있는 말씀의 선포가 함께 있었다. 그 결과 모든 교회들은 다 공통적으로 놀라운 복음의 부흥의 능력을 경험했다.

현재 한국 교회는 어떠한가? 강단에서 선포되는 말씀에서 우리는 성령의 불붙은 능력을 느끼고 있는가? 우리들의 예배와 삶에는 살아 있는 성령의 능력 있는 임재가 동행하고 있는가? 예언과 기적들, 그리고 많은 성령의 은사들을 우리들의 삶과 예배 가운데 우리는 얼마나 자주 경험하고 있는가? 초대 교회 성도들이 경험하였던 성령의 인도하심과 그에 따라 그들이 맺게된 성령의 열매들이 우리들 가운데서도 여전히 맺히고 있는가? 성령이 진행해 가시는 영화로운 변화와 부활에 대한 소망이 얼마나 우리들의 신앙에서는 살아 있는 실체가 되었는가? 우리는 우리 자신들의 영적인 무기력과 가난함을 결코 당연한 것으로 받아들이지 말아야 한다. 초대 교회는 현대 교회들이 어떻게 성령의 능력 없이도 그렇게 담대하게 잘 살아갈 수 있는지 아주 의아해 할 것이다. 현대 교회들은 라오디게아 교회처럼 성령의 능력이 없이도 자신들이 가진 돈과 권력을 통해서 하나님의 일을 완성할 수 있다고 생각하는 영적인 자만에 빠져 있는 것은 아닌지 모르겠다.

성령-하나님의 영, 그리스도의 영, 그리고 교회의 영

성령은 우리들의 더 많은 관심과 존경을 받으셔야 할 분이시다. 우리는 성령이 누구신지, 또 무엇을 하는 분이신지에 대해서 계속해서 배워가야 한다. 우리는 우리가 살아가고 있는 현재의 삶은 부활하신 주님이 교회에 보내어주신 성령과 동행하면서 주님의 사역을 완성해 가야할 때임을 기억해야 한다(갈 4:4-6). 주님은 자신의 피값으로 교회를 사셨고, 하나님이 창세 전에 예비하신 구원을 성도들에게 허락하셨다. 주님의 영이신 성령은 그렇게 세워진 교회를 그리스도의 장성한 분량에 이르게 하기 위하여 지금도 우리 가운데 거하시면서 수고하고 계신다. 우리는 제2의 축복으로서 성령세례를 다시 받아야 하는 것이 아니라, 우리 가운데 현재 거하고 계신 성령이 무엇을 원하시는지를 깨닫고 그분의 세미한 음성을 듣고 순종해야 한다. 그러면 성령은 다시 자신의 능력 있는 임재를 우리에게 허락하시고, 우리 가운데서 그리스도의 사역을 계속해서 완성해 가실 것이다. 성령이 간절히 원하시는 그리스도의 사역은 그리스도의 몸된 교회를 세워가는 것이고, 그리스도의 몸의 지체들 안에서 그리스도의 형상과 성품과 부활을 완성하는 것이다. 그리고 이렇게 새로워진 성도들이 하나님을 찬양하며 하나님께만 영광을 돌려 드리는 것이 진정으로 성령이 원하시는 것이다. 귀있는 자는 성령의 음성에 귀를 기울이자!

성령-하나님의 영[442]

제1부에서 우리는 하나님의 영으로서 구약과 유대인들의 역사에서 활동하시던 성령의 역할에 대해서 살펴보았다. 하나님은, 한편으로는, 자신의 백성들 가운데 늘 임재하시는 분이셨고, 또 다른 한편으

로는, 세상을 초월하여 하늘 위에서 자신의 보좌에 앉아 계신 분이셨다. 이 땅에서의 하나님의 임재와 활동은 자신의 영을 통하여 이루어졌다. 하나님의 영은 성령이라고 불리워졌는데, 이는 하나님의 본성이 거룩하시기 때문에 그의 영도 거룩하다는 믿음 때문이었다. 하나님의 영이 성령 곧 성스러운 영으로 불리워졌다는 것은 성령이 거룩하신 하나님으로부터 말미암았음을 우리에게 말하여 준다.

구약에서 성령은, 가장 먼저 창조의 사건에서 발견되어진다. 하나님과 함께 물위를 운행하시던 하나님의 신 성령은 하나님을 도와 세상을 창조하셨고, 흙으로 빚어진 아담의 몸에 그의 코를 통해서 들어가사, 그의 죽은 몸에 생기를 불어 넣으셨다. 성령은 창조의 영이신 동시에 생명의 영이셨다. 예레미야와 에스겔 같은 예언자들은 자신들의 반복되는 죄로 인하여 약속의 땅에서 쫓겨난 이스라엘을, 곧 마른 뼈들처럼 죽어버린 하나님의 백성들을 성령이 다시 살리실 미래의 종말의 때에 대해서 예언하게 되었다. 그들을 아담의 불순종과 완고한 마음으로부터 해방시키실 성령은 그들에게 새 마음을 주실 분으로서 새 언약의 성령으로 불리우게 되었다.

또한 구약에서 하나님은 자신의 영이신 성령을 통하여 자신의 백성 이스라엘의 삶을 인도하셨다. 성령은 사사들과 왕들과 선지자들과 같은 이스라엘의 지도자들에게 임하여 그들에게 하나님의 지혜와, 말씀, 그리고 능력으로 채워주셨다. 성령으로 기름 부음 받은 이스라엘의 지도자들은 하나님의 백성들을 하나님을 대신하여 다스리고 치리하며 인도할 수 있게 되었다. 이러한 성령으로 기름 부음 받은 과거의 하나님의 사람들에 대한 이스라엘의 기억은 오랜 기간 동안 이방인들에 의한 통치를 경험한 유대인들로 하여금 종말의 때에 다시 나타날 기름 부음 받은 이스라엘의 메시야에 대한 소망을 가지게 하였다.

하나님의 날 곧 종말의 때가 오면, 유대인들은 소망하기를, 성령으로 기름 부음 받은 이스라엘의 메시야가 나타나서, 그 백성들을 이방인들의 압제에서 벗어나게 할 것이라고 믿었다. 또한 그 메시야의 등장과 함께 그 종말의 때에는 성령이 모든 하나님의 백성들에게 풍성히 부어져서 다 선지자들처럼 예언하며, 자신들 속에 임한 성령이 주시는 새로운 마음을 가지고 하나님께 순종하며 그의 법을 온전히 지키게 될 것이라고 기대하였다. 이렇게 구약과 유대인들의 역사에서 성령은 하나님의 영으로서 하나님의 백성들을 창조하시고 인도하시며 온전케 하시는 일을 자신의 사역으로 삼으셨다.

성령-그리스도의 영[443]

하나님의 마지막 날에 대한 간절한 기대에도 불구하고, 주님이 이 땅에 오시기 전 유대 땅에 살고 있던 많은 유대인들은 하나님의 성령을 통한, 그리고 그의 종 선지자들을 통한 하나님의 계시가 이제는 다 그쳤다고 생각하였다. 그들은 자신들이 가지고 있는 성경 곧 히브리 성경이 하나님의 계시의 완성된 기록이라고 믿었다. 그들은 하늘로부터 내려오는 새로운 계시보다도, 성경에 기록된 율법을 읽고 해석하면서 자신들의 삶에 적용하는 일에 전념하였다. 그럼에도 불구하고, 일부 유대인들은 모세와 같은 마지막 선지자, 그리고 성령으로 기름 부음 받은 메시야의 출현에 대한 기대를 결코 버리지 않았다.

그런 그들에게 광야로부터 온 세례 요한의 등장은 신선한 충격이었다. 약대 털옷을 입고, 메뚜기와 꿀을 먹으면서, 하나님의 나라의 도래와 회개를 선포하는 그의 선지자적 활동에 유대인들은 큰 관심을 가지고 몰려들기 시작하였다. 그들은 마음 속에 생각하기를, "아 마침내 하나님께서 우리를 위하여 약속하신 종말의 선지자를 보내어

주셨구나." 그러나 세례 요한은 자신의 역할을 자기 뒤에 오시는 자기보다 더 큰 자 곧 성령으로 세례를 주시는 분에 대하여 증거하는 일이라고 선포하였다. 유대인들은 세례 요한이 증거하고 있는, 세례 요한보다도 더 큰 자에 대해서 궁금해하기 시작하였다. 이 유대인들의 궁금증은 드디어 예수님이 세례 요한에게 오셔서 물로 세례를 받으시고, 하늘로부터 오는 성령을 통하여 하나님에 의하여 세례를 받으실 때 풀리게 되었다.

주님이 이 땅에 오셨을 때, 주님은 성령으로 말미암아 잉태되셨고, 성령에 이끌리어 광야로 나가 사탄에게 시험을 받으셨으며, 성령의 능력을 힘입어 귀신을 쫓아내고 병들을 고치셨고, 또 성령의 조명 아래서 권세 있는 가르침을 펼치셨으며, 성령의 도우심으로 십자가의 죽음을 넘어 부활에 이르게 되었다. 주님의 부활 후, 주님은 성령의 주가 되셔서 세례 요한의 예언처럼 성령으로 세례를 주시기 시작하였다. 주님이 아버지께서 약속하신 바로 그 성령을 받으셔서 교회에 직접 나누어 주시기 시작한 것이다. 이의 결과로, 초대 교회들은 현저한 오순절의 성령 체험을 반복해서 경험하게 되었고, 주님의 복음에 대한 말씀이 선포되는 곳마다 능력 있는 성령의 역사로 교회들이 세워지게 되었다.

요한계시록에서 사도 요한은 교회들이 성령이 하시는 말씀에 대해서 귀 기울여 들으라고 권면하고 있는데, 여기서 성령은 그리스도의 영으로서 그리스도를 대신하여 교회에 말씀을 전하시는 분으로 묘사되어지고 있다. 주님의 부활 후, 성령은 주님 자신의 영이 되셨고, 주님의 새 창조 사역을 계속하여 진행하시는 일을 자신의 주사역으로 삼으셨다. 또한 성령은 주님에 관한 진리를 증거하시고, 주님의 임재와 능력을 이 땅에 나타내시며, 주님께 영광을 돌리는 일을 하게 되었다. 성령은 그리스도의 영이시기에, 성령과 동행하고자 하는 모든 성도들에게 그리스도에 대하여 증거하기를 원하신다. 성령은 그리스도의 영이시기에, 그리스도의 모든 사역들을 그리스도의 몸된 교회와 지체들에게 효과적으로 적용하는 일을 행하시고자 하신다. 성령의 사역은, 한마디로 말하면, 그리스도의 몸 곧 그리스도의 피로 값주고 사신 교회를 세우는 일이다. 누구든지 성령을 경험하고 성령과 동행하기를 원하는 자들은 바로 이 성령의 사역에 주목해야 한다. 거기에 성령으로 충만함을 받을 수 있는 비밀이 있기 때문이다.

성령-그리스도의 몸된 교회의 영444

하나님과 원수되었던 자연인들이 선포된 주님의 복음에 믿음으로 반응하여 하나님과 화목하게 되는 것은 성령의 은혜로우신 감동이 있었기 때문이다. 성령을 통하여 그리스도를 향한 믿음을 가지게 된 자들은 다 그리스도와 연합하여 한 몸을 구성하게 되었다. 이들 가운데, 그리고 그리스도의 몸 가운데 거하시는 성령은 이 순간부터 새롭게 창조된 그리스도의 몸을 변화시키시고, 그리스도를 아는 지식의 장성한 분량에 이르도록 성숙케 하는 과정을 시작하신다. 모든 성도들이 다 그리스도의 몸의 지체가 되었음으로 성령은 그 지체들에게 다양한 은사들을 허락하시고, 이를 통하여 다른 지체들을 섬기게 하사 그리스도의 몸된 교회를 세워가기를 원하신다. 교회에는 말씀과, 방언과, 신유와, 예언을 비롯한 수많은 성령의 은사들이 항상 넘쳐나야 한다. 이 은사들을 통해서 성도들은 자신들 가운데 거하시는 성령의 살아 있는 생명력을 체험하게 되기 때문이다. 건강한 교회는 한두 가지의 은사들만이 아니라, 모든 성령의 은사들이 다 풍성하게 나타나는 교회이다.

그러나 성령의 은사들은 성령이 그리스도의 몸된 교회에 행하시는 자신의 사역의 최종적인 목적이 아니다. 성령의 은사들은 그리스도의 몸을 세우고자 하시는 성령의 효과적인 방편들일 뿐이다. 그리스도의 몸을 세워가는 성령의 사역은, 첫 번째, 그리스도와 연합한 그의 백성들 가운데서 옛 아담의 죄악된 본성을 제거하고, 새 아담 예수의 순종하는 마음을 만들어 가시는 일이다. 성령은 이 새 마음을 통해서 성도들이 하나님을 기쁘게 섬기는 삶에 대해서 깨달아 알게 하신다. 여기서 성령은 새 언약의 성령으로 불리워진다.

두 번째, 성령의 사역은 그리스도의 보혈을 통하여 하나님과 새로운 언약 관계에 놓인 그의 백성들을 날마다 영화롭게 변화시키는 일이다. 새 아담 예수에 의하여 새롭게 창조된 하나님의 백성들로 하여금 아담이 잃어버렸던 영광을 회복하도록 도우시는 일이다. 하나님의 영광은 이제 그리스도의 얼굴에서 발견되어지고, 이 그리스도의 형상을 따라서 성령은 영광스러운 하나님의 새 백성을 만들어가고 있는 것이다.

세 번째, 성령은 성도들의 마음을 세상에서 돌이켜 하나님만 섬기도록 그들의 속사람을 변화시키는 일도 하신다. 성령을 따라 걷는 자들은 자신들의 육체가 기뻐하는 일을 행하지 않고, 그 대신 성령이 기뻐하시는 일을 하게 됨으로써 그들 가운데 살아계시는 성령의 거룩한 열매들을 맺힐수 있게 된다. 성령의 열매들은 바로 부활하신 주님의 성품으로서, 그리스도의 형상을 따라 우리를 변화시키시는 성령의 사역의 가장 중요한 사역들 중의 하나이다. 성령은 그리스도의 영이시기에 그리스도의 성품을 성도들 안에서 만들어 가시기를 원하신다.

네 번째, 성령은 그리스도와 연합한 모든 성도들이 주님의 부활하신 몸과 같은 부활의 몸으로 덧입힘을 입도록 하신다. 성도들의 썩을 몸이 썩지 않을 몸에 의하여 삼키운 바 되어서, 영원한 생명을 가지게 되고 하나님과 영원한 교제를 행하게 되는 것이다. 성령의 새 창조의 사역이 그리스도의 몸된 지체들의 부활을 통해서 완성되어지는 것이다. 성령은 성도들로 하여금 죽음을 극복하게 하고, 그리스도의 부활을 자신들의 죽은 몸에서 체험하게 하시는 부활의 영이시다.

마지막으로, 성령은 피조 세계를 새롭게 하신다. 하나님의 아들들이 이렇게 변화된 몸과 그리스도의 영광으로 덧입힘을 입고 하나님 앞에 서게 될 때, 아담의 죄로 말미암아 파괴된 모든 피조 세계도 하나님이 의도하신 아름다운 창조의 질서대로 다시 회복되어질 것이다. 이렇게 해서, 성령을 통한 그리스도의 새 창조의 사역은 하나님이 의도하신 본래의 창조의 질서를 회복할 뿐만 아니라, 첫 창조의 모든 연약함들을 넘어서는 완전함을 성취하게 되는 것이다. 성령은 하나님과 함께 세상을 만드신 창조의 영이셨다. 그렇기 때문에 이제는 그리스도의 새 창조의 활동에 동행하시는 새 창조의 영이시다.

결론적으로, 성령의 사역은, 개인에게 임하든 공동체에게 적용되든, 그리스도의 형상과 성품을 그들 가운데서 만들어가시는, 그리고 그리스도의 새 창조의 사역을 완성해 가시는 그리스도의 영이시다. 성령의 사역은 철저히 그리스도를 중심으로 해서 계획되어지고 실행되어지며, 그리스도의 임재와 능력이 그의 사역을 통하여 드러나게 된다. 나아가 성령은 마치 주님이 하나님께 영광을 돌려드리는 것을 자신의 사역의 목적으로 삼으신 것처럼, 이렇게 새롭게 창조된 주님의 몸된 백성들이 하나님께 순종하며, 하나님만을 자신들의 창조주로 경외하며 찬양하게 되는 것을 그의 사역의 궁극적인 목적으로 삼으신다. 왜냐하면 성령은 주님의 영으로서 주님이 하시던 사역을 계속해서 완성하시는 분이시기에, 주님 안에 속한자들이 모두 주님처럼 하나님께 순종하고 하나님만 경배하기를 원하시기 때문이다. 바꾸어 말하면, 성령을 통하여 새 아담의 새 창조 사역이 완성되어 하나님께 온전히 순종하는 새 인류가 창조되어지고, 이 새 인류는 옛 아담의 죄를 극복하고 자신들의 창조주이신 하나님께 순종하며 하나님만 찬양하게 되는 것이다.

부흥(Revival)

개개인의 성도들은 한두 가지 은사체험만으로도 성령에 대하여 마음이 활짝 열리게 되고, 나아가 하나님과, 그리고 부활하신 주님과의 깊은 교제로 나아갈 수 있게 된다. 이렇게 새로워진 성도들은 온 교회를 각성시켜 성령의 일들에 주목하게 하고, 나아가 자신들이 살고 있는 사회를 변화시켜 그들 가운데 임한 하나님의 나라를 주목하게 만들 수 있다. 그러나 부흥은 이러한 개인들의 영적인 고양을 뛰어넘는 그 무엇 곧 사람들의 상상을 초월하는 성령의 비상한 활동이다.

성령은 그리스도의 몸된 공동체들 가운데서 계속해서 성화와 영화의 과정을 진행해 가신다. 성화와 영화는 성령의 은사들을 통해서 성령이 완성하고자 하시는 중요한 사역들이다. 그리고 성화와 영화의 과정의 마지막은 성도들의 부활이다. 부활한 성도들은 하나님과 주님과 더불어 영원히 살게 되는 영생을 맛보게 될 것이다. 그러나 부흥은 이러한 그리스도 안에서의 새로운 삶의 과정을 진행해가는 성령의 사역과 밀접한 관계에 놓여 있음에도 불구하고, 이것과는 구분되는 위기에 처한 교회에게 베푸시는 특별한 성령의 사역이다.

교회의 역사를 통하여 볼 수 있듯이, 성령은 가끔씩 죽은 듯이 고요한 교회들에게 큰 바람과 불로 찾아오셔서 하늘의 능력으로 그리고 강력한 하나님의 임재로 채우시곤 한다. 주님의 피로 사신 교회를 향한 불같은 열정 때문에 죽어가는 교회들을 살리시고자 성령이 직접 교회 안에 자신의 모습을 드러내시는 것, 그것이 바로 부흥이다. 자신의 불로 교회의 죄악들을 소멸하시고, 하나님의 보좌를 교회에 친히 세우사 하나님의 임재와 영광으로 교회를 가득 채우시는 사역, 이것을 우리는 부흥 혹은 영적인 각성이라고 부른다. 부흥은 유명한 부흥사들을 불러서 뜨겁게 기도하는 것과는 질적으로 다른 것이며, 교회들이 전도받은 사람들로 채워지는 단순한 수적인 팽창 현상을 지칭하는 말이 아니다. 부흥은 시작부터 끝까지 성령 자신의 사역이며, 인간들로 하여금 하나님의 영광 앞에 벌거벗기운 채 서서 자신들의 죄를 자복하게 만드는 위대한 성령의 특별한 사역이다. 이 부흥을 통해서 성령은 죽어가는 교회를 살리시고, 온 세상으로 하여금 그리스도의 몸된 교회를 주목하게 하며, 그 교회를 통해서 하나님의 나라를 선포하게 하신다.

성령을 통한 하나님의 임재

부흥은 유명한 부흥사들의 뜨거운 설교도 아니고, 교회가 새신자들로 가득채워지는 현상을 지칭하는 것도 아니다. 부흥의 가장 현저한 특징은 성령이 교회 가운데서 현저하게 하나님의 임재를 들어내셔서, 교회에 들어온 모든 자들이, 남녀노소 신분에 상관없이, 하나님의 임재 앞에 섰다는 두려움과 경외심을 가지게 되는 것이다.

모세가 하나님의 율법을 받으러 시내 산에 오를 때, 시내 산 아래에 모여 있던 이스라엘은 그곳에 임한 하나님의 임재를 느끼고 두려워하게 되었다. 또한 모세는 하나님의 명령을 따라 하늘에 있는 하나님의 성전을 본따 하나님이 거하실 장막을 이스라엘의 진영 한가운데 설치하였다. 그 장막이 완성되자 하나님의 임재가 그 장막을 가득 채우게 되었고, 그 영광스러운 하나님의 임재 앞에서 온 이스라엘은 하나님을 향한 두려움에 사로잡히게 되었다. 이사야와 예레미야도 하나님의 영광 앞에 서게 되었을 때, 그들은 자신의 육체의 모든 지체들이 분해되어지는 것을 경험하였고, 자신들의 두 다리에 힘을 잃고 쓰러지게 되었다. 하나님의 임재는 그앞에 선 인간들에게 하나님에 대한 두려움과 경외심을 불러 일으킨다.

성령이 오순절날 마가의 다락방에 모인 성도들 가운데, 그리고 뉴잉글랜드의 대각성 때에 조나단 에드워즈의 설교를 듣기 위해 모인 많은 사람들 가운데 하나님의 임재를 펼쳐보였을 때, 성도들은 다 하나님을 향한 두려움과 경외심에 사로잡히게 되었다. 부흥의 가장 현저한 특징은 바로 성령이 불같은 혀로 그들의 모인 곳을 진동시키시고, 그들 앞에 하나님의 임재와 영광을 보여주시는 것이다. 이 경험은 놀랍게 흥분되는 경험인 동시에, 죄인된 인간들이 거룩하신 하나님의 임재 앞에 서 있다는 두려움을 느끼게 하는 무서운 경험인 것이다.

성령을 통한 그리스도의 임재

성령을 통해서 교회에 펼쳐진 하나님의 영광과 임재는 사람들의 마음에 빛을 비추어 숨겨진 죄악들과 완악한 생각들이 드러나게 한다. 그들은 자신들이 저주를 받아 지옥에 떨어져야 할 존재들이라는 사실에 대해서 강하게 인식하게 되고, 그 두려움에 자신들의 몸과 마음이 녹아내리는 경험을 하게 된다. 죄에 대한 자각과 회개는 부흥의 두 번째 특징이다.

그러나 성령은 그들로 하여금 하나님이 이미 그들의 죄를 사하시고자 자신의 독생자를 희생하셨음에 대해서 깨닫게 해주신다. 곧 죄인들이 하나님이 그들을 사랑하사 자신의 독생자를 희생하셨다는 복음의 말씀을 분명히 이해하게 되는 것이다. 이 말씀은 지옥불로 빨려

들어가는 죄인들에게 얼마나 큰 위로의 말씀인가! 하나님의 영광 앞에 드러난 자신들의 죄악에 벌거벗긴 채 서 있던 인간들은, 그리스도가 십자가에서 흘리신 보혈이 자신들의 죄악 때문임을 깨닫게 된다. 이때 인간들은 그리스도의 십자가에서 드러난 성부와 성자의 무한하신 사랑에 깊은 감사의 마음을 품게 된다. 부흥을 통하여 찾아오신 성령은 인간들의 죄악을 하나님의 영광 앞에 드러내시고, 나아가 그리스도의 보혈로 깨끗이 씻음 받았음을 선포하신다. 이렇게 십자가에 달리신 그리스도의 임재가 교회를 가득 채우게 된다. 이것이 부흥의 세 번째 특징이다.

성령을 통한 그리스도의 몸과 세상의 회복

이렇게 그리스도의 피로 깨끗게 된 성도들은 죄에 대해서 아주 민감해지고, 자신들 속에서 성령이 이루어가고 있는 성화와 영화의 과정에 집중하게 된다. 이때 무엇보다 성령의 세미한 음성에 민감하게 반응하며, 자신들을 향하여 말씀하시는 하나님의 음성을 기쁘게 듣고 순종하는 마음의 변화를 경험하게 된다. 이렇게 회복된 개인들이 교회에 모여 예배드릴 때, 그들은 선포되는 말씀 속에서 하나님 자신의 음성을 듣게 되고, 자신들 가운데 임재하신 하나님의 존재를 깊이 경험하게 된다. 성도들의 모든 관심은 하나님을 향한 경배와 예배에 집중되어진다. 주님의 재림의 때에 완전히 이루어질 성도들과 하나님의 교제가 잠깐 이 세상에서 미리 맛보아지는 것이다.

이렇게 변화된 성도들과 이렇게 새로와진 교회들을 보면서 세상은 교회에 집중하게 된다. 술집은 문을 닫게 되고, 범죄는 줄어들며, 온 세상은 교회에서 일어나고 있는 부흥의 역사에 주목하게 된다. 사람들은 교회를 방문하여 무슨 일이 벌어지고 있는지 확인하려 하고, 거기에 임하신 성령의 능력에 사로잡혀 회심하게 되며, 이렇게 회심한 무리들은 온 교회를 가득 채워 하나님을 찬양하는 일에 동참하게 된다. 온 세상이 교회를 중심으로 해서, 교회 가운데 거하시는 하나님을 찬양하고 경배하는 일에 전념하게 되는 것이다. 이렇게 성령은 특별한 때에 특별한 방식으로 죽어가는 교회를 다시 살리시고 멸망으로 치닫는 세상을 회복시킨다. 이는 부흥의 네 번째 특징이다.

성령은 하나님의 영으로서 세상을 창조하셨고, 그리스도의 영으로서 새 인류를 창조하셨다. 그러나 특별한 때에, 곧 그리스도의 피로 값주고 사신 교회가 죽어갈 때, 성령은 비상하게 역사하여 교회를 살리시고, 그 교회를 통하여 온 세상을 살리신다. 지금 한국 교회는 아니 온 세상에 퍼져 있는 모든 죽어가는 교회들은 이 비상한 성령의 역사를 그 어느 때보다도 더 필요로 하고 있지 않을까? 오 성령이여, 어서 오시옵소서!

참고 문헌

조영모. 『누가와 바울이 말하는 성령과 하나님의 나라』 용인: 킹덤북스, 2010.
Anderson, Gary A. *The Genesis of Perfection: Adam and Eve in Jewish and Christian Imagination*. 1st ed. Louisville: Westminster John Knox Press, 2001.
Ashton, John. *Understanding the Fourth Gospel*. Oxford: Oxford University Press, 1991.
Attridge, Harold W. *The Epistle to the Hebrews : A Commentary on the Epistle to the Hebrews, Hermeneia a Critical and Historical Commentary on the Bible*. Philadelphia: Fortress Press, 1989.
Aune, David Edward. *Prophecy in Early Christianity and the Ancient Mediterranean World*. Grand Rapids, Mich.: Eerdmans, 1983.
Baltzer, Klaus, and Peter Machinist. *Deutero-Isaiah: A Commentary on Isaiah 40-55, Hermeneia-a Critical and Historical Commentary on*

the Bible. Minneapolis: Fortress Press, 2001.

Barnett, Paul. *The Second Epistle to the Corinthians*, The New International Commentary on the New Testament. Grand Rapids, Mich.: W.B. Eerdmans Pub., 1997.

Barrett, C. K. *A Commentary on the Second Epistle to the Corinthians*. [1st U.S. ed, Harper's New Testament Commentaries. New York,: Harper & Row, 1973.

_____. *From First Adam to Last*, Hewett Lectures,. New York,: Scribner, 1962.

Bateman, Herbert W. I. V. "Psalm 110:1 and the New Testament." *Bibliotheca sacra* 149, no. 596 (1992): 438-53.

Behm, J. "Arrabwn." In *T.D.N.T*, edited by Gerhard Kittel, 1968.

Belleville, Linda L. *Reflections of Glory: Paul's Polemical Use of the Moses-Doxa Tradition in 2 Corinthians 3.1-18*, Journal for the Study of the New Testament Supplement Series. Sheffield: JSOT Press, 1991.

Betz, Hans Dieter. *Galatians: A Commentary on Paul's Letter to the Churches in Galatia*, Hermeneia-a Critical and Historical Commentary on the Bible. Philadelphia: Fortress Press, 1979.

Boer, Martinus C. de. *The Defeat of Death: Apocalyptic Eschatology in 1 Corinthians 15 and Romans 5*, Journal for the Study of the New Testament Supplement Series. Sheffield, England: JSOT Press, 1988.

Borg, Marcus J., and N. T. Wright. *The Meaning of Jesus: Two Visions*. 1st ed. San Francisco: HarperSanFrancisco, 1999.

Botterweck, G. Johannes, and Helmer Ringgren. *Theological Dictionary of the Old Testament*. XV vols. Vol. XIII. Grand Rapids: Eerdmans, 1974.

Botterweck, G. Johannes, Helmer Ringgren, and Heinz-Josef Fabry. *Theological Dictionary of the Old Testament*. XV vols. Vol. XIII. Grand Rapids: Eerdmans, 2004.

Bovon, François. "The Dossier on Stephen, the First Martyr." Harvard Theological Review 96, no. 3 (2003): 279-315.

_____. *Luke 1 : A Commentary on the Gospel of Luke 1:1-9:50*. Minneapolis, MN: Fortress Press, 2002.

_____. *Luke the Theologian: Fifty-Five Years of Research (1950-2005)*. 2nd rev. ed. Waco, Tex.: Baylor University Press, 2006.

_____. *New Testament Traditions and Apocryphal Narratives*, Princeton Theological Monograph Series. Allison Park, Pa.: Pickwick Publications, 1995.

_____. *Studies in Early Christianity*, Wissenschaftliche Untersuchungen Zum Neuen Testament,. Tübingen, Germany: Mohr Siebeck, 2003.

Brodeur, Scott. *The Holy Spirit's Agency in the Resurrection of the Dead: An Exegetico-Theological Study of 1 Corinthians 15,44b-49 and Romans 8,9-13*, Tesi Gregoriana Serie Teologia. Roma: Pontificia University gregoriana, 1996.

Brown, Raymond Edward. *The Birth of the Messiah : A Commentary on the Infancy Narratives in Matthew and Luke*. London: G. Chapman, 1977.

_____. *The Gospel According to John*. [1st ed. 2 vols, The Anchor Bible,. Garden City, N.Y.,: Doubleday, 1966.

_____. *A Once-and-Coming Spirit at Pentecost : Essays on the Liturgical Readings between Easter and Pentecost, Taken from the Acts of the Apostles and from the Gospel According to John*. Collegeville, Minn.: Liturgical Press, 1994.

_____. "Paraclete in the Fourth Gospel." *New Testament Studies* 13, no. 2 (1967): 113-32.

Bruce, F. F. *The Epistle to the Hebrews; the English Text with Introduction, Exposition, and Notes*, The New International Commentary on the New Testament. Grand Rapids,: W. B. Eerdmans Pub. Co., 1964.

Bultmann, Rudolf. *Theology of the New Testament*. 2 vols. New York,: Scribner, 1951.

Burge, Gary M. *The Anointed Community: The Holy Spirit in the Johannine Tradition*. Grand Rapids, Mich.: W.B. Eerdmans Pub. Co., 1987.

Byrne, Brendan. "Christ's Pre-Existence in Pauline Soteriology." *TS* 58 (1997): 308-30.

_____. *Romans*, Sacra Pagina Series. Collegeville, Minn.: Liturgical Press, 2007.

Callan, Terrance. "Psalm 110:1 and the Origin of the Expectation That Jesus Will Come Again." *Catholic Biblical Quarterly* 44, no. 4 (1982): 622-36.

Carson, D. A. *Showing the Spirit: A Theological Exposition of 1 Corinthians 12-14*. Grand Rapids, Mich.: Baker Book House, 1987.

Carson, D. A., Peter Thomas O'Brien, and Mark A. Seifrid. *Justification and Variegated Nomism*. 2 vols, Wissenschaftliche Untersuchungen Zum Neuen Testament 2 Reihe. Grand Rapids, MI: Baker Academic, 2001.

Charlesworth, J. H. *The Bible and the Dead Sea Scrolls: The Second Princeton Symposium on Judaism and Christian Origins. Vol. 2: The Dead Sea Scrolls and the Qumran Community*. Waco, TX: Baylor University Press, 2006.

Charlesworth, James H. *The Old Testament Pseudepigrapha*. 1st ed. 2 vols. Garden City, N.Y.: Doubleday, 1983.

Childs, Brevard S. *Biblical Theology of the Old and New Testaments: Theological Reflection on the Christian Bible*. 1st Fortress Press ed. Minneapolis: Fortress Press, 1993.

Collange, Jean-François. *nigmes De La Deuxiüme pître De Paul Aux Corinthiens: tudes Exétique De 2 Cor 2:14-7:4*, Soc for New Testament Studies Monograph Series: Cambridge University Press,

1972.

Collins, Adela Yarbro. *Mark : A Commentary*, Hermeneia-a Critical and Historical Commentary on the Bible. Minneapolis, MN: Fortress Press, 2007.

_____. "Psalms, Philippians 2:6-11, and the Origins of Christology." *Biblical Interpretation* 11, no. 3-4 (2003): 361-72.

Collins, J. J. *The Apocalyptic Imagination: An Introduction to Jewish Apocalyptic Literature*. Vol. 2nd ed., Biblical Resource. Grand Rapids; Cambridge, UK: Eerdmans, 1998.

_____. *The Scepter and the Star : The Messiahs of the Dead Sea Scrolls and Other Ancient Literature*, Anchor Bible Reference Library. New York; London: Doubleday, 1995.

_____. "Apocalyptic Genre and Mythic Allusions in Daniel." *Journal for the Study of the Old Testament*, no. 21 (1981): 83-100.

Collins, John Joseph, Frank Moore Cross, and Adela Yarbro Collins. *Daniel: A Commentary on the Book of Daniel*, Hermeneia-a Critical and Historical Commentary on the Bible. Minneapolis: Fortress Press, 1993.

Collins, Raymond F. *First Corinthians*. Edited by Daniel J. Harrington, Sacra Pagina Series. Collegeville, Minn.: Liturgical Press, 1999.

Conzelmann, Hans. *1 Corinthians: A Commentary on the First Epistle to the Corinthians*, Hermeneia-a Critical and Historical Commentary on the Bible. Philadelphia: Fortress Press, 1975.

_____. *The Theology of St. Luke*. New York,: Harper, 1961.

Cosgrove, Charles H. *The Cross and the Spirit: A Study in the Argument and Theology of Galatians*. Louvain, Belgium: Peeters, 1988.

Cranfield, Charles E. B. "Some Comments on Professor J D G Dunn's Christology in the Making: A New Testament Inquiry into the Origins of the Doctrine of the Incarnation, with Special Reference to the Evidence of the Epistle to the Romans." In *Glory of Christ in*

the New Testament, 267-80. Oxford: Clarendon Press, 1987.
Danker, Frederick W. *The Concise Greek-English Lexicon of the New Testament*. Chicago: The University of Chicago Press, 2009.
Das, A. Andrew. *Solving the Romans Debate*. Minneapolis: Fortress Press, 2007.
Delobel, J. "The Corinthians' (Un-)Belief in the Resurrection." In *Resurrection in the New Testament: Festschrift J. Lambrecht*, edited by R. Bieringer, Veronica Koperski and B. Lataire, xxxi, 549, 8, p. Leuven; Dudley, MA: University Press; Uitgeverij Peeters, 2002.
Denaux, Adelbert. *John and the Synoptics*, Bibliotheca Ephemeridum Theologicarum Lovaniensium. Leuven: Univ Press, 1992.
Dodd, Brian J. *Paul'S Paradigmatic "I": Personal Example as Literary Strategy*, Journal for the Study of the New Testament Supplement Series. Sheffield, England: Sheffield Academic Press, 1999.
Donfried, Karl P. *The Romans Debate*. Rev. and expanded ed. Peabody, Mass.: Hendrickson Publishers, 1991.
Dunn, James D. G. *Baptism in the Holy Spirit: A Re-Examination of the New Testament Teaching on the Gift of the Spirit in Relation to Pentecostalism Today*. Philadelphia: Westminster Press, 1970.
_____. "Baptism in the Holy Spirit: Yet Once More-Again." *Journal of Pentecostal Theology* 19, no. 1 (2010): 32-43.
_____. *The Christ and the Spirit: Collected Essays of James D.G. Dunn: Volume 2 Pneumatology*. Grand Rapids, Mich.: W.B. Eerdmans Pub. Co., 1998.
_____. *Christology in the Making: A New Testament Inquiry into the Origins of the Doctrine of the Incarnation*. Philadelphia: Westminster Press, 1980.
_____. *Jesus and the Spirit: A Study of the Religious and Charismatic Experience of Jesus and the First Christians as Reflected in the New Testament*. Philadelphia: Westminster Press, 1975.

_____. "Jesus Tradition in Paul." In *Studying the Historical Jesus*, 155-78. Leiden: E J Brill, 1994.

_____. *Jesus, Paul, and the Gospels*. Grand Rapids, Mich.: W.B. Eerdmans, 2011.

_____. *Jesus, Paul, and the Law: Studies in Mark and Galatians*. 1st American ed. Louisville, Ky.: Westminster/John Knox Press, 1990.

_____. "A Light to the Gentiles: The Significance of the Damascus Road Christophany for Paul." In *Glory of Christ in the New Testament*, 251-66. Oxford: Clarendon Press, 1987.

_____. *The New Perspective on Paul: Collected Essays*, Wissenschaftliche Untersuchungen Zum Neuen Testament,. Tübingen: Mohr Siebeck, 2005.

_____. "Paul's Conversion-a Light to Twentieth Century Disputes." In *Evangelium, Schriftauslegung, Kirche*, 77-93. Göttingen: Vandenhoeck & Ruprecht, 1997.

_____. "Paul's Knowledge of the Jesus Tradition: The Evidence of Romans." In *Christus Bezeugen*, 193-207. Leipzig: St Benno, 1989.

_____. "Prophetic I - Sayings and the Jesus Tradition: The Importance of Testing Prophetic Utterances within Early Christianity." *New Testament Studies* 24, no. 2 (1978): 175-98.

_____. *Romans*. 2 vols, Word Biblical Commentary. Dallas, Tex.: Word Books, 1988.

_____. "Spirit-Baptism and Pentecostalism." *Scottish Journal of Theology* 23, no. 4 (1970): 397-407.

_____. "Spirit and Kingdom." *Expository Times* 82, no. 2 (1970): 36-40.

_____. *The Theology of Paul's Letter to the Galatians*, New Testament Theology. Cambridge England; New York, NY, USA: Cambridge University Press, 1993.

_____. *The Theology of Paul the Apostle*. Grand Rapids, Mich.: W.B.

Eerdmans Pub., 1998.

_____. "Why 'Incarnation': A Review of Recent New Testament Scholarship." In *Crossing the Boundaries*, 235-56. Leiden: E J Brill, 1994.

Ellingworth, Paul. *The Epistle to the Hebrews: A Commentary on the Greek Text*, The New International Greek Testament Commentary. Grand Rapids, Mich.: W.B. Eerdmans, 1993.

Ellis, E. Earle. *Prophecy and Hermeneutic in Early Christianity: New Testament Essays*. American paperback ed. Grand Rapids, Mich.: W. B. Eerdmans Pub. Co., 1978.

Emmrich, Martin. "Amtscharisma: Through the Eternal Spirit (Hebrews 9:14)." *Bulletin for Biblical Research* 12, no. 1 (2002): 17-32.

Engberg-Pedersen, Troels. "Paulus Som Hellenist." *Dansk teologisk tidsskrift* 56, no. 3 (1993): 189-208.

Ervin, Howard M. *Conversion-Initiation and the Baptism in the Holy Spirit: A Critique of James D.G. Dunn, Baptism in the Holy Spirit*. Peabody, Mass.: Hendrickson Publishers, 1984.

Fee, Gordon D. "Baptism in the Holy Spirit: The Issue of Separability and Subsequence." *Pneuma* 7, no. 2 (1985): 87-99.

_____. *The First Epistle to the Corinthians*, The New International Commentary on the New Testament. Grand Rapids, Mich.: W.B. Eerdmans Pub. Co., 1987.

_____. *God's Empowering Presence: The Holy Spirit in the Letters of Paul*. Peabody, Mass.: Hendrickson Publishers, 1994.

_____. *Paul's Letter to the Philippians*, The New International Commentary on the New Testament. Grand Rapids, Mich.: W.B. Eerdmans Pub. Co., 1995.

Fitzmyer, Joseph A. "The Aramaic Background of Philippians 2:6-11." *Catholic Biblical Quarterly* 50, no. 3 (1988): 470-83.

_____. *First Corinthians: A New Translation with Introduction and*

Commentary, The Anchor Yale Bible. New Haven; London: Yale University Press, 2008.

_____. "Glory Reflected on the Face of Christ (2 Cor 3:7-4:6) and a Palestinian Jewish Motif." *Theological Studies* 42, no. 4 (1981): 630-44.

_____. *The Gospel According to Luke: Introduction, Translation, and Notes*. 1st ed. 2 vols, The Anchor Bible. Garden City, N.Y.: Doubleday, 1981.

_____. *Luke the Theologian: Aspects of His Teaching*. New York: Paulist Press, 1989.

_____. *Romans: A New Translation with Introduction and Commentary*. 1st ed, The Anchor Bible. New York: Doubleday, 1993.

_____. *To Advance the Gospel: New Testament Essays*. New York: Crossroad, 1981.

Forbes, Christopher. *Prophecy and Inspired Speech in Early Christianity and Its Hellenistic Environment*, W.U.N.T. 2 Reihe. Tübingen: J.C.B. Mohr (P. Siebeck), 1995.

Fossum, Jarl. "Jewish-Christian Christology and Jewish Mysticism." *Vigiliae christianae* 37, no. 3 (1983): 260-87.

Furnish, Victor Paul. *2 Corinthians*. 1st ed, The Anchor Bible. Garden City, N.Y.: Doubleday, 1984.

Gamble, Harry Y. *Books and Readers in the Early Church: A History of Early Christian Texts*. New Haven: Yale University Press, 1995.

Gathercole, Simon J. *The Preexistent Son: Recovering the Christologies of Matthew, Mark, and Luke*. Grand Rapids, Mich.: W.B. Eerdmans Pub. Co., 2006.

Gieschen, Charles A. *Angelomorphic Christology: Antecedents and Early Evidence*, Arbeiten Zur Geschichte Des Antiken Judentums Und Des Urchristentums,. Leiden; Boston: Brill, 1998.

Giles, Kevin. *What on Earth Is the Church?: An Exploration in New*

Testament Theology. Downers Grove, Ill.: InterVarsity Press, 1995.

Gillespie, Thomas W. *The First Theologians: A Study in Early Christian Prophecy*. Grand Rapids, Mich.: Eerdmans, 1994.

Gunther, John J. *St. Paul's Opponents and Their Background. A Study of Apocalyptic and Jewish Sectarian Teachings*, Novum Testamentum Supplements,. Leiden,: Brill, 1973.

Hafemann, Scott J. *Suffering and Ministry in the Spirit: Paul's Defense of His Ministry in Ii Corinthians 2:14-3:3*. Grand Rapids, Mich.: W.B. Eerdmans, 1990.

Hanson, Paul D. *The Dawn of Apocalyptic: The Historical and Sociological Roots of Jewish Apocalyptic Eschatology*. Rev. ed. Philadelphia: Fortress Press, 1979.

Hawthorne, Gerald F. *The Presence & the Power*. Dallas: Word Pub., 1991.

Hays, Richard B. *Echoes of Scripture in the Letters of Paul*. New Haven: Yale University Press, 1989.

Hayward, Robert. "The Figure of Adam in Pseudo-Philo's Biblical Antiquities." *Journal for the Study of Judaism in the Persian, Hellenistic and Roman Period* 23 (1992): 1-20.

Hengel, Martin. "Abba, Maranatha, Hosanna Und Die Anfänge Der Christologie." In *Denkwürdiges Geheimnis*, 145-83. Tübingen: Mohr Siebeck, 2004.

──────. *Between Jesus and Paul: Studies in the Earliest History of Christianity*. London: SCM Press, 1983.

──────. *Der Sohn Gottes: Die Entstehung Der Christologie Und Die Judisch-Hellenistische Religionsgeschichte*. Tübingen: J. C. B. Mohr, 1975.

──────. *Studies in Early Christology*. London; New York: T&T Clark International, 2004.

Hengel, Martin, and Anna Maria Schwemer. *Paul between Damascus and Antioch: The Unknown Years*. 1st American ed. Louisville, Ky.: Westminster John Knox Press, 1997.

Hermann, Ingo. *Kyrios Und Pneuma; Studien Zur Christologie Der Paulinischen Hauptbriefe*, Studien Zum Alten Und Neuen Testament,. München Kösel-Verlag, 1961.

Heron, Alasdair I. C. *The Holy Spirit*. Philadelphia: Westminster Press, 1983.

Hill, Craig C. *Hellenists and Hebrews: Reappraising Division within the Earliest Church*. Minneapolis: Augsburg Fortress, 1992.

Hogeterp, A. L. A. "The Eschatology of the Two Spirits Treatise Revisited." *Revue de Qumran* 23, no. 90 (2007): 247-59.

Hogeterp, Albert L. A. *Paul and God's Temple: A Historical Interpretation of Cultic Imagery in the Corinthian Correspondence*, Biblical Tools and Studies. Leuven; Dudley, MA: Peeters, 2006.

Holladay, Carl R. "New Testament Christology: A Consideration of Dunn's Christology in the Making." *Semeia*, no. 30 (1984): 65-82.

Hollander, Harm W., and Marinus de Jonge. *The Testaments of the Twelve Patriarchs: A Commentary*, Studia in Veteris Testamenti Pseudepigrapha. Leiden: E.J. Brill, 1985.

Hooker, Morna D. "John's Baptism: A Prophetic Sign." In *Holy Spirit and Christian Origins*, 22-40. Grand Rapids: Eerdmans, 2004.

─────. "Philippians 2:6-11." In *Jesus Und Paulus*, 151-64. Göttingen: Vandenhoeck and Ruprecht, 1975.

Horn, F.W. "Holy Spirit." In *The Anchor Bible Dictionary*, edited by David Noel Freedman, 260-80. New York: Doubleday, 1992.

Horsley, Richard A. *Paul and Empire: Religion and Power in Roman Imperial Society*. Harrisburg, Pa.: Trinity Press International, 1997.

Horsley, Richard A., and John S. Hanson. *Bandits, Prophets & Messiahs: Popular Movements in the Time of Jesus*. Harrisburg, Pa.: Trinity Press International, 1999.

Horton, Stanley M. *What the Bible Says About the Holy Spirit*. Springfield, Mo.: Gospel Pub. House, 1976.

Hunter, Harold D. *Spirit-Baptism: A Pentecostal Alternative*. Lanham, MD: University Press of America, 1983.

Hurst, L. D. "Did Qumran Expect Two Messiahs?" *Bulletin for Biblical Research* 9 (1999): 157-80.

Hurtado, Larry W. "Convert, Apostate or Apostle to the Nations: The 'Conversion' of Paul in Recent Scholarship." *SR* 22 (1993): 273-84.

_____. *Lord Jesus Christ : Devotion to Jesus in Earliest Christianity*. Grand Rapids, Mich.: W.B. Eerdmans Pub. Co., 2003.

_____. *One God, One Lord: Early Christian Devotion and Ancient Jewish Monotheism*. Philadelphia: Fortress Press, 1988.

Hurtado, Larry W., and Paul L. Owen. *"Who Is This Son of Man?": The Latest Scholarship on a Puzzling Expression of the Historical Jesus*, Library of New Testament Studies. London; New York, N.Y.: T & T Clark, 2011.

Janowski, Bernd, Peter Stuhlmacher, and Daniel P. Bailey. *The Suffering Servant: Isaiah 53 in Jewish and Christian Sources*. Grand Rapids; Cambridge: Eerdmans, 2004.

Jervell, Jacob. *Imago Dei. Gen 1, 26 F. Im Spätjudentum, in Der Gnosis Und in Den Paulinischen Briefen*. Göttingen: Vandenhoeck & Ruprecht, 1960.

Jewett, Robert. *Romans: A Commentary*, Hermeneia-a Critical and Historical Commentary on the Bible. Minneapolis: Fortress Press, 2007.

Jewett, Robert, Roy David Kotansky, and Eldon Jay Epp. *Romans: A Commentary*, Hermeneia-a Critical and Historical Commentary on the Bible. Minneapolis: Fortress Press, 2007.

Johnson, Luke Timothy. *The Acts of the Apostles*, Sacra Pagina Series. Collegeville, Minn.: Liturgical Press, 1992.

Keener, Craig S. *The Gospel of John: A Commentary*. 2 vols. Peabody, Mass.: Hendrickson Publishers, 2003.

──────. "Why Does Luke Use Tongues as a Sign of the Spirit's Empowerment?" *Journal of Pentecostal Theology* 15, no. 2 (2007): 177-84.

Kim, Hee-Seong. *Die Geisttaufe Des Messias: Eine Kompositionsgeschichtliche Untersuchung Zu Einem Leitmotiv Des Lukanishen Doppelwerks: Ein Beitrag Zur Theologie Und Intention Des Lukas*, Studien Zur Klassischen Philologie,. Frankfurt am Main; New York: P. Lang, 1993.

Kim, Seyoon. *The Origin of Paul's Gospel*. American ed. Grand Rapids, Mich.: W.B. Eerdmans Pub. Co., 1982.

──────. *Paul and the New Perspective: Second Thoughts on the Origin of Paul's Gospel*. Grand Rapids, Mich.: W.B. Eerdmans, 2001.

Kim, Yung Suk. *Christ's Body in Corinth: The Politics of a Metaphor*, Paul in Critical Contexts. Minneapolis: Fortress Press, 2008.

Klauck, Hans-Josef. "Do They Never Come Back? Nero Redivivus and the Apocalypse of John." *Catholic Biblical Quarterly* 63, no. 4 (2001): 683-98.

Kleinknecht, Baumgärtel, Bieder, Sjöberg, and Schweizer. "Pneuma." In *Theological Dictionary of the New Testament*, edited by Gerhard Kittel and Gerhard Friedrich, 332-454. Stuttgard, Germany: W. Kohlmammer Verlag, 1968.

Knohl, Israel. *The Messiah before Jesus: The Suffering Servant of the Dead Sea Scrolls*, The S Mark Taper Foundation Imprint in Jewish Studies. Berkeley: University of California Press, 2000.

Koester, Helmut. *Introduction to the New Testament*. 2 vols. Philadelphia; Berlin Germany; New York: Fortress Press; De Gruyter, 1982.

Koperski, Veronica. *The Knowledge of Christ Jesus My Lord: The High Christology of Philippians 3:7-11*, Contributions to Biblical Exegesis and Theology. Kampen, The Netherlands: Kok Pharos, 1996.

Lambrecht, Jan. *The Wretched "I" and Its Liberation: Paul in Romans 7 and 8*, Louvain Theological & Pastoral Monographs. Grand Rapids, Mich.: W.B. Eerdmans, 1992.

Lambrecht, Jan, and Daniel J. Harrington. *Second Corinthians*, Sacra Pagina Series. Collegeville, Minn.: Liturgical Press, 1999.

Lauha, Risto. *Psychophysischer Sprachgebrauch Im Alten Testament: Eine Struktursemantische Analyse Von [Lev, Nefesh] Und [Ruah]*, Annales Academiae Scientiarum Fennicae Dissertationes Humanarum Litterarum,. Helsinki: Suomalainen tiedeakatemia: Distribution, Akateeminen kirjakauppa, 1983.

Lee, Simon S. *Jesus' Transfiguration and the Believers' Transformation: A Study of the Transfiguration and Its Development in Early Christian Writings*, Wissenschaftliche Untersuchungen Zum Neuen Testament 2 Reihe. Tübingen, Germany: Mohr Siebeck, 2009.

Levine, Nachman. "Twice as Much of Your Spirit: Pattern, Parallel and Paronomasia in the Miracles of Elijah and Elisha." *Journal for the Study of the Old Testament*, no. 85 (1999): 25-46.

Levison, John R. "The Angelic Spirit in Early Judaism." *Society of Biblical Literature Seminar Papers*, no. 34 (1995): 464-93.

_____. *Portraits of Adam in Early Judaism: From Sirach to 2 Baruch*, Journal for the Study of the Pseudepigrapha Supplement Series. Sheffield: JSOT, 1988.

Lichtenberger, Hermann. *Studien Zum Menschenbild in Texten Der Qumrangemeinde*, Studien Zur Umwelt Des Neuen Testaments. Göttingen: Vandenhoeck und Ruprecht, 1980.

Lincoln, Andrew T. *The Gospel According to Saint John*. Hendrickson Publishers, Inc. ed, Black's New Testament Commentaries. Peabody, Mass.: Hendrickson Publishers, 2005.

Lindars, Barnabas. "John and the Synoptic Gospels: A Test Case." *New*

Testament Studies 27, no. 3 (1981): 287-94.

_____. *The Theology of the Letter to the Hebrews*, New Testament Theology. Cambridge ; New York: Cambridge University Press, 1991.

Lodahl, Michael E. *Shekhinah/Spirit: Divine Presence in Jewish and Christian Religion*, Studies in Judaism and Christianity. New York: Paulist Press, 1992.

Lombard, H. "Anonymity and Pseudonymity of Biblical Writings." *Theological Studies* 42, no. 4 (1986): 705-28.

Longenecker, B. W. "The Wilderness and Revolutionary Ferment in First-Century Palestine: A Response to D.R. Schwartz and J. Marcus." *Journal for the Study of Judaism* 29, no. 3 (1998): 322-36.

Longenecker, Richard N. *The Road from Damascus: The Impact of Paul's Conversion on His Life, Thought, and Ministry*, Mcmaster New Testament Studies. Grand Rapids: Eerdmans, 1997.

Luz, Ulrich. *Matthew 1-7: A Commentary*. [Rev. ed, Hermeneia-a Critical and Historical Commentary on the Bible. Minneapolis, MN: Fortress Press, 2007.

_____. *Matthew 8-20: A Commentary*. Minneapolis: Augsburg, 2001.

Maller, Allen S. "Isaiah's Suffering Servant: A New View." *Jewish Bible Quarterly* 37, no. 4 (2009): 243-49.

Marcus, Joel. *Mark 1-8: A New Translation with Introduction and Commentary*. 1st ed, The Anchor Bible. New York: Doubleday, 2000.

_____. *The Way of the Lord: Christological Exegesis of the Old Testament in the Gospel of Mark*. 1st ed. Louisville, Ky.: Westminster/John Knox Press, 1992.

Martin, Lee R. "Power to Save!?: The Role of the Spirit of the Lord in the Book of Judges." *Journal of Pentecostal Theology* 16, no. 2 (2008): 21-50.

Martin, Ralph P. *Carmen Christi; Philippians Ii. 5-11 in Recent Interpretation and in the Setting of Early Christian Worship*, Society for New Testament Studies Monograph Series, 4. London,: Cambridge U. P., 1967.

_____. *A Hymn of Christ: Philippians 2:5-11 in Recent Interpretation and in the Setting of Early Christian Worship*. Vol. Rev. ed. Downers Grove, IL: InterVarsity, 1997.

Martin, Ralph P., and Brian J. Dodd. *Where Christology Began: Essays on Philippians 2*. Louisville, Ky: Westminster/John Knox Press, 1998.

Matera, Frank J. "Apostolic Suffering and Resurrection Faith: Distinguishing between Appearance and Reality (2 Cor 4,7-5,10)." In *Resurrection in the New Testament: Festschrift J. Lambrecht*, edited by R. Bieringer, Veronica Koperski and B. Lataire, 387-405. Leuven; Dudley, MA: Leuven University Press; Peeters, 2002.

Meade, D. G. *Pseudonymity and Canon: An Investigation into the Relationship of Authorship and Authority in Jewish and Earliest Christian Tradition*, Wissenschaftliche Untersuchungen Zum Neuen Testament 39. Tübingen: Mohr-Siebeck, 1986.

Menzies, R.P. *The Development of Early Christian Pneumatology with Special Reference to Luke-Acts*. Sheffield: SAP, 1991.

_____. *Empowered for Witness: The Spirit in Luke-Acts*, Journal of Pentecostal Theology Supplement Series. Sheffield, England: Sheffield Academic Press, 1994.

_____. "Spirit and Power in Luke-Acts: A Response to Max Turner." *JSNT*, no. 49 (1993): 11-20.

Mitchell, Alan C., and Daniel J. Harrington. *Hebrews*, Sacra Pagina Series. Collegeville, Minn.: Liturgical Press, 2007.

Mitchell, Margaret Mary. *Paul and the Rhetoric of Reconciliation: An Exegetical Investigation of the Language and Composition of 1 Corinthians*, Hermeneutische Untersuchungen Zur Theologie,.

Tübingen: J.C.B. Mohr, 1991.
Moessner, David P. "Turning Status 'Upside Down' in Philippi Christ Jesus' 'Emptying Himself' as Forfeiting Any Acknowledgment of His 'Equality with God' (Phil 2:6-11)." *Horizons in Biblical Theology* 31, no. 2 (2009): 123-43.
Moltmann, Jürgen, and Karl-Josef Kuschel. *Pentecostal Movements as an Ecumenical Challenge*, Concilium. London; Maryknoll, NY: SCM Pr; Orbis, 1996.
Montague, George T. *The Holy Spirit: Growth of a Biblical Tradition*, An Exploration Book. New York: Paulist Press, 1976.
Moo, Douglas J. *The Epistle to the Romans*, The New International Commentary on the New Testament. Grand Rapids, Mich.: W.B. Eerdmans Pub. Co., 1996.
Morris, Leon. *The Gospel According to John*. Rev. ed, The New International Commentary on the New Testament. Grand Rapids, Mich.: W.B. Eerdmans Pub. Co., 1995.
Moses, A. D. A. *Matthew's Transfiguration Story and Jewish-Christian Controversy*, Journal for the Study of the New Testament Supplement Series. Sheffield, England: Sheffield Academic Press, 1996.
Neve, Lloyd R. *The Spirit of God in the Old Testament*. Tokyo,: Seibunsha, 1972.
Nickelsburg, George W. E., and J. VanderKam. *1 Enoch 2: A Commentary on the Book of 1 Enoch, Chapters 37-82*. Minneapolis, MN: Fortress Press, 2011.
Packer, J. I. *Keep in Step with the Spirit*. Old Tappan, NJ.: F.H. Revell, 1984.
Pao, David W. *Acts and the Isaianic New Exodus*, Wissenschaftliche Untersuchungen Zum Neuen Testament 2 Reihe. Tübingen: Mohr Siebeck, 2000.

Penner, Todd C. *In Praise of Christian Origins: Stephen and the Hellenists in Lukan Apologetic Historiography*, Emory Studies in Early Christianity. New York; London: T & T Clark, 2004.

Perrin, Nicholas, Richard B. Hays, and N. T. Wright. *Jesus, Paul, and the People of God: A Theological Dialogue with N. T. Wright*. Downers Grove, Ill.: IVP Academic, 2011.

Pervo, Richard I. *Acts : A Commentary*, Hermeneia. Minneapolis: Fortress Press, 2008.

Peterson, David. *The Acts of the Apostles*, The Pillar New Testament Commentary. Grand Rapids, Mich.: William B. Eerdmans, 2009.

Reumann, J. "Resurrection in Philippi and Paul's Letter(S to the Philippians." In *Resurrection in the New Testament: Festschrift J. Lambrecht*, edited by R. Bieringer, Veronica Koperski and B. Lataire, 407-22. Leuven; Dudley, MA: Leuven University Press; Peeters, 2002.

Rosner, Brian S. "The Progress of the Word." In *Witness to the Gospel*, 215-33. Grand Rapids: Eerdmans, 1998.

Rowland, C., and J. Barton. *Apocalyptic in History and Tradition*, Jsp Supplement Series 43. London; New York: Sheffield Academic Press, 2002.

Schlier, Heinrich. *Der Brief an Die Galater bersetzt Und Erklärt*. 13. ed. Göttingen,: Vandenhoeck & Ruprecht, 1965.

Schmidt, K.L. "Ekklesia." In *Theological Dictionary of the New Testament*, edited by Gerhard Kittel, Geoffrey William Bromiley and Gerhard Friedrich, 501-36. Grand Rapids, Mich.,: Eerdmans, 1964.

Schmithals, Walter. *Gnosticism in Corinth; an Investigation of the Letters to the Corinthians*. Nashville,: Abingdon Press, 1971.

Schniedewind, W.M. "Structural Aspects of Qumran Messianism in Damascus Document." In *The Provo International Conference on the Dead Sea Scrolls: Technological Innovations, New Texts, and*

Reformulated Issues, edited by D. W. Parry and E. Ulrich, 525-36. Leiden; Boston; Cologne: Brill, 1999.

Schunck, Klaus D. "Wesen Und Wirken Des Geistes Nach Dem Alten Testament." In *Taufe Und Heiliger Geist*, 7-30. Helsinki: Metamer Oy, 1979.

Schwartz, Daniel R. *Studies in the Jewish Background of Christianity*, Wissenschaftliche Untersuchungen Zum Neuen Testament,. Tübingen: J.C.B. Mohr, 1992.

Schweizer, Eduard. *The Holy Spirit*. Philadelphia: Fortress Press, 1980.

Scroggs, Robin. *The Last Adam: A Study in Pauline Anthropology*. Oxford: Blackwell, 1966.

Seccombe, David P. "The New People of God." In *Witness to the Gospel*, 349-72. Grand Rapids: Eerdmans, 1998.

Segal, Alan F. *Paul the Convert: The Apostolate and Apostasy of Saul the Pharisee*. New Haven: Yale University Press, 1990.

_____. "Pre-Existence and Incarnation: A Response to Dunn and Holladay." *Semeia*, no. 30 (1984): 83-95.

_____. *Two Powers in Heaven: Early Rabbinic Reports About Christianity and Gnosticism*, Studies in Judaism in Late Antiquity. Leiden: Brill, 1977.

Segbroeck, Frans van, and C. M. Tuckett. *The Four Gospels 1992 : Festschrift Frans Neirynck, Vol 3*, Bibliotheca Ephemeridum Theologicarum Lovaniensium. Louvain: Peeters, 1992.

Sekki, Arthur Everett. *The Meaning of Ruah at Qumran*, Dissertation Series / Society of Biblical Literature. Atlanta, Ga.: Scholars Press, 1989.

Shelfer, Lochlan. "The Legal Precision of the Term 'Paraklētos'." *Journal for the Study of the New Testament* 32, no. 2 (2009): 131-50.

Shelton, James B. *Mighty in Word and Deed: The Role of the Holy Spirit in Luke-Acts*. Peabody, Mass.: Hendrickson Publishers, 1991.

Soards, Marion L. *1 Corinthians*, New International Biblical Commentary. Peabody, Mass.: Hendrickson, 1999.

Stronstad, Roger. *The Charismatic Theology of St. Luke*. Peabody, Mass.: Hendrickson Publishers, 1984.

Stuhlmacher, Peter. *Paul's Letter to the Romans: A Commentary*. 1st ed. Louisville, Ky.: Westminster/John Knox Press, 1994.

Talbert, Charles H. "Paul's Understanding of the Holy Spirit: The Evidence of 1 Corinthians 12-14." *Perspectives in Religious Studies* 11, no. 4 (1984): 95-108.

_____. "Paul on the Covenant." *RevExp* 84 (1987): 299-313.

Taylor, Nicholas H. *Paul, Antioch and Jerusalem: A Study in Relationships and Authority in Earliest Christianity*, Journal for the Study of the New Testament Supplement. Sheffield: JSOT Press, 1992.

Theissen, Gerd. *Psychological Aspects of Pauline Theology*. Philadelphia: Fortress Press, 1987.

Thielman, Frank. *From Plight to Solution: A Jewish Framework for Understanding Paul's View of the Law in Galatians and Romans*, Supplements to Novum Testamentum,. Leiden; New York: E.J. Brill, 1989.

Thiselton, Anthony C. "Realized Eschatology at Corinth." *New Testament Studies* 24, no. 4 (1978): 510-26.

Thompson, Richard P. *Keeping the Church in Its Place: The Church as Narrative Character in the Book of Acts*. New York: T & T Clark, 2006.

Thrall, Margaret E. *A Critical and Exegetical Commentary on the Second Epistle of the Corinthians*. 2 vols, The International Critical Commentary on the Holy Scriptures of the Old and New Testaments. London; New York: T&T Clark International, 2004.

Tuckett, C. M. "The Corinthians Who Say 'There Is No Resurrection of the Dead' (1 Cor 15,12)." In *Corinthian Correspondence*, 247-75.

Louvain; Peeters, 1996: Leuven University Press, 1996.

Turner, Max. *The Holy Spirit and Spiritual Gifts: In the New Testament Church and Today*. Rev. ed. Peabody, MA: Hendrickson Publishers, 1998.

_____. "Jesus and the Spirit in Lucan Perspective." *Tyndale Bulletin* 32 (1981): 3-42.

_____. *Power from on High: The Spirit in Israel's Restoration and Witness in Luke-Acts*, Journal of Pentecostal Theology Supplement Series. Sheffield, England: Sheffield Academic Press, 1996.

_____. "The Spirit of Prophecy and the Power of Authoritative Preaching in Luke-Acts: A Question of Origins." *New Testament Studies* 38, no. 1 (1992): 66-88.

_____. "The 'Spirit of Prophecy' as the Power of Israel's Restoration and Witness." In *Witness to the Gospel*, 327-48. Grand Rapids: Eerdmans, 1998.

_____. "'Trinitarian' Pneumatology in the New Testament? Towards an Explanation of the Worship of Jesus." *Asbury Theological Journal* 57, no. 2-1 (2003).

Ulrich, E., and J. VanderKam. *The Community of the Renewed Covenant: The Notre Dame Symposium on the Dead Sea Scrolls*, Christianity and Judaism in Antiquity 10. Notre Dame, IN: University of Notre Dame Press, 1994.

Wanamaker, Charles Arthur. "Philippians 2:6-11: Son of God or Adamic Christology?" *New Testament Studies* 33, no. 2 (1987): 179-93.

Watts, Rikki E. "The Lord's House and David's Lord: The Psalms and Mark's Perspective on Jesus and the Temple." *Biblical Interpretation* 15, no. 3 (2007): 307-22.

Welker, Michael. *The Work of the Spirit: Pneumatology and Pentecostalism*. Grand Rapids; Cambridge, England: William B Eerdmans, 2006.

Westerholm, Stephen. "Sinai as Viewed from Damascus: Paul's Reevaluation of the Mosaic Law." In *Road from Damascus*, 147-65. Grand Rapids: Eerdmans, 1997.

Westermann, Claus. *Genesis 1-11: A Continental Commentary*. 1st Fortress Press ed. Minneapolis, Minn.: Fortress Press, 1994.

Wijngaards, J. N. M. *The Spirit in John*, Zacchaeus Studies New Testament. Wilmington, Del.: M. Glazier, 1988.

Wilckens, Ulrich. *Weisheit Und Torheit*. Tübingen,: J.C.B. Mohr, 1959.

Winter, Bruce W. *After Paul Left Corinth: The Influence of Secular Ethics and Social Change*. Grand Rapids, Mich.: W.B. Eerdmans, 2001.

Witherington, Ben. *Paul's Narrative Thought World: The Tapestry of Tragedy and Triumph*. 1st ed. Louisville, Ky.: Westminster/John Knox Press, 1994.

Wolff, Hans Walter. *Anthropologie Des Alten Testaments*. München: C. Kaiser, 1973.

Wright, N. T. *The Challenge of Jesus: Rediscovering Who Jesus Was and Is*. Downers Grove, Ill.: InterVarsity Press, 1999.

_____. *Christian Origins and the Question of God*. 1st North American ed. Minneapolis: Fortress Press, 1992.

_____. *The Climax of the Covenant: Christ and the Law in Pauline Theology*. 1st Fortress Press ed. Minneapolis: Fortress Press, 1992.

_____. *The Contemporary Quest for Jesus*. Facets ed, Facets. Minneapolis, MN: Fortress Press, 2002.

_____. *The Original Jesus: The Life and Vision of a Revolutionary*. Grand Rapids, Mich.: Eerdmans, 1996.

_____. "Reflected Glory: 2 Corinthians 3:18." In *Glory of Christ in the New Testament*, 139-50. Oxford: Clarendon Pr, 1987.

_____. *Surprised by Hope: Rethinking Heaven, the Resurrection, and the Mission of the Church*. 1st ed. New York: HarperOne, 2008.

_____. *Who Was Jesus?* 1st North American ed. Grand Rapids, Mich.:

Eerdmans, 1993.

Yates, John Edmund. *The Spirit and the Kingdom*. London,: S.P.C.K., 1963.

미주

1. 초대 교회의 신앙에서 구약 이스라엘의 구원 이야기들의 중요성은 이미 많은 학자들에 의해서 논의되어졌다. Cf. Richard B. Hays, *Echoes of Scripture in the Letters of Paul* (New Haven: Yale University Press, 1989); N. T. Wright, Christian Origins and the Question of God, 1st North American ed. (Minneapolis: Fortress Press, 1992).
2. Brevard S. Childs, *Biblical Theology of the Old and New Testaments: Theological Reflection on the Christian Bible*, 1st Fortress Press ed. (Minneapolis: Fortress Press, 1993), 80-90; Max Turner, *The Holy Spirit and Spiritual Gifts: In the New Testament Church and Today*, Rev. ed. (Peabody, MA: Hendrickson Publishers, 1998), chs. 9-10.
3. 고든 피는 중간기에 쓰여진 외경들의 영향을 최소화하고자 한다. Gordon D. Fee, *God's Empowering Presence: The Holy Spirit in the Letters of Paul* (Peabody, Mass.: Hendrickson Publishers, 1994), 915. Cf. Turner, *The Holy Spirit and Spiritual Gifts: In the New Testament Church and Today*: 1.

4. Harry Y. Gamble, *Books and Readers in the Early Church: A History of Early Christian Texts* (New Haven: Yale University Press, 1995).
5. 구약에 나타난 성령에 관한 일반적인 논의를 위해서 다음의 책을 참고하라. Lloyd R. Neve, *The Spirit of God in the Old Testament* (Tokyo,: Seibunsha, 1972); George T. Montague, *The Holy Spirit: Growth of a Biblical Tradition*, An Exploration Book (New York: Paulist Press, 1976); Eduard Schweizer, *The Holy Spirit* (Philadelphia: Fortress Press, 1980), ch. 2; Alasdair I. C. Heron, *The Holy Spirit* (Philadelphia: Westminster Press, 1983), ch. 1.
6. 창세기 1장 2절에 나오는 히브리 단어 루아흐를 어떤 학자들은 단순히 바람으로 해석하나, 셉투아진트 (LXX)는 하나님의 영으로 번역하고 있다.
7. Cf. Turner, *The Holy Spirit and Spiritual Gifts: In the New Testament Church and Today.*
8. Kleinknecht et al., "Pneuma," in *Theological Dictionary of the New Testament*, ed. Gerhard Kittel and Gerhard Friedrich (Stuttgard, Germany: W. Kohlmammer Verlag, 1968), VI:359-61; G. Johannes Botterweck and Helmer Ringgren, *Theological Dictionary of the Old Testament*, XV vols., vol. XIII (Grand Rapids: Eerdmans, 1974), XIII:365-402.
9. F.W. Horn, "Holy Spirit," in *The Anchor Bible Dictionary*, ed. David Noel Freedman (New York: Doubleday, 1992), 261.
10. 특히 언급되지 않으면, 모든 성경 번역들은 본 저자 자신의 것이다.
11. Charles A. Gieschen, *Angelomorphic Christology: Antecedents and Early Evidence*, Arbeiten Zur Geschichte Des Antiken Judentums Und Des Urchristentums (Leiden; Boston: Brill, 1998), 51-186.
12. Seyoon Kim, *The Origin of Paul's Gospel*, American ed. (Grand Rapids, Mich.: W.B. Eerdmans Pub. Co., 1982); Jarl Fossum, "Jewish-Christian Christology and Jewish Mysticism," *Vigiliae christianae* 37, no. 3 (1983): 260-87; Alan F. Segal, *Paul the Conver: The Apostolate and Apostasy of Saul the Pharisee* (New Haven: Yale University Press, 1990); John Joseph Collins, Frank Moore Cross, and Adela Yarbro Collins, *Daniel: A Commentary on the Book of Daniel*, Hermeneia-a Critical and

Historical Commentary on the Bible(Minneapolis: Fortress Press, 1993), 79-81, 90-122; Seyoon Kim, *Paul and the New Perspective: Second Thoughts on the Origin of Paul's Gospel* (Grand Rapids, Mich.: W.B. Eerdmans, 2001).

13. John R. Levison, "The Angelic Spirit in Early Judaism," *Society of Biblical Literature Seminar Papers*, no. 34 (1995): 492-93; Gieschen, *Angelomorphic Christology: Antecedents and Early Evidence*: 116-19.

14. Ibid., *Angelomorphic Christology: Antecedents and Early Evidence*.

15. Collins, Cross, and Collins, *Daniel: A Commentary on the Book of Daniel*: 90-122; John Joseph Collins, *The Scepter and the Star: Messianism in Light of the Dead Sea Scrolls*, 2nd ed. (Grand Rapids, Mich.: W.B. Eerdmans Pub., 2010); Larry W. Hurtado and Paul L. Owen, *"Who Is This Son of Man?": The Latest Scholarship on a Puzzling Expression of the Historical Jesus*, Library of New Testament Studies (London; New York, N.Y.: T & T Clark, 2011).

16. Larry W. Hurtado, *One God, One Lord: Early Christian Devotion and Ancient Jewish Monotheism* (Philadelphia: Fortress Press, 1988).

17. Ibid., *Lord Jesus Christ: Devotion to Jesus in Earliest Christianity* (Grand Rapids, Mich.: W.B. Eerdmans Pub. Co., 2003).

18. Turner, *The Holy Spirit and Spiritual Gifts: In the New Testament Church and Today*: ch. 11.

19. Claus Westermann, *Genesis 1-11: A Continental Commentary*, 1st Fortress Press ed. (Minneapolis, Minn.: Fortress Press, 1994), 144-55.

20. Hans Walter Wolff, *Anthropologie Des Alten Testaments* (München: C. Kaiser, 1973), 57-67; Risto Lauha, *Psychophysischer Sprachgebrauch Im Alten Testament: Eine Struktursemantische Analyse Von [Lev, Nefesh] Und [Ruah]*, Annales Academiae Scientiarum Fennicae Dissertationes Humanarum Litterarum (Helsinki: Suomalainen tiedeakatemia: Distribution, Akateeminen kirjakauppa, 1983), 57-64.

21. Israel Knohl, *The Messiah before Jesus: The Suffering Servant of the Dead Sea Scrolls*, The S Mark Taper Foundation Imprint in Jewish Studies (Berkeley: University of California Press, 2000); Klaus Baltzer and Peter Machinist, *Deutero-*

Isaiah: A Commentary on Isaiah 40-55, Hermeneia-a Critical and Historical Commentary on the Bible (Minneapolis: Fortress Press, 2001), 18-22; Bernd Janowski, Peter Stuhlmacher, and Daniel P. Bailey, *The Suffering Servant: Isaiah 53 in Jewish and Christian Sources* (Grand Rapids; Cambridge: Eerdmans, 2004); Allen S. Maller, "Isaiah's Suffering Servant: A New View," *Jewish Bible Quarterly* 37, no. 4 (2009): 243-49.

22. Hermann Lichtenberger, *Studien Zum Menschenbild in Texten Der Qumrangemeinde*, Studien Zur Umwelt Des Neuen Testaments (Göttingen: Vandenhoeck und Ruprecht, 1980), 106.

23. Ibid., 32-33.

24. J. H. Charlesworth, *The Bible and the Dead Sea Scrolls: The Second Princeton Symposium on Judaism and Christian Origins. Vol. 2: The Dead Sea Scrolls and the Qumran Community* (Waco, TX: Baylor University Press, 2006), 91ff.

25. 랍비들은 아담의 불순종은 바로 하나님의 율법을 범한 것으로 본다.

26. A. L. A. Hogeterp, "The Eschatology of the Two Spirits Treatise Revisited," *Revue de Qumran* 23, no. 90 (2007): 41.

27. L. D. Hurst, "Did Qumran Expect Two Messiahs?," *Bulletin for Biblical Research* 9(1999).

28. Lichtenberger, *Studien Zum Menschenbild in Texten Der Qumrangemeinde*: 247-59.

29. 본 저자는 에스겔의 환상이 부활에 대한 기본적인 신학적인 이해를 전제하고 있다고 본다. 물론 일부 학자들은, 에스겔의 환상은 단지 하나의 은유 혹은 비유에 불과하다고 보기도 한다. 다니엘서 12장 3절에서는, 의로운 자들의 개인적인 부활이 분명하게 언급되고 있다.

30. 이 부분에 대해서는 다음 단락서 자세히 논의할 것이다.

31. 따라서 본 저자는 고린도전서 12장에서 바울이 결코 정경이 완성된 후에 은사들이 그치게 될 것에 대해서 이야기하고 있지 않다고 생각한다.

32. Michael E. Lodahl, *Shekhinah/Spirit: Divine Presence in Jewish and Christian Religion*, Studies in Judaism and Christianity (New York: Paulist Press, 1992).

33. Klaus D. Schunck, "Wesen Und Wirken Des Geistes Nach Dem Alten Testament," in *Taufe Und Heiliger Geist* (Helsinki: Metamer Oy, 1979), 7-30; Lee R. Martin, "Power to Save!?: The Role of the Spirit of the Lord in the Book of Judges," *Journal of Pentecostal Theology* 16, no. 2 (2008): 21-50.

34. Nachman Levine, "Twice as Much of Your Spirit: Pattern, Parallel and Paronomasia in the Miracles of Elijah and Elisha," *Journal for the Study of the Old Testament*, no. 85 (1999): 25-46.

35. Turner, *The Holy Spirit and Spiritual Gifts: In the New Testament Church and Today*: 3-16.

36. Paul D. Hanson, *The Dawn of Apocalyptic: The Historical and Sociological Roots of Jewish Apocalyptic Eschatology*, Rev. ed. (Philadelphia: Fortress Press, 1979).

37. 비슷한 현상이 이미 엘리야-엘리사 전통에서도 발견되고 있는 것을 앞에서 논의하였다.

38. Charlesworth, *The Bible and the Dead Sea Scrolls: The Second Princeton Symposium on Judaism and Christian Origins. Vol. 2: The Dead Sea Scrolls and the Qumran Community*: 777-88.

39. G. Johannes Botterweck, Helmer Ringgren, and Heinz-Josef Fabry, *Theological Dictionary of the Old Testament.*, XV vols., vol. XIII (Grand Rapids: Eerdmans, 2004), 394.

40. Hurst, "Did Qumran Expect Two Messiahs?," 89-111.

41. 흥미롭게도, 일부 기독교 진영에서도 신약과 성령의 은사들에 대한 유사한 주장을 하고 있다. 그들에 따르면, 정경이 완성됨과 동시에 사도들의 시대가 끝났으며, 사도들의 시대에 성령의 은사들도 모두 폐하여졌다고 한다. 유대교와 기독교에서는, 항상 말씀과 성령 혹은 은사들이 긴장 속에 놓여 있음을 알 수 있다.

42. H. Lombard, "Anonymity and Pseudonymity of Biblical Writings," *Theological Studies* 42, no. 4 (1986): 705-28; D. G. Meade, *Pseudonymity and Canon: An Investigation into the Relationship of Authorship and Authority in Jewish and Earliest Christian Tradition*, Wissenschaftliche Untersuchungen Zum Neuen Testament 39 (Tübingen: Mohr-Siebeck, 1986).

43. Horn, "Holy Spirit," 264.
44. Hanson, *The Dawn of Apocalyptic: The Historical and Sociological Roots of Jewish Apocalyptic Eschatology*; John Joseph Collins, "Apocalyptic Genre and Mythic Allusions in Daniel," *Journal for the Study of the Old Testament*, no. 21 (1981); J. J. Collins, *The Apocalyptic Imagination: An Introduction to Jewish Apocalyptic Literature*, vol. 2nd ed., Biblical Resource (Grand Rapids; Cambridge, UK: Eerdmans, 1998); C. Rowland and J. Barton, *Apocalyptic in History and Tradition*, Jsp Supplement Series 43 (London; New York: Sheffield Academic Press, 2002).
45. Charlesworth, *The Bible and the Dead Sea Scrolls: The Second Princeton Symposium on Judaism and Christian Origins. Vol. 2: The Dead Sea Scrolls and the Qumran Community*.
46. 쿰란 공동체의 성령에 관한 포괄적인 이해를 위해서 다음의 책을 참고하라. Arthur Everett Sekki, *The Meaning of Ruah at Qumran*, Dissertation Series / Society of Biblical Literature (Atlanta, Ga.: Scholars Press, 1989).
47. Lichtenberger, *Studien Zum Menschenbild in Texten Der Qumrangemeinde*: 123-42; Botterweck, Ringgren, and Fabry, *Theological Dictionary of the Old Testament.*, XIII: 397-98; Hogeterp, "The Eschatology of the Two Spirits Treatise Revisited."
48. Horn, "Holy Spirit," 264.
49. E. Ulrich and J. VanderKam, *The Community of the Renewed Covenant : The Notre Dame Symposium on the Dead Sea Scrolls*, Christianity and Judaism in Antiquity 10 (Notre Dame, IN: University of Notre Dame Press, 1994); J. J. Collins, *The Scepter and the Star: The Messiahs of the Dead Sea Scrolls and Other Ancient Literature*, Anchor Bible Reference Library (New York; London: Doubleday, 1995); W.M. Schniedewind, "Structural Aspects of Qumran Messianism in Damascus Document," in *The Provo International Conference on the Dead Sea Scrolls: Technological Innovations, New Texts, and Reformulated Issues*, ed. D. W. Parry and E. Ulrich (Leiden; Boston; Cologne: Brill, 1999), 523-36.
50. Hurst, "Did Qumran Expect Two Messiahs?," 179.

51. Cf. George W. E. Nickelsburg and J. VanderKam, *1 Enoch 2: A Commentary on the Book of 1 Enoch, Chapters 37-82* (Minneapolis, MN: Fortress Press, 2011).
52. 물론 The Testaments of the Twelve Patriarchs는 기독교인들에 의해서 그 일부 내용이 수정되었다고 주장되기도 한다. Harm W. Hollander and Marinus de Jonge, *The Testaments of the Twelve Patriarchs: A Commentary*, Studia in Veteris Testamenti Pseudepigrapha (Leiden: E.J. Brill, 1985), 67-85.
53. 저자의 번역은 제임스 찰스워드의 구약 외경을 근거로 한다. James H. Charlesworth, *The Old Testament Pseudepigrapha*, 1st ed., 2 vols. (Garden City, N.Y.: Doubleday, 1983).
54. 학자들은 이 사상이 이집트의 왕권 사상(royal ideology)으로부터 왔다고 간주한다. 그러나 Adela Y. Collins는 왕이 하나님의 아들로 양자삼아진다는 사상이 유대인의 메시야 사상에서는 발견되지 않는다고 주장한다. cf, Adela Yarbro Collins, *Mark: A Commentary*, Hermeneia-a Critical and Historical Commentary on the Bible (Minneapolis, MN: Fortress Press, 2007), 특히 Introduction: Messiah.
55. 초대 교회가 주님의 세례 때 하나님이 예수님을 자신의 아들로서 선포하시는 것을 알게 된다. 초대 교회는 예수님의 하나님의 아들 되심에 관하여 보다 정확하게 정의해야 할 필요를 느끼게 된다. 이 부분에 대해서는 제2장에서 보다 상세히 논의가 될 것이다.
56. James D. G. Dunn, *The Christ and the Spirit: Collected Essays of James D.G. Dunn: Volume 2 Pneumatology* (Grand Rapids, Mich.: W.B. Eerdmans Pub. Co., 1998), 100-02.
57. Horn, "Holy Spirit," 265.
58. 복음서에 나타난 예수님과 성령에 관한 포괄적인 이해를 위해서 다음의 책을 참고하라. Gerald F. Hawthorne, *The Presence & the Power* (Dallas: Word Pub., 1991).
59. Cf. Helmut Koester, *Introduction to the New Testament*, 2 vols. (Philadelphia; Berlin Germany; New York: Fortress Press; De Gruyter, 1982).
60. Richard A. Horsley, *Paul and Empire: Religion and Power in Roman Imperial Society* (Harrisburg, Pa.: Trinity Press International, 1997), 1-24.
61. Richard A. Horsley and John S. Hanson, *Bandits, Prophets & Messiahs: Popular*

Movements in the Time of Jesus (Harrisburg, Pa.: Trinity Press International, 1999).
62. Marcus J. Borg and N. T. Wright, *The Meaning of Jesus: Two Visions*, 1st ed. (San Francisco: HarperSanFrancisco, 1999), 31-52.
63. Joel Marcus, *The Way of the Lord: Christological Exegesis of the Old Testament in the Gospel of Mark*, 1st ed. (Louisville, Ky.: Westminster/John Knox Press, 1992), 22-29; Daniel R. Schwartz, *Studies in the Jewish Background of Christianity*, Wissenschaftliche Untersuchungen Zum Neuen Testament (Tübingen: J.C.B. Mohr, 1992), 29-43; B. W. Longenecker, "The Wilderness and Revolutionary Ferment in First-Century Palestine: A Response to D.R. Schwartz and J. Marcus," *Journal for the Study of Judaism* 29, no. 3 (1998): 322-36.
64. 예수님이 하나님 우편에 앉으신다는 표현은, 그가 이제 하나님의 전 우주에 대한 왕권을 공유하시게 되었다는 것이다. 따라서 마태복음 28장 18절에 따르면, 예수님은 하나님만이 소유하셨던 하늘과 땅의 모든 권세를 부여 받으셨다고 제자들에게 선포하신다.
65. Cf. James D. G. Dunn, *The Theology of Paul the Apostle* (Grand Rapids, Mich.: W.B. Eerdmans Pub., 1998), 244-52.
66. Joseph A. Fitzmyer, *Luke the Theologian: Aspects of His Teaching* (New York: Paulist Press, 1989), 86-116; Turner, *The Holy Spirit and Spiritual Gifts: In the New Testament Church and Today*: 22.
67. 이 질문에 대한 논의는 차후에 전개할 것이다.
68. James D. G. Dunn, *Jesus and the Spirit: A Study of the Religious and Charismatic Experience of Jesus and the First Christians as Reflected in the New Testament* (Philadelphia: Westminster Press, 1975), 53-62; Marcus, *The Way of the Lord: Christological Exegesis of the Old Testament in the Gospel of Mark*; David W. Pao, *Acts and the Isaianic New Exodus*, Wissenschaftliche Untersuchungen Zum Neuen Testament 2 Reihe (Tübingen: Mohr Siebeck, 2000).
69. Turner, *The Holy Spirit and Spiritual Gifts: In the New Testament Church and Today*: 28.
70. Botterweck and Ringgren, *Theological Dictionary of the Old Testament*, XIII: 400;

Max Turner, "Jesus and the Spirit in Lucan Perspective," *Tyndale Bulletin* 32(1981): 3-42. Cf. James D. G. Dunn, *Baptism in the Holy Spirit: A Re-Examination of the New Testament Teaching on the Gift of the Spirit in Relation to Pentacostalism Today* (Philadelphia: Westminster Press, 1970); R.P. Menzies, "Spirit and Power in Luke-Acts : A Response to Max Turner," *JSNT*, no. 49 (1993): 11-20.

71. Ibid., *The Development of Early Christian Pneumatology with Special Reference to Luke-Acts* (Sheffield: SAP, 1991).
72. 조영모, 『누가와 바울이 말하는 성령과 하나님의 나라』 (용인: 킹덤북스, 2010).
73. Cf. James D. G. Dunn, *Baptism in the Holy Spirit: A Re-Examination of the New Testament Teaching on the Gift of the Spirit in Relation to Pentecostalism Today* (Philadelphia: Westminster Press, 1970).
74. Ibid., *Romans*, 2 vols., Word Biblical Commentary (Dallas, Tex.: Word Books, 1988), 15; Joseph A. Fitzmyer, *Romans: A New Translation with Introduction and Commentary*, 1st ed., The Anchor Bible (New York: Doubleday, 1993), 235-37; Fee, *God's Empowering Presence: The Holy Spirit in the Letters of Paul*: 478-84; Douglas J. Moo, *The Epistle to the Romans*, The New International Commentary on the New Testament (Grand Rapids, Mich.: W.B. Eerdmans Pub. Co., 1996), 50-51; Robert Jewett, Roy David Kotansky, and Eldon Jay Epp, *Romans: A Commentary*, Hermeneia-a Critical and Historical Commentary on the Bible (Minneapolis: Fortress Press, 2007), 106-08.
75. Fitzmyer, *Romans: A New Translation with Introduction and Commentary*; Fee, *God's Empowering Presence: The Holy Spirit in the Letters of Paul*; Moo, *The Epistle to the Romans*.
76. Dunn, *Romans*: 15; Jewett, Kotansky, and Epp, *Romans: A Commentary*: 106.
77. Hawthorne, *The Presence & the Power*: 174-84.
78. Martin Hengel, *Between Jesus and Paul: Studies in the Earliest History of Christianity* (London: SCM Press, 1983), 1-29; Troels Engberg-Pedersen, "Paulus Som Hellenist," *Dansk teologisk tidsskrift* 56, no. 3 (1993): 189-208. Cf. Craig C. Hill, *Hellenists and Hebrews: Reappraising Division within the Earliest Church*

(Minneapolis: Augsburg Fortress, 1992); Todd C. Penner, *In Praise of Christian Origins: Stephen and the Hellenists in Lukan Apologetic Historiography*, Emory Studies in Early Christianity (New York; London: T & T Clark, 2004).

79. 창세기 22장 2절에 대해서는 학자들 간에 이견이 있다.
80. 마태와 누가는 마가의 예수님의 견해에 대해서 동의하며, 또 한편으론 자신들만의 독특한 기독론을 여기저기서 덧붙인다.
81. Collins, *Mark: A Commentary*: 150.
82. Ibid., 53-72.
83. Ibid., 150.
84. Alan F. Segal, *Two Powers in Heaven: Early Rabbinic Reports About Christianity and Gnosticism*, Studies in Judaism in Late Antiquity (Leiden: Brill, 1977); Hurtado, *One God, One Lord: Early Christian Devotion and Ancient Jewish Monotheism*.
85. Simon S. Lee, *Jesus' Transfiguration and the Believers' Transformation: A Study of the Transfiguration and Its Development in Early Christian Writings*, Wissenschaftliche Untersuchungen Zum Neuen Testament 2 Reihe (Tübingen, Germany: Mohr Siebeck, 2009), ch. 1.
86. Ibid.
87. 마태복음과 누가복음에 나오는 변화산상 사건에 대해서는 본 저자의 *Jesus' Transfiguration and the Believers' Transformation* 제3장을 참고하라.
88. James Dunn은 여기서 마가가 예수님의 preexistence에 대해서 생각하고 있다는 것에 대해서 회의적이나, 그의 제자 중 하나인 Simon Gathercole은 마가가 여기서 예수님의 preexistence에 대해서 전제하고 있다고 본다. cf, Simon J. Gathercole, *The Preexistent Son: Recovering the Christologies of Matthew, Mark, and Luke* (Grand Rapids, Mich.: W.B. Eerdmans Pub. Co., 2006).
89. 혹자는 말하기를, 부활하기 전 예수님은 종말의 정확한 때를 알지 못하였으나, 부활하신 예수님은 그때를 알게 되었다고 주장한다. 그러나 신약 성경은 그것에 대해서 침묵하고 있다.
90. Cf. Raymond Edward Brown, *The Birth of the Messiah: A Commentary on the Infancy Narratives in Matthew and Luke* (London: G. Chapman, 1977).

91. Cf. Ulrich Luz, *Matthew 1-7: A Commentary*, [Rev. ed., Hermeneia-a Critical and Historical Commentary on the Bible (Minneapolis, MN: Fortress Press, 2007).
92. 우리는 이미, 하나님의 성령으로 주장되어진 요셉과 다른 선지자들의 꿈을 통해서 하나님의 뜻을 분별하게 되었던 것을 이미 논의하였다. cf. 민 12:6; 왕상 3:5; 레 23:25-27.
93. Brown, *The Birth of the Messiah: A Commentary on the Infancy Narratives in Matthew and Luke*: 294-97.
94. Luz, *Matthew 1-7: A Commentary*: 45.
95. Hawthorne, *The Presence & the Power*: 85-88.
96. Cf. François Bovon, *Luke 1: A Commentary on the Gospel of Luke 1:1-9:50* (Minneapolis, MN: Fortress Press, 2002).
97. 누가는 예수님과 제자들의 삶에 있어서 마태보다도 더 성령의 역할에 대해서 강조하고 있다. 예를 들어 예수님의 기도의 가르침에서, 반복하여 기도하는 자에게 좋은 것을 주신다고 마태는 기록하고 있는데 반하여(마 7:11), 누가는 성령을 주신다고 기록하고 있다(눅 11:13).
98. 시편 91:4과 140:7에서는 하나님의 능력이 그를 신뢰하는 자를 감싸서 보호하신다는 의미로 쓰인다.
99. Cf. Hawthorne, *The Presence & the Power*: 85-89.
100. 위의 그리스어 표현은 학자들 간에 논쟁이 되어 왔다. Cf. Bovon, *Luke 1: A Commentary on the Gospel of Luke 1:1-9:50*: 114.
101. Dunn, *The Christ and the Spirit: Collected Essays of James D.G. Dunn: Volume 2 Pneumatology*: 170-86.
102. Ibid., *Jesus and the Spirit: A Study of the Religious and Charismatic Experience of Jesus and the First Christians as Reflected in the New Testament*: 44-52.
103. 누가복음 11:20절은 성령 대신에 "하나님의 손"을 힘입어 예수님이 축사하신다고 주장한다. 두 표현은 하나님의 능력을 나타내는 유사한 표현으로 간주되어진다. cf. Ibid., 46-49.
104. Turner, *The Holy Spirit and Spiritual Gifts: In the New Testament Church and Today*: 30.

105. Joel Marcus, *Mark 1-8: A New Translation with Introduction and Commentary*, 1st ed., The Anchor Bible (New York: Doubleday, 2000), 72.
106. James D. G. Dunn, "Spirit and Kingdom," *Expository Times* 82, no. 2 (1970): 36-40.
107. Ibid., *The Christ and the Spirit: Collected Essays of James D.G. Dunn: Volume 2 Pneumatology*: 133-42.
108. Turner, *The Holy Spirit and Spiritual Gifts: In the New Testament Church and Today*: 31-32.
109. Hawthorne, *The Presence & the Power*: 154-55.
110. Dunn, *Jesus and the Spirit: A Study of the Religious and Charismatic Experience of Jesus and the First Christians as Reflected in the New Testament*: 61.
111. Cf. Max Turner, "The Spirit of Prophecy and the Power of Authoritative Preaching in Luke-Acts: A Question of Origins," *New Testament Studies* 38, no. 1 (1992): 66-88; ibid., "The 'Spirit of Prophecy' as the Power of Israel's Restoration and Witness," in *Witness to the Gospel* (Grand Rapids: Eerdmans, 1998), 327-48.
112. Cf. Dunn, *The Christ and the Spirit: Collected Essays of James D.G. Dunn: Volume 2 Pneumatology*: 142-69.
113. Hawthorne, *The Presence & the Power*: 102.
114. 성령세례의 정의에 대해서는 제8장을 참고하라.
115. Bovon, *Luke 1: A Commentary on the Gospel of Luke 1:1-9:50*: 126.
116. Dunn, *The Christ and the Spirit: Collected Essays of James D.G. Dunn: Volume 2 Pneumatology*: 102.
117. 성령세례에 관해 보다 자세한 정의를 위해서는 제8장을 참고하라.
118. 학자들은 마태와 누가가 Q에서 이 전통을 받았다고 주장하고 있다.
119. Dunn, *The Christ and the Spirit: Collected Essays of James D.G. Dunn: Volume 2 Pneumatology*: 105.
120. Bovon, Luke 1: A Commentary on the Gospel of Luke 1:1-9:50: 126; Collins, Mark: A Commentary: 146; Luz, Matthew 1-7: A Commentary: 138.
121. James D. G. Dunn, "Spirit-Baptism and Pentecostalism," *Scottish Journal of*

Theology 23, no. 4 (1970): 397-407; Jürgen Moltmann and Karl-Josef Kuschel, *Pentecostal Movements as an Ecumenical Challenge*, Concilium (London; Maryknoll, NY: SCM Pr; Orbis, 1996); Michael Welker, *The Work of the Spirit: Pneumatology and Pentecostalism* (Grand Rapids; Cambridge, England: William B Eerdmans, 2006).

122. 여기서 우리는 누가가 엘리야의 전통을 암시하고 있음을 알 수 있다.

123. Dunn, *The Christ and the Spirit: Collected Essays of James D.G. Dunn: Volume 2 Pneumatology*: 103-17.

124. Ibid., 117.

125. Fee, *God's Empowering Presence: The Holy Spirit in the Letters of Paul*: 860-64.

126. Harold W. Attridge, *The Epistle to the Hebrews: A Commentary on the Epistle to the Hebrews*, Hermeneia-a Critical and Historical Commentary on the Bible (Philadelphia: Fortress Press, 1989), 250-51; Hawthorne, *The Presence & the Power*: 108; Martin Emmrich, "(Amtscharisma): Through the Eternal Spirit (Hebrews 9:14)," *Bulletin for Biblical Research* 12, no. 1 (2002): 17-32.

127. Attridge, The Epistle to the Hebrews: A Commentary on the Epistle to the Hebrews: 250.

128. Ibid., 251.

129. Hawthorne, *The Presence & the Power*: 181; Barnabas Lindars, *The Theology of the Letter to the Hebrews*, New Testament Theology (Cambridge; New York: Cambridge University Press, 1991), 57-58.

130. F. F. Bruce, *The Epistle to the Hebrews; the English Text with Introduction, Exposition, and Notes*, The New International Commentary on the New Testament (Grand Rapids,: W. B. Eerdmans Pub. Co., 1964), 205; Hawthorne, *The Presence & the Power*: 183; Lindars, *The Theology of the Letter to the Hebrews*: 58; Paul Ellingworth, *The Epistle to the Hebrews: A Commentary on the Greek Text*, The New International Greek Testament Commentary (Grand Rapids, Mich.: W.B. Eerdmans, 1993), 457; Alan C. Mitchell and Daniel J. Harrington, *Hebrews*, Sacra Pagina Series (Collegeville, Minn.: Liturgical Press,

2007), 184.
131. Collins, *Mark : A Commentary*: 673-83.
132. Hawthorne, *The Presence & the Power*: 183-84.
133. Barnabas Lindars, "John and the Synoptic Gospels: A Test Case," *New Testament Studies* 27, no. 3 (1981): 287-94; Adelbert Denaux, *John and the Synoptics*, Bibliotheca Ephemeridum Theologicarum Lovaniensium (Leuven: Univ Pr, 1992); Frans van Segbroeck and C. M. Tuckett, *The Four Gospels 1992: Festschrift Frans Neirynck, Vol 3*, Bibliotheca Ephemeridum Theologicarum Lovaniensium (Louvain: Peeters, 1992).
134. 제1-2장을 참고하라.
135. Fee, *God's Empowering Presence: The Holy Spirit in the Letters of Paul*: 808-09.
136. Ibid., 809.
137. Kleinknecht et al., "Pneuma," 422; Hawthorne, *The Presence & the Power*: 187-88.
138. Martin Hengel, *Studies in Early Christology* (London; New York: T&T Clark International, 2004), 112.
139. Herbert W. I. V. Bateman, "Psalm 110:1 and the New Testament," *Bibliotheca sacra* 149, no. 596 (1992): 438-53; Rikki E. Watts, "The Lord's House and David's Lord: The Psalms and Mark's Perspective on Jesus and the Temple," *Biblical Interpretation* 15, no. 3 (2007): 307-22.
140. Martin Hengel, "Abba, Maranatha, Hosanna Und Die Anfänge Der Christologie," in *Denkwürdiges Geheimnis* (Tübingen: Mohr Siebeck, 2004), 145-83.
141. Larry W. Hurtado, *One God, One Lord: Early Christian Devotion and Ancient Jewish Monotheism* (Philadelphia: Fortress Press, 1988); ibid., *Lord Jesus Christ: Devotion to Jesus in Earliest Christianity* (Grand Rapids, Mich.; Cambridge, U.K.: W.B. Eerdmans, 2003).
142. Hengel, *Studies in Early Christology*: 210.
143. Cf. James D. G. Dunn, *Christology in the Making: A New Testament Inquiry into the Origins of the Doctrine of the Incarnation* (Philadelphia: Westminster Press,

1980), 109-13; Alan F. Segal, *Paul the Convert: The Apostolate and Apostasy of Saul the Pharisee* (New Haven: Yale University Press, 1990), 57; Seyoon Kim, *Paul and the New Perspective: Second Thoughts on the Origin of Paul's Gospel* (Grand Rapids, Mich.: W.B. Eerdmans, 2001).

144. 본 저자는 이 시가 빌립보서를 쓰기 전에 바울에 의해 작성된 시로 본다.

145. Charles Arthur Wanamaker, "Philippians 2:6-11: Son of God or Adamic Christology?," *New Testament Studies* 33, no. 2 (1987): 179-93; Joseph A. Fitzmyer, "The Aramaic Background of Philippians 2:6-11," *Catholic Biblical Quarterly* 50, no. 3 (1988): 470-84; Ralph P. Martin, *A Hymn of Christ: Philippians 2:5-11 in Recent Interpretation and in the Setting of Early Christian Worship*, vol. Rev. ed (Downers Grove, IL: InterVarsity, 1997); Adela Yarbro Collins, "Psalms, Philippians 2:6-11, and the Origins of Christology," *Biblical Interpretation* 11, no. 3-4 (2003): 361-72; David P. Moessner, "Turning Status 'Upside Down' in Philippi Christ Jesus' 'Emptying Himself' as Forfeiting Any Acknowledgment of His 'Equality with God' (Phil 2:6-11)," *Horizons in Biblical Theology* 31, no. 2 (2009): 123-43.

146. 제임스 던은 예수님의 선재(pre-existence)에 대한 생각을 초대 교회가 견지하고 있었다는 것에 대해서 동의하지 않는다. 던은 단지 선재하신 하나님의 지혜가 예수님을 통해서 이 땅에서 구현(embodiment)되어졌다고 주장한다. Cf. Carl R. Holladay, "New Testament Christology: A Consideration of Dunn's Christology in the Making," *Semeia*, no. 30 (1984): 65-82; Alan F. Segal, "Pre-Existence and Incarnation: A Response to Dunn and Holladay," *Semeia*, no. 30 (1984): 83-95; Charles E. B. Cranfield, "Some Comments on Professor J D G Dunn's Christology in the Making: A New Testament Inquiry into the Origins of the Doctrine of the Incarnation, with Special Reference to the Evidence of the Epistle to the Romans," in *Glory of Christ in the New Testament* (Oxford: Clarendon Press, 1987), 267-80; James D. G. Dunn, "Why 'Incarnation': A Review of Recent New Testament Scholarship," in *Crossing the Boundaries* (Leiden: E J Brill, 1994), 235-56.

147. Raymond Edward Brown, "Paraclete in the Fourth Gospel," *New Testament*

Studies 13, no. 2 (1967): 377-91.
148. Hurtado, *One God, One Lord: Early Christian Devotion and Ancient Jewish Monotheism*.
149. Horn, "Holy Spirit," 269.
150. 오순절 사건에 대한 자세한 설명은 제8장을 참고하라.
151. 제임스 던은 이 사실을 굉장히 특별한 초대 교회의 예수님의 높아지심에 대한 믿음으로 간주한다. cf. Dunn, *The Christ and the Spirit: Collected Essays of James D.G. Dunn: Volume 2 Pneumatology*: 339.
152. Fee, *God's Empowering Presence: The Holy Spirit in the Letters of Paul*; Turner, *The Holy Spirit and Spiritual Gifts: In the New Testament Church and Today*: 131.
153. James D. G. Dunn, *Christology in the Making: A New Testament Inquiry into the Origins of the Doctrine of the Incarnation* (Philadelphia: Westminster Press, 1980), 147; ibid., *The Christ and the Spirit: Collected Essays of James D.G. Dunn: Volume 2 Pneumatology*: 339.
154. Kleinknecht et al., "Pneuma," 405.
155. 요한계시록 2-3장에서도 사도 요한은 성령의 교회들에게 하시는 말씀을 들으라고 권고하는 동시에, 그 성령의 말씀들이 바로 부활하신 주님이 친히 하시는 말씀들이라고 말하고 있다.
156. Kleinknecht et al., "Pneuma," 434.
157. Lindars, "John and the Synoptic Gospels: A Test Case."; John Ashton, *Understanding the Fourth Gospel* (Oxford: Oxford University Press, 1991); Bateman, "Psalm 110:1 and the New Testament."
158. Turner, *The Holy Spirit and Spiritual Gifts: In the New Testament Church and Today*: 71-74.
159. Lochlan Shelfer, "The Legal Precision of the Term 'Paraklētos'," *Journal for the Study of the New Testament* 32, no. 2 (2009): 132-50.
160. Turner, *The Holy Spirit and Spiritual Gifts: In the New Testament Church and Today*: 87-88.

161. Ibid., 77-79.

162. James D. G. Dunn, "Prophetic I - Sayings and the Jesus Tradition: The Importance of Testing Prophetic Utterances within Early Christianity," *New Testament Studies* 24, no. 2 (1978): 175-98.

163. Raymond Edward Brown, "Paraclete in the Fourth Gospel," ibid.13(1967): 113-32; J. N. M. Wijngaards, *The Spirit in John*, Zacchaeus Studies New Testament (Wilmington, Del.: M. Glazier, 1988), ch. 9, "Successor to Jesus".

164. Gary M. Burge, *The Anointed Community: The Holy Spirit in the Johannine Tradition* (Grand Rapids, Mich.: W.B. Eerdmans Pub. Co., 1987), 211-17.

165. Cf. Raymond Edward Brown, *The Gospel According to John*, [1st ed., 2 vols., The Anchor Bible (Garden City, N.Y.,: Doubleday, 1966), vol 2, 768-71; ibid., *A Once-and-Coming Spirit at Pentecost: Essays on the Liturgical Readings between Easter and Pentecost, Taken from the Acts of the Apostles and from the Gospel According to John* (Collegeville, Minn.: Liturgical Press, 1994).

166. Cf. Ashton, *Understanding the Fourth Gospel*: 466-70; Turner, *The Holy Spirit and Spiritual Gifts: In the New Testament Church and Today*: 81; ibid., "'Trinitarian' Pneumatology in the New Testament? Towards an Explanation of the Worship of Jesus," *Asbury Theological Journal* 57, no. 2-1 (2003): 167-86.

167. Roger Stronstad, *The Charismatic Theology of St. Luke* (Peabody, Mass.: Hendrickson Publishers, 1984), ch. 4; Menzies, *The Develop-ment of Early Christian Pneumatology with Special Reference to Luke-Acts*: 198-207; ibid., *Empowered for Witness: The Spirit in Luke-Acts*, Journal of Pentecostal Theology Supplement Series (Sheffield, England: Sheffield Academic Press, 1994), 168-75. Cf. James B. Shelton, *Mighty in Word and Deed: The Role of the Holy Spirit in Luke-Acts* (Peabody, Mass.: Hendrickson Publishers, 1991), chs. 10-11; Turner, *The Holy Spirit and Spiritual Gifts: In the New Testament Church and Today*: ch. 3; James D. G. Dunn, "Baptism in the Holy Spirit: Yet Once More-Again," *Journal of Pentecostal Theology* 19, no. 1 (2010): 32-43.

168. 이 마지막 논의는 간략하게 축약된 형태로 진행될 것이다. 왜냐하면 이 주제는 제

3부에서 더욱더 자세하게 다루어질 것이기 때문이다.

169. 아담에 관한 이야기들은 수많은 유대인 저자들에 의하여 논의되고 묵상되어졌다. 따라서 아담에 관한 많은 이야기들은 각각의 독특한 역사적, 그리고 문서적 배경 속에서 조심스럽게 다루어져야 한다. 그러나 이 책은 아담에 관한 책이 아니므로 기존 학자들의 견해에 의존하여, 본 저자가 생각하는 아담 이야기의 핵심적인 내용만 여기서 간략하게 소개하고자 한다.

170. Jacob Jervell, *Imago Dei. Gen 1, 26 F. Im Spätjudentum, in Der Gnosis Und in Den Paulinischen Briefen* (Göttingen: Vandenhoeck & Ruprecht, 1960); C. K. Barrett, *From First Adam to Last, Hewett Lectures*, (New York,: Scribner, 1962); Robin Scroggs, *The Last Adam: A Study in Pauline Anthropology* (Oxford: Blackwell, 1966); Kim, *The Origin of Paul's Gospel*.

171. John R. Levison, *Portraits of Adam in Early Judaism: From Sirach to 2 Baruch*, Journal for the Study of the Pseudepigrapha Supplement Series (Sheffield: JSOT, 1988).

172. Cf. Robert Hayward, "The Figure of Adam in Pseudo-Philo's Biblical Antiquities," *Journal for the Study of Judaism in the Persian, Hellenistic and Roman Period* 23(1992): 1-20.

173. Scroggs, *The Last Adam: A Study in Pauline Anthropology*: 16.

174. See Dunn, *The Theology of Paul*, chapter 3 section 1 and Levison, *Portraits of Adam in Early Judaism: From Sirach to 2 Baruch*: 120-59.

175. Scroggs, *The Last Adam: A Study in Pauline Anthropology*: 27-28.

176. 아브라함과 아담의 비교에 대해서는 다음의 책을 참고하라. Barrett, *From First Adam to Last*: 35-45.

177. Jervell, *Imago Dei. Gen 1, 26 F. Im Spätjudentum, in Der Gnosis Und in Den Paulinischen Briefen*: 91ff.

178. See Barrett, chapter 3.

179. Gary A. Anderson, *The Genesis of Perfection: Adam and Eve in Jewish and Christian Imagination*, 1st ed. (Louisville: Westminster John Knox Press, 2001), 41.

180. 이런 측면에서 프랭크 틸먼의 견해 곧 "이스라엘의 재난은, 바울이 그리스도라는 해결책을 전제로 하여 재난을 만들어내기 이전에, 이미 이스라엘의 역사에 깊이 뿌리내리고 있었다"는 주장은 옳다고 하겠다. cf. Frank Thielman, *From Plight to Solution: A Jewish Framework for Understanding Paul's View of the Law in Galatians and Romans*, Supplements to Novum Testamentum (Leiden ; New York: E.J. Brill, 1989).

181. To see more, ibid., *From Plight to Solution: A Jewish Framework for Understanding Paul's View of the Law in Galatians and Romans*, Supplements to Novum Testamentum (Leiden ; New York: E.J. Brill, 1989), 32-42.

182. Kim, *The Origin of Paul's Gospel*: 265.

183. 마가복음 8:33-38에서는 세상의 심판자이신 인자가 율법이 아닌, 자신의 말씀에 대한 사람들의 태도에 따라 사람들을 심판하실 것에 대해서 이야기하고 있다. 여기서 우리는 예수님의 말씀이 율법을 뛰어넘는 하나님의 최고의 계시라는 초대교회의 믿음을 볼 수 있다.

184. Hawthorne, *The Presence & the Power*: 227-36.

185. Ibid., 234.

186. Bovon, *Luke 1: A Commentary on the Gospel of Luke 1:1-9:50*: 145; Luz, *Matthew 1-7: A Commentary*: 150.

187. Hawthorne, *The Presence & the Power*: 227.

188. James D. G. Dunn, "Paul's Knowledge of the Jesus Tradition: The Evidence of Romans," in *Christus Bezeugen* (Leipzig: St Benno, 1989), 193-207; ibid., "Jesus Tradition in Paul," in *Studying the Historical Jesus* (Leiden: E J Brill, 1994), 155-78.

189. 마틴 헹겔은 이 예수님의 선재에 대한 성도들의 이해는 예수님을 구약의 지혜와 동일시 한 결과로 본다. Cf. Martin Hengel, *Der Sohn Gottes: Die Entstehung Der Christologie Und Die Jüdisch-Hellenistische Religionsgeschichte* (Tübingen: J. C. B. Mohr, 1975), 69-71; Charles H. Talbert, "Paul on the Covenant," RevExp 84(1987): 311.

190. Morna D. Hooker, "Philippians 2:6-11," in *Jesus Und Paulus* (Göttingen:

Vandenhoeck and Ruprecht, 1975), 151-64; Wanamaker, "Philippians 2:6-11: Son of God or Adamic Christology?."; Martin, *A Hymn of Christ: Philippians 2:5-11 in Recent Interpretation and in the Setting of Early Christian Worship*, Rev. ed; Ralph P. Martin and Brian J. Dodd, *Where Christology Began: Essays on Philippians 2* (Louisville, Ky: Westminster/John Knox Pr, 1998); Collins, "Psalms, Philippians 2:6-11, and the Origins of Christology."

191. 본 저자는 바울이 여기서 "하나님의 형상"(εἰκών) 대신 하나님의 모습을 언급하는 이유가, 예수님을 첫 아담과 비교하는 동시에 차별화하고자 하기 때문이라고 생각한다. 김세윤 교수를 비롯한 많은 학자들은 두 그리스어 단어 εἰκών과 μορφή를 동의어로 간주한다. 그러나 바울이 εἰκών을 선택하지 않은 데에는 분명한 이유가 있다는 것이 저자의 견해이다.

192. 제임스 던은 여기서 예수님은 단순히 선재한 존재에 대한 아이디어의 실체화(embodiment)에 불과하다고 말한다. cf. Dunn, *Christology in the Making: A New Testament Inquiry into the Origins of the Doctrine of the Incarnation*: 114-21. 그러나 본 저자는 N.T. 라이트와 브랜던 번의 견해에 동의하면서 다음과 같은 입장을 밝힌다. 예수님의 선재가 빌립보서 시에 분명히 내재하는데, 이는 예수님이 인간으로 오시기전 자신을 비우실 결정을 해야 했기 때문이다. Cf. N. T. Wright, *The Climax of the Covenant: Christ and the Law in Pauline Theology*, 1st Fortress Press ed.(Minneapolis: Fortress Press, 1992), 56-98; Brendan Byrne, "Christ's Pre-Existence in Pauline Soteriology," TS 58(1997): 314-21.

193. 이 부분에 대해서는 제3부에서 보다 구체적으로 논의가 되어질 것이다.

194. 김세윤 교수는 바울은 자신의 아담 기독론과 지혜 기독론을 예수님이 하나님의 형상이라는 사실로부터 발전시켰다고 주장한다(cf Kim, *Paul and the New Perspective*, ch.5). 그러나 본 저자의 견해로는, 예수님이 하나님의 형상 되심은 바울의 아담 기독론에 미친 여러 가지 영향 중의 하나라고 보여진다. 저자는 하나님의 형상과 보냄의 공식(sending formula)은 아담 기독론과 지혜 기독론을 묶어주는 역할을 했다고 생각한다. 왜냐하면 지혜 기독론은 예수님의 선재로부터 시작하여 그 자체의 독자적인 발전을 경험하기 때문이다. 헹겔도 역시 하나님의 형상을 선재하신 예수와 하늘의 아담을 연결한 해석학적인 고리로 간주한다(Cf. 헹

겔, Sohn, 75).

195. Cf. Hengel, *Der Sohn Gottes: Die Entstehung Der Christologie Und Die Jüdisch-Hellenistische Religionsgeschichte*: 72.
196. Cf. Talbert, "Paul on the Covenant," 309.
197. Fossum, "Jewish-Christian Christology and Jewish Mysticism," 260-87.
198. Ibid., 41.
199. Kim, *The Origin of Paul's Gospel*; Talbert, "Paul on the Covenant," 309-10.
200. 헹겔과 슈베머에 따르면, 죄 없는 메시야의 대속의 죽음은 성전에서 행해지던 모든 제사들을 무의미한 행위로 만들게 되었다. 이는 첫 예수님의 제자들로 하여금, 특히 헬레니스트들, 성전과 그 제사 제도들에 대해서 비판하는 것을 가능하게 하였다. cf. Martin Hengel and Anna Maria Schwemer, *Paul between Damascus and Antioch: The Unknown Years*, 1st American ed. (Louisville, Ky.: Westminster John Knox Press, 1997), 99.
201. 제임스 던은 예수님의 부활을 새 아담으로서의 예수님의 사역을 시작하시는 시점으로 간주한다.
202. 바울의 주된 독자들이었던 헬라인들에게는 "인자"라는 그리스어 표현이 아무런 종말론적 의미를 전달하지 못하였다. 따라서 바울은 인자를 아들로 번역해서 전달하는 경향이 있다. 그러나 분명한 것은, 바울도 이 복음서의 인자 전통에 대해서 잘 알고 있었다는 것이다.
203. Stephen Westerholm, "Sinai as Viewed from Damascus: Paul's Reevaluation of the Mosaic Law," in *Road from Damascus* (Grand Rapids: Eerdmans, 1997), 155-56.
204. 4 에스라에서는 우리엘 천사가 인간의 본성에 대해서 낙관적인 견해를 보이는데 반하여, 에스라는 비관적인 견해를 피력한다.
205. 스티븐 웨스터홈이 주장하듯이, 사도 바울 사상의 발전이 해결책[예수]에서 문제/재난(plight)으로 발전되었다는 E.P. 샌더스의 견해는 이런 측면에서 옳다고 하겠다. 그러나 "재난에서 해결책으로"의 신학적인 방향이 구약 성경과 중간기 유대 문서에서 반복되어 발견되어진다는 프랭크 띨먼의 견해도 옳다. cf. Westerholm, "Sinai as Viewed from Damascus: Paul's Reevaluation of the Mosaic Law," 155.

206. 물론 성경에 의하면 에녹과 엘리야는 죽음을 맞보지 않고 하늘로 바로 올리워진 것으로 전해진다. 그러나 이 두 경우는 굉장히 예외적인 경우이다.
207. François Bovon, *Luke the Theologian: Fifty-Five Years of Research (1950-2005)*, 2nd Rev. ed. (Waco, Tex.: Baylor University Press, 2006), 249.
208. Ibid., 271-72.
209. D. A. Carson, *Showing the Spirit: A Theological Exposition of 1 Corinthians 12-14* (Grand Rapids, Mich.: Baker Book House, 1987), 649-56.
210. 지혜서 15장 11절과 필로의 창세기 2장 7절에 관한 여러 가지 논의들에서, 아담에게 임한 하나님의 숨은 바로 하나님의 영으로 간주된다.
211. Brown, *The Gospel According to John*: vol. 2, 1036-38; Leon Morris, *The Gospel According to John*, Rev. ed., The New International Commentary on the New Testament (Grand Rapids, Mich.: W.B. Eerdmans Pub. Co., 1995), 747-48; Turner, *The Holy Spirit and Spiritual Gifts: In the New Testament Church and Today*: 90-92; Craig S. Keener, *The Gospel of John: A Commentary*, 2 vols. (Peabody, Mass.: Hendrickson Publishers, 2003), 1196-200; Andrew T. Lincoln, *The Gospel According to Saint John*, Hendrickson Publishers, Inc. ed., Black's New Testament Commentaries (Peabody, Mass.: Hendrickson Publishers, 2005), 500.
212. Hawthorne, *The Presence & the Power*: 236.
213. 마태복음 18:18에서는 죄를 사하는 권세가 베드로에게 주어지는 반면, 요한복음 20:23과 누가복음 24:46-49에서는 용서의 회개가 모든 제자들 곧 성령에 의하여 세례를 경험하게 되는 제자들에 의하여 선포되어져야 한다고 주장된다.
214. Cf.Keener, *The Gospel of John : A Commentary*: 499-501.
215. Dunn, *The Christ and the Spirit: Collected Essays of James D.G. Dunn: Volume 2 Pneumatology*: 207-10.
216. 불과 바람은 구약에서 하나님이 자신의 모습을 이 땅에 나타내시는 신현(theophany)의 전통에서 두드러지는 요소들이다. 오순절 사건에 나타난 불과 바람은 오순절 사건이 하늘로부터 온 성령으로 말미암아 하나님이 개입하신 특별한 사건임을 말하여 준다고 하겠다.

217. Cf.Joseph A. Fitzmyer, *The Gospel According to Luke: Introduction, Translation, and Notes*, 1st ed., 2 vols., The Anchor Bible (Garden City, N.Y.: Doubleday, 1981), vol. 1, 230; Luke Timothy Johnson, *The Acts of the Apostles*, Sacra Pagina Series (Collegeville, Minn.: Liturgical Press, 1992), 54-55; Richard I. Pervo, *Acts: A Commentary, Hermeneia* (Minneapolis: Fortress Press, 2008), 79-84; David Peterson, *The Acts of the Apostles*, The Pillar New Testament Commentary (Grand Rapids, Mich.: William B. Eerdmans, 2009), 139-44.

218. Cf. Johnson, *The Acts of the Apostles*: 49.

219. 제임스 던은, 여기서 구원의 역사를 3시기로 구분하는 한스 콘쩔만의 견해를 따르고 있다. Cf. Hans Conzelmann, *The Theology of St. Luke* (New York,: Harper, 1961); Dunn, *The Christ and the Spirit: Collected Essays of James D.G. Dunn: Volume 2 Pneumatology*: 233-38. 던이 말해주고 있듯이, 오순절 계통의 학자들은 이 견해에 대해서 동의하지 않는다. Cf. Howard M. Ervin, *Conversion-Initiation and the Baptism in the Holy Spirit: A Critique of James D.G. Dunn, Baptism in the Holy Spirit* (Peabody, Mass.: Hendrickson Publishers, 1984), 15-19; Menzies, *The Development of Early Christian Pneumatology with Special Reference to Luke-Acts*: 133-34; Shelton, *Mighty in Word and Deed: The Role of the Holy Spirit in Luke-Acts*: 15-16, 21, 24-26, 165-66, 73-75.

220. Turner, *The Holy Spirit and Spiritual Gifts: In the New Testament Church and Today*: 42-43.

221. Cf.Dunn, *Jesus and the Spirit: A Study of the Religious and Charismatic Experience of Jesus and the First Christians as Reflected in the New Testament*: 152-54; ibid., *The Christ and the Spirit: Collected Essays of James D.G. Dunn: Volume 2 Pneumatology*: 125-27; Turner, *The Holy Spirit and Spiritual Gifts: In the New Testament Church and Today*: 37-38.

222. Cf. Bovon, *Luke the Theologian: Fifty-Five Years of Research (1950-2005)*: 248.

223. Ibid., 249.

224. Cf. Stronstad, *The Charismatic Theology of St. Luke*: 51-52; Menzies, *The Development of Early Christian Pneumatology with Special Reference to Luke-*

Acts: 198-207. Cf. Turner, *The Holy Spirit and Spiritual Gifts: In the New Testament Church and Today*: 46.

225. Craig S. Keener, "Why Does Luke Use Tongues as a Sign of the Spirit's Empowerment?," *Journal of Pentecostal Theology* 15, no. 2 (2007): 177-84.

226. 물론, 방언은 바울에 의하여 천사들의 언어로 또 현대 학자들에 의하여 언어와 유사한 알 수 없는 기호들의 조합으로 이해되어지기도 한다. 방언에 관해서는 성령의 은사를 다루는 장에서 좀 더 자세히 다루어 질 것이다.

227. Kleinknecht et al., "Pneuma," 411; Pervo, *Acts: A Commentary*: 61.

228. 오순절 계통 학자들은 성령의 구원 사역과 성령세례를 구분하여 보는 경향이 있다. Cf. Dunn, *The Christ and the Spirit: Collected Essays of James D.G. Dunn: Volume 2 Pneumatology*: 227-33; Turner, *The Holy Spirit and Spiritual Gifts: In the New Testament Church and Today*: 44-50.

229. 막스 터너는 여기서 성령을 하늘에 계신 주님이 이 땅에서 이스라엘을 향한 그의 회복된 통치를 행사하시는 능력이라고 주장한다. Cf. ibid., *Power from on High: The Spirit in Israel's Restoration and Witness in Luke-Acts*, Journal of Pentecostal Theology Supplement Series (Sheffield, England: Sheffield Academic Press, 1996), 267-315. 그러나 누가는 성령을 부활하신 예수님이 이 땅에 보내신 하나님의 혹은 예수의 능력으로 묘사하고 있으나, 또 다른 한편에서는, 성령은 자신만의 인격을 가지고 자신의 뜻을 따라 역사하는 독립적인 존재로 인식하고 있다(행 10:19f.). Cf. Bovon, *Luke the Theologian: Fifty-Five Years of Research (1950-2005)*: 271.

230. Cf. Johnson, *The Acts of the Apostles*: 54-55; Peterson, *The Acts of the Apostles*: 144-53.

231. 물론, 고넬료와 그의 가족들의 경우는 베드로의 선포된 말씀에 그들이 믿음으로 반응하자, 성령세례가 그들 가운데 임하였다. 이에 베드로는 그들에게 죄 사함의 물세례를 베푼다. 이 경우는 예외적인 경우라고 할 수도 있겠다. 그러나 보다 중요한 것은, 물세례와 성령세례 그리고 선포된 말씀에 대한 믿음의 반응들이 다 하나의 구원의 사건을 구성하는 요건들이라는 것이다.

232. "하나님이 부르시는 자들"이라는 표현은 베드로가 인용한 요엘서 2:32의 셉튜아진

트(LXX)에서 발견된다. 누가는 히브리어 본문보다는 이 셉튜아진트 버전의 구약 성경을 인용하였을 것이다. Cf. Johnson, *The Acts of the Apostles*: 61.

233. Cf. Turner, *The Holy Spirit and Spiritual Gifts: In the New Testament Church and Today*: 44-46.

234. Cf. Bovon, *Luke the Theologian: Fifty-Five Years of Research* (1950-2005): 271.

235. 이렇게 성령으로 새롭게 형성된 공동체를 "회복된 이스라엘"이라고 부를지, 아니면 남은 자를 중심으로 하여 새롭게 창조된 하나님의 백성으로 부를지에 대해서는 좀 더 자세한 논의가 필요하다. 이 문제는 그 자체로 복잡하고 논란의 여지가 많이 있으므로 다른 곳에서 좀 더 자세히 다루어져야 한다. Cf. Johnson, The Acts of the Apostles: 62-63; Turner, *The Holy Spirit and Spiritual Gifts: In the New Testament Church and Today*: 54-57; Peterson, *The Acts of the Apostles*: 158-59.

236. Cf. Dunn, *The Christ and the Spirit: Collected Essays of James D.G. Dunn: Volume 2 Pneumatology*: 238-40.

237. 새롭게 믿어 성령을 받은 제자들은 이후 자신들의 신앙생활에서 당연히 복음 사역에 깊이 연관되어졌을 것이다. 그러나 그들의 복음 사역에 대한 누가의 침묵은, 역설적으로, 회심과 성령을 긴밀한 관계 속에 놓는 누가의 신학적인 입장을 잘 반영하여 준다고 하겠다.

238. 제5장 '성령으로 세례를 주시는 분의 단락'을 참고하라.

239. Morna D. Hooker, "John's Baptism: A Prophetic Sign," in *Holy Spirit and Christian Origins* (Grand Rapids: Eerdmans, 2004), 23.

240. John Edmund Yates, *The Spirit and the Kingdom* (London,: S.P.C.K., 1963); Hooker, "John's Baptism: A Prophetic Sign," 27.

241. Ibid., "John's Baptism: A Prophetic Sign," 30.

242. Ibid., 37.

243. Brian S. Rosner, "The Progress of the Word," in *Witness to the Gospel* (Grand Rapids: Eerdmans, 1998), 215-33.

244. Rudolf Bultmann, *Theology of the New Testament*, 2 vols. (New York,: Scribner, 1951), vol. 1, 94-98; K.L. Schmidt, "Ekklesia," in *Theological Dictionary of the*

New Testament, ed. Gerhard Kittel, Geoffrey William Bromiley, and Gerhard Friedrich (Grand Rapids, Mich.,: Eerdmans, 1964), 501-36; Dunn, The Theology of Paul the Apostle: 537; Frederick W. Danker, The Concise Greek-English Lexicon of the New Testament (Chicago: The University of Chicago Press, 2009), 303-04.

245. 초대 교회는 여러 가지 측면에서 쿰란 공동체와 비교할 만한데, 첫째는 쿰란 공동체와 교회는 자신들을 나머지 유대인들과 구분하여, 특히 선택되어 종말의 성령을 소유한 하나님의 백성이라고 주장하였다. 둘째는 쿰란 공동체가 자신들의 모임을 하나님의 성전 혹은 거룩한 집으로 불렀듯이, 그리스도인들도 자신들의 모임인 교회를 하나님의 성전으로 간주하기 시작하였다(고전 6:19).

246. Ulrich Luz, Matthew 8-20: A Commentary (Minneapolis: Augsburg, 2001), 362-64.

247. Dunn, Jesus and the Spirit: A Study of the Religious and Charismatic Experience of Jesus and the First Christians as Reflected in the New Testament: 193.

248. Ibid., The Christ and the Spirit: Collected Essays of James D.G. Dunn: Volume 2 Pneumatology: 제18장, 245-59; François Bovon, Studies in Early Christianity, Wissenschaftliche Untersuchungen Zum Neuen Testament, (Tübingen, Germany: Mohr Siebeck, 2003), 제10장.

249. Cf. Hee-Seong Kim, Die Geisttaufe Des Messias: Eine Kompositions-geschichtliche Untersuchung Zu Einem Leitmotiv Des Lukanishen Doppelwerks: Ein Beitrag Zur Theologie Und Intention Des Lukas, Studien Zur Klassischen Philologie (Frankfurt am Main; New York: P. Lang, 1993), 133-70. Cf. Turner, Power from on High: The Spirit in Israel's Restoration and Witness in Luke-Acts: 70.

250. Cf. Peterson, The Acts of the Apostles: 92-97.

251. Cf. Kevin Giles, What on Earth Is the Church?: An Exploration in New Testament Theology (Downers Grove, Ill.: InterVarsity Press, 1995), 79-82.

252. Richard P. Thompson, Keeping the Church in Its Place: The Church as Narrative Character in the Book of Acts (New York: T & T Clark, 2006), 147-54, 63-67,

78-200.

253. Nicholas H. Taylor, *Paul, Antioch and Jerusalem: A Study in Relationships and Authority in Earliest Christianity*, Journal for the Study of the New Testament Supplement (Sheffield: JSOT Pr, 1992).

254. Cf. Peterson, *The Acts of the Apostles*: 92-97.

255. 비록 누가는 일곱 집사들이 교회의 행정과 치리를 위해 세워졌다고 말하나, 스데반과 빌립의 경우에서 보여지듯이, 일곱 집사들은 성령이 충만한 전도자들과 말씀에 능한 설교자들로 묘사된다. Cf.Dunn, *Jesus and the Spirit: A Study of the Religious and Charismatic Experience of Jesus and the First Christians as Reflected in the New Testament*: 247.

256. 본 저자는 이에 던의 견해와 동의하며 바울이 롬 5:5과 고전 12:3에서 오순절 사건에 대한 기억을 보여주고 있다고 생각한다. ibid., *The Theology of Paul the Apostle*: 422.

257. Terrance Callan, "Psalm 110:1 and the Origin of the Expectation That Jesus Will Come Again," *Catholic Biblical Quarterly* 44, no. 4 (1982): 제7장; Watts, "The Lord's House and David's Lord: The Psalms and Mark's Perspective on Jesus and the Temple," 제10장.

258. 물론, 이미 많은 학자들에 의하여 동의되고 있듯이, 누가는 지연되는 예수님의 재림을 성도들의 윤리적인 책임과 선교에 대한 사명으로 대치하여 설명하는 경향이 있다. 반면에 바울은 자신의 생애 가운데 주님의 재림이 있을 것으로 기대하였던 것 같다(고전 7:29-31).

259. 막스 터너가 주장하듯이 바울의 최초의 서신서가(살전 4:8) 하나님을 성령을 주시는 분으로 부르고 있다는 사실은 혼(Horn, "Holy Spirit.")의 성령에 관한 주장, 곧 구원에 관여한 성령의 사역은 바울의 후기 사상에 속한다는 주장을 잘 반박한다고 할 수 있다. Cf. Dunn, The Theology of Paul the Apostle: 420, n. 35.

260. Cf. Hans Dieter Betz, *Galatians: A Commentary on Paul's Letter to the Churches in Galatia*, Hermeneia-a Critical and Historical Commentary on the Bible (Philadelphia: Fortress Press, 1979); James D. G. Dunn, *The Theology of Paul's Letter to the Galatians*, New Testament Theology (Cambridge England; New

York, NY, USA: Cambridge University Press, 1993).
261. 본 저자는 코스그로브의 의견에 동의하며, 갈 3:1-5의 성령에 대한 언급을 바울의 논지의 결정적인 증거로 간주한다. Charles H. Cosgrove, *The Cross and the Spirit: A Study in the Argument and Theology of Galatians* (Louvain, Belgium: Peeters, 1988).
262. Dunn, *Baptism in the Holy Spirit: A Re-Examination of the New Testament Teaching on the Gift of the Spirit in Relation to Pentecostalism Today*: 127-29.
263. Cf. Karl P. Donfried, *The Romans Debate*, Rev. and expanded ed. (Peabody, Mass.: Hendrickson Publishers, 1991); Fitzmyer, *Romans: A New Translation with Introduction and Commentary*; Brendan Byrne, *Romans*, Sacra Pagina Series (Collegeville, Minn.: Liturgical Press, 2007); A. Andrew Das, *Solving the Romans Debate* (Minneapolis: Fortress Press, 2007); Jewett, *Romans: A Commentary*.
264. Dunn, *The Theology of Paul's Letter to the Galatians*: 423.
265. Turner, *The Holy Spirit and Spiritual Gifts: In the New Testament Church and Today*: 434.
266. Stanley M. Horton, *What the Bible Says About the Holy Spirit* (Springfield, Mo.: Gospel Pub. House, 1976); Harold D. Hunter, *Spirit-Baptism: A Pentecostal Alternative* (Lanham, MD: University Press of America, 1983); Ervin, *Conversion-Initiation and the Baptism in the Holy Spirit: A Critique of James D.G. Dunn, Baptism in the Holy Spirit*; Fee, *God's Empowering Presence: The Holy Spirit in the Letters of Paul*: 863-64.
267. Ibid., "Baptism in the Holy Spirit: The Issue of Separability and Subsequence," *Pneuma* 7, no. 2 (1985): 87-99; ibid., *God's Empowering Presence: The Holy Spirit in the Letters of Paul*: 864.
268. Dunn, *Jesus and the Spirit: A Study of the Religious and Charismatic Experience of Jesus and the First Christians as Reflected in the New Testament*: 249.
269. Fee, *God's Empowering Presence: The Holy Spirit in the Letters of Paul*: 872.
270. Dunn, *Jesus and the Spirit: A Study of the Religious and Charismatic Experience of Jesus and the First Christians as Reflected in the New Testament*: 261;

François Bovon, *New Testament Traditions and Apocryphal Narratives*, Princeton Theological Monograph Series (Allison Park, Pa.: Pickwick Publications, 1995), 95.

271. Dunn, *Jesus and the Spirit: A Study of the Religious and Charismatic Experience of Jesus and the First Christians as Reflected in the New Testament*: 263; ibid., *The Theology of Paul's Letter to the Galatians*: 552; ibid., *The Christ and the Spirit: Collected Essays of James D.G. Dunn: Volume 2 Pneumatology*: 245.
272. 여러 가지 은사들의 특징들에 대해서는 마지막 장에서 좀 더 자세히 다루어질 것이다.
273. Dunn, *The Theology of Paul's Letter to the Galatians*: 556.
274. Ibid.
275. Turner, *Power from on High: The Spirit in Israel's Restoration and Witness in Luke-Acts*: 제10장; ibid., *The Holy Spirit and Spiritual Gifts: In the New Testament Church and Today*: 50-55.
276. Ibid., *Power from on High: The Spirit in Israel's Restoration and Witness in Luke-Acts*: 315; ibid., *The Holy Spirit and Spiritual Gifts: In the New Testament Church and Today*: 53.
277. Ibid., *Power from on High: The Spirit in Israel's Restoration and Witness in Luke-Acts*: 제3장; ibid., *The Holy Spirit and Spiritual Gifts: In the New Testament Church and Today*: 5-6.
278. 제1-2장을 참고하라.
279. Bovon, *Luke the Theologian: Fifty-Five Years of Research (1950-2005)*: 249.
280. Callan, "Psalm 110:1 and the Origin of the Expectation That Jesus Will Come Again."; Bovon, *New Testament Traditions and Apocryphal Narratives*: 제7장.
281. Ibid., *New Testament Traditions and Apocryphal Narratives*: 87.
282. Ibid., 제7장.
283. Thompson, *Keeping the Church in Its Place: The Church as Narrative Character in the Book of Acts*: 115.
284. Cf. David P. Seccombe, "The New People of God," in *Witness to the Gospel* (Grand

Rapids: Eerdmans, 1998), 352.
285. 물론, 터너는 예언의 영이 계시한 진리가 사람들의 내적 변화를 가져와 구원을 초래하는 역할을 하므로, 이러한 구원의 영으로서의 예언의 영은 에스겔의 새 창조의 영에 비견될 만하다고 한다. Cf. Turner, *The Holy Spirit and Spiritual Gifts: In the New Testament Church and Today*: 16.
286. 누가의 역사성에 대한 많은 논란이 있어 왔다. 그러나 회당에서의 제자들의 선교 활동과 그에 따른 많은 논쟁들은 역사적인 사실을 잘 대변하는 것 같다.
287. Cf. Hengel, *Between Jesus and Paul: Studies in the Earliest History of Christianity*; Martin Hengel and Anna Maria Schwemer, *Paul between Damascus and Antioch: The Unknown Years*, 1st American ed. (Louisville, Ky.: Westminster John Knox Press, 1997).
288. Seccombe, "The New People of God," 349-72.
289. Wright, *Christian Origins and the Question of God*; ibid., *Who Was Jesus?*, 1st North American ed. (Grand Rapids, Mich.: Eerdmans, 1993); ibid., *The Original Jesus: The Life and Vision of a Revolutionary* (Grand Rapids, Mich.: Eerdmans, 1996); ibid., *The Challenge of Jesus: Rediscovering Who Jesus Was and Is* (Downers Grove, Ill.: InterVarsity Press, 1999); ibid., *The Contemporary Quest for Jesus*, Facets ed., Facets (Minneapolis, MN: Fortress Press, 2002); ibid., *Surprised by Hope: Rethinking Heaven, the Resurrection, and the Mission of the Church*, 1st ed. (New York: HarperOne, 2008).
290. Nicholas Perrin, Richard B. Hays, and N. T. Wright, *Jesus, Paul, and the People of God: A Theological Dialogue with N. T. Wright* (Downers Grove, Ill.: IVP Academic, 2011).
291. Cf. James D. G. Dunn, *Jesus, Paul, and the Law: Studies in Mark and Galatians*, 1st American ed. (Louisville, Ky.: Westminster/John Knox Press, 1990); ibid., *The New Perspective on Paul: Collected Essays*, Wissenschaftliche Untersuchungen Zum Neuen Testament (Tübingen: Mohr Siebeck, 2005); ibid., *Jesus, Paul, and the Gospels* (Grand Rapids, Mich.: W.B. Eerdmans, 2011). Cf. Richard N. Longenecker, *The Road from Damascus: The Impact of Paul's Conversion*

on His Life, Thought, and Ministry, Mcmaster New Testament Studies (Grand Rapids, Mich.: W.B. Eerdmans Pub., 1997).

292. Cf. Dunn, *The Theology of Paul the Apostle*: 534-35.

293. Ibid., 537-43.

294. Cf. ibid., *The Christ and the Spirit: Collected Essays of James D.G. Dunn: Volume 2 Pneumatology*: 344-45.

295. Cf. 제1-2장.

296. Turner, *Power from on High: The Spirit in Israel's Restoration and Witness in Luke-Acts*: 제10장; Pervo, Acts : A Commentary: 60-65.

297. Cf. 제7장.

298. 물론, 에녹과 엘리야는 죽음을 맛보지 않고 하나님께 불리워 갔는데, 이들은 예외적인 경우에 속한다.

299. Dunn, *Christology in the Making: A New Testament Inquiry into the Origins of the Doctrine of the Incarnation*: 98-128; N. T. Wright, *The Climax of the Covenant : Christ and the Law in Pauline Theology*, 1st Fortress Press ed. (Minneapolis: Fortress Press, 1992), 18-40; Kim, *Paul and the New Perspective: Second Thoughts on the Origin of Paul's Gospel*: 165-213.

300. 특히 바울에 관한 새관점 학파에 속하는 많은 학자들에 의하여 "의로와짐"이 하나님과의 관계의 회복 곧 언약의 관계의 회복이라는 주장이 제기되어졌다. 그러나 많은 학자들이 이미 다양하게 반박하였듯이 바울에게 있어서 의로와짐은 윤리적인 측면에서 하나님 앞에서 의롭다고 칭해지는 것과, 이의 결과로 하나님과의 언약 관계가 회복되는 것 둘 다를 의미한다. Cf. D. A. Carson, Peter Thomas O'Brien, and Mark A. Seifrid, *Justification and Variegated Nomism*, 2 vols., Wissenschaftliche Untersuchungen Zum Neuen Testament 2 Reihe (Grand Rapids, MI: Baker Academic, 2001).

301. Moo, *The Epistle to the Romans*: 334-50; Dunn, *The Theology of Paul the Apostle*: 199-200, 41-42; Jewett, *Romans: A Commentary*: 379-89.

302. Cf. Dunn, *The Theology of Paul's Letter to the Galatians*: 404.

303. Cf. ibid., *The Theology of Paul the Apostle*: 410-12.

304. J. Behm, "Arrabwn," in *T.D.N.T*, ed. Gerhard Kittel (1968), 1:475.
305. Cf. Joseph A. Fitzmyer, "Glory Reflected on the Face of Christ (2 Cor 3:7-4:6) and a Palestinian Jewish Motif," *Theological Studies* 42, no. 4 (1981): 630-44; Scott J. Hafemann, *Suffering and Ministry in the Spirit: Paul's Defense of His Ministry in Ii Corinthians 2:14-3:3* (Grand Rapids, Mich.: W.B. Eerdmans, 1990); Linda L. Belleville, *Reflections of Glory: Paul's Polemical Use of the Moses-Doxa Tradition in 2 Corinthians 3.1-18*, Journal for the Study of the New Testament Supplement Series (Sheffield: JSOT Press, 1991); Lee, *Jesus' Transfiguration and the Believers' Transformation: A Study of the Transfiguration and Its Development in Early Christian Writings*: 제2장.
306. 비록 고린도후서가 바울의 여러 개의 편지들의 결합체라 할지라도, 12장에서 발견되는 바울의 유대인 출신 정적들이 2-3장에서 언급되는 바울의 정적들과 깊은 관계가 있는 것은 틀림없다. Cf. Victor Paul Furnish, *2 Corinthians*, 1st ed., The Anchor Bible (Garden City, N.Y.: Doubleday, 1984), 29-53; Paul Barnett, *The Second Epistle to the Corinthians*, The New International Commentary on the New Testament (Grand Rapids, Mich.: W.B. Eerdmans Pub., 1997), 15-25.
307. Cf. Hengel, *Between Jesus and Paul: Studies in the Earliest History of Christianity*; Hengel and Schwemer, *Paul between Damascus and Antioch: The Unknown Years*.
308. Cf. Fee, *God's Empowering Presence: The Holy Spirit in the Letters of Paul*: 320-21.
309. 이 사실은 로마서 7-8장에서 바울이 더 자세히 설명하고 있다. 따라서 이어지는 단락에서 좀 더 자세히 다루어질 것이다.
310. 당연히 바울과 동시대를 살았던 유대인들은 이러한 바울의 해석을 이단으로 간주하였을 것이다.
311. 제임스 던, 비터 퍼니쉬는 여기서 주는 하나님을 지칭한다고 보고, 고든 피도 그들의 의견에 동의하나 바울이 여기서 고린도 교인들의 상황에 적용하여 해석하려는 것에 중점을 둔다. Cf. Furnish, *2 Corinthians*: 211-12; Fee, *God's Empowering Presence: The Holy Spirit in the Letters of Paul*: 311; Dunn, *The Theology of Paul*

the Apostle: 421-22. 그러나 폴 바넷은 주를 예수님을 지칭하는 것으로 본다. Cf. Barnett, *The Second Epistle to the Corinthians*: 198-99. 본 저자는 바넷의 견해에 동의하고 있다. Cf. Lee, *Jesus' Transfiguration and the Believers' Transformation: A Study of the Transfiguration and Its Development in Early Christian Writings*: 제2장.

312. Cf. Dunn, *The Theology of Paul the Apostle*: 466-71.

313. 고든 피는 성령의 충분함에 대해서 강조한 나머지, 육체의 소욕을 따라 사는 삶을 성도들의 회심 전 과거에 속한 것으로 간주하며, 이의 결과로 종말론적 긴장을 희석하는 잘못을 범하고 있다. Fee, *God's Empowering Presence: The Holy Spirit in the Letters of Paul*: 816-21.

314. 이 "나"의 정체성에 대한 자세한 논쟁에 대해서는 다음의 책들을 참고하라. Dunn, *Romans*: 381-83; Jan Lambrecht, *The Wretched "I" and Its Liberation: Paul in Romans 7 and 8*, Louvain Theological & Pastoral Monographs (Grand Rapids, Mich.: W.B. Eerdmans, 1992); Fitzmyer, *Romans: A New Translation with Introduction and Commentary*: 462-65; Fee, *God's Empowering Presence: The Holy Spirit in the Letters of Paul*: 515-18.

315. Gerd Theissen, *Psychological Aspects of Pauline Theology* (Philadelphia: Fortress Press, 1987), 182-83; Peter Stuhlmacher, *Paul's Letter to the Romans: A Commentary*, 1st ed. (Louisville, Ky.: Westminster/John Knox Press, 1994), 104; Ben Witherington, *Paul's Narrative Thought World: The Tapestry of Tragedy and Triumph*, 1st ed. (Louisville, Ky.: Westminster/John Knox Press, 1994), 23.

316. 본 저자는 여기서 바울이 믿는 자들의 과거뿐만 아니라 현재의 갈등에 대해서 논의하고 있다는 제임스 던의 견해에 동의하고 있다. Dunn, *The Theology of Paul the Apostle*: 473.

317. 바울에게 있어서 σάρξ는 종종 부정적인 의미로서의 자연적인 상태의 인간의 본성을 의미하고, σῶμα는 종종 중립적인 의미로서 인간의 본성 혹은 자아를 의미하곤 한다. Cf. Fee, *God's Empowering Presence: The Holy Spirit in the Letters of Paul*: 818-19; Dunn, *The Theology of Paul the Apostle*: 70-72.

318. Ibid., *The Theology of Paul the Apostle*: 214-16.

319. 본서의 제7장을 참고하라.
320. 고든 피에 따르면, 바울은 여기서 성도 안에서의 긴장에 대해서 논하지 않고 단순히 회심 전과 회심 후의 인간의 상태에 대해서 논하고 있다고 주장한다. 피는 바울이 율법이 없이도 성령만으로 충분히 하나님을 즐겁게 할 수 있는 삶에 대해서 논의하고 있다고 한다. 참조. Fee, *God's Empowering Presence: The Holy Spirit in the Letters of Paul*: 428-29, 817. 그러나 비록 성도들이 그리스도의 몸에 접합되어 한 몸이 되었다 할지라도 여전히 그들 속에서 죽지 않고 살아있는 육체의 소욕을 따라 살아가는 성향을 피는 최소화하고 있다. Cf. Dunn, *Romans*: 363-64, 424-25; ibid., *The Theology of Paul the Apostle*: 478-82.
321. 바울은, 한편으로는 믿는자들이 다 그리스도 안에서 이미 의로와졌다고 주장하는 반면에, 또 다른 한편으로는 여전히 온전히 의로와짐을 기다리고 있다고 한다. 성도들의 이신칭의도 종말론적인 긴장 속에 놓여 있음을 알 수 있다.
322. Heinrich Schlier, *Der Brief an Die Galater bersetzt Und Erklärt*, 13. ed. (Göttingen,: Vandenhoeck & Ruprecht, 1965), 250; Betz, *Galatians: A Commentary on Paul's Letter to the Churches in Galatia*: 278; Dunn, *The Theology of Paul the Apostle*: 481.
323. Cf. ibid., *The Theology of Paul the Apostle*: 제8장.
324. 모세 묵시록은 그리스어로 쓰여진 아담과 이브의 생애를 지칭하며 1세기 전후에 쓰여진 것으로 학자들에 의하여 주장되고 있다. 참조. Charlesworth, *The Old Testament Pseudepigrapha*: vol 2, 249-95.
325. 2 에녹은 1세기 후반에 쓰여진 유대인 외경 중의 하나이다. 참조. Ibid., vol 1, 91-222.
326. 위의 예들에 대한 좀 더 상세한 논의들에 대해서는 다음의 책을 참고하라. Scroggs, *The Last Adam: A Study in Pauline Anthropology*: 27-28.
327. 본 저자는 위의 예들을 다음의 책에서 참고하였다. Hayward, "The Figure of Adam in Pseudo-Philo's Biblical Antiquities," 13.
328. 하나님의 형상과 하나님의 영광은 바울 신학에서 거의 동의어처럼 사용되고 있다. 참조. Ralph P. Martin, *Carmen Christi; Philippians Ii. 5-11 in Recent Interpretation and in the Setting of Early Christian Worship*, Society for New

Testament Studies Monograph Series, 4 (London,: Cambridge U. P., 1967); A. D. A. Moses, *Matthew's Transfiguration Story and Jewish-Christian Controversy*, Journal for the Study of the New Testament Supplement Series (Sheffield, England: Sheffield Academic Press, 1996), 227.

329. 막 14:61-62은 마가복음 자체보다도 훨씬 오래된 예수의 수난 이야기 (passion narrative)의 일부분이다.

330. Hengel, *Studies in Early Christology*: 210.

331. Lee, *Jesus' Transfiguration and the Believers' Transformation: A Study of the Transfiguration and Its Development in Early Christian Writings*: 제1장.

332. Ibid., 제4장.

333. Ibid., 제3장.

334. Cf. Kim, *Paul and the New Perspective: Second Thoughts on the Origin of Paul's Gospel*: 165-213; Lee, *Jesus' Transfiguration and the Believers' Transformation: A Study of the Transfiguration and Its Development in Early Christian Writings*: 제1장.

335. 제7장 참조.

336. 던은 이 히브리서 본문을 바울 이전(pre-Pauline) 아담 전통의 한 예로 간주하고 있다. 그러나 본 저자의 견해로는, 이 히브리서 본문은 한층 발전된 형태의 바울의 아담 기독론을 보여준다고 생각된다. Cf. Dunn, *Christology in the Making: A New Testament Inquiry into the Origins of the Doctrine of the Incarnation*: 110-11.

337. 참조. Lee, *Transfiguration*, ch. 2.

338. 참조. Kim, *The Origin of Paul's Gospel*; Richard N. Longenecker, *The Road from Damascus: The Impact of Paul's Conversion on His Life, Thought, and Ministry*, Mcmaster New Testament Studies (Grand Rapids: Eerdmans, 1997).

339. 위 주제에 관하여 가장 종합적인 해석을 보고자 한다면 다음의 책을 참고하라. Segal, *Paul the Convert: The Apostolate and Apostasy of Saul the Pharisee*. 간단한 요약을 보고자 하면 James D. G. Dunn, "(A Light to the Gentiles): The Significance of the Damascus Road Christophany for Paul," in *Glory of*

Christ in the New Testament (Oxford: Clarendon Pr, 1987), 253-62; ibid., "Paul's Conversion-a Light to Twentieth Century Disputes," in *Evangelium, Schriftauslegung, Kirche* (Göttingen: Vandenhoeck & Ruprecht, 1997), 348-56.

340. 다메섹 도상에서의 바울의 경험을 루터와 같이 죄로 고민하던 영혼의 회개로 보는 전통적인 견해는 더 이상 설득력이 없다. 바울은 자신의 다메섹 도상에서의 회심을 논하면서, 자신의 죄에 대해서 언급하고 있지 않다. 참조. Larry W. Hurtado, "Convert, Apostate or Apostle to the Nations: The 'Conversion' of Paul in Recent Scholarship," *SR* 22(1993): 284.

341. Cf. Talbert, "Paul on the Covenant," 309.

342. Segal, *Paul the Convert: The Apostolate and Apostasy of Saul the Pharisee*: 99.

343. Ibid., 41.

344. Kim, *The Origin of Paul's Gospel*; Talbert, "Paul on the Covenant," 309-10.

345. Cf. Dunn, "Paul's Conversion-a Light to Twentieth Century Disputes," 351.

346. 위의 아담이 소유하였던 하나님의 형상의 단락을 참고하라.

347. Lee, *Jesus' Transfiguration and the Believers' Transformation: A Study of the Transfiguration and Its Development in Early Christian Writings*: 제2장.

348. 본 저자는 대다수의 학자들과 동의하면서, 고후 3장 16절의 "주"를 예수 그리스도로 간주한다.

349. Fitzmyer, "Glory Reflected on the Face of Christ (2 Cor 3:7-4:6) and a Palestinian Jewish Motif," 630-44; Belleville, *Reflections of Glory: Paul's Polemical Use of the Moses-Doxa Tradition in 2 Corinthians 3.1-18*: 44-47.

350. Cf. Talbert, "Paul on the Covenant," 309-10.

351. François Bovon, "The Dossier on Stephen, the First Martyr," *Harvard Theological Review* 96, no. 3 (2003): 284-85.

352. Furnish, *2 Corinthians*: 289.

353. Ibid; Barnett, *The Second Epistle to the Corinthians*: 250-51.

354. Jean-François Collange, *nigmes De La Deuxiime pître De Paul Aux Corinthiens: tudes Exétique De 2 Cor 2:14-7:4*, Soc for New Testament Studies Monograph Series (Cambridge Univ Pr, 1972); Margaret E. Thrall, *A Critical and Exegetical*

Commentary on the Second Epistle of the Corinthians, 2 vols., The International Critical Commentary on the Holy Scriptures of the Old and New Testaments (London; New York: T&T Clark International, 2004), vol. 1, 278-82.

355. N. T. Wright, "Reflected Glory: 2 Corinthians 3:18," in *Glory of Christ in the New Testament* (Oxford: Clarendon Pr, 1987), 139-51; Fee, *God's Empowering Presence: The Holy Spirit in the Letters of Paul*: 312-20; Thrall, *A Critical and Exegetical Commentary on the Second Epistle of the Corinthians*: vol. 1, 274.

356. Cf. Collange, *nigmes De La Deuxiime pître De Paul Aux Corinthiens: tudes Exétique De 2 Cor 2:14-7:4*: 110; Furnish, *2 Corinthians*: 236.

357. Ibid., *2 Corinthians*: 236.

358. Ingo Hermann, *Kyrios Und Pneuma: Studien Zur Christologie Der Paulinischen Hauptbriefe*, Studien Zum Alten Und Neuen Testament (München Kösel-Verlag, 1961); Barnett, *The Second Epistle to the Corinthians*: 200-03; Thrall, *A Critical and Exegetical Commentary on the Second Epistle of the Corinthians*: vol. 1, 280.

359. Hermann, *Kyrios Und Pneuma: Studien Zur Christologie Der Paulinischen Hauptbriefe.* Cf. Dunn, *The Christ and the Spirit: Collected Essays of James D.G. Dunn: Volume 2 Pneumatology*: 115-25.

360. 참조. J. I. Packer, *Keep in Step with the Spirit* (Old Tappan, N.J.: F.H. Revell, 1984), 제1장.

361. Dunn, *The Theology of Paul the Apostle*: 482.

362. Cf. ibid., *Christology in the Making: A New Testament Inquiry into the Origins of the Doctrine of the Incarnation*: 100-14; Lee, *Jesus' Transfiguration and the Believers' Transformation: A Study of the Transfiguration and Its Development in Early Christian Writings*: 112.

363. Furnish, *2 Corinthians*: 292.

364. Cf. C. K. Barrett, *A Commentary on the Second Epistle to the Corinthians*, [1st U.S. ed., Harper's New Testament Commentaries (New York,: Harper & Row, 1973), 154-55.

365. Cf. Furnish, *2 Corinthians*: 265.
366. Cf. Ibid., 297.
367. 바울은 로마서 8장 23절에서 성도들이 현재 경험하고 있는 성령을 자신들의 몸의 부활의 첫 열매라고 부르고 있다.
368. 이들의 정체에 대한 논의에 대해서는 다음의 책들을 참고하라. John J. Gunther, *St. Paul's Opponents and Their Background. A Study of Apocalyptic and Jewish Sectarian Teachings*, Novum Testamentum Supplements (Leiden,: Brill, 1973); Jan Lambrecht and Daniel J. Harrington, *Second Corinthians*, Sacra Pagina Series (Collegeville, Minn.: Liturgical Press, 1999), 6-7, 181-82, 97-98.
369. Cf. Brian J. Dodd, *Paul's Paradigmatic "I": Personal Example as Literary Strategy*, Journal for the Study of the New Testament Supplement Series (Sheffield, England: Sheffield Academic Press, 1999).
370. "히브리인 중의 히브리인이었다"는 표현은 디아스포라 유대인들 중에서 이스라엘의 전통에 깊이 관여하여 헌신한 무리들이 자신들을 직접 지칭하여 부르던 말이다.
371. 본 저자는 여전히 바울이 말하는 믿음은 그리스도 자신의 믿음이라기보다는, 그리스도를 향한 성도들의 믿음이라고 본다. 본 저자는 이런 측면에서, 리차드 헤이즈나 스탠리 스타우워즈의 견해에 동의하지 않으며, 제임스 던, 제임스 로이만, 조셉 피츠마이어, J.D. Quinn등과 견해를 같이 한다.
372. Cf. Veronica Koperski, *The Knowledge of Christ Jesus My Lord: The High Christology of Philippians 3:7-11*, Contributions to Biblical Exegesis and Theology (Kampen, The Netherlands: Kok Pharos, 1996).
373. Cf. Segal, *Paul the Convert: The Apostolate and Apostasy of Saul the Pharisee*.
374. Cf. Joseph Augustine Fitzmyer, *To Advance the Gospel: New Testament Essays* (New York: Crossroad, 1981), 202-17.
375. Ibid., 209.
376. J. Reumann, "Resurrection in Philippi and Paul's Letter(S to the Philippians," in *Resurrection in the New Testament: Festschrift J. Lambrecht*, ed. R. Bieringer, Veronica Koperski, and B. Lataire (Leuven; Dudley, MA: Leuven University Press;

Peeters, 2002), 420.

377. 고린도후서 2-5장에서 바울은 자신의 복음 전파 중에 혹은 복음의 사도로서 받는 고난을 그리스도의 고난과 비교하여 이해하고 있다. Cf. Frank J. Matera, "Apostolic Suffering and Resurrection Faith: Distinguishing between Appearance and Reality (2 Cor 4,7-5,10)," ibid., 387-405.

378. 바울은 여기서 분명히 주님의 재림에 대해서 이야기하고 있다. Cf. Gordon D. Fee, *Paul's Letter to the Philippians*, The New International Commentary on the New Testament (Grand Rapids, Mich.: W.B. Eerdmans Pub. Co., 1995), 380.

379. Cf. Scott Brodeur, *The Holy Spirit's Agency in the Resurrection of the Dead: An Exegetico-Theological Study of 1 Corinthians 15,44b-49 and Romans 8,9-13*, Tesi Gregoriana Serie Teologia (Roma: Pontificia Università gregoriana, 1996), 15-162.

380. Cf. Gordon D. Fee, *The First Epistle to the Corinthians*, The New International Commentary on the New Testament (Grand Rapids, Mich.: W.B. Eerdmans Pub. Co., 1987), 12-13.

381. 이 부분에 대한 자세한 논의는 다음의 책을 참고하라. Albert L. A. Hogeterp, *Paul and God's Temple: A Historical Interpretation of Cultic Imagery in the Corinthian Correspondence*, Biblical Tools and Studies (Leuven ; Dudley, MA: Peeters, 2006).

382. Fee, *The First Epistle to the Corinthians*: 715; Martinus C. de Boer, *The Defeat of Death: Apocalyptic Eschatology in 1 Corinthians 15 and Romans 5*, Journal for the Study of the New Testament Supplement Series (Sheffield, England: JSOT Press, 1988); C. M. Tuckett, "The Corinthians Who Say 'There Is No Resurrection of the Dead' (1 Cor 15,12)," in *Corinthian Correspondence* (Louvain; Peeters, 1996: Leuven Univ Pr, 1996), 247-75; J. Delobel, "The Corinthians' (Un-) Belief in the Resurrection," in *Resurrection in the New Testament: Festschrift J. Lambrecht*, ed. R. Bieringer, Veronica Koperski, and B. Lataire (Leuven; Dudley, MA: University Press ; Uitgeverij Peeters, 2002), 343-55.

383. 예수님의 새 아담이심에 대한 자세한 바울의 논의에 대해서는 본서의 제7장을 참

고하라.

384. Cf. Hans Conzelmann, *1 Corinthians: A Commentary on the First Epistle to the Corinthians*, Hermeneia-a Critical and Historical Commentary on the Bible (Philadelphia: Fortress Press, 1975), 276-77; Fee, *The First Epistle to the Corinthians*: 763-67; Raymond F. Collins, *First Corinthians*, ed. Daniel J. Harrington, Sacra Pagina Series (Collegeville, Minn.: Liturgical Press, 1999), 556-57.

385. 바울은 29절에서 "우리가" 죽은 자들을 위해서 세례를 베풀고 있다고 하지 않고, "그들이" 세례를 베풀고 있다고 한다. 이 사실은 바울 자신은 이 신앙 행위에 동참하지 않았음을 말해준다.

386. Cf. Dunn, *Christology in the Making: A New Testament Inquiry into the Origins of the Doctrine of the Incarnation*: 제4장; Kim, *The Origin of Paul's Gospel*; ibid., *Paul and the New Perspective: Second Thoughts on the Origin of Paul's Gospel*.

387. Brodeur, *The Holy Spirit's Agency in the Resurrection of the Dead: An Exegetico-Theological Study of 1 Corinthians 15, 44b-49 and Romans 8,9-13*: 163-270.

388. 던에 따르면, 바울이 예수님이 성령의 주가 되셨다는 사실에 대해서 누가와 요한에 비해 훨씬 소극적으로 표현하고 있으며, 또 성령을 통해서 주님이 부활하셨다는 생각을 명확하게 표현하지 않고 있음을 지적한다. Dunn, *Christology in the Making: A New Testament Inquiry into the Origins of the Doctrine of the Incarnation*: 144-45.

389. Cf. Ibid., 141-42.

390. 이 본문과 함께 고린도후서 3장 17절, "주는 영/성령이시다"도 부활하신 주님과 성령의 관계에 대해서 빈번히 언급되고 있다.

391. 고든 피는 "생명을 주는 영이 되었다"는 표현은 아담의 육체적(psychic) 몸에 비교되는 새 아담이신 그리스도의 영적인 몸에 대해서 말하고 있다고 주장한다. Cf. Fee, *The First Epistle to the Corinthians*: 789. 막스 터너와 레이몬드 콜린스도 피의 의견에 동의하고 있다. Cf. Collins, *First Corinthians*: 569. 그러나 만약 바울이 부활하신 예수 그리스도의 몸이 아담의 자연적인 몸에 비교되는 영적인 몸이라는

사실에 대해서만 말하고자 하였다면, 바울은 그리스도가 "생명을 주는" 영이 되었다는 표현 대신에, 단순히 "살아 있는 영"이 되었다고 했을 것이다.

392. Dunn, *The Christ and the Spirit: Collected Essays of James D.G. Dunn: Volume 2 Pneumatology*: 158.

393. Ibid., *Christology in the Making: A New Testament Inquiry into the Origins of the Doctrine of the Incarnation*: 145-46; Brodeur, *The Holy Spirit's Agency in the Resurrection of the Dead: An Exegetico-Theological Study of 1 Corinthians 15, 44b-49 and Romans 8,9-13*: 156; Dunn, *The Christ and the Spirit: Collected Essays of James D.G. Dunn: Volume 2 Pneumatology*: 158-59.

394. Hermann, *Kyrios Und Pneuma: Studien Zur Christologie Der Paulinischen Hauptbriefe*; Dunn, *Christology in the Making: A New Testament Inquiry into the Origins of the Doctrine of the Incarnation*: 146.

395. Cf. Brodeur, *The Holy Spirit's Agency in the Resurrection of the Dead: An Exegetico-Theological Study of 1 Corinthians 15,44b-49 and Romans 8,9-13*: 123, 53-57.

396. Cf. Ibid., 제6장.

397. Cf. Ibid., 제4-5장.

398. 조셉 피츠마이어는 바울이 여기서 성령의 정체성에 대해서 분명하게 설명하지 않고 있다고 주장하나, 본 저자의 견해로는 하나님의 영으로서의 성령이 이제는 부활하신 그리스도의 영이 되었다는 전형적인 바울의 성령 신학이 잘 표현되고 있다고 본다. Cf. Fitzmyer, *Romans: A New Translation with Introduction and Commentary*.

399. Brodeur, *The Holy Spirit's Agency in the Resurrection of the Dead: An Exegetico-Theological Study of 1 Corinthians 15,44b-49 and Romans 8,9-13*: 249-55.

400. Cf. Fee, *God's Empowering Presence: The Holy Spirit in the Letters of Paul*: 886.

401. Ibid., *The First Epistle to the Corinthians*: 5-7.

402. Cf. Joseph A. Fitzmyer, *First Corinthians: A New Translation with Introduction and Commentary*, The Anchor Yale Bible (New Haven; London: Yale University

Press, 2008), 37-45.
403. 본 저자는 고린도 교회가 영지주의자들의 영향 아래 놓여 영지주의적 경향성을 띠게 되었다는 과거의 견해를 정면으로 비판한다. 왜냐하면 영지주의는 2세기 중반에 활성화된 운동이기 때문에, 기원후 50년경의 고린도 교회 상황과는 큰 관련이 없었을 것이다. 참조. Ibid., 34. Cf. Ulrich Wilckens, *Weisheit Und Torheit* (Tübingen,: J.C.B. Mohr, 1959); Walter Schmithals, *Gnosticism in Corinth; an Investigation of the Letters to the Corinthians* (Nashville,: Abingdon Press, 1971); Collins and Harrington, *First Corinthians*: 16-17.
404. 안타깝게도, 아폴로의 신학적인 배경이나 특징에 대해서 우리에게 남겨진 자료는 거의 없다. 그리고 아폴로가 후대의 영지주의와 연관되었다는 사실도 초대 교부들의 글에서 발견되지 않는다.
405. Fitzmyer, *First Corinthians: A New Translation with Introduction and Commentary*: 455. Cf. Fee, *The First Epistle to the Corinthians*: 576-77; Bruce W. Winter, *After Paul Left Corinth: The Influence of Secular Ethics and Social Change* (Grand Rapids, Mich.: W.B. Eerdmans, 2001), 175-76.
406. Cf. Fee, *The First Epistle to the Corinthians*: 10.
407. Cf. Ibid., 11.
408. Anthony C. Thiselton, "Realized Eschatology at Corinth," *New Testament Studies* 24, no. 4 (1978): 510-26; Fee, *The First Epistle to the Corinthians*: 16-17; Fitzmyer, *First Corinthians: A New Translation with Introduction and Commentary*: 91-93.
409. Margaret Mary Mitchell, *Paul and the Rhetoric of Reconciliation: An Exegetical Investigation of the Language and Composition of 1 Corinthians*, Hermeneutische Untersuchungen Zur Theologie (Tübingen: J.C.B. Mohr, 1991), 270; Fitzmyer, *First Corinthians: A New Translation with Introduction and Commentary*: 454.
410. Cf. Fee, *The First Epistle to the Corinthians*: 18-20; Fitzmyer, *First Corinthians: A New Translation with Introduction and Commentary*: 81-85; Yung Suk Kim, *Christ's Body in Corinth: The Politics of a Metaphor*, Paul in Critical Contexts (Minneapolis: Fortress Press, 2008).

411. Marion L. Soards, *1 Corinthians*, New International Biblical Commentary (Peabody, Mass.: Hendrickson, 1999), 263.
412. Charles H. Talbert, "Paul's Understanding of the Holy Spirit: The Evidence of 1 Corinthians 12-14," *Perspectives in Religious Studies* 11, no. 4 (1984): 95-108.
413. 성령의 은사들에 대한 일반적인 논의는 다음의 주석서들을 참고하라. Cf. Fee, *The First Epistle to the Corinthians*: 569-708; Collins, *First Corinthians*: 441-524; Fitzmyer, *First Corinthians: A New Translation with Introduction and Commentary*: 453-538.
414. 비록 바울이 여기서 삼위 하나님의 뜻과 의지들의 조화로운 일치에 대해 언급하고 있으나, 세 분이 어떻게 한 인격을 소유하고 계신지, 혹은 그분들의 몸의 본질은 무엇인지에 대해서는 논하고 있지 않음에 주목해야겠다. 이러한 질문들은 후대 바울의 제자들에 의하여 논의되어지고, 특히 4세기 니케아 신조에서 자세하게 설명된다.
415. Dunn, *Jesus and the Spirit: A Study of the Religious and Charismatic Experience of Jesus and the First Christians as Reflected in the New Testament*: 164-65.
416. Turner, *The Holy Spirit and Spiritual Gifts: In the New Testament Church and Today*: 185-220.
417. E. Earle Ellis, *Prophecy and Hermeneutic in Early Christianity: New Testament Essays*, American paperback ed. (Grand Rapids, Mich.: W. B. Eerdmans Pub. Co., 1978); Packer, *Keep in Step with the Spirit*: 215; Thomas W. Gillespie, *The First Theologians: A Study in Early Christian Prophecy* (Grand Rapids, Mich.: Eerdmans, 1994); Fitzmyer, *First Corinthians: A New Translation with Introduction and Commentary*: 467.
418. Turner, *The Holy Spirit and Spiritual Gifts: In the New Testament Church and Today*: 190. Cf. David Edward Aune, *Prophecy in Early Christianity and the Ancient Mediterranean World* (Grand Rapids, Mich.: Eerdmans, 1983); Christopher Forbes, *Prophecy and Inspired Speech in Early Christianity and Its Hellenistic Environment*, W.U.N.T. 2 Reihe (Tübingen: J.C.B. Mohr (P. Siebeck), 1995).

419. Aune, *Prophecy in Early Christianity and the Ancient Mediterranean World*: 제10장.
420. Turner, *The Holy Spirit and Spiritual Gifts: In the New Testament Church and Today*: 220.
421. 물론 초대 교회 역사를 보면 이러한 초대 교부들의 사도직에 근거한 정경에 반박하여, 자신들의 지도자들과 그들의 글들을 성경과 동일한 권위로 인정하는 운동들이 많이 있었다. 그러나 많은 외경들이 사도들의 이름으로 기록되었다는 사실은 모두가 정경의 범위에 동의하든 그렇지 안든간에, 바울과 열두 사도들의 권위가 상당히 중요했다는 것을 말해주고 있다.
422. Cf. Fee, *The First Epistle to the Corinthians*: 596-97.
423. 로마서 12장 6절에서 바울은 예언을 하되 믿음의 분량대로 하라고 권면한다.
424. Dunn, *The Christ and the Spirit: Collected Essays of James D.G. Dunn: Volume 2 Pneumatology*: 311-28.
425. Turner, *The Holy Spirit and Spiritual Gifts: In the New Testament Church and Today*: 226.
426. 사탄은 얼마든지 모조품을 만들어 낼 수 있고, 우리의 무의식도 우리의 혀에 영향을 미쳐 우리가 알아듣지 못하는 소리들을 얼마든지 만들어 낼 수 있다. 예를 들어 어떤 사람이 너무나 큰 슬픔을 당하였을 때, 그가 내는 소리들은 깊은 영혼의 고통을 표현하는 신호들이지만, 보통 인간의 언어와는 전혀 다른 것일 수도 있다.
427. Cf. Dunn, *Jesus and the Spirit: A Study of the Religious and Charismatic Experience of Jesus and the First Christians as Reflected in the New Testament*: 242-46; Fee, *The First Epistle to the Corinthians*: 630.
428. Turner, *The Holy Spirit and Spiritual Gifts: In the New Testament Church and Today*: 234-35.
429. Ibid., 228.
430. 방언에 대한 누가의 자세한 견해에 대해서는 다음을 참고하라. Keener, "Why Does Luke Use Tongues as a Sign of the Spirit's Empowerment?," 177-84.
431. "지혜"와 "지식"은 고린도 교인들의 가장 인기 있는 구호였다. 여기서 바울은 그들의 구호를 자신의 십자가의 복음에 비추어 다르게 해석하고 있다.
432. Fee, *The First Epistle to the Corinthians*: 591-92.

433. Dunn, *Jesus and the Spirit: A Study of the Religious and Charismatic Experience of Jesus and the First Christians as Reflected in the New Testament*: 218.
434. 많은 독자들은 얼마든지 본 저자와 다른 견해를 가질 수 있다는 것에 대해서 열린 마음으로 받아들인다.
435. 그러나 우리는 이러한 집회들에서 치료되는 경우보다도 치료되지 않는 경우가 비교할 수 없을 정도로 많다는 사실도 겸허하게 받아들여야 한다.
436. Fee, *The First Epistle to the Corinthians*: 593; Fitzmyer, *First Corinthians: A New Translation with Introduction and Commentary*: 466.
437. 고난과 질병은 서로 다른 것이 아니라, 고난이 질병을 포함하는 보다 광범위한 개념이다.
438. 베드로행전(Acts of Peter) 22장을 참고하라.
439. Turner, *The Holy Spirit and Spiritual Gifts: In the New Testament Church and Today*: 260.
440. 보스톤에서 이 글을 쓰는 중에, 저자는 방금 북한의 지도자 김정일의 사망 소식을 접하게 되었다. 잠시, 하나님께 기도하며 순조로운 두 한국의 통일과, 복음의 문이 북한에도 활짝 열리기를 기도하였다. 곧 급변하게 될 한반도의 정세를 생각할 때, 한국 교회가 감당해야 할 막중한 사명에 대한 부담감을 느낀다. 더욱더 우리가 성령의 능력과 지혜를 의지해야 할 때이다.
441. Hans-Josef Klauck, "Do They Never Come Back? Nero Redivivus and the Apocalypse of John," *Catholic Biblical Quarterly* 63, no. 4 (2001): 683-98.
442. 제1부를 참고하라.
443. 제2부를 참고하라.
444. 제3부를 참고하라.